Dietmar O. Reich

Einführung in das Bürgerliche Recht

Dietmar O. Reich

Einführung in das Bürgerliche Recht

Grundlagen des BGB – Allgemeiner Teil – Allgemeines Schuldrecht – Besonderes Schuldrecht – Sachenrecht – Europarecht und Internationales Privatrecht

Mit Praxisfällen

4., vollständig überarbeitete Auflage

GABLER

Bibliografische Information Der Deutschen Nationalbibliothek
Die Deutsche Nationalbibliothek verzeichnet diese Publikation in der Deutschen Nationalbibliografie; detaillierte bibliografische Daten sind im Internet über <http://dnb.d-nb.de> abrufbar.

Dr. Dietmar O. Reich ist Rechtsanwalt mit dem Tätigkeitsschwerpunkt Wettbewerbsrecht in einer internationalen Anwaltskanzlei in Düsseldorf/Brüssel. Er lehrt an der Universität Hamburg Wettbewerbsrecht im Ergänzungsstudiengang Wirtschaftsrecht.

1. Auflage 1996
2. Auflage 1999
3. Auflage Januar 2000
4. Auflage Oktober 2007

Lektorat: Jutta Hauser-Fahr | Walburga Himmel

Der Gabler Verlag ist ein Unternehmen von Springer Science+Business Media.
www.gabler.de

Umschlaggestaltung: Ulrike Weigel, www.CorporateDesignGroup.de
Druck und buchbinderische Verarbeitung: Wilhelm & Adam, Heusenstamm
Gedruckt auf säurefreiem und chlorfrei gebleichtem Papier
Printed in Germany

ISBN 978-3-8349-0725-7

Vorwort zur 4. Auflage

Mit der vorliegenden Darstellung soll dem Leser der Einstieg in das Bürgerliche Recht und vor allem die Prüfungsvorbereitung durch ständige Fall- und Praxisbezüge vereinfacht werden. Angesprochen sind somit Jura-, LL.M.-, Wirtschafts- und Fachhochschulstudenten sowie Studierende, die Rechtswissenschaften im Nebenfach belegen.

Die Einarbeitung der Rechtsprechung zu nunmehr fünf Jahren Praxis mit der Schuldrechtsreform erforderte eine Überarbeitung wesentlicher Teile des Werkes. Die neue Auflage beinhaltet eine erweiterte Übersicht zum Einfluss des EU-Rechts auf das BGB, eine neu eingefügte Übersicht zum Internationalen Privatrecht sowie die Aktualisierung zum sog. Electronic Commerce. Weiterhin sind Prüfungsschemata und zahlreiche Übersichten neu eingefügt worden, um das visuelle Lernen zu unterstützen.

Für Anregungen und Unterstützung seitens der Professoren ist zu danken. Frau Richterin am Landgericht Dr. Julia Kraft danke ich für ihre Hilfe bei der Schlussredaktion. Besonderer Dank gebührt Herrn Rechtsreferendar Stefan Wolf, der wesentliche Arbeiten zum allgemeinen und besonderen Schuldrecht geleistet hat, gleiches gilt für Herrn Rechtsreferendar Christian Hipp insbesondere im Bereich Internationales Privatrecht. Aus dem Kreise der Studenten ist Frau Cornelia Bystry aufgrund ihres Einsatzes bei der Durchsicht des Manuskripts hervorzuheben; ebenso ist meiner stets hilfsbereiten Assistentin Frau Anne Müller zu danken. Für die über zehnjährige Förderung des Werkes danke ich Herrn Vorsitzenden Richter am Oberlandesgericht a.D. Dr. Dieter Lincke und Herrn Dr. Klaus G. Schmidt. Meinem geschätzten früheren Co-Autoren Dr. Peter Schmitz danke ich für seine Unterstützung bei den Vorauflagen; er hat mit seinem Sinn für praxisnahe Vermittlung von Lehrinhalten zum Erfolg des Werkes beigetragen.

Hamburg, im August 2007 Dietmar O. Reich

Email: dietmar.reich@bblaw.com

Inhaltsverzeichnis

Drittes Kapitel: Allgemeines Schuldrecht

Abkürzungsverzeichnis

a.A	andere Ansicht
Abs.	Absatz
ABl.EG	Amtsblatt der Europäischen Gemeinschaften
AcP	Archiv für die civilistische Praxis (Band und Seite)
AGB	Allgemeine Geschäftsbedingungen
Alt.	Alternative
AmV	Vertrag von Amsterdam
AöR	Archiv des öffentlichen Rechts
Aufl.	Auflage
BAG	Bundesarbeitsgericht
BauR	Zeitschrift für das gesamte öffentliche und private Baurecht
BB	Betriebs-Berater
BetMG	Gesetz über den Verkehr mit Betäubungsmitteln
BeurkG	Beurkundungsgesetz
BGB	Bürgerliches Gesetzbuch
BGH LM	Lindenmaier-Möhring, Nachschlagewerk des BGH
BGH VGsR	Bundesgerichtshof, Vereinigter Großer Senat
BImSchG	Bundesimmissionsschutzgesetz
cic	culpa in contrahendo
d.h.	das heißt
EBV	Eigentümer-Besitzer-Verhältnis
E-Commerce	electronic Commerce
EG	Europäische Gemeinschaften
EGBGB	Einführungsgesetz zum Bürgerlichen Gesetzbuch
EGV	Vertrag über die Europäische Gemeinschaft
E-Mail	Electronic Mail
EuGH	Gerichtshof der Europäischen Gemeinschaften
EuZW	Europäische Zeitschrift für Wirtschaftsrecht
EWIV	Europäische Wirtschaftliche Interessenvereinigung
EWS	Europäisches Wirtschafts- und Steuerrecht
f.	folgende
ff.	fortfolgende
GBO	Grundbuchordnung
gem.	gemäß
GmbH	Gesellschaft mit beschränkter Haftung
GmbHG	Gesetz betreffend die Gesellschaft mit begrenzter Haftung
GWB	Gesetz gegen Wettbewerbsbeschränkungen

HGB	Handelsgesetzbuch
h.M.	herrschende Meinung
HS	Halbsatz
i.d.R.	in der Regel
i. H. v.	in Höhe von
i. H. d.	in Höhe der
i.S.v.	im Sinne von
i.S.d.	im Sinne der
i.V.m.	in Verbindung mit
InsO	Insolvenzverordnung
JA	Juristische Arbeitsblätter
JR	Juristische Rundschau
Jura	Juristische Ausbildung
JuS	Juristische Schulung
JZ	Juristen Zeitung
KG	Kommanditgesellschaft
KUG	Kunsturhebergesetz
MHG	Gesetz zur Regelung der Miethöhe
mwN	mit weiteren Nachweisen
maW	mit anderen Worten
NJ	Neue Justiz
NJW	Neue Juristische Wochenschrift
NJW-RR	NJW – Rechtsprechungs – Report Zivilrecht
NVwZ	Neue Zeitschrift für Verwaltungsrecht
o.	oder
OHG	Offene Handelsgesellschaft
Rat	Ministerrat (der EU)
Rn.	Randnummer
r+s	Recht und Schaden
Rs.	Rechtssache
Rspr.	Rechtsprechung
SigG	Signaturgesetz
Slg.	Sammlung der Rechtsprechung des EuGH
sog.	sogenannt
StVG	Straßenverkehrsgesetz
TDDSG	Teledienstdatenschutzgesetz
Teilw.	teilweise
u.	und
u.a.	unter anderem
u.s.w.	und so weiter
u.U.	unter Umständen
v.	von
v.a.	vor allem

VerlG	Gesetz über das Verlagsrecht
VersR	Versicherungsrecht
Vgl.	vergleiche
VOB	Verdingungsordnung für Bauleistungen
VRS	Verkehrsrechts-Sammlung
VuR	Verbraucher und Recht
WM	Wertpapiermitteilungen
WoVermG	Wohnungsvermittlungsgesetz
WWW	World Wide Web
ZAP	Zeitschrift für Europäische Anwaltspraxis
z.B.	zum Beispiel
ZeuP	Zeitschrift für Europäisches Privatrecht
ZIP	Zeitschrift für Wirtschaftsrecht
ZPO	Zivilprozessordnung

Abbildungen und Schemata

Schaubilder (Auswahl):

Prüfungsschemata (Auswahl):

Erstes Kapitel:

Einleitung

A. Gegenstand und Abgrenzung des Bürgerlichen Rechts

Das **Bürgerliche Recht** (Privatrecht) regelt die Rechtsbeziehungen zwischen **privaten Rechtssubjekten.** Gegenstand sind somit die Rechtsbeziehungen der Bürger zueinander. Soweit das öffentliche Gemeinwesen (der Staat und die juristischen Personen des Öffentlichen Rechts) nicht hoheitlich auftritt, d.h. nicht im Über- und Unterordnungsverhältnis mit dem Bürger handelt, richten sich auch diese Rechtsbeziehungen nach Bürgerlichem Recht (z.B. der Kauf von Büromaterial durch eine Gemeinde).

Das Bürgerliche Recht gilt verbindlich für natürliche Personen und sog. juristische Personen des Privatrechts (z.B. eingetragener Verein § 21 BGB; GmbH § 13 GmbHG; AG § 1 AktG) wobei aufgrund entsprechender Spezialgesetze teilweise Sonderregelungen bestehen. Im Bürgerlichen Gesetzbuch werden neben den Geschäften des täglichen Lebens mit den häufigsten Vertragstypen auch Schadensersatzansprüche, Ansprüche aus dem Eigentum sowie Familienbeziehungen und das Erbrecht geregelt. Soweit der Begriff Zivilrecht verwendet wird, handelt es sich um materielles Privatrecht iwS; Privatrecht ist der Oberbegriff für Bürgerliches Recht, Handels- und Gesellschaftsrecht sowie Privatversicherungsrecht.

Vom Privatrecht ist das **Öffentliche Recht** abzugrenzen, welches vorrangig die Rechtsbeziehungen zwischen dem Staat und Bürgern (Verwaltungsrecht) sowie das Staats- und Verfassungsrecht regelt. Zum Öffentlichen Recht zählt auch das Strafrecht, wonach die Strafbarkeit von Menschen bestimmt wird.

> **K kauft sich beim Kaufmann V einen Computer. Die Kaufpreiszahlung soll erst in drei Monaten erfolgen. Bei der Heimfahrt mit dem Computer fährt ihm an einer Ampel D unter Missachtung der Vorfahrt in das Auto. Er beschädigt dabei sowohl das Auto als auch den Computer und verletzt K. Dabei fuhr D zudem angetrunken ohne KfZ-Zulassung. Darüber hinaus hatte er gerade seinen Antrag auf Erteilung einer Baugenehmigung bei der Stadt abgegeben, um dessen Bewilligung er nun fürchtet.**

Die privaten Rechtsbeziehungen zwischen den Beteiligten richten sich nach Bürgerlichem Recht.

> **Dementsprechend richtet sich hiernach, ob K den Computer wirksam von V gekauft hat und ob er Eigentümer des Computers wurde. Welche Ersatzansprüche ihm wegen der Körperver-**

letzung und der Beschädigung seines Eigentums gegen D zustehen, ist als Frage des Schadensersatzes gleichermaßen privatrechtlich zu beurteilen, wie auch der Eintritt der Erbfolge, falls K bei dem Unfall gestorben wäre. Die Erteilung der Baugenehmigung richtet sich hingegen nach Öffentlichem Recht, da hier die Rechtsbeziehungen des Staates zum Bürger in einem Über- und Unterordnungsverhältnis betroffen sind. Die mögliche Entziehung der Fahrerlaubnis gem. §§ 69, 69a StGB und die Erteilung eines Fahrverbots gem. § 44 StGB als Nebenstrafe für D bemisst sich nach Strafrecht.

Das Rechtssystem versucht einen Interessenausgleich zwischen allen Beteiligten und den Interessen der Allgemeinheit zu erreichen. Aufgabe des Juristen ist es, diesen Interessenausgleich herbeizuführen, sei es vorrangig im Interesse einer der Parteien in der Funktion eines Anwalts, als neutral entscheidender Richter oder als Verwaltungsbeamter, der die Interessen des Staates und der Allgemeinheit wahrt. Für den zivilrechtlichen Interessenausgleich ist von entscheidender Bedeutung, welche Ansprüche den Beteiligten untereinander zustehen, wer z.B. von wem Schadensersatz, Kaufpreiszahlung, Eigentumsübertragung usw. verlangen kann. Hieraus leitet sich für die Prüfung die maßgebende Frage nach einem Anspruch[1] ab: **Wer** verlangt **was** (z.B. Kaufpreiszahlung oder Schadensersatz) von **wem** (Parteien einer Rechtssache) **woraus** (aus den § 433 ff. BGB/Kaufvertragsrecht oder 823 ff. BGB/unerlaubte Handlungen/ Schadensersatzrecht)?

Um eine Antwort auf die zivilrechtlichen Fragen geben zu können, ist zunächst klärungsbedürftig, wo diesbezügliche gesetzliche Regelungen zu finden sind.

---

1 Siehe dazu auch die Legaldefinition in § 194 Abs. 1 BGB.

B. Die gesetzliche Regelung des Bürgerlichen Rechts

I. Das Bürgerliche Gesetzbuch (BGB) und Spezialgesetze

Das Bürgerliche Recht ist grundlegend im Bürgerlichen Gesetzbuch (BGB) geregelt. Es wurde am 18.08.1896 verkündet, trat am 01.01.1900 in Kraft und wurde seitdem immer wieder den Bedürfnissen des Rechtsverkehrs und den sich ändernden sozialen Anschauungen angepasst.[2] Im BGB finden sich vor allem die allgemeinen Regelungen und Grundlagen des Zivilrechts wie beispielsweise jene über das Zustandekommen von Verträgen, Störungen von Schuldverhältnissen, die häufigsten Vertragsarten, das Deliktsrecht, Sachenrecht, Familienrecht, Erbrecht usw. Darüber hinaus bestehen speziellere private Rechtsgebiete, die teilweise erst später entstanden sind. Viele dieser speziellen Rechtsgebiete wurden deshalb in sog. Spezialgesetzen geregelt, welche auf den allgemeinen Regelungen des BGB aufbauen, diese aber ergänzen und teilweise auch abändern. Im obigen Beispiel werden die Rechtsbeziehungen des Privatrechts grundlegend durch das BGB geregelt. Ergänzend kommen Spezialgesetze zur Anwendung:

Für Kaufleute, wie den Kaufmann V, gilt das Handelsgesetzbuch (HGB)[3], das als Sonderprivatrecht speziell Regelungen für Kaufleute trifft. Im Straßenverkehrsgesetz (StVG) ist u.a. die spezielle Haftung eines Kraftfahrers, somit auch für D, geregelt.

Zur Vermittlung der Grundlagen und Zusammenhänge des Bürgerlichen Rechts sind die wesentlichen Regelungen und Prinzipien des BGB von Bedeutung. Deshalb wird sich die Darstellung in diesem Buch vor allem auf diese wesentlichen Regelungen im BGB selbst konzentrieren. Einige Regelungen der vorstehend genannten Spezialgesetze werden an geeigneter Stelle erörtert, soweit sie insbesondere für den Verbraucher von Interesse und gleichzeitig ausbildungsrelevant sind oder systematische Zusammenhänge verdeutlichen. Da das nationale Privatrecht immer stärkeren Einflüssen durch das Europarecht ausgesetzt ist, das teilweise auch unmittelbare privatrechtsgestaltende Wirkungen entfalten kann, erfolgt ein Überblick am Ende des Buches im

---

2 Zur Entstehungsgeschichte siehe *Schulte-Nölke* JuS 1996, 1705 ff.
3 Vgl. *Siems* NJW 2003, 1296.

sechsten Kapitel zum Europarecht und Internationalen Privatrecht, S. 545 ff. Doch zunächst zum BGB.

II. Inhalt und Aufteilung des BGB

Das BGB ist in fünf Bücher aufgeteilt, wobei sich eine nähere Einteilung nochmals an allgemeinen und besonderen Regelungen orientiert:

Allgemeiner Teil §§ 1-240 BGB

Der Allgemeine Teil des BGB enthält allgemeine Regelungen, die für das gesamte BGB (und grundlegend für das gesamte Zivilrecht) gelten und die zur Vermeidung von Wiederholungen vorangestellt wurden. Geregelt wird z.B. das Zustandekommen von Verträgen, welche im Schuldrecht, Sachenrecht, Familienrecht und Erbrecht speziell vorkommen. Die allgemeine Frage, wie ein derartiger Vertrag zustande kommt, bemisst sich immer nach den allgemeinen Regelungen der §§ 145 ff. BGB. Gleichermaßen grundsätzlicher Natur sind beispielsweise die Regeln zur Geschäftsfähigkeit, der Vertretung, zur Anfechtung, der Verjährung von Ansprüchen usw., die generell für Rechtsgeschäfte maßgeblich sind.

Schuldrecht §§ 241-853 BGB

Im Schuldrecht geht es um den Inhalt von Schuldverhältnissen, nach denen eine Person von einer anderen etwas fordern kann und somit einen sog. Anspruch[4] hat. Zunächst werden wiederum allgemeine Regeln aufgestellt, beispielsweise über den Inhalt und die Erfüllung eines Schuldverhältnisses, Leistungsstörungen durch Verzug und Unmöglichkeit sowie andere Rechte wie z.B. der Rücktritt vom Vertrag. Danach folgen spezielle, häufige Vertragstypen, beispielsweise Kauf, Tausch, Miete, Werkvertrag, Dienstvertrag usw. Nachfolgend ist die Entstehung von gesetzlichen Ansprüchen, wie u.a. Schadensersatz aus unerlaubter Handlung geregelt.

Sachenrecht §§ 854-1296 BGB

Gegenstand des Sachenrechts sind die Rechtsbeziehungen von Personen zu Sachen. Z.B. wird geregelt, wie Eigentum an einer Sache entsteht und übertragen (übereignet) wird oder auf andere Weise Eigentum erlangt werden kann. Auch die Hypothek, das Pfandrecht, der Nießbrauch sind als weitere Rechte an Sachen hier normiert.

Familienrecht §§ 1297-1921 BGB

Im Familienrecht sind u.a. die Ehe, Verwandtschaft und Abstammung sowie die sich hieraus ergebenden Rechtsbeziehungen geregelt. Festgelegt ist z.B., wer wem Unterhalt zu leisten hat und welche sonstigen Rechte und Pflichten bestehen.

---

4 Siehe die Legaldefinition in § 194 Abs. 1 BGB sowie die nachfolgende Darstellung im zweiten Kapitel, Allgemeine Grundlagen und im Siebenten Kapitel Methodik ab S. 548 ff.

Erbrecht §§ 1922-2385 BGB

Im Erbrecht finden sich die Regelungen über die vermögensrechtlichen Folgen des Todes, wie z.B. den Übergang des Nachlasses, die Erbfolge, die Erbeinsetzung, die Errichtung eines Testaments und den Pflichtteil.

Zweites Kapitel:

Allgemeine Grundlagen

A. Der Anspruch

Der Rechtsverkehr zwischen Rechtssubjekten findet seinen Ursprung in einem **Anspruch.** Dieser wird in § 194 Absatz 1 BGB definiert:

> *Ein **Anspruch** ist das Recht, von einem anderen ein Tun oder ein Unterlassen verlangen zu können (§ 194 Abs. 1 BGB).*[5]

Als "Tun" kommt z.B. die Zahlung eines Kaufpreises und als "Unterlassen" das Nichtbetreten eines Privatgrundstücks in Betracht.

Im o.g. Beispiel kann V von K die Kaufpreiszahlung verlangen. Dieser Anspruch steht ihm aus dem Kaufvertrag zu. K hingegen kann von D Schadensersatz für sein beschädigtes Eigentum gem. § 823 Abs. 1 BGB verlangen. Diesen Anspruch hat er aufgrund der Eigentumsbeschädigung durch D.

Die Prüfung der Rechtslage erfolgt immer nach dem sog. **Anspruchsaufbau:** Wer verlangt was von wem woraus?

Zur Begründung solcher Ansprüche (was?) zwischen den Beteiligten (wer gegen wen?) bedarf es einer Anspruchsgrundlage (woraus?), die zu ermitteln und zu prüfen ist.

Im o.g. Beispiel beauftragt uns V mit der Prüfung seiner Ansprüche gegen K. Es ist somit zu fragen, *was* der *V* gegen *K* *woraus* verlangen kann. Zu prüfen ist hiernach, ob V gegen K einen Anspruch auf Kaufpreiszahlung aus dem Kaufvertrag gem. § 433 Abs. 2 BGB hat.

Ansprüche können sowohl rechtsgeschäftlich als auch gesetzlich entstehen.

R ist begeisterter Rallyefahrer und besitzt eine kleine Autoreparaturwerkstatt. Der Kunde K kommt zu ihm in die Werkstatt und bittet ihn um die Reparatur eines Unfallschadens an seinem Auto. R willigt erfreut ein. Am Abend dreht er noch eine Runde mit seinem *eigenen* Sportwagen. Bei der Einfahrt zu seinem Werkstattgelände kommt er aufgrund überhöhter Geschwindigkeit ins Schleudern und beschädigt das dort geparkte Auto von A. Sowohl K als auch A verlangen die Reparatur ihrer Autos von R. Woraus könnte K und A jeweils ein derartiger Anspruch zustehen?

---

5 Vgl. zum Anspruch und Anspruchsaufbau *Medicus,* Bürgerliches Recht, § 1.

I. Rechtsgeschäftliche Ansprüche

Das Bürgerliche Recht geht vom **Grundsatz der Privatautonomie** aus. Die Subjekte der Rechtsordnung können ihre Lebensverhältnisse eigenverantwortlich gestalten und sich somit frei zu einer Leistung im Rahmen der Gesetze verpflichten. Die Privatautonomie ist ein Teil des Selbstbestimmungsprinzips des Menschen und wird insoweit auch durch Art. 1, 2 GG geschützt. Die Privatautonomie zeigt sich u.a. in der Vertragsfreiheit, vgl. nur § 311 Abs. 1 BGB, aber z.B. auch in der Freiheit des Eigentums, vgl. § 903 BGB.

Ein **Rechtsgeschäft** ist das Mittel zur Verwirklichung der Privatautonomie. Das Rechtsgeschäft besteht aus einer oder mehreren Willenserklärungen, welche allein oder in Verbindung mit anderen Tatbestandsmerkmalen eine Rechtsfolge herbeiführen, weil sie gewollt ist.

Im o.g. Reparatur-Beispiel hat sich R gegenüber K durch ein Rechtsgeschäft i.F. eines Werkvertrags verpflichtet, dessen Auto zu reparieren. Beide haben sich frei und zielgerichtet darüber geeinigt, dass dem K ein Anspruch gegen R auf die Autoreparatur zustehen soll. Diesen Anspruch sieht das BGB im Werkvertrag gem. §§ 631 ff. BGB vor.

Ein Rechtsgeschäft begründet einen rechtlichen Erfolg, weil die Parteien dies gewünscht haben und das Gesetz die entsprechende Rechtsfolge vorsieht.

Dieser innere Wille, eine bestimmte Rechtsbeziehung zu begründen (rechtlicher Erfolg, z.B. Verpflichtung aus Werkvertrag), bedarf der Kundgabe, damit er in der Außenwelt wirksam in Erscheinung treten kann. Das Rechtsgeschäft setzt einen entsprechenden Willen der Parteien voraus, die diesen Willen äußern müssen. Diese Erklärung des Willens wird **Willenserklärung** genannt.

Bestandteil eines Rechtsgeschäfts sind immer eine oder mehrere Willenserklärungen. Eine Willenserklärung ist die Kundgabe eines rechtsgeschäftlichen Willens.

Im Reparatur-Beispiel haben R und K ihren rechtsgeschäftlichen Willen dahingehend erklärt, dass R gegen Bezahlung das Auto des K reparieren soll. Hiermit haben beide eine Willenserklärung abgegeben, die auf die Herbeiführung des Rechtsgeschäfts Werkvertrag gem. § 631 ff. BGB gerichtet ist.

Die häufigste Erscheinungsform des Rechtsgeschäfts ist ein Vertrag. Der Vertrag ist ein Rechtsgeschäft, das aus mindestens *zwei* Willenserklärungen von mindestens zwei Parteien besteht, nach der sich zumindest eine der Parteien verpflichten soll, der anderen gegenüber eine Leistung zu erbringen. *Einseitige* Rechtsgeschäfte wie die Auslobung § 657 BGB oder das Testament § 2247 BGB stellen Ausnahmen dar.

Durch **Vertrag** können sich die Vertragsparteien somit verpflichten, einander Leistungen zu erbringen. Die jeweilige Vertragspartei hat hieraus einen Anspruch auf diese Leistung. Beispielsweise steht dem Käufer aufgrund eines wirksamen Kaufvertrags der Anspruch auf Eigentumsverschaffung an der Kaufsache gegen den Verkäufer gem. § 433 Abs. 1 BGB zu. Andererseits hat der Verkäufer einen Anspruch auf Kaufpreiszahlung gegen den Käufer, vgl. § 433 Abs. 2 BGB.

Im ersten Beispiel ist der Kaufpreisanspruch des V rechtsgeschäftlicher Natur, da er auf dem Kaufvertrag basiert. Durch den Vertrag hat sich der Käufer (K) gewollt zu dieser Zahlung verpflichtet. Im zweiten Beispiel ist der Reparaturanspruch des Kunden K ebenfalls rechtsgeschäftlich begründet, da er auf der Verpflichtung von R durch Werkvertrag beruht.

II. Gesetzliche Ansprüche

Unabhängig von einem Rechtsgeschäft der Parteien können sogenannte **gesetzliche Ansprüche** entstehen. Wird beispielsweise durch eine unerlaubte Handlung eine Person oder das Eigentum von einem anderen verletzt, hat der Geschädigte einen gesetzlichen Schadensersatzanspruch aus § 823 Abs. 1 BGB gegen den Schädiger. Die tatsächliche Schädigungshandlung (Tathandlung, z.B. von R) ist zur Begründung des Schadensersatzanspruchs ausreichend. Auf einen *tatsächlichen* Erfolg gerichtete Willensbetätigungen, die kraft Gesetzes eine Rechtsfolge hervorbringen, werden **Realakte** (Tathandlungen) genannt.

Im zweiten Beispiel hat A einen Schadensersatzanspruch gegen R auf Reparatur des Fahrzeugs aus §§ 823 Abs. 1, 249 BGB unabhängig von einer Vereinbarung der beiden Parteien. R ist allein aus Gesetz zur Schadensersatzleistung in Form der Autoreparatur verpflichtet, weil er fremdes Eigentum widerrechtlich und schuldhaft beschädigt (Realakt) hat, vgl. § 823 Abs. 1 BGB.

Abbildung 1: *Die Entstehung von Ansprüchen*

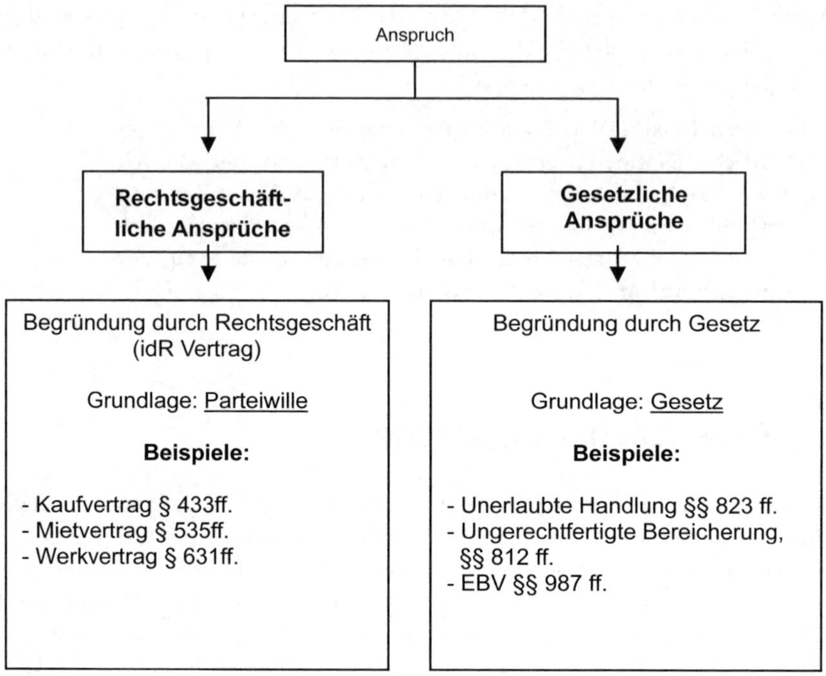

B. Rechtliches Verhalten durch Willenserklärung und Rechtshandlungen

Rechtliches Verhalten liegt in einer Willenserklärung, aber auch in sog. Rechtshandlungen, wozu geschäftsähnliche Handlungen und der Realakt (Tathandlungen) zählen.

Die Willenserklärung ist notwendiger Bestandteil eines Rechtsgeschäfts. Bei der Willenserklärung ist der Rechtsfolgewillen das entscheidende Element. Hierdurch besteht eine Abgrenzung zu den Rechtshandlungen. Bei den Rechtshandlungen knüpft die Rechtsordnung die Rechtsfolgen an Handlungen. Für den Eintritt der Rechtsfolgen ist der Wille des Handelnden unerheblich. Dementsprechend kommen Willenserklärungen bei der Begründung eines gesetzlichen Schuldverhältnisses keine Bedeutung zu, weil diese nicht von einem Verpflichtungswillen der Beteiligten abhängen.

Geschäftsähnliche Handlungen sind auf einen tatsächlichen Erfolg gerichtete Erklärungen, deren Rechtsfolgen kraft Gesetzes eintreten. Zum Beispiel kommt ein Schuldner durch Mahnung (geschäftsähnliche Handlung) in Verzug, vgl. § 286 Abs. 1 Satz 1 BGB. Realakte (Tathandlungen) sind auf einen tatsächlichen Erfolg gerichtete Willensbetätigungen, deren Rechtsfolgen kraft Gesetzes eintreten. Sie sind regelmäßig ein notwendiges Element zur Begründung eines gesetzlichen Schuldverhältnisses, soweit das Gesetz den Eintritt der entsprechenden Rechtsfolge an den Realakt knüpft. Ein Realakt kann aber auch ein notwendiges Merkmal eines Rechtsgeschäfts (Vertrages) sein. Einige Rechtsgeschäfte setzen neben der Abgabe von Willenserklärungen zusätzlich die Vornahme von Realakten voraus. Ein Rechtsgeschäft, welches neben der Abgabe zweier Willenserklärungen durch die beiden Parteien noch zusätzlich einen Realakt voraussetzt, ist z.B. die Übereignung einer beweglichen Sache (z.B. eines Autos) nach § 929 BGB. Die Übereignung als sog. dinglicher Vertrag setzt neben der Einigung (Willenserklärung) über den Eigentumsübergang (Vertrag) die tatsächliche Übergabe der Sache (Realakt) voraus.

Im Folgenden werden die Begriffe Rechtsgeschäft, Vertrag, Willenserklärung und geschäftsähnliche Handlungen sowie Realakt erläutert.

I. Das Rechtsgeschäft

Wie oben dargelegt, dient das Rechtsgeschäft dazu, durch zielbewusstes menschliches Handeln Rechtsbeziehungen zu begründen, zu verändern oder wieder zu lösen. Ein Rechtsgeschäft begründet den rechtlichen Erfolg, weil die Parteien dies gewünscht haben und das Gesetz die entsprechende Rechtsfolge vorsieht.

Ein Rechtsgeschäft besteht aus einer oder mehreren Willenserklärungen, welche allein oder in Verbindung mit anderen Tatbestandsmerkmalen eine Rechtsfolge herbeiführen, weil sie gewollt ist.

Andere Tatbestandsmerkmale können die Vornahme von Realakten (als tatsächliche Handlung) und geschäftsähnlichen Handlungen sein.

Im Beispiel 2 haben R und K ein Rechtsgeschäft in Form eines Werkvertrags geschlossen, vgl. § 631 BGB. Beim Werkvertrag verpflichtet sich die eine Partei (R) gegenüber der anderen Partei (K), eine Werkleistung (die Autoreparatur) zu erbringen.

Das Rechtsgeschäft Werkvertrag bildet aufgrund der Einigung einen Vertrag, der durch die Abgabe zweier entsprechender Willenserklärungen zustande kommt, welche auf die Vereinbarung dieses Werkvertrages gerichtet sind. Da das Gesetz in § 631 BGB diesen rechtlichen Erfolg als Werkvertrag vorsieht, ist das Rechtsgeschäft zustandegekommen. Der Werkvertrag nach § 631 BGB besteht folglich nur aus dem Element der Willenserklärungen, ohne dass es eines Realaktes bedarf.

Die praktisch häufigste Erscheinungsform des Rechtsgeschäfts ist der Vertrag.

II. Der Vertrag

Der Vertrag ist eine Willenseinigung, die durch die Abgabe von mindestens zwei sich entsprechenden **Willenserklärungen** der Vertragsparteien entsteht. Die Willenserklärungen müssen sich inhaltlich entsprechen, um die Einigung erzielen zu können. Der Vertrag begründet als Rechtsgeschäft zumindest für eine der Parteien eine Leistungspflicht und folglich für die andere Partei einen Anspruch auf diese Leistung.

Im Beispiel 2 haben R und K einen Werkvertrag geschlossen. R verpflichtet sich dadurch zur Reparatur, K zur Werklohnzahlung gem. § 631 BGB. Andere Verträge sind z.B. der Kaufvertrag (§ 433 BGB) oder der Mietvertrag (§ 535 BGB).

Im BGB bestehen mehrere Arten von Verträgen. Zum einen können begrifflich einseitige und mehrseitige Verträge unterschieden werden. Beim **einseitigen Vertrag** verpflichtet sich nur eine der Parteien zu einer Leistung, z.B. beim Schenkungsvertrag, vgl. § 516 BGB. Der **zweiseitige Vertrag,** bei dem sich beide (alle) Parteien zu einer Leistung verpflichten, bildet den häufigeren Fall. So z.B. beim Kauf-, Miet-, Werkvertrag usw. Beim **gegenseitigen Vertrag** stehen die Verpflichtungen der beiden Parteien als Hauptleistungspflichten in einem Gegenseitigkeits- bzw. Abhängigkeitsverhältnis, sog. Synallagma. Jeder Vertragspartner verpflichtet sich nur selbst zur Leistung um der Gegenleistung willen, so dass die Erbringung der einen Leistung die Erbringung der anderen Leistung voraussetzt.[6]

Der Kaufvertrag (§ 433 BGB) ist somit ein gegenseitiger Vertrag, da sich die Pflicht des Käufers zur Kaufpreiszahlung und die Pflicht des Verkäufers zur Übereignung der Kaufsache als Hauptleistungspflichten gegenüberstehen. Solange ein Vertragspartner nicht erfüllt, könnte der andere Teil z.B. nach § 320 BGB seine Leistung verweigern.

Von großer Bedeutung ist im BGB die Unterscheidung zwischen schuldrechtlichen und dinglichen Verträgen. Beim **schuldrechtlichen Vertrag** verpflichten sich die Parteien nur zu einer Leistung, bewirken diese aber noch nicht.

Im Beispiel 2 hat sich R im Werkvertrag nur zur Reparatur des Autos verpflichtet. Der Werkvertrag ist ein schuldrechtlicher Vertrag, der (nur) eine Verpflichtung begründet. Ebenso erlangen die anderen schuldrechtlichen Verträge, wie insbesondere der Kaufvertrag, nur verpflichtende Wirkung.

Schließt V mit K einen Kaufvertrag über 10 Orientteppiche, verpflichtet er sich gem. § 433 Abs. 1 BGB zur Übergabe und Übereignung der Teppiche, bewirkt hierdurch aber noch nicht die Übereignung.

Ebenso sind rein schuldrechtliche Verträge alle anderen im Schuldrecht geregelten Vertragsarten wie Miete, Tausch, Werkvertrag usw.

Der **dingliche Vertrag** bewirkt im Rahmen des sog. **Verfügungsgeschäfts**[7] eine Änderung der dinglichen Rechtslage, z.B. die Übereignung einer Sache.

Zur Erfüllung seiner Verpflichtung aus dem Kaufvertrag kann V gegenüber K die Teppiche nach § 929 Satz 1 BGB übereignen, indem sie sich beide über den Eigentumsübergang einigen und V die Teppiche an K übergibt.

---

6 Siehe dazu BGHZ 15, 105; 77, 363.
7 Siehe BGHZ 101, 26.

Die Einigung über den Eigentumsübergang ist ein sog. dinglicher Vertrag, da er als rechtsgeschäftliche Rechtsänderung den Übergang des Eigentums von V auf K bewirken soll. Neben diesem dinglichen Vertrag bedarf es nach § 929 BGB zur Übereignung noch des Realaktes in Form der Übergabe der Teppiche. Das Rechtsgeschäft der Übereignung einer beweglichen Sache besteht nach § 929 BGB aus zwei Willenserklärungen, die den dinglichen Vertrag bilden, und dem Realakt der Übergabe.

Die Trennung zwischen schuldrechtlicher Verpflichtung (z.B. aus Kaufvertrag, § 433 Abs. 1 BGB) gegenüber einer Verfügung und der Bewirkung dieser Verfügung (z.B. Übereignung nach § 929 BGB) wird **Trennungsprinzip**[8] genannt. Hierzu gleich ausführlich auf S. 23 ff.

III. Die Willenserklärung

Eine Willenserklärung ist die (private) Äußerung eines Willens, die eine Rechtsfolge (z.B. Vertragsschluss) herbeiführen soll.

Die Willenserklärung muss auf die Herbeiführung einer Rechtsfolge gerichtet sein, ansonsten entfaltet die Erklärung keine rechtliche Wirkung. Als **Rechtsfolgewillen** gilt jeder Wille, der auf die Begründung, inhaltliche Änderung oder Beendigung eines privaten Rechtsverhältnisses abzielt.

a) K erklärt V, er wolle den Drucker "Print GTI" für EUR 500,- kaufen.

b) K sendet an V über das Internet eine E-Mail, dass er den auf der Website des V angebotenen Drucker "Print GTI" für EUR 500,- kauft.

c) K sagt seiner Freundin, er wolle morgen bei V auch noch einen neuen Bildschirm "View GTI" für EUR 500,- kaufen.

Im Fall a) und b) liegt jeweils eine Willenserklärung im Sinne des BGB vor, da beide Äußerungen auf die Herbeiführung der Rechtsfolge "Begründung eines Kaufvertrags" gerichtet sind.

8 Vgl. dazu *Edenfeld* JuS 2005, 42.

Im Fall a) liegt eine mündlich geäußerte Willenserklärung vor, im Fall b) eine in elektronischer Form (E-Mail) "verkörperte" und übermittelte Willenserklärung (siehe zur elektronischen Willenserklärung und dem sog. E-Commerce ausführlich unten S. 80 ff.).[9]

Im Fall c) fehlt der Wille zur Herbeiführung einer Rechtsfolge, weil die Äußerung gegenüber der Freundin unverbindlich ist und nichts "rechtlich Bedeutsames" bewirken soll. Es besteht kein Wille, der auf die Begründung, inhaltliche Änderung oder Beendigung eines privaten Rechtsverhältnisses gerichtet ist.

Die **Willenserklärung** stellt die Äußerung dieses rechtsgeschäftlichen Willens dar. Hieraus ergeben sich zwei Elemente der Willenserklärung, der innere Wille (innerer Tatbestand) und die äußere Kundgabe dieses Willens (äußerer Tatbestand).

Eine Willenserklärung setzt sich zusammen aus

- dem inneren Willen **(innerer Tatbestand)** und
- der äußeren Kundgabe dieses Willens **(äußerer Tatbestand).**

---

1. Der innere Tatbestand

Der innere Tatbestand setzt sich aus den Elementen Handlungs-, Erklärungs-, und Geschäftswillen zusammen.

Der **Handlungswille**[10] umfasst das Bewusstsein, überhaupt zu handeln, welches beispielsweise bei Bewusstlosen fehlt.

Der Handlungswille fehlt z.B. bei der Fälschung, weil der angeblich Handelnde gar nicht gehandelt hat.

Beim **Erklärungswillen**[11] oder Erklärungsbewusstsein geht es um die Erkenntnis des Handelnden, dass sein Handeln etwas rechtlich Bedeutsames darstellt.

Wenn N zu einer Versteigerung geht und die Hand hebt, weil er wie in der Schule etwas sagen möchte, fehlt ihm das Bewusstsein, etwas rechtlich Erhebliches zu tun.

---

9 Siehe auch *Noack*, Das Gesetz zur Anpassung der Formvorschriften des Privatrechts und anderer Vorschriften an den modernen Rechtsgeschäftsverkehr, in: Das Neue Schuldrecht, S. 441.

10 Vgl. *Palandt-Heinrichs*, Einf. vor § 116, Rn 16; *Medicus*, Bürgerliches Recht, § 6 II, 3. 8

11 BGHZ 91, 324.

Der **Geschäftswille**[12] umfasst den Willen, durch die Äußerung eine ganz bestimmte Rechtsfolge[13] herbeizuführen.

Verschreibt K sich in seiner schriftlichen Bestellung, indem er "50.000" Liter Heizöl bestellt, jedoch nur 5.000 Liter bestellen wollte, hat er den Geschäftswillen, 5.000 Liter Heizöl bestellen zu wollen.

Im Regelfall sind alle drei Elemente dieses inneren Tatbestands einer Willenserklärung gegeben, weshalb zunächst der äußere Tatbestand betrachtet werden soll, der entscheidend den Inhalt der Willenserklärung nach außen bestimmt.

Allerdings kann trotz fehlenden Erklärungsbewusstseins (in Form des Rechtsbindungs-, Geschäftswillens) eine Willenserklärung vorliegen, wenn der Erklärende bei Anwendung der im Verkehr erforderlichen Sorgfalt hätte erkennen und vermeiden können, dass seine Äußerung nach Treu und Glauben und der Verkehrssitte als Willenserklärung aufgefasst werden durfte, und wenn der Empfänger sie auch tatsächlich so verstanden hat. Sie kann dann aber gem. §§ 119, 121, 143 BGB angefochten werden.[14]

2. Der äußere Tatbestand

Der Geschäftswille verwirklicht sich in seiner äußeren Erklärung, die Dritten erkennbar zum Ausdruck bringt, eine bestimmte Rechtsfolge herbeiführen zu wollen. Dies setzt voraus, dass Dritte, z.B. ein neutraler Beobachter, aus der Äußerung zweifelsfrei auf den dadurch ausgedrückten Geschäftswillen schließen können.

Entscheidend ist dabei, wie das Erklärte auf einen neutralen Beobachter wirkt und nicht, was der Erklärende zu erklären glaubt. Dies wird aus §§ 133, 157 BGB abgeleitet.

Für einen neutralen Beobachter erkennbar hat K erklärt, 50.000 Liter Heizöl kaufen zu wollen. Dies gilt als Inhalt seiner Willenserklärung, da seine Erklärung von Dritten so verstanden werden musste, vgl. §§ 133, 157 BGB. Die Tatsache, dass sein innerer Geschäftswille nur auf 5.000 Liter gerichtet war, erfährt zunächst keine Bedeutung.

Dieses Ergebnis gebietet sich aus dem Schutz des Rechtsverkehrs. Jeder muss sich darauf verlassen können, dass der Inhalt Geltung erlangt, der vernünftigerweise einer Erklärung zu entnehmen ist. Aufgrund des Irrtums kann der Erklärende jedoch unter Umständen seine Erklärung anfechten.[15]

---

12 Vgl. hierzu *Palandt*-Heinrichs, vor § 116, Rn 6.

13 Vgl. zum Geschäfts- bzw. Rechtsbindungswillen bei sog. Gefälligkeitsverhältnissen BGHZ 21, 106, sowie unten im Dritten Kapitel C.

14 BGHZ 91, 324; *Walker* JuS 2007, 1 ff.; *Rönnau/Faust/Fehling* JuS 2004, 668.

15 Siehe dazu ausführlich ab S. 55 ff.

Für den Inhalt **(Auslegung)** einer **Willenserklärung** kommt es nicht auf den inneren Geschäftswillen, sondern darauf an, wie ein neutraler Beobachter die Erklärung verstehen musste, sog. **objektiver Empfängerhorizont**[16], §§ 133, 157 BGB.

Der aus Köln stammende K geht auf das Münchener Oktoberfest und bestellt eine "Maß Bier", da er glaubt, es handele sich dabei um ein normales Kölschglas mit 0,2 l Inhalt. Als der Wirt nickt und ihm den Literkrug hinstellt, will K nicht zahlen, da er etwas anderes bestellen wollte.

Hier gilt die Willenserklärung des K als Bestellung einer Maß Bier, was 1 l Bier entspricht. Er hatte zwar einen anders lautenden Geschäftswillen, da er nur 0,2 l Bier bestellen wollte, aber dieser Wille ist nicht maßgebend, da ein neutraler Dritter die Bestellung "einer Maß Bier" auf dem Oktoberfest nur als Bestellung einer Maß i.S.v. von 1 l Bier verstehen konnte. Damit gilt die Bestellung des K über 1 l Bier trotz seines abweichenden Geschäftswillens.

Bei dem Grundsatz, dass eine Willenserklärung so gilt, wie ein neutraler Beobachter sie verstehen muss (**objektiver Empfangerhorizont**), ist folgendes zu beachten:

Fehlt dem Erklärenden bereits der **Handlungswille,** liegt überhaupt keine Willenserklärung vor, da die Rechtsordnung ein menschliches "Handeln" voraussetzt.

Wenn E in der Versteigerung plötzlich bewusstlos wird und dabei vom Stuhl fallend noch die Hand hochstreckt, ist keine Willenserklärung gegeben, auch wenn der Auktionator und Dritte aus der Distanz einen entsprechenden Eindruck gewinnen sollten.

Fehlt dem Erklärenden das **Erklärungsbewusstsein** *und* konnte er vernünftigerweise nicht erkennen, dass er etwas rechtlich Bedeutsames vornimmt, gilt seine Erklärung nicht als Willenserklärung. Derartige Fälle sind jedoch die Ausnahme. In der Regel wird der Erklärende bei Anwendung der im Verkehr erforderlichen Sorgfalt erkennen und vermeiden können, dass seine Äußerung nach Treu und Glauben und der Verkehrssitte als Willenserklärung aufgefasst wird. Der Empfänger wird die Erklärung in aller Regel auch so verstehen. Dann gilt die abgegebene Erklärung als Willenserklärung, so wie der Empfänger sie auch tatsächlich verstanden hat und verstehen durfte.[17] Sie kann allerdings von dem Erklärenden gem. §§ 119, 121, 143 BGB angefochten werden.

---

16 BGHZ 103,280; BGH NJW 1990, 3206; BGH NJW 1992, 1446.

17 BGHZ 91, 324; siehe dazu *Schnorr* JuS 2006, 115.

Hebt N in der Versteigerung die Hand, weil er wie in der Schule auch einmal etwas sagen möchte, muss ein neutraler Dritter davon ausgehen, dass mit dem Anheben der Hand der Wille zum Ersteigern verbunden ist. Anders als im o.g. Fall des E hatte N Handlungswillen, da er die Hand heben wollte. N fehlte aber das Erklärungsbewusstsein, dass er rechtlich erheblich handelt.

Seine Äußerung gilt dennoch als Willenserklärung zur Ersteigerung, weil jeder neutrale Beobachter seine Erklärung als Willenserklärung zum Angebot der Ersteigerung auffassen musste. Schlägt der Auktionator zu, hat er die Sache ersteigert. Eine Ausnahme würde nur gelten, wenn N unter normalen Umständen die Bedeutung seines Handelns nicht erkennen kann.

Willenserklärungen sind nicht nur Vertragsangebote, sondern auch deren Widerruf, die Kündigung, die Errichtung eines Testaments etc.

IV. Geschäftsähnliche Handlungen

Geschäftsähnliche Handlungen sind auf einen tatsächlichen Erfolg gerichtete Erklärungen. In der Regel zählen hierzu Aufforderungen oder Mitteilungen.

Beispielsweise die Mahnung[18], vgl. § 286 Abs. 1 BGB, Aufforderungen §§ 108 Abs. 2, 177 Abs. 2 BGB, Fristsetzungen § 281 Abs. 1 Satz 1 BGB.

Die Vorschriften über Willenserklärungen sind auf die Mehrzahl der geschäftsähnlichen Handlungen entsprechend anwendbar.

Z.B. Regelungen über die Geschäftsfähigkeit §§ 104 ff. BGB, das Wirksamwerden §§ 130 ff. BGB, Stellvertretung §§ 164 ff. BGB, Willensmängel §§ 116 ff. BGB.

V will K sein Hausgrundstück verkaufen und erklärt dabei, dass der bauliche Zustand "perfekt" sei. Obwohl diese Eigenschaft "perfekt" zu sein nicht als Beschaffenheitsmerkmal iSv § 434 Abs. 1, Satz 2 BGB Inhalt des Kaufvertrags geworden ist, gilt diese Erklärung als geschäftsähnliche Handlung. Bei der Auslegung der Erklärung von V, z.B. um zu prüfen, ob ihm ein (vorsätzliches) vorvertragliches Verschulden als Verkäufer

---

18 Siehe OLG Düsseldorf NJW-RR 2000, 583.

vorzuwerfen ist, sind die für Willenserklärungen geltenden Regelungen (§§ 133, 157 BGB) entsprechend anzuwenden (geschäftsähnliche Handlungen).[19]

V. Der Realakt

Anders als bei Rechtsgeschäften mit dem Element einer Willenserklärung tritt beim Realakt die Rechtsfolge unabhängig davon ein, ob diese Rechtsfolge gewollt und beabsichtigt war oder nicht.

> *Realakte sind auf einen tatsächlichen Erfolg gerichtete Willensbetätigungen, die kraft Gesetzes eine Rechtsfolge auslösen.*

Im Beispiel 2 fährt R in das parkende Auto von A, welches beschädigt wird. Unabhängig davon, ob R das Auto von A beschädigen wollte und hierfür Schadensersatz leisten möchte oder nicht, verpflichtet ihn das Gesetz nach § 823 Abs. 1 BGB zum Schadensersatz. Die Beschädigung des fremden Autos ist als Tathandlung ein schlichter Realakt.

E schickt eine Bestellung nicht mit der Post, sondern übergibt sie dem 16-jährigen Boten B, der sie zum Großhändler bringt. Obwohl der Bote die Bestellung übergibt und damit eine rechtlich erhebliche Handlung vornimmt, ist diese Übergabe nur ein Realakt und kein Rechtsgeschäft, da hierbei der (Geschäfts-)Wille des Boten unbeachtlich ist und dieser keine eigene Vereinbarung begründen will.

Die **Unterscheidung** zwischen Realakt und Rechtsgeschäft ist insofern von Bedeutung, als grundsätzlich nur zur Vornahme eines Rechtsgeschäfts die Geschäftsfähigkeit erforderlich ist.[20]

Dementsprechend kann der 5-jährige M als Geschäftsunfähiger (vgl. § 104, 105 Abs. 1 BGB) Bote sein, nicht aber selbst ein Rechtsgeschäft vornehmen.

M kann die schriftliche Bestellung seines Vaters dem Kaufmann V als Bote überbringen, nicht jedoch für seinen Vater selbst einen Geschäftswillen äußern.

---

19 Vgl. auch *Ulrici* NJW 2003, 2053.

20 Vergleiche hierzu ausführlich S. 37 ff.

Abbildung 2: Tathandlung und Willenserklärung

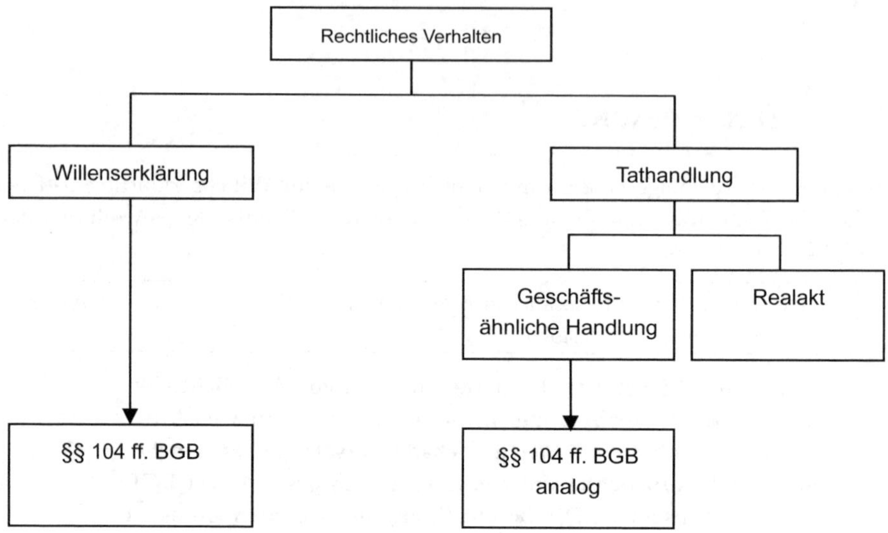

- Die **Willenserklärung** ist auf einen rechtlichen Erfolg gerichtet. Rechtsfolge kraft Parteiwillens.
- **Geschäftsähnliche Handlungen** sind auf einen tatsächlichen Erfolg gerichtete Erklärungen. Rechtsfolge kraft Gesetzes. Die Vorschriften der §§ 104 ff. BGB über die Geltung von Willenserklärungen sind grundsätzlich analog anwendbar.[21]
- **Realakte** sind auf einen tatsächlichen Erfolg gerichtete Willensbetätigungen. Rechtsfolge kraft Gesetzes.

Ein Rechtsgeschäft besteht aus einer oder mehreren **Willenserklärungen,** welche allein oder in Verbindung mit anderen **Tatbestandsmerkmalen** eine Rechtsfolge herbeiführen, weil sie gewollt ist.

Folglich kann eine Willenserklärung die Rechtsfolge bei einem einseitigen Rechtsgeschäft (z.B. Auslobung § 657 BGB) herbeiführen.

Nach der Art des Rechtsgeschäfts können hingegen mehrere Willenserklärungen und weitere Tatbestandsmerkmale wie Realakte erforderlich sein.

21 BGHZ 47, 357.

Die Übereignung nach § 929 Satz 1 BGB ist ein (dingliches) Rechtsgeschäft, welches eine Einigung (zwei Willenserklärungen) *und* die Übergabe (Realakt) der Sache voraussetzt. Dieses dingliche Rechtsgeschäft besteht aus den Tatbestandselementen Willenserklärungen und Realakt.

Realakte erlangen nicht nur im Rahmen rechtsgeschäftlicher Ansprüche, sondern insbesondere bei *gesetzlichen* Ansprüchen Bedeutung. Beispielsweise im Rahmen eines Schadensersatzanspruchs gem. § 823 BGB; die Beschädigung von Eigentum ist ein Realakt. Hierdurch zeigt sich, dass auch schlichte Realakte Rechtsfolgen (bei gesetzlichen Schuldverhältnissen) herbeiführen können.

C. Das Trennungs- und Abstraktionsprinzip

Das Trennungsprinzip des BGB beinhaltet die strikte **Trennung** von Verpflichtungs- und Verfügungsgeschäft.[22] Durch einen schuldrechtlichen Vertrag, wie z.B. einen Kaufvertrag, § 433 BGB, wird nur die Verpflichtung zur Leistung (Übereignung der Kaufsache) begründet, diese aber noch nicht erfüllt. Die Übereignung muss gesondert als Verfügungsgeschäft vorgenommen werden, § 929 BGB.

Das Trennungsprinzip

Verpflichtung und Verfügung sind zu trennen:

- Das schuldrechtliche Verpflichtungsgeschäft (z.B. § 433 BGB Kaufvertrag) verpflichtet nur zu der vereinbarten Leistung, bewirkt diese aber noch nicht.
- Zur Erfüllung dieser Verpflichtung bedarf es gesondert der Vornahme des Verfügungsgeschäfts (z.B. Übereignung der Kaufsache gem. § 929 S. 1 BGB)

K sieht in ihrer Mittagspause ein Sofa beim Möbelhändler M zum Sonderpreis. Sie unterschreibt sofort den Kaufvertrag über EUR 3333,- und sagt, sie hole das Sofa morgen ab. Wurde bereits Eigentum übertragen?

Durch den Kaufvertrag hat sich K gem. § 433 Abs. 2 BGB nur verpflichtet, EUR 3333,- zu zahlen und M hat sich lediglich verpflichtet, das Sofa an K zu übereignen. Sie verliert durch den Kaufvertrag nicht das Eigentum an ihrem Geld i.H.v. EUR 3333,- und M noch nicht das Eigentum an dem Sofa. Beide Gegenstände -das Geld und das Sofa- müssen erst noch gesondert übereignet werden. Die Übereignung wird später im Kapitel Sachenrecht anhand der §§ 929 ff. BGB ausführlich erörtert.[23]

---

22 Vgl. hierzu auch *Medicus,* BR, § 3.

23 Siehe ab S. 460 ff.

I. Das Verpflichtungsgeschäft

Das **Verpflichtungsgeschäft** wird durch einen schuldrechtlichen Vertrag begründet.

> **Beispiele für einen schuldrechtlichen Vertrag: Kaufvertrag (§ 433 BGB), Schenkungsvertrag (§ 516 BGB), Mietvertrag (§ 535 BGB).**

Der **schuldrechtliche Vertrag verpflichtet** eine Vertragspartei nur zu einer Leistung, bewirkt diese aber nicht. Der schuldrechtliche Vertrag bildet nur das **Verpflichtungsgeschäft.** Rechtsfolge des Verpflichtungsgeschäfts ist somit die Begründung eines Schuldverhältnisses: die sich verpflichtende Partei (Schuldner) schuldet der anderen Partei (Gläubiger) die Leistung, zu der sie sich verpflichtet hat. Der Gläubiger hat einen Anspruch gegen den Schuldner auf diese Leistung.[24]

> *Das Verpflichtungsgeschäft* ***verpflichtet*** *nur (zu einer Leistung), bewirkt diese aber nicht.*

Beim Kaufvertrag verpflichtet sich der Verkäufer nach § 433 Abs. 1 Satz 1 BGB zur Übereignung des Kaufgegenstandes, der Käufer zur Zahlung des Kaufpreises (Übereignung des Geldes). Der Kaufvertrag verpflichtet als Verpflichtungsgeschäft nur zu dieser Übereignung, bewirkt sie aber noch nicht.

Aus der Eigenart eines Kaufvertrags als Verpflichtungsgeschäft ergibt sich somit, dass durch den **Kaufvertrag nie** das **Eigentum** an der Kaufsache **übertragen** wird. Der Kaufvertrag *verpflichtet* den Verkäufer *nur zur Übereignung* der Kaufsache und den Käufer zur Zahlung (und Übereignung) des Kaufpreises (§ 433 BGB).

II. Das Verfügungsgeschäft

Die Übereignung als Änderung der dinglichen Rechtslage an dem Kaufgegenstand muss noch gesondert durch das **Verfügungsgeschäft** erfolgen.

> *Das Verfügungsgeschäft* ***ändert*** *die* ***dingliche Rechtslage,*** *indem es ein Recht begründet, überträgt, ändert oder aufhebt.*

> ***Verfügungen*** *sind somit Rechtsgeschäfte, die unmittelbar darauf gerichtet sind, auf ein bestehendes Recht einzuwirken, es zu verändern, zu übertragen oder aufzuheben.*[25]

24 Vgl. *Palandt-Heinrichs,* vor § 104, Rn 15.
25 BGHZ 101, 26.

Bei der Übereignung einer beweglichen Sache nach § 929 Satz 1 BGB wird z.B. das Eigentumsrecht an dem Gegenstand vom Veräußerer auf den Erwerber übertragen. Diese Übereignung nach § 929 Satz 1 BGB erfolgt durch (dingliche) Einigung über den Eigentumsübergang und Übergabe der Kaufsache. Durch diese Verfügung wird die Eigentumslage an dem Gegenstand geändert.

Das Verfügungsgeschäft ***bewirkt*** *die dingliche Rechtsänderung, verpflichtet aber nicht.*

Nach § 929 Satz 1 BGB besteht das Verfügungsgeschäft neben dem Realakt der Übergabe aus der Einigung über den Eigentumsübergang. Diese (dingliche) Einigung bildet den sog. dinglichen Vertrag. Im Gegensatz zum schuldrechtlichen Vertrag (Verpflichtungsgeschäft) bewirkt er eine dingliche Rechtsänderung, verpflichtet aber nicht. Weitere Beispiele für Verfügungsgeschäfte, welche die dingliche Rechtslage ändern, sind die Verpfändung eines Gegenstandes (vgl. §§ 1204 ff. BGB) oder die Belastung eines Grundstücks mit einer Hypothek (vgl. §§ 1113 ff. BGB).

In der Regel wird durch das Verfügungsgeschäft bezweckt, die Verpflichtung aus dem Verpflichtungsgeschäft zu erfüllen. Dieser Zweck hat aber keine rechtliche Bedeutung für die Wirksamkeit des Verfügungsgeschäfts.

Im Sofa-Beispiel wird M das Sofa an K nur deshalb übereignen, weil er sich dazu im Kaufvertrag verpflichtet hat. Er könnte das Sofa allerdings auch ohne Verpflichtung gegenüber K an diesen übereignen. Kaufvertrag (Verpflichtungsgeschäft) und Übereignung (Verfügungsgeschäft) sind zu trennen!

Ein weiteres Beispiel, bei dem die Trennung von Verpflichtung und Verfügung anschaulich wird, ist der Grundstückskauf. Durch einen wirksamen Kaufvertrag über ein Grundstück wird man noch nicht Eigentümer desselben und verliert nicht das Eigentum an seinem Geld in Höhe des Kaufpreises. Der Kaufvertrag ist nur das Verpflichtungsgeschäft. Für den Eigentumsübergang an dem Grundstück bedarf es gesondert eines Verfügungsgeschäfts in Form der Übereignung, welches bei Grundstücken neben der Einigung über den Eigentumsübergang (§ 925 BGB) auch die Eintragung in das Grundbuch nach § 873 BGB voraussetzt.

Abbildung 3: Das Trennungsprinzip

III. Auswirkungen des Trennungs- und Abstraktionsprinzips

Neben dem Trennungsprinzip, nach welchem Verpflichtungs- und Verfügungsgeschäft zu trennen sind, besteht noch eine weitere Besonderheit.

Das **Abstraktionsprinzip** besagt ergänzend zur Trennung von Verpflichtung und Verfügung, dass die Verfügung unabhängig von der Verpflichtung möglich und **wirksam** ist. Vereinfacht betrachtet, kann Eigentum auch dann wirksam übertragen werden, wenn hierzu keine wirksame Verpflichtung besteht.

V glaubt in Y die Kundin zu erkennen, mit der er gestern einen Kaufvertrag über sein Fahrrad geschlossen hat und sagt, sie könne das Fahrrad jetzt als ihr Eigentum mitnehmen. Y nickt freudig und nimmt das Fahrrad mit. Als V seinen Irrtum bemerkt, fordert er das Fahrrad mit der Behauptung zurück, dass es ihm gehöre. V ist jedoch nicht mehr Eigentümer des Fahrrads, da er das Fahrrad durch Einigung und Übergabe nach § 929 Satz 1 BGB übereignet hat. Die Übereignung ist ohne wirksamen Kaufvertrag -oder ein anderes Verpflichtungsgeschäft- wirksam.

Abstraktionsprinzip: *Der Bestand des Verfügungsgeschäfts ist unabhängig vom Bestand des Verpflichtungsgeschäftes.*

IV. Korrektur über §§ 812 ff. BGB

Die Rechtsordnung kann das Ergebnis, dass jemand ohne Rechtsgrund etwas erlangt, z.B. Eigentümer einer Sache wird, nicht in jedem Fall tolerieren. Der **Ausgleich** erfolgt über das Bereicherungsrecht der §§ 812 ff. BGB. Wenn ohne Rechtsgrund übereignet wird, darf der Empfänger das erhaltene Eigentum nicht behalten, sondern muss es zurückgeben (§§ 812 ff. BGB).

V kann von Y die Rückübereignung des Rades verlangen, da sie ohne Rechtsgrund ungerechtfertigt bereichert ist, vgl. § 812 Abs. 1 BGB.

Im Bereicherungsrecht erfolgt der Ausgleich für ungerechtfertigte Vermögensverschiebungen. Es geht um die Frage, ob der Empfänger das Empfangene behalten darf, weil es einen Rechtsgrund hierfür gibt oder ob er es wieder herausgeben muss, weil es an einem Rechtsgrund fehlt. Ungerechtfertigte Bereicherungen sind wieder herauszugeben, siehe §§ 812 ff. BGB.

Zunächst ist die Übereignung von V an Y gem. § 929 Satz 1 BGB wirksam. Erst im Anschluss ist zu untersuchen, ob Y das Fahrrad als Eigentum behalten kann oder ob sie dieses wieder zurückübereignen muss.

V. Die einzelnen Verträge eines Kaufgeschäfts

Wie erläutert, ergibt sich aus dem Trennungsprinzip, dass zur Erfüllung der Verpflichtungen aus dem (Kauf-)Verpflichtungsgeschäft noch zwei gesonderte (dingliche) Verfügungen erfolgen müssen. Zur Abwicklung eines Kaufgeschäfts im wirtschaftlichen Sinne folgt hieraus, dass insgesamt drei Verträge zu schließen sind.

Wie viele Verträge sind für die Durchführung eines Kaufs von einer Tüte Milch für 1,- EUR notwendig?

Zunächst kommt ein wirksamer Kaufvertrag zwischen Käufer und Verkäufer als Verpflichtungsgeschäft zustande. Daraufhin muss der Verkäufer die Kaufsache übereignen (erstes Verfügungsgeschäft) und der Käufer muss den Kaufpreis zahlen (zweites Verfügungsgeschäft der Übereignung des Geldes).

Diese drei Verträge sind:

- Ein Kaufvertrag nach § 433 BGB als sog. Verpflichtungsgeschäft.
- Ein (**dinglicher**) **Vertrag** zwischen Verkäufer und Käufer über den **Eigentumsübergang** gem. §§ 929 ff. BGB an dem 1,- EUR-Geldstück zur Bewirkung des Erfüllungsgeschäfts bezüglich der Käuferverpflichtung.

Ein (**dinglicher**) **Vertrag** zwischen Verkäufer und Käufer über den **Eigentumsübergang** gem. §§ 929 ff. BGB an der Tüte Milch zur Bewirkung des Erfüllungsgeschäfts bezüglich der Verkäuferverpflichtung.

D. Der Vertragsschluss und seine Voraussetzungen

Rechtsgeschäftliche Ansprüche entstehen grundsätzlich durch Vertrag. In §§ 145 ff. BGB ist geregelt, wie ein **Vertrag zustande** kommt. Diese Grundsätze gelten für das gesamte Zivilrecht und insoweit für alle Vertragsarten.

> *Ein Vertrag setzt die Willenseinigung von mindestens zwei Parteien durch die Abgabe von zwei entsprechenden Willenserklärungen voraus.*

Diese beiden (Willens-)Erklärungen werden Angebot und Annahme genannt, je nach dem, welche Erklärung von wem zuerst abgegeben wird. Diese Willenserklärungen müssen **wirksam abgegeben** werden und der anderen Vertragspartei jeweils **wirksam zugehen,** vgl. § 130 Abs. 1 BGB für Erklärungen unter Abwesenden.

> *Ein Vertrag kommt nach §§ 145 ff. BGB durch Abgabe und Zugang (§§ 130 ff. BGB) von zwei Willenserklärungen zustande, die Angebot und Annahme genannt werden.*

Zur Wirksamkeit einer Willenserklärung bedarf es einer wirksamen Abgabe und eines wirksamen Zugangs beim Erklärungsempfänger. Die Grundsätze über das Wirksamwerden einer Willenserklärung gelten dabei nicht nur für das Angebot und die Annahme beim Vertragsschluss, sondern generell für alle Willenserklärungen, die der anderen Partei zugehen müssen, wie z.B. die Kündigung oder den Widerruf.

I. Abgabe eines Angebots (Willenserklärung)

Die wirksame Abgabe eines Vertragsangebots setzt zunächst voraus, dass eine Willenserklärung vorliegt, die als entsprechendes Angebot zu verstehen ist. Damit dieses Vertragsangebot als Willenserklärung wirksam wird, muss es nicht nur irgendwie geäußert, sondern ordnungsgemäß abgegeben werden und dem Erklärungsempfänger ordnungsgemäß zugehen.

K füllt die schriftliche Bestellkarte des Weinversandes V aus und bestellt darin 10 Flaschen "Chateau boire" Jahrgang 1912 zu je 799,- EUR. Diesen Brief gibt K ordnungsgemäß zur Post.

1. Auslegung als Angebot

Voraussetzung ist zunächst, dass die Erklärung gem. §§ 133, 157 BGB als Willenserklärung zu verstehen ist, die auf die Begründung eines Vertrags, z.B. eines Kaufvertrags, zu verstehen ist (Vertragsangebot). Die Erklärung muss deshalb im Rahmen einer Auslegung nach §§ 133, 157 BGB für einen objektiven Dritten (objektiver Empfängerhorizont) erkennen lassen, dass der Erklärende verbindlich dem Erklärungsempfänger einen Vertragsschluss anbietet. (vgl. zum Inhalt und Auslegung der Willenserklärung oben, S. 15 ff.)

Im Beispiel oben ist die Erklärung des K für einen objektiven Dritten als Vertragsangebot zu verstehen, da ausdrücklich von der "Bestellung" der 10 Flaschen zum Preis von 7.990,- EUR beim Weinversand V die Rede ist.

Von den Vertragsangeboten sind die bloßen Aufforderungen zur Abgabe eines Vertragsangebotes (sog. invitatio ad offerendum) abzugrenzen. Beim Vertragsangebot hat der Erklärende den Willen zur rechtlichen Bindung (subjektiver Tatbestand) und lässt diesen nach außen durch seine Erklärung erkennen (objektiver Tatbestand). Bei der invitatio ad offerendum möchte sich der Erklärende objektiv erkennbar noch nicht verbindlich binden, sondern fordert nur zur Abgabe von Angeboten auf. Ob die Erklärung als verbindliches Vertragsangebot oder als invitatio ad offerendum zu verstehen ist, ist durch Auslegung gem. §§ 133, 157 BGB zu ermitteln. Maßgebend ist nicht der innere Wille des Erklärenden, sondern der objektive Erklärungswert seines Verhaltens (objektiver Tatbestand). Diese Auslegungsfrage stellt sich in der Regel nur bei Erklärungen des "Verkäufers".

Im Beispiel oben ist zu prüfen, ob die Übersendung des Katalogs mit der Bestellkarte durch den Weinversand V bereits als verbindliches Angebot an K über den Kauf einer beliebigen Anzahl von Flaschen "chateau boire" zum Preis von je 799 EUR zu verstehen ist. Das Ausfüllen der Bestellkarte durch K würde dann nicht als Angebot zum Vertragsschluss, sondern bereits als Annahme des Kaufvertrages zu prüfen sein.

Bei der Auslegung und Abgrenzung zwischen verbindlichem Vertragsangebot und unverbindlichem invitatio ad offerendum wird entscheidend auf die objektive Interessenlage abgestellt. Bei der Abgabe eines verbindlichen Angebots bindet sich der Erklärende rechtlich verbindlich (vgl. § 145 BGB), so dass im Falle der Annahme des Antrags durch die Gegenseite der Vertrag zustande kommt. Kann der Erklärende den Vertrag nicht erfüllen, macht er sich gem. §§ 437 Nr. 3, 311a Abs. 2 Satz 1 BGB schadensersatzpflichtig. Die "Verkaufspartei" wird sich deshalb insbesondere bei Erklärungen gegenüber einem unbestimmten Personenkreis in der Regel vor einem Vertragsschluss vorbehalten, die eigene Leistungsfähigkeit sowie möglicherweise die

Bonität der Gegenseite zu prüfen. Üblicherweise stellen deshalb Schaufensterdekorationen, Kataloge und Bestellscheine sowie Zeitungsanzeigen lediglich Aufforderungen bzw. Einladungen zum Kauf dar (invitatio ad offerendum).

Im Beispiel oben ergibt die Auslegung der Übersendung des Katalogs an K durch den Weinversandhandel V, dass hierdurch noch kein verbindliches Vertragsangebot gewollt war. Nach dem objektiven Empfängerhorizont liegt in dieser Erklärung nur eine unverbindliche invitatio ad offerendum, da der Weinversand anderenfalls eine drohende unbegrenzte Leistungspflicht eingegangen wäre. Unabhängig davon, ob K oder weitere Empfänger des Katalogs nur 10 oder 10.000 Flaschen des seltenen Jahrgangs "bestellen", müsste der Weinversand leisten oder Schadensersatz zahlen. Für Dritte erkennbar ist auch, dass sich V in der Regel die Prüfung des konkreten Vertragspartners vorbehalten möchte. Da K als vermögend und zahlungsfreudig bekannt ist, bestehen keine Bedenken bei einer Lieferung in Höhe von 7.990,- EUR für 10 Flaschen Wein. Dies kann bei einer Bestellung von 1.000 Flaschen anders zu beurteilen sein.

Das verbindliche Angebot zum Abschluss des Kaufvertrags über die 10 Flaschen Wein kann deshalb nur in der "Bestellung" durch K und nicht bereits in der Übersendung des Katalogs und Bestellscheins durch den Weinhandel V gesehen werden. Damit diese "Bestellung" des K wirksam wird, muss sie allerdings gegenüber dem Weinversandhandel V auch ordnungsgemäß abgegeben werden.

2. Abgabe des Angebots

Eine **Willenserklärung** ist wirksam **abgegeben,** wenn sie wissentlich und willentlich in den Rechtsverkehr so entäußert wird, dass unter normalen Umständen mit einem Zugang beim Empfänger zu rechnen ist.

Die Abgabe kann durch Absenden eines Briefes, durch mündliche Mitteilung an einen anderen oder durch Übersendung mittels Boten erfolgen. Entscheidend ist bei einer empfangsbedürftigen Willenserklärung nur, dass die Erklärung in irgendeiner Form wissentlich und willentlich in den Rechtsverkehr entäußert wird, so das unter normalen Umständen mit einem Zugang beim Empfänger zu rechnen ist.

Im Beispiel oben füllt K die Bestellung über die 10 Flaschen "Chateau boire" zum Preis von je 799,- EUR aus und unterschreibt sie.

a) Diese Bestellung gibt K korrekt adressiert und frankiert bei der Post auf.

b) K kommen unmittelbar nach der Unterschrift Bedenken hinsichtlich des Preises, so dass er den Brief noch einen Tag liegen lässt. Diesen Brief findet die Haushälterin H. Sie liest den Brief und nimmt ihn mit, um ihren Freundinnen alles plastisch schildern zu können. Sie findet den Preis und die Bestellung unerhört, da ihr seit Jahren eine Gehaltserhöhung von K verweigert wird.

Im Fall a) gibt K seine Willenserklärung wirksam ab, da er sie willentlich in den Rechtsverkehr entäußert.

Im Fall b) hat er die Erklärung zwar verfasst, aber noch nicht in den Rechtsverkehr willentlich entäußert. Die Erklärung wurde Dritten zwar zugänglich gemacht, jedoch erfolgte die Entäußerung ohne seinen Willen und ist ihm durch das eigenmächtige Handeln der H auch nicht zuzurechnen. Gelangt die Bestellung letztendlich irgendwie zu dem Weinversand V oder erfährt der Inhaber des Weinversandes von der Bestellung, liegt demnach kein wirksames Angebot von K vor, da er dieses nicht wirksam abgegeben hat.

3. Zugang des Angebots (der Willenserklärung)

*Die ordnungsgemäß abgegebene Willenserklärung (z.B. Angebot) wird **wirksam,** sobald sie dem Erklärungsempfänger **zugeht,** vgl. § 130 Abs. 1 BGB.*

Ab diesem Zeitpunkt ist der Erklärende grundsätzlich an die Wirksamkeit seiner Willenserklärung gebunden und kann sie nicht mehr widerrufen, vgl. § 130 Abs. 1, Satz 2 BGB. Es ist zwischen der Erklärung unter Abwesenden und Anwesenden zu unterscheiden.

a) Erklärung unter Abwesenden

In § 130 BGB wird -wie oben beschrieben- direkt nur das Wirksamwerden der Willenserklärung unter Abwesenden geregelt und vom Zugang der Willenserklärung abhängig gemacht.

Eine Willenserklärung ist dem Empfänger zugegangen,

wenn sie in dessen Machtbereich gelangt, so dass unter normalen Verhältnissen die Möglichkeit besteht, vom Inhalt der Erklärung Kenntnis zu nehmen[26] und mit der Kenntnisnahme auch zu rechnen ist.

Bei einem Brief ist z.B. der Eingang in den Hausbriefkasten maßgebend (zu einer Zeit, in der dieser gewöhnlich eingesehen wird) oder der Zeitpunkt, in dem ein Mitarbeiter oder enger Familienangehöriger des Empfängers den Brief entgegennimmt.

In § 130 Abs. 2 BGB ist geregelt, dass die Willenserklärung auch dann wirksam bleibt, wenn der Erklärende nach Abgabe gestorben oder geschäftsunfähig geworden ist.

b) Erklärung unter Anwesenden

Bei Erklärungen unter Anwesenden wird ebenfalls für die Bewirkung des Zugangs darauf abgestellt, ob der Empfänger unter normalen Verhältnissen die Möglichkeit hat, vom Inhalt der Erklärung Kenntnis zu nehmen und mit dieser Kenntnisnahme zu rechnen ist. Dies ergibt sich auch ohne ausdrückliche gesetzliche Regelung aus dem Grundgedanken des § 130 BGB.

Bei einer **verkörperten Erklärung** (z.B. Urkunde) ist auf den Zugang in der Weise abzustellen, dass sie wirksam wird, wenn sie durch Übergabe in den Herrschaftsbereich des Empfängers gelangt ist.[27]

Eine **nicht verkörperte** (mündliche oder konkludente) **Erklärung** wird wirksam, wenn sie der Empfänger wahrnimmt, sog. Vernehmungstheorie.[28] Nach der sog. eingeschränkten Vernehmungstheorie ist aus Gründen des Verkehrsschutzes auch eine nicht oder falsch verstandene Erklärung wirksam, wenn der Erklärende nach den für ihn erkennbaren Umständen davon ausgehen durfte, richtig und vollständig verstanden zu werden.[29] Zu den mündlichen Erklärungen unter Anwesenden werden auch die telefonischen Erklärungen gerechnet, wie § 147 Abs. 1 Satz 2 BGB zeigt.

> **Erklärt K dem Inhaber des Weinhandels V auf einem Weinfest mündlich, dass er die 10 Flaschen "Chateau boire" bestellt, geht dieses Angbot zu, wenn es der Inhaber vernimmt. Dies gilt auch, wenn K diese Bestellung dem Geschäftsführer telefonisch mitteilt. Aus § 147 Abs. 1 Satz 2 BGB ist zu schließen, dass die telefonischen Erklärungen als Erklärungen unter Anwesenden gelten.**

26 BGHZ 67, 275.
27 *Schippers* DNotZ 2006, 726 ff.
28 *Weiler* JuS 2005, 788 ff.
29 *Medicus,* Bürgerliches Recht, Rn 298.

4. Widerruf einer Willenserklärung

Ein wirksamer Widerruf der abgegebenen Willenserklärung kommt grundsätzlich gem. § 130 Abs. 1 Satz 2 BGB nur dann in Betracht, wenn dem Empfänger der Widerruf *vor* oder *mit* der Willenserklärung zugeht.

> *Nach wirksamem Zugang beim Erklärungsempfänger ist gem. § 130 Abs. 1 Satz 2 BGB ein Widerruf grundsätzlich nicht möglich.*

Ein **wirksamer Widerruf** der abgegebenen Willenserklärung ist gem. § 130 Abs. 1 Satz 2 BGB nur **vor** oder **mit Zugang** der **Willenserklärung** möglich.

Ausnahmen von diesem Grundsatz bestehen u.a. bei Verbraucherverträgen vgl. § 355 BGB und speziell bei Haustürgeschäften gem. § 312 Abs. 1 Satz 1 BGB. Einseitige Rechtsgeschäfte, wie beispielsweise die Kündigung, sind mit dem wirksamen Zugang beim Erklärungsempfänger bereits wirksam. Zweiseitige Rechtsgeschäfte, wie der Vertrag, bedürfen noch der zustimmenden Willenserklärung des Empfängers, der sog. Annahme.

II. Vertragsschluss durch Annahme

Der Empfänger des wirksamen Angebots muss dieses noch annehmen, damit die vertragliche Einigung zustande kommt. Dies folgt aus § 151 BGB. Die **Annahme** ist dabei wieder eine Willenserklärung, die wirksam **abgegeben** und dem Empfänger grundsätzlich wirksam **zugehen** muss, um selbst wirksam zu werden.

Für die Abgabe und den Zugang der Annahme als Willenserklärung gelten die oben dargestellten Regeln. Wird die Annahme durch Abgabe und Zugang wirksam, gilt der Vertrag grundsätzlich als geschlossen, wenn sich Angebot und Annahme **inhaltlich entsprechen.** Dies folgt aus §§ 145 ff. BGB.

> *Der **Vertragsschluss** erfolgt durch **Angebot** und **Annahme** zweier sich inhaltlich entsprechender Willenserklärungen (Angebot und Annahme), vgl. § 145 BGB.*

S fragt V, ob er sein Mofa für 1.000,- EUR kaufen möchte. V überlegt andächtig und antwortet "O.K.".

K schickt den Brief mit der Bestellung über 10 Flaschen des Weines zu je 799,- EUR an den Weinversand V ab. Dieser erhält den Brief und schreibt K sofort zurück, die Lieferung der Flaschen erfolge in ca. 10 Tagen.

In beiden Fällen haben sowohl S als auch K ein Angebot wirksam abgegeben, welches dem Vertragspartner auch wirksam zugegangen ist. Damit liegt jeweils ein wirksames Angebot vor. Diese Angebote haben V und der Weinversand V wirksam angenommen, da sie eine entsprechende Willenserklärung an S und K abgegeben haben, die auch jeweils zugegangen sind. Erstere mündlich und letztere schriftlich. Angebot und Annahme entsprechen sich dabei inhaltlich, so dass der Kaufvertrag zwischen S und V über das Mofa zu 1.000,- EUR und der Kaufvertrag zwischen K und dem Weinversand V über die 10 Flaschen Wein zu je 799,- EUR wirksam zustande gekommen sind.

Die Annahme des Antrags ist grundsätzlich für einen wirksamen Vertragsschluss stets erforderlich. **Ausnahmsweise** ist der Zugang der ausdrücklichen **Erklärung dieser Annahme** gegenüber dem Antragenden gem. **§ 151 Satz 1 BGB entbehrlich,** wenn eine solche Erklärung nach der Verkehrssitte nicht zu erwarten ist oder der Antragende auf sie verzichtet hat. Die Annahme muss -auch wenn sie nicht erklärt zu werden braucht- äußerlich objektiv erkennbar in Erscheinung treten.[30]

Der großzügige Vater schickt seiner Tochter Eva zum Geburtstag eine Kiste Champagner, die durch das Hamburger Weinkontor ausgeliefert wird. Durch die Entgegennahme der Kiste und das Öffnen der ersten Flasche nimmt Eva das Schenkungs[31]- und Übereignungsangebot des Vaters an. Diese Annahme muss Eva ihrem Vater gegenüber gem. § 151 Satz 1 BGB nicht erklären. Schließlich ist ihr Verhalten objektiv als Annahmehandlung zu verstehen, während eine ausdrückliche Annahme nicht erwartet wird.

Entsprechen sich die beiden Erklärungen inhaltlich nicht, kommt der Vertrag nicht zustande, da keine Einigung, sondern ein **Einigungsmangel** vorliegt, vgl. § 154 Abs. 1 BGB.

V bietet S an, er könne das Mofa für 1.000,- EUR "haben". S erwidert "O.K., für 900,- EUR nehme ich es".

Es liegt ein wirksames Angebot von V vor, welches S nicht angenommen hat, da sich seine Erklärung inhaltlich nicht mit der von V deckt. Dementsprechend ist der Vertrag nicht zustande gekommen. Die Erklärung von S gilt als neuer Antrag an V, dessen Mofa für 900,- EUR zu kaufen (§ 150 Abs. 2 BGB).

---

30 OLG Frankfurt BeckRS 2004, 09295, Urteil vom 30.08.2004 – 13 U 215/02.

31 Zur Problematik der Wirksamkeit der Schenkung gem. §§ 518 Abs. 1 Satz 1, Abs. 2, 125 Satz 1 BGB, siehe S. 289 ff.

Eine Annahmeerklärung, die den Antrag der anderen Vertragspartei abändert, gilt als Ablehnung des Antrages und zugleich als erneutes Angebot an die andere Vertragspartei (§ 150 Abs. 2 BGB).

Entgegnet V daraufhin, daß er mit 900,- EUR als Kaufpreis einverstanden sei, kommt der Kaufvertrag über 900,- EUR für das Mofa wirksam zustande. Würde S nunmehr erwidern, er kaufe lediglich für 850,- EUR, da er 900,- EUR für überhöht halte, ändert diese letzte Äußerung an dem Zustandekommen des Vertrages über 900,- EUR nichts mehr. V bleibt nach § 145 BGB an sein Angebot über 900,- EUR gebunden. Dieses Angebot hat S angenommen, so daß der Vertrag über 900,- EUR zustande gekommen ist.

Der Inhalt von Angebot und Annahme wird durch die Grundsätze zur Willenserklärung bestimmt.

Angebot und Annahme sind als Willenserklärungen inhaltlich durch ***Auslegung*** *nach dem objektiven Empfängerhorizont zu bestimmen (§§ 133, 157 BGB).*

Für den Inhalt einer Willenserklärung kommt es grundsätzlich darauf an, wie ein neutraler Dritter die Erklärung verstehen musste, die **Auslegung** richtet sich nach dem **objektiven Empfängerhorizont.**[32]

In den genannten Beispielen bereitet dieser Grundsatz keine Probleme, da die Willenserklärungen eindeutig verständlich sind (äußerer Tatbestand) und zweifelsfrei auf den (inneren) Willen schließen lassen.

32 Siehe BGHZ 36, 33.

E. Wirksamkeitsvoraussetzungen von Willenserklärung und Rechtsgeschäft

Durch die ordnungsgemäße Abgabe und den Zugang der Willenserklärung wird diese grundsätzlich wirksam. Die Willenserklärungen in Form von Angebot und Annahme begründen einen Vertrag. Die Parteien können sich nach dem Grundsatz der Privatautonomie grundsätzlich frei zu jeder Leistung verpflichten, vgl. § 311 Abs. 1 BGB, falls das Gesetz nicht etwas anderes vorschreibt. Das Gesetz setzt zur Wirksamkeit von Willenserklärungen jedoch voraus, dass der Erklärende die erforderliche Geschäftsfähigkeit hierzu besitzt, die bei Volljährigen (§ 2 BGB) regelmäßig in vollem Umfang besteht (§§ 104 ff. BGB).

Ist eine Willenserklärung und damit der Vertrag hiernach grundsätzlich wirksam, gilt dieses Rechtsgeschäft, falls das Gesetz es nicht ausdrücklich für unwirksam erklärt, z.B. wenn das Rechtsgeschäft gegen ein gesetzliches Verbot verstößt (vgl. § 134 BGB), an einem Formmangel leidet (§ 125 BGB) oder sittenwidrig ist (§ 138 BGB).

> **Wenn z.B. der 5-jährige S seine zum Geburtstag geschenkt erhaltene Golduhr gegen eine Plastik-Uhr seines Freundes M tauschen möchte, wird seine Willenserklärung und damit der Vertrag schon aufgrund seiner mangelnden Geschäftsfähigkeit nicht wirksam, vgl. §§ 104, 105 BGB.**
>
> **Einigen sich ein Drogendealer und dessen Abnehmer über den Kauf von 200g Heroin, ist dieser Kaufvertrag nach § 134 BGB nichtig, da er gegen ein gesetzliches Verbot (§§ 29 ff. Betäubungsmittelgesetz) verstößt. Die Rechtsordnung erkennt derartige Verträge nicht an.**

I. Die Geschäftsfähigkeit und deren Beschränkungen

Geschäftsfähigkeit bedeutet die rechtliche Möglichkeit, selbständig Rechtsgeschäfte wirksam vornehmen zu können.

Grundsätzlich gestattet es unsere Rechtsordnung, Rechtsgeschäfte (z.B. Verträge) nach eigenem Willen frei vorzunehmen, sog. Privatautonomie. Diese Möglichkeit setzt hingegen voraus, dass der Handelnde über ausreichende Urteils- und Einsichtsfähigkeit zur Beurteilung von Inhalt und Tragweite des Geschäftes verfügt. Das Gesetz legt für das Bestehen der Geschäftsfähigkeit feste Altersstufen fest:

Volle Geschäftsfähigkeit *besteht ab Vollendung des 18. Lebensjahres (§§ 2, 104 ff. BGB).*

Geschäftsunfähig *ist, wer das siebente Lebensjahr nicht beendet hat oder sich in einem nicht nur vorübergehenden, die freie Willensbestimmung ausschließenden Zustand befindet (§ 104 BGB).*[33]

Beschränkt geschäftsfähig *ist, wer das siebente aber noch nicht das 18. Lebensjahr vollendet hat (§ 106 BGB).*

Die Vorschriften über das Fehlen der Geschäftsfähigkeit sollen den betroffenen Personenkreis davor schützen, sich durch Rechtsgeschäfte, die noch nicht eingeschätzt werden können, selbst zu schädigen. Dieser Grundsatz gilt im Zivilrecht uneingeschränkt und ist unantastbar. Wer nicht erkannt hat bzw. erkennen konnte, dass er Geschäfte mit einem Nicht-Geschäftsfähigen vornimmt, wird in seinem Glauben an die Geschäftsfähigkeit seines "Geschäftspartners" nicht geschützt, sondern muss die Folgen der (Vertrags-)Unwirksamkeit tragen.

1. Volle Geschäftsfähigkeit

Volle Geschäftsfähigkeit bedeutet, im Rahmen der Gesetze ohne Einschränkungen wirksam alle Rechtsgeschäfte selbst vornehmen zu können.

S hat von seinem Großvater 50.000,- EUR geschenkt (und übereignet) bekommen. An seinem achtzehnten Geburtstag kauft er sich sofort einen Sportwagen, mietet für ein Wochenende eine Luxussuite in Hamburg und kauft für seine Freundin eine Perlenkette. Er will damit seine Freundin beeindrucken und kümmert sich nicht um die Proteste seiner Eltern. S ist mit Vollendung des achtzehnten Lebensjahres volljährig, damit geschäftsfähig (und schon ruiniert). Er kann alle Rechtsgeschäfte im Rahmen der Gesetze vornehmen, selbst wenn seine Eltern dagegen sind. Er trägt aber auch die volle Verantwortung für sein Handeln.

33 § 105a BGB betrifft Geschäfte des täglichen Lebens durch volljährige Geschäftsunfähige, soll als Sondernorm die Rechtstellung geistig Behinderter stärken.

2. Geschäftsunfähigkeit

Geschäftsunfähige können selbst keine wirksamen Rechtsgeschäfte vornehmen. Ihre Willenserklärungen sind nichtig, vgl. §§ 104, 105 BGB.

Die 6-jährige U hat von ihrer Großmutter 10,- EUR geschenkt (und übereignet) bekommen und geht in einen Süßwarenladen, um sich davon Bonbons zu kaufen, die ihr der Verkäufer gegen Bezahlung der 10,- EUR übergibt.

U ist als 6-jährige nicht geschäftsfähig und kann keinen Kaufvertrag schließen, weil ihre Willenserklärungen nichtig sind. Sie kann somit auch nicht das Eigentum an den 10,- EUR verlieren, da sie sich mit dem Verkäufer über den Eigentumsübergang rechtsgeschäftlich gem. § 929 BGB nicht wirksam einigen kann. Somit können ihre Eltern im Namen von U das Geld vom Verkäufer wieder herausverlangen, müssen aber die Bonbons zurückgeben, falls diese noch vorhanden sind, vgl. §§ 812 Abs. 1, 818 Abs. 3 BGB.

Somit können Geschäftsunfähige nicht selbst, sondern lediglich vertreten durch ihre gesetzlichen Vertreter rechtsgeschäftlich handeln.

Die Eltern können *in Stellvertretung* (vgl. §§ 164 ff. BGB) für ihr geschäftsunfähiges Kind einen Kaufvertrag (§ 433 BGB) schließen (Abgabe der entsprechenden Willenserklärung zum Vertragsschluss). Wiederum kann das Kind vertreten durch seine Eltern das Eigentum an dem Kaufgegenstand erwerben (Einigung über den Eigentumsübergang gem. § 929 Satz 1 BGB). Nur auf diesem Wege kann das geschäfts*un*fähige Kind das Eigentum an den 10,- EUR der Großmutter erwerben. *Selbst* kann das geschäftsunfähige Kind die erforderlichen Willenserklärungen nicht (wirksam) abgeben (vgl. § 105 Abs. 1 BGB). Die in Stellvertretung abgegebenen Willenserklärungen der Eltern wirken jedoch nach § 164 BGB für das Kind, vgl. zur Stellvertretung S. 71 ff.

3. Beschränkte Geschäftsfähigkeit

Nach § 106 BGB ist ein Minderjähriger ab der Vollendung des siebenten Lebensjahres beschränkt geschäftsfähig.

Grundsätzlich sind Willenserklärungen eines beschränkt Geschäftsfähigen unwirksam, wenn sie ohne vorherige Zustimmung (Einwilligung, vgl. § 183 Satz 1 BGB) der gesetzlichen Vertreter erfolgen (§§ 106, 107 BGB). Von diesem Grundsatz gibt es gem. §§ 107 ff. BGB Ausnahmen, wenn der beschränkt Geschäftsfähige durch das Rechtsgeschäft keinen rechtlichen Nachteil erleidet oder die gesetzlichen Vertreter nachträglich das Geschäft genehmigen (vgl. § 184 Abs. 1 BGB).

a) Grundsätzliche Unwirksamkeit ohne Einwilligung

Für alle Rechtsgeschäfte gilt zunächst der **Grundsatz,** dass es zur Wirksamkeit eines vom beschränkt Geschäftsfähigen *selbst* vorgenommenen Rechtsgeschäfts der vorherigen Einwilligung der gesetzlichen Vertreter in das Rechtsgeschäft bedarf, vgl. §§ 106, 107 BGB.

Wenn die gesetzlichen Vertreter *vorher* in das Rechtsgeschäft einwilligen, kann der beschränkt Geschäftsfähige die erforderlichen Willenserklärungen wirksam *selbst* abgeben. Fehlt diese Einwilligung, ist seine Willenserklärung grundsätzlich zunächst unwirksam. Dieser Grundsatz gilt für **mehrseitige Rechtsgeschäfte** wie Verträge, z.B. Kaufvertrag. Eine Ausnahme besteht zum Schutz des Minderjährigen und des Rechtsverkehrs bei **einseitigen Rechtsgeschäften** wie z.B. einer Kündigung gem. § 111 Satz 2 BGB; der Minderjährige muß bei einseitigen Rechtsgeschäften die Einwilligung des gesetzlichen Vertreters in schriftlicher Form vorlegen. Maßgebend ist desweiteren bei einseitigen Rechtsgeschäften die Unterscheidung zwischen **empfangsbedürftigen Willenserklärungen** (Anfechtung, Kündigung, Bevollmächtigung), die mit Einwilligung grundsätzlich wirksam sind und **nicht empfangsbedürftigen Willenserklärungen** (Auslobung oder Eigentumsaufgabe). Nicht empfangsbedürftige Willenserklärungen wie z.B. die Eigentumsaufgabe sind mit Einwilligung wirksam, ohne Einwilligung hingegen unwirksam, § 111 Satz 1 BGB. Eine Heilung dieses fehlgeschlagenen einseitigen Rechtsgeschäfts kann *nicht* durch Genehmigung, sondern nur durch Neuvornahme des Rechtsgeschäfts erfolgen!

Die Stellvertretung durch Eltern ist hingegen immer möglich, so dass der beschränkt Geschäftsfähige, vertreten durch seine Eltern, stets Rechtsgeschäfte vornehmen kann. Die Besonderheit des beschränkt Geschäftsfähigen liegt darin, dass er unter bestimmten Umständen *selbst* wirksam Willenserklärungen abgeben kann. Anders als beim Geschäftsunfähigen sind derartige Erklärungen nicht in jedem Fall nichtig.

Der 7-jährige Franz hat mit der Einwilligung seiner Eltern einen Platz im Fußballsommercamp gebucht und eine Bestätigung erhalten. Diesen Platz kündigt er anschließend ohne Einwilligung seiner Eltern, da er mit seinem Freund Max in dieser Zeit eine Fahrradtour machen möchte. Franz ist gem. §§ 106, 107 BGB nur beschränkt geschäftsfähig. Seine eigene Willenserklärung in Form der Buchung (Vertragsangebot) ist gem. § 107 BGB dennoch wirksam, da die (vorherige) Einwilligung der Eltern vorlag. Mit der Bestätigung (Annahme) kommt deshalb der Vertrag über das Sommercamp wirksam zustande.

Die Kündigung hingegen ist unwirksam, da sie ohne die (vorherige) Einwilligung des gesetzlichen Vertreters erfolgte, siehe § 111 Satz 1 BGB.

b) Ausnahme: kein rechtlicher Nachteil nach § 107 BGB

Ohne (vorherige) Einwilligung der gesetzlichen Vertreter ist das Rechtsgeschäft eines beschränkt Geschäftsfähigen nach § 107BGB wirksam, wenn es für diesen ***keinen rechtlichen Nachteil*** *beinhaltet.*

Der Wortlaut von § 107 BGB setzt zur Wirksamkeit des Geschäfts einen "rechtlichen Vorteil" voraus. Es besteht Einigkeit darüber, dass dieses Merkmal auch dann erfüllt ist, wenn das Geschäft rechtlich keine Nachteile für den beschränkt Geschäftsfähigen entfaltet, sog. **neutrales Geschäft**.[34]

Das Merkmal "rechtlicher Vorteil" wird auf "nicht rechtlich nachteilig" (im Wege einer sog. **teleologischen Reduktion**, vgl. S. 571 ff.) reduziert. Dieser Vorgang erfolgt aufgrund einer rechtlichen Wertung.

Ein **rechtlicher Nachteil** besteht bereits, wenn der beschränkt Geschäftsfähige ein Recht verliert oder ein Anspruch gegen ihn begründet wird. Dies gilt unabhängig davon, ob wirtschaftlich betrachtet im Ergebnis ein Vorteil besteht; wenn der Minderjährige z.B. im Rahmen eines Tauschgeschäfts "ein gutes Geschäft" macht (Tausch eines Buchs im Wert von 5 EUR gegen ein Spielzeugauto im Wert von 10 EUR), ist dieser Vertrag gleichwohl unwirksam .

Jedes Rechtsgeschäft und die dazugehörigen Willenserklärungen sind nach dem Trennungsprinzip getrennt auf ihre Wirksamkeit zu untersuchen.[35]

Der siebenjährige Franz erhält von seiner Tante 100,- EUR zum Geburtstag "geschenkt" (und übereignet). Ist die Schenkung und Übereignung wirksam?

Zunächst zum Schenkungsvertrag gem. §§ 516 ff. BGB als Verpflichtungsgeschäft:

Der Schenkungsvertrag bedarf wie alle Verträge der Einigung zwischen Franz und seiner Tante. Da die Eltern ihr Einverständnis nicht erklärt haben, ist diese Willenserklärung von Franz nach § 107 BGB nur wirksam, wenn er durch dieses Geschäft keinen rechtlichen Nachteil erleidet. Franz erhält nur den Anspruch aus dem Schenkungsvertrag und geht keine eigene Verpflichtung ein. Demzufolge ist seine Zustimmung zum Schenkungsvertrag gem. § 107 BGB wirksam. Damit ist der Schenkungsvertrag wirksam zustande gekommen (die mangelnde notarielle Beurkundung wird durch die Erfüllung geheilt, vgl. § 518 Abs. 2 BGB).

---

34 Vgl. zu diesem Problembereich *Korte/Friebel* NZG 2005, 621 ff.; *Haas* NZG 2004, 737 ff.

35 Vgl. hierzu oben S. 23 ff., 26.

Zur Übereignung des Geldes: Die Übereignung des Geldes erfolgt nach § 929 BGB durch die Einigung über den Eigentumsübergang und die Übergabe des Geldes. Die Einigung wird deshalb auch dinglicher Vertrag genannt, die entsprechende Erklärung ist eine *rechtsgeschäftliche Willenserklärung, für welche die §§ 106 ff. BGB gelten.*

Die Willenserklärung zu dieser Einigung durch Franz ist wiederum gem. § 107 BGB mangels Einwilligung der Eltern nur wirksam, wenn dadurch kein rechtlicher Nachteil begründet wird. Da Franz nur Eigentum ohne die Begründung einer Verpflichtung durch die Übereignung erhält, ist das Geschäft rechtlich nicht nachteilig. Nach § 107 BGB erlangt die Willenserklärung von Franz i.R.d. dinglichen Einigung nach § 929 Satz 1 BGB Wirksamkeit, wodurch dieser Eigentümer des Geldes wird.

c) Ausnahmen bei mehrseitigen Rechtsgeschäften (Verträgen)

Werden rechtlich nachteilige Willenserklärungen ohne vorherige Einwilligung abgegeben, so sind diese grundsätzlich unwirksam. Nur bei mehrseitigen Rechtsgeschäften bestehen von diesem Grundsatz der generellen Unwirksamkeit Ausnahmen. Hier können dann die gesetzlichen Vertreter den Vertrag auch nachträglich genehmigen.

aa) (nachträgliche) Genehmigung § 108 BGB

Die gesetzlichen Vertreter können gem. § 108 Abs. 1 BGB die **Wirksamkeit** eines nach § 107 BGB grundsätzlich unwirksamen Vertrags durch nachträgliche **Genehmigung** herbeiführen.

Falls die erforderliche Einwilligung nicht vorliegt, bleibt das Geschäft gem. § 107 BGB zunächst unwirksam. Dieser Zustand wird mit sog. "**schwebender Unwirksamkeit**" bezeichnet. Genehmigen die Eltern nachträglich, erlangt das Rechtsgeschäft (die Willenserklärung und damit auch der Vertrag) Wirksamkeit (§ 108 BGB). Verweigern sie ausdrücklich die Genehmigung, wird das Rechtsgeschäft endgültig unwirksam.

Zur Terminologie: Die vorherige Zustimmung des gesetzlichen Vertreters wird Einwilligung und die nachträgliche Zustimmung Genehmigung genannt, vgl. § 184 Abs. 1 BGB.

Dem achtjährigen Franz sind 50,- EUR übereignet und in seine Spardose gelegt worden. Er nimmt das Geld und kauft sich bei Handel hiervon einen Fußball zum "Sonderpreis". Der Ball hat einen Wert von 75,- EUR. Sind wirksame Rechtsgeschäfte zustande gekommen?

Ohne Genehmigung der Eltern sind der Kaufvertrag und die Übereignungen grundsätzlich unwirksam, falls sie einen rechtlichen Nachteil beinhalten (§ 107 BGB).

Zum Kaufvertrag: Dieser ist für Franz nachteilig, da er einem Kaufpreisanspruch des Verkäufers ausgesetzt wird (§ 433 Abs. 2 BGB). Hieran ändert sich auch dadurch nichts, dass wirtschaftlich betrachtet das Geschäft für Franz vorteilhaft ist. Diese Entscheidung soll er nicht selbst treffen können, da das Gesetz davon ausgeht, dass ihm hierfür die generelle Einsichtsfähigkeit fehlt.

Anders verhält es sich hinsichtlich der Übereignung des Balls durch die dingliche Einigung zwischen Franz und dem Verkäufer gem. § 929 Satz 1 BGB. Diese Einigung konnte Franz nach § 107 BGB wirksam erklären, da er hierdurch nur den rechtlichen Vorteil erlangt, Eigentümer des Balls zu werden.

Zur *Wiederholung des Trennungs- und Abstraktionsprinzips:* Die Übereignung (Erfüllungsgeschäft) des Balls ist vom Kaufvertrag (Verpflichtungsgeschäft) zu trennen und in seinem Bestand unabhängig. Auch ohne wirksamen Kaufvertrag ist die Übereignung des Balls wirksam. Das Eigentum am Ball muss Franz erst auf Verlangen des Verkäufers wieder zurückübertragen, da er rechtsgrundlos bereichert ist, vgl. §§ 812 ff. BGB. Zunächst ist die Übereignung des Balls an Franz hingegen wirksam. Unwirksam bleibt die Übereignung des Geldes von Franz an den Verkäufer.

Obwohl Franz Eigentümer des Geldes ist, kann er nach § 107 BGB nicht wirksam seine Zustimmung (Einigung) zum Eigentumsübergang (gem. § 929 BGB) erklären, da der Eigentumsverlust für ihn rechtlich nachteilig ist. Folglich ist allein der dingliche Einigungsvertrag zum Erwerb des Balls zwischen Franz und dem Verkäufer gem. § 929 Satz 1 BGB wirksam. Die Übereignung des Geldes gem. § 929 BGB und der Kaufvertrag gem. § 433 BGB sind unwirksam, da Franz seine entsprechenden Willenserklärungen nicht wirksam abgeben kann. Genehmigen die Eltern das Geschäft gem. § 108 BGB im Nachhinein, werden alle Willenserklärungen von Franz wirksam, so dass der Kaufvertrag und die Übereignung des Geldes Wirksamkeit erlangen.

Die Genehmigung ist nach § 108 BGB entweder gegenüber dem Minderjährigen oder dem Vertragspartner zu erklären. Dieser kann den gesetzlichen Vertreter auffordern, das Geschäft zu genehmigen. Gem. § 108 Abs. 2 BGB kann in diesem Fall die Genehmigung nur noch gegenüber dem Vertragspartner erklärt werden. Unter Umständen hat der Vertragspartner des Minderjährigen ein Widerrufsrecht hinsichtlich seiner Willenserklärung (Vertragsangebotes) nach § 109 BGB.

Zur Wiederholung: Die Genehmigung ist nur beim beschränkt Geschäftsfähigen (ab 7 Jahren) und bei mehrseitigen Rechtsgeschäften möglich (§ 108 BGB).

Bei Geschäftsunfähigen (bis 7 Jahre) bleibt es immer bei der Nichtigkeit der Willenserklärung, § 105 BGB.

bb) Mittel zur freien Verfügung § 110 BGB ("Taschengeldparagraph")

Die Willenserklärungen des beschränkt Geschäftsfähigen sind auch ohne ausdrückliche Einwilligung der gesetzlichen Vertreter gem. § 110 BGB wirksam, wenn er die Erfüllung des Vertrages mit Mitteln bewirkt *hat*, die ihm zur freien Verfügung von dem gesetzlichen Vertreter überlassen worden sind.[36]

Hat Franz 100,- EUR von seinen Eltern erhalten, damit er sich dafür "etwas Schönes" kaufen kann, sind seine diesbezüglichen Willenserklärungen wirksam. Er kann sowohl den Kaufvertrag wirksam schließen als auch dem Verkäufer wirksam die 100,- EUR übereignen.

Zur Wiederholung: Die Einigung über den Eigentumserwerb bezüglich des Balls ist bereits nach § 107 BGB wirksam, da Eigentum zu begründen grundsätzlich lediglich rechtlich vorteilhaft ist.

Zu beachten ist, dass die Wirksamkeit der Willenserklärungen nach § 110 BGB nur eintritt, wenn die Leistung bereits mit den freien Mitteln bewirkt ist.

Schließt Franz nur den Kaufvertrag und zahlt nicht vollständig mit seinem "Taschengeld", ist seine Willenserklärung noch nicht nach § 110 BGB wirksam. Die Wirksamkeit der Willenserklärung setzt seine tatsächliche vollständige Zahlung im Sinne der Leistungsbewirkung voraus.

Der freien Verwendung der Mittel nach § 110 BGB steht es gleich, wenn die Mittel dem beschränkt Geschäftsfähigen genau zu dem Zweck des Vertragsschlusses überlassen wurden.

Für eine Wirksamkeit nach § 110 BGB wäre es auch ausreichend, wenn Franz sich von dem Geld gerade diesen Fußball hätte kaufen sollen.

Die Regelung in § 110 BGB bezüglich der Mittel zur freien Verfügung läßt sich auch als Spezialfall der vorherigen Einwilligung der Eltern nach § 108 BGB betrachten. Indem die Eltern dem beschränkt Geschäftsfähigen einen Geldbetrag zur freien Verfügung überlassen, haben sie grundsätzlich ihre Zustimmung zu entsprechenden Rechtsgeschäften erklärt. Da § 110 BGB eine Spezialregelung ist, sind alle Fälle ohne ausdrückliche Zustimmung der Eltern über § 110 BGB und nicht über § 108 BGB (Einwilligung) zu lösen.

---

36 Vgl. *Derleder/Thielbar* NJW 2006, 3233 ff.

In der Fallbearbeitung stellt sich im Zusammenhang von § 110 BGB weiterhin die Frage, welche Rechtsfolgen bei sog. **Surrogatgeschäften** bzw. Folgegeschäften des beschränkt Geschäftsfähigen bestehen, wenn das Taschengeld insbesondere durch Rechtsgeschäfte vermehrt und zu weiteren Geschäften eingesetzt wird.

Der 16-jährige E kauft von seinem Taschengeld ein Lotterielos für 3,- EUR und gewinnt damit 5.000,- EUR, wovon er umgehend einen Vespa-Roller für 2.500,- EUR erwirbt. Hier ist der Inhalt und die Reichweite der elterlichen Einwilligung anhand konkreter Umstände des Einzelfalls auszulegen und dabei zu bewerten, ob die (Folge)Geschäfte -hier der Vespa-Kauf, die Übereignung der Vespa und des Kaufpreises- noch von der elterlichen Einwilligung (im Rahmen der ursprünglichen Taschengeldüberlassung) gedeckt sind. Unter Berücksichtigung etwaiger Folgekosten für den Vespa-Unterhalt (Haftpflichtversicherung, Steuern, etc.) und des naturbedingten Unfallrisikos sind diese Folgegeschäft nicht mehr von der Einwilligung der gesetzlichen Vertreter erfasst. Als Grundsatz gilt somit, dass Folgegeschäfte grundsätzlich nicht von der Einwilligung erfasst sind, sondern jeder Einzelfall zu prüfen ist.

Zusammenfassung der Regelungen zur beschränkten Geschäftsfähigkeit:

Grundsatz (vgl. §§ 106, 107 BGB):
Willenserklärungen eines beschränkt Geschäftsfähigen sind unwirksam, wenn sie ohne Einwilligung der gesetzlichen Vertreter (i.d.R. Eltern) abgegeben werden.

Ausnahme:
Willenserklärungen sind gem. § 107 BGB wirksam, wenn durch das Geschäft kein rechtlicher Nachteil erlangt wird.

Weitere Ausnahme nur bei mehrseitigen Rechtsgeschäften:
Die Willenserklärung wird wirksam, wenn

- der gesetzliche Vertreter das Rechtsgeschäft nachträglich genehmigt (§ 108 BGB) *oder*
- der beschränkt Geschäftsfähige die vertragliche Verpflichtung mit Mitteln bewirkt hat, die zu seiner freien Verfügung standen (§ 110 BGB).

---

4. Abgrenzung des Anwendungsbereiches der Geschäftsfähigkeit

Die Vorschriften über die Geschäftsfähigkeit (§§ 104 ff. BGB) betreffen grundsätzlich nur die Vornahme von Rechtsgeschäften, nicht dagegen von Realakten. Vom Begriff der Geschäftsfähigkeit sind insbesondere die **Deliktsfähigkeit** (§ 828 BGB) und die **Rechtsfähigkeit** (§ 1 BGB) zu unterscheiden.

Der 13jährige R soll eine schriftliche Bestellung seiner Mutter dem Sporthändler L über 10 Damentrikots für die Damen-Handballmannschaft überbringen. Er gibt die Bestellung bei L ab und kauft sich bei dieser Gelegenheit einen Fußball im Sonderangebot. Auf der Straße probiert er ihn umgehend aus und schießt ihn aus Ärger über die "unnötige Bestellung" seiner Mutter in das Schaufenster von L.

Nur für die Frage der Rechtsgeschäfte "Kauf des Fußballes" und "Übereignung (von Geld und Fußball)" ist die beschränkte Geschäftsfähigkeit von R von Bedeutung. Der Realakt "Übergabe der Bestellung" unterliegt keiner weiteren Wirksamkeitsvoraussetzung.

Gleichermaßen stellt die Zerstörung des Schaufensters durch R einen Realakt dar. Ob er für diese Tat verantwortlich ist, richtet sich nach seiner Deliktsfähigkeit. Die Rechtsfähigkeit ist in diesem Kontext nicht erheblich.

a) Realakte

Zur Vornahme und Wirksamkeit von Realakten bedarf es grundsätzlich keiner besonderen Fähigkeit oder Voraussetzung, vergleiche hierzu S. 20 ff.

Beispiele für Realakte sind neben der Geburt und dem Sterben z.B. auch das *Überbringen* einer Botschaft (Willenserklärung), die deren Zugang bewirkt usw.

Die Vornahme einer deliktischen Handlung ist ebenfalls ein Realakt, wie beispielsweise der Schuss eines Fußballs in die Fensterscheibe.

Realakte können somit grundsätzlich auch von Geschäftsunfähigen vorgenommen werden und lösen dabei entsprechende Rechtsfolgen aus.

Überbringt der 6-jährige Franz eine Bestellung seines Vaters an V, bewirkt dieser Realakt der Überbringung den Zugang des Kaufangebots. Die Vornahme des Realaktes durch Franz ist unabhängig von seiner Geschäftsunfähigkeit.

b) Deliktsfähigkeit

Die Deliktsfähigkeit ist von der Geschäftsfähigkeit zu unterscheiden. Die **Deliktsfähigkeit** erlangt nur bei **Realakten** im Rahmen einer unerlaubten Handlung (§§ 823 ff. BGB) Bedeutung, die Geschäftsfähigkeit bei der Vornahme von Rechtsgeschäften. Deliktsfähigkeit umfasst die **Verantwortlichkeit** (Haftung) für unerlaubte Handlungen (Delikte), beispielsweise für Eigentums- und Körperverletzungen.[37]

Hierbei sind Minderjährige und insbesondere Personen, die das siebente Lebensjahr noch nicht vollendet haben, vor der Verantwortlichkeit zur Schadensersatzleistung zu schützen. Geregelt ist dieser Grundsatz in den §§ 827 ff. BGB.[38] Derartige Verletzungshandlungen stellen Realakte und kein Rechtsgeschäft dar, weil sie keine Willenserklärungen enthalten, die vom Willen der Beteiligten abhängige Regelungen herbeiführen sollen.

Wird ein Realakt vorgenommen, ist er rechtlich entstanden. Schießt R den Fußball in die Scheibe, ist dieser Realakt des Zerstörens rechtlich bedeutsam. Auf besondere Voraussetzungen kommt es nicht an. Hiermit ist noch nicht geklärt, ob R für seine unerlaubte Handlung (Eigentumsverletzung) gem. § 823 Abs. 1 BGB Schadensersatz leisten muss. Er hat zwar den Haftungstatbestand des § 823 Abs. 1 BGB erfüllt, haftet gem. § 828 BGB aber nur, wenn er deliktsfähig ist. Dies ist von seiner Geschäftsfähigkeit streng zu unterscheiden.

c) Rechtsfähigkeit

Von der Geschäftsfähigkeit ist begrifflich die Rechtsfähigkeit zu unterscheiden, die mit der Geburt eintritt[39] und die Fähigkeit umfasst, Träger von Rechten und Pflichten zu sein (vgl. § 1 BGB).

Der Neugeborene ist nicht geschäftsfähig (§ 105 BGB), aber rechtsfähig (§ 1 BGB) und hat dementsprechend einen Fürsorge- sowie Unterhaltsanspruch gegen die Eltern und kann bereits Erbe und Eigentümer sein.

II. Form

Ein Rechtsgeschäft ist nichtig, wenn es nicht die gesetzlich vorgeschriebene Form erfüllt (§ 125 BGB).

---

[37] Vgl. *Sporleber-Geb/Stüber* JuS 2006, 342 ff.

[38] Siehe dazu S. 461 ff.

[39] Siehe dazu die Ausnahmen in §§ 844 Abs. 2 Satz 2, 1923 Abs. 2, 2101 Abs. 1 Satz 1, 2162 Abs. 2, 2178 BGB.

Grundsätzlich gilt, dass Rechtsgeschäfte formlos wirksam sind, soweit gesetzlich keine anderen Regelungen bestehen.

Demzufolge sind z.B. Kauf, Tausch, Werkvertrag, der Mietvertrag über ein Auto, usw. formfrei gültig. Es bedarf keiner besonderen Form wie Schriftform, Beurkundung o.ä. Das Rechtsgeschäft (hier der Vertrag) ist auch gültig, wenn er mündlich geschlossen wird. Der Mietvertrag über das Auto kann ebenfalls formfrei gekündigt werden.

Schreibt das Gesetz eine bestimmte Form (z.B. Schriftform § 126 BGB) für einzelne Rechtsgeschäfte vor, führt das Fehlen dieser Form grundsätzlich zur Nichtigkeit des Geschäftes nach § 125 BGB.[40] Bei Vorliegen einer Formvorschrift ist deren Sinn und Zweck zu ermitteln.[41] Das Gesetz kann unterschiedliche Ziele mit Formerfordernissen erreichen. Zum einen sollen die Parteien durch Formvorschriften davor bewahrt werden, unüberlegt zu handeln (sog. **Warnfunktion).** Teilweise wird eine juristische Beratung sichergestellt, welches im Rahmen der notariellen Beurkundung erfolgt (sog. **Beratungsfunktion).** Die Schriftform dient neben der Warnung vor unüberlegten Geschäften auch dazu, den Beweis über das Geschäft zu erleichtern (sog. **Beweisfunktion)**[42] oder Behörden die Kontrolle zu vereinfachen (sog. **Kontrollfunktion**).

Nach der Art des Rechtsgeschäfts schreibt das Gesetz deshalb unterschiedliche Formen vor. Neben der grundsätzlichen Formfreiheit gibt es Rechtsgeschäfte mit (einfachem) Schriftformerfordernis.

Ein Beispiel für die einfache Schriftform ist die Kündigung eines Mietvertrages über Wohnraum, § 568 BGB. Wird bei der Kündigung die Schriftform nicht eingehalten, ist sie nichtig.

Schriftform bedeutet nach § 126 BGB, dass die Willenserklärung schriftlich verfasst und vom Aussteller eigenhändig unterschrieben sein muss. Die Art der Herstellung ist irrelevant. Sie kann per Hand, Maschine oder PC geschrieben sein, auch gedruckt und vervielfältigt ist möglich.[43] In der Praxis ist zu beachten, dass empfangsbedürftige Willenserklärungen wie z.B. eine Kündigung, die dem Schriftformerfordernis unterliegen, nur wirksam sind, wenn die formgerecht errichtete Erklärung dem Erklärungsempfänger zugeht. Ein Telefax genügt in diesem Fall nicht[44].

Ausnahmsweise wird bei der Errichtung eines Testaments gem. § 2247 Abs. 1 BGB Eigenhändigkeit verlangt. Dieses Testament muss eigenhändig, d.h. *handschriftlich* vom Aussteller *verfasst* werden.

---

40 Vgl. *Schäfer/Steinkampf* NZM 2005, 42 ff.
41 *Kiem* NJW 2006, 2363 ff.
42 *Steinbeck* DStR 2003, 644 ff.
43 Vgl. Palandt/*Heinrichs*, § 126 Rn 2.
44 BGH NJW 1997, 3169; Palandt/*Heinrichs*, § 126 Rn 11.

Ergänzend gibt es die öffentliche Beglaubigung (§ 129 BGB). In diesem Fall muss die Erklärung schriftlich abgefasst sein und die Unterschrift des Erklärenden von einem Notar beglaubigt werden.

Bei der notariellen Beurkundung (vgl. § 128 BGB und Beurkundungsgesetz), wird nach Beratung mit dem Notar die Erklärung diesem gegenüber abgegeben, niedergeschrieben, dem Erklärenden vorgelesen, von ihm genehmigt und unterschrieben. Diese Niederschrift unterzeichnet danach der Notar.

Besonderheit: Angebot und Annahme können, wenn nichts anderes vorgeschrieben ist, zeitlich und räumlich getrennt vor einem Notar beurkundet werden.

Wichtiges Beispiel für das Erfordernis der notariellen Beurkundung ist der Kaufvertrag über Grundstücke (vgl. § 311b BGB) oder der Schenkungsvertrag (vgl. § 518 BGB).

Kauft der Bauer K von Bauer V per Handschlag auf dem Feld dessen Acker, ist dieser Vertrag mangels notarieller Beurkundung ungültig.

Gleichermaßen verhält es sich, wenn S dem B verspricht, ihm seinen Traktor zu schenken.

Mangels notarieller Beurkundung ist dieser Schenkungsvertrag ungültig. B kann deshalb später nicht von S die Übereignung des Traktors verlangen.

Als Rechtsfolge beim Formmangel sieht § 125 BGB grundsätzlich Nichtigkeit vor. Im Zweifel gilt dies auch dann, wenn das Formerfordernis nicht auf einer gesetzlichen, sondern auf einer vertraglichen Regelung beruht.

Hat V an M seinen Traktor vermietet und dabei vereinbart, dass die Kündigung schriftlich erfolgen muss, ist eine nur mündliche Kündigung von M unwirksam.

Von der Rechtsfolge der Unwirksamkeit bestehen Ausnahmen. Teilweise kann der Formmangel durch **Heilung** überwunden werden, so dass das Geschäft letztendlich Wirksamkeit erlangt.[45]

Beim Kauf eines Grundstücks wird der Formmangel beispielsweise dadurch geheilt, dass der neue Eigentümer in das Grundbuch ordnungsgemäß eingetragen wird (§ 311 lit. b Abs. 1 S. 2 BGB). Beim Schenkungsvertrag kann eine Heilung des Formmangels dadurch erfolgen, dass die versprochene Leistung bewirkt wird, vgl. § 518 Abs. 2 BGB (in der Regel liegt die Leistungsbewirkung in der Übereignung des schenkungsweise versprochenen Gegenstands).

---

45 Vgl. BGHZ 73, 391; siehe zum Problemfall des "Schwarzkaufs" von Grundstücken *Gergen*, JuS 2005, 523 ff.

Zusammenfassend ergibt sich folgendes:

Rechtsgeschäfte sind grundsätzlich formlos wirksam, es sei denn, gesetzlich oder durch Vertrag ist ein Formerfordernis vorgeschrieben.

Fehlt einem Rechtsgeschäft die vorgeschriebene Form (Formmangel), ist es ungültig (siehe § 125 Satz 1 BGB).

Einige Verstöße gegen Formvorschriften können geheilt werden. Das Rechtsgeschäft wird dann im Nachhinein gültig.

III. Gesetzliches Verbot

Verstößt ein Rechtsgeschäft gegen ein ***gesetzliches Verbot,*** *ist es* ***nichtig*** *soweit sich aus dem Gesetz nicht ein anderes ergibt (§ 134 BGB).*

Drogendealer D verkauft an J 200g Heroin, wobei der Verkauf und Besitz nach dem Betäubungsmittelgesetz (§§ 29 ff. BtMG) verboten sind.

Handwerker F und der Bauherr S vereinbaren, dass F in seiner "Freizeit" das Dach von S für 5.000 EUR ausbaut. Die Arbeit wird entsprechend erledigt und bezahlt. Hierin liegt von beiden Parteien ein Verstoß gegen das Gesetz zur Bekämpfung von Schwarzarbeit (SchwArbG), vgl. § 1 Abs. 2 Nr. 1 (für S) und Nr. 2 (für F) SchwArbG.

In beiden Fällen verstößt der Vertrag gegen ein Gesetz, dessen Sinn und Zweck in der Verhinderung der Wirksamkeit entsprechender Verträge liegt. Die Verträge sind insoweit nichtig.

Etwas anderes kann sich bei einem Verstoß gegen ein Gesetz ergeben, wenn das Gesetz nicht das Zustandekommen des Vertrages in seiner Gesamtheit verhindern will, sondern lediglich die Art und Weise regelt, wie das Geschäft zustande kommen soll. Eine derartige bloße Ordnungsvorschrift bewirkt bei einem Verstoß nicht die Nichtigkeit des gesamten Rechtsgeschäfts.[46]

Der Händler E verkauft seine Waren auch nach den gesetzlichen Ladenschlusszeiten. Hier geht es nicht darum, dass das Ladenschlussgesetz den Warenabsatz generell unterbinden

46 Vgl. auch RGZ 60, 276.

möchte, sondern die Art und Weise des Verkaufs erfährt eine Regelung zum Schutz der Arbeitnehmer beim Verkauf. Demzufolge soll E lediglich zu Geschäftszeiten verkaufen. Bei etwaigen Zuwiderhandlungen hiergegen bleibt die Wirksamkeit der Kaufverträge unberührt.

IV. Sittenwidrigkeit

Gemäß § 138 Abs. 1 BGB ist ein Rechtsgeschäft nichtig, das gegen die guten Sitten verstößt.

Die Schwierigkeit besteht darin, den Begriff bzw. Inhalt der **guten Sitten** zu bestimmen. Nach der Rechtsprechung des Bundesgerichtshofs ist für den Begriff der guten Sitten das "Anstandsgefühl aller billig und gerecht Denkenden" maßgebend.[47] Dieser Maßstab orientiert sich wiederum an der Wertordnung des Grundgesetzes, welches dadurch über § 138 BGB auf das Privatrecht (mittelbar) einwirkt. Entscheidend ist für die Bewertung i.S.v. § 138 BGB, ob das Geschäft nach seinem aus der Zusammenfassung von Inhalt, Zweck und Beweggrund zu entnehmenden Gesamtcharakter als verwerflich erscheint.[48]

Im Laufe der Zeit haben sich durch die Rechtsprechung **Fallgruppen** herausgebildet, von denen im Folgenden einige (nicht abschließend) als Orientierungshilfe genannt werden.

a) Sittenwidrigkeit wegen Inhalts des Rechtsgeschäfts, weil es auf die Vornahme einer **allgemein missbilligten Handlung** gerichtet ist.

    Beispiele: G trifft, um endlich Erbe zu werden, mit dem Übeltäter B eine Vereinbarung, dass dieser seinen Vater umbringen möge.

    Der Angestellte A verspricht dem Schläger B den Betrag von 500 EUR, wenn dieser seinen Chef verprügelt.

    Eine Vereinbarung, mit der sich jemand zur Förderung der Vermarktung von Telefonkarten zum Telefonsex verpflichtet, ist ebenfalls sittenwidrig und damit nichtig[49].

---

47 BGHZ 10,232; 69, 297.

48 Palandt/*Heinrichs* § 138 Rn 8.

49 *Jaguttis/Parameswaran* NJW 2003, 2277 ff.

b) Sittenwidrigkeit von sog. "Knebelungsverträgen", die eine Vertragspartei in ihrer persönlichen oder wirtschaftlichen Freiheit übermäßig beschränken und der anderen Partei mehr oder weniger ausliefern.50

Beispiel: Damit sein Erstlingswerk veröffentlicht wird, verpflichtet sich der Autor S gegenüber dem Verleger V, auch alle weiteren Bücher bei ihm zu veröffentlichen und überlässt diesem die Entscheidung über die Drucklegung.

Der Wirt W verpflichtet sich gegenüber der Brauerei B, die nächsten 30 Jahre ausschließlich deren Bier auszuschenken und erhält dafür von der Brauerei einen Startkredit i.H.v. 5.000 EUR.

Derartige Verträge schränken die persönliche und wirtschaftliche Freiheit von S und K unangemessen stark ein (vgl. Art 2 Abs. 1 GG) und sind deshalb sittenwidrig.

c) Die übermäßige Sicherung eines Gläubigers kann sittenwidrig sein, wenn dadurch andere Gläubiger unverhältnismäßig benachteiligt werden.51

Beispiel: Das Bankhaus Zinseszins gewährt dem vor der Insolvenz stehenden Geschäftsmann P einen Kredit über 10.000,- EUR und lässt sich dafür von ihm alle zukünftigen Forderungen gegenüber Dritten abtreten sowie sein gesamtes Warenlager inkl. der gesamten zukünftigen Eingänge übereignen. Nachdem über das Vermögen des P das Insolvenzverfahren eröffnet wurde, bleibt für die Befriedigung anderer Gläubiger nichts mehr übrig. Diese (Über-)Sicherungsverträge sind sittenwidrig und damit nichtig.

d) Der Bundesgerichtshof nimmt Sittenwidrigkeit bei Bürgschaften naher Familienangehöriger an, wenn ein besonders grobes Missverhältnis zwischen dem Verpflichtungsumfang und der Leistungsfähigkeit des Bürgen besteht, und dabei die besondere seelische Zwangslage des Bürgen ausgenutzt wird.52

Beispiel: Dem Unternehmer U wird ein Darlehen von der B-Bank i.H.v. 1 Mio. EUR unter der Voraussetzung gewährt, dass sein achtzehnjähriger Sohn S eine Bürgschaftsverpflichtung gegenüber der Bank eingeht. S befindet sich in der Ausbildung mit einem Lehrgeld von monatlich 500,- EUR. Nach Auszahlung und Verbrauch des Darlehensbetrages fordert die B-Bank von S aus der Bürgschaftsverpflichtung die Darlehensrückzahlung. Die Bürgschaftsverpflichtung gem. § 765 BGB ist sittenwidrig i.S.v. § 138 BGB und damit nichtig.

---

50 Vgl. Jauernig/Jauernig, § 138 Rn 12; Palandt/*Heinrichs* § 138 Rn 39.

51 Vgl. *Bamberger/Roth/Wendtland*, § 138 Rn 25.

52 BGHZ 125, 206.

e) Einen Sonderfall des sittenwidrigen Geschäfts bildet das wucherische Rechtsgeschäft nach § 138 Abs. 2 BGB. Der Wuchertatbestand erfordert, dass objektiv ein auffälliges Missverhältnis zwischen Leistung und Gegenleistung vorliegt und eine Vertragspartei die Zwangslage, die Unerfahrenheit, den Mangel an Urteilsvermögen oder die erhebliche Willensschwäche der anderen Vertragspartei ausbeutet (subjektives Wucherelement).[53] Ein nur auffallend hohes Missverhältnis zwischen Leistung und Gegenleistung reicht für Wucher nach § 138 Abs. 2 BGB nicht aus.

Auf einer "Urlaubsfahrt" für Senioren nach Mallorca verkauft N durch geschickte Vorführungen und Werbung Wolldecken minderer Qualität für 500,- EUR pro Stück an die Reiseteilnehmer. Hierin liegt kein Wucher nach § 138 Abs. 2 BGB, da N keine Zwangslage, die Unerfahrenheit oder die Willensschwäche der Reiseteilnehmer ausbeutet. Das auffällige Missverhältnis zwischen Leistung und Gegenleistung reicht allein nicht aus.

Anders verhält es sich, wenn der Taxifahrer T den schwerkranken K nur gegen das Vierfache des üblichen Preises in das Krankenhaus fährt und K dieses Angebot annimmt, damit er noch rechtzeitig behandelt werden kann. Hierin liegt Wucher, da ein auffälliges Missverhältnis zwischen Leistung und Gegenleistung besteht *und* T die Zwangslage von K ausbeutet.

Als Zwangslage kommt auch eine wirtschaftliche Notsituation in Betracht. Wenn beispielsweise der Kreditgeber K dem hochverschuldeten A einen Kredit zu 25 % Zinsen jährlich gewährt, damit dieser seine Miete bezahlen kann und die Wohnung nicht aufgeben muss.

Falls der Wuchertatbestand nicht vorliegt, kann das Geschäft dennoch nach § 138 Abs. 1 BGB sittenwidrig und damit nichtig sein.

53 *Rolfs/Giesen/Kreikebohm/Udsching/Joussen* § 138 Rn 18.

F. Nichtigkeit der Willenserklärung durch Anfechtung

Im Regelfall kommen Willenserklärungen mangelfrei zustande. Der Erklärende bildet seinen Willen fehlerfrei und erklärt ihn dementsprechend klar und für Dritte verständlich. Dagegen ist es möglich, dass der Erklärende seinen Willen mangelhaft bildet oder mangelhaft erklärt. Wie bei der Willenserklärung dargestellt wurde, gilt die Willenserklärung dennoch so, wie sie ein neutraler Dritter (sog. objektiver Empfängerhorizont) verstehen musste. Der Erklärende wird dadurch an eine Erklärung gebunden, die er überhaupt nicht oder nicht in diesem spezifischen Ausmaß wollte.[54]

a) F will 5.000 Liter Heizöl bestellen, verschreibt sich und bestellt 50.000 Liter Heizöl. Der Händler H liefert ihm daraufhin 50.000 Liter und verlangt Bezahlung der gelieferten Menge.

b) S räumt seinen Speicher auf und findet eine alte Uhr seines Vaters. Da sie immerhin vergoldet ist, verkauft er sie an den Sammler S für 150,- EUR. Seine Urgroßmutter klärt ihn anschließend zornig darüber auf, dass es sich um eine massive Golduhr mit einem Wert von ca. 10.000,- EUR handelte. S will nunmehr die Uhr zurückfordern. Für den Preis von 150,- EUR hätte er sie nie verkauft, wenn ihm der Goldgehalt bekannt gewesen wäre. S verweigert die Rückgabe mit der Behauptung, dass der Vertrag wirksam und nicht änderbar sei.

c) N geht in eine Bäckerei und möchte 10 Brötchen kaufen. Er glaubt, statt "zehn" könne man auch "ein Dutzend" sagen und bestellt ein Dutzend Brötchen. Als die Verkäuferin ihm nickend 12 Brötchen übergibt, will N nur zehn Stück bezahlen.

In allen Fällen a), b) und c) sind F, S und N Verbindlichkeiten eingegangen, die sie überhaupt nicht oder nicht in dem spezifischen Umfang wollten. Aufgrund des Umstandes, dass die Erklärungsempfänger ihre Willenserklärungen nur so verstehen konnten, wie sie tatsächlich geäußert wurden, sind die Verträge mit dem tatsächlich ungewollten Inhalt zustande gekommen, vgl. §§ 133, 157 BGB.

F hat seinen Willen dabei mangelhaft erklärt, S unterlief ein Fehler bei seiner Willensbildung und N irrte sich über die Bedeutung seiner Erklärung.

---

54 Vergleiche dazu S. 21 ff.

Zum Schutz des Rechtsverkehrs sind diese Erklärungen dennoch wirksam, da jeder sich darauf verlassen können muss, dass eine Erklärung so gilt, wie sie vernünftigerweise zu verstehen ist.

Die Rechtsordnung erlaubt es aber dem Erklärenden, sein Rechtsgeschäft bei bestimmten Irrtümern (Anfechtungsgründen) anzufechten und sich von seiner Verpflichtung wieder zu lösen.

*Die **Anfechtung** des Rechtsgeschäfts hat zur Rechtsfolge, dass das **Rechtsgeschäft** als von Anfang an **nichtig** gilt (§ 142 Abs. 1 BGB).*

F, S und N können sich deshalb durch Anfechtung unter Umständen von ihren vertraglichen Verpflichtungen lösen.

Zur Anfechtung bedarf es der Erklärung der Anfechtung gegenüber dem Vertragspartner. Nicht jeder Irrtum berechtigt zur Anfechtung, da der Vertragspartner bzw. der Erklärungsempfänger sich grundsätzlich darauf verlassen können muss, dass ein geschlossener Vertrag wirksam ist. Es müssen bestimmte **Anfechtungsgründe** vorliegen, die das Gesetz abschließend bestimmt.

I. Anfechtungserklärung

Die Anfechtung muss vom Anfechtungsberechtigten fristgerecht gegenüber dem Anfechtungsgegner erklärt werden.

1. Erklärung

Die Anfechtungserklärung muss erkennen lassen, dass die anzufechtende Erklärung aufgrund eines Irrtums, Täuschung oder Drohung (Willensmangel) nicht mehr gelten soll.[55] In diesem Rahmen kann eine Anfechtungserklärung auch durch schlüssiges (konkludentes) Handeln erfolgen.

Das Wort "Anfechtung" muss nicht ausdrücklich genannt werden, aber dem Sinn entsprechend zum Ausdruck kommen. Gleichermassen muss nicht der Name oder der Paragraph des Anfechtungsgrundes genannt sein, solange der Grund deutlich wird.

55 Vgl. dazu BGHZ 88, 245.

2. Anfechtungsgegner

Der Anfechtungsgegner ist gem. § 143 Abs. 2 BGB der andere Vertragsteil oder derjenige, demgegenüber eine einseitige Erklärung (z.B. Kündigung) abgegeben wurde (siehe § 143 Abs. 3, Satz 1 BGB).

3. Anfechtungsfrist

Die Anfechtung ist grundsätzlich 10 Jahre lang möglich, danach tritt Verjährung des Anspruchs ein, § 194 Abs. 1 BGB[56]. Gemäß § 121 BGB muss die Anfechtung **unverzüglich** nach Kenntniserlangung vom Anfechtungsgrund abgegeben werden. Unverzüglich bedeutet ohne schuldhaftes Zögern und kann eine Zeitspanne von bis zu zwei Wochen bei größeren Geschäften umfassen.

Wenn oben im Beispiel b) S erst einen Monat nach der Aufklärung seitens seiner Großmutter über die Echtheit der Goldhur seine vertragliche Willenserklärung gegenüber dem C anficht, erfolgt diese Anfechtungserklärung nicht mehr fristgerecht. Erfährt S erst nach 9 Jahren von der Echtheit der Golduhr, kann er noch "unverzüglich" anfechten, da er vorher keine Kenntnis hatte.

Etwas anderes gilt bei der arglistigen Täuschung oder widerrechtlichen Drohung. In diesen Fällen beträgt gemäß § 124 Abs. 1 BGB die Anfechtungsfrist ein Jahr ab Kenntnis von der Täuschung oder ab Ende des Zwanges.

II. Anfechtungsgründe

Wenn einer der (abschließenden) Anfechtungsgründe der §§ 119, 120, 123 BGB vorliegt, kann der Erklärende wirksam die Anfechtung seiner Willenserklärung erklären. Es lassen sich zwei Fallgruppen beachtlicher Irrtümer unterscheiden, zu denen ergänzend der Fall der arglistigen Täuschung oder widerrechtlichen Drohung hinzukommt.

56 Merke: Nur Ansprüche unterliegen der Verjährung, vgl. § 194 Abs. 1 BGB. Dagegen unterliegen Gestaltungsrechte nicht der Verjährung, was § 218 Abs. 1 BGB zeigt.

1. Unbewusstes Abweichen von Wille und Erklärung

a) Erklärungsirrtum nach § 119 Abs.1 Alt. 2 BGB

Erklärungsirrtum:
Der Erklärende erklärt objektiv etwas anderes, als er erklären wollte.

In diesem Fall entspricht der äußere Tatbestand der Erklärung nicht dem Erklärungswillen des Erklärenden.[57] Standardbeispiele sind das Verschreiben, Versprechen usw.

Im Beispiel a) erklärt F 50.000 l Öl zu kaufen, obwohl er "5.000 l" erwerben will. F unterliegt einem Erklärungsirrtum, da er tatsächlich etwas anderes erwerben will, als er erklärt, § 119 Abs. 1, Satz 1, Alt. 2 BGB.

Er kann deshalb seine Willenserklärung anfechten. Der Kaufvertrag ist damit von Anfang an nichtig, § 142 Abs. 1 BGB. F muss die 50.000 l Heizöl nicht abnehmen und nicht bezahlen.

b) Inhaltsirrtum nach § 119 Abs. 1 Alt. 1 BGB

Inhaltsirrtum:
Der Erklärende glaubt, seine Erklärung habe einen anderen Inhalt und irrt sich somit über den (obj.) Inhalt seiner Erklärung.

Beim Erklärungsirrtum entspricht der äußere Tatbestand der Erklärung dem Willen des Erklärenden, dieser irrt aber über die Bedeutung oder Tragweite seiner Äußerung. Der Erklärende weiß, was er sagt, er weiß aber nicht, was er damit sagt.[58]

Im Beispiel c) glaubt N mit der Erklärung "ein Dutzend" nur 10 Brötchen zu bestellen, tatsächlich bestellt er damit 12 Brötchen. Er irrt sich über den Inhalt und die Bedeutung der Erklärung "ein Dutzend".

N unterliegt damit einem Inhaltsirrtum und kann seine Erklärung anfechten, § 119 Abs. 1, Satz 1, 1. Fall BGB. Der Kaufvertrag ist damit nichtig, § 142 Abs. 1 BGB.[59]

57 Vgl. Müko/*Kramer* § 119 Rn 87a.
58 *Pfeifer/Pfeifer* JuS 2004, 694 ff.
59 Vgl. *Zenker* JuS 2006, 807 ff.

c) Unrichtige Übermittlung der Willenserklärung nach § 120 BGB

> *Falsche Übermittlung:*
>
> *Eine Willenserklärung wird durch die zur Übermittlung verwendete Person oder Anstalt unrichtig übermittelt ("Botenirrtum").*

Es gilt das irrtümlich Erklärte, aber der Erklärende kann seine Willenserklärung anfechten (§ 120 BGB).

E sendet den Boten S, damit dieser dem Großhändler umgehend die Nachricht überbringt, dass er noch 68 Säcke Zement braucht, die S gleich mitbringen soll. S verdreht aber die Zahlen und sagt, E bestelle 86 Säcke Zement, die ihm der Händler auch freudig übergibt.

E will bei der Post ein Telegramm an den italienischen Marmorlieferanten senden und füllt das Aufgabeformular mit der Bestellung von 56 Platten aus. Das bei dem Lieferanten zugehende Telegramm enthält jedoch eine Bestellung über 65 Platten, die daraufhin mit einem Bestätigungsschreiben geliefert werden.

In beiden Fällen gelten die Erklärungen so, wie sie bei den Erklärungsempfängern zugegangen sind. Durch die Annahme des jeweiligen Vertragsangebotes von E durch die Lieferanten sind die Verträge mit diesem Inhalt zustande gekommen. E kann seine Erklärungen hingegen anfechten, § 120 BGB, wodurch nach § 142 Abs. 1 BGB seine Kaufangebote und damit die beiden o.g. Kaufverträge entfallen bzw. unwirksam sind.

2. Fehler bei der Willensbildung

Grundsätzlich sind Fehler bei der Willensbildung unbeachtlich, welches mit dem Grundsatz der sog. unbeachtlichen Motivirrtümer umschrieben wird.[60]

> *Beachtlich ist ausnahmsweise nur der Irrtum nach § 119 Abs. 2 BGB.*

Bei einem Motivirrtum berechtigt zur Anfechtung nur der Irrtum über eine verkehrswesentliche Eigenschaft einer Person oder Sache nach § 119 Abs. 2 BGB. Ansonsten sind Motivirrtümer immer unbeachtlich. Zur Anfechtung eines Testaments siehe § 2078 BGB.

60 *Bodenstedt* MMR 2004, 719 ff.

a) Eigenschaftsirrtum nach § 119 Abs. 2 BGB

> ***Irrtum** über eine verkehrswesentliche Eigenschaft:*
>
> *Der Erklärende irrt sich über Eigenschaften einer Person oder Sache, die im Rechtsverkehr als wesentlich angesehen werden.*[61]

Eigenschaften einer Sache sind alle wertbildenden Faktoren, die sich aus der natürlichen Beschaffenheit der Sache oder aus tatsächlichen oder rechtlichen Umständen ergeben.[62] Hieraus folgt, dass der Wert der Sache selbst keine Eigenschaft i.S.v. § 119 Abs. 2 BGB ist, da er kein wertbildender Faktor ist, sondern den Wert bereits darstellt.

Beispiele für Eigenschaften: Die tatsächliche Bebaubarkeit, die Lage oder die Grenzen eines Grundstücks. Als rechtlicher Faktor z.B. die Möglichkeit der Erteilung einer Baugenehmigung bei einem Baugrundstück. Nicht dagegen die Numerierung des Grundstücks mit der Nr. "13", da hierin mangels Wertbeeinflussung keine Eigenschaft liegt. Eigenschaften eines Lasters sind dessen Zuladung und Zugfähigkeit, i.d.R. aber nicht die Farbe, da dies kein Faktor zur Wertbestimmung ist.

Verkehrswesentliche Eigenschaften einer Person oder Sache sind nur solche, die tatsächlich in unmittelbarer Beziehung zum Geschäftsinhalt stehen können und als verkehrswesentlich angesehen werden.[63]

Beispiele: Die Nachtblindheit eines Nachtwächters, Piloten usw. ist eine verkehrswesentliche Eigenschaft, da sie in unmittelbarem Zusammenhang zu der vertraglichen Berufsausübung steht und im Verkehr als wesentlich angesehen wird. Die Nachtblindheit einer Sekretärin ist keine verkehrswesentliche Eigenschaft, da sie nicht in der Dunkelheit arbeiten können muss. Damit fehlt es an dem Zusammenhang der Eigenschaft zum vertraglichen Geschäftsinhalt.

Gleichermaßen ist beim Piloten, anders als bei einer Sekretärin, die Schreibgeschwindigkeit keine verkehrswesentliche Eigenschaft.

Zu beachten ist dabei, dass nur der Irrtum über verkehrswesentliche Eigenschaften einer Sache zur Anfechtung gem. § 119 Abs. 2 BGB berechtigt, nicht dagegen der Irrtum über den Wert der Sache selbst. Der Wert (Preis) einer Sache ist keine Eigenschaft; hierin liegt ein Werturteil, das auf Eigenschaften basiert.[64]

---

61 Sog. objektive Theorie, dazu *Schmidt* JuS 2004, 862 ff.
62 BGHZ 88, 245.
63 *Fischer* NZM 2005, 567 ff.
64 Vgl. BGHZ 16,75.

V verkauft K eine alte Uhr, wobei er davon ausgeht, dass es sich lediglich um eine vergoldete Uhr handelt. Tatsächlich besteht sie aus Massivgold.

Den Kaufvertrag kann V aufgrund seines Eigenschaftsirrtums gem. § 119 Abs. 2 BGB anfechten. Die Konsistenz Massivgold ist eine Eigenschaft, die im Verkehr als wesentlich angesehen wird, da sie den Wert der Uhr wesentlich bestimmt. Über die Eigenschaft "vergoldet" hat sich V geirrt. Anders verhält es sich, wenn sich V lediglich über den Wert einer Uhr aus massivem Gold geirrt hätte. Der Wert der Uhr liegt bei 20.000,- EUR, V hingegen glaubt an einen Wert von 10.000,- EUR und verkauft sie deshalb für diesen Preis. Der Irrtum über den Wert einer Sache alleine berechtigt ihn nicht zur Anfechtung nach § 119 Abs. 2 BGB, da der Wert grundsätzlich keine Eigenschaft der Sache darstellt.

b) Unbeachtlichkeit sonstiger Motivirrtümer

Alle anderen Fälle des Irrtums über Eigenschaften einer Sache, Motiv des Kaufes o.ä. sind grundsätzlich unbeachtlich und berechtigen nicht zur Anfechtung.

Hierzu gehören vor allem die weiteren Motive zum Vertragsschluss, wie insbesondere auch der Irrtum über den Wert einer Sache.[65]

Deshalb ist eine Anfechtung ausgeschlossen, wenn das vermeintlich "gute Geschäft" sich als ein Schlechtes erweist; die Freundin, für die ein Ring erworben wird und diesen nicht tragen möchte; die abgesagte Hochzeit, für die ein Frack gefertigt wurde.

c) Ursächlichkeit des Irrtums für die Willenserklärung

Sowohl beim Inhalts-, Erklärungs-, Eigenschafts- als auch beim Übermittlungsirrtum ist nach § 119 Abs. 1, Satz 2 BGB notwendig, dass der Erklärende die Erklärung bei Kenntnis der Sachlage und bei verständiger Würdigung nicht abgegeben hätte.

Der Irrtum muss ursächlich für die Erklärung gewesen sein, die der Erklärende bei verständiger Würdigung in diesem Fall unterlassen hätte. Voraussetzung für ein Anfechtungsrecht ist somit, dass der Erklärende, hätte er von dem Irrtum gewusst, die Erklärung so nicht abgegeben hätte.

---

65 Vgl. dazu *Medicus* AT, Rn 140; Zu Beispielsfällen vgl. Palandt/*Heinrichs*, § 119, Rn 29 f.

3. Widerrechtliche Drohung und Täuschung

> *Anfechtbarkeit wegen Täuschung oder Drohung (§ 123 BGB):*
>
> *Wer zur Abgabe seiner Willenserklärung durch arglistige Täuschung oder widerrechtliche Drohung bewegt worden ist, kann diese Erklärung anfechten.*

a) Arglistige Täuschung

Täuschung ist die Erzeugung, Bestärkung oder Aufrechterhaltung eines Irrtums über objektive Umstände bei dem Erklärenden. Die Täuschungshandlung muss dabei ursächlich für den Irrtum sein. Es ist unerheblich, welche Art von Irrtum erregt wird. Falls hinsichtlich der verschwiegenen Tatsache eine Aufklärungspflicht (z.B. aus § 242 BGB "Treu und Glauben") besteht, kann die Täuschung auch durch Unterlassen begangen werden.[66]

Beispiele für eine Täuschung: V erklärt K, die vergoldete Uhr bestehe aus Massivgold oder spiegelt ihm vor, der PkW sei statt 200.000 km erst 100.000 km gelaufen und K vertraut diesen Aussagen und schließt deshalb den Kaufvertrag.

Die Irrtumserregung über den Wert einer Sache durch falsche Tatsachenbehauptung ist bei der Täuschung beachtlich.[67]

Somit kann K nach § 123 BGB anfechten, wenn ihn V wahrheitswidrig davon überzeugt, dass seine Golduhr beim Juwelier nur einen Erlös von 1.000,- EUR erzielt, er aber 1.200,- EUR zahle und der tatsächliche Marktwert bei 10.000,- EUR liegt.

Die Täuschung muss **arglistig** erfolgen, d.h. der Täuschende muss durch die Täuschungshandlung die Erregung des Irrtums bei dem potentiellen Opfer zu erzeugen bezwecken, damit dieses die erhoffte Willenserklärung abgibt. Eine Bereicherungs- oder Vermögensschädigungsabsicht ist hingegen nicht erforderlich.[68]

An der erforderlichen Täuschungsabsicht fehlt es beispielsweise, wenn V selbst nicht weiß, dass die Uhr einen höheren Wert hat.

---

66 Vgl. *Helml,* JuS 2006, 621 ff.

67 Vgl. Palandt/*Heinrichs,* § 123, Rn 3.

68 RGZ 134, 55.

b) Widerrechtliche Drohung

Eine Drohung ist das Inaussichtstellen eines zukünftigen Übels (= jeder Nachteil), auf welches der Drohende Einfluss zu haben vorgibt. Diese Drohung muss ursächlich für die Willenserklärung sein.

Beispiel: Drohung mit einer Strafanzeige, Kündigung, Gewalt.

Der in Geldnot geratene V droht K, falls dieser sein defektes Auto (Wert ca. 500,- EUR) nicht für 3.000,- EUR kaufe, zeige er ihn wegen eines Ladendiebstahls an, den er tatsächlich als Zeuge beobachtet hat. Aus Angst vor der drohenden Anzeige unterschreibt K sofort den Kaufvertrag.

Die **Widerrechtlichkeit** der Drohung kann sich aus dem angedrohten Verhalten (Mittel), dem erstrebten Erfolg (Zweck) oder aus der Zweck-Mittel-Relation ergeben.[69]

Im Beispiel oben ist die Androhung einer Anzeige wegen Diebstahls als Mittel für sich betrachtet nicht widerrechtlich. Die Zweckverfolgung des Kaufvertragsschlusses über einen PkW ist ebenfalls nicht widerrechtlich. Aus der Zweck-Mittel-Relation hingegen ergibt sich hier die Widerrechtlichkeit, weil die Erhebung der Strafanzeige nur zur Erzwingung des PkW-Kaufs durch K dienen soll.

Ausnahmsweise kann eine Drohung gerechtfertigt sein, wenn damit rechtmäßige Interessen verfolgt werden.

L droht dem P damit, eine Klage beim Amtsgericht einzureichen, falls er nicht die fällige Übereignungsverpflichtung aus dem Kaufvertrag erfüllt.

c) Täuschung durch Dritte

Nach § 123 Abs. 2 Satz 1 BGB ist der Erklärende bei der Abgabe einer empfangsbedürftigen Willenserklärung grundsätzlich nicht geschützt, wenn ein Dritter die Täuschung verübt hat. Dritter i.S.v. § 123 Abs. 2 BGB ist aber nur ein am Geschäft Unbeteiligter, denn nur insoweit ist es gerechtfertigt, dem Erklärenden zugunsten des Erklärungsempfängers die Anfechtung zu versagen. Anders verhält es sich hingegen gem. § 123 Abs. 2 Satz 1 BGB, wenn der Erklärungsempfänger - z.B. der Vertragspartner - die Täuschung kannte oder kennen musste. In diesem Fall ist die Willenserklärung anfechtbar.

[69] Vgl. BGHZ 25, 217.

Nach überwiegender Ansicht in der Rechtsprechung und im Schrifttum ist ein am Zustandekommen des Vertrages Beteiligter nicht Dritter, wenn sein Verhalten dem des Erklärungsempfängers gleichzusetzen ist, was insbesondere aufgrund einer Art "Nähe- und/oder Vertrauensverhältnis" für Vertreter, Versicherungsagenten und Strohmänner des Erklärungsempfängers gilt.[70]

III. Rechtsfolge der Anfechtung

1. Nichtigkeit des angefochtenen Rechtsgeschäftes

Rechtsfolge der Anfechtung ist, dass das vorgenommene, aber angefochtene ***Rechtsgeschäft*** *von Anfang* ***an (ex tunc) als nichtig*** *gilt (§ 142 Abs. 1 BGB).*

V verkauft am 1. Januar 2008 an K die Uhr. Wenn V sein Vertragsangebot am 1. Februar 2008 wirksam anficht, gilt der Kaufvertrag als nicht wirksam zustandegekommen. Durch die Anfechtung entfällt der Kaufvertrag mit (rückwirkender) Wirkung von Anfang an (ab 1. Januar 2008).

2. Schadensersatzpflicht des Anfechtenden nach § 122 BGB

a) Begrenzung auf Fälle der §§ 119,120 BGB

Im Fall der Anfechtung nach §§ 119, 120 BGB muss der Anfechtende **Schadensersatz** für einen **Vertrauensschaden** leisten (§ 122 BGB).

Diese Schadensersatzpflicht gilt gem. § 122 BGB nur bei der Anfechtung aufgrund eines Inhalts-, Erklärungs-, Eigenschafts- oder Übermittlungsirrtums nach §§ 119, 120 BGB. Bei der Anfechtung aufgrund arglistiger Täuschung oder Drohung nach § 123 BGB entsteht keine Schadensersatzpflicht, weil sder andere nicht schutzwürdig ist. Der Grund für die Schadensersatzpflicht bei der Anfechtung nach §§ 119, 120 BGB liegt darin, dass der Vertragspartner grundsätzlich auf die Wirksamkeit der Erklärung vertrauen können soll und somit unabhängig von der Anfechtungsmöglichkeit schutzwürdig ist bzw. bleibt. Den fehlerhaften Erklärungstatbestand hat der Erklärende aufgrund seines Irrtums geschaffen, wofür den anderen kein Verschulden trifft.

70 Siehe BGH NJW-RR 1987, 59; BGHZ 47, 228.

b) Ersatz des Vertrauensschadens

Gem. § 122 BGB hat der Anfechtende den Vertrauensschaden zu ersetzen, d.h. den Schaden, den der andere dadurch erleidet, dass er auf den Bestand des Rechtsgeschäfts vertraut hat. Dieser Anspruch ist auf das Erfüllungsinteresse begrenzt, d.h. auf den Wert des Rechtsgeschäfts bei Erfüllung. § 122 BGB spricht vom Ersatz des Schadens, "den der andere dadurch erleidet, dass er auf die Gültigkeit der Erklärung vertraut hat". Mit diesem sog. **Vertrauensschaden** wird zum Ausdruck gebracht, dass der Anfechtende den Gegner so stellen muss, als ob dieser das angefochtene Rechtsgeschäft nicht vorgenommen hätte (nicht auf dieses vertraute).

Händler H will beim Gabelstaplerhersteller G das Modell 100 FX bestellen. Aufgrund eines Schreibfehlers bestellt er jedoch das größere Modell 1000 FX. Als G den Gabelstapler wie vereinbart anliefern lässt, ficht H sofort seine Bestellung wegen seines Irrtums an und beruft sich auf den Schreibfehler. Kann G von H die Kaufpreiszahlung verlangen?

Besteht ein Schadensersatzanspruch für den Fall, dass keine Kaufpreiszahlungspflicht entstanden ist?

Der Kaufvertrag ist zunächst wirksam zustande gekommen, könnte aber durch die Anfechtungserklärung von H gem. § 142 Abs. 1 BGB als von Anfang an nichtig gelten. Die Anfechtung ist wirksam, da als Anfechtungsgrund ein Erklärungsirrtum des H gem. § 119 Abs. 1, Alt. 2 BGB gegeben ist. Der Kaufvertrag über den Gabelstapler 1000 FX ist damit nichtig, § 142 Abs. 1 BGB. G kann Ersatz seines Vertrauensschadens verlangen, § 122 BGB. Der Ersatzanspruch umfasst den Schaden, den er dadurch erlitten hat, dass er auf die Gültigkeit des Kaufvertrages vertraut hat. Hierzu zählen z.B. seine Fahrtkosten, Versandkosten, Telefonkosten usw. Unter Umständen ist ein entgangener Gewinn oder sind andere Kosten zu ersetzen, falls diese durch das Vertrauen in den Vertrag tatsächlich entstanden sind.

Die Höhe des Schadensersatzes ist auf die Summe begrenzt, die dem Wert der Erfüllung entspricht. Sollte der Gabelstapler im Beispiel oben 20.000,- EUR kosten, ist der Schadensersatz des H auf diesen Erfüllungsbetrag begrenzt.

Nach § 122 Abs. 2 BGB besteht eine Ausnahme von der Schadensersatzpflicht für den Fall, dass der Beschädigte den Grund der Nichtigkeit oder der Anfechtbarkeit kannte oder infolge von Fahrlässigkeit nicht kannte, also kennen musste.

G. Spezialregeln zum Vertragsschluss und Vertragsinhalt

Die Prüfung des wirksamen Vertragsschlusses beinhaltet auch die Frage, ob z.B. vorformulierte Vertragsbedingungen, die z.B. in Musterverträgen genutzt werden, eine Partei unangemessen benachteiligen und dadurch evtl. unwirksam sind, also nicht zu einem wirksamen bzw. bindenden Rechtsgeschäft führen.

I. Vertragsschluss unter Einbeziehung von AGB

Im Geschäftsverkehr werden regelmäßig nicht alle Vertragsbestimmungen einzeln ausgehandelt und ausformuliert, sondern eine Vertragspartei verweist einfach auf ihre Allgemeinen Geschäftsbestimmungen (AGB), die für diesen Vertrag gelten sollen. Soweit die andere Vertragspartei den Vertrag mit diesen Bestimmungen annimmt, kommt er mit dem Inhalt dieser AGB zustande, vgl. § 305 Abs. 2 BGB.[71]

Für die Verwendung von AGB besteht ein großes Interesse, da die gesetzlichen Regelungen nicht immer eine umfassende oder interessengerechte Regelung schaffen bzw. bestimmte neuere Vertragstypen, wie z.B. das Leasing, gesetzlich nicht geregelt sind.[72] Eine Grenze für die Einführung von AGB ist aber erreicht, wenn ein Verwender seine AGB dazu nutzt, um Regelungen einzuführen, welche die andere Vertragspartei unangemessen benachteiligen oder überraschende Regelungen treffen.

> **Z.B. enthalten die AGB der Autowaschanlage Mister Wash (W) zulasten der Kunden einen Haftungsauschluss, der Vorsatz und grobe Fahrlässigkeit umfasst. Der Kunde K entdeckt nach dem Waschvorgang einen Kratzer an seinem Auto, der auf alten Waschbürsten beruht, die von W jahrelang nicht erneuert wurden, um Kosten zu sparen. W weist einen Ersatzanspruch des K mit Hinweis auf den Haftungsausschluss gemäß der ausgehängten AGB zurück. Zu Recht?**
>
> **Ein Haftungsausschluß für Vorsatz und grobe Fahrlässigjeit ist gem. § 309 Nr. 7 b BGB im Ganzen unwirksam.[73] Deshalb kann**

71 Siehe zu den AGB auch unten im Kaufrecht ab S. 274 ff.

72 Siehe dazu die Anwendbarkeit des Mietrechts im Kapitel Miete/Leasing, S. 315.

73 BGH NJW 2005, 422.

sich W nicht auf einen wirksamen Haftungsausschluss berufen und muß K Schadensersatz wegen der Pflichtverletzung (das Eigentum/Auto von K beschädigt zu haben) gem. § 280 Abs. 1 Satz 1 BGB leisten.

Zunächst ist von Bedeutung, in welchen Fällen AGB überhaupt Vertragsbestandteil werden. Weiterhin werden die AGB, die Vertragsbestandteil geworden sind, einer **Wirksamkeitskontrolle** unterzogen und für unwirksam erklärt, falls sie den Kunden bzw. Vertragspartner unangemessen benachteiligen.

Prüfung von AGB und deren Wirksamkeit

---

1. Handelt es sich um AGB, § 305 Abs. 1 BGB?
2. Sind die AGB Vertragsbestandteil geworden, § 305 Abs. 2 BGB?
3. Liegen vorrangige Individualabreden vor, § 305 b BGB?
4. Überraschende Klauseln werden nicht Vertragsbestandteil, § 305 c Abs. 1 BGB?
5. Sind die in den Vertrag einbezogenen Klauseln wegen grober Benachteiligung unwirksam gem. §§ 309, 308, 307 Abs. 1 BGB?

---

1. Handelt es sich um AGB?

Um AGB handelt es sich nach § 305 Abs. 1 BGB, wenn

- vorformulierte Vertragsbedingungen
- für eine Vielzahl von Verträgen
- vom Verwender bei Vertragsabschluss gestellt werden
- ohne dass diese Bestimmungen im Einzelnen ausgehandelt wurden, § 305 Abs. 1 S. 3 BGB

Vorab ist zu prüfen, ob Bereichsausnahmen geben sind. Gem. § 310 Abs. 4 Satz 1 BGB findet die AGB-Kontrolle keine Anwendung bei Verträgen auf dem Gebiet des Erb-, Familien- und Gesellschaftsrechts sowie auf Tarifverträge, Betriebs- und Dienstvereinbarungen.

Hinsichtlich der Vorformulierung ist unerheblich, ob diese mündlich (schwer nachweisbar) oder schriftlich erfolgt. Die AGB müssen nicht gesondert abgefasst, sondern können direkt im Vertrag enthalten sein und brauchen nicht "AGB" genannt zu werden. Entscheidend ist nur, dass eine Vertragspartei vorformulierte Klauseln zum Vertragsbestandteil bestimmt, die nicht einzeln ausgehandelt und für den Gebrauch bei mehreren Vertragsschlüssen formuliert werden.

a) Der KfZ-Händler K verweist bei Kaufvertragsabschlüssen stets auf seine "AGB", die jegliche Gewährleistung ausschliessen. Vorsorglich verwahrt er die AGB in seiner Schublade, damit die Kunden nicht abgeschreckt werden.

b) Der Vermieter V verwendet bei Vermietungen immer vorgedruckte Formulare, die alle Mietbestimmungen enthalten, welche er gemeinsam mit den Mietern unterschreibt.

c) Der Vermieter D hingegen benutzt auch teilweise vorgedruckte Formulare, fügt aber bei jeder Vermietung die gleichen besonders ungünstigen Bestimmungen lieber handschriftlich ein, um die Anwendbarkeit der §§ 305 ff. BGB auszuschließen.

d) Der KfZ-Meister M verweist bei jeder Reparaturannahme mit einem kurzen schriftlichen Hinweis auf seine AGB, die an der Eingangstür aushängen.

In den gesamten Fällen handelt es sich um AGB, da jeweils vorformulierte Vertragsbestimmungen vorliegen, die der Verwender stellt, ohne diese Bestimmungen ausgehandelt zu haben. Bei dem Vertrag des V handelt es sich insoweit ebenfalls um AGB, selbst wenn diese Bestimmungen einheitlich als "normaler" Vertrag unterschrieben werden. Gleichermaßen ändert das handschriftliche Einfügen von Bestimmungen durch D nichts an deren Eigenschaften als AGB. Die Art der Verfassung, also ob handschriftlich oder gedruckt spielt keine Rolle. Die Änderungen waren für eine Vielzahl von Verträgen gedacht und die Einfügungen auch bereits (gedanklich) vorformuliert.

2. Sind die AGB Vertragsbestandteil geworden?

Nachdem festgestellt worden ist, dass es sich um AGB handelt, ist zu prüfen, ob diese Vertragsbestandteil geworden sind.

Zur Wiederholung: Als grundsätzliche Voraussetzung ist zu prüfen, ob überhaupt ein Vertrag vorliegt. Bietet V die Fahrzeuge zum Kauf mit Hilfe seiner AGB an und erwidert K daraufhin, er kaufe zu den gesetzlichen Bedingungen (nach BGB, vgl. zum Kaufrecht §§ 433 ff. BGB), liegt mangels Einigung kein Vertrag vor, § 154 BGB.

Die AGB sind gem. § 305 Abs. 2 BGB Vertragsbestandteil geworden, wenn

- sich die Vertragsparteien über die Geltung der AGB geeinigt haben
- der Verwender dabei auf die Geltung der AGB hinweist
- und dem Kunden zumutbar die Möglichkeit gibt, vom Inhalt der AGB Kenntnis zu erlangen.

Der zur Einbeziehung erforderliche Hinweis auf die Geltung der AGB darf nicht erst nach Vertragsschluss erfolgen, da sonst der Vertrag bereits ohne AGB zustande gekommen ist.

Werden die gesamten oder einzelnen AGB nicht Vertragsbestandteil, bleibt gem. § 306 Abs. 1 BGB der Vertrag im Übrigen wirksam und es gelten die gesetzlichen Bestimmungen.

K kauft bei V einen Staubsauger. Als sie den bereits gekauften Staubsauger bezahlt hat, übergibt ihr V einen Kassenzettel mit der Aufschrift "Es gelten unsere AGB". Sind die AGB wirksam in den Kaufvertrag einbezogen worden?

Die AGB sind gem. § 305 Abs. 2 BGB nicht Vertragsbestandteil geworden, da V bei Vertragsschluss auf die AGB weder hingewiesen noch in sonstiger Weise für deren Zugänglichkeit gesorgt hat. Bei dem Kauf gelten deshalb nur die gesetzlichen Bestimmungen zum Kauf nach BGB, § 306 Abs. 2 BGB.

In den o.g. Beispielen sind in den Fällen b), c) die AGB Vertragsbestandteil geworden, da sie bereits im Vertrag selbst enthalten sind. Im Fall d) werden die AGB vom KfZ Meister ebenfalls Vertragsbestandteil, wenn die Kunden den Reparaturauftrag unterschreiben, da M *vor* oder *bei* Vertragsschluss durch den Hinweis auf die Existenz seiner AGB im Aushang für den Kunden zumutbar zugänglich aufmerksam macht. Anders verhält es sich im Fall a) des KfZ Händler K, der den Kunden nicht die Möglichkeit verschafft, von seinen AGB zumutbar Kenntnis zu erlangen. Insoweit werden die AGB nicht Vertragsbestandteil.

3. Vorrang von Individualabreden

Werden neben den AGB Individualabreden, d.h. auf den Einzelfall bezogene Vereinbarungen getroffen, gehen diese den AGB nach § 305b BGB vor.

Wenn F in seinen AGB Reparaturen nur gegen Barzahlung vorgesehen hat, sich aber ausnahmsweise gegenüber der Studentin S zu einem Zahlungsaufschub von einer Woche bereit erklärt, geht diese spezielle Abrede den AGB vor.

4. Unklarheiten der AGB

Sind die AGB unverständlich oder doppeldeutig formuliert, gilt die für den Kunden günstigste Auslegungsmöglichkeit. Unklarheiten gehen somit zu Lasten des Verwenders, vgl. § 305c Abs. 2 BGB. Damit besteht der Grundsatz, dass es dem Verwender obliegt, sich klar und unmissverständlich auszudrücken. Eine Klausel gilt dann als unklar, wenn nach Ausschöpfung der in Betracht kommenden Auslegungsmethoden ein nicht behebbarer Zweifel bleibt, insbesondere zwei Auslegungsmöglichkeiten verbleiben.[74]

5. Überraschende und mehrdeutige Klauseln nach § 305c BGB

Überraschende und für den Vertragstyp untypische Klauseln werden gem. § 305c Abs. 1 BGB nicht Vertragsbestandteil.[75] Dies betrifft allerdings nur die überraschenden Klauseln der AGB, die übrigen, nicht überraschenden Klauseln der AGB, bleiben wirksam.

Vereinbart ein Autoverkäufer in seinen AGB, dass der Kunde das Auto auch bei ihm warten lassen muss, liegt eine überraschende und damit unwirksame Klausel vor. Die übrigen und nicht überraschenden AGB des Kaufvertrags bleiben dagegen wirksam.

6. Unwirksamkeit von Klauseln nach §§ 307-309 BGB

Sind die AGB Vertragsbestandteil geworden, ist weiter zu prüfen, ob einzelne Bestimmungen oder Klauseln gem. §§ 307 ff. BGB unwirksam sind, weil sie den Kunden unangemessen benachteiligen. Der Gesetzeskatalog in den §§ 308, 309 BGB bestimmt die Fälle unwirksamer Klauseln.

Nach § 309 Nr. 8 b) aa) BGB ist ein Ausschluss jeglicher Gewährleistung (Garantie) für neu hergestellte und verkaufte Sachen unwirksam.

Der Katalog in § 309 BGB "Klauselverbote *ohne* Wertungsmöglichkeit" geht als lex specialis dem § 308 BGB "Klauselverbote *mit* Wertungsmöglichkeit" und der Generalklausel des § 307 BGB vor. Dementsprechend sind Klauseln immer anhand der §§ 309, 308, 307 BGB in dieser Reihenfolge zu prüfen.

---

[74] BGHZ 112, 68.

[75] Vgl. BGHZ 126, 176 ff. zur Ausdehnung der für einen Kredit übernommenen Bürgschaft auf alle gegenwärtigen und zukünftigen Forderungen des Kreditgebers.

Der Grundsatz vom Vorrang des spezielleren Gesetzes gilt für das gesamte Zivilrecht, wie auch für andere Rechtsgebiete.

7. Rechtsfolge der Unwirksamkeit einer Klausel

Gem. § 306 Abs. 1 BGB bleibt der Vertrag auch ohne die AGB oder Teilen der AGB im Übrigen gültig. Falls eine Regelung oder Klausel unwirksam ist, gelten ergänzend die gesetzlichen Bestimmungen, insbesondere die Regelungen im BGB. Die übrigen AGB bleiben wirksam, es sei denn, sie sind selbst nach den §§ 309, 308, 307 BGB unwirksam (oder bereits nicht Vertragsbestandteil), § 305 BGB.

II. Widerruf bei Haustürgeschäften

Die Anbahnung oder der Abschluss eines Vertrages in einer sog. "Haustürsituation" impliziert die Gefahr, dass der Vertragspartner, der zuhause aufgesucht wird, unüberlegt handelt bzw. "überrumpelt" wird.

Wenn z.B. Hausfrauen mit Kindern im Arm und Essen auf dem Herd einem Vertreter für Haushaltsgeräte den Kaufvertrag für eine neue Mikrowelle unterzeichnen, ist dieser Vertragsschluss offensichtlich weniger ungestört erfolgt als der Vertragsschluss in einer Fachabteilung eines Kaufhauses.

Der Grund für die gesetzliche Einräumung eines Widerrufsrechts liegt in der situationsbedingten "Überrumpelung"; anders verhielte es sich bei Drohung oder Gewaltausübung, was zur Nichtigkeit des Vertrages gem. § 138 BGB führte.

Die Voraussetzungen für das Widerrufsrecht gem. § 312 i.V.m. § 355 BGB sind

1. Vertrag zwischen Unternehmer und Verbraucher
2. Vertragsgegenstand ist eine entgeltliche Leistung
3. Vertragsabschluss durch mündliche Verhandlung am Arbeitsplatz oder im Bereich der Privatwohnung, § 312 Abs. 1 Nr. 2 BGB oder anlässlich einer vom Unternehmer (oder von einem Dritten zumindest auch im Interesse des Unternehmers) durchgeführten Freizeitveranstaltung, § 312 Abs. 1 Nr. 2 BGB oder im Anschluss an ein überraschendes Ansprechen in Verkehrsmitteln oder im Bereich öffentlich zugänglicher Verkehrsflächen, § 312 Abs. 1 Nr. 3 BGB.
4. Kein Ausschluss des Widerrufsrechts

a) durch vorhergehende Bestellung (Einladung) des Verbrauchers (keine Schutzbedürftigkeit), § 312 Abs. 3 Nr. 1 BGB oder
b) die Leistung bei Abschluss der Verhandlungen sofort erbracht und bezahlt wird und das Entgelt 40 EUR nicht übersteigt, § 312 Abs. 3 Nr. 2 BGB (Geringwertigkeit des Vertrags) oder
c) die Willenserklärung des Verbrauchers von einem Notar beurkundet worden ist (keine Schutzbedürftigkeit, da Warn- bzw. Belehrungsfunktion durch Notar übernommen), § 312 Abs. 3 Nr. 3 BGB.

H. Zurechnung einer Willenserklärung durch Stellvertretung

Eine Vertragspartei kann aus verschiedensten Gründen nicht immer die Willenserklärung zum Vertragsschluss selbst abgeben, z.B. wegen Krankheit oder Terminüberschneidungen. Das Zivilrecht eröffnet deshalb die Möglichkeit, sich von einem anderen (**Vertreter**) vertreten zu lassen, der die Willenserklärung für den Vertretenen abgibt. Die Stellvertretung ist in den §§ 164 ff. BGB geregelt. Gem. § 164 Abs. 1 BGB treffen bei einer ordnungsgemäßen Stellvertretung die Rechtsfolgen des Geschäfts nur den Vertretenen.

V muss geschäftlich nach Amerika reisen und bittet seinen Freund F, für ihn am nächsten Wochenende auf dem Flohmarkt ein altes Fahrrad zu verkaufen. F verkauft dort im Namen von V an K. F ist als Stellvertreter von V aufgetreten, wodurch der Kaufvertrag zwischen V und K zustande gekommen ist.

Die Stellvertretung ist grundsätzlich bei jeder Willenserklärung zulässig. Ausnahmsweise besteht ein Ausschluss bei sog. höchstpersönlichen Rechtsgeschäften wie der Eheschliessung und der letztwilligen Verfügung (Testament).

Die Voraussetzungen für die Stellvertretung sind

- Eigene Willenserklärung des Vertreters,
- im Namen des Vertretenen (Handeln in fremdem Namen) und die
- von einer Vollmacht des Vertretenen gedeckt ist.

I. Eigene Willenserklärung des Vertreters

Der Vertreter muss eine eigene Willenserklärung abgeben.

Als Vertreter könnte F sagen: "*Ich möchte* Ihnen ... das Fahrrad verkaufen".

Die Abgabe einer eigenen Willenserklärung unterscheidet ihn vom Boten, der eine *fremde* Willenserklärung *überbringt*.

Als Bote würde F sagen *"Herr V möchte* Ihnen sein Fahrrad verkaufen".

Aus der Tatsache, dass der Vertreter rechtsgeschäftlich handelt, indem er eine eigene Willenserklärung abgibt, folgt, dass er zumindest beschränkt geschäftsfähig sein muss (§§ 105, 165 BGB). Der Bote, der nur einen Realakt vornimmt, wenn er die fremde Willenserklärung überbringt, kann hingegen auch geschäftsunfähig sein.

Die 6-jährige Marie-Caroline kann nur Bote, nicht aber Vertreter sein, da sie noch geschäftsunfähig ist. Für die Mutter kann sie dementsprechend nicht als ihre Vertreterin fungieren, um beim Bäcker Brötchen zu kaufen. Sie kann nur als Bote zum Bäcker gehen und ihm ausrichten "Meine Mutter möchte von Ihnen 5 Brötchen kaufen".

Nicht nur voll Geschäftsfähige, sondern auch beschränkt Geschäftsfähige können Vertreter sein, siehe § 165 BGB. Dahinter steht der Rechtsgedanke, dass der Vertreter nicht selbst verpflichtet wird, sondern nur der Vertretene, so dass dem Vertreter kein rechtlicher Nachteil entsteht, siehe auch § 179 Abs. 3 Satz 2 BGB.

II. Handeln in fremdem Namen

Der Vertragspartner soll wissen, mit wem er den Vertrag abschließt, mit dem Vertreter oder dem Vertretenen. Diese Umstände sind z.B. von Bedeutung, um die Bonität oder Seriosität des Vertragspartners beurteilen zu können. Demzufolge muss der Vertreter zum Ausdruck bringen, dass er in fremdem Namen, d.h. für einen anderen handelt. Das Prinzip der Offenlegung der Stellvertretung wird **Offenkundigkeitsgrundsatz** genannt.[76]

F müsste z.B. sagen: "Ich verkaufe Ihnen das Fahrrad *im Namen von V"*.

Soweit der Vertreter nicht offenlegt, dass er für einen anderen handelt, verpflichtet er sich grundsätzlich selbst, siehe § 164 Abs. 2 BGB.

Bei Verletzung des Offenkundigkeitsgrundsatzes verpflichtet sich der Vertreter nach § 164 Abs. 2 BGB selbst. Die Offenlegung der Stellvertretung kann ausdrücklich erklärt werden oder aus den Umständen hervorgehen (§ 164 Abs. 1 Satz 2 BGB).

Folglich braucht der Vertreter nicht ausdrücklich zu erwähnen, dass er als Vertreter eines anderen handelt. Nach § 164 Abs. 1 Satz 2 BGB ist es ausreichend, wenn sich die Vertretung aus den Umständen ergibt.

---

76 Siehe zum Offenkundigkeitsgrundsatz *Hähnchen* JuS 2002, 457 ff.

Wenn z.B. die Medizinstudentin Eva in einer Boutique aushilfsweise arbeitet, muss sie nicht bei jeder Jeans, die sie verkauft, sagen: "diese Jeans, Model Beckham, Preis 300 EUR, verkaufe ich im Namen der Geschäftsinhaberin Frau Handelsson". Aus den Umständen des Ladengeschäfts ergibt sich, dass Eva für die Geschäftsinhaberin Handelsson handelt und sich somit voll auf Modefragen im Rahmen ihres Nebenjobs konzentrieren kann.

III. Handeln im Rahmen der Vertretungsmacht

Der Vertretene soll nur nach seinem Willen verpflichtet werden. Dementsprechend setzt die Verpflichtung des Vertretenen voraus, dass der Vertreter innerhalb seiner Vertretungsmacht handelt, § 164 Abs. 1 BGB. Handelt der Vertreter außerhalb seiner Vertretungsmacht, kann er den Geschäftsherrn nicht wirksam verpflichten, vgl. § 164 BGB.

Verkauft F im o.g. Beispiel nicht das Fahrrad von V, sondern abredewidrig dessen Auto, kommt mangels Vertretungsmacht (zunächst) kein Kaufvertrag zwischen V und dem Käufer über das Auto zustande (§ 164 BGB). Verkauft aber F das Fahrrad von V in dessen Namen an K, kommt der Kaufvertrag zwischen V und K zustande, da F durch die erteilte Vollmacht im Rahmen seiner Vertretungsmacht handelte, vgl. § 164 BGB.

Soweit die **Vertretungsmacht fehlt** oder **überschritten**[77] wird, gelten die §§ 177 ff. BGB, wonach nur der Vertreter ohne Vertretungsmacht, nicht aber der Vertretene, zur Erfüllung oder zum Schadensersatz verpflichtet ist.

Anders verhält es sich, wenn der Vertreter seine Pflichten aus dem Innenverhältnis, z.B. ein Auftragsverhältnis gem. §§ 662 ff. BGB, verletzt. Bei einem derartigen **Missbrauch der Vertretungsmacht** ist die Vertretung wirksam, da der Vertreter innerhalb seiner Vertretungsmacht handelt. Der Vertreter hat sein externes "Können" eingehalten und nur sein internes "Dürfen" überschritten. In diesem Fall stehen dem Geschäftsherrn unter Umständen nur Schadensersatzansprüche (gem. § 280 Abs. 1 BGB wegen Pflichtverletzung des zugrundeliegenden Vertrages, hier z.B. Auftragsverhältnis, oder aus § 826 BGB) gegen den Vertreter zu. Nur in krassen Ausnahmefällen, wenn Vertreter und Vertragspartner bewusst zum Nachteil des Geschäftsherrn zusammenarbeiten, ist das Geschäft nach § 138 Abs. 1 BGB sittenwidrig und damit nichtig (Grundsätze über den Missbrauch der Vertretungsmacht).[78]

---

77 Vgl. dazu BGHZ 103, 278.
78 Vgl. hierzu *Preuß* NZI 2003, 625.

Wenn im o.g. Beispiel V gegenüber F eine (schriftliche) Vollmacht erteilt, sein Fahrrad zu verkaufen, sagt ihm aber, er solle es nicht unter 500,- EUR verkaufen, hat F unbeschränkte Vollmacht zum Verkauf des Fahrrads. Im Innenverhältnis des Auftrags gegenüber V ist er allerdings verpflichtet, das Fahrrad nicht unter 500,- EUR zu verkaufen.

Wenn F auf dem Flohmarkt keine Lust mehr hat und K für lediglich 400,- EUR im Namen von V das Fahrrad verkauft, ist das Geschäft nach § 164 BGB zwischen V und K wirksam. Da F innerhalb seiner Vertretungsmacht handelt, ist sein Missbrauch der Vertretungsmacht ohne Einfluss auf die Wirksamkeit des Kaufvertrags zwischen V und K. Dagegen könnte V aber von F 100,- EUR Schadensersatz aus § 280 Abs. 1 BGB wegen Pflichtverletzung des Auftrages verlangen.

Die Vertretungsmacht kann rechtsgeschäftlich erteilt werden oder durch Gesetz begründet sein.

1. Rechtsgeschäftliche Vertretungsmacht (Vollmacht)

Ist die Vertretungsmacht durch Rechtsgeschäft erteilt, wird sie Vollmacht genannt, vgl. § 166 Abs. 2 Satz 1 BGB.

a) Erteilung der Vollmacht

Der Vertretene, sog. Geschäftsherr, kann diese Vollmacht entweder gegenüber seinem Geschäftspartner oder gegenüber dem Vertreter erklären, vgl. § 167 Abs. 1 BGB. Erklärt er die Vollmacht nur gegenüber dem Vertreter, ist dies eine sog. **Innenvollmacht,** erklärt er sie gegenüber dem Geschäftspartner, liegt eine sog. **Außenvollmacht** vor. Weiterhin besteht die Möglichkeit, dass der Geschäftsherr eine Innenvollmacht erteilt und dies nach außen gegenüber Dritten erklärt, sog. **kundgemachte Innenvollmacht** (§ 171 BGB). Diese Unterscheidung ist gem. §§ 171 ff. BGB für die Wirkungsdauer der Vollmacht bei einem Widerruf von Bedeutung, vgl. dazu gleich unten.

Im o.g. Flohmarkt-Beispiel hat V die Vollmacht zum Fahrradverkauf gegenüber F als Innenvollmacht erteilt. Kannte er K bereits als Käufer, hätte er stattdessen auch diesem gegenüber die Vollmachterteilung zugunsten von F erklären können, sog. kundgemachte Innenvollmacht.

Die Vollmachterteilung ist eine einseitige empfangsbedürftige Willenserklärung, die dem vorgesehenen Empfänger wirksam zugehen muss. Gemäß § 167 Abs. 2 BGB ist die Vollmachterteilung grundsätzlich formlos wirksam. Ausnahmsweise besteht Schriftform z.B. bei der Vollmacht zum Abschluß eines Darlehnsvertrags, vgl. § 492 Abs. 4 BGB.

b) Erlöschen der Vollmacht

Hat der Geschäftsherr dem Vertreter die Vollmacht erteilt, kann er diese jederzeit widerrufen (§ 168 Satz 2 BGB). Der Widerruf ist nur dann ausgeschlossen, wenn die Vollmacht ausdrücklich unwiderruflich erteilt wurde oder die Unwiderruflichkeit sich aus dem zugrundeliegenden Schuldverhältnis ergibt (§ 168 Satz 2 BGB). Die Vollmacht erlischt gem. § 168 Satz 1 BGB mit dem zugrundeliegenden Rechtsgeschäft.

Regelmäßig wird der Vollmachterteilung ein Auftrag nach § 662 BGB (oder Geschäftsbesorgungsvertrag gem. § 675 BGB) zugrunde liegen, wonach sich der Vertreter gegenüber dem Geschäftsherrn verpflichtet, für diesen ein Geschäft zu besorgen. Erlischt dieses Auftragsverhältnis, z.B. durch Kündigung oder Widerruf (vgl. § 671 BGB), Erfüllung (§ 362 BGB) o.ä., erlischt gemäß § 168 Satz 1 BGB damit auch die (für diese Geschäftsvornahme) erteilte Vollmacht.

> **Im o.g. Flohmarkt-Beispiel hat V mit F ein Auftragsverhältnis gem. §§ 662 ff. BGB geschlossen, wonach F für V als Geschäftsbesorgung dessen Fahrrad verkaufen soll. Wenn V diesen Auftrag widerruft oder F kündigt, erlischt gemäß § 168 Satz 1 BGB damit auch die Vollmacht. Ohne Widerruf erlischt die Vollmacht durch die Erfüllung des Auftrags.**

Die Vollmachterteilung ist somit in ihrer Entstehung unabhängig (abstrakt) von einem zugrunde liegenden Rechtsgeschäft. Falls ein Rechtsgeschäft zugrunde liegt, ist das Fortbestehen der Vollmacht i.d.R. nach § 168 Satz 1 BGB allerdings vom Fortbestand dieses Rechtsgeschäfts (z.B. Auftrag) abhängig (akzessorisch).

Deshalb gilt: Die Vollmacht ist in der Entstehung abstrakt, im Fortbestand in der Regel akzessorisch hinsichtlich eines zugrunde liegenden Rechtsgeschäfts.

c) Wirkungsdauer der Vertretungsmacht trotz Widerruf

Auch nach Widerruf der Vollmacht kann die Vertretungsmacht des Vertreters nach Maßgabe der §§ 170-173 BGB fortwirken, die das Vertrauen des Geschäftspartners in die eigentlich nach § 168 BGB erloschene Vollmacht schützen. Diese Wirkung unterscheidet sich nach der Art der Vollmachterteilung.

Bei einer Außenvollmacht bleibt nach § 170 BGB die Vertretungsmacht des Vertreters solange gegenüber Dritten in Kraft, bis die Vollmacht diesen Dritten gegenüber widerrufen wird.

M erklärt seinem Geschäftspartner R, dass er dem Angestellten D Vollmacht erteilt, mit ihm Geschäfte bis zu 1 Mio. EUR abzuschließen. Solange M diese Vollmachterteilung nicht gegenüber R widerruft, besteht die Vertretungsmacht des D auch dann fort, wenn D aus dem Betrieb des M ausscheidet und somit nach § 168 Satz 1 BGB seine Vollmacht grundsätzlich erloschen ist.

Bei einer nach aussen kundgemachten Innenvollmacht bleibt die Vertretungsmacht des Vertreters nach § 171 BGB gegenüber Dritten solange bestehen, bis die Kundgebung in derselben Weise, wie sie erfolgt ist, widerrufen wird.

Entsprechendes gilt nach § 172 BGB für den Fall, dass der Vertreter eine Vollmachtsurkunde vorlegt, die ihm vom Geschäftsherrn ausgehändigt wurde. In diesem Fall bleibt die Vertretungsmacht solange bestehen, bis die Vollmachtsurkunde dem Vollmachtgeber zurückgegeben oder für kraftlos erklärt wird. Gemäß § 173 BGB ist dieses Fortbestehen der Vollmacht in den o.g. Fällen ausgeschlossen, wenn der Dritte das Erlöschen der Vollmacht kennt oder kennen muss.

d) Anscheins- und Duldungsvollmacht

Über den in §§ 170-173 BGB geregelten Schutz des Vertrauens des Geschäftspartners in die Vollmacht des Vertreters hinaus wird dieses in den von Rechtsprechung und Lehre entwickelten Fällen der Anscheins- und Duldungsvollmacht geschützt. Auch hier besteht zwar tatsächlich keine Vollmacht des Vertreters, seine Vertretungsmacht wird aber aufgrund eines Rechtsscheintatbestands fingiert. Hierin kommt der Rechtsgedanke des Vertrauensschutzes zum Ausdruck.

Eine **Duldungsvollmacht** liegt vor, wenn der Vertretene weiß, dass ein anderer ohne Vollmacht für ihn handelt, aber in zurechenbarer Weise nichts dagegen unternimmt. Somit setzt eine Duldungsvollmacht voraus, dass der Vertretene das Handeln des Dritten bewusst geduldet hat und der Geschäftspartner diese Duldung als Bevollmächtigung auffassen musste.[79]

Der Geschäftsinhaber G hat beobachtet, dass sein Lehrling L telefonisch gegenüber Kunden als Firmenvertreter auftritt und Vertragsabschlüsse vornimmt, obwohl er dazu nicht bevollmächtigt wurde. G unternimmt nichts dagegen, weil er sehr beschäftigt ist und bislang keine Geschäftseinbußen durch das

79 Vgl. *Pfeifer* JuS 2004, 694 ff.

eigenmächtige Handeln von L erlitten hat. Bei einem schlechten Vertragsabschluss durch L beruft sich G nunmehr auf dessen mangelnde Vollmacht. Zu Recht?

Eine wirksame Vollmacht wurde L nicht erteilt, jedoch wird G die Willenserklärung zum Vertragsabschluss durch L im Rahmen einer Duldungsvollmacht zugerechnet. Insoweit kann der Geschäftsinhaber sich nicht auf die mangelnde Vollmacht seines Lehrlings berufen und wird über die Grundsätze der Duldungsvollmacht wirksam gegenüber dem Kunden verpflichtet.

Eine **Anscheinsvollmacht** ist gegeben, wenn der Vertretene das Handeln des Dritten nicht kennt, bei pflichtgemäßer Sorgfalt hingegen hätte erkennen und verhindern können und somit zurechenbar den Rechtsschein setzt, der andere sei bevollmächtigt. Hat der Geschäftspartner auf diese "anscheinende" Vollmacht vertraut, gilt in beiden Fällen das Handeln des Vertreters so, als habe er innerhalb einer ordnungsgemässen Vollmacht gehandelt, so dass der Vertretene nach § 164 BGB verpflichtet wird.[80]

In der Fallbearbeitung setzt die Annahme der Voraussetzungen einer Anscheinsvollmacht im Wege der Zurechnung eines schuldhaft verursachten Rechtsscheins[81] somit voraus, dass der Vertreter wiederholt und während eines gewissen Zeitraumes im Namen des Vertretenen aufgetreten ist. Denn nur insoweit kann ein den Rechtsschein einer Bevollmächtigung erzeugendes Verhalten vorliegen.[82] Dieses Handeln von gewisser Dauer bzw. das den Rechtsschein einer Bevollmächtigung erzeugende Verhalten muss desweiteren dem Vertretenen zuzurechnen sein. Hierfür ist beispielweise ein konkretes Organisationsverschulden in der Rechtssphäre des Vertretenen festzustellen. In der Rechtsfolge muss sich der Geschäftsherr bzw. der "Vertretene" so behandeln lassen, als habe er den Handelnden tatsächlich bevollmächtigt. Diese Haftung entspricht dem Grundsatz von Treu und Glauben (§ 242 BGB) und ist kraft ständiger Rechtsprechung gewohnheitsrechtlich -sog. Richterrecht- anerkannt.[83] Zu beachten ist weiterhin, dass nach h.M. aufgrund der Anscheinsvollmacht eine Inanspruchnahme des Vertreters durch den Geschäftspartner gem. § 179 BGB ausgeschlossen ist, weil die Bindungswirkung der Anscheinsvollmacht einer rechtsgeschäftlich erteilten Vollmacht gleichstehe.[84]

---

80 Vgl. *Pfeifer* JuS 2004, 694 ff.

81 Vgl. *Meurer/Neunaber* NZM 2002, 807 ff.

82 Der Umstand, dass lediglich ein Rechtsschein erzeugt wurde, spricht für die Auffassung, eine Anfechtung der Rechtsscheinvollmacht (Anscheins- und Duldungsvollmacht) nicht zuzulassen.

83 Siehe BGHZ 5, 116; BGHZ 65, 13.

84 BGHZ 86, 273.

2. Gesetzliche Vertretungsmacht

Neben der rechtsgeschäftlichen Erteilung der Vertretungsmacht durch Vollmacht kann die Vertretungsmacht auch auf gesetzlichen Vorschriften beruhen, welche sich insbesondere im Familienrecht des BGB finden.

Ein wichtiger Fall der gesetzlichen Vertretungsmacht ist die elterliche Sorge nach §§ 1626, 1629 BGB für das Kind. Die gemeinschaftliche (§ 1629 Abs. 1, Satz 2 BGB) Vertretungsmacht der Eltern für das Kind gilt vom Grundsatz her unbeschränkt. Nur für gewisse folgenschwere oder besonders riskante Geschäfte ist die Vertretungsmacht der Eltern eingeschränkt oder sogar ausgeschlossen. Fälle des Ausschlusses der Vertretungsmacht finden sich in § 1629 Abs. 2 i.V.m. § 1795 BGB. Bei diesen Geschäften muss ein Pfleger bestellt werden, um das Kind wirksam vertreten und damit nach § 164 BGB zu berechtigen und verpflichten zu können. In den §§ 1643 Abs. 1 iVm 1821, 1822 BGB werden die Fälle bestimmt (z.B. Grundstücksgeschäfte), in denen die Eltern zur wirksamen Vertretung ihres Kindes der Genehmigung des Familiengerichts bedürfen.

3. Unwirksamkeit von Insichgeschäften

Eine wichtige Einschränkung sowohl der rechtsgeschäftlich als auch der gesetzlich begründeten Vertretungsmacht ergibt sich aus § 181 BGB, wonach sog. Insichgeschäfte des Vertreters unwirksam sind.[85]

Gemäß § 181 BGB kann ein Vertreter, sofern es ihm nicht ausdrücklich gestattet ist, weder mit sich selbst Verträge schließen (**selbstkontrahieren**) noch als weiterer Vertreter eines Dritten Verträge schliessen (Mehrfachvertretung). Diese Regelung soll einen Interessenkonflikt des Vertreters aufgrund von Personenidentität vermeiden, indem der Vertreter seine eigenen Interessen und die des Vertretenen nicht gleichzeitig in einem Geschäft wahrnehmen soll.[86] Der Vertreter kann aber nach § 181 BGB von dieser Beschränkung vom Geschäftsherrn befreit werden.

> **Verkäufer V hat vom Inhaber I des gleichnamigen Autohauses Vollmacht, an bestimmte Kunden nach seinem Ermessen hohe Rabatte zu gewähren. Als V ein Auto benötigt, schliesst er mit sich selbst im Namen von I einen Kaufvertrag und gewährt sich 50 % Rabatt. Ist dieser Vertrag mit I wirksam?**
>
> **V hat den Vertrag mit I nach § 164 BGB nur wirksam geschlossen, wenn er diesen ordnungsgemäß vertreten konnte. Da V innerhalb seiner Vollmacht und im Namen des I handelte, hat er diesen nach § 164 BGB wirksam vertreten, so dass der Ver-**

[85] Zur Fallgruppe der Geschenke an Minderjährige durch Eltern im Wege des Selbstkontrahierens vgl. BGHZ, 78, 29.

[86] Vgl. BGHZ 51, 210; 56, 210.

trag insoweit wirksam wäre. Ob V seine Vollmacht ordnungsgemäß ausgeübt hat, ist grundsätzlich nicht entscheidend. Der wirksame Vertragsschluss scheitert hier aber an § 181 BGB, wonach es V nicht gestattet ist, wirksam als Vertreter eines anderen mit sich selbst Verträge zu schließen, womit sog. schwebende Unwirksamkeit besteht.

Durch den Abschluß des Insichgeschäfts überschreitet der Vertreter seine Vertretungsmacht. Obwohl der Wortlaut "kann nicht" vorgibt, ist das Geschäft nicht nichtig, sondern entsprechend § 177 BGB der Rechtsfolge nach "schwebend unwirksam". Als Sonderfall besteht die Möglichkeit einer teleologischen Reduktion von § 181 BGB, also die Zulässigkeit von Insichgeschäften, wenn kein Interessenkonflikt besteht.[87]

IV. Haftung des Vertreters ohne Vertretungsmacht

Handelt der Vertreter ohne Vertretungsmacht (Vollmacht) oder außerhalb seiner Vertretungsmacht, wird er als Vertreter ohne Vertretungsmacht (**falsus procurator**) bezeichnet. Die Rechtsfolgen dieses Handelns ohne Vertretungsmacht hängen zunächst vom (gegen seinen Willen) Vertretenen ab. Dieser kann gemäß § 177 Abs. 1 BGB das Geschäft im Nachhinein genehmigen, so dass es für und gegen ihn wirksam wird. Im Falle der **Genehmigung** treffen nur den Vertretenen, nicht aber den Vertreter die Rechtsfolgen des Geschäftes.

Wenn im o.g. Flohmarkt-Beispiel der F eigenmächtig das Auto des V verkauft (anstelle des Fahrrades) kann V den Verkauf genehmigen, wenn er der Auffassung ist, dass F zwar ohne Vertretungsmacht handelte, aber einen hohen Erlös für das Auto erzielte. Damit wird der Kaufvertrag zwischen ihm und K wirksam.

Anders verhält es sich, wenn der **Vertretene nicht genehmigt.** In diesem Fall wird der gegen seinen Willen Vertretene aus dem Geschäft weder berechtigt noch verpflichtet. Der Geschäftspartner kann gem. § 179 BGB allerdings vom Vertreter ohne Vertretungsmacht entweder Erfüllung oder Schadensersatz verlangen.

K könnte insoweit verlangen, dass F ihm das Auto übereignet (was dieser i.d.R. nicht kann, da es V gehört) oder Schadensersatz verlangen. F muss K die Vorteile ersetzen, die diesem durch das Nichtzustandekommen des Kaufvertrages entgehen.

---

87 Siehe dazu unten ab S. 554 ff.

Hat der Vertreter nicht gewusst, dass er ohne Vertretungsmacht handelte, haftet er nur für den Vertrauensschaden, den der Geschäftspartner erleidet, z.B. dessen Telefon- und Faxkosten. Wusste der Geschäftspartner von der fehlenden Vertretungsmacht oder hätte er von dieser wissen müssen, haftet der Vertreter ohne Vertretungsmacht nicht (§ 179 Abs. 3, Satz 1 BGB).

Wenn K an dem Auto von V ein Interesse hat, könnte F es im Namen von V an ihn unter Darlegung seiner mangelnden Vertretungsmacht verkaufen. In diesem Fall treffen F keine Rechtsfolgen und das Geschäft erlangt Wirksamkeit, wenn V es genehmigt.

I. Elektronische Willenserklärungen und E-Commerce

Im Geschäftsverkehr sowie im Privatleben hat sich der elektronische Datenverkehr als neue Form der Kommunikation und der Geschäftsabschlüsse herausgebildet. Über das Internet[88], können elektronische Nachrichten übermittelt und ausgetauscht werden. Im **World Wide Web** (WWW) werden Web-Seiten präsentiert, Bestellungen aufgegeben und Verträge geschlossen (sog. **E-Commerce**). Die Erklärungen, die über das Netz ausgetauscht werden, lassen sich als elektronische Willenserklärungen bezeichnen. Die rechtliche Beurteilung der elektronischen Willenserklärung folgt nach den allgemeinen Regeln der Rechtsgeschäftslehre, wie sie oben dargestellt wurden.

> **V betreibt den Bücher-Versandhandel "Literatur-Online" und hat im Internet unter der Adresse www.Literatur-online.de eine Web-Seite eingerichtet, auf der er sein Angebot mit aktuellen Preisen präsentiert. K entdeckt beim "surfen" auf der Web-Seite von V sein Lieblingsbuch "Sportwagen im 20. Jahrhundert" zum Preis von 10,- EUR. Sofort schickt er eine E-Mail an V, dass er das Buch zu diesem Preis kaufe. V fragt sich beim Lesen der E-Mail, ob dies eine verbindliche Bestellung ist oder sogar bereits ein Kaufvertrag zustande gekommen ist.**

I. Elektronische Willenserklärung

Das BGB kennt Willenserklärungen, die durch ein Kommunikationsnetz übermittelt werden, direkt nur als "mittels Fernsprecher von Person zu Person gemachte Anträge", vgl. § 147 Abs. 1 Satz 2 BGB. Eine weitere Möglichkeit, eine Willenserklärung abzugeben, bildet die Kommunikation mittels Computer, die über Netzwerke miteinander verbunden sind. Zur Bestimmung der elektronischen Willenserklärung ist zunächst von der allgemeinen Definition einer Willenserklärung auszugehen.

---

88 Ein einheitliches "Internet" gibt es dem Grunde nach nicht, da es aus unzähligen einzelnen Netzwerken besteht, die (teilweise) untereinander verbunden sind und deren Kommunikation das TCP/IP-Protokoll (sog. "Internetprotokoll") zugrundeliegt. Vgl. zu den technischen Grundlagen und der Funktionsweise *Schmitz,* Das TDDSG und das Recht auf informationelle Selbstbestimmung, 2. Teil, B.

*Eine **Willenserklärung** ist die Äußerung eines Willens, die eine Rechtsfolge, d.h. die Begründung, inhaltliche Änderung oder Beendigung eines privaten Rechtsverhältnisses (z.B. Kaufvertragsschluss), herbeiführen soll.*

Zur **Wiederholung:** Bei der Abgabe einer **Willenserklärung** wird zwischen dem inneren Willen des Erklärendem **(subjektiver Tatbestand)** und der äußeren Kundgabe dieses Willens **(objektiver Tatbestand)** unterschieden. Der subjektive Tatbestand besteht aus dem das äußere Verhalten beherrschenden Handlungswillen (willentlich gesteuerte menschliche Handlung), dem Erklärungsbewusstsein (Bewusstsein, eine rechtsgeschäftliche Erklärung abzugeben) und dem Geschäftswillen (die auf einen bestimmten rechtlichen Erfolg gerichtete Absicht). Für den objektiven Tatbestand einer Willenserklärung genügt jede Äußerung, die den rechtsgeschäftlichen Willen (subjektiven Tatbestand) nach außen (für Dritte objektiv erkennbar) deutlich macht.

Die Möglichkeit, einen rechtsgeschäftlichen Willen zu äußern und somit eine Willenserklärung abzugeben, kann auf vielfältige Weise geschehen. Der Wille kann grundsätzlich mündlich, schriftlich oder auch durch schlüssiges Handeln (konkludent) geäußert werden, sofern keine bestimmte Form vorgeschrieben ist. Eine weitere Möglichkeit, eine Willenserklärung ausdrücklich abzugeben, bildet die Versendung einer E-Mail.

Die Willenserklärungen, die auf elektronischem Wege geäußert werden, lassen sich entsprechend als sog. elektronische Willenserklärungen erfassen. Die Bezeichnung beruht auf der elektronischen Art und Weise der Willenskundgabe und auf der Übertragung mittels elektronischer Kommunikationssysteme. Elektronische Willenserklärungen fügen sich in das bestehende System der Willenserklärung problemlos ein.

*Eine **elektronische Willenserklärung** ist die **elektronische** Äußerung eines Willens, die eine Rechtsfolge, d.h. die Begründung, inhaltliche Änderung oder Beendigung eines privaten Rechtsverhältnisses (z.B. Kaufvertragsschluss), herbeiführen soll.*

Die elektronische Form wurde vom Gesetzgeber in § 126a BGB festgeschrieben, der nunmehr die Ersetzung der Schriftform durch die elektronische Form ermöglicht. Das Gesetz über Rahmenbedingungen für elektronische Signaturen (SigG) regelt zusätzlich die Rahmenbedingungen zur Erzeugung als sicher geltender elektronischer Signaturen. Bei der Verwendung der elektronischen Signatur ersetzt diese nach einem eigens dafür vorgesehenen Verfahren die bei der Schriftform notwendige, eigenhändige Unterschrift. Nicht bei jedem Vertragstyp kann die Schriftform durch die elektronische Form ersetzt werden. So ist beim Verbraucherdarlehensvertrag die elektronische Form gemäß § 492 Abs. 1 S. 2 BGB ausgeschlossen.

Die Besonderheiten bei elektronischen Willenserklärungen beziehen sich gemäß den allgemeinen Regeln der Rechtsgeschäftslehre insbesondere auf den objektiven Tatbestand hinsichtlich der Äußerung und Übertragung der Willenserklärung. Die Erklärung erfolgt nicht schriftlich oder mündlich, sondern manifestiert sich durch elektronische Daten bzw. in einer elektronischen Datei.

Zum Kauf einer Sonnenbrille per Internet verfasst K zunächst eine Nachricht in elektronischer Textform mit dem Inhalt, dass sie bei V (Händler mit Internetpräsenz) eine Sonnenbrille vom Typ "Armani Sport" zum Preis von 125 EUR bestellt. Die willentliche Abfassung dieser Nachricht lässt sich für objektive Dritte (objektiver Empfängerhorizont) nur als rechtsgeschäftliche Bestellung der Sonnenbrille und somit als entsprechende (elektronische) Willenserklärung i.S.e. Angebots verstehen.

1. E-Mail

Willenserklärungen können somit auch durch E-Mail gegenüber Dritten geäußert werden. Die Nachricht (Willenserklärung) wird mittels eines Texteditors verfasst und als Datei per E-Mail versandt.[89]

Der elektronische Postdienst ist der für die Kommunikation zwischen zwei Internet-Nutzern am häufigsten verwendete Dienst. E-Mails ermöglichen es, eine über das Internet oder ein anderes Computernetz zu übertragende Nachricht an einen beliebigen Kommunikationspartner auf der ganzen Welt zu verschicken, welcher eine E-Mail-Adresse besitzt und einen Zugang zum Internet hat. Die Nachricht wird auf dem Mail-Server des Nutzers zu seiner Verfügung gehalten. Da E-Mails jedoch nicht unterschrieben werden, können im Nachhinein Probleme beim Nachweis darüber auftreten, ob die unter einem bestimmten Absender verfasste E-Mail auch tatsächlich von diesem stammt.

2. Willenserklärung im WWW per "Mausklick"

Eine weitere Möglichkeit, in elektronischer Form Willenserklärungen abzugeben, besteht in der Kommunikation im World Wide Web (WWW). Diese Art der Abgabe einer elektronischen Willenserklärung wird oft als die Abgabe einer Erklärung per "Mausklick"[90] oder dem Ausfüllen von WWW-Formularen beschrieben. Hierbei kann der Anbieter einer Internetseite eine Erklärung zur Verfügung stellen, die der Nutzer nur noch mit Hilfe der Maus bzw. dem sog. Touchpad des Notebooks "anzuklicken" braucht. Üblicherweise wird ein Formular zur Verfügung gestellt, in welchem der Nutzer zusätzlich seine Identität sowie seine Bestellung eintragen kann. Auf diese Weise entsteht eine elektronische Nachricht, die an den Anbieter über das Internet übermittelt und von diesem als elektronische Willenserklärung verstanden werden kann.

---

89 Vgl. hierzu auch *Taupitz/Kritter*, JuS 1999, 839, 840.

90 Vgl. *Taupitz/Kritter*, JuS 1999, 839, 840.

Das World Wide Web besteht -vereinfacht dargestellt- aus einer Sammlung von über das Internet verknüpften Dokumenten.[91] Der **Datenaustausch** bzw. das sog. "surfen" im WWW. bzw. Internet lässt sich in der praktischen Abwicklung wie folgt beschreiben: Ein Browser dient der Darstellung von WWW-Dokumenten und der Navigation im WWW. Durch die Eingabe einer bestimmten Adresse oder das Anklicken eines Hyperlinks können WWW-Dokumente auf dem Rechnersystem des Nutzers dargestellt werden. Der Austausch der Daten erfolgt interaktiv über das Internet, in dem einerseits nach Daten gefragt und andererseits die entsprechenden Daten gesendet werden.

Der Browser baut eine Verbindung zum entsprechenden Internet-Host auf und fordert von diesem das Dokument an (Request/Anfrage). Der anfragende Internetnutzer tritt hierbei als Client auf. Der Server bearbeitet die Anfrage und sendet dem Klienten das angeforderte Dokument (Response/Antwort). Das Dokument kann z.B. das Ergebnis einer Recherche enthalten, das Herunterladen von Dateien erlauben oder die vorformulierte Erklärung bzw. das Erklärungsformular präsentieren.

Eine **Willenserklärung** kann somit in der Weise **abgegeben** werden, dass der Anbieter dem Nutzer eine vorformulierte Erklärung zum "Anklicken" oder ein vorbereitetes Formular überträgt. Dieses wird durch den Browser des Nutzers dargestellt. Der Nutzer kann nun das Formular ausfüllen. Das Formular enthält üblicherweise einen Befehl "**Absenden**", der durch "**Anklicken**" mit der Maus bzw. dem Touchpad aktiviert wird. In diesem Fall wird durch "Mausklick" die vom Nutzer ausgefüllte elektronische Erklärung an den Anbieter übertragen. Diese Erklärung kann vom Anbieter als **elektronische** Willenserklärung verstanden werden.

V bietet auf seiner Web-Seite unter der Adresse http://www.Literatur-online.de ein Bestellformular an, in welches die Kaufinteressenten jeweils Name, Adresse und die Bestellung eintragen können. Das Formular enthält den Text: "Ich bestelle den/die Artikel __ zum Preis von EUR __ ". K ruft diese Web-Seite auf. Das angezeigte Formular füllt K nun aus ("Ich bestelle den/die Artikel einmal "Sportwagen im 20. Jahrhundert" zum Preis von 10,- EUR") und "klickt" auf die Schaltfläche "Verbindliche Bestellung absenden". Hierdurch wird das Formular als Datei an das Computersystem von V über das Internet übertragen. Nach dem objektiven Empfängerhorizont kann V diese übermittelte elektronische Nachricht als verbindliche Bestellung des Buchs und somit als (elektronische) Willenserklärung verstehen.

91 Vgl. *Schmitz,* Das TDDSG und das Recht auf informationelle Selbstbestimmung, 2. Teil, B II, 2.

3. Erklärungen in Chatrooms

Von zunehmender Relevanz ist auch die Kommunikation zwischen zwei oder mehr Parteien in sogenannten Chaträumen, wobei die verschiedenen Nutzer zeitgleich in einer von einem Dritten zur Verfügung gestellten Kommunikationsplattform eingeloggt sind und durch Eingeben und Übersenden von Daten miteinander kommunizieren. Prinzipiell gelten hierbei jedoch keine anderen Regeln als bei Willenserklärungen per Telefon, also gemäß § 147 Abs. 2 BGB unter Abwesenden, für die die Annahmefrist wie für Anwesende gilt und daher nur sofort erfolgen kann.

4. Erklärungen per Telefax

Die Übertragung von Willenserklärungen per Telefax war einer der ersten Fälle, in denen sich das Schrifttum und die Rechtsprechung mit Einzelfragen einer elektronischen Willenserklärung befasst haben. Letztendlich bildet auch die Übermittlung einer Willenserklärung durch ein Telefax einen Fall einer entsprechend elektronischen Erklärung, da das "Telefax" als elektronische Bilddatei über das Telekommunikationsnetz übertragen wird.

Die herkömmliche **Versendung** eines **Telefax** lässt sich wie folgt beschreiben:

Beim Einlesen eines Schriftstücks (oder einer anderen Vorlage) in das Telefax wird dieses vom Fax elektronisch erfasst ("gescannt") und als Bilddatei zwischengespeichert. Diese elektronische Datei wird über eine Telekommunikationsverbindung ("Telefonleitung") an das Faxgerät des Empfängers nach einem standardisierten Faxprotokoll übermittelt. Das Empfangsgerät setzt die Bilddatei in ein Bild um, in dem es dieses ausdruckt. Die Faxnachricht kann hierbei auch direkt aus einer Textverarbeitung über einen Faxdienst gesendet und vom Empfangsgerät, das auch ein Computer, ein Mobiltelefon o.ä. sein kann, empfangen werden. In diesem Fall kann es sein, dass die Telefaxnachricht wie eine E-Mail ohne "körperliche" Vorlage ("Urkunde") versendet wurde. Teilweise wird die Äußerung per Fax dennoch nicht ausdrücklich als elektronische Willenserklärung eingeordnet.

5. Automatisierte Computererklärungen

Alle vorgenannten Formen der elektronischen Willenserklärung haben gemeinsam, dass die Erklärenden den Handlungs-, Erklärungs- und Geschäftswillen zur Abgabe der Willenserklärung ("subjektiver Tatbestand") unmittelbar gebildet und diesen in der Abgabe der elektronischen Willenserklärung (objektiver Tatbestand) umgesetzt haben. Es lassen sich jedoch auch elektronische Erklärungsformen beobachten, bei denen im Entscheidungsfindungsprozess zur Abgabe der Erklärung keine menschliche Willensbildung mehr eingeschaltet ist, sog. **automatisierte Computererklärungen.**

K fährt mit seinem Auto vor die Einfahrt des Parkhauses von V. Das Parkhaus verfügt über ein automatisches Schrankensystem, das die Einfahrt nur erlaubt, wenn ein Parkticket angefordert wird und noch Plätze in dem Parkhaus verfügbar sind. Dieses System hat V in nächtelanger Arbeit selbst installiert und programmiert. K fordert das Ticket an, welches der Automat ausgibt und die Schranke zur Einfahrt öffnet, da noch Platz verfügbar ist. K fragt sich, ob V sein Angebot auf Abschluss des Stellplatzmietvertrags angenommen hat. Das Öffnen der Schranke mit der Ticketausgabe kann objektiv für sich betrachtet zwar als Annahme des Stellplatzvertrages verstanden werden (objektiver Tatbestand). Fraglich ist aber, ob hierdurch von einer entsprechenden Willenserklärung des V auszugehen ist, da kein Mensch an der konkreten Willensbildung zum Einlass beteiligt war. Hierdurch könnte es an dem für eine Willenserklärung erforderlichen Handlungswillen (willensgesteuerte menschliche Handlung), sowie einem entsprechendem Erklärungs- und Geschäftswillen bei V fehlen.

Unter einer **Computererklärung** wird eine Erklärung verstanden, die ein Computer aufgrund seiner Programmierung erstellt und anschließend elektronisch oder auf andere Weise an den Empfänger übermittelt. Bei diesen Erklärungen besteht die Besonderheit, dass im Zeitpunkt der Herstellung und Abgabe der Erklärung kein aktives menschliches Handeln mehr erfolgt. Die h.M.[92] setzt diese Erklärungen dennoch einer **elektronischen Willenserklärung** gleich.

Dies lässt sich auf der Ebene des subjektiven Tatbestands der Willenserklärung damit begründen, dass aufgrund einer menschlichen Handlung mit entsprechendem Handlungsbewusstsein und Geschäftswillen die Programmierung festgelegt wurde, nach der der Computer die Erklärung abzugeben hat. Auf diese Weise sind alle nach Ansicht des Programmierers entscheidenden Parameter vorbestimmt, die bei einem bestimmten Geschäftsvorfall zur Abgabe der Erklärung führen. Der Programmierung liegt somit ein konkreter Geschäftswillen zugrunde, der bei der späteren (automatischen) Ausführung dieses Geschäftswillens durch den Computer der Erklärung zugerechnet wird.

Auf der Ebene des objektiven Tatbestands wird mit dem Vertrauensschutz des Empfängers argumentiert, den die automatische Erstellung der Erklärung schafft. Aufgrund dieses Vertrauens soll sich der Betreiber des automatisierten Systems die Erklärung als seine eigene zurechnen lassen.[93]

---

92 Vgl. *Palandt-Heinrichs,* Einf v § 116, Rn 1, *Mehrings* MMR 1998, 30 f., *Kimmelmann/Winte,* JuS 2003, 532 m.w.N.

93 Vgl. *Heun* eR 1994, 595, 596; *Köhler* AcP 182 (1982), 126, 134; *Taupitz/Kritter,* JuS 1999, 839, 840.

Im o.g. Beispiel gilt die Ausgabe des Parktickets sowie das Öffnen der Schranke durch das System von V als dessen Annahme des Stellplatzvertrages. Da V die Anlage nach seinem konkreten Geschäftswillen selbst programmiert hat, wird zur Begründung einer vom Handlungs-, Erklärungs- und Geschäftswillen des V (subjektiver Tatbestand) getragenen Erklärung auf dessen Programmierung abgestellt. Jeder objektive Dritte musste die Ausführung der Programmierung durch das Schrankensystem von V auch als entsprechende Erklärung verstehen (objektiver Tatbestand).

II. Auslegung einer elektronischen Willenserklärung

Die **Auslegung** einer elektronischen Willenserklärung richtet sich entsprechend den allgemeinen Regeln der Rechtsgeschäftslehre gem. §§ 133, 157 BGB nach dem **objektiven Empfängerhorizont**.

Im Wege der Auslegung ist zu klären, inwieweit sich der Einzelne durch Erklärung im Sinne eines "**Angebots**" im World Wide Web bereits rechtsgeschäftlich bindet oder nur unverbindlich zur Abgabe eines Angebotes aufgefordert wird (**invitatio ad offerendum**).

Im o.g. Literatur-online-Beispiel stellt sich die Frage, ob sich V durch den Inhalt seiner Web-Seite "Literatur-online.de" und insbesondere das Bestellformular bereits in der Art verbindlich binden möchte, dass bereits ein wirksames Angebot an alle Nutzer dieser Seite zum Vertragsschluss besteht. Der Inhalt der Web-Seite könnte auch nur so zu verstehen sein, dass er alle Nutzer der Seite auffordert, das Formular auszufüllen und somit ein Angebot (Bestellung) zu machen, über dessen Annahme er dann noch entscheiden kann.

Grundsätzlich ist nach dem objektiven Empfängerhorizont davon auszugehen, dass der Betreiber einer Web-Seite allein durch die Vorstellung seiner Produkte sowie durch die Übersendung eines "Bestellformulars" oder "Warenkatalogs" noch keine Rechtsbindung eingehen möchte. Dadurch kann der Betreiber in jedem Einzelfall zunächst die Prüfung vornehmen, ob das Produkt tatsächlich verfügbar ist oder ob z.B. technische Probleme gegen einen Vertragsschluss (die Verpflichtung zur Lieferung) sprechen.[94]

---

[94] Vgl. allgemein zur sog. invitatio ad offerendum *Palandt-Heinrichs,* § 145 Rn. 2; vgl. zum Web-Angebot insbesondere *Taupitz/Kritter,* JuS 1999, 839, 840.

Im o.g. Beispiel fordert V die Nutzer seiner Web-Seite somit nur auf, mit dem Ausfüllen des Bestellformulars entsprechende Angebote für den Abschluss eines Kaufvertrags abzugeben. Für einen objektiven Betrachter ist erkennbar, dass V hierdurch selbst noch kein verbindliches Angebot an einen unbestimmten Personenkreis machen möchte. Anderenfalls hätte es V nicht mehr in der Hand, eine "Bestellung" abzulehnen, weil er z.B. ein bestimmtes Buch nicht mehr in der entsprechenden Anzahl vorrätig hat.

III. Abgabe einer elektronischen Willenserklärung

Die Abgabe einer elektronischen Willenserklärung beurteilt sich wiederum nach den **allgemeinen Regeln der Rechtsgeschäftslehre.**

Eine empfangsbedürftige elektronische **Willenserklärung** ist wirksam **abgegeben**, wenn sie wissentlich und willentlich in den Rechtsverkehr so entäußert wird, dass im normalen Geschäftsbetrieb mit einem Zugang beim Empfänger zu rechnen ist.

Elektronische Willenserklärungen können somit insbesondere dann als abgegeben gelten, wenn sie wissentlich und willentlich über das Computer- oder Telekommunikationsnetz an den Empfänger gesendet werden.

Im o.g. Literatur-Online-Beispiel gilt die E-Mail von K zur Bestellung des Buchs als abgegeben, sobald er die verfasste Nachricht als E-Mail mit der Empfängeradresse des V absendet, da in diesem Fall mit einem Zugang unter normalen Umständen zu rechnen ist.

IV. Zugang einer elektronischen Willenserklärung

Für die Bewirkung des Zugangs ist auf die allgemeinen Regeln der Rechtsgeschäftslehre abzustellen.

*Eine **Willenserklärung** ist dem Empfänger **zugegangen,** wenn sie in dessen Machtbereich gelangt ist, so dass er unter normalen Verhältnissen die Möglichkeit hat, vom Inhalt der Erklärung Kenntnis zu nehmen und die Kenntnisnahme erwartet werden kann.*

Diese Zugangsvoraussetzungen gelten letztendlich sowohl bei einer Erklärung unter Anwesenden als auch bei Erklärungen unter Abwesenden (§ 130 BGB). Dogmatisch sind die Erklärungen per E-Mail, per Mausklick/Touchpad im WWW und per Telefax als Erklärungen unter Abwesenden einzuordnen und Vertragsschlüsse durch Erklärung im Chatraum entsprechend Telefonaten zu behandeln, vgl. § 147 Abs. 2 BGB.[95]

Auf der Grundlage dieser allgemeinen Regel ergibt sich für die einzelnen elektronischen Willenserklärungen folgendes:

1. Erklärungen per Telefax

Bei einer Telefaxübertragung ist das Fax in den Machtbereich des Empfängers eingegangen, wenn dieses vom Faxgerät ausgedruckt oder auf andere Weise gespeichert wird. Entscheidend für den Zugang ist deshalb entweder die tatsächliche Kenntnisnahme oder der Zeitpunkt, in dem mit der üblichen Kenntnisnahme zu rechnen ist. Hierzu wird gewöhnlich zwischen einem gewerblichem und einem privaten Empfänger unterschieden. Bei einem **gewerblichen Empfänger** ist nach h. M. mit der Kenntnisnahme zu rechnen und damit der Zugang bewirkt, wenn das Fax während der Geschäftszeiten empfangen und ausgedruckt bzw. gespeichert wird.[96] Bei Eingang außerhalb der Geschäftsstunden ist der Zugang erst mit der üblichen Wiederaufnahme des Geschäftsbetriebs, in der Regel am nächsten Werktag, bewirkt. Bei **Privatpersonen** wird üblicherweise mit der Kenntnisnahme am Tag des Ausdrucks bzw. der Speicherung gerechnet, so dass der Zugang zum Ende dieses Tages als bewirkt gilt.[97]

Für die Übersendung eines Schriftsatzes per Fax an ein Gericht besteht eine Besonderheit; nach der Rechtsprechung des BGH genügt die Speicherung des Faxes bei Gericht für den rechtzeitigen Zugang, ein Ausdruck ist nicht erforderlich[98].

---

95 So im Prinzip auch *Taupitz/Kritter,* JuS 1999, 839, 841. Nach dieser Ansicht gilt bei einer unmittelbaren Verbindung zwischen den Computern, wie sie im WWW besteht, allerdings eine übersandte Nachricht als Erklärung unter Anwesenden, da analog zu § 147 BGB eine unmittelbare Kommunikationsmöglichkeit bestehe. Dies überzeugt nicht generell, da nicht in jedem Fall sicher ist, ob im konkreten Fall bei einem automatisierten Verfahren im WWW eine unmittelbare durch einen menschlichen Willen gesteuerte Kommunikationsmöglichkeit auf der Gegenseite besteht.

96 Vgl. *Palandt-Heinrichs,* § 130, Rn 7.

97 Hierbei kann gelten, dass das Fax mit dem "Tag des Ausdrucks" erst zu den Abendstunden als zugegangen gilt, wenn der Empfänger üblicherweise tagsüber aus dem Haus ist. Vgl. hierzu auch *Taupitz/Kritter,* JuS 1999,839, 841.

98 BGH NJW 2006, 2263.

2. Erklärungen per E-Mail

Erklärungen per E-Mail gelangen bereits in den Machtbereich des Empfängers, wenn diese auf dem E-Mail-account (dem Postfach) des Empfängers abrufbar gespeichert werden. Nach den z.Zt. üblichen Übertragungstechniken hat jeder Nutzer mit einer eigenen E-Mailadresse ein eigenes Postfach auf einem entsprechenden Mail-Server. Dieses Postfach liegt bei den meisten Anschlüssen über einen externen Internet-Provider allerdings nicht innerhalb des Systems des Empfängers, sondern extern bei dem Internetprovider. Die Einsichtnahme in die E-Mail setzt in diesen Fällen somit voraus, dass sich der Empfänger in seinen E-Mail-account einwählt, sofern dieser nicht über eine dauerhafte Standleitung zu dem Internet-Provider verfügt oder der Provider selbst die Nachricht automatisch direkt weiterleitet.

Für den Zugang kommt es somit entscheidend darauf an, wann der Empfänger die zumutbare und nach dem gewöhnlichen Verlauf der Dinge zu erwartende Möglichkeit der Kenntnisnahme hat. Hierzu wird teilweise wiederum zwischen gewerblichen und privaten Empfängern unterschieden.

Bei **gewerblichen Empfängern** kann aus der Eröffnung des schnellen Kommunikationskanals per E-Mail darauf zu schließen sein, dass das Postfach regelmäßig in kürzeren Abständen geleert wird. Der Zugang ist nach dieser Ansicht somit bereits regelmäßig dann bewirkt, wenn die Nachricht im Postfach des Empfängers beim Internetprovider zu den gewöhnlichen Geschäftszeiten eingeht.[99] Beim Eingang außerhalb der Geschäftszeiten gilt der Zugang am nächsten Werktag als bewirkt. Bei **Privatpersonen** kommt es für die Bestimmung des üblichen Zeitpunkts der Kenntnisnahme der E-Mail in jedem Einzelfall darauf an, wann üblicherweise mit einer Leerung des Postfachs zu rechnen ist.

3. Erklärungen per WWW

Diese Grundsätze gelten entsprechend bei der Übertragung von Nachrichten im WWW. Hierbei gilt es allerdings zu berücksichtigen, dass Web-Server (Internet-Hosts) in der Regel über eine permanente Anbindung und Kommunikationsmöglichkeiten verfügen. Der durch diesen Web-Server bestimmte Machtbereich ist deshalb immer dem nach außen auftretenden Betreiber des Servers zuzurechnen. Anders als beim E-Mail-Zugang stellt sich üblicherweise nicht die Frage, wann mit einem Online-Anschluß gerechnet werden kann. Entscheidend ist vielmehr, wann ein entsprechend programmiertes System die Erklärung entsprechend den Grundsätzen zur automatisierten Computererklärung erfasst und verarbeitet oder aufgrund menschlicher Handlung die Erklärung zu Geschäftszeiten üblicherweise empfangen wird.

---

99 So z.B. *Taupitz/Kritter*, JuS 1999, 839, 842.

Geht im o.g. Literatur-Online-Beispiel die Bestellung von K im Web-Server des V nach dem üblichen Geschäftsschluss um 23.30 Uhr ein, kommt es für den Zugang darauf an, wie der Verarbeitungsvorgang automatisiert ist. Werden die Bestellungen nur "manuell" zu den Geschäftszeiten von den Mitarbeitern ausgewertet, ist der Zugang erst zum nächsten Tag bewirkt. Erkennt das System des V die Bestellung automatisch und führt diese nach einer bestimmten Programmierung und automatischen Überprüfung aus, gilt der Zugang bereits um 23.30 Uhr als bewirkt.

V. Anfechtung elektronischer Willenserklärungen

Auch bezüglich der Anfechtbarkeit von elektronischen Willenserklärungen gelten die allgemeinen Regeln der §§ 119 ff. BGB. Als Beispiel für einen Erklärungsirrtum gemäß § 119 Abs. 1, 2. Fall BGB gilt insbesondere, wenn sich der Erklärende vertippt oder versehentlich die "falsche" Erklärung im WWW anklickt.

VI. Einbeziehung von AGB und Verbraucherschutz

Von besonderer Bedeutung beim E-Commerce ist die Einbeziehung von Allgemeinen Geschäftsbedingungen (AGB) bei Rechtsgeschäften im Internet. Dies kann einerseits die Frage betreffen, auf welche Weise bereits bei der Nutzung einer Web-Seite zur reinen Information und Begründung des privaten Nutzungsverhältnisses AGB einbezogen werden können. Besondere Bedeutung gewinnt die Einbeziehung von AGB, wenn Austauschverträge, z.B. entgeltliche Kaufgeschäfte, im Internet abgeschlossen werden sollen. Für die Einbeziehung und Geltung von AGB bei Vertragsschlüssen im Internet gelten die allgemeinen Bestimmungen der §§ 305 ff. BGB.[100]

In Umsetzung der E-Commerce-Richtlinie hat der Gesetzgeber § 312e BGB eingefügt, der den Unternehmer u.a. verpflichtet, Einrichtungen vorzusehen, die es dem Kunden ermöglichen, Eingabefehler zu erkennen und zu berichtigen. Für weitere Informationspflichten siehe den Wortlaut von § 312e BGB.

Verträge, die durch elektronische Willenserklärungen abgeschlossen werden, fallen grundsätzlich unter die Regelungen für Fernabsatzverträge gemäß § 312d BGB. Diese Vorschriften basieren zu einem nicht unwesentlichen Teil auf der Fernabsatzrichtlinie.

---

100 Siehe für die Geltung der AGB des Anbieters der Internetplattform zwischen den Parteien: *Deutsch*, MMR 2004, 586 ff.

Grundelement dieser Regelung ist ein Widerrufs- und Rückgaberecht des Verbrauchers gemäß § 312 d BGB iVm 355 BGB, welches es diesem ermöglicht, sich innerhalb einer Frist von zwei Wochen wieder vom Vertrag ohne Angabe von Gründen zu lösen. Ein Fernabsatzvertrag liegt vor, wenn der Vertragsschluss zwischen Verbraucher und Unternehmer unter ausschließlicher Verwendung von Fernkommunikationsmitteln zustande kommt.

Die Widerrufsfrist beginnt gemäß § 312d Abs. 2 BGB abweichend von der Regelung in § 355 BGB nicht mit der Belehrung, sondern in Abhängigkeit vom Vertragstyp mit Empfang der Ware bei Kaufverträgen, bei Verträgen über Teilleistungen mit dem Erhalt der ersten Teillieferung und bei Dienstleistungen nicht vor Vertragsschluss. Diese Veränderung des Fristbeginns ist der bei Fernabsatzverträgen typischen Situation geschuldet, dass der Verbraucher die Ware zuvor nicht in Augenschein nehmen und nicht überprüfen konnte, inwieweit sie den eigenen Vorstellungen entspricht. Während beim Widerruf die Absendung der Widerrufserklärung ohne Begründung vorgenommen werden kann, besteht für den Unternehmer auch die Möglichkeit, dem Verbraucher stattdessen ein Rückgaberecht einzuräumen. Unter den Voraussetzungen des § 356 Abs. 1 BGB kann sich der Verbraucher nur dann vom Vertrag lösen, wenn er die zuvor erhaltene Ware innerhalb der sonst üblichen Widerrufsfrist an den Unternehmer zurückgesendet hat, § 356 Abs. 2 BGB.

VII. Internetauktion Beispiel "eBay Fall"

Die nach Designer-Kleidung süchtige K bietet für eine als Second Hand Ware angebotene Handtasche der V, die diese über eine Internetauktionsplattform gewerbsmäßig vertreibt. K ist bei Ablauf der Auktionsfrist Höchstbietende mit 99 EUR für die Handtasche. V liefert aber im Nachhinein nicht wie vereinbart. K fragt daher nach ihren Rechten.

K könnte einen Anspruch auf Lieferung der Handtasche haben. Voraussetzung ist, dass die Parteien einen Kaufvertrag geschlossen haben, § 433 BGB. Das Angebot liegt darin, dass V die Handtasche im Internet zur Versteigerung anbot und sich damit verbindlich zum Verkauf an denjenigen verpflichtete, der innerhalb der Laufzeit der Auktion das höchste Gebot abgibt.[101] K hat dieses Angebot durch ihr Gebot i.H.v. 99 EUR angenommen.

---

101 Dies entspricht auch den AGB von eBay, die hier nicht weiter berücksichtigt werden sollen. Vgl. zum Vertragsschluss BGHZ 149, 129 in NJW 2002, 363 ("Ricardo").

K verfolgt mit dem Kauf keine geschäftlichen Absichten und ist auch i.ü. nach der maßgebend objektiven Bewertung Verbraucherin gemäß § 13 BGB, die eine bewegliche Sache gekauft hat. V bietet Leistungen am Markt planmäßig und dauerhaft gegen Entgelt an und ist somit Unternehmerin nach § 14 BGB.

Ein Verbrauchsgüterkauf liegt gleichwohl nicht vor, wenn gebrauchte Sachen in einer öffentlichen Versteigerung (Legaldefinition in § 383 Abs. 3 BGB) gekauft werden, § 474 Abs. 1 S. 2 BGB. Dafür könnte die umgangssprachliche Einordnung als "Versteigerung" sprechen.[102] Zudem kommt der Vertragsschluss auch hier nicht sofort mit Abgabe des Gebots zustande, sondern erst dann, wenn im vorgegebenen Zeitraum kein weiteres höheres Gebot mehr abgegeben wird. Der BGH hat es gleichwohl zu Recht abgelehnt, hier von einer Versteigerung zu sprechen.[103] Die Versteigerung im Sinne von § 156 BGB zeichnet sich dadurch aus, dass der Vertrag erst durch den Zuschlag des Auktionators (als Vertreter des Verkäufers) zustande kommt. Es bedarf also noch der Äußerung bzw. Aktion einer Person, zumal erst darin die zweite entscheidende Willenserklärung liegt. Das trifft auf **Internetauktionen** nicht zu. Dort gibt es keinen Zuschlag in diesem Sinne. Vielmehr stellen das Angebot des Verkäufers und das Gebot des Käufers bereits ein verbindliches Angebot und eine verbindliche Annahme dar. Der Vertragsabschluss ist zwar noch vom Zeitablauf abhängig, dieser kann aber nicht mit dem Zuschlag des Auktionators gleichgesetzt werden.

---

102 Bejahend: *Stögmüller* K&R 1999,391,394; verneinend LG Hof, VuR 2004,109, *Mankowski*, VuR 2004, 79 f.

103 BGH NJW 2005, 53.

Drittes Kapitel

Allgemeines Schuldrecht

A. Bedeutung und Abgrenzung des Schuldrechts

Das Schuldrecht regelt allgemein den Inhalt des Schuldverhältnisses zwischen **Schuldner** und **Gläubiger.** Ein Schuldverhältnis ist ein Rechtsverhältnis, kraft dessen der Gläubiger vom Schuldner eine Leistung fordern kann (§ 241 Abs. 1 Satz 1 BGB). Dieses Recht wird auch **Anspruch** oder **Schuldverhältnis im engeren Sinne** genannt.

Abbildung 4: Der Anspruch

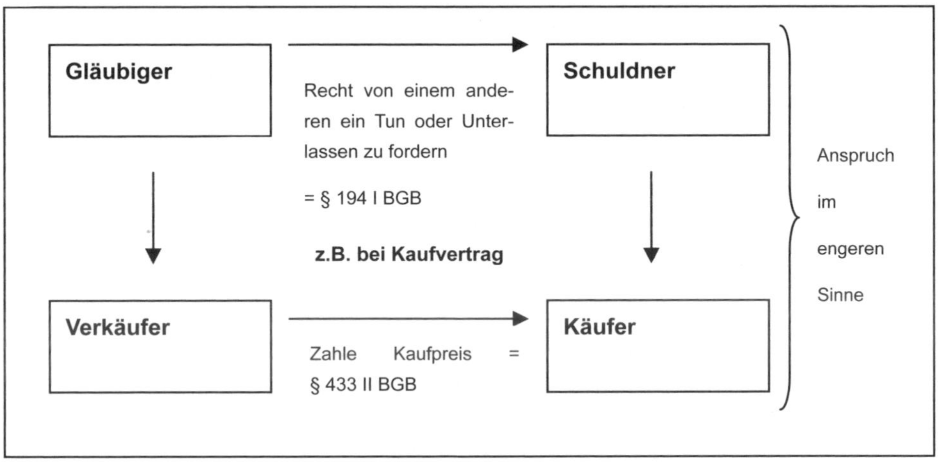

Das **Schuldverhältnis im weiteren Sinne** bezeichnet das gesamte Rechtsverhältnis, aus dem sich die Ansprüche ergeben, beispielsweise den Miet- oder Kaufvertrag. Das Schuldverhältnis im weiteren Sinne enthält regelmäßig mehrere **Ansprüche im engeren Sinne.**

Abbildung 5: *Das Schuldverhältnis*

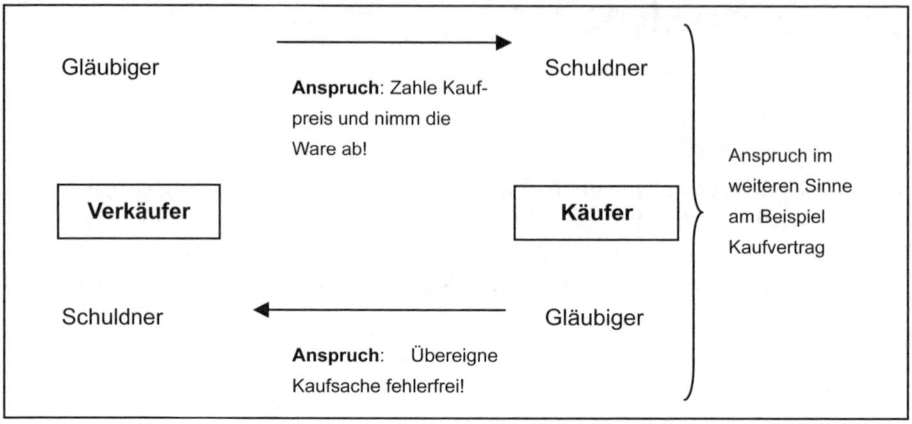

Für das Schuldrecht ist charakteristisch, dass nur die Rechtsbeziehungen **zwischen Schuldner und Gläubiger geregelt werden.**

Die Beziehungen zu Dritten können direkt nicht geregelt werden. Dem widerspricht nicht, dass bei Auftreten eines Vertreters formal auch ein "Dritter" handelt. Auch hier gibt es lediglich einen Gläubiger und einen Schuldner. Der "Dritte" wird dann nur einer Partei zugerechnet, weil er in deren Wirkungskreis tätig geworden ist.

Eine Ausnahme bildet der **Vertrag zugunsten Dritter** gem. § 328 BGB.

> **Der Onkel verpflichtet sich gegenüber seinem Bruder, dessen Sohn 1000,- EUR zu zahlen. Hier hat auch ausnahmsweise der Dritte (der Sohn) einen Anspruch aus diesem Schuldverhältnis zwischen dem Onkel und seinem Bruder. Dies geht aber nur zugunsten des Dritten, nicht zu dessen Lasten!**

Es ist **kein Vertrag zulasten Dritter** möglich, sondern **nur** ein **Vertrag zugunsten Dritter** gem. § 328 BGB. Dies deshalb, weil es nach unserer Zivilrechtsordnung nicht möglich sein darf, einen am Rechtsgeschäft vielleicht gar nicht beteiligten Dritten etwaigen Ansprüchen Anderer auszusetzen.

Das Sachenrecht regelt -anders als das Schuldrecht- die Beziehung einer Person zu einer Sache, wie beispielsweise das Eigentum, den Besitz, das Pfandrecht usw. Das Schuldrecht betrifft somit nur die Rechtsbeziehung zu bestimmten Personen (Schuldner-Gläubiger), während das Sachenrecht die dinglichen Rechte, wie z.B. das Eigentum, gegenüber jedermann regelt.

Zu beachten ist das Trennungsprinzip, nach dem das schuldrechtliche Verpflichtungsgeschäft und dingliche (sachenrechtliche) Verfügungsgeschäft zu trennen sind: Das Verpflichtungsgeschäft ändert nie die sachenrechtliche Rechtslage (z.B. Eigentumsverhältnisse).[104]

> **Durch einen Kaufvertrag (§ 433 BGB) verpflichtet sich der Verkäufer nur zur Übereignung der Kaufsache. Die Übereignung muss dagegen noch gesondert im Sinne der §§ 929 ff. BGB vorgenommen werden (im Regelfall durch Einigung und Übergabe), auch wenn in der Praxis beide Geschäfte oft gleichzeitig zustandekommen. Durch einen Kaufvertrag wird man nie Eigentümer des Kaufgegenstandes.**

Im BGB gilt das

- **Trennungsprinzip:** schuldrechtliche Verpflichtung und sachenrechtliche Verfügung sind zu trennen.
- **Abstraktionsprinzip:** die Wirksamkeit des Verpflichtungsgeschäftes hängt nicht vom Verfügungsgeschäft ab und umgekehrt.

Das Schuldrecht ist in einen Allgemeinen Teil und in einen Besonderen Teil aufgeteilt. Im Allgemeinen Teil (§§ 241 ff. BGB) sind die allgemeinen Regeln enthalten, die für alle Verträge, aber auch für die gesetzlichen Schuldverhältnisse wie Ungerechtfertigte Bereicherung (§§ 812 ff. BGB) und das Deliktsrecht (§§ 823 ff. BGB) gelten.

Im Besonderen Schuldrecht (§§ 433 ff. BGB) sind zunächst die wichtigsten Vertragstypen geregelt, gefolgt von den Bestimmungen zum Ausgleich der ungerechtfertigten Bereicherung (§ 812 ff. BGB) und zum Ersatz von Schäden an Personen und Gegenständen (Deliktsrecht, § 823 ff. BGB).

---

104 Vgl. dazu S. 23 ff.

B. Entstehung und Inhalt von Schuldverhältnissen

Wie bereits erläutert, gibt es einerseits Schuldverhältnisse, die durch Rechtsgeschäfte entstehen und andererseits gesetzliche Schuldverhältnisse, deren Entstehung an das Vorliegen eines gesetzlichen Tatbestandes geknüpft ist.

I. Rechtsgeschäftliche Schuldverhältnisse

Rechtsgeschäftliche Schuldverhältnisse entstehen durch Rechtsgeschäfte, in aller Regel durch Verträge, wie z.B. Kauf-, Mietvertrag usw.

Es herrscht hierbei der Grundsatz der **Privatautonomie.** Danach kann der Einzelne im Rahmen der Rechtsordnung seine persönlichen Lebensverhältnisse nach Belieben gestalten. Die Parteien sollen ihre Leistungspflichten jederzeit selbst bestimmen, ändern oder aufheben können. Damit ist die Privatautonomie Teil des allgemeinen Prinzips der Selbstbestimmung des Menschen und zumindest im Kern durch Art. 1 und 2 GG geschützt.[105] Der Grundsatz freier Parteivereinbarung gilt allerdings nicht uneingeschränkt, da einige Regeln des BGB nicht zur Disposition stehen, d.h. nicht abgeändert werden können (sog. **nicht-dispositives Recht**).

Der Hintergrund liegt darin, dass die Regeln des BGB auch den Schutz einer Vertragspartei bezwecken. So sind z.B. zahlreiche Bestimmungen aus dem Mietrecht oder zum Schutz des Verbrauchers nicht abänderbar.

Wegen des übergeordneten Prinzips der Privatautonomie sind im Schuldrecht insgesamt aber nur wenige Vorschriften nicht abänderbares Recht.

Ganz anders dagegen im Sachenrecht: Hier sind die meisten Bestimmungen aus Gründen der Rechtssicherheit und Rechtsklarheit nicht-dispositiv.

---

[105] Vgl. BVerfG 70, 123; 72, 170; Palandt/*Heinrichs*, Überbl v § 104 Rn 1.

II. Gesetzliche Schuldverhältnisse

Gesetzliche Schuldverhältnisse entstehen nicht, weil sich die Parteien hierauf geeinigt haben, sondern weil das Gesetz ihr Entstehen vorschreibt, wenn bestimmte Voraussetzungen erfüllt sind. Beispielsweise ist ein Bereicherungsanspruch immer gegeben, wenn jemand auf Kosten eines anderen ungerechtfertigt bereichert ist (vgl. §§ 812 ff. BGB) oder ein Schadensersatzanspruch entsteht, wenn jemand widerrechtlich das Eigentum eines anderen verletzt (§§ 823 ff. BGB). Teilweise können Parteien sich in bestimmten Grenzen auf eine Modifikation der gesetzlichen Schuldverhältnisse einigen.

Rennfahrer R vereinbart mit seinem Teamchef und Rennstalleigentümer E, dass er die von ihm beschädigten Autos nur bezahlen muss, wenn er den Unfall vorsätzlich herbeiführt. Bei Fahrlässigkeit soll er nicht haften. Beruhigt geht R in das nächste Rennen. Ohne diese Haftungsbegrenzung müsste er dem Autoeigentümer E auch für die Fahrzeuge Ersatz leisten, die er fahrlässig beschädigt, vgl. § 823 Abs. 1 BGB.

Somit ist es möglich, dass vertragliche Vereinbarungen auch das gesetzliche Schuldrecht mit beeinflussen. Deshalb sind grundsätzlich die vertraglichen Ansprüche mit dem Vertragsinhalt vor den gesetzlichen Ansprüchen zu prüfen, damit die Auswirkungen auf das gesetzliche Schuldrecht erkennbar sind.

III. Leistungspflicht des Schuldners

Welche Leistung der Schuldner zu erbringen hat, ergibt sich aus dem Rechtsgeschäft (i.d.R. ein Vertrag) und zwar entweder allein aus diesem oder in Verbindung mit ergänzenden gesetzlichen Vorschriften sowie aus dem gesetzlichen Schuldverhältnis (z.B. Schadensersatz wegen Eigentumsverletzung gem. § 823 Abs. 1 BGB). Diese auf Vertragserfüllung gerichtete Leistungspflicht wird **Primärleistungspflicht** genannt.

Beispielsweise besteht beim Kaufvertrag nach § 433 BGB die Primärleistungspflicht des Käufers, den Kaufpreis zu zahlen und die Kaufsache abzunehmen, § 433 Abs. 2 BGB. Dem Verkäufer obliegt die Primärleistungspflicht, die Kaufsache zu übergeben und zu übereignen, siehe § 433 Abs. 1 S. 1 BGB. Beim Schadensersatz besteht die Primärleistungspflicht darin, den Zustand wieder herzustellen, der ohne die Schädigung bestehen würde, § 249 BGB.

Sind besondere Bedingungen für die Erfüllung der Primärleistungspflicht vereinbart, zum Beispiel Regelungen bezüglich der Vorbereitung, Durchführung oder Sicherung der Hauptleistungspflicht, wie z.B. spezielle Verpackungsmuster, bestehen sog. **Nebenleistungspflichten**, die lediglich die Primärleistungspflicht ergänzen und auf diese bezogen sind.[106]

Bei der Störung dieser Leistungspflichten kann eine **Sekundärleistungspflicht** (i.d.R. Schadensersatzansprüche) entstehen. Diese ersetzt oder ergänzt die Primärleistungspflicht.

> **Bei Verzug tritt neben den Erfüllungsanspruch die Pflicht zum Schadensersatz. Kauft K einen bestimmten LkW, den H bis spätestens zum 1. Juni 2008 umbauen und ausrüsten soll und liefert H nicht fristgerecht, tritt neben seine Primärleistungspflicht, den LkW zu liefern (und zu übereignen), die Sekundärleistungspflicht, K den Verzugschaden zu ersetzen (§§ 280 Abs. 2 iVm 286 BGB).**

> **Bei der Unmöglichkeit geht der Erfüllungsanspruch unter, es kann aber stattdessen ein Schadensersatzanspruch entstehen. Wird der LkW vor der Lieferung z.B. durch einen Brand zerstört, wird die Lieferung unmöglich. Aufgrund dieser Unmöglichkeit der Leistung geht der Primärleistungsanspruch auf Lieferung unter, § 275 Abs. 1 BGB. Falls H den Brand (die Unmöglichkeit) zu vertreten hat, entsteht dafür ein Schadensersatzanspruch von K gegen H als Sekundärleistungspflicht (§§ 280 Abs. 2 iVm 283 BGB).**[107]

Darüber hinaus können **Nebenpflichten** bestehen, die im Vertrag nicht ausdrücklich geregelt sein müssen, § 241 Abs. 2 BGB. Hieraus erwächst z.B. die Pflicht, die Rechtsgüter des Vertragspartners nicht zu schädigen oder Aufklärung über etwaige Gefahren zu leisten.

> **Beim Verkauf einer komplizierten Maschine hat der Verkäufer dem Käufer eine Gebrauchsanweisung zu übergeben und diesen vor möglichen Gefahren zu warnen.**

Weiterhin können selbständige Nebenpflichten bestehen, wie Anzeige-, Auskunfts-, und Rechenschaftspflichten, die auch selbständig einklagbar sind.

> **Wer ungerechtfertigt bereichert ist, muss dem anderen mitteilen, was er erlangt hat, damit es der andere herausverlangen kann (§ 260 Abs. 1 BGB).**

---

[106] Vgl. Palandt/*Heinrichs*, § 241 Rn 5.
[107] Vgl. dazu später ab S. 145 ff., 152.

Letztlich sind die Vertragsparteien auch über die Generalklausel § 242 BGB verpflichtet, die Leistung so zu erbringen wie es nach Treu und Glauben mit Rücksicht auf die Verkehrssitte erforderlich ist. Hier besteht dann das Einfallstor für die Verstöße, deren Subsumtion unter die o.g. Leistungspflichten misslingt.

IV. Forderungsrecht des Gläubigers

Gewährt das Schuldverhältnis dem Gläubiger ein Forderungsrecht gegen den Schuldner, wirkt dieser Anspruch nur gegen den Schuldner, nicht gegen Dritte.

> **Verkauft V an K ein Fahrrad, welches D gehört, kann K nur von V Übereignung verlangen, nicht hingegen von D. Die Rechte, die K gegen V zustehen können, entfalten keine Rechtswirkungen gegenüber D.**

Der Staat setzt notfalls die Ansprüche des Gläubigers gegen den Schuldner durch, indem der Gläubiger seine Forderung einklagt und mit Hilfe staatlicher Organe anschließend die Zwangsvollstreckung betreibt (siehe §§ 704 ff. ZPO).

C. Abgrenzung des Schuldverhältnisses vom Gefälligkeitsverhältnis

Von einem leistungsbegründenden Schuldverhältnis sind die verschiedenen Arten der Gefälligkeit abzugrenzen. Der sog. **Gefälligkeitsvertrag** ist ein normales leistungsbegründendes Schuldverhältnis (Vertrag), weil derjenige, der den "Gefallen" erbringt, für den Erfolg einstehen möchte. Hierbei kommt es maßgeblich auf den Rechtsbindungswillen der Parteien an.[108]

> **U fährt für 3 Monate nach Südamerika. Sie bittet ihren Nachbarn N ihren wertvollen Bonsaibestand, den sie über Jahre aufgebaut hatte, während dieser Zeit zu versorgen. N meint, sie solle sich keine Sorgen machen, er werde schon gut für ihre Pflanzen sorgen, zumal er als Gärtner genau wisse, was ihre Pflanzen bräuchten und wieviel Arbeit dahinterstecke. N lässt die Pflanzen aber vertrocknen. Aus dem Urlaub zurückgekehrt, stellt U ihren Nachbarn zur Rede und fordert Ersatz für ihre Pflanzen. N meint, er habe ihr nur einen Gefallen tun wollen, Ansprüche gegen ihn bestünden nicht.**

Hier kommt es maßgeblich darauf an, ob die beiden einen Vertrag geschlossen haben, insbesondere ob die Zusage des Schuldners, für die Pflanzen zu sorgen, mit Rechtsbindungswillen abgegeben wurde. Nur dann würden zwei einander entsprechende Willenserklärungen vorliegen und ein Vertrag könnte bestehen. Wie bereits dargestellt, liegt ein Rechtsbindungswille vor, wenn sich die Partei mit ihrer Erklärung auch rechtlich binden wollte, also für den Erfolg der Vereinbarung einstehen möchte. Da es naturgemäß nicht unüblich ist, dass nach Ausbleiben eines Erfolges ein solcher Rechtsbindungswille im Nachhinein verneint wird, kommt es neben dem tatsächlichen Willen der Partei vor allem darauf an, ob der Rechtsverkehr die Vereinbarung als vertragliches Schuldverhältnis ansieht oder nicht. Dies ist dann gegeben, wenn ein **objektiver Dritter in der Person des Erklärungsempfängers** die Erklärung als bindend aufgefasst hätte, §§ 133, 157 BGB.

> **Hier hätte ein neutraler Dritter in der Person der U die Erklärung des N dahingehend ausgelegt, dass dieser für die Pflanzen sorgen und sich auch am Ergebnis messen lassen würde,**

[108] Vgl. zum Geschäftswillen bei Gefälligkeitsverhältnissen BGHZ 21, 106; hierzu auch *Hirte/Heber,* JuS 2002, 241 ff.

zumal er über besondere Fachkenntnisse verfügte und auch um den Vermögenswert und die besondere Beziehung der U zu ihren Pflanzen wusste. Daher ist hier von einem Vertrag auszugehen, der U zur Geltendmachung von z.B. Schadensersatzansprüchen berechtigt.

Anders ist der Fall des **Gefälligkeitsverhältnisses** zu beurteilen. Hier wird kein Vertrag zwischen den Parteien abgeschlossen und es besteht insoweit auch kein Erfüllungsanspruch, weil es am Rechtsbindungswillen fehlt. Deshalb ist diese Abgrenzung stets als erstes bei der Frage nach der Entstehung eines Anspruchs aus Vertrag zu prüfen.

Gleichwohl sind die Parteien dazu verpflichtet, gegenseitig Schutz- und Sorgfaltspflichten zu beachten. Verstöße hiergegen können nach der Rechtsprechung ggf. Schadensersatzansprüche auslösen.

Der Transportunternehmer T hilft seinem Geschäftsfreund G aus "Gefälligkeit" mit einem Fahrer aus, damit G trotz des Wintereinbruchs einen Transport durchführen lassen kann. Der Fahrer verfügt allerdings über keine Wintererfahrung und fährt deshalb mit dem Lastzug des G bei glatter Strasse in den Graben.

In diesem Fall kann T auf Schadensersatz haften, da ihn bei der Auswahl des Fahrers ein Auswahlverschulden trifft.[109]

Letztlich ist noch die **alltägliche Gefälligkeit** zu unterscheiden. Sie stellt lediglich eine vom Rechtsbindungswillen verschiedene gesellschaftliche, konventionelle oder freundschaftliche Zusage im alltäglichen Leben dar. Bei rein unverbindlichen Gefälligkeiten entfallen Erfüllungs- oder Ersatzansprüche wegen Nichterfüllung.[110]

Wenn S die L zum Essen einlädt, es sich dann aber anders überlegt und absagt, kann L hieraus keinen Anspruch auf Durchführung ableiten. Auch wenn im o.g. Beispiel U ihren Nachbar N bittet, zusätzlich auf die Heizung zu achten, diese aber wegen einer Kälteperiode im September einfriert, stehen ihr keine Ansprüche gegen N zu.

---

109 Fallproblematik nach BGHZ 21, 102. Siehe auch *Schimikowski* r+s 2006, S. 7; zur Streitfrage, ob bei Gefälligkeiten eine Haftungsminderung analog §§ 521, 599, 690 BGB in Betracht kommt - was die h.M. zutreffend ablehnt, denn diesen Normen ist kein allgemeiner Rechtsgedanke zu entnehmen, vgl. auch systematisch § 662 BGB, wo "trotz Unentgeltlichkeit" kein verminderter Haftungsmaßstab besteht - BGHZ 30, 47, dazu auch *Voit/Wolff* JuS 2004, S. 44.

110 A.A. *Medicus*, BR, Rn 371, wonach § 671 Abs. 2 Satz 2 BGB analog anzuwenden sei, wenn der Gefällige seine Zusage zur Unzeit ohne wichtigen Grund kündigt.

Denn jetzt ergibt die Auslegung aus der Sicht eines neutralen Dritten keine Einstandspflicht des N, da zum einen Kälteeinbrüche im September nicht üblich sind und zum anderen er auch gegenüber U keinerlei Einstandserklärung abgegeben hat.

Merke:

Zur Beurteilung, ob ein Schuldverhältnis besteht, ist abzustellen:

- auf den tatsächlichen Parteiwillen
- auf Indizien und Umstände des Geschäfts wie Entgeltlichkeit (nicht zwingend), Bedeutung des Geschäftes für eine Partei, besonderes Interesse, usw. (objektiver Empfängerhorizont)

D. Erlöschen von Schuldverhältnissen

Beim Erlöschen von Schuldverhältnissen ist zwischen dem Erlöschen *einzelner* Ansprüche aus dem Schuldverhältnis und dem Erlöschen des *gesamten* Schuldverhältnisses zu unterscheiden.

> **Bezahlt der Mieter den monatlichen Mietzins, erlischt nur diese Forderung (Schuldverhältnis im engeren Sinne), das Mietverhältnis als solches besteht weiterhin.**

Neben der Erfüllung einer Forderung bewirkt auch deren Erlass, die Aufrechnung oder Hinterlegung das nachträgliche Erlöschen einer einzelnen Forderung. Anders verhält es sich bei der Anfechtung, wo gem. § 142 Abs. 1 BGB der Anspruch als von vornherein nicht entstanden gilt. Insofern führt die Anfechtung nicht erst zum Erlöschen des Anspruchs, sondern lässt ihn als von Anfang an nichtig gelten.

Abbildung 6: Das Erlöschen von Schuldverhältnissen

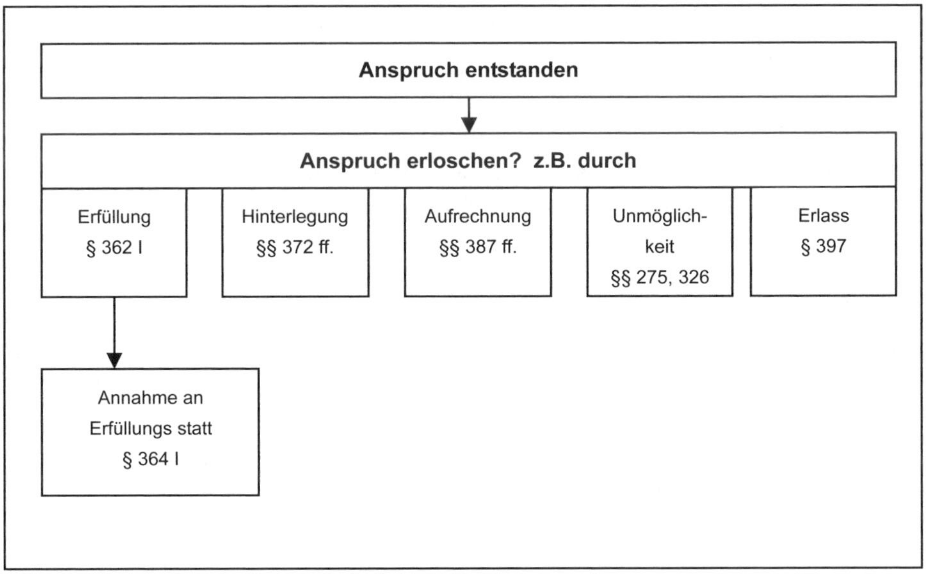

I. Erfüllung

Gem. § 362 Abs. 1 BGB erlischt ein Schuldverhältnis, wenn die geschuldete Leistung an den Gläubiger bewirkt wird.

Zahlt der Verkäufer den vereinbarten Kaufpreis, erlischt diese (Kaufpreis-)Schuld. Übereignet der Verkäufer die Kaufsache, erlischt dieser Anspruch des Käufers auf Übereignung. Wenn beide Parteien erfüllt haben, erlischt das gesamte Schuldverhältnis (§ 362 BGB), der Kaufvertrag ist erfüllt.

Unter "Bewirken" der Leistung ist nicht die Leistungshandlung, sondern der Eintritt des Leistungserfolges zu verstehen. Der Grund hierfür besteht nach der überwiegend vertretenen **Theorie der "realen Leistungsbewirkung"**[111] darin, dass die Erfüllung nicht als Rechtsgeschäft, sondern als realer Tilgungsakt aufzufassen ist. Zur Erfüllung einer Forderung ist es somit nicht unbedingt notwendig, dass der Schuldner leistet. Nimmt der Gläubiger die Leistung auch von einem Dritten an, ist die Forderung erfüllt.

Zahlt beispielsweise der Onkel für seinen Neffen N dessen Kaufpreisschuld für einen Sportwagen in Höhe von 50.000,- EUR an den Gläubiger, erlischt die Kaufpreisforderung.

Der Gläubiger muss die Leistung des Dritten grundsätzlich annehmen (§ 267 BGB). Bei Geldschulden ist dies nicht problematisch, hier wird auch eine Pflicht des Gläubigers (aus § 242 BGB) bestehen, Zahlungen von Dritten zu akzeptieren. Anders verhält es sich bei höchstpersönlichen Leistungsverpflichtungen wie beispielsweise Konzerten, Unterricht oder ärztlicher Behandlung.

Patient P, der eine Behandlung durch Professor Wunder vereinbart hatte, muss sich nicht von einem Kollegen behandeln lassen. Nachhilfeschüler N muss nicht die Nachhilfestunde vom Kollegen bzw. Vertreter seines Nachhilfelehrers akzeptieren.

Vom Verhalten des Gläubigers ist auch die Erfüllung durch "Annahme an Erfüllungs statt" gem. § 364 Abs. 1 BGB abhängig. Der Gläubiger kann danach auch eine andere als die geschuldete Leistung als Erfüllung annehmen. Seine Forderung erlischt damit.

K kauft bei V das neue Kfz-Modell VW Golf Prestige mit 75 PS für 25.000 EUR, das V nicht fristgerecht liefern kann. Deshalb bietet er K für denselben Preis das gleiche Modell mit 90 PS an. K kann das Modell mit der stärkeren Motorisierung an Erfüllungs statt annehmen, womit sein Lieferungsanspruch erlischt.

---

[111] MüKo/*Wenzel* § 362 Rn 11; *Medicus* BR § 23 IV 3; Palandt/*Grüneberg* § 362 Rn 5.

Er muss dieses Auto aber nicht annehmen, da es nicht das geschuldete Fahrzeug ist. Wünscht er z.B. aus Umweltschutzgründen die schwächere Motorisierung, kann er die Leistung von V ablehnen, da es nicht die geschuldete Leistung ist. Sein Anspruch erlischt in diesem Fall nicht, weshalb V weiter den Wagen mit 75 PS liefern muss.

II. Aufrechnung

Anstatt zu leisten, kann der Schuldner gegen den Gläubiger mit einer Forderung aufrechnen, die ihm gegen den Schuldner zusteht (vgl. §§ 387 ff. BGB). Die Aufrechnung bewirkt, dass die Forderungen, soweit sie sich decken, als erloschen gelten (§ 389 BGB). Die Forderung gegen die aufgerechnet wird, heißt **Hauptforderung,** die Forderung mit der aufgerechnet wird **Gegenforderung.**

Voraussetzung der Aufrechnung ist gem. §§ 387 ff. BGB die Gegenseitigkeit der Forderungen, die Gleichartigkeit des Leistungsgegenstände sowie die Fälligkeit der Gegenforderung. Zusätzlich darf die Aufrechnung weder vertraglich noch gesetzlich ausgeschlossen sein, §§ 390 ff. BGB.

Malermeister M hat bei H das Elektrogeschäft für 6000,- EUR neu gestrichen, wartet aber noch vergebens auf Bezahlung, da H nicht zahlen möchte. M geht deshalb in das Geschäft von H und kauft den exklusiven Fernseher für 5.999,- EUR. Als H Bezahlung verlangt, erklärt M dem H die Aufrechnung seiner Kaufpreisschuld mit der Gegenforderung über 6000,- EUR aus seinem Werkvertrag für die Malerarbeiten. Mit dieser Aufrechnungserklärung erlischt die Kaufpreisforderung von H gegen M in Höhe von 5999,- EUR. Gleichzeitig erlischt aber auch die Lohnforderung des M gegen H aus dem Werkvertrag in Höhe von 5.999,- EUR. Die Restforderung in Höhe von 1,- EUR bleibt bestehen.

1. Gegenseitigkeit der Forderungen

Die Forderungen müssen zwischen denselben Personen bestehen. Der Aufrechnende muss Gläubiger der Gegenforderung und Schuldner der Hauptforderung sein.

M kann gegen H nicht mit einer Forderung aufrechnen, die ihm gegen den Bruder von H zusteht. M kann auch nicht mit einer Forderung aufrechnen, die dem Bruder von H gegen die-

sen zusteht. M könnte sich diese Forderung aber vom Bruder abtreten lassen (§§ 398 ff. BGB) und dann gegenüber H aufrechnen.

Besondere Vorschriften zum Schutz des bisherigen Schuldners im Falle der Abtretung der Hauptforderung enthalten §§ 406, 407 BGB.

2. Gleichartigkeit der Forderungen

Weitere Voraussetzung der Aufrechnung ist, dass die geschuldeten Gegenstände gleichartig sind (vgl. § 387 BGB). Die Gegenstände müssen von der gleichen Gattung oder Art sein. Hauptfall der Aufrechnung sind Geldschulden.

3. Fälligkeit der Gegenforderung

Die Leistung *mit* der aufgerechnet werden soll (**Gegenforderung**), muss fällig sein, siehe § 387 BGB.

M kann nicht *mit* einer Forderung aufrechnen, die erst nächstes Jahr fällig wird.

Voraussetzung gem. § 390 Satz 1 BGB ist, dass dieser Gegenforderung keine Einrede, etwa aus § 320 BGB, entgegensteht. Dieser Gedanke folgt bereits aus § 387 BGB, da eine einredebehaftete Forderung nicht fällig ist.

Eine wichtige **Ausnahme** wird durch § 215 BGB im Falle der Einrede der **Verjährung** begründet. Hiernach schließt die Einrede der Verjährung die Aufrechnung mit dieser verjährten Gegenforderung nicht aus, wenn diese zu der Zeit, zu welcher sie gegen die andere Forderung aufgerechnet werden konnte, noch nicht verjährt war. Im Ergebnis bestimmt § 215 BGB, dass sich beide Forderungen nur einmal aufrechenbar zu unverjährter Zeit gegenübergestanden haben müssen.

Ist im Beispiel die Werklohnforderung des M gem. §§ 195, 199 BGB verjährt, kann er dennoch unter den Voraussetzungen des § 215 BGB aufrechnen. Standen sich die beiden Forderungen z.B. im März noch aufrechenbar gegenüber (weil M im März den Fernseher bei H kaufte) und ist die Werklohnforderung des M anschließend z.B. ab April verjährt, kann er dennoch die Aufrechnung wirksam erklären.

Die Forderung *gegen* die der Schuldner aufrechnet (**Hauptforderung**), muss nur erfüllbar, nicht aber fällig sein. Regelmäßig wird aber auch die Hauptforderung fällig sein, da der Schuldner sonst kein Interesse an der Aufrechnung hat.

4. Wirkung und Ausschluss der Aufrechnung

Liegt eine solche Aufrechnungslage vor und erklärt eine Partei gegenüber der anderen Partei die Aufrechnung, gelten **die Forderungen** als **erloschen,** soweit sie sich gegenüberstehen.

Die Aufrechnung kann nur wirksam erklärt werden, wenn kein **vertragliches** oder **gesetzliches Aufrechnungsverbot** besteht. Die Parteien können den Ausschluss der Aufrechnung vereinbaren. Gesetzlich ausgeschlossen ist die Aufrechnung u.a. gegen eine unpfändbare Forderung (vgl. § 394 BGB, §§ 850 ff. ZPO), oder auch bei der Haftung aus vorsätzlichem Delikt (§ 393 BGB). § 393 BGB liegt dabei der Gedanke zugrunde, dass der durch eine vorsätzliche unerlaubte Handlung Geschädigte zu seinem Recht kommt. Gegen den entstandenen Schmerzensgeldanspruch des Schuldners gegen den Gläubiger (§ 253 Abs. 2 BGB) ist folglich die Aufrechnung nicht möglich.

Gem. § 395 BGB ist die Aufrechnung gegen eine Forderung der Bundesrepublik Deutschland oder eines Bundesstaats sowie gegen eine Forderung einer Gemeinde oder eines anderen Kommunalverbandes nur zulässig, wenn die Leistung an dieselbe Kasse zu erfolgen hat, aus der die Forderung des Aufrechnenden zu berichtigen ist. Sinn und Zweck der Vorschrift ist hierbei u.a. der Erhalt der Kassenidentität. Diese Vorschrift gilt unmittelbar für privatrechtliche Forderungen öffentlich-rechtlicher Körperschaften und entsprechend für öffentlich-rechtliche Hauptforderungen. Damit ist beispielsweise die Aufrechnung gegen eine Geldstrafe unzulässig, dagegen die Aufrechnung mit einer Geldstrafe möglich.

Prüfungsschema zur Aufrechnung

---

1. Aufrechnungserklärung gem. § 388 S. 1 BGB
2. Aufrechnungslage (d.h. einzelne Voraussetzungen der Aufrechnung)
   a) Gegenseitigkeit (Forderung/Personenidentität, Ausnahme: § 406 BGB)
   b) Gleichartigkeit des Gegenstandes (Geld/gleiche Gattung)
   c) Fälligkeit und Durchsetzbarkeit der Gegenforderung, Erfüllbarkeit der Hauptforderung
3. Möglicher Ausschluss der Aufrechnung
   a) durch Vertrag
   b) durch Gesetz (vgl. §§ 390-395 BGB)

III. Erlass

Der Gläubiger kann auch auf seine Forderung verzichten und dem Schuldner seine Schulden erlassen. Dazu ist jedoch gem. § 397 BGB eine formfreie vertragliche Einigung zwischen Gläubiger und Schuldner nötig.

Erklärt im o.g. Fall M dem H gegenüber großzügig, die Restschuld von H über 1,- EUR wird ihm erlassen, muss H diesen Erlass noch annehmen, damit seine Schuld erlischt. Weigert er sich, weil er lieber zahlen und nichts geschenkt haben will, bleibt die Forderung bestehen.

E. Beendigung von Schuldverhältnissen

Anders als beim Erlöschen eines Anspruchs oder eines Schuldverhältnisses bleiben bei dessen Beendigung zunächst noch Ansprüche zwischen den Parteien bestehen. Üblicherweise zählen hierzu sog. **Rückgewähransprüche.**

> **Wird beispielsweise ein Mietverhältnis durch Kündigung beendet, hat der Mieter die Mietsache zurückzugeben. Durch die Kündigung endet zwar das Mietverhältnis mit dessen Hauptpflichten, es entsteht aber noch die Pflicht zur Rückgewähr als Inhalt des Mietverhältnisses, siehe § 546 Abs. 1 BGB.**

Abbildung 7: Die Beendigung von Schuldverhältnissen

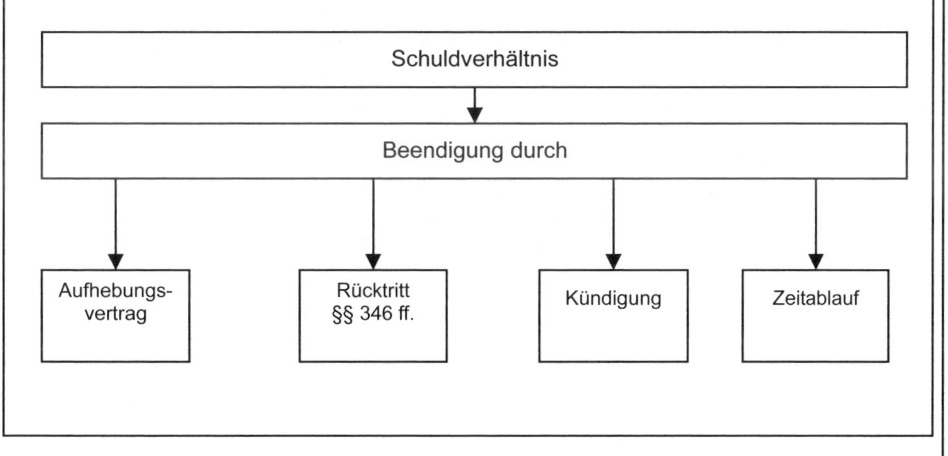

I. Beendigung durch Zeitablauf

Ein Schuldverhältnis endet, wenn es nur für bestimmte Zeit eingegangen wird, mit Ablauf dieser Zeit. Einer besonderen Beendigungshandlung wie z.B. einer Kündigung bedarf es hierzu nicht. Naturgemäß ist die Beendigung durch Zeitablauf nur bei Dauerschuldverhältnissen möglich.

Nicht-Dauerschuldverhältnisse, wie z.B. der Kaufvertrag, können nicht durch Zeitablauf beendet werden. Anders verhält es sich bei Dauerschuldverhältnissen, z.B. beim Mietvertrag, der mit Ablauf der Zeit endet, für die er eingegangen wurde, § 542 Abs. 2 BGB.

II. Rücktritt

Teilweise ist einer Partei oder beiden Parteien das Recht eingeräumt, vom Vertrag zurückzutreten. Dieses Recht kann sich aus Vertrag oder aus Gesetz ergeben. Die vereinbarten Hauptleistungspflichten erlöschen und die bereits erbrachten Leistungen sind zurückzugewähren, § 346 BGB.

> **H verkauft S ein Mountain-Bike mit 24 Gängen, wobei S sich das Recht vorbehält, innerhalb von zehn Tagen vom Kaufvertrag zurücktreten zu können. Nach neun Tagen tritt S vom Kaufvertrag zurück, wodurch seine Zahlungsverpflichtung erlischt. Somit erhält S den Kaufpreis und H das Rad zurück.**

Durch den **Rücktritt** erlischt das Schuldverhältnis noch nicht vollständig, sondern wandelt sich in ein sog. **Rückgewährschuldverhältnis**:

> *Die Parteien müssen die einander gewährten Leistungen zurückgewähren (§ 346 BGB). Erst wenn das geschehen ist, erlischt das Schuldverhältnis.*

Inhalt des Rückgewährschuldverhältnisses ist nach § 346 BGB auch, dass für die Nutzung von Gegenständen sowie für geleistete Dienste der Wert (in Geld) zu vergüten ist.

Bei einem Fahrrad wird dieser Wert infolge der kurzen Nutzung geringfügig sein. Etwas anderes kann allerdings bei der Nutzung von Autos gelten, bei denen der Wert der Nutzung erheblichere Beträge ausmacht.

In § 346 Abs. 2 BGB ist ergänzend geregelt, welche Rechtsfolgen eintreten, wenn eine Partei eine Sache beschädigt oder nicht mehr zurückgeben kann. Ein Rücktritt ist auch möglich, wenn der Berechtigte die Sache vorsätzlich zerstört hat. In krassen Fällen kann aber der Rücktrittserklärung der Einwand des Rechtsmissbrauchs (§ 242 BGB) entgegengehalten werden.[112]

[112] Vgl. Palandt/*Grüneberg*, § 346, Rn 1; a.A. MüKo/*Gaier*, § 346, Rn 14.

Im Beispiel oben entschließt sich S zum Rücktritt, hat aber während der neun Tage das Rad erheblich beschädigt. Hierfür hat er Wertersatz gem. § 346 Abs. 2 BGB zu leisten. Neben der Wertersatzpflicht kann nach § 346 Abs. 4 BGB auch eine Schadensersatzpflicht bestehen, die jedoch eine Pflichtverletzung voraussetzt. Da die Ersatzleistungen unter Umständen höher sein können als die Vergütungspflicht, kann es im eigenen Interesse wirtschaftlich sinnvoll sein, auf das Rücktrittsrecht zu verzichten.[113]

Das Rücktrittsrecht kann nicht nur durch vertragliche Vereinbarung entstehen, sondern auch gesetzlich. Unter bestimmten Umständen billigt das Gesetz einer Vertragspartei ein Rücktrittsrecht zu, so z.B. in § 323 BGB, wenn der Schuldner trotz Fristsetzung seine Leistung nicht erbringt. In diesem Fall kann der Gläubiger vom Vertrag zurücktreten und Schadensersatz verlangen.

III. Kündigung

Schuldverhältnisse können auch durch Kündigung beendet werden, falls ein Kündigungsrecht (ordentlich oder außerordentlich[114]) gegeben ist. Ein Kündigungsrecht besteht grundsätzlich nur bei Dauerschuldverhältnissen wie z.B. dem Miet- oder Dienstvertrag. Teilweise sind die Kündigungsrechte speziell für den Vertragstyp bestimmt, z.B. für die Miete. Nur aus den dort genannten Gründen ist eine Kündigung dann wirksam.

Die Kündigung muss als Willenserklärung gegenüber dem Kündigungsgegner erklärt werden und diesem zugehen. Einer Annahme der Kündigung bedarf es nicht, da ihre Erklärung eine einseitige rechtsgeschäftsähnliche Handlung ist. Bei den Rechtswirkungen der Kündigung ist zu beachten, dass sie ex nunc, also *für die Zukunft* wirkt.[115]

IV. Aufhebungsvertrag

Die Parteien können sich aufgrund der Vertragsfreiheit immer einvernehmlich auf eine Aufhebung bzw. Beendigung des Vertrages einigen.

---

113 Vgl. Palandt/*Grüneberg*, § 346, Rn 1.

114 Siehe zur außerordentlichen Kündigung § 314 Abs. 1 BGB, der einen allg. Rechtsgedanken statuiert.

115 Zu beachten sind dagegen die rückwirkenden (ex tunc) Rechtswirkungen der Anfechtung, vgl. § 142 Abs. 1 BGB.

Eine solche Einigung (Vertrag) bedarf, anders als die Kündigung, der Zustimmung beider Parteien. Besondere Ausschlussgründe gegen entsprechende Vereinbarungen bestehen nicht. Der Aufhebungsvertrag ist bei allen Schuldverhältnissen möglich.

Somit könnten sich auch Käufer und Verkäufer einvernehmlich auf die Aufhebung ihrer Vertragspflichten aus dem Kaufvertrag einigen.

F. Leistungsstörungen

Wie bereits erörtert, hat in einem Schuldverhältnis der Gläubiger gegenüber dem Schuldner einen Erfüllungsanspruch (**Primäranspruch**). Wird dieser ordnungsgemäß erfüllt, ist der Anspruch erloschen, der Vertrag gegebenenfalls erfüllt, § 362 BGB. Es stellt sich aber die Frage, welche rechtlichen Folgen eintreten, wenn nicht ordnungsgemäß erfüllt wird. Denkbar ist an dieser Stelle, dass der Schuldner entweder gar nicht, schlecht oder zu spät leistet. Diese sog. Leistungsstörungen werden verschiedenartig behandelt.[116]

Die Regelungen der Leistungsstörungen im Allgemeinen Schuldrecht des BGB gelten sowohl für vertragliche Schuldverhältnisse als auch für gesetzliche Schuldverhältnisse, soweit durch Gesetz oder Vertrag keine anderen Regelungen getroffen sind. Spezialregelungen bestehen beispielsweise für den Kaufvertrag und den Mietvertrag oder für die gesetzlichen Schuldverhältnisse der ungerechtfertigten Bereicherung. Die Spezialregelungen werden nicht nachfolgend im Allgemeinen Schuldrecht, sondern später bei der Darstellung des jeweiligen speziellen Schuldverhältnisses im Besonderen Schuldrecht erläutert.

Auch kann durch ein Rücktrittsrecht der Vertrag "aufgelöst" und damit die primären Erfüllungspflichten beseitigt werden. Neben oder statt des Erfüllungsanspruchs können Schadensersatzansprüche als sog. **Sekundäransprüche** entstehen, die nicht mehr auf Erfüllung des Vertrages gerichtet sind. Um die Rechte der Parteien aufgrund der eingetretenen Leistungsstörung bestimmen zu können, muss genau nach der Art dieser Leistungsstörung unterschieden werden.

Die im Folgenden erläuterten Rechtsinstitute der Unmöglichkeit, des Verzugs und der Schlechtleistung werden zwar üblicherweise unter dem Begriff der Leistungsstörung zusammengefasst. Sie beinhalten aber unterschiedliche Rechtsfolgen und gewähren somit unterschiedliche Ansprüche. Deshalb sind die Institute der Leistungsstörung im Anspruchsaufbau ggf. unter verschiedenen Fragestellungen an unterschiedlicher Stelle zu prüfen.

Bestehen z.B. Anhaltspunkte dafür , dass Unmöglichkeit gegeben sein könnte, ist bezüglich des primären Erfüllungsanspruchs zunächst zu prüfen, ob dieser **Primäranspruch** nach § 275 BGB untergegangen ist. Dies betrifft die Frage, ob eine Partei noch Erfüllung verlangen kann. Eine andere Frage ist, ob einer Partei Schadensersatzansprüche als **Sekundäransprüche** zustehen. Diese können sich bei Unmöglichkeit der ursprünglichen Leistung, aber auch bei Verzug oder Schlechtleistung ergeben.

---

116 Siehe dazu grundlegend *Emmerich,* Das Recht der Leistungsstörungen.

Abbildung 8: Die Leistungsstörungen

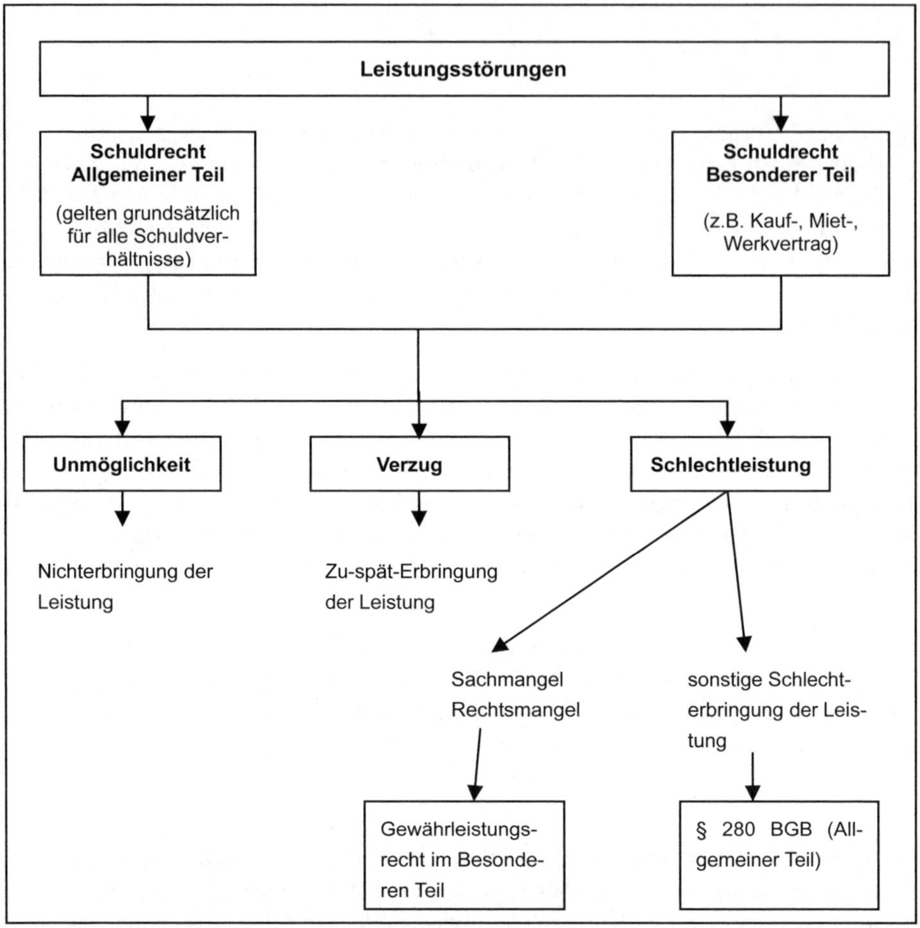

I. Unmöglichkeit

Die Unmöglichkeit ist immer zu prüfen, wenn der Leistungserfolg nicht erbracht wird, weil die Umstände des Einzelfalls eine Erfüllung ausschließen.[117]

Kunstliebhaber K kauft vom Galeristen G das Werk "Paul als Harlekin" von Pablo Picasso für 10 Mio EUR. Sein Primäranspruch auf Übergabe und Übereignung des Bildes kann aber nicht erfüllt werden, weil das Lager des G durch einen Brand völlig zerstört wird und das Bild verbrennt.

Aufgrund der Unmöglichkeit der Leistung ergibt sich die Rechtsfolge, dass die Primärleistungspflicht auf Erfüllung untergeht gem. § 275 Abs. 1 BGB bzw. dem Schuldner Leistungsverweigerungsrechte eingeräumt werden, wenn die Erbringung der Leistung einen unverhältnismäßigen Aufwand erfordert oder unzumutbar ist, siehe § 275 Abs. 2 und 3 BGB.

Da G das Bild nicht mehr übergeben und übereignen kann, wird er von seiner Leistungspflicht aus dem Kaufvertrag gem. § 275 Abs. 1 BGB frei.

Die Auswirkungen der Leistungsbefreiung des Schuldners wegen § 275 BGB auf den Gegenleistungsanspruch des Gläubigers regelt (über § 275 Abs. 4 BGB) § 326 BGB. Danach erlischt in Fällen der Leistungsbefreiung des Schuldners grundsätzlich auch die Gegenleistungsverpflichtung des Gläubigers.[118]

Da G nicht mehr leisten muss gem. § 275 BGB, wird auch K von seiner Verpflichtung aus dem Kaufvertrag, den Kaufpreis an G zu entrichten, über § 326 Abs. 1 Satz 1 BGB frei. Er muss also die 10 Mio EUR nicht bezahlen, erhält aber auch kein Bild. Sollte er die 10 Mio EUR schon im Voraus bezahlt haben, kann er diese über § 326 Abs. 4 i.V.m. 346 ff. BGB zurückverlangen.

Zusätzlich gewährt § 326 Abs. 5 BGB in den Fällen der Unmöglichkeit dem Gläubiger ein Rücktrittsrecht nach Maßgabe des § 323 BGB, wobei eine Fristsetzung nach dem ausdrücklichen Wortlaut entbehrlich ist.

K ist trotzdem sehr erbost, denn er hat gehört, dass G das Feuer möglicherweise selbst gelegt hat, um eine Versicherungsprämie zu kassieren. Außerdem ist er vergeblich zur Übergabe des Bildes zu G nach Paris geflogen.

---

117 In Klausursituationen sind Fälle der Unmöglichkeit bereits beim Lesen der Prüfungsaufgabe erkennbar. Die zu erbringende Leistung ist nicht mehr möglich, weil das geforderte Werk zerstört ist oder wird, es brennt oder die Veranstaltung abgesagt wird usw. Hier kommt es auf eine saubere Prüfung und systematisches Verständnis an!

118 Ausnahmen von diesem Grundsatz finden sich in §§ 326 Abs. 1 S. 2, Abs. 2 und 3 sowie in den Gefahrtragungsregeln.

Anstelle des Primäranspruchs können Schadensersatzansprüche der Parteien als sog. Sekundäransprüche entstehen. In Fällen der anfänglichen Unmöglichkeit bestimmen sich diese nach § 311a Abs. 2 BGB, der auch wahlweise einen Aufwendungsersatzanspruch gewährt. Bei nachträglicher Unmöglichkeit sind die §§ 280 Abs. 1 und 3, 283-285 BGB anwendbar.

Stellt sich also heraus, dass G den Brand tatsächlich zu vertreten hat, stehen K ggf. Schadensersatzansprüche (§ 281 BGB) bzw. Aufwendungsersatzansprüche (§ 284 BGB) zu.

Die Prüfung der Unmöglichkeit kommt in verschiedenen Anspruchsgrundlagen eines Falles zum Tragen. Zunächst ist stets zu fragen, ob die Parteien noch Erfüllung verlangen können. Erst als nächster Schritt ist dann regelmäßig zu untersuchen, ob einer Partei Schadensersatzansprüche zustehen.

Merke: Die Unmöglichkeit wird in der juristischen Prüfung also zweimal relevant. Zunächst muss geklärt werden, ob die aus dem Vertrag entstandene Leistungsverpflichtung noch zu erfüllen ist. Dabei kommt es auf das Verschulden der Unmöglichkeit noch nicht an.

Erst wenn tatsächlich Unmöglichkeit vorliegt, stellt sich die Frage nach Sekundärleistungsansprüchen (weil die Primärleistungspflicht nicht mehr erbracht werden muss). Im Rahmen dieser Prüfung von Schadensersatznormen, ist dann von Bedeutung, ob der Schuldner die Unmöglichkeit zu vertreten hat oder nicht.

1. Die Primärleistungspflicht bei Unmöglichkeit

Zunächst gilt es festzustellen, welche Auswirkung die Unmöglichkeit auf die Hauptleistungspflichten der Vertragspartner hat.

Unmöglichkeit liegt vor, wenn die zu schuldende Leistung nicht mehr erbracht werden kann. § 275 BGB gilt aber nicht, wenn dem Schuldner die zur Erbringung der Leistung notwendigen Mittel derzeit fehlen.

Ist der Picasso im o.g. Beispiel nicht zerstört, sondern wird ordnungsgemäß übereignet, kann aber K den Kaufpreis von 10 Mio EUR nicht bezahlen, ist ihm der Einwand der Unmöglichkeit verwehrt ("Geld hat man zu haben"). Für seine finanzielle Leistungsfähigkeit hat man verschuldensunabhängig einzustehen[119].

Die Unmöglichkeit ist in § 275 BGB normiert und beinhaltet drei Tatbestände (§ 275 Abs. 1-3 BGB):

---

119 Dieser allgemeine Rechtsgrundsatz kommt letztlich auch in dem Prinzip der unbeschränkten Vermögenshaftung zum Ausdruck.

a) § 275 Abs. 1 BGB

Die Vorschrift ordnet eine Leistungsbefreiung des Schuldners von seiner Verpflichtung aus dem Vertragsverhältnis für den Fall objektiver wie auch subjektiver Unmöglichkeit an.

aa) Subjektive und objektive Unmöglichkeit

Subjektive Unmöglichkeit (sog. Unvermögen) liegt vor, wenn der Schuldner außerstande ist, seine Leistungsverpflichtung zu erbringen und auch zur Beschaffung oder Wiederbeschaffung nicht in der Lage ist. Dazu kann es aufgrund rechtlicher oder tatsächlicher Hindernisse kommen.

Ein rechtliches Hindernis kann z.B. in der Übereignung eines enteigneten Grundstückes liegen. Die Erfüllung der Verpflichtung zur Übereignung ist dann rechtlich unmöglich. Ein anderes Beispiel ist der Verkauf einer Sache, für die Veräußerungsverbote im Sinne eines Verfügungsverbots bestehen, z.B. bei Drogen § 3 BtMG oder der Verkauf eines deutschen Reisepasses, obwohl dieser im Eigentum der BRD steht.

Ein tatsächliches Hindernis kann z.B. die dauernde Arbeitsunfähigkeit eines Arbeitnehmers oder die Doppelvermietung einer Wohnung sein. Sobald der erste Mieter eingezogen ist, ist es dem Vermieter unmöglich, auch dem zweiten Mieter die Wohnung zu überlassen.

Objektive Unmöglichkeit wiederum liegt vor, wenn die Leistung von niemand (nicht vom Schuldner, nicht von einem Dritten) erbracht werden kann. Hierbei ist die Unmöglichkeit gleichbedeutend mit genereller Unerfüllbarkeit. Eine Leistung ist objektiv unmöglich, wenn sie nach dem Stand der Wissenschaft und Technik bzw. naturgesetzlich undenkbar ist.

Die Verpflichtung zum Bau eines perpetuum mobile ist z.B. objektiv unmöglich. Niemand kann derzeit ein solches Gerät herstellen; oder der Tod des Dirigenten ist ein Ereignis, dass ein auf dessen Person abgestelltes Konzert objektiv unmöglich werden lässt.

bb) anfängliche und nachträgliche Unmöglichkeit

§ 275 Abs. 1 BGB unterscheidet auch nicht zwischen anfänglicher oder nachträglicher Unmöglichkeit. Es spielt also keine Rolle, ob der Picasso im o.g. Beispiel vor oder nach dem Vertragsschluss untergeht.[120]

---

120 Dies ergibt sich auch schon aus dem Wortlaut der Vorschrift ("unmöglich ist" statt "unmöglich wird").

Ebenso ist es zunächst gleichgültig, ob der Schuldner die Unmöglichkeit zu vertreten hat oder nicht. Die Freistellung von der Leistungspflicht kommt auch dem Schuldner zugute, der die Unmöglichkeit verursacht hat. Dies liegt darin begründet, dass es keinen Sinn hat, einem Gläubiger einen Anspruch zu gewähren, der sich wegen Unmöglichkeit weder erfüllen noch mittels Zwangsvollstreckung durchsetzen lässt.

cc) Leistungssubstrat und Leistungserfolg

§ 275 Abs. 1 BGB gilt grundsätzlich für alle gesetzlichen und vertraglichen Schuldverhältnisse. Auch der auf eine unmögliche Leistung gerichtete Vertrag ist wirksam, vgl. § 311 a Abs. 1 BGB.

Als Variante zum o.g. Beispiel verbrennt der Picasso. Eine Wiederherstellung ist für jedermann unmöglich. Trotzdem kann der Galerist diesen weiter in seinem Sortiment anbieten und diesbezüglich wirksame Kaufverträge abschließen. Da er diese aber nicht mehr erfüllen kann (eine Übereignung des Picasso's scheidet aus, da er verbrannt ist) entfällt regelmäßig auch sein Anspruch auf die Gegenleistung über § 326 Abs. 1 BGB und er selbst setzt sich Schadensersatzansprüchen über § 311a Abs. 2 Satz 1 BGB aus.

§ 275 Abs. 1 BGB betrifft alle Primärleistungspflichten, unabhängig davon, ob diese Haupt- oder Nebenleistungen des Vertrages darstellen.[121] Unter Leistung wird dabei nicht die Leistungs*handlung* als solche, sondern der Leistungs*erfolg* verstanden. Das führt dazu, dass die Leistung i.S.v. § 275 BGB schon dann unmöglich ist, wenn der Leistungserfolg auch ohne Zutun des Schuldners eintritt oder der Gegenstand, an dem die Leistung erfolgen soll, untergeht.

Da das Auto nicht anspringt, ruft A den Automobilserviceclub an und bittet um Starthilfe. Während er wartet, versucht er den Motor noch einmal zum Starten zu bringen und plötzlich springt er an. Der Leistungs*erfolg* (Anspringen des Motors) tritt hier ohne Leistungshandlung (Starthilfe durch den Automobilclub) ein. Die Handlung des Automobilclubs kann nicht mehr zum Erfolg führen, da der Motor schon läuft. Also ist die Vertragserfüllung (Starthilfe geben, damit der Motor anspringt) seitens des Automobilclubs unmöglich geworden.

Malermeister M kommt mit seinem Malerteam bei X an, um auftragsgemäß dessen Fassade zu streichen. Verdutzt stellt M fest, dass das Haus von X gerade vollständig abgebrannt ist.

---

[121] Palandt/*Heinrichs*, § 275, Rn 3.

In diesen Fällen behält der Schuldner seinen Vergütungsanspruch, wenn die Unmöglichkeit vom Gläubiger zu vertreten ist (§ 326 Abs. 2 BGB). Ist dies nicht der Fall, würde an sich die Gegenleistung nach § 326 Abs. 1 S. 1 BGB erlöschen. Dies ist aber dem Schuldner gegenüber unbillig, der Aufwendungen hat und nicht für die Unmöglichkeit einstehen muss. Daher ist es nach h.M. sachgerecht, dass der Schuldner zumindest einen Anspruch auf Teilvergütung und Teilgewinn (über § 645 analog BGB) erhält, da dort ein allgemeiner Rechtsgedanke verankert ist, wonach Leistungsstörungen, die auf dem Wegfall des Leistungssubstrates oder der fehlenden Mitwirkung des Gläubigers beruhen, seiner Risikosphäre zuzuordnen sind und ihn daher zur Teilzahlung verpflichten.

Der telefonisch um Hilfe ersuchte Automobilclub hat also trotz der Unmöglichkeit seiner Leistung (Starthilfe geben, damit der Motor anspringt) zumindest einen Anspruch auf Ersatz der Anfahrtskosten, da die Leistungsstörung (Motor springt nicht an) allein der Risikosphäre des Gläubigers zuzurechnen ist. Gleiches gilt im o.g. Fall für den vergeblich erschienenen Malermeister M.

dd) Besitz eines Dritten am Leistungsgegenstand

Die Frage, ob Unmöglichkeit vorliegt, wenn sich der Leistungsgegenstand nicht im Besitz des Schuldners befindet, ist differenziert zu beantworten.

Ist der "Harlekin" nicht zerstört, sondern von G nach Vertragsschluss mit K heimlich an Z verkauft und übereignet worden, stellt sich die Frage, ob K weiter die Leistungsverpflichtung (Übergabe und Übereignung des Bildes) aus dem Kaufvertrag verlangen kann.

Dies ist davon abhängig, ob die Leistung für G unmöglich geworden ist.

Hierbei wird im Wesentlichen auf die Bereitschaft des Dritten abgestellt. Ist er zur Herausgabe (Rückübereignung an G bzw. Direktübereignung an K) bereit, liegt keine unmögliche Leistung des Schuldners vor.[122] Verweigert er sich dagegen, liegt Unmöglichkeit vor gem. § 275 Abs. 1 BGB. Der Gläubiger hat dann einen Ersatzanspruch aus §§ 280 Abs. 1, 3, 283 bzw. 311a Abs. 2 BGB.

Ist Z zur Rückgabe bereit, kann G noch (bzw. wieder[123]) an K leisten. Seine Leistung ist nicht unmöglich geworden.

---

122 Anders wiederum verhält es sich, wenn der Dritte für die Herausgabe einen unverhältnismäßig hohen Preis vom Schuldner fordert. Dann kann § 275 Abs. 2 BGB erfüllt sein.

123 Dies ist kein Fall der vorübergehenden Unmöglichkeit. Denn dabei steht fest, dass ein Leistungshindernis besteht, nur ist unklar, ob und wann eine Behebung eintritt. Hier ist aber schon nicht sicher, ob überhaupt ein Leistungshindernis besteht, weil der Dritte vielleicht herausgeben will.

Ist Z dagegen glücklich mit dem Bild und will es nicht herausgeben, ist die Leistungsverpflichtung des G aus dem Kaufvertrag mit K unmöglich geworden. K stehen dann Ersatzansprüche aus §§ 280 Abs. 1, 3, 283 bzw. 311a Abs. 2 BGB zu.

Fraglich ist die Lösung, wenn nicht feststeht, ob der Dritte zur Herausgabe bereit ist.

K weiß nicht, ob Z das Bild wieder herausgeben würde oder nicht. Er ist sich unsicher, ob er den G weiter auf Erfüllung drängen oder nur Schadensersatz gelten machen soll.

Da nicht auszuschließen ist, dass der Dritte den Leistungsgegenstand herausgibt, ist der Gläubiger weiter berechtigt, seinen Erfüllungsanspruch zu verfolgen.[124] Es ist schließlich Sache des Schuldners, darzulegen und gegebenenfalls zu beweisen, dass ihm die Leistung unmöglich ist.

Solange G nicht darlegt, dass Z die Herausgabe verweigert und er außerstande ist, seinen Teil des Kaufvertrages zu erfüllen, kann K weiter auf Erfüllung (Übergabe und Übereignung des Bildes) drängen.[125]

Bei der Frage nach einem etwaigen Schadensersatzanspruch wird die Unsicherheit, ob der Dritte herausgibt oder nicht, noch einmal relevant. Denn der Schadensersatz ist nur dann möglich, wenn Unmöglichkeit vorliegt.

Eine Ansicht verneint diese unter Hinweis auf die bisher nicht erfolgte Verweigerungserklärung des Dritten bzw. auf die nicht erfolgte Unmöglichkeitserklärung des Schuldners. Rechtsprechung und Literatur dagegen wollen diesen Schwebezustand (ob der Dritte nun zur Herausgabe bereit ist oder nicht) nicht zu Lasten des Gläubigers entscheiden und gehen von Unmöglichkeit aus, solange der Schuldner seine Leistungsbereitschaft nicht anzeigt.[126]

Statt der Erfüllung kann K auch Schadensersatz geltend machen, weil die Nichterklärung des G (ob er zur Leistung imstande ist) wegen der Unsicherheit, ob Z zur Herausgabe bereit ist, als Unmöglichkeit behandelt wird. Da G diese zu vertreten hat, ist der Anspruch aus §§ 280 Abs. 1, 3, 283 bzw. 311a Abs. 2 BGB entstanden.

---

124 Staudinger/*Löwisch* § 275 Rn 61; *Huber/Faust,* Schuldrechtsmodernisierung, Kapitel 2, Rn 14.

125 Bei Grundstücken ist folgendes zu beachten: Die Verurteilung zur Auflassung macht die Leistung des Auflassenden unmöglich, wenn er nicht im Grundbuch eingetragen ist. Denn durch die Rechtskraftwirkung des Urteils gilt seine Auflassungserklärung als abgegeben und er hat keine Möglichkeit mehr, sich Verfügungsgewalt über das Grundstück zu verschaffen, vgl. BGH NJW 1999, 2034 (2035).

126 *Sutschet* NJW 2005, 1404 (1405).

ee) relative und absolute Fixgeschäfte

Unmöglichkeit i.S.v. § 275 BGB meint auch immer eine ständig dauernde Unmöglichkeit. Nur zeitweise auftretende Leistungshindernisse befreien den Schuldner lediglich temporär, gegebenenfalls kommt er in Verzug. Allerdings kann eine vorübergehende Unmöglichkeit einer dauernden Unmöglichkeit gleichstehen, und zwar dann, wenn dem Gläubiger ein Abwarten bis zur Leistungsfähigkeit nicht zuzumuten ist (z.B. absolute Fixgeschäfte).

Ist einem Catering-Unternehmen die Lieferung einer bestimmten Menge Finger-Food gerade jetzt nicht möglich, dafür aber in 2 Stunden machbar, so liegt nur eine vorübergehende Unmöglichkeit vor. Das Unternehmen muss dann in 2 Stunden liefern, es sei denn, der Gläubiger hat daran kein Interesse mehr, weil er die Lieferung für einen Empfang benötigt, der in 2 Stunden schon beendet ist. Dann umfasst der Finger-Food-(Kauf-)Vertrag ein sog. Fixgeschäft. Dem Gläubiger kommt es entscheidend darauf an, dass der Schuldner zur rechten Zeit liefert. Versäumt er die pünktliche Lieferung, wird auch aus einer nur vorübergehenden Unmöglichkeit ständige Unmöglichkeit mit der Rechtsfolge des § 275 Abs. 1 BGB und ggf. etwaigen Schadensersatzansprüchen.

Übliche Schulbeispiele sind die Hochzeitstorte, die erst am Tag nach der Hochzeit geliefert wird oder das Taxi zum Flughafen, welches erst nach der Abflugzeit beim Kunden ankommt. In beiden Fällen ist der Leistungserfolg (Torte zur Hochzeit, Taxi zum Flug) objektiv unmöglich.

Absolute Fixgeschäfte liegen auch bei Dauerschuldverhältnissen vor, in denen abschnittsweise wiederkehrende Leistungen zu erbringen sind.[127]

Davon abzugrenzen sind die sog. relativen Fixgeschäfte. Hier ist eine Leistung auch nach Terminüberschreitung noch möglich, allerdings kann der Gläubiger nach § 323 Abs. 2 Nr. 2 BGB[128] den Rücktritt erklären. Auch bei relativen Fixgeschäften wird eine Frist vereinbart und deutlich gemacht, dass mit ihr das Rechtsgeschäft stehen und fallen soll.[129] Die verwendeten Klauseln müssen eindeutig auf den Willen der Parteien schließen lassen.[130]

---

127 Bsp.: Arbeitnehmer A versäumt einen Arbeitstag. Den Arbeitstag kann er zwar faktisch nacharbeiten, aber die Arbeitsleistung für den konkreten Tag ist unmöglich geworden.

128 Für den Handelskauf § 376 HGB.

129 *Bamberger/Roth/Grothe*, § 323 Rn 23; BGHZ 110, 88 (96).

130 Es bieten sich hierfür Formulierungen wie "fix, genau, prompt, spätestens" an.

Schulbeispiele für relative Fixgeschäfte sind die Lieferung von Saisonware. So können Badehosen, die für den 1. März fix für das Sommergeschäft bestellt waren, zwar auch noch später geliefert werden (deshalb kein absolutes Fixgeschäft) aber dennoch ist die Lieferung im September nicht mehr sinnvoll. Zwar kann der Käufer weiter Erfüllung verlangen aber er kann auch ohne Fristsetzung ab dem 2. März vom Vertrag zurücktreten (§ 323 Abs. 2 Nr. 2 BGB) und Schadensersatz statt der Leistung nach §§ 280, 281 BGB bzw. Verzugschaden nach §§ 280, 286 BGB geltend machen.[131] Liefert der Verkäufer tatsächlich erst im August wird die Leistung unmöglich, so dass der Erfüllungsanspruch über § 275 Abs. 1 untergeht und der Käufer bei Vertretenmüssen der Unmöglichkeit durch den Verkäufer Schadensersatz gem. §§ 280 Abs. 1, 3 i.V.m. 283 BGB verlangen kann.

ff) Teilunmöglichkeit

Weiter ist darauf hinzuweisen, dass nach dem Wortlaut des Gesetzes auch eine Teilunmöglichkeit in Betracht kommt ("soweit"). Dies setzt eine Teilbarkeit der Leistung voraus und führt zur Leistungsbefreiung nur des unmöglich gewordenen Teils. Der andere Teil muss dann noch erfüllt werden.

Hat der Gläubiger an der Teilleistung kein Interesse, steht die Teilunmöglichkeit der Vollunmöglichkeit gleich. Er muss die Teilleistung aber nicht annehmen.[132] § 275 Abs. 1 BGB gilt ferner in den Fällen der modifizierten Primäransprüche. So kommt die Unmöglichkeit auch dann in Betracht, wenn sich der eigentliche Primäranspruch z.B. in einen Nacherfüllungsanspruch gewandelt hat.[133]

gg) wirtschaftliche Unmöglichkeit

Die Fallgruppe der wirtschaftlichen Unmöglichkeit fällt nicht mehr unter § 275 Abs. 1 BGB.[134] Dieser Lösungsansatz ist überholt. Er wurde vom Reichsgericht nach dem 1. Weltkrieg entwickelt, um den in Zeiten der Not und Inflation veränderten Rechtsverhältnissen Rechnung zu tragen. Wirtschaftliche Unmöglichkeit sollte vorliegen, wenn die Leistung an sich zwar noch möglich, aber für den Schuldner nur unter derartig

---

131 Im Handelskauf kann der Erfüllungsanspruch nur weiter verfolgt werden, wenn dies sofort nach Fristablauf vom Käufer gefordert wird. Er kann auch ohne weiteres vom Vertrag zurücktreten und Schadensersatz im Verzugsfalle verlangen.

132 Ist z.B. die Kaufsache mit einem nicht behebbaren Sachmangel behaftet, wird seine Verpflichtung des Schuldners zur mangelfreien Lieferung oder zur Nacherfüllung unmöglich. Hier kann dann der Gläubiger wählen, ob er die mangelhafte Sache annimmt und z.B. Minderung verlangt, oder ob er die Sache ablehnt und wegen Unmöglichkeit zurücktritt (§ 326 Abs. 4 BGB). In beiden Fällen steht ihm bei Vertretenmüssen der Unmöglichkeit durch den Schuldner ein Schadensersatzanspruch zu.

133 Siehe dazu ab S. 251 ff.

134 Auch nicht unter § 275 Abs. 2 BGB.

erhöhten Schwierigkeiten möglich ist, dass die Zumutbarkeitsgrenze überschritten wird. Nach zutreffender Ansicht des BGH lassen sich solche Fallkonstellationen heute über die Störung der Geschäftsgrundlage gem. § 313 BGB lösen.[135]

hh) Zusammenfassung

In der Klausursituation ist zu untersuchen, ob dem Gläubiger der Erfüllungsanspruch des Schuldners noch zusteht. Dies ist davon abhängig, ob dieser noch zur Leistung imstande ist (sonst Unvermögen) oder ob irgendein Dritter noch zur Leistung imstande ist (sonst objektive Unmöglichkeit). Auf den Zeitpunkt der Unmöglichkeit (anfänglich/nachträglich) kommt es im Rahmen des Primäranspruches nicht an. Ferner ist das Vorliegen der dargestellten Sonderkonstellationen zu beachten. Kommt man zum Ergebnis, dass Unmöglichkeit der Leistung vorliegt, bestimmen sich die Rechtsfolgen nach §§ 275 Abs. 1, 326 BGB.[136]

> *Merke: Die einzelnen Unterscheidungen der Unmöglichkeit lassen sich teilweise schwer trennen oder überschneiden sich. Dies ist aber unschädlich, da es auf eine genaue Einordnung grds. nicht ankommt, da § 275 Abs.1 BGB jede Art der Unmöglichkeit umfasst.*

Abbildung 9: *Die Unmöglichkeit nach § 275 Abs.1 BGB*

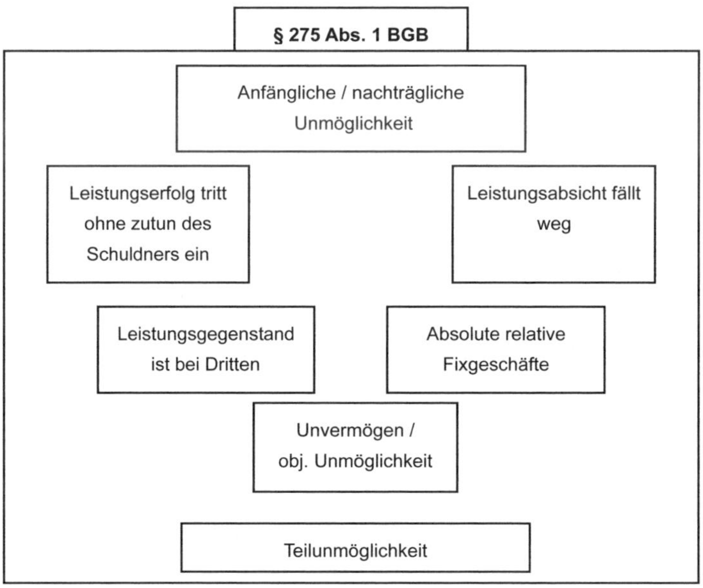

135 Siehe dazu ab S. 185 ff.

136 Siehe dazu ab S. 139 ff., 152.

b) Die Einreden der § 275 Abs. 2 und 3 BGB

Die Leistungsbefreiungsgründe der § 275 Abs. 2, 3 BGB sind als Einrede ausgestaltet.[137] Es ist allerdings umstritten, ob sie ein Leistungsverweigerungsrecht beinhalten, welches zum Erlöschen der Primärleistungspflicht führt, oder ob sie nur als Einrede eine in der Terminologie des Gesetzes gewünschte Durchsetzung des Anspruchs verhindern.[138] Die h.M. hat sich auf die Verwendung einer "rechtsvernichtenden Einrede" geeinigt.[139] Danach erlischt bei Vorliegen der Voraussetzungen der Absätze 2, 3 die Hauptleistungspflicht, was im Hinblick auf das gleichzeitige Erlöschen der Gegenleistungspflicht gem. § 326 BGB sachgerecht ist.

aa) § 275 Abs. 2 BGB

Hiernach muss der Schuldner seine Leistung nicht erbringen, wenn sie einen Aufwand erfordert, der jenseits des Interesses des Gläubigers an der Sache liegt. Bei der Frage, welcher Aufwand zumutbar ist und welcher nicht, muss berücksichtigt werden, wer die Unmöglichkeit herbeigeführt hat.

Der **Begriff des Aufwands** umfasst sowohl Aufwendungen materieller als auch immaterieller Art. Er wird am Gesamtaufwand gemessen. Für das **Leistungsinteresse des Gläubigers** ist der Wert der Sache für den Gläubiger zu ermitteln, wobei auch immaterielle Aspekte Berücksichtigung finden können.[140] Im Rahmen einer **Verhältnismäßigkeitsprüfung** sind dann alle Umstände des Einzelfalls, Vertragsauslegung, Treu und Glauben und ein eventuelles Vertretenmüssen der Unmöglichkeit abzuwägen.[141] Für die Berechnung des groben Missverhältnisses können keine konkreten Angaben gemacht werden. Es ist strittig, wann ein solches vorliegen soll. Während manche ein Missverhältnis schon bei einem 100% erhöhten Schuldneraufwand annehmen[142],

---

[137] Zur Erinnerung: Der Aufbau einer juristischen Prüfung vollzieht sich stets in 3 Schritten. Zuerst ist die Anspruchsgrundlage gefragt, die die begehrte Rechtsfolge festschreibt. Dieser dann entstandene Anspruch kann aber durch andere Vorschriften -sog. Einwendungen- untergegangen bzw. erloschen sein. Ist dies nicht der Fall, besteht der Anspruch also weiter, ist letztlich noch zu fragen, ob dieser Anspruch auch durchsetzbar ist, oder ob wiederum eine dritte Kategorie von Vorschriften den entstandenen Anspruch auf Dauer (peremptorisch, z.B. Verjährung) oder zumindest zeitweise (dilatorisch, z.B. Stundung) ausschließt. Diese Durchsetzungshindernisse nennt man Einreden. Der Unterschied zwischen Einreden und Einwendungen – das praktische Ergebnis ist gleich, der Gläubiger bekommt keine Leistung vom Schuldner, entweder weil kein Anspruch besteht, da er untergegangen ist (Einwendungen) oder aber der zwar bestehende Anspruch ist nicht durchsetzbar (Einreden) – liegt darin, dass Einwendungen von Amts wegen zu prüfen sind, hingegen Einreden nur nach dem Parteivorbringen beachtet werden ("Über Einreden muss man reden"). Das Gesetz kennzeichnet Einreden meist durch die Formulierung "...kann verweigern".

[138] Insoweit unklar BT-Drs. 14/6040, S. 129.

[139] Jauernig/Stadler, § 275 Rn 32.

[140] Regelmäßig kann die Gegenleistung als starkes Indiz gelten.

[141] In der Klausursituation kommt es dann auf eine überzeugende Argumentation und Auseinandersetzung mit den im Sachverhalt angegebenen Informationen an.

[142] *Bamberger/Roth/Grüneberg*, § 275 Rn 39.

schlagen andere 150%[143] vor. Richtigerweise wird man das Missverhältnis nicht am Prozentsatz festmachen können. § 275 Abs. 2 BGB soll Ausnahme- und Extremfälle abdecken. Da die Norm im Unmöglichkeitsrecht angesiedelt ist, muss ein zumindest unmöglichkeitsähnlicher Fall gefordert werden.[144]

Das Schulbeispiel vom Ring auf dem Meeresboden, dessen Bergung zwar möglich aber nur mit unverhältnismäßig hohen Kosten erreichbar ist, unterfällt damit grundsätzlich dem Anwendungsbereich des § 275 Abs. 2 BGB.[145]

Der praktische Anwendungsbereich von § 275 Abs. 2 BGB ist durch die vorrangigen Regeln des Gewährleistungsrechts z.B. §§ 439, 635 BGB sehr eingeschränkt. Das in Absatz 2 geforderte grobe Missverhältnis stellt zudem grundsätzlich strengere Anforderungen.

Die Fallgruppe der wirtschaftlichen Unmöglichkeit unterfällt aber nicht § 275 Abs. 2 BGB, wenn in der Konkurrenzsituation auch eine Anwendung der Störung der Geschäftsgrundlage in Betracht kommt. Nach Auffassung des BGH lassen sich so sachgerechtere Ergebnisse erzielen.[146] Die Gegenansicht vertritt einen Vorrang der Unmöglichkeitsregeln, weil die Rechtsfolge des § 313 BGB (Vertragsanpassung/Rücktritt) nur dann greifen könne, wenn der Schuldner nicht schon über § 275 BGB von seiner Verpflichtung freigeworden ist.[147]

Letztlich ist auch eine gleichrangige Anwendbarkeit von § 275 und § 313 BGB nebeneinander denkbar.[148] Der Schuldner müsse das Wahlrecht haben, welche Vorschrift er zur Anwendung bringen wolle. Dies sei deshalb sachgerecht, weil es letztlich auch von seiner Entscheidung abhänge, welche Rechtsfolgen eintreten.

Merke: Dieser Streit um die Anwendbarkeit welcher Norm stellt sich nur, wenn die Voraussetzungen für beide Normen gegeben sind.

Meist wird der erhöhte Schuldneraufwand nicht Gegenstand der Geschäftsgrundlage geworden sein, weil sich die Parteien darüber nicht geeinigt haben. Dann kann § 313 BGB nicht gelten und das Geschäft ist über § 275 Abs. 2 BGB abzuwickeln.

---

143 *Huber/Faust*, Schuldrechtsmodernisierung, Kapitel 2, Rn 68.

144 MüKo/*Ernst*, § 275 Rn 70.

145 Zur Frage, ob die wirtschaftliche Unmöglichkeit aus dem Anwendungsbereich des § 275 BGB zugunsten der Anwendung von § 313 BGB herausfallen solle, hat die oberste Rechtsprechung bisher noch nicht ausdrücklich Stellung bezogen.

146 MüKo/*Roth* § 313, Rn 140; *Bamberger/Roth/Grüneberg*, § 275, Rn 17.

147 Lorenz/*Riehm*, Lehrbuch zum neuen Schuldrecht, Rn 408; siehe auch *Schulze/Ebers* JuS 2004, 265 (266).

148 Staudinger/*Löwisch*, § 275 Rn 97; MüKo/*Ernst* § 275 Rn 23; siehe auch *Feldhahn* NJW 2005, 3381.

Wenn also der Bauer B dem Händler H eine Scheune für 3 Wochen als Lagerraum zur Verfügung stellt (Miete 300 EUR) und diese während der Mietzeit von einem Sturm zerstört wird (Neuaufbau 15 000 EUR), ist § 313 BGB nicht anwendbar. Denn die Parteien haben keine Vorstellungen darüber gehabt, was passiert, wenn die Scheune zerstört wird. Folglich konnte dies auch nicht Geschäftsgrundlage werden. Der Bauer B kann aber über § 275 Abs. 2 BGB seine Leistung verweigern, weil sein Aufwand (15 000 EUR) und das Gläubigerinteresse (300 EUR) in einem groben Missverhältnis stehen und er im Übrigen die Unmöglichkeit auch nicht verschuldet hat.[149]

bb) § 275 Abs. 3 BGB

Auch dieser Leistungsverweigerungsgrund stellt eine "rechtsvernichtende Einrede" dar und bezeichnet einen engen Anwendungsbereich. Hier kommt es maßgeblich auf die Höchstpersönlichkeit der zu erbringenden Leistung an.

Opernsänger O muss das Konzert wegen einer selbst verschuldeten schweren Bronchitis (bei Regen leicht bekleidet naß stundenlang auf dem Pferd geritten und deshalb schwer erkrankt) absagen. Hier ist eine höchstpersönliche Leistungspflicht gegeben. Es liegt aber ein Fall von subjektiver Unmöglichkeit (Unvermögen) und damit ein Fall von § 275 Abs. 1 BGB vor. O muss die Leistung (Gesang) nicht erbringen, erhält im Gegenzug dafür allerdings auch keine Vergütung (§ 326 BGB). Da er die Bronchitis selbst verschuldet hat, muss er ggf. Schadensersatz leisten.

§ 275 Abs. 3 BGB beschreibt den Fall, in dem O nicht nach singen zumute ist, weil er gerade erfahren hat, dass sein lange Zeit bei ihm lebender Hund verstorben ist. Diese Nachricht hat ihn tief erschüttert. Hier ist die Leistung (Gesang) zwar möglich und deshalb § 275 Abs. 1 BGB nicht anwendbar. Gegebenfalls ist aber eine Leistungsverweigerung des O über § 275 Abs. 3 BGB möglich. Wird O tatsächlich von seiner Leistung frei, entfällt über § 326 BGB auch sein Anspruch auf Vergütung.

§ 275 Abs. 3 BGB folgt dabei den gleichen Regeln wie Absatz 2. Es kommt auf den Einzelfall und die vertragliche Regelung an. Ob dem Schuldner die Einrede zusteht oder nicht, ist durch eine Verhältnismäßigkeitsprüfung zwischen Leistungshindernis und Gläubigerinteresse zu lösen.

---

149 Vgl. auch das Dackel-Beispiel in BGHZ 163, 234.

Abbildung 10: Die Unmöglichkeit nach § 275 Abs. 2 und 3 BGB

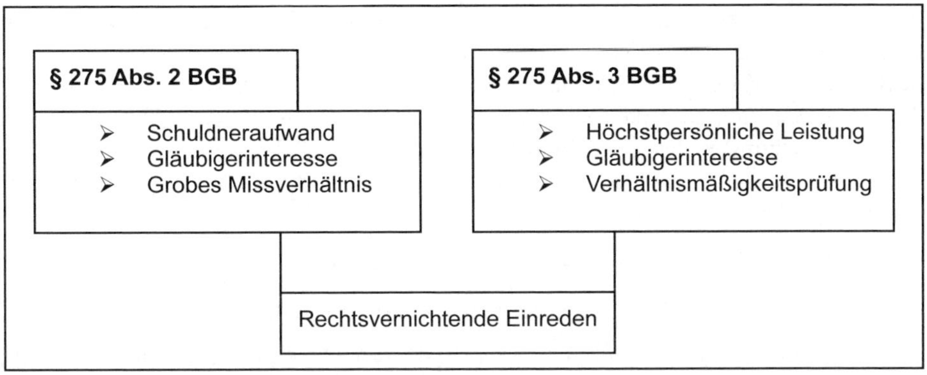

c) Rechtsfolgen der Unmöglichkeit und Gegenleistungsanspruch

Wie bereits dargestellt, ist die Rechtsfolge bei Unmöglichkeit in allen Fällen des § 275 BGB, dass der Schuldner seine Leistung nicht zu erbringen braucht.

In den Fällen des § 275 *Abs. 1* BGB tritt die Befreiung kraft Gesetzes ein. Der Schuldner wird auch von seiner Leistungspflicht frei, wenn er die Unmöglichkeit zu vertreten hat. In diesen Fällen liegt aber eine Pflichtverletzung vor, die den Gläubiger zur Geltendmachung von Sekundäransprüchen berechtigt, §§ 280 Abs. 1 u. 3, 283, 311a Abs. 2 BGB. Die Leistungsbefreiung betrifft nur die unmöglich gewordene Leistung, nicht das Schuldverhältnis als solches. Daher kann der Gläubiger über § 285 BGB die Ersatzherausgabe verlangen.

> **Hat K im o.g. Beispielsfall des verbrannten Picasso ein Interesse an der Asche des Bildes, weil er diese unter dem Titel "Zerfallene Träume" ausstellen und als besonderes Kunstwerk verwenden möchte, kann er von G –falls möglich- die Herausgabe der Asche verlangen. Soweit das Feuer von G verursacht wurde, hat er ferner ggf. einen Schadensersatzanspruch abzüglich des Wertes der Asche, § 285 Abs. 2 BGB.**

Der Schuldner ist in Fällen der Unmöglichkeit aus dem Gesichtspunkt von Treu und Glauben (§ 242 BGB) verpflichtet, die Unmöglichkeit seiner Leistungserfüllung mitzuteilen.

In den Fällen der Absätze 2 und 3 erfolgt die Leistungsbefreiung erst nach Erhebung der Einrede durch den Schuldner. Hier überlässt es das Gesetz der eigenen Entscheidung des Schuldners, ob er von seinem Leistungsverweigerungsrecht Gebrauch machen will oder nicht. Er kann sich auch für die Leistung entscheiden.[150] Allein das Bestehen der Einrede verhindert, bereits, dass der Schuldner in Verzug geraten kann.[151]

In synallagmatischen Verträgen[152] wird § 275 BGB durch § 326 BGB ergänzt, wonach grundsätzlich die Gegenleistungsverpflichtung ebenso entfällt (§ 326 Abs. 1 Satz 1 BGB). Daraus ergibt sich im Zusammenspiel der §§ 275, 326 BGB dass der Gläubiger die Leistungsgefahr und der Schuldner die Gegenleistungsgefahr trägt. Denn liegen die Voraussetzungen des § 275 BGB vor, verliert der Gläubiger seinen Leistungsanspruch; liegen die Voraussetzungen des § 326 Abs. 1 BGB vor, verliert der Schuldner seinen Gegenleistungsanspruch.

Von diesem Prinzip bestehen verschiedene **Ausnahmen**:

aa) Gefahrtragungsregeln (z.B. §§ 446, 447, 644, 645, 615 BGB)

Der Gläubiger schuldet weiter die Gegenleistung, wenn vor Eintritt der Unmöglichkeit die Leistungsgefahr vom Schuldner auf ihn übergegangen ist. Die Gefahrtragungsregeln stellen dann speziellere Vorschriften dar, die dem im allgemeinen Schuldrecht angesiedelten § 326 BGB vorangehen.

Im Kaufrecht (§§ 446, 447 BGB) geht die Leistungsgefahr[153] auf den Käufer über, wenn ihm die Kaufsache übergeben wird. Beim Versendungskauf genügt es, wenn der Verkäufer sie der entsprechenden Transportperson übergeben hat. Ab diesem Zeitpunkt haftet der Käufer für den Untergang der Sache. Dies ist insofern sachgerecht, als mit der Übergabe der Schuldner die Sachherrschaft über den Gegenstand verliert, während der Gläubiger diese erlangt. Er kann nun auf sie einwirken und vor dem Untergang bewahren. Daher soll er auch das entsprechende Risiko auf sich nehmen.

Hätte G also das Bild "Paul als Harlekin" an K bereits übergeben und wäre dieser dann verbrannt, könnte G von K den vollen Kaufpreis verlangen. Denn mit der Übergabe ist das Bild in den Herrschaftsbereich des K übergegangen.

Hätte G das Bild dagegen zu K versandt, wäre die Preisgefahr mit Übergabe an die Speditionsfirma auf den K übergegangen. Normalerweise trägt der Käufer das Versandrisiko. Geht das Bild auf der Fahrt unter, behält G seinen Anspruch auf Kaufpreiszahlung.[154]

---

[150] Da er für die Unverhältnismäßigkeit in den Absätzen 2, 3 beweispflichtig ist, kann diese Entscheidung allerdings auch indiziert sein.

[151] Zu den Verzugsvoraussetzungen siehe ab S. 167 ff.

[152] Synallagmatische Verträge=Gegenseitige Verträge, die gemäß dem lat. "do, ut des" (Ich gebe, damit Du gibst) in einem direkten Abhängigkeitsverhältnis stehen.

[153] Oder auch Preisgefahr.

[154] K kann in diesem Fall aber die Zahlung gem. § 320 BGB verweigern, bis ihm G seinen Anspruch gegen den Frachtführer abgetreten hat. Denn G erlangt durch die Unmöglichkeit einen Ersatz, der gem. § 285 BGB dem K zusteht.

Es verhält sich anders, wenn beim Versendungskauf ein Verbraucher i.S.v. § 13 BGB beteiligt ist. Die Verbraucherschutznorm des § 474 Abs. 2 BGB schließt die Anwendung von § 447 BGB beim Verbrauchsgüterkauf aus, so dass hier der Unternehmer (Verkäufer) das Versendungsrisiko trägt.

Ist G ein gewerblicher Galerist und K Verbraucher, besteht ein Verbrauchsgüterkauf i.S.v. § 474 Abs. 1 BGB. Versendet jetzt G das Bild an K, trägt er weiter bis zur Übergabe an K die Preisgefahr. Geht die Ware während der Fahrt unter, verliert G seinen Anspruch auf Kaufpreiszahlung.[155]

Ähnliche Sonderregeln enthält auch das Werkvertragsrecht in §§ 644, 645 BGB. Der Übergang der Preisgefahr erfolgt dort mit der Abnahme des Werkes, § 644 Abs. 1 S. 1 BGB. Unter den Voraussetzungen des § 645 BGB erhält der Werkunternehmer einen Teilvergütungsanspruch.[156] Im Arbeitsrecht bewirkt § 615 BGB, dass der Arbeitnehmer in den bekannten Fallgruppen "Lohn ohne Arbeit" seinen Gegenleistungsanspruch behält.[157]

bb) § 326 Abs. 2 S. 1 Alt. 1 BGB

Der Schuldner behält seinen Anspruch auf die Gegenleistung nach dieser Vorschrift, wenn der Gläubiger die Unmöglichkeit der Leistung **allein** oder **weit überwiegend zu vertreten** hat. Der Umfang des Vertretenmüssens ist im BGB nur für den Schuldner in §§ 276 ff. BGB geregelt. Nach h.M. gelten diese Vorschriften aber für den Gläubiger analog. Generell ist er einstandspflichtig, wenn er mit seinem Verhalten die Unmöglichkeit zu verantworten hat.

Stellt sich also heraus, dass K selbst das Bild "Harlekin" versehentlich angezündet hat, behält der Verkäufer (G) seinen Kaufpreiszahlungsanspruch, obwohl er gem. § 275 Abs. 1 BGB nicht mehr leisten (Übergabe und Übereignung des Picassos) muss.

Gemäß § 276 Abs. 1 BGB hat der Schuldner (analog der Gläubiger) für Vorsatz und Fahrlässigkeit einzustehen. Vorsätzlich handelt, wer mit Wissen und Wollen den Schaden herbeiführt. Fahrlässig handelt, wer die im Verkehr erforderliche Sorgfalt missachtet (§ 276 Abs. 2 BGB). Der Gläubiger ist auch dann verantwortlich, wenn er seine eigenen Rechtsgüter beeinträchtigt. Zwar handelt es sich dann nicht um eine Rechtsverletzung als solche, sondern lediglich um eine **Obliegenheit**, gleichwohl bleibt er gegenleistungspflichtig.

---

155 Hat G in seinen AGB § 474 Abs. 2 BGB zum Nachteil des Verbrauchers abbedungen, ist streitig ob die AGB-Norm wirksam ist. Einerseits erwähnt § 475 Abs. 1 S. 1 BGB den § 474 BGB nicht ausdrücklich, so dass dispositives Recht vorliegen könnte. Andererseits lässt sich § 474 BGB problemlos unter "Vorschriften dieses Untertitels" in § 475 Abs. 1 S. 1 BGB subsumieren, so dass ein Ausschluss unwirksam wäre. Letzterer Ansicht ist zuzustimmen, weil sie dem Sinn und Zweck des Verbraucherschutzes am besten gerecht wird.

156 Näheres siehe später ab S. 341 ff; bzgl § 645 analog BGB siehe oben S. 118.

157 Zu beachten sind v.a. Lohnfortzahlung im Krankheitsfall, Annahmeverzug des Arbeitgebers, Betriebsrisiko beim Arbeitgeber.

Stellt sich heraus, dass kurz vor der Ankunft des Malermeisters M und seines Teams, der X sein Haus versehentlich selbst angezündet hat, verbleibt für M mehr als sein Teilvergütungsanspruch aus § 645 BGB analog. Über §§ 645 Abs. 2 i.V.m. 326 Abs. 2 S. 1 Alt. 1 BGB hat er sogar den vollen Vergütungsanspruch.[158]

Der Gläubiger darf den Leistungserfolg auch nicht eigenhändig unmöglich machen.

Streicht also X seine Fassade nach Abschluss eines Werkvertrages mit M und vor dessen Leistung selbst, wird eine Leistung des M unmöglich. Diese Unmöglichkeit hat X zu vertreten, so dass er trotzdem die vereinbarte Vergütung bezahlen muss. Auch hier muss sich M aber seine ersparten Aufwendungen anrechnen lassen, § 326 Abs. 2 S. 2 BGB.

Die Gegenleistungsverpflichtung bleibt auch in den Fällen bestehen, in denen die Unmöglichkeit "**weit überwiegend**" vom Gläubiger verschuldet wird. Der Terminus betrifft die Fälle, in denen eine weit überwiegende Schuld einer Alleinschuld gleich steht[159]. Dies ist dann der Fall, wenn ihr kein nach § 254 BGB zu berücksichtigender Verursachungsbeitrag gegenübersteht. Letztlich ist zu prüfen, ob der Gläubiger vertraglich ein Risiko übernommen hat. Realisiert sich dieses Risiko in der Unmöglichkeit, hat er diese auch zu vertreten.[160]

Merke: Bei der Frage nach der Verantwortlichkeit des Gläubigers für die Unmöglichkeit der schuldnerischen Leistungspflicht ist mit dem gegebenen Sachverhalt zu arbeiten. Die dort enthaltenen Informationen bilden die Lösung.

Besonders problematisch sind die Fälle, in denen **beiderseits zu vertretende Unmöglichkeit** vorliegt.

Hauseigentümer H kauft eine Villa am Stadtrand. Da er erst in 3 Monaten einziehen kann, sucht er ab diesem Zeitpunkt einen Käufer für sein Haus. Er findet diesen in dem handwerklich unbegabten U. Während der Abschiedsparty, zu der auch U eingeladen wird, kommt es zum Unglück: Als der Elektrogrill nicht funktioniert, erklärt sich U bereit, das Gerät mit "mehr Power" auszustatten. Dabei kommt es zum Kurzschluss, weil H vor Jahren die Hauptsicherung durch eine dauerhafte Überbrü-

---

158 Er muss sich aber über § 326 Abs. 2 S. 2 BGB seine ersparten Aufwendungen anrechnen lassen.

159 Vgl. *Canaris* JZ 2001, 499 (511).

160 So verpflichtet sich z.B. ein Bauherr zur Einholung aller Genehmigungen. Fehlt eine und wird dadurch die Leistung unmöglich, ist der Bauherr dafür allein verantwortlich, weil er dieses Risiko durch den Bauvertrag übernommen hat.

ckung ersetzt hatte und U aufgrund mangelnder Kenntnisse das Starkstromkabel in die normale Steckdose gesteckt hatte. Das Haus brennt ab.

H verlangt weiter Zahlung, schließlich habe U mit seiner Unfähigkeit den Brand verursacht und außerdem brauche H das Geld, um seine Villa bezahlen zu können. U erwidert, dass er ohne Haus nicht zahlen werde. Zudem sei H nicht ganz unschuldig an dem Brand, denn die fehlende Sicherung hätte H erwähnen müssen. Tatsächlich ist die Leistung des H unmöglich geworden, so dass er über § 275 Abs. 1 BGB nicht leisten muss. Grundsätzlich erlischt über § 326 Abs. 1 BGB auch die Zahlungsverpflichtung des U. Fraglich ist, ob eine Ausnahme von diesem Grundsatz besteht?

Es ist umstritten, ob § 326 Abs. 2 S. 1 Alt. 1 BGB auf diese Fälle anwendbar ist. So wird vertreten, dass das Gesetz die beiderseitige Unmöglichkeit nicht regeln würde, weshalb die vor der Schuldrechtsreform geltenden Rechtssätze fortwirken würden. Daher könne eine sachgerechte Lösung nur insofern herbeigeführt werden, als der Schuldner seinen Anspruch auf die Gegenleistung – zumindest teilweise – behält.[161] Eine Lösung contra legem[162] sei unvermeidlich. Die h.M. dagegen stellt auf den Wortlaut des § 326 Abs. 1 S. 1 Alt. 1 BGB ab. Darin sei ein Erhalt der Gegenleistungspflicht nur vorgeschrieben, wenn der Gläubiger allein oder soweit verantwortlich ist, dass nach § 254 BGB kein relevanter Beitrag des Schuldners zu berücksichtigen sei.[163] Ist dies nicht gegeben, weil der Schuldner auch für die Unmöglichkeit kann, müsse die Gegenleistungspflicht nach § 326 Abs. 1 BGB erlöschen. Auch eine teleologische Reduktion kommt nicht in Betracht. Sie ist nur möglich, wenn der Gesetzgeber den Fall der beiderseitigen Unmöglichkeit versehentlich mitgeregelt habe. Davon ist aber nicht auszugehen.

Im Ergebnis hat H hier Pech. Da er für den Untergang des Hauses mitverantwortlich ist, hilft ihm § 326 Abs. 2 S. 1 Alt. 1 BGB nicht weiter. Der Gegenleistungsanspruch ist damit nach § 326 Abs. 1 BGB erloschen. H kann von U keine Bezahlung verlangen.

cc) § 326 Abs. 2 S. 1 Alt. 2 BGB

Eine weitere Ausnahme vom Erlöschen der Gegenleistungspflicht liegt vor, wenn der Gläubiger sich im Zeitpunkt der Unmöglichkeit mit der Annahme der Leistung in Annahmeverzug befand.

161 Vgl. Staudinger/*Otto* § 326 Rn C 65 ff.; Lorenz/*Riehm*, Lehrbuch zum neuen Schuldrecht, Rn 351.

162 Lat.: Gegen das Gesetz.

163 Vgl. Palandt/*Grüneberg*, § 326 Rn 15; Bamberger/Roth/*Grothe* § 326 Rn 24; MüKo/*Ernst* § 326 Rn 79; siehe auch *Schulz/Ebers* JuS 2004, 366 (368).

Das Bild "Paul als Harlekin" ist nicht verbrannt. G ist ordnungsgemäß bereit, ihn an K zu übergeben. Doch dieser erscheint zur verabredeten Zeit nicht. Enttäuscht nimmt G das Bild zurück in sein Lager, wo es in der nächsten Nacht verbrennt, weil G sein Lager anzündet. G verlangt trotzdem Zahlung. K weigert sich, im Hinblick auf die Unmöglichkeit des G, seiner Leistungspflicht nachzukommen.

Der Annahmeverzug des Gläubigers ist in §§ 293 ff. BGB geregelt. Danach kommt er in Verzug, wenn ihm die Leistung so angeboten wird, wie sie zur Vertragserfüllung notwendig wäre.

Die Leistungsverpflichtung des G (Übergabe und Übereignung des Bildes) ist mit dessen Zerstörung für G unmöglich geworden. Er muss nach § 275 Abs. 1 BGB nicht mehr leisten. IdR entfällt auch der Gegenleistungsanspruch über § 326 Abs. 1 S. 1 BGB. Eine Ausnahme läge vor, wenn K für die Unmöglichkeit einzustehen hätte. Dies ist nicht der Fall, da das Feuer von G gelegt wurde. Möglicherweise behält G seinen Anspruch auf Kaufpreiszahlung, wenn K sich zum Zeitpunkt der Unmöglichkeit in Annahmeverzug befand, § 326 Abs. 2 S. 1 Alt. 2 BGB. Hier hat G das Bild am vereinbarten Ort zur vereinbarten Zeit, in der richtigen Art und Weise bereitgehalten. K ist grundlos nicht erschienen. Damit ist er in Annahmeverzug geraten. Der Gegenanspruch würde grds. bestehen bleiben.

Dem Erhalt der Zahlungsverpflichtung im Falle des Annahmeverzuges ist aber nur zuzustimmen, wenn der Schuldner seinerseits nicht zum Untergang der Sache beigetragen hat. Gem. § 300 BGB tritt für ihn schon eine Haftungserleichterung ein. Muss er vor der Leistung für Vorsatz und Fahrlässigkeit haften (§ 276 BGB), verringert sich seine Obhutspflicht in den Fällen des Annahmeverzuges des Gläubigers auf Vorsatz und *grobe* Fahrlässigkeit (§ 300 Abs. 1 BGB). Eine weitergehende Freistellung des Schuldners ist auch nicht geboten, weil ansonsten der Annahmeverzug den Schuldner von jeglichen Verpflichtungen über den Erhalt der Sache entbinden würde, was gerade dann unbillig ist, wenn der Annahmeverzug nur von kurzer Dauer ist oder in entschuldbarer Weise zustande kam. Im Übrigen ist der Schuldner auch berechtigt, seine Verzugskosten vom Gläubiger zu liquidieren, so dass eine schnelle, weitreichende Befreiung des Schuldners nicht erforderlich ist.

Vorliegend hat G die Unmöglichkeit vorsätzlich verschuldet. Damit haftet er über § 300 Abs. 1 BGB auch bei Annahmeverzug des Gläubigers. Sein Gegenleistungsanspruch auf Kaufpreiszahlung erlischt über § 326 Abs. 1 BGB.[164]

[164] § 446 BGB ist nicht anwendbar, weil dort die Preisgefahr nur im Falle des zufälligen Untergangs übergeht. Zufälligkeit kann aber bei Verschulden einer Partei nicht vorliegen.

dd) § 326 Abs. 2 S. 2 BGB

Wie erläutert, muss sich in den Fällen, in denen der Schuldner trotz seiner Nichtleistung den Gegenleistungsanspruch behält, dieser die Aufwendungen anrechnen lassen, die er dadurch erspart, dass er nicht leisten muss.[165]

> **Entsprechend muss sich im o.g. Beispiel der Malermeister M die Kosten für die unverbrauchte Farbe anrechnen lassen sowie für die nicht aufgewandten Fahrtkosten etc.**

[165] Gelegentlich wird im Kaufrecht bei der Selbstvornahme des Käufers zur Mängelbeseitigung eine analoge Anwendung des § 326 Abs. 2 S. 2 BGB befürwortet. Der Käufer, der den Mangel selbst behebt, sorgt für eine unmögliche Nacherfüllung durch den Verkäufer. Gem. § 326 Abs. 1 S. 2 BGB bleibt der Gegenleistungsanspruch des Verkäufers bestehen. Fraglich ist, ob er sich ersparte Aufwendungen über § 326 Abs.2 S.2 BGB analog anrechnen lassen muss. Die Rechtsprechung (BGH NJW 2005, 1348 ff.) lehnt dies ab, weil keine Regelungslücke vorliege. Die §§ 437 ff. BGB seien abschließend und sehen ein Selbstvornahmerecht des Käufers nicht vor. Zudem wird dadurch auch das Recht des Verkäufers zur 2. Andienung (Nacherfüllung) unterlaufen.

Abbildung 11: Die Rechtsfolgen der Unmöglichkeit

Grundsatz

§ 326 Abs. 1 BGB

- Gegenleistungspflicht erlischt, wenn Leistungspflicht des Schuldners über § 275 BGB erlischt

↓

Ausnahmen

1. § 615, 644, 645, 446, 447 BGB

- Gefahrtragungsregeln

2. § 326 I 2 BGB

- Unmöglichkeit der Nacherfüllung

3. § 326 II 1 Alt 1 BGB

- Unmöglichkeit von Gläubiger allein oder weit überwiegend zu vertreten

4. § 326 II 1 Alt 2 BGB

- Annahmeverzug des Gläubigers

5. § 326 III iVm. § 285 BGB

- Herausgabe des Ersatzgegenstands

2. Besonderheiten bei der Gattungsschuld

Das zuvor dargestellte System im BGB stellt auf die Stückschuld ab und regelt die sog. Gattungsschuld nur beiläufig in Ausnahmefällen.[166] Stückschuld[167] und Gattungsschuld unterscheiden sich in wesentlichen Punkten.

a) Begriff und Inhalt der Gattungsschuld

Die Gattungsschuld gehört zu denjenigen Schuldverhältnissen, deren Leistung zwar nicht genau bestimmt, aber doch bestimmbar ist.[168] Gemäß § 243 Abs. 1 BGB liegt eine Gattungsschuld vor, wenn die geschuldete Leistung nur nach allgemeinen Merkmalen bestimmt ist.[169] Eine Gattung bilden alle Gegenstände, die durch gemeinsame Merkmale wie ein bestimmter Typ oder eine Sorte[170] verbunden sind und sich dadurch von anderen Gegenständen unterscheiden.[171] Keine Gattungsschuld ist dagegen die Geldschuld. Sie stellt eine Schuld eigener Art (sui generis) dar.[172]

Die Parteien entscheiden über den geschuldeten Gegenstand. Sie können daher eine Gattung durch die Festlegung von diversen Qualitätsmerkmalen oder Eigenschaften wie Farbe, Form, Geruch etc. beschränken.

In dem Sinne können die Getränkehändler X und Y vereinbaren, dass X dem Y 100 Kisten deutsches Bier liefern soll. Diese Gattungsschuld können die Parteien aber auch weiter beschränken, indem sie die Gattung "deutsches Bier" spezifizieren in "deutsches Pils" oder präziser auf die konkrete Art "Holsten-Pilsener". X kann daher letztlich nur seine Leistungsverpflichtung erfüllen, wenn er dem Y 100 Kisten "Holsten-Pilsener" liefert (d.h. übergibt und übereignet, § 433 Abs. 1 S. 1 BGB).

Letztlich bestimmt bei der Gattungsschuld der Schuldner den Leistungsgegenstand, weil er eine Auswahl trifft. In seiner Wahl ist er aber nicht frei, denn § 243 Abs. 1 BGB schreibt vor, dass der Schuldner bei der Erfüllung seiner Gattungsschuld ein Exemplar mittlerer Art und Güte zu leisten hat.[173]

Für das o.g. Bier-Beispiel bedeutet das, dass X die Bierkisten für Y selbst heraussuchen kann. Ob er solche aus dem hinteren Lagerteil oder aus dem Vorderen nimmt, ist ihm überlassen.

---

166 Deshalb erfolgt die Darstellung der Besonderheiten für die Gattungsschuld gesondert, um den Einstieg in die Unmöglichkeit zu erleichtern, siehe unten S. 145 ff.

167 Oder auch Speziesschuld.

168 Palandt/*Heinrichs*, § 243 BGB, Rn 1.

169 Bsp. Ein Handy Samsung Z-630, ein BMW 318i, 2 Päckchen Pasta, 3 Kugelschreiber etc.

170 Ggf. auch der Preis.

171 Vgl. Palandt/*Heinrichs*, § 243, Rn 2.

172 H.M. Palandt/*Heinrichs*, § 245, Rn 12; MüKo/*Grundmann* § 245 Rn 84; a.A. BGHZ 83, 300.

173 Bei einer Schlechtleistung kann der Gläubiger die Sache auch zurückweisen. Er kann sie aber auch annehmen und über § 437 BGB (bei Kaufvertrag) weitere Rechte geltend machen.

Nur müssen die Kisten (und wesentlicher die Flaschen Bier) dem Inhalt nach durchschnittliches bzw. übliches "Holsten-Pilsener" enthalten.

Im Gegensatz dazu stellt die Stückschuld auf eine ganz konkrete, genau bestimmte Sache ab.[174] Die Stückschuld kann darin bestehen, dass ein ganz bestimmtes Stück aus einer Gattung geschuldet wird oder dass es sich um einzigartige Einzelsachen handelt.

Der "Harlekin" von Picasso ist ein Einzelstück. Als sich K und G über den Kauf verständigten, vereinbarten sie also zugleich eine Stückschuld.

Anders X und Y: Ihr Kaufvertrag über 100 Kisten Bier bezog sich nicht auf ein spezielles Gut sondern allgemein auf die Gattung "Bier". Damit haben X und Y eine Gattungsschuld vereinbart.

b) Unmöglichkeit bei Gattungsschulden

Geht die Stückschuld unter, wird der Schuldner von seiner Leistungspflicht über § 275 BGB frei.[175] Für Gattungsschulden gilt etwas anderes: Sind diese vereinbart, trifft den Schuldner grundsätzlich eine Beschaffungspflicht. Er wird nur von seiner Leistungspflicht über § 275 BGB frei, wenn die **gesamte Gattung untergeht**, die geforderten Sachen am Markt insgesamt nicht mehr erhältlich sind.[176]

Y hat also Glück: Da er mit X eine Gattungsschuld vereinbart hat, ist X solange an seine Leistungspflicht gebunden, wie die Gattung "Bier" irgendwo noch existiert. Notfalls muss er sich die Ware selbst am Markt beschaffen, um sie Y zu übergeben und zu übereignen.

Eine Einschränkung gilt für die Fälle des **Annahmeverzugs** beim Gläubiger nach § 300 Abs. 2 BGB. Ist eine Gattungsschuld zu erbringen, geht die Leistungsgefahr zum Zeitpunkt des Verzugbeginns auf den Gläubiger über. Er ist dann für den Erhalt der Sache verantwortlich und trägt das Risiko des Untergangs.

Eine weitere Einschränkung gilt für die Fälle der **beschränkten Gattungsschuld**. Auch hier haben die Parteien eine Gattungsschuld vereinbart, beschränken aber die Lieferung auf den Vorrat beim Schuldner (Vorratsschuld[177]). Das heißt, hier wird der Schuldner bereits von seiner Leistungspflicht frei, wenn sein gesamter Vorrat an der gewünschten Ware untergeht. Eine Beschaffungsverpflichtung besteht dann nicht.

---

174 Bsp. Das Handy Samsung Z-630, das in der Auslage liegt, der BMW mit dem der Kunde gestern Probegefahren ist, etc.

175 Siehe ab S. 118 ff.

176 Vgl. Palandt/*Heinrichs*, § 243 Rn 3.

177 Oder auch beschränkte Gattungsschuld genannt.

Ergibt die Vertragsauslegung, dass X als Brauerei nur 100 Kisten *eigenes* Bier schuldet, wird sie bereits von ihrer Leistungspflicht frei, wenn X kein Bier mehr besitzt.

Die **Beschaffungsverpflichtung** stellt für den Schuldner ein großes Risiko dar. Insbesondere, wenn er den Untergang der Sache nicht zu vertreten hat, muss er im Zweifel neue Ware besorgen, um seine Leistungspflicht erfüllen zu können, obwohl er im Zweifel nur einmal dafür die Gegenleistung erhält. Diese strenge Haftung des Schuldners basiert auf dem Gedanken, dass derjenige, der sich zur Leistung einer Gattungsschuld verpflichtet, uneingeschränkt für seine Leistungsfähigkeit garantieren muss. Diese unbegrenzte und unbeschränkte Beschaffungspflicht ist aber nur solange gerechtfertigt, wie der Schuldner noch nicht vollständig seiner Leistungspflicht nachgekommen ist. Hat der Schuldner dagegen bereits alles "seinerseits Erforderliche" getan, um seiner Leistungsverpflichtung zu genügen, wäre eine unbeschränkte Haftung unbillig. Deshalb sieht das Gesetz in § 243 Abs. 2 BGB eine Leistungsbegrenzungsmöglichkeit vor, die Konkretisierung genannt wird.

c) Konkretisierung

Nach § 243 Abs. 2 BGB kann der Schuldner seine Gattungsschuld auf ein bestimmtes Exemplar konkretisieren. Damit wandelt sich seine ursprüngliche Gattungsschuld in eine Stückschuld, was den angenehmen Effekt mitsich bringt, dass er von seiner Leistungspflicht über § 275 BGB frei wird, wenn nur die eine ausgewählte Sache untergeht. Voraussetzung für die Konkretisierung ist allerdings, dass der Schuldner das zur Leistung der Sache "seinerseits Erforderliche" getan hat. Vereinfacht dargestellt bedeutet dies, dass die Erfüllungshandlung bereits so weit fortgeschritten sein muss, dass der Gläubiger allein mit seiner Annahme die Vertragserfüllung bewirken kann. In diesem Fall soll der Schuldner dann nur noch wie bei der Stückschuld haften, weil es keinen Unterschied macht, ob ein ausgewähltes Einzelstück untergeht (und damit die Leistung als solche unmöglich wird) oder ein ausgewähltes, nunmehr konkretisiertes Gattungsstück.

Hat X mit Y vereinbart, dass die 100 Kisten Bier am 10.01.2008 bereitstehen sollen und hat X die 100 Kisten ausgewählt und am 10.01.2008 bereitgestellt, wird er von der Lieferverpflichtung frei, wenn sie in der Nacht gestohlen werden.[178]

Hier ist mit der Auswahl und der Bereitstellung die Konkretisierung eingetreten, da X alles "seinerseits Erforderliche" getan hat, um seiner Leistungsverpflichtung zu genügen. Mit der Konkretisierung hat sich die ursprüngliche Gattungsschuld (Lieferung von 100 Kisten üblichen "Holsten-Pilsener") in eine

178 Soll die Ware versendet werden, tritt Konkretisierung bereits mit der Übergabe an die Transportperson ein, vgl. auch § 446 BGB für das Kaufrecht als vorrangige Sondernorm.

Stückschuld gewandelt. Gemäß § 243 Abs. 2 BGB beschränkt sich nun das Schuldverhältnis auf diese Sachen. Da die Leistung dieser 100 Kisten Bier für X unmöglich geworden ist, wird er von seiner Lieferverpflichtung über § 275 Abs. 1 BGB frei. Seinen Anspruch auf Gegenleistung behält er über § 326 Abs. 2 BGB, weil sich Y in Annahmeverzug (§§ 293, 300 BGB) befand und damit die Unmöglichkeit zu vertreten hat.

Was unter "seinerseits Erforderliche" im konkreten Fall zu verstehen ist, bemisst sich danach, wie der Schuldner seine Leistung zu erbringen hat. Denn Konkretisierung kann nur eintreten, wenn er seine Leistung dem Gläubiger

- zur richtigen Zeit (Leistungszeit)
- am richtigen Ort (Leistungsort)

anbietet.

aa) Leistungszeit

Die Leistungszeit wird durch den Vertrag bestimmt. Ist dort keine Regelung getroffen, greift die allgemeine Norm § 271 BGB. Danach ist die Leistung im Zweifel sofort zu erbringen bzw. nach § 271 Abs. 2 BGB ist der Schuldner berechtigt, vor Fristablauf die Leistung zu erbringen.[179]

Im o.g. Beispiel war der 10.01.2008 vertraglich vereinbarte Leistungszeit. X hätte im Zweifel auch schon am 09.01.2008 leisten können, aber Y hätte die Leistung nicht am 09.01.2008 fordern können.

bb) Leistungsort[180]

Terminologisch ist zwischen Erfolgsort und Leistungsort zu unterscheiden. Leistungsort umfasst den Ort, an dem der Schuldner seine fällige Leistung erbringen muss. Dagegen stellt der Erfolgsort darauf ab, wo der Erfolg der Leistung eintritt. Dies ist abhängig von der Art der Schuld. Es ist zwischen Hol-, Bring-, oder Schickschulden zu unterscheiden.

(1) Holschuld

Eine Holschuld ist der gesetzliche Regelfall. Der Gläubiger ist grundsätzlich verpflichtet, die Sache beim Schuldner abzuholen. Leistungsort und Erfolgsort ist dann der Wohnsitz des Schuldners.

---

179 Absatz 2 ist unanwendbar, wenn durch die Vor-Fristleistung die rechtlich geschützten Gläubigerinteressen beeinträchtigt werden (vgl. Palandt/*Heinrichs*, § 271 Rn 11).

180 Auch Erfüllungsort.

Wie im Bierbeispiel gezeigt, stellt X die Kisten dem Y auf seinem Brauereihof zur Verfügung. Y ist verpflichtet, die Kisten abzuholen. Daher ist Leistungsort (zur Verfügungstellen der Ware) und Erfolgsort (Übergabe und Übereignung) der Brauereihof.[181]

Umstritten ist, ob der Schuldner bei der Holschuld für die Konkretisierung eine angemessene Frist zur Abholung setzen muss oder nicht.

X und Y haben keinen Abholtermin vereinbart. X sondert die Bierkisten aus und verlangt Abholung noch am selben Tag. In der Nacht werden die Kisten zerstört. X verlangt dennoch Zahlung, da die Ware konkretisiert worden sei. Y wendet ein, dass er so kurzfristig keinen Transport zur Abholung organisieren konnte und verlangt Neulieferung.

Teilweise wird eine angemessene Fristsetzung verlangt[182], teilweise nicht[183]. Ein Fristablauf für die Konkretisierung bei der Holschuld ist aber nur zu fordern, wenn vertraglich ein Annahmezeitpunkt vereinbart wurde. Ansonsten ist der Zugang des Angebots zur Abnahme ein ausreichendes Konkretisierungskriterium.

Im Beispielsfall hilft Y sein Vorbringen nicht: Mit dem Zugang des Angebots zur Leistungsabnahme tritt Konkretisierung ein und die Leistungsschuld beschränkt sich auf die später untergegangenen Bierkisten. Y muss den Kaufpreis zahlen, schließlich hätte er auch einen Liefertermin vereinbaren können.

In vorgenannten Fällen wollen Teile der Literatur trotzdem keine Konkretisierung und damit kein Erlöschen der Leistungspflicht über § 275 BGB anerkennen. Der Gläubiger könne über § 439 Abs. 1 Alt. 2 BGB analog Neulieferung verlangen.[184] Dies deshalb, weil es einen Wertungswiderspruch darstelle, wenn der Käufer bei Untergang keinen Nachlieferungsanspruch habe, ihm aber ein solcher im Falle des mit einem unbehebbaren Mangel versehenen Gegenstand zustehe.

Zutreffend ist eine Erweiterung der Verkäuferpflichten über eine analoge Anwendung des § 439 BGB abzulehnen.[185] Der Nacherfüllungsanspruch als modifizierter Erfüllungsanspruch entsteht nur bei Übergabe einer mangelbehafteten Sache. Bei einer Nichtleistung wegen Unmöglichkeit fehlt es schon an einer Übergabe, so dass ein Nacherfüllungsanspruch noch gar nicht entstehen kann.

---

181 Ggf. i.V.m. § 269 Abs. 2 BGB.

182 *Bamberger/Roth/Grothe* § 243 Rn 16; Palandt/*Heinrichs* § 243, Rn 5.

183 MüKo/*Emmerich* § 243 Rn 31; Staudinger/*Schiemann* § 243, Rn 29 ff.

184 So *Balthasar/Bolten* ZGS 2004, 411 (414).

185 Achtung! § 300 Abs. 2 BGB ist dann nicht mehr anwendbar, weil durch das Angebot Konkretisierung eingetreten ist und keine Gattungsschuld mehr vorliegt. § 300 Abs.2 BGB greift nur in den Fällen, in denen ein Angebot durch den Schuldner entbehrlich ist (§ 296) oder nur wörtlich (§ 295) aber nicht in tatsächlicher Weise erfolgt.

(2) Bringschuld

Es kann auch eine Bringschuld vorliegen. Danach ist der Schuldner verpflichtet die Leistung zum Gläubiger zu bringen. Leistungs- und Erfolgsort sind dann am Wohnsitz des Gläubigers.

Hätten X und Y vereinbart, dass X die Ware anliefert, würde eine Bringschuld vorliegen. Die Übergabe und Übereignung würde bei Y stattfinden.

Die Konkretisierung tritt mit dem tatsächlichen Angebot beim Gläubiger ein. Lehnt er grundlos ab, gerät er in Annahmeverzug.

(3) Schickschuld

Letztlich kann auch die Möglichkeit einer Schickschuld gegeben sein. Hier muss der Schuldner die Sache einem Spediteur übergeben, der dann die Sache beim Gläubiger anliefert. Nur bei dieser Schuldart kommt es zu einem Auseinanderfallen von Leistungsort und Erfolgsort.

Hätten X und Y vereinbart, dass X die Ware dem F übergibt und dieser die Bierkisten bei Y anliefert, wäre der Leistungsort für X dessen Wohnsitz (hier erfüllt er seine Leistungsverpflichtung aus dem Vertrag), der Erfolgsort aber bei Y (hier erfolgt die Übergabe und Übereignung der Ware).

Konkretisierung tritt hier bei der Übergabe an die Transportperson ein.

Grundsätzlich bestimmt sich der Leistungsort durch den zugrundeliegenden Vertrag. Nur wenn dort keine bestimmte Regelung getroffen wird, greift die allgemeine Norm des § 269 Abs. 1 BGB.

	Leistungsort	Erfolgsort	Schuldnerpflicht	Gläubigerpflicht
Holschuld	Schuldner	Schuldner	Bereitsstellung	Abholung
Bringschuld	Gläubiger	Gläubiger	Anlieferung	Annahme
Schickschuld	Schuldner	Gläubiger	Versendung	Annahme

cc) Ergebnis

Zusammenfassend gilt folgendes: Hat der Schuldner das "seinerseits Erforderliche" getan, tritt über § 243 Abs. 2 BGB Konkretisierung ein. Dabei wandelt sich die ursprüngliche Gattungsschuld in eine Stückschuld. Für diese gelten dann die Unmöglichkeitsregeln der §§ 275, 326 BGB.[186]

Tritt keine Konkretisierung ein und kann nur der Schuldner seine Leistungsverpflichtung nicht erfüllen (Unvermögen), muss er sich die Leistung im Zweifel am Markt

186 Siehe oben ab S. 139 ff., 152.

beschaffen. Nur wenn die gesamte Gattung untergegangen ist und damit objektive Unmöglichkeit vorliegt, gelten die Regeln der §§ 275, 326 BGB.

Umstritten ist letztlich noch, ob eine einmal erfolgte Konkretisierung rückgängig gemacht werden kann und der Schuldner somit wieder aus der Gattung schuldet.

Die Rechtsprechung und Teile der Literatur lehnen dies ab.[187] Die Gegenansicht sieht in § 243 BGB eine Schuldnerschutznorm, über die der Schuldner frei disponieren könne. Beide Ansichten kommen in der Regel zu gleichen Ergebnissen, weil in beiden Ansichten Einschränkungen vorzunehmen sind. Hat der Gläubiger ein berechtigtes Interesse an der ausgesonderten Ware, soll eine Rückgängigmachung der Konkretisierung nicht möglich sein. Andererseits muss eine solche erfolgreich sein, wenn ein Berufen des Gläubigers auf die Konkretisierung gegen Treu und Glauben i.S.v. § 242 BGB verstößt. Letztlich verbleiben nur noch die Fälle, in denen es dem Gläubiger nicht auf die ausgesonderte Ware ankommt, so dass man sich in der Fallprüfung generell entweder für eine Entkonkretisierungsmöglichkeit oder dagegen entscheiden muss.

Abbildung 12: Die Unmöglichkeit bei der Gattungsschuld

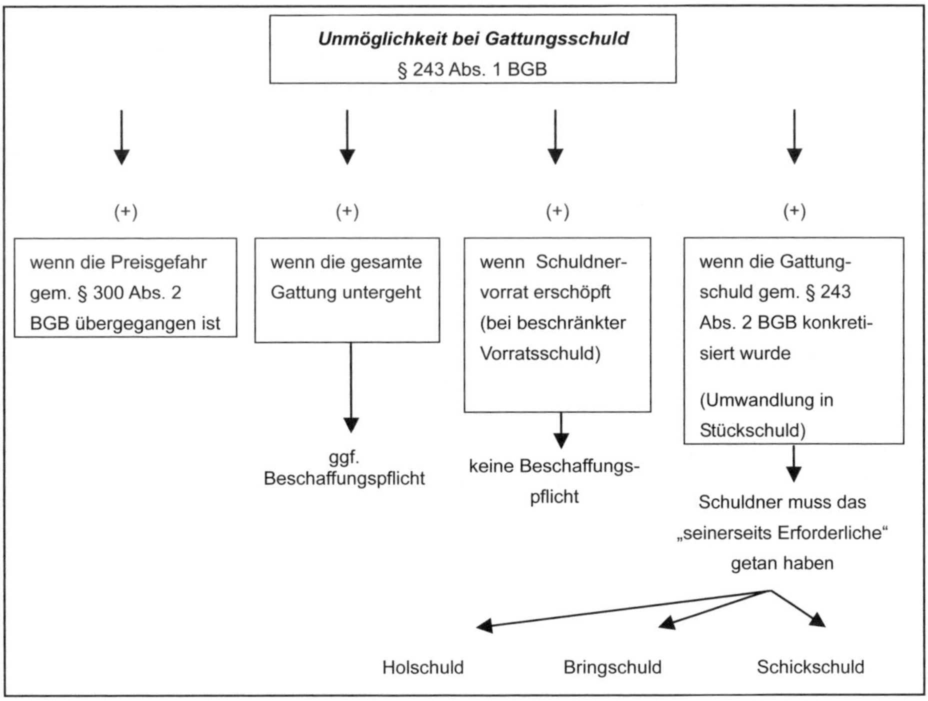

187 Vgl. MüKo/*Emmerich* § 243 Rn 33 ff.

3. Die Sekundärleistungspflicht bei Unmöglichkeit

Wie bereits erläutert, wird die Unmöglichkeit nicht nur bei der Hauptleistungspflicht, sondern auch bei der Sekundärleistungspflicht relevant.

> *Merke: Wir befinden uns jetzt in der Analyse einer neuen Anspruchsgrundlage. Die Frage, ob die Parteien aus dem Vertrag noch zur Leistung verpflichtet sind, ist bereits unter 1. geklärt worden.*

Es stellt sich die Frage, ob dem Gläubiger noch etwaige Ersatzansprüche zustehen, da der Schuldner nicht zu leisten braucht, obwohl er die Unmöglichkeit verursacht hat. Ist der Gläubiger für die Unmöglichkeit der Leistung verantwortlich, behält der Schuldner seinen Anspruch auf die Gegenleistung, § 326 Abs. 2 BGB[188].

K ist erbost. Es hat sich herausgestellt, dass G das Feuer vorsätzlich gelegt hat, um die Versicherungssumme zu erhalten. Die Gerüchte erweisen sich als wahr. Da G den "Harlekin" nicht mehr leisten kann und auch keine entsprechende Verpflichtung mehr hat, soll alles umsonst gewesen sein? K ist vergeblich zur Übergabe des Bildes zu G nach Paris gereist.

Erhält er Ersatz für seine Kosten?

Gemäß § 275 Abs. 4 BGB bestimmen sich die Rechte des Gläubigers nach den §§ 280, 283-285, 311a und 326 BGB. Daher kann zwischen Schadensersatz- und Aufwendungsersatzansprüchen sowie Rücktritt unterschieden werden.

a) Schadensersatzansprüche

Es kommen §§ 311a, 280 i.V.m. 283, 285 BGB in Betracht.

aa) Anspruch aus § 311a Abs. 2 Alt. 1 BGB

Die Vorschrift regelt den Fall der anfänglichen Unmöglichkeit. Voraussetzung ist somit, dass die Hauptleistungspflicht von Anfang an nicht erbracht werden kann, das Leistungshindernis bei Vertragsschluss schon vorlag. Nach der Terminologie des Gesetzes sind auch Verträge, die auf eine unmögliche Leistung gerichtet sind, wirksam.[189] Bei Nichtleistung tritt allerdings eine Schadensersatzpflicht ein, wenn der Schuldner das Leistungshindernis kannte bzw. seine Unkenntnis zu vertreten hat.

P verkauft dem K heute sein angeblich unfallfreies Auto, welches er selbst gestern zu Schrott gefahren hat. Seine Verpflichtung aus dem Kaufvertrag (Übergabe und Übereignung des unfallfreien Fahrzeugs[190]) kann P nicht erfüllen. Da der Unfall

---

188 Wie bereits erläutert, siehe ab S. 139 ff.

189 Vgl. auch § 311a Abs. 1 BGB.

190 § 433 Abs. 1 S. 1 BGB.

(gestern), der zur Unmöglichkeit führt, auch vor Kaufvertragsabschluss (heute) liegt, ist anfängliche Unmöglichkeit gegeben. Weil P den Wagen auch selbst gefahren hat, wusste er auch um das Leistungshindernis. K kann daher Schadensersatz statt der Leistung nach § 311a Abs. 2 BGB von P verlangen.

Das Gesetz sieht die haftungsbegründende Pflichtverletzung in der Nichteinhaltung eines wirksamen Leistungversprechens.[191]

Streit herrscht bei der Frage, welche Norm im Mietrecht Anwendung findet, wenn der Mangel vor der Gebrauchsüberlassung schon gegeben ist. Teilweise wird vertreten, § 536a BGB als lex specialis[192] zur Geltung kommen lassen.[193] Dies deshalb, weil nicht einzusehen sei, warum dem Vermieter, der eine von Anfang an mit Mängeln behaftete Mietsache vermieten will, die Entlastungsmöglichkeit (Unkenntnis von der Unmöglichkeit) des § 311a Abs. 2 BGB zukommen solle. Daher müsse er auch schon vor der Gebrauchsüberlassung über eine Garantiehaftung nach § 536a BGB verantwortlich sein.

Die h.M. lehnt dies zu Recht ab.[194] Der Wortlaut der Vorschrift des § 536a BGB ist eindeutig. Danach muss der Mangel "zur Zeit der Überlassung" an den Mieter vorliegen. Soweit es noch nicht dazu gekommen ist, kann das Sachmängelgewährleistungsrecht noch nicht eingreifen. Für eine analoge Anwendung fehlt es zudem an einer Regelungslücke, weil der Gesetzgeber mit § 311a Abs. 2 BGB eine ausreichende Regelung getroffen hat.

Umstritten ist auch noch, ob der Schuldner in den Fällen, in denen er keine Kenntnis von der Unmöglichkeit hat und diese Unkenntnis auch nicht zu vertreten hat, gem. § 122 analog BGB haftet.

Im o.g. Beispiel verkauft P dem K heute früh sein unfallfreies Fahrzeug. Dabei geht P von der Unfallfreiheit aus, weil er das Fahrzeug noch gestern Abend ordentlich vor seiner Haustür geparkt hat. Tatsächlich hat nachts ein Unbekannter sein Fahrzeug gerammt und einen erheblichen Schaden verursacht, was dem P bei Vertragsschluss (heute) noch nicht bekannt war.

Hier liegt zwar anfängliche Unmöglichkeit vor. Aber P hat diese nicht zu vertreten. Damit kann er sich davon entlasten, wissentlich ein wirksames Schuldversprechen gebrochen zu haben. Somit kommt eine Ersatzpflicht des P über § 311a Abs. 2 BGB nicht in Betracht.

---

191 Palandt/*Grüneberg*, § 311a, Rn 6.

192 Lat.: vorrangige, weil speziellere Rechtsnorm

193 Vgl. MüKo/ *Ernst* § 280, Rn 82; siehe dazu auch *Joussen* ZMR 2004, 553.

194 Vgl. BGHZ 136, 102 zur füheren Rechtslage, aber auch *Bamberger/Roth/Ehlert* § 536 Rn 6; Palandt/*Weidenkaff* § 536 Rn 9.

Im Anwendungsbereich von § 311a Abs. 2 BGB geht es meist darum, dass der Schuldner einem Irrtum unterlegen ist. Deshalb will eine Ansicht in diesen Fällen § 122 analog BGB zur Anwendung führen, auch wenn das Anfechtungsrecht zur Geltung kommt.[195] Die überwiegende Auffassung lehnt dies ab. Es ist widersprüchlich, dem Schuldner zum einen den Schutz der §§ 119 ff. BGB zu verweigern, ihn aber zum anderen mit den Pflichten des § 122 BGB zu belasten.[196]

Letztlich soll eine Haftung nach § 311a Abs. 2 BGB nur eintreten, wenn der Schuldner die Unmöglichkeit zu vertreten hat. Dieses Verschuldensprinzip über § 122 analog BGB auszuhebeln entspricht folglich nicht der Intention des Gesetzgebers.

bb) Schadensersatz statt der Leistung § 280 Abs. 1 i.V.m. 283 S. 1 BGB

Die Vorschriften der §§ 280 ff. BGB gelten grundsätzlich für alle vertraglichen und gesetzlichen Schuldverhältnisse. Diverse Sonderregeln schließen aber deren Anwendbarkeit bei gesetzlichen Schuldverhältnissen aus.[197] Auf dingliche Ansprüche finden §§ 280 ff. BGB keine Anwendung, weil für Leistungsstörungen im Eigentümer-Besitzer-Verhältnis Sonderregeln gelten.[198]

Die Schadensersatzpflicht resultiert aus einer Pflichtverletzung aus dem Schuldverhältnis, die der Ersatzpflichtige zu vertreten hat.

Zu beachten ist, dass § 283 BGB nur in Fällen nachträglicher Unmöglichkeit Anwendung findet.[199] § 283 BGB setzt voraus, dass der Schuldner wegen § 275 BGB von seiner Leistungspflicht freigeworden ist. Die Unmöglichkeit der Leistungserbringung stellt dabei nach h.M. eine Unterart der Pflichtverletzung dar.[200]

> **K und G haben einen Kaufvertrag geschlossen (vertragliches Schuldverhältnis). Der Brand bei G hat die Übergabe und die Übereignung des Bildes "Paul als Harlekin" unmöglich gemacht. Diese Unmöglichkeit bewirkt, dass das Schuldverhältnis nicht erfüllt werden kann. Somit liegt eine Pflichtverletzung aus dem Schuldverhältnis vor.**

Wird der Schuldner über § 275 BGB von seiner Leistungspflicht frei, kann der Gläubiger nach § 283 BGB Schadensersatz statt der Leistung verlangen. Einer Fristsetzung bedarf es nach dem Wortlaut des § 283 Satz 2 BGB nicht. Der praktische Anwendungsbereich für § 283 BGB ist gering, weil sich die gleiche Rechtsfolge über § 281 BGB herstellen lässt und der Gläubiger meist nicht weiß, warum der Schuldner nicht leistet und somit per se eine Nacherfüllungsfrist setzt. Zudem ist § 281 BGB auch bei Vorliegen der Unmöglichkeit anwendbar.

---

195 Canaris JZ 2001, 499 (507).

196 Palandt/*Grüneberg*, § 311a, Rn 15.

197 Z.B. §§ 818 Abs. 2, 819 IV BGB im Bereicherungsrecht; § 251 bei Unmöglichkeit im Deliktsrecht.

198 §§ 989, 990, 1004 BGB.

199 Schadensersatz in Fällen anfänglicher Unmöglichkeit gewährt § 311a Abs. 2 BGB.

200 Vgl. Staudinger/*Otto*, § 283 Rn 13; Jauernig/*Stadler*, § 283 Rn 5 ff.; MüKo/*Ernst*, § 283 Rn 11.

Diese Pflichtverletzung muss der Schuldner zu vertreten haben. Das Vertretenmüssen steht in der Terminologie des Gesetzes für Verschulden. Zu beachten ist, dass § 280 Abs. 1 S. 2 BGB eine Verschuldensvermutung aufstellt. Der Ersatzpflichtige wird also stets so behandelt, als habe er die Pflichtverletzung zu vertreten. Will er die Ersatzpflicht abwenden, muss er also darlegen und gegebenenfalls beweisen, dass er nicht schuldhaft handelte. Der maßgebliche Verschuldensmaßstab ist in §§ 276 ff. BGB geregelt. Danach ist grundsätzlich für Vorsatz und Fahrlässigkeit einzustehen.

Soweit G hier absichtlich das Feuer gelegt hat, ist vorsätzliches Handeln gegeben. Damit hat er die Pflichtverletzung (Unmöglichkeit) gem. § 276 Abs. 1 BGB zu vertreten.

Rechtsfolge des § 283 BGB ist Schadensersatz statt der Leistung. § 283 BGB setzt einen ersatzfähigen Schaden beim Gläubiger voraus.[201] Der Gläubiger ist so zu stellen, wie er stehen würde, wenn der Vertrag ordnungsgemäß erfüllt worden wäre. Die Differenz zwischen den Vermögensverhältnissen bei erfolgreicher Erfüllung des Vertrages und bei Nichterfüllung, stellt dabei den ersatzfähigen Schaden dar.[202]

Hier hat K geltend gemacht, dass er die Kosten für den Flug ersetzt haben möchte.

Inwieweit Aufwendungen als Schäden aufgefasst werden können, wird unterschiedlich beurteilt. Einerseits sollen diese dann als Schaden ersatzfähig sein, wenn sie bei ordnungsgemäßer Erfüllung rentabel gewesen wären (Rentabilitätsvermutung)[203]. Dies deshalb, weil der Schaden in der fehlenden Kompensationsmöglichkeit besteht. Ersatzfähig sind daher nur Aufwendungen zu wirtschaftlichen Zwecken.

Andererseits regelt § 284 BGB ausdrücklich die Ersatzfähigkeit vergeblicher Aufwendungen.

Je nachdem, welcher Ansicht man folgt, kommt hier eine Ersatzpflicht des G aus § 283 BGB in Betracht oder scheidet entsprechend aus.

Modifizierter Beispielsfall: Hätte K Picasso's "Harlekin" lediglich als als Kunstdruck für 100 EUR von G erwerben wollen und müsste er nun wegen des verbrannten Kunstdrucks dafür einen erhöhten Kaufpreis von 200 EUR für die Neubeschaffung bezahlen müssen, könnte er die Differenz über § 283 BGB von G verlangen. Danach müsste K so gestellt werden, wie wenn der Vertrag ordnungsgemäß erfüllt worden wäre. D.h. K hätte einen Kunstdruck für 100 EUR erhalten. Nun hat er den Kunstdruck für 200 EUR erhalten. Sein Schadensersatz statt der Leistung würde folglich 100 EUR betragen.

---

201 Zur Schadensberechnung siehe ab S. 191 ff.

202 Zu den Schadensberechungsmethoden siehe auch ab S. 192 ff., 199.

203 MüKo/*Ernst* § 284 Rn 35; Jauernig/*Stadler* § 284 Rn 2; Staudinger/*Otto* § 284 Rn 12.

Für die Fälle teilweiser Unmöglichkeit ergeben sich keine Besonderheiten. Es ist gem. § 283 S. 2 i.V.m. 281 Abs. 1 S. 2, 3 BGB zu beachten, dass der Gläubiger kein Interesse an der Teilleistung hat und die Unmöglichkeit auch nicht nur einen unerheblichen Teil der Leistung betrifft.

b) Aufwendungsersatzansprüche

Grundsätlich erfasst § 284 BGB alle Aufwendungen. Dies sind freiwillige Vermögensopfer, die der Gläubiger im Vertrauen auf den Erhalt der Leistung billigerweise machen durfte. Nicht ersatzfähig sind lediglich solche Aufwendungen, deren Wirkung auch bei ordnungsgemäßer Erfüllung verfehlt worden wären, vgl. § 284 letzter Halbsatz BGB.

Als Rechtsfolge ordnet § 284 BGB den Ersatz der Aufwendungen anstelle des Schadensersatzes an. Folglich hat der Gläubiger zu wählen, ob er Schadensersatz oder Aufwendungsersatz geltend machen will.

> **K kann insoweit von G Aufwendungsersatz nach § 284 BGB für die nutzlosen Aufwendungen verlangen. Die Kosten für den Flug nach Paris sind ersatzfähig.**

Auch § 311a Abs. 2 BGB sieht für die Fälle der anfänglichen Unmöglichkeit einen Aufwendungsersatz im Umfange des § 284 BGB vor.

aa) Surrogate

Muss der Schuldner wegen § 275 BGB nicht leisten, erhält er aber durch die Unmöglichkeit einen Ersatzgegenstand, kann der Gläubiger diesen gemäß § 285 BGB herausverlangen oder Abtretung des Ersatzanspruchs verlangen.[204] Daneben reduziert sich über Abs. 2 BGB der Schadensersatz um den Wert des Ersatzgegenstandes. Der Ersatzgegenstand muss an die Stelle der Leistung treten, folglich mit dem geschuldeten Gegenstand identisch sein.[205]

> **Hat also K im Beispielsfall des verbrannten Picasso ein Interesse an der Asche des Bildes, weil er diese unter dem Titel "Zerfallene Träume" ausstellen und als besonderes Kunstwerk verwenden möchte, kann er von G -falls möglich- die Herausgabe der Asche verlangen. Soweit das Feuer von G verursacht wurde, hat er ferner ggf. einen Schadensersatzanspruch abzüglich der Asche, § 285 Abs. 2 BGB.**

---

[204] Ist das Surrogat ausnahmsweise wertvoller als die Leistung, kann der Schuldner in den Fällen des § 275 Abs. 2, 3 BGB disponieren, ob er die Einrede erhebt, nicht leistet und das Surrogat herausgibt oder ob er doch leistet und das Surrogat behält.

[205] Teilidentität reicht nicht aus. Vgl. BGHZ 46, 206 (266).

Verlangt K die Asche heraus, bleibt er gem. § 326 Abs. 3 BGB zur Gegenleistung (Kaufpreiszahlung) verpflichtet. Diese reduziert sich allerdings auf den Wert des Ersatzgegenstandes (Asche).

Bei dinglichen Ansprüchen ist zu beachten, dass im Falle des Unmöglichwerdens der Herausgabe nach § 985 BGB die Vorschrift des § 285 BGB nicht gilt.[206]

bb) § 326 Abs. 4 BGB

Hat der Gläubiger schon geleistet, kann er seine Leistung vom Schuldner zurückverlangen, wenn dieser nach § 275 BGB seinerseits befreit ist.

c) Rücktritt nach § 326 Abs. 5 BGB

Dem Gläubiger steht über § 326 Abs. 5 BGB auch ein Rücktrittsrecht in den Fällen zu, in denen der Schuldner nach § 275 BGB nicht zu leisten braucht. Besondere Bedeutung hat dieses Rücktrittsrecht bei Teilunmöglichkeit oder Unmöglichkeit der Nacherfüllung. Da der Gegenleistungsanspruch dann auch nur in Höhe der unmöglichen Leistung untergeht, ist der Schuldner berechtigt, den Rest der Leistung zu erbringen und dafür auch die Gegenleistung zu erhalten. Dagegen kann der Gläubiger mit dem Rücktritt vorgehen. Überwiegend wird der Gläubiger auch nicht wissen, warum der Schuldner nicht leistet, so dass nach Ablauf einer (an sich über § 326 Abs. 5 HS 2 BGB überflüssigen) Fristsetzung der Rücktritt auch dann wirksam ist, wenn sich später herausstellt, dass die Leistung noch möglich war.

---

206 Hier ist dann §§ 987 ff. bzw. 816 Abs. 1 BGB anzuwenden.

Abbildung 13: Zusammenfassende Übersicht zur Unmöglichkeit

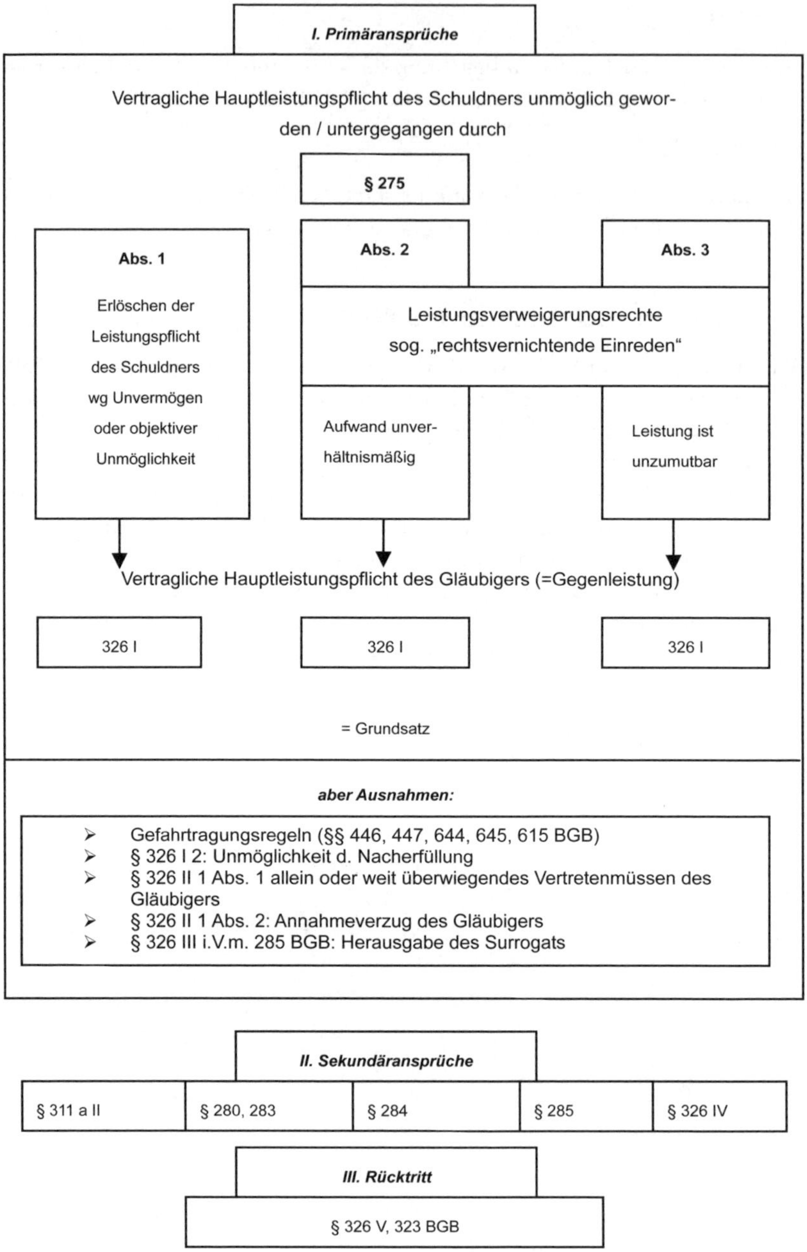

II. Der Verzug des Schuldners

Beim Schuldnerverzug (§§ 280 Abs. 1, 2 i.V.m. 286 BGB) besteht eine vom Schuldner zu vertretende Verzögerung der fälligen und regelmäßig bereits angemahnten Leistung.[207] Der Verzug unterscheidet sich inhaltlich von der Unmöglichkeit durch die Nachholbarkeit der Leistung – diese ist nur "verspätet". Der Leistungserfolg kann ohne weiteres noch erbracht werden.

Um beim o.g. Beispiel von Picasso's "Paul als Harlekin" zu bleiben: Wenn das Bild nicht verbrennt, sondern aufgrund eines Logistikfehlers von G erst 2 Wochen später als geplant in Paris eintrifft und deshalb von G nicht rechtzeitig an K übereignet wird, sind die Unmöglichkeitsregeln nicht anwendbar.

Da die Leistungsverpflichtung des G (Übergabe und Übereignung des Bildes) nach wie vor erfüllbar ist (auch sinnvoll möglich![208]), liegt hier nur eine "Zuspätlieferung" des G, also Verzug vor.

Anders als bei der Unmöglichkeit bleibt beim Verzug die vertragliche Verpflichtung bestehen. Neben diese fortbestehende vertragliche Verpflichtung kann jedoch eine Schadensersatzpflicht treten, § 286 BGB.

Da K vergeblich nach Paris geflogen ist, kann sich G ihm gegenüber schadensersatzpflichtig gemacht haben.

Merke: Beim Verzug bleibt der Vertrag mit seinen ursprünglichen Erfüllungspflichten (zunächst) bestehen, der Schuldner muss zusätzlich Schadensersatz für den Verspätungsschaden[209] leisten.

Neben dem Schuldner kann auch der Gläubiger in Verzug geraten, sog. Annahmeverzug gem. §§ 293 ff. BGB. Dies bewirkt vor allem eine Haftungserleichterung für den Schuldner, § 300 BGB.[210]

1. Verzugsvoraussetzungen

Die einzelnen Verzugsvoraussetzungen ergeben sich aus dem Zusammenspiel der §§ 280 Abs. 1, 2 i.V.m. 286 BGB.

---

207 Siehe *Derleder/Hoolmanns* NJW 2004, 2787; *Haberzettl* NJW 2007, 1328 ff. mwN.

208 Siehe oben relative/absolute Fixgeschäfte, S. 224 ff.

209 Auch Verzögerungsschaden genannt.

210 Siehe dazu ab S. 168 ff.

Prüfungsschema zu § 286 BGB (Schuldnerverzug)

1. Schuldverhältnis
2. Möglichkeit der Leistung
3. Fälligkeit der Leistung
4. Durchsetzbarkeit der Leistung
5. Nicht- oder Zuspätleistung
6. Mahnung
7. Vertretenmüssen (§ 286 Abs. 4 BGB)

a) Möglichkeit der Leistung und Nicht- oder Zuspätleistung

Der Schuldner muss in der Lage sein, seine aus im Schuldverhältnis begründete Leistung zu erbringen. An dieser Stelle erfolgt die Abgrenzung zum Unmöglichkeitsrecht. Ferner darf der Schuldner nicht zur rechten Zeit in der richtigen Art und Weise geleistet haben.[211] Leistung im Sinne des § 286 BGB bedeutet die Leistungshandlung, nicht den Leistungserfolg.

Kein Verzug tritt ein, wenn G das Bild an K versenden soll und er unmittelbar nach einer Mahnung des K dieses sofort auf den Weg bringt. Auf die Ankunft des Bildes (Leistungserfolg) kommt es nicht an.

b) Fälligkeit der Leistung

Die Leistung muss zunächst fällig sein. Fälligkeit umfasst den Zeitpunkt, ab dem der Gläubiger berechtigt ist, die Leistung vom Schuldner einzufordern.[212] Wann eine geschuldete Leistung fällig wird, bestimmt sich nach der Vertragsvereinbarung. Haben die Parteien nichts vereinbart, gilt § 271 BGB, wonach der Gläubiger die Leistung sofort verlangen kann.

K und G haben am 01.01. vereinbart, dass G das Bild am 15.07. dem K in Paris übergibt. Damit wird die Leistungspflicht des G aus dem Kaufvertrag (Übergabe und Übereignung des Bildes) zwar am 01.01. mit Vertragsschluss begründet, sie wird aber erst am 15.07. fällig. Vorher braucht G nicht zu leisten. Auch K kann nicht Erfüllung vor diesem Tage fordern.

211 Sonst § 362 BGB–Erfüllung und Erlöschen des Schuldverhältnisses.
212 Vgl. Palandt/*Heinrichs*, § 271, Rn 1.

c) Einredefreiheit der Leistung

Die Leistung muss ferner einredefrei sein. Einredefrei bedeutet, dass der einmal entstandene Anspruch nicht untergegangen (keine Einwendungen) ist und dass ihm auch keine Einreden entgegenstehen, die dessen Durchsetzbarkeit verhindern. Denn der Gläubiger darf vom Schuldner keine Leistung erwarten, die dieser nicht leisten muss, da er selbst Inhaber etwaiger Leistungsverweigerungsrechte ist, was ggf. eine Prüfung erfordert.

Im Beispielsfall haben K und G am 01.01.1995 einen Kaufvertrag über das Bild geschlossen, wonach G das Bild am 15.07.1995 an K übergeben und übereignen sollte. Verlangt nun K im Jahre 2007 die Erfüllung dieser Kaufvertragsverpflichtung, so ist klar, dass die Leistungspflicht des G auf jeden Fall seit dem 15.07.1995 fällig ist.

Fraglich ist, ob der Anspruch noch durchsetzbar ist, da ihm möglicherweise die Einrede der Verjährung gegenübersteht.

Da Einreden im Prozess erst Berücksichtigung finden, wenn sie von der betreffenden Partei erhoben werden, stellt sich die Frage, ob dies auch für den Eintritt des Verzugs gilt:[213]

aa) Verjährung gem. § 214 Abs. 1 BGB

Nach dem Eintritt der Verjährung ist der Schuldner berechtigt, die Leistung zu verweigern. Das Verjährungsrecht kombiniert eine kurze subjektive mit einer längeren objektiven Frist.[214] Sie beginnt, wenn der Gläubiger alle anspruchsrelevanten Tatsachen und die Person des Schuldners kennt und endet absolut zum Schutze des Rechtsfriedens und der Rechtssicherheit mit Ablauf von 3-30 Jahren.[215]

Das objektive Bestehen dieser Einrede schließt bereits den Schuldnerverzug aus. Sie muss somit zunächst nicht erhoben werden.

Folglich ist der Anspruch des K gegen G nicht mehr durchsetzbar. Dem Anspruch steht die Einrede der Verjährung nach §§ 195, 214 BGB entgegen. K kann nicht erwarten, dass G nach 12 Jahren immer noch leistet, da die regelmäßige Verjährungszeit für den Übertragungsanspruch 3 Jahre beträgt.

Da allein das tatsächliche Bestehen der Einrede den Verzug ausschließt, braucht sich G auch nicht ausdrücklich auf die Einrede zu berufen.

---

213 Im Folgenden eine Auswahl an Einreden.
214 Vgl. Palandt/*Heinrichs*, Überblick v § 194, Rn 2.
215 Dies ist abhängig von dem jeweiligen Anspruch, siehe z.B. § 197 BGB.

bb) Einrede der Vorausklage § 771 BGB[216]

Da der Bürge dem Gläubiger nur subsidiär haftet, kann der Bürge verlangen, dass der Gläubiger zunächst versucht, beim Schuldner dessen Leistung einzutreiben. Nur wenn dieser Versuch keinen Erfolg hat, ist ein Rückgriff auf den Bürgen zulässig.[217]

Das objektive Bestehen dieser Einrede schließt bereits den Schuldnerverzug aus. Sie muss folglich zunächst nicht erhoben werden.

cc) Einrede der Bereicherung § 821 BGB

Wer ohne rechtlichen Grund eine Verbindlichkeit eingeht, kann nach dem Bereicherungsrecht[218] Befreiung von der Verbindlichkeit verlangen. Dieser Befreiungsanspruch verjährt allerdings nach den Regeln des Bereicherungsrechts.[219] Damit der Gläubiger die Verbindlichkeit nicht einfach nach Ablauf der Verjährung fordert, erweitert § 821 BGB das Leistungsverweigerungsrecht über den Verjährungszeitpunkt hinaus. Als Einrede ausgestaltet, obliegt es damit dem Schuldner, ob er davon Gebrauch machen will oder nicht.

Für die Beurteilung des Schuldnerverzugs reicht das objektive Bestehen der Einrede aus, um den Verzug zu verhindern. Die Einrede muss zunächst noch nicht erhoben werden.

dd) Arglisteinrede § 853 BGB

Ähnlich stellt sich die Situation bei § 853 BGB dar. Erlangt der durch eine unerlaubte Handlung Verletzte einen Schadensersatzanspruch, mit dem er die Aufhebung einer Leistung verlangen kann, würde nach Eintritt der Verjährung die unerlaubte Handlungspflicht wieder aufleben. Hier gewährt § 853 BGB Schutz über den Verjährungszeitpunkt hinaus.[220]

Für die Beurteilung des Schuldnerverzugs allerdings reicht das objektive Bestehen der Einrede aus, um den Verzug zu verhindern. Die Einrede muss zunächst noch nicht erhoben werden.

ee) aufschiebende Einreden im Erbrecht §§ 2014 ff. BGB

Nach den §§ 2014 ff. BGB soll dem Erben genügend Zeit gegeben werden, sich über den Umfang und Zustand des Nachlasses einen Überblick zu verschaffen. Während dieser Zeit muss er nach dem Willen des Gesetzgebers von Nachlassgläubigern ver-

---

216 Siehe zur Bürgschaft unten ab S. 366 ff.

217 In den Fällen des § 773 BGB, insbesondere bei der selbstschuldnerischen Bürgschaft, ist die Einrede der Vorausklage ausgeschlossen.

218 Siehe zum Bereicherungsrecht unten ab S. 381 ff.

219 Grds gem. §§ 195 ff. BGB.

220 In gegenseitigen Verträgen muss aber der Schuldner, der die Einrede erhebt, dann das seinerseits aus dem Vertrag Erlangte zurückgeben, weil er sonst selbst rechtsmissbräuchlich handeln würde, vgl. Palandt/*Sprau*, § 853 Rn 1.

schont bleiben. Soweit die Einreden nicht ausgeschlossen sind[221], gewähren sie dem Erben daher einen Pufferzeitraum.

Nach mittlerweile h.M. hat die Einrede aus § 2014 BGB aber nur prozessuale und vollstreckungsrechtliche Wirkung, nicht dagegen materiell-rechtliche Folgen.[222] Deshalb schließt auch das Erheben der Einrede den Verzug des Erben nicht aus.[223] Dahinter steht der Gedanke, dass der Erbe die Folgen der Unübersichtlichkeit des Nachlasses zu tragen hat und die daraus resultierende Nichterfüllung einer Verbindlichkeit nicht zulasten der Nachlassgläubiger führen darf.

Die Klausurrelevanz der eben angeführten Einreden ist begrenzt, abgesehen von der Verjährung und von § 771 BGB. Von größerer Bedeutung dagegen sind die folgenden Leistungsverweigerungsrechte:

ff) Einrede des nichterfüllten Vertrags § 320 BGB

In synallagmatischen Verträgen bedingen Leistungs- und Gegenleistungspflichten einander. Gemäß dem lateinischen Grundsatz "Do, ut des."[224] kann der Schuldner seine Leistung so lange verweigern, bis der Gläubiger seine Leistung anbietet.[225] Dieser Grundsatz ist über § 320 BGB in das deutsche Zivilrecht eingegangen.

Das heißt konkret, dass G die Übergabe und Übereignung des Bildes solange verweigern kann, bis K bereit ist, den Kaufpreis von 10 Mio EUR an G zu entrichten.[226]

Weil beide Handlungspflichten im Gegenseitigkeitsverhältnis stehen, schließt schon das objektive Vorliegen der Einrede des § 320 BGB die Durchsetzbarkeit des Anspruchs aus.[227] Ohne durchsetzbaren Anspruch kann aber auch kein Verzug entstehen. Das bedeutet aber nur, dass die Einrede zunächst nicht erhoben werden muss. In einem späteren Rechtstreit dagegen muss dies nachgeholt werden, um den Verzug des Schuldners ausschließen zu können. Geschieht dies nicht, wird er so behandelt, als sei er in Verzug geraten.[228]

---

221 Zu beachten ist auch § 2016 BGB.

222 Vgl. RGZ 79, 201; Palandt/*Edenhofer*, § 2014, Rn 3; *Bamberger/Roth/Lohmann* § 2014 Rn 8; MüKo/*Siegmann* § 2014 Rn 5.

223 A.A. Palandt/*Heinrichs*, § 286, Rn 12; BGHZ 48, 250; 104, 11.

224 Lat.: Ich gebe, damit du gibst.

225 Ausnahmen gelten dann, wenn eine Partei vorleistungspflichtig ist, z.B. § 614, 641, 699 BGB.

226 Liefert G ein mangelhaftes Bild, so kann der K eine Mängeleinrede erheben, die auch nach § 320 BGB behandelt wird, wenn es um behebbare Mängel geht; bei nicht behebbaren Mängeln siehe zum Nacherfüllungsanspruch § 439, wobei dann § 438 Abs. 4 Satz 2 BGB zu beachten ist. Gleiches gilt auch für das Werkvertragsrecht. Vgl. Palandt/*Sprau*, § 641 Rn 10; BT-Drs. 14/2752, S. 12.

227 Vgl. Palandt/*Heinrichs*, § 286, Rn 12.

228 Vgl. Müko/*Ernst*, § 286, Rn 27.

Prüfungsschema zu § 320 BGB

1. wirksamer, fälliger Anspruch aus gegenseitigem Vertrag (Abhängigkeitsverhältnis)
2. eigene Vertragstreue des Schuldners[229]
3. grundsätzlich Berufen auf die Einrede, außer in Fällen des Schuldnerverzugs

gg) Einrede des Zurückbehaltungsrechts § 273 BGB

Gemäß § 273 Abs. 1 BGB kann der Schuldner seine Leistung verweigern, wenn ihm ein Zurückbehaltungsrecht zusteht. Ein Zurückbehaltungsrecht kommt in Betracht, wenn der Schuldner einen fälligen Gegenanspruch gegen denselben Gläubiger[230] aus "demselben rechtlichen Verhältnis" hat. Ein solches liegt vor, wenn zwischen den Ansprüchen sog. Konnexität[231] besteht, d.h. beide Ansprüche aus einem einheitlichen Lebensverhältnis herrühren. Der Begriff ist nach ständiger Rechtsprechung weit zu verstehen. Ausreichend ist ein "innerer natürlicher und wirtschaftlicher Zusammenhang" dergestalt, dass es gegen Treu und Glauben verstoßen würde, wenn man den einen Anspruch ohne Rücksicht auf den anderen geltend machen oder gar durchsetzen könnte.[232]

K und G stehen in ständiger Geschäftsbeziehung. Wiederholt erwirbt K von G diverse Bilder. Als K von G die Übergabe und Übereignung des "Paul als Harlekin" von Picasso verlangt, weigert sich G, weil K das letzte Bild, welches er vor 3 Monaten von G gekauft und übereignet bekommen hat, noch nicht bezahlt hat. Da K nur die 10 Mio EUR für den Picasso zahlen kann und er das Bild nicht bekommt, fällt seine geplante Ausstellung aus. Den dadurch entstandenen Schaden will er ersetzt haben.

G könnte mit seiner Leistung in Verzug geraten sein. Der Anspruch des K auf Leistung ist fällig. Aber er ist hier nicht durchsetzbar, weil dem G ein eigener fälliger (Kauf vor 3 Monaten), gegenseitiger (gegen K) Anspruch aus demselben Rechtsverhältnis (ständige Geschäftsbeziehung) zusteht. Da K die "alten" Schulden noch nicht beglichen hat, kann G die Herausgabe gem. § 273 Abs. 1 BGB verweigern.

---

229 Nach bisheriger Rechtsprechung ungeschriebene Voraussetzung für ein Leistungsverweigerungsrecht; vgl. auch Palandt/*Grüneberg*, § 320, Rn 6.

230 Entspricht also der Gegenseitigkeit.

231 Anders beim kaufmännischen Zurückbehaltungsrecht (§ 369 ff. HGB): hier bedarf es keiner Konnexität. Außerdem begründet es ein direktes Befriedigungsrecht (§ 371 HGB) und ein Aussonderungsrecht in der Insolvenz (§ 51 Nr. 3 InsO)

232 BGHZ 47, 167; 64,125; 115, 103; vgl. auch Palandt/*Heinrichs*, § 273 Rn 9.

Hier wird deutlich, dass der Schuldner die Leistung verweigern *kann*. Da dies keinesfalls zwingend ist, muss die Einrede aus § 273 BGB auch vom Schuldner erhoben werden, um die Verzugsfolgen nicht auszulösen. Denn anders als bei § 320 BGB stehen die Gegenansprüche nicht per se in einem Abhängigkeitsverhältnis, können aber durch Erheben der Einrede in ein solches gebracht werden. Der Gläubiger kann zudem das Zurückbehaltungsrecht aushebeln, indem er dessen Ausübung durch Sicherheitsleistung abwendet.[233]

Auch wenn K der Ansicht ist, G kein Geld mehr aus dem Kauf vor 3 Monaten zu schulden, kann er durch Zahlung einer Sicherheitsleistung[234] das Zurückbehaltungsrecht des G verhindern und Herausgabe des "Harlekin" verlangen.

Prüfungsschema zu § 273 BGB

---

1. wirksamer, fälliger Anspruch des Schuldners
2. Gegenseitigkeit
3. Konnexität
4. kein vertraglicher Ausschluss des § 273 BGB
5. konkludentes oder ausdrückliches Berufen auf Einrede durch den Schuldner
6. keine Abwendung durch Sicherheitsleistung seitens des Gläubigers (273 Abs. 3 BGB)

---

d) Mahnung

Grundsätzlich kommt der Schuldner durch eine Mahnung in Verzug. Sie stellt die unmissverständliche Aufforderung des Gläubigers an den Schuldner dar, endlich seiner Leistungsverpflichtung nachzukommen. Das Wort "Mahnung" muss dabei nicht ausdrücklich verwendet werden. Die Mahnung ist erst wirksam, wenn sie nach Fälligkeit ausgesprochen wird.[235] Sie kann jedoch mit der Abrufhandlung zusammenfallen.[236] In diesen Fällen wird aber der Verzugseintritt erst nach einer angemessenen Lieferfrist eintreten[237], da der Schuldner vor der Abrufhandlung zwar zur Leistung berechtigt aber eben nicht verpflichtet ist (§ 271 BGB).

233 Aufpassen! § 273 stellt ein Sicherungsrecht aber kein Befriedigungsrecht des Schuldners dar.
234 Hinterlegbar bei der Hinterlegungsstelle des Amtsgerichts, vgl. 232 ff. BGB.
235 Vgl. BGH NJW 1980, 1955; 92, 1956; OLG Hamm NJW-RR 2006, 242.
236 Vgl. Palandt/*Heinrichs*, § 286, Rn 16, S. 387; Müko/*Ernst*, § 286 Rn 52; auch RGZ 50, 255 (261).
237 Und nicht direkt mit Zugang der Mahnung.

Ferner wird nur dann von einer wirksamen Mahnung auszugehen sein, wenn diese die Umstände der Verpflichtungen nicht wesentlich ändert. Der Gläubiger muss den Schuldner zur tatsächlich zu erbingenden Leistung auffordern. Mahnt er die Leistung zu anderen Bedingungen an als vereinbart, ist die Mahnung nicht wirksam.[238]

Haben K und G keine Leistungszeit vereinbart, kommt es maßgeblich darauf an, wann K die Leistung (Übergabe und Übereignung des Bildes) des G abruft. Leistet G dann nicht, gerät er durch eine Mahnung in Verzug. Die Mahnung kann auch mit dem Abruf zusammenfallen, dann ist G aber eine realistische Lieferzeit einzuräumen.

Fordert K, dass G das Bild nicht in Paris, sondern in Tokio übergeben soll, wird darin keine wirksame Mahnung liegen, wenn beide zuvor als Lieferort Paris bestimmt hatten.

Muss der Gläubiger an der Leistungserfüllung mitwirken, kann er nur mahnen, wenn er zugleich seine eigene Leistung anbietet.

Wenn also K zur Abholung des Bildes in Paris verpflichtet ist, kann die Mahnung nur wirksam sein, wenn er seinerseits angibt, zur Lieferzeit auch am geplanten Lieferort (hier Paris) zu sein.

Rechtstechnisch ist die Mahnung keine Willenserklärung, sondern eine rechtsgeschäftsähnliche Handlung.[239] Dies ergibt sich daraus, dass die Mahnung selbst keine Rechtsfolgen auslöst oder auf Rechtsfolgen gerichtet ist[240], sondern das Gesetz selbst die Mahnung nur als Voraussetzung für den Verzug normiert. Die Mahnung unterliegt keinem Formerfordernis und ist einseitig empfangsbedürftig.[241]

Das Gesetz stellt in § 286 Abs. 1 S. 2 BGB die Erhebung der Klage sowie die Zustellung eines Mahnbescheids im Mahnverfahren[242] einer Mahnung gleich. Aber nicht nur in diesen Fällen ist eine solche obsolet.

---

[238] Fälle der Mahnung auf eine Zuviellieferung sind unproblematisch, wenn der Schuldner durch Auslegung erkennen kann, was der Gläubiger eigentlich möchte. Vgl. Palandt/*Heinrichs*, § 286, Rn 20.

[239] Die Vorschriften der Willenserklärungen finden aber entsprechende Anwendung. Deshalb können auch Minderjährige ohne Zustimmung der gesetzlichen Vertreter eine Mahnung aussprechen, da die Mahnung als solche lediglich rechtlich vorteilhaft ist, § 107 BGB.

[240] Zur Erinnerung: Eine Willenserklärung ist die verbindliche auf Herbeiführung einer Rechtsfolge gerichtete Äußerung des menschlichen Willens.

[241] Vgl. Palandt/*Heinrichs*, § 286, Rn 16.

[242] §§ 688 ff. ZPO.

aa) § 286 Abs. 2 BGB

> *Einer Mahnung bedarf es ferner nicht,*
>
> *- wenn die Leistungszeit nach dem Kalender bestimmt ist, (§ 286 Abs. 2 Nr. 1 BGB)*
>
> *- wenn der Leistung ein Ereignis vorauszugehen hat, ab dessen Vorliegen man den Leistungszeitpunkt nach dem Kalender bestimmen kann (§ 286 Abs. 2 Nr. 2 BGB)* [243]
>
> *- wenn der Schuldner ernstlich und unmissverständlich angekündigt hat, die Leistung sowieso nicht erbringen zu werden (§ 286 Abs. 2 Nr. 3 BGB)*
>
> *- wenn besondere Gründe vorliegen, die den sofortigen Verzugseintritt rechtfertigen (§ 286 Abs. 2 Nr. 4 BGB).*

Diese Fallvarianten haben gemeinsam, dass der Leistungszeitpunkt entweder für den Schuldner jederzeit erkennbar ist oder aber für ihn keine Rolle spielt. Denn Verzug ist gerade die rechtswidrigerweise verzögerte Erbringung der Leistung. Daher muss der Schuldner zwingend wissen, wann er zu leisten hat. Um dies sicherzustellen (und um die Verzugsfolgen für den Schuldner gering zu halten), muss der Gläubiger zuvor grundsätzlich mahnen. Dies ist nur dann unnötig, wenn der Schuldner diese Mahnung nicht braucht, da seine Leistungszeit evident ist oder die Mahnung nur einen bloßen Formalismus darstellen würde.

§ 286 Abs. 2 Nr. 4 BGB manifestiert die Fälle, die früher über § 242 BGB gelöst wurden. Danach geht es im wesentlichen um die Konstellationen, in denen der Schuldner sich entweder selbst mahnt oder aber der Mahnung zu entziehen sucht oder in denen schon nach dem Vertragsinhalt klar ist, dass die Leistungserbringung keinen Aufschub duldet.[244] Auch hier ist eine besondere Mahnung seitens des Gläubigers nicht angebracht.

bb) § 286 Abs. 3 BGB

Dieser Tatbestand gelangte als Umsetzung der Zahlungsverzugrichtlinie des EURpäischen Parlaments und des Rates[245] ins BGB. Danach gilt in den Fällen von Entgeltforderungen[246] eine automatische Inverzugsetzung 30 Tage nach Fälligkeit und Zugang einer Rechnung oder gleichwertigen Zahlungsaufstellung.

Soweit an eine Rechnung keine gesetzlichen Anforderungen gestellt sind[247], bedeutet dies jede gegliederte Aufstellung über die Zahlungsverpflichtung aufgrund einer erbrachten oder zu erbringenden Leistung.[248] Da sie zum Zwecke der Überprüfbarkeit

---

243 Z.B. 3 Tage nach Rechnungszugang, 7 Tage nach Lieferung etc.

244 Z.B. Erdaushubarbeiten nach Kontamination des Bodens.

245 Richtlinie 2000/35/EG.

246 = Forderungen, die auf Zahlung eines Entgelts für die Lieferung von Gütern oder die Erbringungen von Dienstleistungen gerichtet sind.Vgl. *Schermaier* NJW 2004, 2501; Hbg ZGS 2004, 237; Karlsr ZGS 2005, 279; Palandt/*Heinrichs* § 286, Rn 27.

247 Wie z.B. in der VOB oder § 12 GOÄ oder § 10 RVG.

248 Vgl. Palandt/*Heinrichs*, § 286, Rn 29.

geeignet sein muss, ist eine entsprechende Form angezeigt.[249] Soweit der Schuldner Verbraucher[250] ist, muss er auf diese Folge in derselben gesondert hingewiesen werden, sonst wirkt der Automatismus nicht. Bei Zweifeln über den Erhalt der Rechnung kommt der Schuldner jedenfalls 30 Tage nach Erhalt der Leistung in Verzug.

Übergibt G dem K das Bild und legt eine Rechnung bei, muss K innerhalb von 30 Tagen zahlen (G hat eine Entgeltforderung gegen K), ohne direkt und ohne Mahnung in Verzug zu geraten.

Ist K nur ein privater Sammler, muss er auf den Verzug nach 30 Tagen in der Rechnung hingewiesen werden.

Ist nicht klar, ob K die Rechnung tatsächlich erhalten hat bzw. wann genau er sie erhalten hat (etwa weil G diese nicht beigelegt, sondern per Brieftaube geschickt hat) gilt, dass K innerhalb von 30 Tagen nach der Übergabe und Übereignung des Bildes zahlen muss.

Während die Mahnung vor Fälligkeit keine Wirkung entfaltet, kann die Rechnung schon vor Fälligkeit erteilt werden. Da sie aber ebenso wie die Mahnung wirkt, und zwar letztlich verzugbegründend, beginnt die 30 Tagesfrist erst mit Fälligkeit zu laufen. Sie berechnet sich nach §§ 187 ff. BGB.

e) Verschulden nach § 286 Abs. 4 BGB

Der Schuldner kommt nicht in Verzug, wenn er die Nichtleistung nicht zu vertreten hat. Gemäß § 276 BGB hat der Schuldner für Vorsatz und Fahrlässigkeit einzustehen. Für das Verschulden seiner Erfüllungsgehilfen haftet er nach § 278 BGB. Die Formulierung des § 286 Abs. 4 BGB entspricht derjenigen des § 280 Abs. 1 S. 2 BGB, so dass von einem Verschulden des Schuldners solange ausgegangen werden kann, bis er das Gegenteil beweist. Maßgeblicher Zeitpunkt ist dabei das Vorhandensein aller Verzugsvoraussetzungen.[251]

Letztlich können tatsächliche oder rechtliche unverschuldete Leistungshindernisse vorliegen und ein Verschulden des Schuldners ausschließen.

Ist G unverschuldet schwer erkrankt und kann deshalb die Übergabe des Bildes nicht vornehmen, liegt ein tatsächliches Leistungshindernis vor. Ebenso, wenn er die zu versendende Leistung nicht erbringen kann, weil ihm unverschuldet die Versandadresse fehlt.

---

249 Schriftform ist nicht zwingend erforderlich. A.A: *Coester-Waltjen* Jura 2000, 443 (445); Palandt/*Heinrichs*, § 286, Rn 29.

250 § 13 BGB.

251 Palandt/*Heinrichs*, § 286, Rn 39.

Unterliegt das Bild etwaigen Einfuhrbeschränkungen, von denen G nichts wissen konnte, liegt z.B. ein rechtliches Leistungshindernis vor.

Ein Verschulden des Schuldners kann auch dann ausgeschlossen sein, wenn er über seine Leistungspflicht rechtlich irrt. Hierbei ist aber nach ständiger Rechtsprechung ein besonders strenger Sorgfaltsmaßstab anzulegen. Der Schuldner muss folglich die Rechtslage genau prüfen, höchstrichterliche Rechtsprechung beachten und gegebenfalls auch rechtlichen Rat einholen. Selbst fehlerhafte Rechtsgutachten schließen dabei sein Verschulden nicht aus, wenn er sich z.B. das Verschulden der beauftragten Rechtsanwälte über § 278 BGB zurechnen lassen muss.[252] Entscheidet er sich bei zwei entgegengesetzten Rechtsansichten für die im Ergebnis unrichtige, trifft ihn ein Verschulden.

Daraus wird deutlich, dass letztlich hier nur Fallkonstellationen in Betracht kommen, in denen die Rechtslage trotz sorgfältiger rechtlicher Untersuchung durch den Schuldner im höchsten Maße unklar ist und dem Schuldner die sofortige Leistung deshalb nicht zuzumuten sein wird.[253]

Während des Verzugs hat der Schuldner eine stärkere Haftungsposition als zuvor. Gemäß § 287 BGB hat er für jede Fahrlässigkeit und jeden Untergang der Sache einzustehen.[254] Die Intention dahinter ist klar: Der Schuldner, der abredewidrig und schuldhaft nicht leistet, trägt als Sanktion die gesamte Gefahr für die Leistungspflicht und das Schuldverhältnis. Damit soll der Schuldner bewegt werden, den einmal eingetretenen Verzug möglichst schnell zu beenden, bzw. gar nicht erst herbeizuführen.

2. Rechtsfolgen

Gerät der Schuldner mit einer fälligen, möglichen und durchsetzbaren Leistung durch eine Mahnung des Gläubigers in Verzug, ist ihm gemäß §§ 280 Abs. 1, 2 i.V.m. 286 BGB der Verzögerungsschaden zu ersetzen.

a) Verzögerungsschaden

Dieser umfasst den Schaden, der beim Gläubiger aufgrund der verzögert erbrachten Leistung eintritt. Danach ist gem. §§ 249 ff. BGB der Gläubiger so zu stellen, als wäre der Vertrag ordnungsgemäß erfüllt worden. Zwischen dem Verzug und dem Schaden muss dabei ein Ursachenzusammenhang bestehen. Die entstandenen Nachteile sind zu ersetzen, die entstehenden Vorteile im Wege des Vorteilsausgleichs anzurechnen.[255]

---

[252] Vgl. mwN Palandt/*Heinrichs*, § 276, Rn 22; auch OLG Karlsruhe NJW 2005, 515.

[253] Vgl. Palandt/*Heinrichs*, § 276, Rn 23.

[254] Folgendes ist zu beachten: Dies gilt sinnvollerweise nur, solange der Schuldner nicht nachweist, dass der Schaden auch bei rechtzeitiger Leistung eingetreten wäre.

[255] Vgl. Palandt/*Heinrichs*, § 286, Rn 45.

In der Regel erfolgt der Verzögerungsschaden durch eine Geldleistung nach § 251 Abs. 1 BGB, da Naturalrestitution[256] grundsätzlich nicht in Betracht kommt.

G hat das Bild abredewidrig am 15.07. nicht an K übergeben und übereignet. Da die Leistungszeit durch Kalender bestimmt war (15.07.) kommt G automatisch ab dem 16.07. in Verzug (Mahnung entbehrlich, § 286 Abs. 2 Nr. 1 BGB), denn K hatte einen fälligen (15.07.), möglichen und durchsetzbaren (keine Einreden) Anspruch auf Übergabe und Übereignung (Kaufvertrag vom 01.01.). Liefert er am 20.08. endlich, muss er K den Schaden ersetzen, der im Zeitraum vom 16.07.–20.08. dem K wegen der Nichtlieferung entstanden ist.

Insgesamt zählen zu den ersatzfähigen Positionen im Wesentlichen die Mehraufwendungen des Gläubigers, Vertragsstrafen und entgangener Gewinn (soweit ein späterer gewinnbringender Weiterverkauf scheitert). Die Kosten der Rechtsverfolgung sind ebenso erstattungsfähig, wenn sie zweckentsprechend waren.[257] Zu beachten ist aber, dass die den Verzug begründende Erstmahnung hiervon nicht umfasst ist, weil sie gerade erst den Verzug herstellt und damit noch keinen bei Verzug entstandenen Schaden darstellt.[258]

Hat also K eine Veranstaltung zur Feier seiner neuen Errungenschaft am 20.07. angesetzt, und musste er diese absagen, kann er die Kosten als Verzögerungsschaden geltend machen.

Muss er erneut zur Übergabe nach Paris reisen, sind ihm diese Kosten zu ersetzen.

Gem. § 280 Abs. 1, 2 i.V.m. 286, 288 Abs. 4 BGB kommen auch entgangene Zinsgewinne als Verzögerungsschaden in Betracht. Dies können im Positiven entgangene Anlagezinsen, im Negativen aufgewandte Kreditzinsen sein. Für deren Geltendmachung ist jedoch eine konkrete Darlegung und gegebenenfalls Beweisführung notwendig, dass im entsprechenden Leistungsfalle die Leistung auch zur Anlage bzw. zur Tilgung genutzt worden wäre.

b) Verzugszinsen

Gemäß § 288 ist eine Geldschuld während des Verzugs zu verzinsen. Unter Verbrauchern betragen die Verzugszinsen in diesen Fällen (nach § 288 Abs. 1 S. 2) 5 %-Punkte über dem Basiszinssatz[259] der Europäischen Zentralbank (EZB)[260]. Bei Rechtsgeschäften

---

256 Vgl. unten S. 195 ff.
257 Vgl. Palandt/*Heinrichs*, § 286, Rn 47.
258 Vgl. BGH NJW 1985, 324; BayObLG NJW-RR 1993, 280; auch Palandt/*Heinrichs*, § 286 Rn 48.
259 Vgl. § 247 BGB. Der Basiszinssatz ändert sich zweimal im Jahr, je zum 1.7. und zum 1.1.
260 Mit Sitz in Frankfurt am Main.

unter Unternehmern sind 8%-Punkte der Regelsatz für einen unwiderlegbar vermuteten Mindestschaden.[261]

Daneben besteht die Möglichkeit, einen höheren Verzugschaden geltend zu machen, siehe § 288 Abs. 3 BGB, der aber nachgewiesen werden muss.

Zu beachten ist ferner das Zinseszinsverbot gem. § 289 BGB, wonach auf Zinsen keine Verzugszinsen erhoben werden, ein etwaiger Schaden aber vom Verzögerungsschaden mit umfasst wird.

Zu den Verzugszinsen zählen auch die Prozesszinsen nach § 291 BGB. Danach ist ab Rechtshängigkeit eine Geldschuld entsprechend §§ 288, 289 BGB zu verzinsen, unabhängig davon, ob sich der Schuldner in Verzug befindet oder nicht. Der Zinsbeginn richtet sich nach der Rechtsprechung gem. § 187 Abs. 1 BGB analog.[262]

Erhält K das Bild von G ohne zu zahlen, kommt er spätestens 30 Tage nach Erhalt des Bildes (gem. § 286 Abs. 3 BGB) in Verzug. Sodann muss er Verzugzinsen in Höhe von 5 %-Punkten über dem Basiszinssatz (derzeit 3,19 %[263]), also insgesamt 8,19 % pro Jahr an G entrichten. Wenn er z.B. 1 Jahr säumig ist und erst am 16.7.2008 zahlt, schuldet er G insgesamt 10.819.000 EUR.

Führen die Parteien über den Kaufpreiszahlungsanspruch des G einen langwierigen Rechtsstreit, wird durch § 291 BGB deutlich, welches Risiko K allein durch die Zinslast eingeht.[264]

c) Verjährung

Der Anspruch auf Verzugschaden verjährt gem. § 217 BGB mit dem Erfüllungsanspruch.

d) Verzugsende

Der Schuldnerverzug endet, wenn eine der Verzugsvoraussetzungen wegfällt oder der Schuldner die zu erbringende Leistung in einer den Annahmeverzug begründenden Art und Weise anbietet.[265]

---

261 Zu beachten ist §§ 352, 353 HGB: Beim beiderseitigen Handelsgeschäft sind sog. Fälligkeitszinsen schon ab der Fälligkeit zur entrichten (5%). Hier muss also schon vor Verzugseintritt gezahlt werden. Mit dem Eintritt des Verzuges (ggf. nach Mahnung) sind dann normal Verzugszinsen zu entrichten, wobei die unterschiedliche Höhe zu berücksichtigen ist. Beachte auch die Ausnahme 2 % bei Immobiliardarlehensverträgen, § 497 Abs. 1 Satz 2 BGB.

262 BGH NJW-RR 1990, 519.

263 Stand: 01.07.2007.

264 Von den Anwaltskosten abgesehen.

265 Vgl. BGH NJW-RR 1997, 622 (623).

Streitig ist hierbei, ob der Schuldner zugleich den Verzögerungsschaden mit anbieten muss. Eine Ansicht bejaht dies, weil der Schuldner sonst nur eine Teilleistung erbringe, zu der er aber wegen § 266 BGB nicht berechtigt sei.[266]

Die h.M. lehnt diese Position ab, da der Verzögerungsschaden ein eigenständiger, neben die eigentliche Leistungsverpflichtung tretender, Leistungsanspruch sei, der getrennt geltend gemacht werden könne, zumal letztlich Art und Höhe dem Schuldner auch nicht bekannt seien.[267] Außerdem müsste der Gläubiger unter Umständen aus Treu und Glauben die Leistung des Schuldners annehmen.[268]

266 Staudinger/*Löwisch*, § 286, Rn 122.

267 Palandt/*Heinrichs*, § 286 Rn 34; Müko/*Ernst*, § 286, Rn 96; *Bamberger/Roth/Grüneberg*, § 286, Rn 62.

268 BAG BB 1975, 1578; Palandt/*Heinrichs*, § 286 Rn 34.

Abbildung 14: Der Verzug des Schuldners

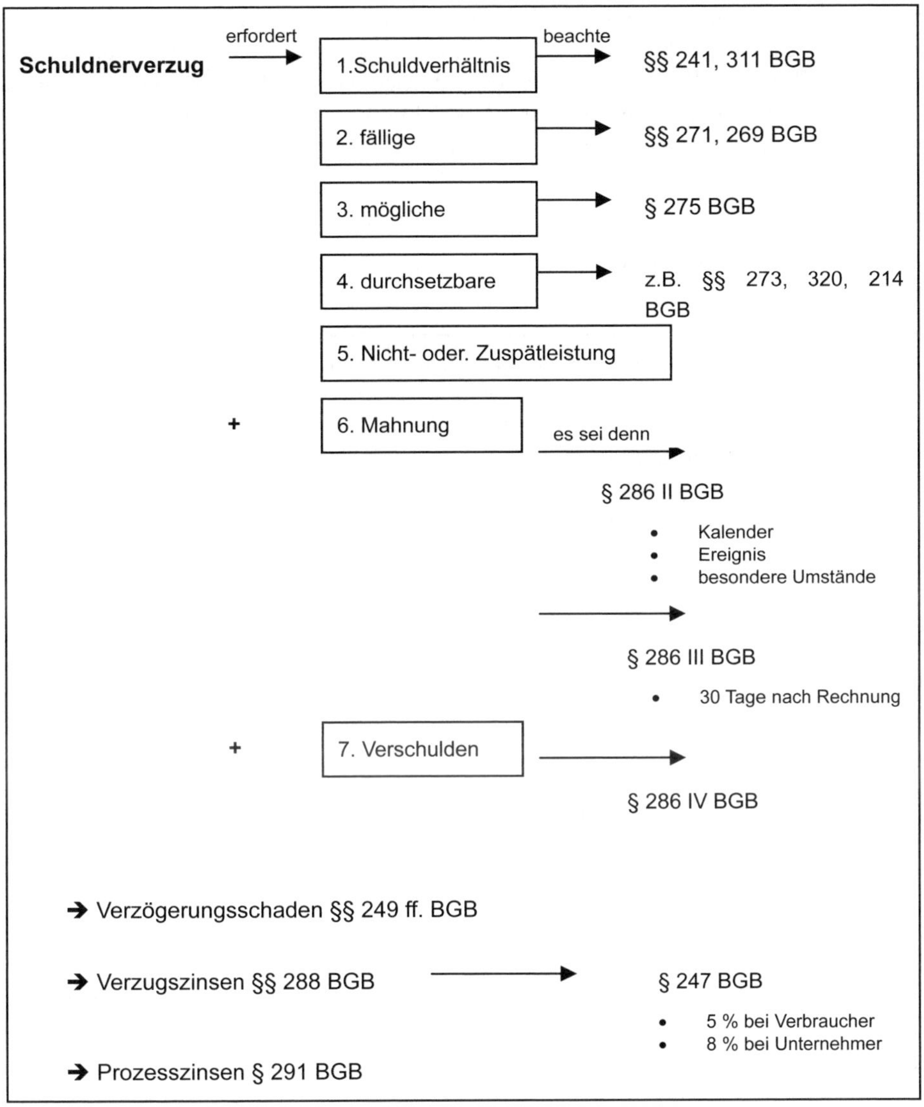

III. Der Verzug des Gläubigers

Nicht nur der Schuldner kann mit der Erbringung seiner Leistung in Verzug geraten. Nimmt der Gläubiger die ihm ordnungsgemäß angebotene Leistung nicht an, kommt er gem. §§ 293 ff. BGB in Annahmeverzug.[269] Dabei verstößt der Gläubiger aber nicht wie der Schuldner gegen ein Gebot aus dem Schuldverhältnis, vielmehr verletzt er nur eine Obliegenheit, denn er ist zur Annahme der Leistung nicht verpflichtet, nur berechtigt.[270]

Der Annahmeverzug bewirkt in erster Linie eine Haftungserleichterung gem. § 300 Abs. 1 BGB für den Schuldner.

Prüfungsschema des Annahmeverzugs gemäß §§ 293 ff. BGB

---

1. Nichtannahme der Leistung durch den Gläubiger
2. Angebot des Schuldners
   a) zur rechten Zeit (§ 271 BGB)
   b) am rechten Ort (§ 269 BGB)[271]
   c) in der rechten Art und Weise

---

1. Verzugsvoraussetzungen

Die Leistung muss dem Gläubiger vom Schuldner so, wie sie zu bewirken ist, tatsächlich angeboten werden, § 294 BGB.[272]

Dabei kann ein wörtliches Angebot (§ 295 BGB) in den Fällen ausreichend sein,

- in denen der Gläubiger dem Schuldner erklärt hat, dass er die Leistung nicht annehmen werde
- in denen zur Erfüllung eine Handlung des Gläubigers notwendig ist.[273]

Der Annahmeverzug ist aber ausgeschlossen, wenn die Leistung des Schuldners unmöglich ist oder ein Unvermögen des Schuldners (§ 297 BGB) besteht. Dies entspricht der allgemeinen Regel, dass die Unmöglichkeit den Eintritt des Verzugs ausschließt.

---

[269] Zum Annahmeverzug im Arbeitsrecht siehe auch *Boecken/Topf* RdA 2004, 19 ff.; *Boemke* BB 2006, 997.

[270] Obliegenheiten sind keine Pflichtverletzungen. Sie stellen vielmehr nur ein Verschulden gegen sich selbst dar, mit der Folge, dass nur für den Gläubiger und sein Interesse an der Leistung negative Folgen eintreten.

[271] Vgl. oben ab S. 141 ff.

[272] Vgl. dazu BGHZ 90, 359.

[273] Z.B. bei der Holschuld muss der Gläubiger einen LKW zum Kiesverladen schicken.

2. Rechtsfolgen

Die wichtigste Rechtsfolge des Gläubigerverzugs stellt eine Haftungserleichterung des Schuldners (§ 300 Abs. 1 BGB) dar, nach welcher der Schuldner nur noch Vorsatz und grobe Fahrlässigkeit zu vertreten hat.

Einen Schaden wegen leichter Fahrlässigkeit hat er nicht mehr zu vertreten.[274]

Weiter geht im Falle des Annahmeverzuges die Leistungsgefahr bei einer Gattungsschuld auf den Gläubiger über, § 300 Abs. 2 BGB. Damit wird die unbeschränkte Beschaffungspflicht des Schuldners im Rahmen der Gattungsschuld beendet. Der Anwendungsbereich ist gering, weil sich diese regelmäßig im Falle des Annahmeverzuges des Gläubigers bereits durch Konkretisierung nach § 243 Abs. 2 BGB in eine Stückschuld umgewandelt hat, so dass § 300 Abs. 2 BGB unanwendbar ist. Der Annahmeverzug setzt regelmäßig nach §§ 293, 294 BGB voraus, dass der Schuldner die Leistung so anbietet, wie sie zu bewirken ist. Dies aber entspricht den Voraussetzungen der Konkretisierung (genauer des zur Leistung "seinerseits Erforderliche getan") nach § 243 Abs. 2 BGB.

Daher erfährt § 300 Abs. 2 BGB nur in den Fällen Bedeutung, in denen zwar Annahmeverzug aber keine vorherige Konkretisierung eintritt, weil etwa ein wörtliches Angebot nach § 295 BGB zum Annahmeverzug (nicht aber zur Konkretisierung nach § 243 Abs. 2 BGB) ausreicht. Ebenso hat § 300 Abs. 2 BGB bei Geldschulden eine besondere Bedeutung, weil diese nicht der Konkretisierung fähig sind.

Befindet sich der Gläubiger zum Zeitpunkt des Eintritts der Unmöglichkeit in Annahmeverzug, behält der Schuldner nach § 326 Abs. 2 S. 1 Alt. 2 BGB seinen Anspruch auf die Gegenleistung solange er den Untergang nicht grob fahrlässig oder vorsätzlich zu verschulden hat.

G will K verabredungsgemäß am 15.07. den "Harlekin" von Picasso übergeben und übereignen. K kommt aber nicht zum Übergabetermin. Enttäuscht will G das Bild wieder zurück in sein Atelier bringen. Dabei rutscht er versehentlich aus und fällt mit dem Bild in eine Pfütze. Das Bild erleidet einen irreparablen Wasserschaden. Dennoch verlangt er weiter Zahlung von K.

G muss wegen § 275 BGB nicht mehr leisten. Sein Anspruch auf die Gegenleistung ist auch nicht gem. § 326 Abs. 2 S. 1 Alt. 2 BGB untergegangen, weil sich K in Annahmeverzug befand. Andererseits hat G den Untergang des Bildes verschuldet. Da er aber ab diesem Zeitpunkt nur noch für grobe Fahrlässigkeit

---

274 Vereinfacht lässt sich folgende Abgrenzung als Merksatz einprägen: Fahrlässigkeit meint "Das kann passieren"; Grobe Fahrlässigkeit meint "Das darf nicht passieren"; Vorsatz meint "Ich will/Ich weiß, dass es passiert".

und Vorsatz einstehen muss, ist ein Untergang der Sache aufgrund einfacher Fahrlässigkeit von ihm nicht mehr zu vertreten. Sein versehentliches Ausrutschen in der Pfütze hat daher keine negativen Folgen für seinen Kaufpreiszahlungsanspruch. K muss weiter zahlen.

Hier zeigt sich, dass der Annahmeverzug dem Schuldner keine Anspruchsgrundlage gibt, sondern im Rahmen des Vertretenmüssens bei Verschlechterung oder Untergang der Sache von Bedeutung wird.

Anders verhält es sich bei § 304 BGB: eine eigene Anspruchsgrundlage, nach welcher der Schuldner berechtigt ist, vom Gläubiger die verursachten Mehraufwendungen ersetzt zu verlangen. Darunter zählen die Kosten für ein erfolgloses Angebot, z.B. entstandene Transport – oder Zwischenlagerungskosten.

Befindet sich der Gläubiger in Annahmeverzug, kann der Schuldner die Leistung auch gem. §§ 372 ff. BGB hinterlegen bzw. bei z.B. verderblichen Sachen die Versteigerung am Leistungsort (§ 383 BGB) durchführen und den Erlös dann hinterlegen.

Damit wird er gem. § 378 BGB ausnahmsweise von seiner Leistungspflicht frei, wenn er die Rücknahme ausgeschlossen hat (§ 376 Abs. 2 BGB).

Da nach §§ 293 ff. BGB die Leistungspflicht des Schuldners während des Annahmeverzugs weiter besteht, ist als Ausnahme im Arbeitsrecht § 615 S. 1 BGB zu beachten. Danach kann der Arbeitnehmer Vergütung für den Zeitraum verlangen, in dem der Arbeitgeber die Arbeitsleistung nicht angenommen hat, ohne diesen Zeitraum nacharbeiten zu müssen.

Ist beim Werkvertrag dagegen zur Herstellung desselben eine Mitwirkungshandlung des Gläubigers erforderlich, der dieser nicht nachkommt, kann der Schuldner nach

- 642 BGB angemessen Entschädigung
- 643 BGB Kündigung nach Fristablauf
- 645 Abs. 1 S. 2 BGB Teilvergütung nach Fristablauf verlangen.[275]

---

275 Weitere Rechtsfolgen des Gläubigerverzugs wie §§ 301, 302, 303 BGB erschließen sich beim Lesen und sind für die Ausbildung nur von untergeordneter Bedeutung. Im Handelsrecht ist der Aktionsspielraum des Verkäufers deutlich größer: Er kann alle Waren auf Kosten und Gefahr des Käufers hinterlegen und nach vorheriger Androhung öffentlich für Rechnung des säumigen Käufers versteigern lassen (§ 373 HGB).

Abbildung 15: Der Verzug des Gläubigers

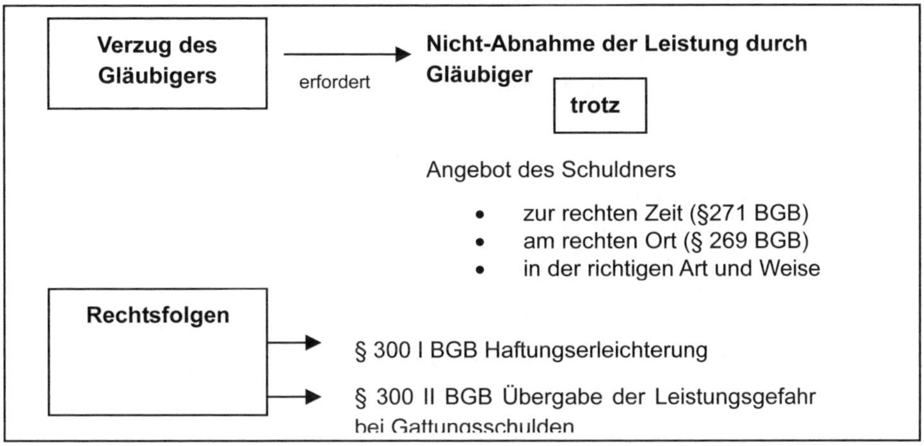

IV. Positive Vertragsverletzung § 280 BGB

Es können Fälle eintreten, in denen der Schuldner seine Leistung nur schlecht erbringt. Dabei ist zu beachten, dass die fehlerhafte Hauptleistung regelmäßig über das speziellere Gewährleistungsrecht abgedeckt wird.

Die Schöpfer des BGB waren der Ansicht, dass mit den Regeln über die Unmöglichkeit, den Verzug und die Gewährleistung alle denkbaren Schadensoptionen abgedeckt seien. *Samuel Hermann Staub* entdeckte 1902 eine Lücke im System, die er als "positive Vertragsverletzung" bezeichnete. Lange Jahre war dieses Institut gewohnheitsrechtlich anerkannt.

Malermeister M streicht bei X die Hausfassade. Während der Mittagspause fällt ihm auf, dass X an der Hauswand ein teures Außenthermometer angebracht hat, welches dem M sofort gefällt. Kurz entschlossen nimmt er es mit.

Hieran wird deutlich, dass der bei X entstandene Schaden (Verlust seines Außenthermometers) nicht vom Verzug (die Hauptleistung "Streichen der Fassade" ist rechtzeitig erbracht), nicht von der Unmöglichkeit (das Streichen der Fassade war möglich) und auch nicht von der Gewährleistung (das Streichen der Fassade erfolgte fehlerfrei) umfasst ist.

Zwar greifen in solchen Fällen die Regeln aus unerlaubter Handlung, jedoch sind diese dann nicht ausreichend, wenn der eigentliche Schuldner selbst nicht handelt.

Im o.g. Beispiel passiert L (Lehrling von M) das Missgeschick, dass er versehentlich das Thermometer überstreicht. Da es sich um besonders beständige Farbe handelt, ist das teure Außenthermometer unbrauchbar.

Ein Anspruch aus unerlaubter Handlung (§§ 823 ff. BGB) kommt nur gegen den L in Betracht, was sich angesichts dessen kargen Lohns als Lehrling nicht immer als sinnvolle Vorgehensweise empfiehlt. Da M selbst nicht gehandelt hat, kann er über § 831 BGB für ein Fehlverhalten seines Verrichtungsgehilfen einstehen müssen.[276] Hier hat er aber die Möglichkeit, sich über § 831 Abs. 1 S. 2 BGB zu exkulpieren. Damit würde X für seinen Schaden keinen Ersatz erhalten.

Weitere Nachteile der Haftung aus unerlaubter Handlung §§ 823 ff. BGB gegenüber pvv: die Verschuldensvermutung nach § 280 Abs. 1 Satz 2 BGB würde nicht greifen und Vermögensschäden werden von § 823 Abs. 1 BGB nicht erfasst.

Mit der großen Schuldrechtsmodernisierungsreform hat der Gesetzgeber die Lücke im System korrigiert, indem er das Gewohnheitsrecht im BGB kodifizierte.[277] Nunmehr ist die pVV gesetzlich in § 280 BGB geregelt.

§ 280 Abs. 1 BGB gilt für alle Verträge und umfasst jede Art von Pflichtverletzung der Parteien, die nicht schon über Verzug, Unmöglichkeit oder Gewährleistung abgedeckt ist. Im Wesentlichen bleiben dann,

- (nachwirkende) Treuepflichten
- Mitwirkungspflichten
- Aufklärungspflichten
- Fürsorgepflichten
- Schutzpflichten[278],

---

276 Zu beachten: § 831 BGB sanktioniert nicht fremdes, sondern stets eigenes Verschulden. D.h. die Schadensersatzpflicht resultiert nicht daraus, dass der Verrichtungsgehilfe fehlerhaft handelte, sondern daraus, dass der Geschäftsherr bei der Auswahl seines Verrichtungsgehilfen nicht sorgfältig genug war. Somit haftet der Geschäftsherr für sein eigenes Fehlverhalten. So erklärt sich auch seine Exkulpationsmöglichkeit (§ 831 Abs. 1 S. 2 BGB), wenn er nachweist, dass er bei der Auswahl sorgfältig handelte.

277 Vgl. Palandt/*Heinrichs*, BGB § 280, Rn 5.

278 Besondere Beachtung verdient auch § 241 Abs. 2 BGB, der Obhuts- und Rücksichtspflichten ausdrücklich als Leistungspflichten aus dem Schuldverhältnis anerkennt.

- fehlerhafte, schlechte Hauptleistungspflichten, für die kein spezielleres Gewährleistungsrecht gilt.[279] Leistet also der Anwalt schlechte Beratung, ist dessen Schlechtleistung ein Fall gem. § 280 BGB.

Im Beispiel obliegt es dem Malermeister M und dessen Lehrling L, mit den Gegenständen des X, mit denen sie aufgrund des Vertrages in Berührung kommen, sorgsam umzugehen. Hier haben beide diese Pflicht aus § 241 Abs. 2 BGB verletzt. Dies erfolgte auch schuldhaft (Vorsatz bei M/Fahrlässigkeit bei L), so dass M (auch für L über § 278 BGB) für den Schaden des X gem. §§ 249 ff. BGB einzustehen hat.

Prüfungsschema zur positiven Vertragsverletzung (pVV), § 280 BGB

---

1. Schuldverhältnis
2. Pflichtverletzung
   a) Schlechterfüllung der Hauptleistungspflicht (wenn kein Fall des Gewährleistungsrechts)
   b) Nebenpflichtverletzung
3. Verschulden
4. Schaden
5. Kausalzusammenhang zwischen Pflichtverletzung und Schaden, siehe den Wortlaut von § 280 Abs. 1 BGB "hierdurch"

---

[279] Z.B. Geschäftsbesorgungsvertrag gem. § 675 BGB.

G. Verschulden bei Vertragsschluss (cic)

Im vorangehenden Kapitel wurde gezeigt, welche Leistungsstörungen bei der Erfüllung von Verträgen auftreten können, und wie deren rechtliche Würdigung erfolgt. Teilweise besteht auch ein Bedürfnis, bereits *vor* Vertragsschluss eingetretene Schäden einer Partei zuzurechnen. Diese Fallkonstellation und Haftung ist von Bedeutung, da das gesetzliche Deliktsrecht[280] insbesondere wegen der Exkulpationsmöglichkeit im Rahmen der Gehilfenhaftung nicht immer ausreichend Schutz bietet.

Kaufinteressent K will bei Händler H ein gebrauchtes Auto kaufen. Beide vereinbaren eine Probefahrt. Dabei vergisst H dem K mitzuteilen, dass die Bremsen kaum noch funktionieren. Erwartungsgemäß kommt es zum Unfall. K wird verletzt. Er verlangt Schadensersatz. Zu Recht?

Vertragliche Ansprüche zwischen den beiden bestehen nicht, da K erst ein Auto kaufen wollte aber noch nicht gekauft hat. Es bleiben ihm also allein Ansprüche aus Delikt, wenn es die cic nicht gäbe. Vergisst nicht H, sondern dessen Mitarbeiter M, den Hinweis auf die fehlerhaften Bremsen, bleiben sogar nur Ansprüche gegen M, da sich H gegebenenfalls über § 831 BGB exkulpieren kann.

Dieses vormals ebenso ungeschriebene Rechtsinstitut[281] geht auf den deutschen Juristen *Rudolf von Jhering* zurück, der die "culpa in contrahendo"[282] (cic) 1861 "entdeckte". Sie gewährt in den Fällen vorvertraglicher Haftung Schadensersatzansprüche. Heute ist die cic in § 311 Abs. 2 BGB gesetzlich geregelt.

Grundvoraussetzung für eine vorvertragliche Haftung ist, dass die Parteien ein schutzwürdiges Vertrauensverhältnis begründet haben. Denn nur insoweit lässt sich die Haftung einer Vertragspartei rechtfertigen. Das BGB hat drei Tatbestände als "Gewährung von in Anspruch genommenen Vertrauens" kodifiziert[283] - § 311 Abs. 2 Nr. 1-3 BGB.

Ein solches Vertrauen ist gem. § 311 Abs. 2 Nr. 1 BGB gegeben, wenn die Parteien Vertragsverhandlungen aufgenommen haben.

---

280 Recht der unerlaubten Handlungen, §§ 823 ff. BGB.
281 Wie auch die pVV.
282 Lat.: Verschulden bei Vertragsschluss.
283 Vgl. Palandt/*Grüneberg*, § 311 Rn 11.

Im o.g. Beispiel durfte der K darauf vertrauen, dass ihm H oder M mitteilen, wenn mit den Bremsen etwas nicht in Ordnung sein sollte. Schließlich wollte er bei ihnen einen Wagen kaufen. Weil er das erwarten konnte, ist sein Vertrauen schutzwürdig.

Gleiches gilt nach den Nummern 2 und 3 bei Anbahnung eines Vertrages mit gleichzeitiger Einwirkungsmöglichkeit der Vertragspartner auf Rechte und Güter des Anderen sowie –als Auffangtatbestand– bei Vorliegen ähnlicher geschäftlicher Kontakte. Letztere beziehen Sonderverbindungen mit ein, für die keine Leistungspflichten begründet werden.[284]

Aus dieser Vertrauenssphäre erwachsen also

- Verhaltens-
- Mitwirkungs-
- Aufklärungs-
- Loyalitäts-
- Treue- und
- Schutzpflichten.[285]

Ähnlich wie die pVV ist auch hier ein Vertretenmüssen des Schuldners notwendig. Dabei gilt als Haftungsmaßstab § 276 BGB für den Schuldner selbst, der aber über den § 278 BGB auch für Verschulden seines Erfüllungsgehilfen einzutreten hat.[286]

Im o.g. Beispiel unterließen H und M den Hinweis auf die fehlerhaften Bremsen. Das darf nicht passieren und war daher grob fahrlässig. Somit haben sie den bei K eingetretenen Schaden zu ersetzen.

Anders dagegen verhält es sich in folgendem Schulbeispiel: Um sich vor dem strömenden Regen zu schützen, läuft P in ein Kaufhaus. Dort rutscht er auf einer Bananenschale aus, die Lehrling L versehentlich nicht beseitigt hatte.

Eine Haftung des L über § 823 BGB ist gegeben. Eine Haftung des Firmeninhabers für den Fehler des L[287] kann über § 831 Abs. 1 S. 2 BGB ausscheiden. Eine vertragliche Haftung besteht nicht, da P nichts gekauft hat. Eine vorvertragliche Haftung be-

284 Vgl. Palandt/*Grüneberg*, § 311, Rn 24.

285 Letztlich wird der gleiche Pflichtenkreis abgedeckt, den nach Vertragsschluss die pVV ausfüllt.

286 Zu möglichen Haftungsmilderungsgründen, siehe ab S. 181 ff.

287 Grds. für seinen eigenen Auswahlfehler.

steht auch nicht, da P weder zu Vertragsverhandlungen noch zur Anbahnung eines Vertrages oder zu ähnlichen geschäftlichen Kontakten das Kaufhaus betrat. Hier ist also nur das Deliktsrecht anwendbar.[288]

Prüfungsschema zur culpa in contrahendo (cic), § 311 Abs. 2 BGB

1. vorvertragliches Schuldverhältnis (§ 311 Abs. 2 BGB)
2. Pflichtverletzung
3. Verschulden
4. Schaden
5. Kausalzusammenhang zwischen Pflichtverletzung und Schaden.

Letztlich ist noch auf § 311 Abs. 3 BGB hinzuweisen. Grundsätzlich trifft die Haftung aus cic nur die künftigen Vertragsparteien. Da aber der Grundgedanke der Haftung einmal geschaffenes Vertrauen ist, kann die vorvertragliche Haftung konsequenterweise auch diejenigen Dritten (Vertreter; Verhandlungsgehilfen) treffen, die maßgeblich am Vertrauenstatbestand mitgewirkt haben, soweit sie an einer späteren vertraglichen Bindung ein eigenes wirtschaftliches Interesse haben oder besonderes persönliches Vertrauen in die Vertragsverhandlungen oder den Vertragsschluss eingebracht haben (§ 311 Abs. 3 S. 2 BGB).

[288] P meint, besonders clever zu sein und gibt wahrheitswidrig an, dass er nicht vor dem Regen geflüchtet sei, sondern ein paar Besorgungen im Kaufhaus habe erledigen wollen. Dann wären zwar die Voraussetzungen der CIC/§ 311 Abs. 2 BGB erfüllt, er würde aber wahrheitswidrige Angaben machen, was vor Gericht einen Verstoß gegen § 138 Abs. 1 ZPO darstellte, wonach die Parteien ihre Erklärungen über tatsächliche Umstände vollständig und der Wahrheit gemäß abzugeben haben.

Abbildung 16: Übersicht zur cic und pVV

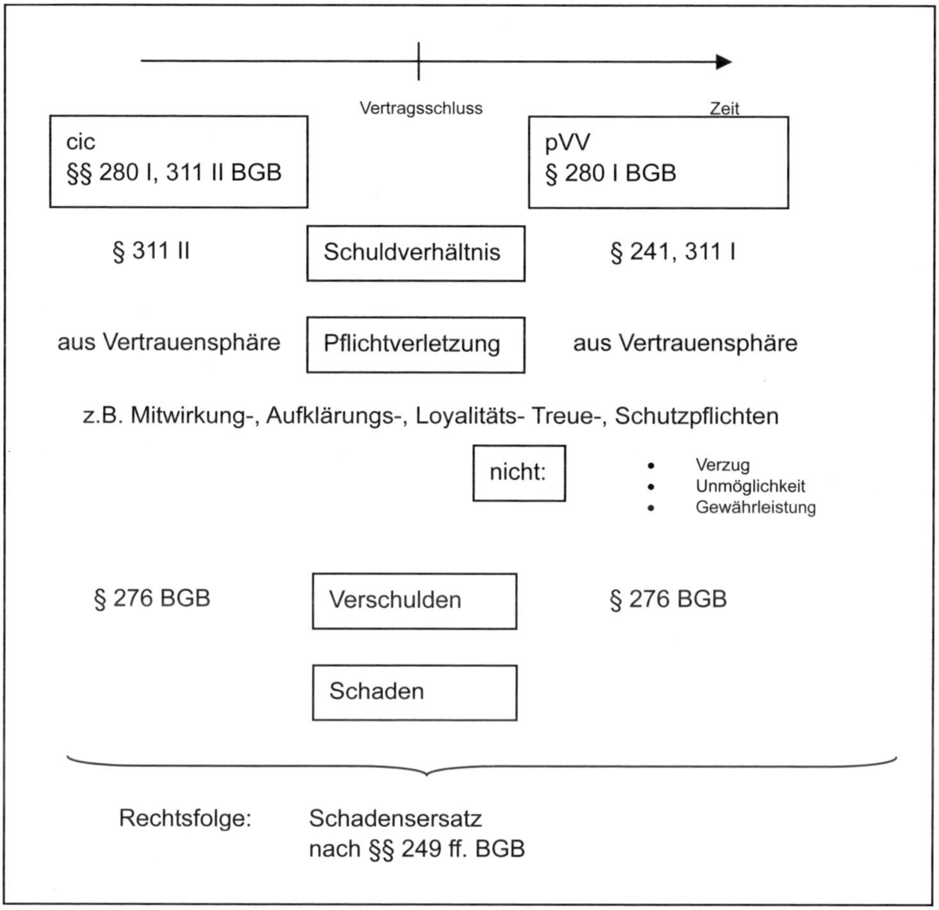

H. Verantwortlichkeit des Schuldners

Schadensersatzansprüche infolge fehlerhaften Verhaltens vor oder nach Vertragsschluss sind nach dem in Deutschland geltenden Verschuldensprinzips nur dann gegeben, wenn der Schuldner die Pflichtverletzung und den aus ihr folgenden kausalen Schaden auch zu vertreten hat.

Als Haftungsmaßstab gilt dabei § 276 BGB. Danach hat der Schuldner einer Leistung grundsätzlich für Vorsatz und Fahrlässigkeit einzustehen. Diese beiden Begriffe bilden den Terminus "Verschulden". Daneben ist eine Haftung des Schuldners aber auch für fremdes Verschulden angezeigt, wenn er sich dritter Personen bedient, die in seinem Pflichtenkreis für ihn tätig werden (§ 278 BGB).

Da § 276 BGB im allgemeinen Teil des Schuldrechts angesiedelt ist, werden aus seiner systematischen Stellung zwei Dinge deutlich: Zum einen gilt § 276 BGB wegen seiner Stellung im Allgemeinen Teil ("vor der Klammer") grundsätzlich für alle Arten von Schuldverhältnissen. Zum anderen können bestimmte besondere Schuldverhältnisse auch Verschuldensmodifizierungen erfordern, die in deren besonderen Teil geregelt und im konkreten Fall als lex specialis vorrangig anzuwenden sind.

I. Haftung für eigenes Verschulden

Der Schuldner haftet nach § 276 BGB für Vorsatz und Fahrlässigkeit.

Vorsatz bedeutet Wissen und Wollen des rechtswidrigen Erfolges.

Der Handelnde muss den rechtswidrigen Erfolg vorausgesehen und in seinen Willen aufgenommen haben. Nicht erheblich ist dabei, ob der Erfolg gewünscht ist oder dass der Handelnde einen ganz bestimmten Schaden vorhersehen konnte.

Fahrlässigkeit bedeutet das außer Acht lassen der im Verkehr erforderlichen Sorgfalt, § 276 Abs. 2 BGB.

Die im Verkehr erforderliche Sorgfalt bemisst sich im Zivilrecht anhand eines objektiven und typisierten Maßstabs und begründet den Fahrlässigkeitsvorwurf. Auf eine bestimmte Willensrichtung des Handelnden kommt es nicht an.

Ein Fahrlässigkeitsvorwurf wird in den meisten Klausurkonstellationen angenommen werden können, weil ein besonnener, sorgsamer Mensch die zum Schaden führende Verhaltensweise nicht gezeigt hätte. Letztlich ist hier aber mit einer guten Argumentation alles vertretbar. Zu beachten: Der Aufgabensteller verfolgt mit der Klausur einen gewissen Prüfungsstoff, weshalb er an den entscheidenden Stellen genügend mittelbare Hinweise gibt, damit der Bearbeiter auf der "richtigen Spur" bleibt. Widersetzt man sich den angegebenen Hinweisen im Sachverhalt und argumentiert entgegengesetzt, ist dies zwar vertretbar und damit nicht falsch, aber es erfordert einen erhöhten Argumentationsaufwand (weil der Sachverhalt gerade darauf angelegt ist, dem Aufgabensteller zu folgen). Außerdem ist damit nicht selten der Weg zu Folgeproblemen versperrt, für die es nach der Lösungsskizze des Klausurenstellers natürlich auch Punkte gibt. Müssen Sie dagegen einen Streit erst im letzten Teil ihrer Prüfung entscheiden, können Sie sicher sein, dass hier alles vertretbar ist. Das Ergebnis spielt in der juristischen Ausbildung nur eine untergeordnete Rolle. In der Ausbildung ist Systemverständnis gefragt.

II. Haftung für fremdes Verschulden

Der Schuldner hat nicht nur sein eigenes Verschulden, sondern gemäß § 278 BGB auch das Verschulden seiner Gehilfen zu vertreten, die er zur Erfüllung seiner Verbindlichkeiten nutzt (sog. Erfüllungsgehilfen).

§ 278 BGB bildet **keine Anspruchsgrundlage**, sondern rechnet dem Schuldner das Verschulden seiner Erfüllungsgehilfen zu. § 278 BGB ist folglich eine **Zurechnungsnorm**. Somit muss sich der Schuldner deren Fehler als eigenen anrechnen lassen und wird dadurch im Zweifel schadensersatzpflichtig.

Voraussetzung der Zurechnung des Verschuldens von Erfüllungsgehilfen:

1. Zwischen Geschäftsherrn und Anspruchssteller besteht ein Schuldverhältnis (cic ist ausreichend)
2. Der Geschäftsherr bedient sich zur Erfüllung seiner Verbindlichkeit eines Erfüllungsgehilfen
3. Der Erfüllungsgehilfe handelt schuldhaft.

Erfüllungsgehilfe ist, wer

- nach den Umständen des Einzelfalles
- mit dem Willen des Schuldners
- bei der Erfüllung einer diesem obliegenden Verbindlichkeit
- als seine Hilfsperson tätig wird.

Erfüllungsgehilfen können somit auch Hilfspersonen sein, die selbständig und nicht weisungsgebunden für den Schuldner arbeiten.[289]

Trifft den Erfüllungsgehilfen bei der Ausführung der Tätigkeit im Rahmen der Erfüllung der Verbindlichkeit des Schuldners ein Verschulden, ist dieses dem Schuldner zuzurechnen.

Galerist G kann den "Harlekin" von Picasso nicht persönlich übergeben, weil er sich zum Übergabezeitpunkt auf einer Kreuzfahrt in der Karibik aufhält. Er beauftragt den Z, das Bild an K zu übergeben.[290] Durch eine Unachtsamkeit des Z wird das Bild bei der Übergabe zerstört.

Grundsätzlich scheidet eine Inanspruchnahme des G aus, da dieser (dem Verschuldensprinzip folgend) keinen Fehler begangen hat. Vielmehr war er nicht einmal am Ort des Geschehens. Einen Fehler aber hat Z gemacht. Fraglich ist, ob dieser Fehler dem G zugerechnet werden kann. Dies ist dann der Fall, wenn Z ein Erfüllungsgehilfe des G ist. Dafür wiederum müsste Z nach den Umständen des Falles (Beauftragung durch G), mit dem Willen des G (ja, Beauftragung), bei der Erfüllung seiner Verbindlichkeit (ja, Z erfüllte die Verbindlichkeit des G aus dem Kaufvertrag mit K, und zwar Übergabe und Übereignung des Bildes), als seine Hilfsperson (ja, G war in der Karibik) tätig geworden sein. Da Z also Erfüllungsgehilfe des G ist, kann diesem das Verhalten des Z zugerechnet werden. Indem Z unachtsam (fahrlässig) den Untergang des Bildes verschuldete, trifft folglich G die Haftung.

Gleiches gilt, wenn der Bauunternehmer B mit dem Ehepaar E einen Bauvertrag über ein Einfamilienhaus schließt und die Verpflichtung des B darin besteht, dem E ein schlüsselfertiges

289 Z.B. Subunternehmer.

290 Die Stellvertretung beschäftigt sich nur mit der Frage, wer durch die abgegebene Willenserklärung des Vertreters Vertragspartner wird – der Vertreter oder der Vertretene, siehe S. 72 ff.. Hier geht es jetzt darum, wem ein Fehler des Vertreters im Rahmen des Verschuldens zugerechnet wird.

Haus zu bauen. Bedient er sich hierbei der verschiedenen Baufirmen, stellen diese Erfüllungsgehilfen des B dar. Für deren fehlerhafte Bauleistung hat B folglich haftungsrechtlich einzutreten. Er kann im Innenverhältnis gegenüber seinen Subunternehmern Regress nehmen.

Neben der vertraglichen Haftung ist eine deliktische Haftung aller Beteiligten möglich. In diesem Rahmen ist auch an eine Haftung nach § 831 BGB für den Verrichtungsgehilfen zu denken.[291]

III. Verschuldensmodifizierungen

Grundsätzlich hat der Schuldner für jeden Sorgfaltsverstoß unabhängig von seiner Schwere einzustehen. Die Haftung des Schuldners kann **durch Vertrag** für Fahrlässigkeit ausgeschlossen oder eingeschränkt werden (**Haftungsprivilegierung**), wie der Umkehrschluss aus § 276 Abs. 3 BGB zeigt, wobei Grenzen für diesen Ausschluss in AGB gem. § 309 Nr. 7 a BGB bei der Verletzung von Leben, Körper und Gesundheit bei fahrlässiger Pflichtverletzung bestehen. Nach § 309 Nr. 7b BGB kann in AGB die Haftung für grobe Fahrlässigkeit zugunsten des Verwenders nicht ausgeschlossen werden.

In einigen Fällen ist zudem die Haftung des Schuldners **durch Gesetz** eingeschränkt. So hat der Schuldner z.B. nach § 300 Abs. 1 BGB während des Annahmeverzugs des Gläubigers nur Vorsatz und grobe Fahrlässigkeit zu vertreten. Als Haftungsprivilegierung ist auch § 680 BGB bei der Geschäftsführung ohne Auftrag ausgestaltet. Hier haftet der Geschäftsführer auch nur auf Vorsatz und grobe Fahrlässigkeit, wenn die Geschäftsführung die Abwendung einer dringenden Gefahr bezweckte.

Im Rahmen einer möglichen Haftungsprivilegierung kann deshalb die Unterscheidung zwischen leichter und grober Fahrlässigkeit Bedeutung erlangen.

Grob fahrlässig handelt, wer die im Verkehr erforderliche Sorgfalt in besonders ungewöhnlich hohem Maße verletzt; das ist der Fall, wenn einfachste, ganz naheliegende Überlegungen nicht angestellt werden und dasjenige unbeachtet bleibt, was unter den gegebenen Umständen jedem hätte einleuchten müssen.[292]

[291] Diese ist aber streng von der Haftung des Erfüllungsgehilfen zu trennen. Siehe dazu unten im 4. Kapitel D IV 1, S. 425 ff.

[292] Faustformel: "Das darf nicht passieren!", vgl. Palandt/*Heinrichs*, § 277 Rn 5 mwN; auch BGH NJW 2005, 981.

Leichte (einfache) Fahrlässigkeit liegt dagegen vor, wenn die Merkmale grober Fahrlässigkeit nicht gegeben sind.[293]

Als dritte Fahrlässigkeitsstufe kennt das Gesetz noch die Sorgfalt in eigenen Angelegenheiten (§ 277 BGB)[294] Die ursprünglich aufgrund enger persönlicher Beziehungen beruhende Haftungsbeschränkung, wird heute vom modernen Gesetzgeber vorwiegend dazu benutzt, die Haftung des Berechtigten gegenüber dem für die Rückabwicklung von Verträgen Verantwortlichen zu mildern.[295] Daher findet die "diligentia quam in suis" heute vor allem durch die Vorschriften der §§ 346 Abs. 3 Nr. 3 BGB (gesetzliches Rücktrittsrecht!), 357 Abs. 1 BGB (Widerruf), 690 BGB (unentgeltliche Verwahrung), 708 BGB (Gesellschafter), 1359 BGB (Ehegatten), 1664 BGB (Eltern), 2131 BGB (Vorerben) und § 4 LPartG Anwendung.

Abweichend von § 276 BGB gilt hier kein objektiver, sondern ein subjektiver Fahrlässigkeitsmaßstab. Es wird also hierbei auf die persönlichen Handlungsweisen des Schuldners abgestellt. Verfährt er im alltäglichen Leben sorgloser als § 276 BGB anordnet, so wird seine Haftung entsprechend begrenzt. Da § 277 BGB eine Milderung und keine Schärfung vorsieht, haftet der (überdurchschnittliche sorgsame) Schuldner nur bis zur Grenze des § 276 BGB.

S übernimmt gegen Entgelt die Verwahrung der rassigen Hauskatze "Kasimir" des K für den Nachmittag. Trotz genauer und wiederholter Warnhinweise von K, Kasimir nicht aus dem Haus zu lassen, vergisst S die Haustür – wie immer - hinter sich zu schließen. Kasimir läuft aus dem Haus und wird von einem LKW überfahren.

Das fahrlässige Verhalten des S macht ihn hier schadensersatzpflichtig. Hätte S die Verwahrung dagegen unentgeltlich übernommen, würde er über § 690 BGB nur für diejenige Sorgfalt einzustehen haben, die er in eigenen Angelegenheiten anzuwenden pflegt.[296] Da er regelmäßig die Haustür zu schließen vergisst, kann ihm hier kein Fahrlässigkeitsvorwurf gemacht werden, womit der Schadensersatzanspruch entfiele.

Gleiches gilt, wenn K seine Katze für einen Nachmittag dem als äußerst zuverlässigen und als penibel bekannten X übergibt. Läuft Kasimir fort, obwohl X die Tür nur einen kleinen

[293] Faustformel: "Das kann mal passieren."

[294] Lat.: Diligentia quam in suis.

[295] Vgl. Palandt/*Heinrichs*, § 277, Rn 2.

[296] Zwar ist Kasimir als Hauskatze eigentlich keine Sache im Sinne des § 90 BGB, sondern ein Tier. Gem. § 90a S. 1 BGB sind Tiere keine Sachen. Nach § 90a S. 3 BGB werden aber die Sachvorschriften idR auch auf Tiere angewandt. Diese in der Praxis kaum bedeutsame Unterscheidung hat ihren Hintergrund in dem Bestreben, den Tierschutz in Deutschland stärker zu akzentuieren.

Spalt geöffnet hat, um kurz zum Briefkasten zu gehen, kann sich K später nicht auf den Standpunkt stellen, X müsse sich als grundsätzlich zuverlässig nun auch an diesem üblichen Maßstab messen lassen. Da § 277 BGB eine Haftungsbeschränkung anordnet, haftet X, auch wenn sein Verhalten normalerweise über dem Durchschnitt des § 276 BGB liegt, nur maximal für Fahrlässigkeit i.S.v. § 276 BGB. Damit ist kein Anspruch gegen ihn gegeben.

Die Grenze der Haftungsbeschränkung stellt grobe Fahrlässigkeit dar. Nimmt also X aus absolut unerfindlichen Gründen Kasimir auf den Arm, um mit ihm gemeinsam am Briefkasten die Post zu holen, und Kasimir läuft weg und wird überfahren, muss er hingegen Schadensersatz leisten.

Neben den Haftungsprivilegierungen kann das Gesetz aber auch **Haftungsverschärfungen** anordnen. So hat beispielsweise der Schuldner während des (Schuldner-) Verzugs nach § 287 Abs. 1 S. 2 BGB auch den zufälligen Untergang der Sache zu vertreten. Er haftet also auch dann, wenn ihm weder Vorsatz noch Fahrlässigkeit zur Last gelegt werden kann.

Eine strengere Haftung kann sich aus dem Inhalt des Schuldverhältnisses ergeben. So ist bei der Übernahme von Beschaffungsrisiken, Garantien oder auch Geldschulden eine über dem Maßstab des § 276 BGB liegende Haftung angezeigt.

Merke: § 276 BGB ist als Grundnorm zu studieren. Dabei sind die Unterscheidungen von Vorsatz, grober und einfacher Fahrlässigkeit unverzichtbar. In den einzelnen Fallkonstellationen ist dann anhand des Sachverhaltes oder der Gesetzeslektüre beim Prüfungspunkt "Verschulden" zu überprüfen, ob nicht im Einzelfall Privilegierungen oder Verschärfungen in Frage kommen.

IV. Deliktsfähigkeit

Gem. § 276 Abs. 1 S. 2 BGB gelten die §§ 827, 828 BGB auch bei der Frage des Verschuldens. Das bedeutet, dass nur derjenige haftet, der auch deliktsfähig ist. Fehlt es daran, ist eine Zurechnung des Schadens nicht möglich.

Deliktsunfähig sind alle Personen vor Vollendung des 7. Lebensjahres (§ 828 Abs. 1 BGB) sowie Personen, die im Zustand der Bewusstlosigkeit oder in einem die freie Willensbestimmung ausschließenden Zustand, einem anderen einen Schaden zugefügt haben. (§ 827 Abs. 1 BGB)

Beschränkt deliktsfähig sind alle Personen, die das 7., nicht aber das 18. Lebensjahr vollendet haben. Ein beschränkt Deliktsfähiger ist für den Schaden nicht verantwortlich, wenn er bei Begehung der schädigenden Handlung nicht die zur Erkenntnis der Verantwortlichkeit notwendige Einsicht hat.

Hierbei ist auf die Einsichtsfähigkeit des Minderjährigen abzustellen. Es gilt also, seine intellektuelle Fähigkeit einzuschätzen, ob er die Gefährlichkeit seines Tun's und die sich daraus ergebende Verantwortung für die Folgen erkannt hat. Irrelevant bleibt, ob er die individuelle Fähigkeit besitzt, sich der Einsicht gemäß zu verhalten.

Das 7 ½ Jahre alte Kind K wehrt eine herannahende Wespe mit einem Messer in der Hand ab und fügt dabei seiner kleinen Schwester, die neben ihm steht, eine Schnittwunde am Ohr zu. Allein die Annahme, dass ein anderes Kind neben K steht und im Wege der Abwehrhandlung gegenüber der Wespe verletzt werden könnte, reicht nicht aus, um einen zurechenbaren Fahrlässigkeitsvorwurf bei K zu bejahen. Hierfür bedarf es vielmehr konkreter Feststellungen, die die Annahme rechtfertigen, dass Kinder diesen Alters und dieser Entwicklungsstufe trotz der möglichen Angst vor einem herannahenden Insekt in der Lage sind, die Gefahr einer Abwehrbewegung mit einem Messer in der Hand für eine danebenstehende Person zu erkennen und sich dieser Einsicht entsprechend, zu verhalten.[297]

297 Vgl. BGH NJW 2005, 1263.

I. Störung der Geschäftsgrundlage

Das BGB von 1900 ist durch den Grundsatz der Privatautonomie geprägt. Danach kann jeder mit jedem zu welchen Bedingungen auch immer[298] Verträge abschließen. Diese Verträge sind einzuhalten, weil es jedem Vertragspartner freiwillig obliegt, sie einzugehen oder nicht.[299] Daher gab es kein Rechtsinstitut im BGB, welches es erlaubte, einmal geschlossene Verträge später abzuändern. Der schon im römischen Recht bekannte Rechtssatz "clausula rebus sic stantibus"[300] fand damit zunächst keinen Eingang ins deutsche Recht.

Dies wurde problematisch, als gerade nach dem ersten Weltkrieg, die durch Revolution und Geldentwertung veränderten, vor allem finanzpolitischen Umstände, zu untragbaren Ergebnissen bei der Vertragserfüllung führten. Beinhaltete ein Mietvertrag aus dem Jahre 1914 einen hohen Mietzins für eine Wohnung in Berlin, entsprach dieser Mietzins 1923, inmitten der Inflation, vielleicht noch dem Wert von 1000gr Brot. Da der Mietzins aber vertraglich festgeschrieben war, brauchte der Mieter nicht mehr als diesen an den Vermieter zu entrichten.

Daher entwickelten zunächst das Reichsgericht und später der Bundesgerichtshof eine Lehre, die eine Abweichung vom Grundsatz der Vertragseinhaltung erlaubte. Diese aus Treu und Glauben (§ 242 BGB) abgeleiteten Rechtsgrundsätze ermöglichten eine Vertragsanpassung unter Berücksichtigung des Bestands- und Erfüllungsinteresses der Parteien.[301] Die spätere Rechtsprechung und Gesetzgebung hat diese Überlegungen in § 313 BGB kodifiziert und damit auch in Zeiten stabiler wirtschaftlicher Verhältnisse die Möglichkeit der Vertragsanpassung in eng auszulegenden Einzelfällen anerkannt.

---

298 Die Grenzen sind Sittenwidrigkeit, Treu und Glauben sowie §§ 305 ff. BGB.

299 Lat: "Pacta sunt servanda" = Verträge sind einzuhalten.

300 Lat: "Bestimmung der gleichbleibenden Umstände". Im römischen Recht galt der Grundgedanke, dass jedem Vertrag automatisch eine "clausula rebus sic stantibus" anhafte, wonach die Vertragsparteien bei schwerwiegender Änderung der Vertragsumstände zur Einhaltung nicht mehr verpflichtet waren. Dieser Grundsatz stellt keinen im geltenden Recht anerkannten Grundsatz dar.

301 Vgl. Palandt/*Grüneberg*, § 313, Rn 1.

I. Voraussetzungen

Die Lehre vom Wegfall bzw. heute "Störung der Geschäftsgrundlage" genannt, siehe die amtliche Überschrift zu § 313 BGB, wird auf § 242 BGB gestützt. Danach sind die Leistungen der Parteien so zu erbringen, "wie Treu und Glauben mit Rücksicht auf die Verkehrssitte es erfordern". Hieraus wird abgeleitet, dass sich die Parteien (oder auch nur eine von ihnen) auf die grundlegenden Umstände zum Zeitpunkt des Vertragsschlusses verlassen können. Verträge, die im Vertrauen auf die Beibehaltung dieser Umstände abgeschlossen werden, können, wenn eine grundlegende Änderung derselben eintritt, einer Vertragsanpassung unterliegen.

Zu beachten ist aber, dass eine solche Durchbrechung des Prinzips "pacta sunt servanda" nur in Ausnahmefällen gegeben sein kann, und zwar dann, wenn alle anderen Rechtsinstitute zu keiner vertretbaren Lösung führen.

Prüfungsschema: Störung der Geschäftsgrundlage nach § 313 BGB

---

1. Subsidiarität (kein gesetzlichen oder vertraglichen Sonderregelungen)
2. Änderung oder Entfallen eines Umstandes (objektives Element)
3. Umstand war prägende Geschäftsgrundlage (hypothetisches Element)
4. § 242 gebietet eine Berücksichtigung der Veränderung (normatives Element)
5. Rechtsfolge (Vertragsanpassung, Rücktritt, Kündigung).

---

1. Subsidiarität

Voraussetzung für eine Anwendung der Grundsätze aus § 313 BGB ist, dass **keine gesetzliche Sonderregelung** eingreift. Liegt also Unmöglichkeitsrecht vor, so ist dieses anzuwenden und für § 313 BGB kein Raum. Auch eine etwaige Irrtumsanfechtung über §§ 119 ff. BGB ist vorrangig.

Weiterhin dürfen auch **keine vertraglichen Bestimmungen** für den Fall getroffen worden sein.[302] Eine ergänzende Vertragsauslegung über die §§ 133, 157 BGB ist stets vorrangig.[303] Es wird geradezu vorausgesetzt, dass die Parteien den eingetretenen Fall nicht geregelt haben, weil sie sich zum Zeitpunkt des Vertragsschlusses über eine Änderung der Umstände keine Gedanken gemacht haben.

---

302 Vgl. zur beiderseitigen Geschäftsgrundlage BGH NJW 2004, 735 ff.
303 Vgl. OLG Köln NJOZ 2004, 319 ff.

2. Objektives Element

Nach dem Wortlaut des § 313 Abs. 1 BGB müssen sich die Umstände der Geschäftsgrundlage seit Vertragsschluss "schwerwiegend verändert" haben. Dies ist dann der Fall, wenn die bei Abschluss des Vertrages zu Tage getretenen Umstände oder Vorstellungen der Parteien, von dem Vorhandensein oder dem Eintritt künftiger Umstände sich entscheidend geändert haben.

Dabei werden sowohl Fälle der objektiven (§ 313 Abs. 1 BGB) wie auch subjektiven Geschäftsgrundlage (§ 313 Abs. 2 BGB) erfasst. Die in Absatz 2 geforderten "wesentlichen Vorstellungen" sind dabei als Synonym für "schwerwiegende Umstände" zu verstehen.

Regelmäßig beachtlich sind solche Fälle, in denen der einen Partei eine übermäßige Leistungserschwerung aufgebürdet wird, die eine Leistungserbringung entweder wirtschaftlich sinnlos erscheinen lässt oder aber die Opfergrenze des Zumutbaren überschreitet.[304]

Regelmäßig nicht zur Geschäftsgrundlage gehören solche Umstände, deren weitere Verwendbarkeit des Vertragsgegenstandes zu einem bestimmten Zweck noch möglich ist. Dies gilt auch dann, wenn die andere Partei von dem vorausgesetzten Zweck wusste.[305]

3. Hypothetisches Element

Die Parteien müssten, wenn sie die Änderung bedacht hätten, den Vertrag nicht so oder mit einem anderen Inhalt geschlossen haben. Hier wird wieder die Bedeutung des Umstandes relevant. Es muss sich um einen bedeutenden Umstand oder eine wesentliche Vorstellung der Parteien handeln, die zur Geschäftsgrundlage des Vertrages gemacht worden sind. Geschäftsgrundlage meint dabei die prägenden, bestimmenden Eckpunkte des geschlossenen Vertrages.

---

304 Hier ist die Schnittstelle zur Unmöglichkeit nach § 275 Abs. 2 BGB. In der Klausur gilt es herauszufinden, ob Unmöglichkeit gegeben ist (grobes Missverhältnis), dann keine Anwendung von § 313 BGB.

305 Z.B. Geschenk für die Hochzeitsfeier. Der Kaufvertrag muss auch dann eingehalten werden, wenn die Hochzeit platzt. Ansonsten würde die gesetzliche Wertung des § 119 Abs. 2 BGB umgangen, der festlegt, dass nur bestimmte Motivirrtümer über die Eigenschaft einer Person oder Sache beachtlich sein sollen.

4. Normatives Element

Entscheidend ist ferner, dass ein Festhalten am geschlossenen Vertrag im konkreten Fall unter Berücksichtigung aller Umstände des Einzelfalls, insbesondere der gesetzlichen und vertraglichen Risikoverteilung unzumutbar ist.

Dabei ist maßgebend, welcher Risikosphäre die Veränderung der Umstände oder Vorstellungen angehört. Die Störung der Geschäftsgrundlage funktioniert nur dann, wenn die Veränderung nicht allein der sich auf Wegefall der Geschäftsgrundlage berufenden Partei zuzurechnen ist.

Durch eine Risikobetrachtung ist folglich zu ermitteln, wer die durch die Störung verursachte Veränderung zu tragen hat. Die Abgrenzung der verschiedenen Risikosphären ergibt sich dabei in aller Regel aus dem Vertrag selbst, dem Vertragszweck und dem anzuwendenden dispositiven Recht[306]. So trägt z.B. der Geldleistungsgläubiger das Risiko der Geldentwertung und der Geldleistungsschuldner das Risiko der Geldbeschaffung.

Bei vertraglicher Risikoübernahme ist ein Rückgriff auf § 313 BGB nicht möglich. Dies deshalb weil hier die Parteien gerade eine Lösung für die Veränderung getroffen haben, der wegen des Grundsatzes der Vertragsfreiheit Vorrang einzuräumen ist.

Vorhersehbare Änderungen können auch nicht über § 313 BGB abgewickelt werden. Eine Ausnahme ist allenfalls dann denkbar, wenn beide Parteien vom Nichteintritt ausgingen.[307]

Letztlich gilt es zu ermitteln, ob eine Beibehaltung der einmal getroffenen vertraglichen Verpflichtung, trotz schwerwiegend veränderter Umstände der Geschäftsgrundlage, die keine oder eine Partei nicht vorhersehen konnte, zumutbar ist oder nicht.

Unzumutbarkeit ist gegeben, wenn ein Festhalten am Vertrag zu untragbaren, mit Recht und Gerechtigkeit nicht zu vereinbarenden Ergebnissen führen würde. Dies ist im Rahmen einer Interessenabwägung unter Würdigung aller Umstände (Vorteile und Nachteile der Parteien) auszuloten.[308]

Bauunternehmer B soll für Ehepaar E auf deren Grundstück ein schlüsselfertiges Einfamilienhaus zum Festpreis von 300.000 EUR errichten. Kurz nach Baubeginn stellt sich heraus, dass ein einfaches Fundament -wie zunächst vorgesehen- wegen der von einem unterirdischen Bach unterspülten instabilen Oberfläche nicht ausreicht. Allein die Trockenlegung und Stabilisierung des Untergrundes mit Spezialbeton würde 200.000 EUR kosten. Die Errichtung des Hauses wäre ein Verlustgeschäft für B. Während E die Erfüllung zu diesem Preis verlangt, überlegt B, was er tun kann.

---

306 Vgl. Palandt/*Grüneberg*, § 313, Rn 19.

307 Vgl. Palandt/*Grüneberg*, § 313, Rn 23.

308 Vgl. Palandt/*Grüneberg*, § 313, Rn 24 mwN.

E steht ein vertraglicher Anspruch auf Errichtung zum Festpreis zu. Unmöglichkeit liegt nicht vor, weil die Erbringung der Leistung möglich ist. Ein grobes Missverhältnis i.S.v. § 275 Abs. 2 BGB liegt nicht vor, weil die mögliche teurere Errichtung nicht an die sog. "Opfergrenze" heranreicht, sondern lediglich die Errichtung wirtschaftlich sinnlos macht.[309]

Es könnte B helfen, wenn er sich auf die Störung der Geschäftsgrundlage beruft. Denn hier haben sich die Umstände seit Vertragsschluss schwerwiegend verändert (zunächst war von einem einfachen Fundament ausgegangen worden obwohl ein spezielleres benötigt wird- objektives Element). Unter den neuen Gegebenheiten hätte B den Vertrag nicht zum Festpreis für 300.000 EUR geschlossen (wenn allein die Trockenlegung 200.000 EUR kostet- hypothetisches Element). Letztlich darf die Veränderung nicht der Risikosphäre des B (weil er sich auf § 313 BGB beruft) zuzuordnen sein. Dies ist gegeben, weil E dem B das Grundstück zur Verfügung stellt und die Belastung damit aus der Sphäre des E stammt.

Etwas anderes könnte gelten, wenn sich B vor Vertragsschluss aufgrund einer umfangreichen geologischen Überprüfung zu dem Festpreis verpflichtet hat. Insoweit würde das Hindernis auch seine Sphäre betreffen, so dass eine Berücksichtigung der geänderten Umstände nach Treu und Glauben zweifelhaft wäre und im Ergebnis keine Störung der Geschäftsgrundlage begründete.

II. Rechtsfolgen

Gemäß § 313 Abs. 3 BGB ist die Rechtsfolge der Störung der Geschäftsgrundlage grundsätzlich eine **Anpassung** des jeweiligen Vertrages. Erst wenn diese scheitert oder einem Teil nicht zumutbar ist, kann der benachteiligte Teil vom Vertrag zurücktreten. Bei Dauerschuldverhältnissen[310] tritt an die Stelle des **Rücktritts** eine **Kündigungsmöglichkeit** für die Zukunft

309 Hier wird deutlich, wie schwierig die Abgrenzung zur Unmöglichkeit i.S.v. § 275 Abs. 2 BGB sein kann. Die Rechtsprechung wendet in den Fällen der wirtschaftlichen Unmöglichkeit zumeist § 313 BGB an, weil sich hierdurch gerechtere Ergebnisse erzielen lassen.

310 Z.B. Mietvertrag.

Für B im o.g. Beispiel bedeutet dies: Da er sich auf die Störung der Geschäftsgrundlage berufen kann (B hat kein Gutachten eingeholt) ist zunächst zu prüfen, ob eine Vertragsanpassung sinnvoll wäre. Der Festpreis müsste um den Mehraufwand erhöht werden. Jetzt stellt sich die Frage, ob dieser veränderte Vertrag dem E zuzumuten ist. Dies ist nicht der Fall, wenn eine derartige Erhöhung des Festpreises um 1/3 für E aufgrund eigener Interessen ausgeschlossen ist.

Dann bliebe nur eine Vertragsauflösung, wonach beiderseitig erbrachte Leistungen rückabzuwickeln wären.

Abbildung 17: Störung der Geschäftsgrundlage

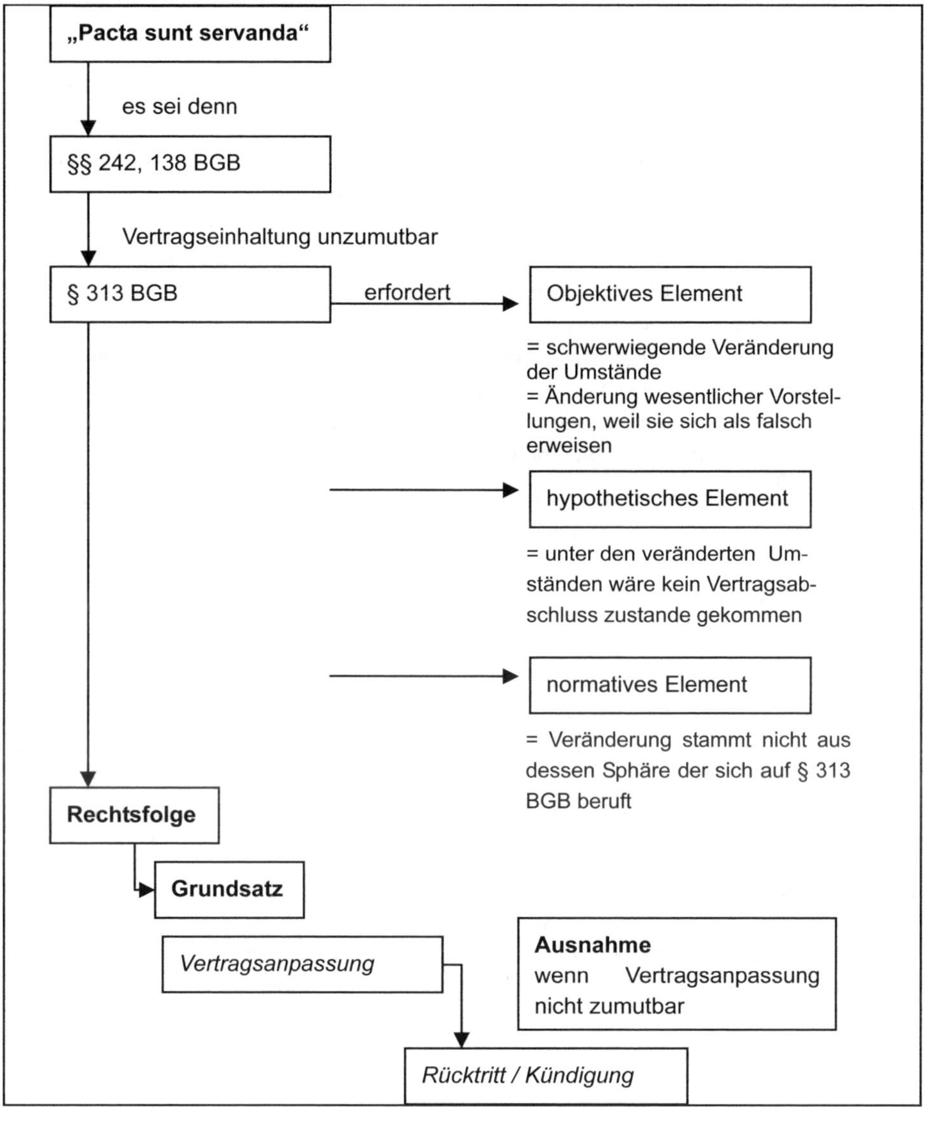

J. Schadensersatz §§ 249 ff. BGB

Entstehen einer Partei bei der Vertragsabwicklung Schäden, muss das Gesetz die Frage beantworten, wie ein Ausgleich zu erfolgen hat. Dabei kommt dem Schadensersatz nach deutschem Recht grundsätzlich keine Bestrafungsfunktion zu. Nur mittelbar wird der Gedanke der Prävention berücksichtigt, ganz ausnahmsweise die Genugtuung.[311] Auf dieser Grundlage erklärt sich, warum die Schadensersatzansprüche in Deutschland weitaus niedriger ausfallen als z.B. in den USA, wo der Bestrafungs- und Präventionsgedanke des Schadensersatzes eine eigenständige Bedeutung erfährt. Der Schädiger soll dort "wirtschaftlich" bestraft (sog. Spezialprävention) und andere potentielle Schädiger sollen abgeschreckt werden (sog. Generalprävention). Da diese Funktion dem deutschen Schadensersatzrecht vom Grundsatz fremd ist, fallen die als Ersatz zu zahlenden Beträge deutlich niedriger aus.

Allein das Entstehen von Schäden bewirkt noch nicht deren Geltendmachung. Vielmehr kommt es auf das Bestehen einer Anspruchsgrundlage an, die den entstandenen Schaden zu ersetzen vermag. Schadensersatzansprüche können aus vertraglichen und aus gesetzlichen Anspruchsgrundlagen entstehen. Die Entstehung dieser Ansprüche ist von der Verwirklichung der dort jeweils vorausgesetzten Tatbestandsmerkmale abhängig.

Ist der Schadensersatzanspruch entstanden, richtet sich der Umfang der Haftung nach den §§ 249 ff. BGB. Diese Vorschriften bilden dabei keine eigene Anspruchsgrundlage für den Schadensersatz. Sie regeln lediglich ergänzend dessen inhaltliche Ausgestaltung (Haftungsausfüllung) und setzen die Erfüllung einer Anspruchsgrundlage voraus.

Als Anspruchsgrundlagen kommen z.B. §§ 280 ff., 311 Abs. 2, 311a Abs. 2 BGB in Betracht. Daneben können deliktische Schadensersatzansprüche über §§ 823 ff. BGB bestehen. Hierbei ist zu beachten, dass reine Vermögensschaden nicht über § 823 Abs. 1 BGB ersetzbar sind, weil diese Vorschrift nicht das Vermögen als solches schützt.

---

311 Z.B. im Schmerzensgeld § 253 Abs. 2 BGB, siehe dazu im Buch ab S. 198 ff sowie im Deliktsrecht ab S. 397 ff. (Deliktsrecht).

Abbildung 18: Die Haftungsausfüllung

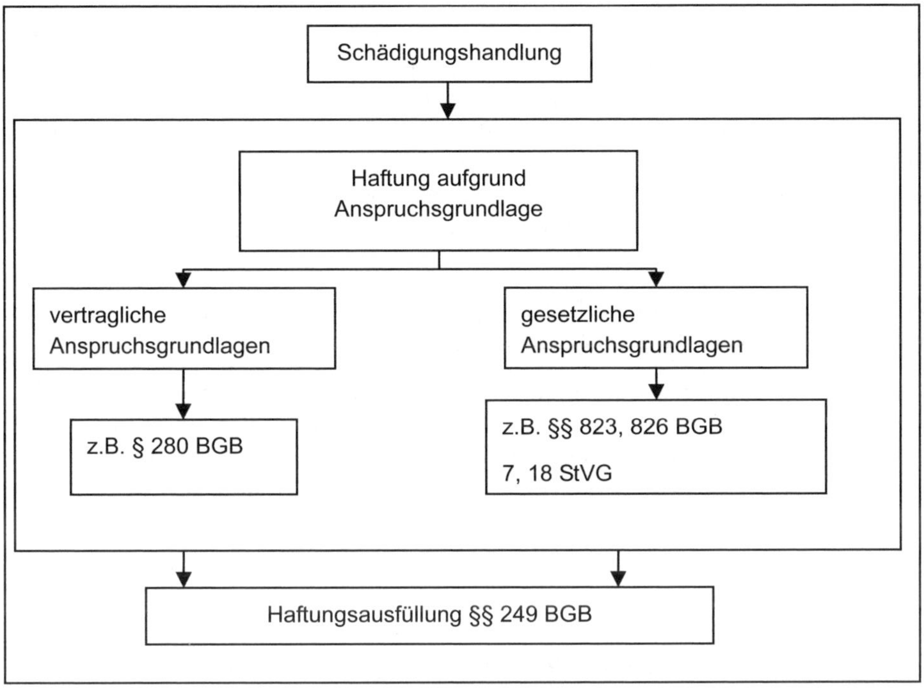

I. Der Schadensbegriff

Zunächst ist klärungsbedürftig, was zum Schaden zählt. Der Schadensbegriff orientiert sich anhand einer natürlichen Betrachtungsweise.

Schaden ist jede unfreiwillige Einbuße, die jemand an seinen Rechtsgütern erleidet.

Als Rechtsgüter kommen Vermögen, Leben, Körper, Eigentum u.a. in Betracht. Dabei ist zwischen materiellen und immateriellen Schäden zu unterscheiden:

Materielle Schäden sind solche, die am Vermögen des Geschädigten entstehen.
Immaterielle Schäden sind solche, die nicht Vernögensschäden sind.

Sowohl materielle als auch immaterielle Schäden unterfallen dem Schadensbegriff des BGB.

Die Unterscheidung zwischen immateriellen und materiellen Schäden ist insofern von Bedeutung, als diese Schäden regelmäßig unterschiedlich zu ersetzen sind. Sowohl für materielle (Vermögens-)Schäden als auch für immaterielle (Nichtvermögens-)Schäden gilt zwar nach § 249 Satz 1 BGB der Grundsatz der Naturalrestitution. Das bedeutet, dass als Schadensersatz die Wiederherstellung der beschädigten Sache (Naturalrestitution) zu leisten ist. Im Grundsatz ist der Schädiger verpflichtet, den angerichteten Schaden selbst wieder zu korrigieren. Regelmäßig wird es dem Schädiger aber an entsprechenden Fähigkeiten zur Schadensbehebung fehlen, so dass er den zur Wiederherstellung notwendigen Geldbetrag aufbringen muss, um einen spezialisierten Dienstleister bzw. Werkunternehmer zu beauftragen. Vermögensschäden werden dabei in vollem Umfang ersetzt.[312]

Bei Schadensersatz statt der Leistung (§§ 280 Abs. 1 und 3 iVm 281; 283 BGB) wird regelmäßig trotz § 249 BGB auf Geldersatz gehaftet.

Davon zu unterscheiden sind die gesetzlich bestimmten Ausnahmen der §§ 251 ff. BGB. In diesen Fällen, in denen eine Wiederherstellung nicht möglich, nicht zureichend oder untunlich ist, hat der Schädiger, anstelle der Wiederherstellung, direkt Geldersatz zu leisten. Für immaterielle Schäden stellt dies ausdrücklich § 253 BGB klar.

Für die praktische Vorgehensweise bei der Anspruchsprüfung sind der theoretische Schadensbegriff und die Unterscheidung nach dem tatsächlich ursprünglich verletzten Rechtsgut regelmäßig wenig hilfreich. Durch die Verletzung eines immateriellen Rechtsguts kann zumindest mittelbar auch ein materieller Schaden (Vermögensschaden) entstehen und umgekehrt. Folglich bietet sich an, den insgesamt (mittelbar und unmittelbar) entstandenen Schaden nach einzelnen Schadenspositionen aufzuteilen und deren Ersatzfähigkeit konkret zu überprüfen.

II. Art und Umfang des Schadensersatzes

Die Wiederherstellung des ohne die Schädigungshandlung hypothetisch bestehenden Zustandes wird Naturalrestitution genannt und bildet den maßgeblichen Grundsatz für die Bestimmung von Art und Umfang des Schadensersatzes.[313]

312 Vgl. Palandt/*Heinrichs*, § Vorb v §249, Rn 7.
313 Vgl. BGHZ 125, 61.

1. Grundsatz der Naturalrestitution

Wer zum Schadensersatz verpflichtet ist, hat gem. § 249 Abs. 1 BGB grundsätzlich den Zustand wiederherzustellen, der bestehen würde, wenn er die Schädigungshandlung nicht begangen hätte.[314]

Dieser Grundsatz gilt gleichermaßen für Vermögens- und Nichtvermögensschäden. Das Gesetz sieht allerdings Durchbrechungen dieses Grundsatzes vor:

- Falls ein Personen- oder Sachschaden vorliegt, kann der Geschädigte anstatt der Naturalrestitution sofort Geldersatz zur Wiederherstellung verlangen (§ 249 Absatz 2 BGB)
- Falls die Wiederherstellung nicht möglich oder ausreichend ist, hat der Schädiger den Schadensersatz in Geld zu leisten (§ 251 BGB).

2. Geldersatz

Die Entschädigung des Verletzten mittels Geldersatz kann also nach der Konstruktion des deutschen Schadensersatzrechtes in zwei Varianten auftreten: Zum einen als Ersatz für die Naturalrestitution (z.B. §§ 250 BGB) oder direkt anstelle der Naturalrestitution (z.B. §§ 249 Abs. 2, 251, 252, 253 BGB).

a) Ersatz für die Naturalrestitution

Gemäß § 250 BGB kann der Gläubiger (Geschädigte) dem Schuldner (Schädiger) eine angemessene Frist zur Naturalrestitution setzen. Diese muss er mit einer Ablehnungsandrohung versehen. Erfüllt der Schädiger innerhalb der gesetzten Frist seine Verpflichtung zur Naturalrestitution nicht, kann der Gläubiger nach Ablauf der Frist Schadensersatz in Geld verlangen.

S stiehlt das Fahrrad von G und beschädigt es. S ist dem G für den Schaden verantwortlich; aus gesetzlichen Schuldverhältnis gem. § 823 Abs. 1 BGB, da zwischen den beiden sonst keine vertraglichen Rechtsbeziehungen bestehen. Gemäß § 249 Abs. 1 BGB müsste S grundsätzlich Naturalrestitution leisten, d.h. das Rad reparieren. Das kann er fachgerecht selbst vornehmen oder einen Spezialist beauftragen, den er zu bezahlen hat.

Da es sich hier um eine Sachbeschädigung handelt, kann G gem. § 249 Abs. 2 BGB statt der Wiederherstellung gleich Geldersatz für die Beschädigung verlangen, was in der Praxis üblich ist. Er kann auch über § 250 S. 1 BGB dem S aufgeben, das

314 Vgl. auch BGH NJW 2005, 1041 ff.

Rad binnen einer Woche zu reparieren, verbunden mit der Ankündigung, dass im Falle der Nichtbefolgung G statt der Reparatur den Schaden in Geld ersetzt verlangt.

Ergänzend ist darauf hinzuweisen, dass im Falle einer zu kurz bemessenen Fristsetzung automatisch eine angemessene Frist in Lauf gebracht wird.[315]

b) Kompensation anstelle der Naturalrestitution

Neben den Fällen des § 249 Abs. 2 BGB muss der Schädiger auch dann keine Naturalrestitution leisten, wenn eine Wiederherstellung nicht möglich oder nicht ausreichend ist.

Handelt es sich im o.g. Beispiel nicht um die Beschädigung eines Fahrrades, sondern um die Zerstörung einer seltenen Vase aus der Ming-Dynastie, wird klar, dass eine Wiederherstellung der Vase nicht möglich ist. In diesen Fällen bleibt dem Schädiger nur, den Schaden des G finanziell wieder auszugleichen.

Nicht ausreichend ist eine Entschädigung, wenn dem Geschädigten trotz der Reparatur ein Restschaden verbleibt.[316] Diesen kann er dann ergänzend geltend machen. Soweit dies nicht zu erreichen ist, kann die unzureichende Wiederherstellung einer unmöglichen gleichstehen. Die Abgrenzung in diesen Bereichen ist schwierig.

Gemäß § 251 Abs. 2 BGB kann der Schädiger die Wiederherstellung verweigern, wenn sie ihm nur mit unverhältnismäßigen Mittel möglich ist.

Beschädigt S im Fahrradbeispiel das Rad von G dergestalt, dass eine Reparatur zwar möglich ist, aber den Wert des Rades bei weitem übersteigen würde, so stellt sich die Frage, ob der S nur den Wert des Rades oder aber die Reparatur ersetzen muss.

Die Unverhältnismäßigkeit ergibt sich aus einer sorgfältigen Abwägung der beiderseitigen Interessen, bei der auch der Grad des Verschuldens und ggf. immaterielle Interessen von Bedeutung sein können.[317]

Für Kfz-Schäden ist eine Grenze von 130 % anerkannt. Übersteigen die Reparaturkosten den Wert der Sache vor der Beschädigung in dieser Höhe, kann der Schädiger die Reparatur verweigern und dem Geschädigten nur den Wert der Sache ersetzen.

Ist das Rad im o.g. Beispiel vor der Beschädigung durch S 100 EUR wert und würde eine Reparatur 130 EUR kosten, so kann S unter Bezunahme auf die Rechtsprechung zu Kfz-Schäden, die Reparatur verweigern und dem G lediglich 100 EUR zahlen.

---

[315] Vgl. schon RGZ 56, 234.

[316] Z.B. merkantiler Minderwert.

[317] Vgl. dazu lesenswert *Oetker* NJW 1985, 347 ff.; Palandt/*Heinrichs*, § 251 Rn 7.

Hieran wird deutlich, dass die Geldzahlungen in § 249 und § 251 BGB unterschiedliche Zielrichtungen haben. Während § 249 BGB auf das Integritätsinteresse abstellt, geht es bei § 251 BGB um das Wertinteresse. Während der Schädiger bei der Naturalrestitution die Wiederherstellungskosten tragen muss (weil es auf die Wiederherstellung maßgeblich ankommt), beschränkt sich seine Ersatzpflicht in den Fällen des Geldersatzes anstelle der Wiederherstellung auf die Differenz der Vermögenslagen (Wertsumme) vor und nach dem schädigenden Ereignis.[318]

c) Immaterielle Schäden

Für immaterielle Schäden ist grundsätzlich kein Ersatz in Geld zu leisten, falls dies nicht ausdrücklich gesetzlich bestimmt ist. § 253 Abs. 1 BGB stellt das klar. Insbesondere ist das sog. Affektionsinteresse (Liebhaberinteresse) grundsätzlich nicht ersatzfähig.

Wenn es sich bei der versehentlich von G getöteten Katze des S um die seit 10 Jahren im Haushalt lebende Lieblingskatze "Minka" handelt,wird keine höhere Schadensersatzforderung bestehen als bei anderen Katzen.

Falls "Minka" den Anschlag überlebt und eine Heilung möglich ist, kann dessen ungeachtet bei der Frage der Unverhältnismäßigkeit der Heilungskosten diese besondere Situation berücksichtigt werden.

Daraus ergibt sich, dass Nichtvermögensschäden nur insofern ersetzt werden, als eine Wiederherstellung möglich ist oder weitere Einbußen einen Marktwert in Geld besitzen. Der Ersatzanspruch in Geld ergibt sich dann daraus, dass die Wiederherstellung ungenügend zum Schadensausgleich ist und außerdem ein Vermögensschaden vorliegt, der grundsätzlich ersatzfähig ist.

Für das Katzenbeispiel bedeutet dies, dass die Kriterien "Lieblingskatze" keine schadenserhöhenden Eigenschaften darstellen. Anders verhält es sich, wenn Minka eine reinrassige Angorakatze ist, die auf zahlreichen Veranstaltungen Schönheitspreise gewonnen oder sich durch besondere Fähigkeiten ausgezeichnet hat. Ihr insoweit auf dem Katzenmarkt erhöhter Marktwert kann einen erhöhten Schadensersatz begründen, was in der Gesamtbewertung auch zutreffend ist, weil die Katze dann einen tatsächlich höheren (Vermögens-)Wert hat.

---

[318] Vgl. Palandt/*Heinrichs*, § 251 Rn 10.

d) Ausnahme: Allgemeines Persönlichkeitsrecht

Eine Ausnahme vom Grundsatz, dass immaterielle Schäden grundsätzlich nicht in Geld zu ersetzen sind, sieht die Rechtsprechung bei schweren Verletzungen des allgemeinen Persönlichkeitsrechts vor.[319] In diesen Fällen wird zunächst ein Anspruch auf Ersatz des materiellen Schadens durch Unterlassung, Widerruf und Gegendarstellung gewährt. Darüber hinaus wird in Abweichung vom Grundsatz des § 253 BGB auch in besonderen Fällen Ersatz des immateriellen Schadens in Geld unter dem Aspekt der Prävention und Genugtuung gewährt.[320] Das allgemeine Persönlichkeitsrecht eines Menschen ist verletzt, wenn die Intimsphäre oder Privatsphäre durch schwere Eingriffe beeinträchtigt wird.[321] Dieser Schutz ist durch verfassungskonforme Auslegung des Art. 2 Abs. 1 i.V.m. Art. 1 Abs. 1 GG geboten.

Beispiele sind: unberechtigte Veröffentlichung von Tagebüchern, Briefen, die heimliche Aufzeichnung von vertraulichen Gesprächen, heimliches Fotografieren, die unbefugte Nutzung von Bildern oder Namen einer Person zu Werbezwecken, sowie ehrenrührige Verleumdungen einer Person.[322]

S betreibt unter der Internetadresse www.insider.de eine Informationsplattform. Hier veröffentlicht S vertrauliche E-Mails von G, der Bekenntnisse zu seiner Privatsphäre vertraulich in diesen E-Mails an S gerichtet hatte, ohne Kenntnis und Willen, dass S diese vertrauliche Privatnachrichten veröffentlichen würde.

Neben einem Unterlassungsanspruch aus §§ 823, 1004 BGB hat G einen Anspruch auf Schmerzensgeld aus der Verletzung seines allgemeinen Persönlichkeitsrechts aus §§ 823, 249 BGB iVm Art. 2, 1 GG.[323]

---

319 Vgl. dazu unten S. 416 ff.

320 Vgl. BGHZ 35, 363.

321 Vgl. st. Rspr. BGHZ 13, 334; 15, 249; 24, 200.

322 Vgl. z.B. OLG Karlsruhe GRUR 2006, 959 ff.

323 Siehe LG Köln, Az. 28 O 178/06 vom 06.09.2006, MIR 10/2006, veröffentlicht im Internet unter: www.medien-internet-und-recht.de/volltext.php?mir_dok_id=403.

Abbildung 19: Der Schadensbegriff in §§ 249 ff. BGB

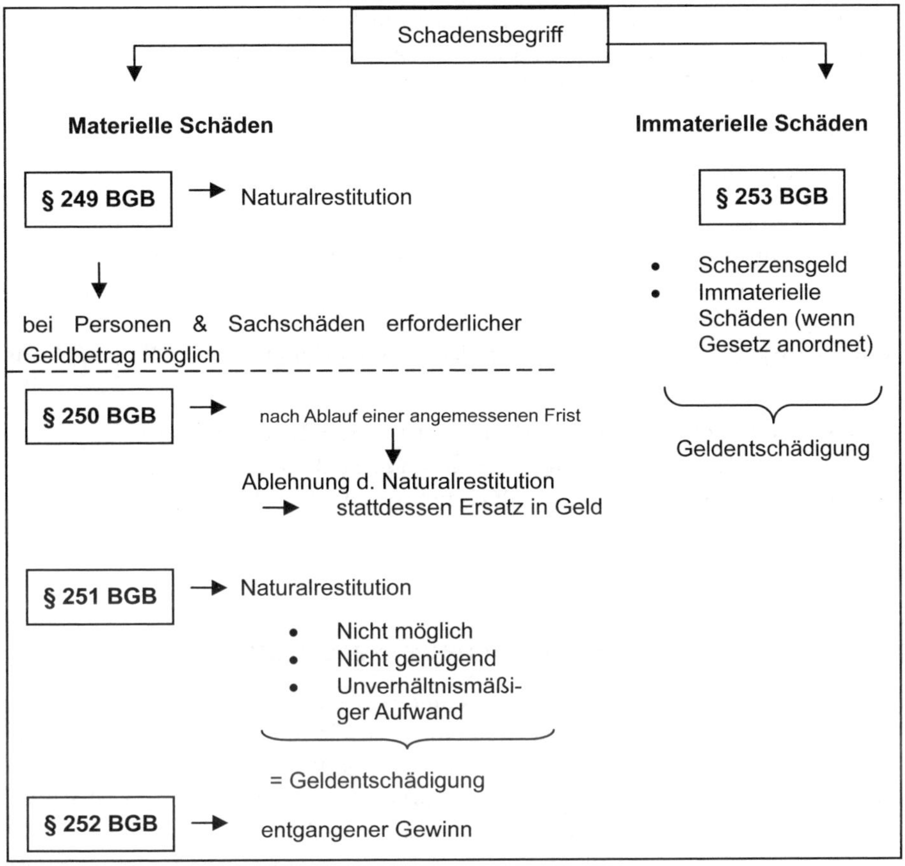

3. Besondere Schadensermittlung bei Vertragsverletzungen

Grundsätzlich wird der Umfang der Haftung dadurch bestimmt, dass der Schädiger den ohne seine Schädigungshandlung bestehenden Zustand wiederherzustellen oder die entsprechende Differenz in der Vermögenslage auszugleichen hat.

Bei einer Vertragsverletzung bestimmt das Gesetz teilweise genauer, welchen Zustand der Schädiger wiederherzustellen hat. Regelmäßig wird dies der Zustand der ordnungsgemäßen Vertragserfüllung sein.

a) Das positive Interesse

Verlangt das Gesetz den Ersatz des Nichterfüllungsschadens, muss der Schädiger den Geschädigten so stellen, als hätte er ordnungsgemäß erfüllt. Verlangt also der Gläubiger Schadensersatz "statt" der Leistung, umfasst der Schadensersatz das sog. positive Interesse, was in der Praxis die Regel ist.

b) Das negative Interesse

In bestimmten Fällen ordnet das Gesetz an, dass der eine Vertragspartner nur das sog. negative Interesse[324] ersetzt verlangen kann. Dann ist er als Geschädigter so zu stellen, wie er stehen würde, wenn nicht auf den Bestand des Vertrages vertraut hätte.[325] Der Geschädigte ist folglich so zu stellen, als hätte er nie etwas von dem Vertrag gehört. Sämtliche Dispositionen, die er im Vertrauen auf die Erfüllung des Vertrages getroffen hat, sind ihm zu ersetzen.

K unterliegt beim Vertragsschluss mit V einem Irrtum. Er ficht seine Willenserklärung an, die gem. § 142 BGB von Anfang an als nichtig gilt. Gem. § 122 BGB muss er V den Vertrauensschaden ersetzen.

4. Die Ermittlung des Schadensersatzumfanges

Das BGB verfolgt das Prinzip der Totalreparation[326], wonach der Schädiger grundsätzlich alle von ihm verursachten Schäden in vollem Umfang zu ersetzen hat. Voraussetzung der Haftung für einen konkreten Schaden ist die Verursachung durch die Verletzungshandlung, die den Schadensersatzanspruch begründet. Ersetzt werden somit grundsätzlich auch alle nur mittelbar verursachten Schäden.

Ist der Schadensersatzanspruch einmal begründet[327] (weil eine entsprechende Anspruchsgrundlage erfüllt ist bzw. deren Tatbestandsmerkmale gegeben sind), haftet der Schädiger für alle hierdurch verursachten Schäden, ohne dass es einer erneuten Prüfung einer Anspruchsgrundlage bedarf.[328]

S verletzt G bei einem Autounfall fahrlässig an dessen Gesundheit. G versäumt deswegen einen Geschäftstermin, verliert 2.000,- EUR Provisionsleistungen und muss Behandlungskosten in Höhe von 1.000,- EUR aufwenden. Die Gesundheitsverletzung durch

---

324 Oder auch Vertrauensschaden.
325 Vgl. *Derleder* NJW 2004, 969 ff.
326 Vgl. *Lamprecht* r+s 2006, 134 ff.
327 Sog. Haftungsbegründung.
328 Sog. Haftungsausfüllung.

die Unfallhandlung begründet den Schadensersatzanspruch von G gegen S nach § 823 Abs. 1 BGB. S hat deswegen alle hierdurch verursachten Schäden zu ersetzen (Haftungsausfüllung), ohne dass es einer weiteren Anspruchsbegründung bedarf.

Der Verursachungszusammenhang wird auch Kausalität genannt. Als für einen Schaden kausal gilt jede Ursache, die nicht hinweggedacht werden kann, ohne dass der konkrete Verletzungserfolg entfiele, sog. condicio-sine-qua-non-Formel.[329] Diese Formel ist zur Bestimmung der Kausalität allerdings oft zu weit. Voraussetzung ist deshalb weiter die sog. adäquate Verursachung des Schadens. Schäden, die nur aufgrund ganz unwahrscheinlicher und entfernt liegender Ursachen eintreten, gelten nicht mehr als im Rechtssinne kausal, so dass eine Haftung entfällt.[330]

Die Gesundheitsverletzung des G durch S ist kausal für den Provisionsausfall und die Behandlungskosten, da diese Schäden ohne die Schädigungshandlung entfielen. S würde aber für solche Schäden nicht haften, die nur aufgrund eines ganz ungewöhnlichen und unwahrscheinlichen Kausalverlaufs eintreten. Müsste G für einen Tag zur Beobachtung ins Krankenhaus und käme dort bei einer Gasexplosion zu Tode, hätte S durch seine Verletzungshandlung (Autounfall) diesen Tod nicht mehr adäquat verursacht.

a) Die Differenzhypothese

Aus der grundsätzlichen Haftung für alle durch die Verletzungshandlung verursachten Schäden ergibt sich beim Schadensersatz durch Wiederherstellung (Naturalrestitution), dass der Zustand wiederherzustellen ist, der ohne die Schädigungshandlung bestehen würde.

Eine beschädigte Sache ist somit zu reparieren, falls der Geschädigte keinen Geldersatz verlangt. Eine ehrverletzende Äußerung ist zu widerrufen.

Bei Vermögensschäden ist zur Bestimmung des Schadensumfangs die Vermögenslage unter Einschluss der Schädigungshandlung mit der hypothetischen Vermögenslage ohne Schädigungshandlung zu vergleichen. Die sich hieraus ergebende Differenz stellt den entstandenen Vermögensschaden dar. Aufgrund der Berechnungsmethode wird dieses Vorgehen Differenzhypothese genannt.[331]

---

329 Vgl. BGHZ 2, 141; 25, 84.
330 Vgl. BGH NJW 2005, 1420.
331 Vgl. auch zur Thematik *Armbrüster* JuS 2007, 411 ff.

Ein Vermögensschaden wird durch die Differenz (Differenztheorie) zwischen der Vermögenslage mit schädigendem und der (hypothetischen) Vermögenslage ohne schädigendes Ereignis bestimmt.

Der Geschädigte soll durch den Schadensersatz letztendlich nicht besser gestellt werden als er ohne das schädigende Ereignis stünde. Deshalb muss sich der Geschädigte grundsätzlich die Vorteile anrechnen lassen, die er durch die Schädigung oder Wiederherstellung erhält.[332]

Spart der Geschädigte beispielsweise Aufwendungen, die er sonst hätte tätigen müssen, sind diese abzuziehen. Kann ein Handelsvertreter als Schadensersatz den Ausfall einer Provision geltend machen, muss er sich hiervon die Kosten anrechnen lassen, die er selbst zum Erhalt der Provision hätte aufwenden müssen, z.B. Telefon-, Porto,- oder Fahrtkosten. Denn er soll durch den Schadensersatz nicht besser stehen als vor Schadenseintritt (seine Vermögenslage soll insoweit keine Differenz aufweisen).

Die Vorteilsanrechnung führt mitunter zu fragwürdigen Ergebnissen, weshalb sie teilweise durch gesetzliche Vorschriften ausgeschlossen ist.

G ist auf seinem Rennrad als Profi-Radfahrer im Begriff, eine Etappe der berühmten "Friedensfahrt" zu gewinnen, als er wenige Meter vor dem Ziel vom Fotografen S zu Sturz gebracht wird, der eine Absperrung missachtet und ihm ins Rad läuft. Durch den Zusammenstoß wird das Rennrad des G beschädigt, er selbst verletzt und verliert zudem auch noch die Etappe inkl. Tagessiegprämie iHv 10.000 EUR. Durch seine Verletzung muss der die Tour abbrechen. Er macht sich Sorgen um seinen Verdienst.

S haftet dem G aus § 823 Abs. 1 BGB für die Schäden aus der Verletzung seines Eigentums (Rennrad) und seiner Gesundheit. Es sind also alle Schäden zu ersetzen, die aufgrund dieser Schädigungen entstanden sind. Das wären hier Heilungs- und Reparaturkosten, sowie die verlorene Siegprämie und die Lohnfortzahlung durch den Abbruch der Tour.

Nach der Differenzhypothese ergibt sich folgendes:

Ohne Sturzverursachung durch S hätte G die Etappe gewonnen. Da sich der Schadensersatz nach § 252 BGB auch auf den entgangenen Gewinn bezieht, ist dieser Schaden iF der Tages-

332 Sog. Vorteilsausgleichung; vgl. *Schur* JuS 2006, 673 ff.; zu KfZ-Leasingverträgen *Nitsch* NZV 2007, 62 ff.

siegprämie über 10.000 EUR zu ersetzen. Ohne Sturz wären auch keine Heilungs- und Reparaturkosten angefallen, auch wäre die Lohnfortzahlung durch das Team des G (als Arbeitgeber) gesichert gewesen.

Hierbei entstehen die Heilungs- und Lohnfortzahlungskosten des G nicht als Schaden bei ihm, da dafür seine Krankenversicherung bzw. sein Arbeitgeber haften.[333] Daher wären diese Schadenspositionen seitens G nicht einzufordern.

b) Normativer Schaden

Aus vorstehend genannten Gründen wird die natürliche Betrachtungsweise der Schadensberechnung nach der Differenzhypothese durch mehrere normative Wertungen ergänzt, die teilweise von der Rechtsprechung weiterentwickelt wurden. Nach diesem normativen Schadensbegriff[334] sind allgemein Leistungen Dritter, die den Schaden mindern, nicht schadensmindernd anzurechnen, soweit dies den Schädiger unbillig entlasten würde. Dies gilt insbesondere für

- Leistungen von Versicherungen (auch Krankenkassen)
- Entgeltfortzahlung nach dem Entgeltfortzahlungsgesetz
- Freiwillige Ausgleichsmaßnahmen, die Dritte oder Geschädigte selbst vornehmen, die ihnen aber eigentlich nicht zumutbar sind.

Danach behält G trotz Zahlung seiner Heilungskosten und seines Gehaltes weiter seinen Schadensersatzanspruch. Da nach §§ 116, 117 SGB X die Ansprüche des Versicherungsnehmers auf seine Krankenkasse gesetzlich übergehen[335], steht dieser der Anspruch zu. Die Krankenkasse kann folglich von S Regress verlangen.

Diese normative Wertung des Fortbestehens des Schadensersatzanspruchs trotz Ausgleichs durch Dritte soll verhindern, dass der Schädiger unbillig entlastet wird und zwar dadurch, dass der Geschädigte selbst Vorsorge zur Schadensversicherung getroffen und hierfür eigene Mittel aufgewendet hat. Auch die freiwillige Leistung Dritter soll den Schädiger aus dem gleichen Grunde nicht entlasten.

Überlässt der spätere Etappensieger Y der Fairness halber G die Etappenprämie, verliert G trotzdem seinen Anspruch nicht.

---

333 Arbeitgeber nach Entgeltfortzahlungsgesetz; Krankenkassen nach den Sozialgesetzbüchern.
334 Vgl. BGHZ 43, 381; 54, 47.
335 Sog. cessio legis = gesetzlicher Forderungsübergang, siehe ab S. 212 ff.

c) Abzug "neu für alt"

Auf der anderen Seite ergibt sich aber aus der normativen Betrachtung, dass dem Geschädigten kein Vorteil aus dem Schadensersatz erwachsen soll. Als Korrelat zur vorstehend genannten Ausweitung kann es -soweit die Differenzhypothese nicht schon zur Berücksichtigung des Vermögensvorteils führt- zu einem Abzug kommen. Besondere Bedeutung hat hierbei die Fallgruppe "neu für alt"[336] bei Reparaturen oder der Wiederbeschaffung von Sachen.

Der Mechaniker M vergisst nach dem Ölwechsel am Motor die Dichtungsschraube wieder zuzudrehen. Durch den hierdurch eintretenden Ölverlust entsteht ein irreparabler Motorschaden. Deshalb muss die Werkstatt zum Schadensersatz einen fabrikneuen Motor einbauen, wenn gebrauchte Modelle nicht verfügbar sind. Der Wert des alten Motors beträgt 1000,- EUR, die Kosten für den neuen Motor 5.000,- EUR. Der ursprüngliche Wert des Autos beläuft sich auf 10.000,- EUR.

Gemäß § 249 Abs. 2 BGB kann der Geschädigte den zur Wiederherstellung nötigen Betrag ersetzt verlangen, so dass der volle Betrag für den neuen Motor zu ersetzen wäre. Dieser Umfang ist auch erforderlich iSv § 249 Abs. 2 BGB. Der geschädigte Autoeigentümer mit dem neuen Motor besser gestellt als mit dem alten Motor. Deshalb wird ihm ein Abzug "neu für alt" angerechnet, mit dem die Wertdifferenz zwischen dem alten und dem neuen Motor ausgeglichen werden soll.

Bei der Schadensberechnung besteht nach der Rechtsprechung die weitere Besonderheit des Schadensersatzes in Geld für die (abstrakte) Nutzungsmöglichkeit eines Kraftfahrzeugs. Nach der Rechtsprechung handelt es sich bei dieser Position um ein vermögenswertes Gut, dessen Entziehung zu einem ersatzfähigen Vermögensschaden in Geld führen kann. Dies beruht auf dem sog. **Kommerzialisierungsgedanken**[337]: Für diese Position hat der Geschädigte vorab eigene Leistungen erbringen müssen (Autounterhalt), für die am Markt üblicherweise Geld zu zahlen sind.

Kann G aufgrund eines von S verschuldeten Unfalls sein Auto während der Reparatur 10 Tage lang nicht nutzen, soll er für diesen Zeitraum Ersatz für den Nutzungsausfall unabhängig davon erhalten, ob er tatsächlich einen Ersatzwagen mietet. Hierin liegt die Besonderheit des abstrakten Nutzungsausfalls; bei der notwendigen Miete eines Ersatzfahrzeugs durch G würde diesem nach der Differenzhypothese tatsächlich ein zusätzlicher Schaden in Höhe der Mietkosten entstehen. Mietet

---

[336] BGH NJW 2004, 2526; siehe auch Palandt/*Heinrichs*, § 249, Rn 43.

[337] Vgl. BGHZ 86, 131.

er hingegen kein Ersatzfahrzeug, entgeht ihm nur der abstrakte Gebrauchsnutzen seines Fahrzeugs. Dieser soll nach der Rechtsprechung allerdings "geldwert" und damit ersatzfähig sein. Die Begründung mittels des Kommerzialisierungsgedankens erscheint im Hinblick auf das Ergebnis und die wirtschaftliche Bedeutung des Autos angemessen und verhindert, dass aufgrund von § 253 BGB der abstrakte Nutzungsausfall als bloßer immaterieller Schaden ersatzlos entfiele.

Die Anwendung des Kommerzialisierungsgedankens ist nur für die genannte Fallgruppe anerkannt und kann nicht auf andere Fälle ausgeweitet werden.[338]

Beispielsweise kann bei Beschädigung einer Segelyacht der Eigentümer für die Reparaturdauer grundsätzlich keinen Nutzungsausfall verlangen.

Abbildung 20: Die Schadensberechnung

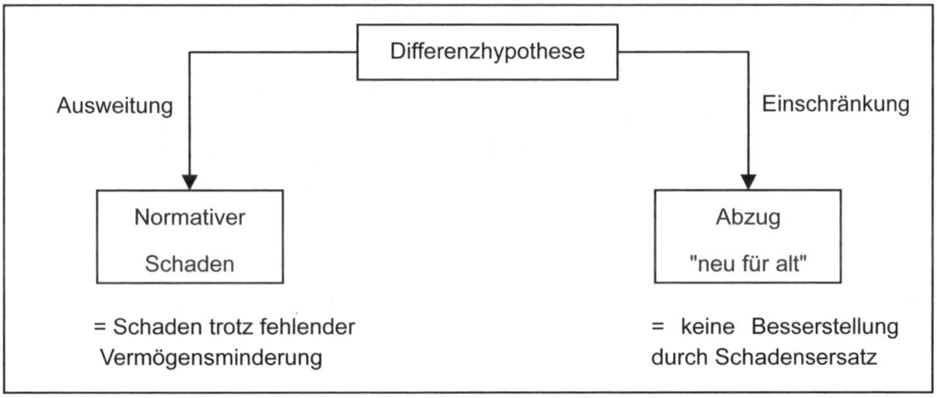

338 Siehe zum Schadensersatz wegen nutzlos aufgewandter Urlaubszeit die Spezialnorm im Reisevertragsrecht § 651f Abs. 2 BGB, siehe im Buch ab S. 357 ff.(Reisevertragsrecht).

III. Das Mitverschulden des Geschädigten nach § 254 BGB

Die Entstehung des Schadensersatzanspruchs gegen einen Schädiger ist unabhängig davon, in welchem Maß dieser den Schaden verursacht hat. Er haftet zunächst auch dann auf vollen Schadensersatz, wenn nicht nur er, sondern auch der Geschädigte selbst den Schaden mitverursacht hat. In diesen Fällen erscheint es jedoch nicht sachgerecht, dem Geschädigten den vollen Schadensersatzanspruch zuzusprechen. § 254 BGB bestimmt deshalb, dass der Schadensersatzanspruch bei einem Mitverschulden des Geschädigten davon abhängt, inwieweit der Schaden vorwiegend von ihm oder von dem anderen Teil verursacht wurde.[339] Diese Abwägung orientiert sich nach der Fassung des § 254 BGB in erster Linie am Maß der beiderseitigen Verursachung des Schadens. Entscheidend ist, mit welchem Grad von Wahrscheinlichkeit die beiden Verursachungsbeiträge zur Herbeiführung des schädigenden Erfolges geeignet waren. Vorwiegend verursacht hat derjenige den Schaden, der diesen in höherem Grad wahrscheinlich gemacht hat. Daneben ist in zweiter Linie auf das Maß des Verschuldens abzustellen, also auf die Frage, ob Vorsatz oder nur Fahrlässigkeit vorlag. Verschulden bezüglich des Geschädigten umfasst dabei ein Verschulden gegen sich selbst im Sinne einer Obliegenheitsverletzung gegen die Gebote des eigenen Interesses.

Grundsätzlich darf der Geschädigte zwar mit seinen Rechtsgütern verfahren wie er will. Lässt der Geschädigte aber die Sorgfalt außer Acht, die erforderlich ist, um sich selbst vor Schaden zu bewahren, muss er die Kürzung seiner Schadensersatzansprüche hinnehmen.

Nachdem der Verursachungsbeitrag und das Maß des Verschuldens feststehen, sind diese Beiträge gegeneinander abzuwägen. Die Abwägung kann im Ergebnis zur Schadensteilung, zur vollen Haftung des Schädigers oder zum Wegfall des Schadensersatzanspruchs führen. Die Abwägung hängt von den konkreten Umständen des Einzelfalls ab und eröffnet dem Richter einen Ermessensspielraum. Die nur leicht fahrlässige Mitverursachung seitens des Geschädigten tritt bei Vorsatz des Schädigers i.d.R. voll zurück, wodurch es zu keiner Kürzung nach § 254 BGB kommt. Bei § 254 BGB ist zu beachten, dass der Geschädigte sich ein Verschulden seines Erfüllungsgehilfen nach § 278 BGB zurechnen lassen muss. Dies ergibt sich aus § 254 Abs. 2, Satz 2 BGB, der auch für § 254 Abs. 1 BGB gelten soll und nur aufgrund eines Versehens im Absatz 2 und nicht als eigenständiger Absatz 3 normiert wurde. Ein anrechenbares Verschulden des Geschädigten setzt i.ü. dessen Verschuldensfähigkeit i.S.v. § 828 BGB voraus.[340]

339 Vgl. instruktiv BGHZ 119, 268 zum Mitverschulden beim Autounfall bezüglich der Missachtung der Gurtanlegepflicht.

340 Eine nicht verschuldensfähige Person (z.B. 6-Jähriger) kann kein Mitverschulden treffen.

K. Gläubigerwechsel und Schuldübernahme

Mit dem Entstehen eines Anspruchs besteht für den Anspruchsinhaber die Möglichkeit, sein Recht auszuüben (§ 194 Abs. 1 BGB) oder es auf Dritte zu übertragen. Bei der Forderungsübertragung bestehen zwei Grundarten: zum einen die vertragliche Übertragung (sog. Abtretung gem. §§ 398 ff. BGB), zum anderen die gesetzliche Übertragung (sog. cessio legis), vgl. insbesondere die Regelung in § 412 BGB. Weiterhin besteht noch die Möglichkeit eines Dritten, die Schuld eines anderen freiwillig zu übernehmen (§§ 414 ff. BGB).

I. Die Forderungsübertragung

Die Forderungsübertragung kann vertraglicher und gesetzlicher Natur sein.

> **G verkauft das Bild "Paul als Harlekin" von Picasso für 10 Mio EUR an K. Nach der ordnungsgemäßen Übergabe und Übereignung, wartet G vergeblich auf Bezahlung durch K. Er fragt sich, ob er seinen Anspruch aus dem Kaufvertrag mit K (Zahlung des Kaufpreises, § 433 Abs. 2 BGB) weiterveräußern kann, um anstelle langwieriger Rechtsstreitigkeiten und Zwangsvollstreckungsproblemen umgehend Geld erhalten zu können. Die Creditreform-Gesellschaft bietet ihm den Kauf seiner Forderung für 9 Mio EUR an.**[341]

Durch einen Abtretungsvertrag (Zession) kann eine Forderung von dem Forderungsinhaber (Gläubiger) auf den Vertragspartner (neuer Gläubiger) übertragen werden, gem. § 398 BGB. Mit dem Abschluss dieses Vertrages wird der neue Gläubiger (sog. Zessionar) anstelle des bisherigen Gläubigers (Zedent) Inhaber der Forderung, gem. § 398 Satz 2 BGB.

Rechtstechnisch stellt die Abtretung nach §§ 398 ff. BGB ein rechtgeschäftliches Verfügungsgeschäft dar, weil hierdurch ein Recht direkt geändert bzw. übertragen wird. Dabei ist das Trennungs- und Abstraktionsprinzip zu beachten. Die Abtretung als Verfügungsgeschäft ist von einem zugrundeliegenden Verpflichtungsgeschäft zu trennen und in seiner Wirksamkeit unabhängig (abstrakt) zu beurteilen.

---

341 Zum Factoring siehe ab S. 320 ff.

Wenn G die Forderung an die Creditreform verkauft, stellt dieser Kaufvertrag ein Verpflichtungsgeschäft dar. Durch dieses wird aber die Forderung als solche noch nicht übertragen, vielmehr verpflichten sich die Parteien nur zur Übertragung. Die eigentliche Abtretung nach § 398 BGB als Verfügungsgeschäft muss noch zum Verpflichtungsgeschäft hinzukommen. Da das Abstraktionsprinzip gilt, kommt es auf Mängel im Verpflichtungsvertrag nicht an, wenn die Wirksamkeit des Verfügungsgeschäfts zu bewerten ist.

Systematisch betrachtet ist die Regelung der Abtretung gem. § 398 BGB im Bereich des allgemeinen Schuldrechts ungewöhnlich. Sie stellt, inmitten des allgemeinen Schuldrechts und damit inmitten eigentlicher Verpflichtungsnormen, ein Verfügungsgeschäft dar, welches theoretisch zum Sachenrecht zählt, da es um die Übertragung von Rechten geht.

1. Die Voraussetzungen der Abtretung

Die wirksame Abtretung setzt eine Einigung zwischen dem alten und neuen Gläubiger dahingehend voraus, dass die Forderung vom alten Gläubiger (Zendenten) auf den neuen Gläubiger (Zessionar) übergehen soll. Für diese Einigung besteht kein Formerfordernis.

Eine Besonderheit besteht für die durch eine Hypothek gesicherte Forderung, die nur zusammen mit der Hypothek unter Beachtung der Form des § 1154 BGB übertragen werden kann.[342] Eine weitere Ausnahme ist die Übertragung der Geschäftsanteile einer GmbH unter Wahrung der Schriftform nach § 15 GmbHG.

Auf die Einigung sind die allgemeinen Vorschriften über Willenserklärungen und Verträge anwendbar. Weiter muss die Forderung für den geplanten Forderungsübergang tatsächlich bestehen. Auch muss der Zedent wirklich Inhaber dieser Forderung sein. Ein gutgläubiger Forderungserwerb ist nicht möglich. Dies ergibt sich deshalb, weil beim gutgläubigen Erwerb derjenige geschützt wird, der aufgrund der äußeren Umstände annehmen durfte, dass der Veräußerer tatsächlich Inhaber des zu übertragenden Rechts ist. Im Sachenrecht werden die äußeren Umstände entweder durch den Besitz oder eine Eintragung im Grundbuch hervorgerufen. Dagegen ist bei Forderungen kein äußeres Anzeichen gegeben, was einen derartigen Rechtsschein hervorrufen könnte.

342 Zur Hypothek siehe unten ab S. 528 ff.

Letztlich darf die Forderungsübertragung nicht nach § 399 BGB ausgeschlossen sein. Dies kommt gem. § 399 Alt. 2 BGB dann in Betracht, wenn Gläubiger und Schuldner vertraglich ein Abtretungsverbot vereinbart haben.[343]

Haben G und K im o.g. Beispiel bei Abschluss ihres Kaufvertrages ein Abtretungsverbot vereinbart, können zwar G und Creditreform einen Kaufvertrag über die Kaufpreissumme schließen (Abstraktionsprinzip!), aber eine Übertragung der Forderung im Rahmen des Verfügungsgeschäftes ist nicht möglich, womit G weiter Inhaber der Forderung gegen K bleibt.

Aufgrund des nicht erfüllbaren Kaufvertrages (G kann die Übertragung nicht vornehmen) stehen der Creditreform Schadensersatzansprüche (§§ 280 Abs. 1,3 iVm 281, 283 BGB) und Rücktrittsrechte (§§ 323, 326 Abs. 4 BGB) zu.

In diesem Zusammenhang ist auf § 354a HGB hinzuweisen, wonach ein Abtretungsverbot beim Handelgeschäft für beide Teile irrelevant ist.

Sind also G und K Kaufleute i.S.d. HGB, ist das vereinbarte Abtretungsverbot unwirksam.[344]

Abtretung nach § 398 ff. BGB (Verfügungsgeschäft)

---

1. Einigung zwischen Zedent und Zessionar
2. Existenz und Bestimmbarkeit der Forderung
3. Berechtigung zur Abtretung (Zedent ist Inhaber der Forderung)
4. kein Abtretungsausschluss (weder gesetzlich noch vertraglich)

---

2. Die Rechtsfolgen der Abtretung

Gem. § 398 S. 2 BGB geht die Forderung auf den neuen Gläubiger (Zessionar) über. Daneben resultieren aus der wirksamen Abtretung gem. §§ 402, 403 BGB besondere Pflichten des Altgläubigers (Zedenten) wie z.B. die Auskunftspflicht gegenüber dem neuen Gläubiger (Zessionar).

Gemäß § 401 BGB gehen Neben- und Vorzugsrechte mit der abgetretenen Forderung auf den neuen Gläubiger über.[345] Für sonstige ebenfalls unselbständige, sichernde

343 Vgl. zu weiteren Abtretungsausschlüssen u.a. §§ 400, 717 BGB.
344 Siehe zum Handelsgeschäft auch §§ 343, 344 HGB.
345 Vgl. dazu §§ 1153 (Hypothek), 1250 (Pfandrecht an Sachen), 1273 Abs. 2 (Pfandrecht an Rechten).

Nebenrechte kommt eine analoge Anwendung in Betracht wie z.B. für die Vormerkung (§ 883 BGB). § 401 BGB analog gilt aber nicht für nichtakzessorische, selbstständige Sicherungsrechte wie die Sicherungsgrundschuld, die Sicherungsübereignung oder den Eigentumsvorbehalt.

Merke: Rechtsfolgen der Abtretung

- Forderungsübergang auf den Zessionar
- Sonderpflichten des Zedenten (Auskunftspflicht, Urkundenauslieferung, Urkundenausstellung, §§ 402, 403 BGB)
- Sonderpflicht des Zessionars (Kostentragung für die öffentliche Beglaubigung der Urkunde, § 403 S. 2 BGB)
- Übergang der Neben- und Vorzugsrechte (§ 401 BGB ggf. analog, s.o.)

Die Mitwirkung des Schuldners bei der Abtretung ist nicht erforderlich. Der Schuldner muss gem. §§ 398 ff. BGB auch nicht über die Abtretung informiert werden. Da der Schuldner durch die Abtretung auch nicht schlechter stehen darf, sehen die §§ 398 ff. BGB auch für ihn einige spezielle Schutzvorschriften vor.

Es bleiben ihm zunächst alle Einwendungen und Einreden, die er gegenüber dem alten Gläubiger (Zedenten) hatte, erhalten und können dem neuen Gläubiger (Zessionar) entgegengehalten werden, § 404 BGB.

Ist die Kaufpreisforderung des G gegen K mittlerweile verjährt, kann K die Verjährungseinrede auch der Creditreform gegenüber geltend machen und muss dann nicht an sie zahlen.

Hinsichtlich der Einwendungen und Einreden, die der Schuldner dem neuen Gläubiger gem. § 404 BGB entgegenhalten kann, ist zu beachten, dass sie zum Zeitpunkt der Abtretung "begründet" waren. Das bedeutet nicht, dass sie bereits in allen Tatbestandsmerkmalen verwirklicht sein müssen. Ausreichend ist vielmehr, dass sie ihrem Rechtsgrund nach im Schuldverhältnis bereits angelegt waren, sog. "Wurzeltheorie". Der Begriff der Einwendungen wird im weiteren Sinne verstanden und umfasst rechtshindernde[346] und rechtsvernichtende[347] Einwendungen sowie Einreden[348].

Weiterhin sieht zum Schutz des Schuldner § 406 BGB vor, dass er eine ihm gegen den bisherigen Gläubiger zustehende Forderung auch dem neuen Gläubiger gegenüber aufrechnen kann.

346 Z.B. §§ 104, 125, 134, 138 BGB.
347 Z.B. §§ 142, 355, 323 ff., 362, 389 ff. BGB.
348 Z.B. §§ 194 ff., 273, 320 BGB.

Bei Unkenntnis des Schuldners von der Abtretung kann er gem. § 407 BGB schuldbefreiend an den Zendenten (Altgläubiger) als ursprünglichen Gläubiger leisten. Der Zessionar (Neugläubiger) muss jede Leistung, jedes Rechtsgeschäft und klageabweisendes Urteil gegen sich gelten lassen. Bei mehrfacher Abtretung darf der Schuldner den "Scheinzessionar" als wirklichen Gläubiger behandeln, § 408 BGB.

Abbildung 21: *Die Abtretung*

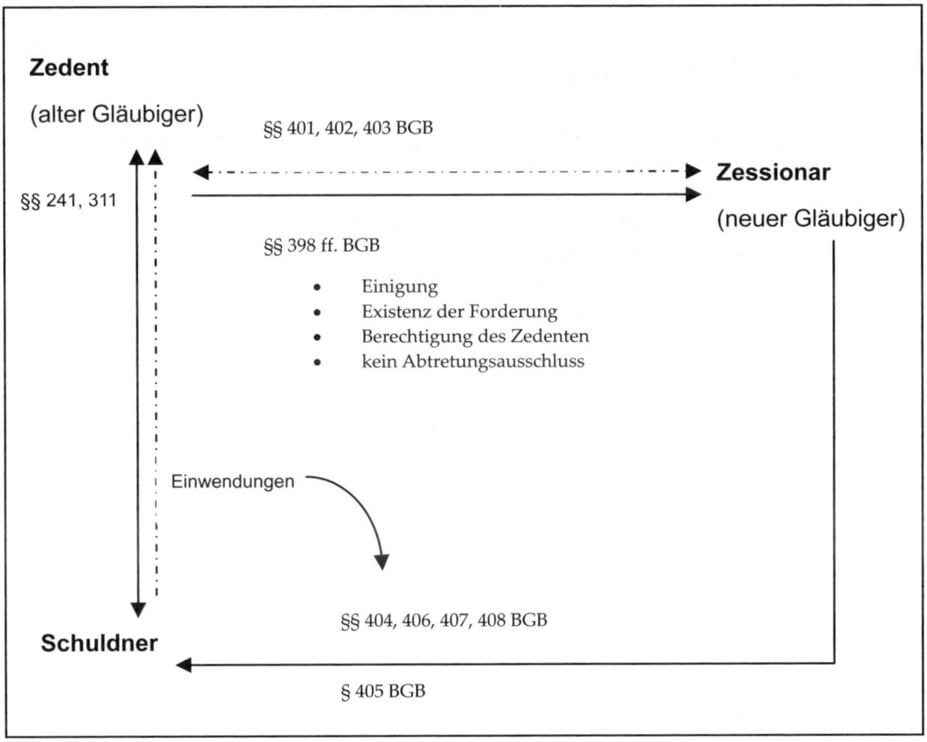

3. Gesetzlicher Forderungsübergang

Neben dem rechtsgeschäftlichen Forderungsübergang gibt es den gesetzlichen Forderungsübergang, sog. cessio legis. Das Gesetz ordnet in bestimmten Fällen an, dass aufgrund der Erfüllung bestimmter gesetzlicher Voraussetzungen eine Forderung vom Forderungsinhaber auf einen anderen automatisch übergeht.

Gem. § 412 BGB sind die Abtretungsvorschriften der §§ 399-404, 406-410 BGB entsprechend anwendbar.

Einen gesetzlichen Forderungsübergang ordnet z.B. § 774 BGB für den Bürgen an, der zur Erfüllung seiner Bürgschaftsverpflichtung die Schuld des Hauptschuldners bezahlt. In diesem Fall geht diese Forderung gegen den Hauptschuldner automatisch auf ihn gesetzlich über.[349]

II. Die Schuldübernahme

Durch die sog. **befreiende Schuldübernahme** gem. §§ 414 ff. BGB kann durch Vertrag die Schuld auf einen neuen Schuldner (Dritten) übertragen werden.

Beispielsweise veräußert der alternde Kaufmann V seinen Betrieb an den Jungunternehmer K. Zwischen den Parteien wird im Hinblick auf einen niedrigen Verkaufspreis vereinbart, dass K die bestehenden Schulden des Betriebs übernimmt.

Hiervon ist die sog. **kumulative Schuldübernahme** zu trennen, wonach der Altschuldner nicht von der Schuld befreit wird, sondern der Neuschuldner neben den Altschuldner hinzutritt. Der Schuldner und der beigetretene Mitübernehmer werden Gesamtschuldner[350].

Weiterhin ist die Schuldübernahme von der Erfüllungsübernahme gem. § 329 BGB abzugrenzen. Bei der Erfüllungsübernahme verpflichtet sich ein Dritter gegenüber dem Schuldner, dessen Schuld zu erfüllen. Hieraus folgt lediglich ein Anspruch im Innenverhältnis auf Schuldbefreiung. Für den Gläubiger bleibt es beim Anspruch gegen denselben Schuldner. Der Gläubiger erwirbt keinen Anspruch gegen den Dritten.

Für das Zustandekommen der Schuldübernahme ist immer die Beteiligung des Gläubigers erforderlich, damit dieser die Möglichkeit zur Einschätzung der Bonität seines Schuldners hat. Dementsprechend bedarf die Schuldübernahme der Genehmigung des Gläubigers, wenn sie vertraglich nicht zwischen dem Gläubiger und dem neuen Schuldner, sondern zunächst ohne Gläubigermitwirkung zwischen dem Alt- und Neuschuldner vereinbart wird (§ 415 BGB).

Die Rechtsstellung des Neuschuldners (Schuldübernehmers) wird gem. § 417 BGB insofern gestärkt, als er dem Gläubiger die Einwendungen entgegensetzen kann, die sich aus dem Rechtsverhältnis zwischen dem Gläubiger und dem bisherigen Schuldner ergeben. Dagegen erlöschen Sicherungs- und Vorzugsrechte nach § 418 BGB, weil für

349 Vgl. zur Bürgschaft ab S. 368 ff.
350 Vgl. zur Gesamtschuldnerschaft ab S. 214 ff.

die Sicherungsgeber die Person des Schuldners (dessen Bonität) von Bedeutung ist. Bei Einwilligung des Sicherungsgebers besteht eine Ausnahme nach § 418 Abs. 1 Satz 3 BGB, wodurch die Sicherungsrechte bestehen bleiben.

Abbildung 22: Die cessio legis und die Schuldübernahme

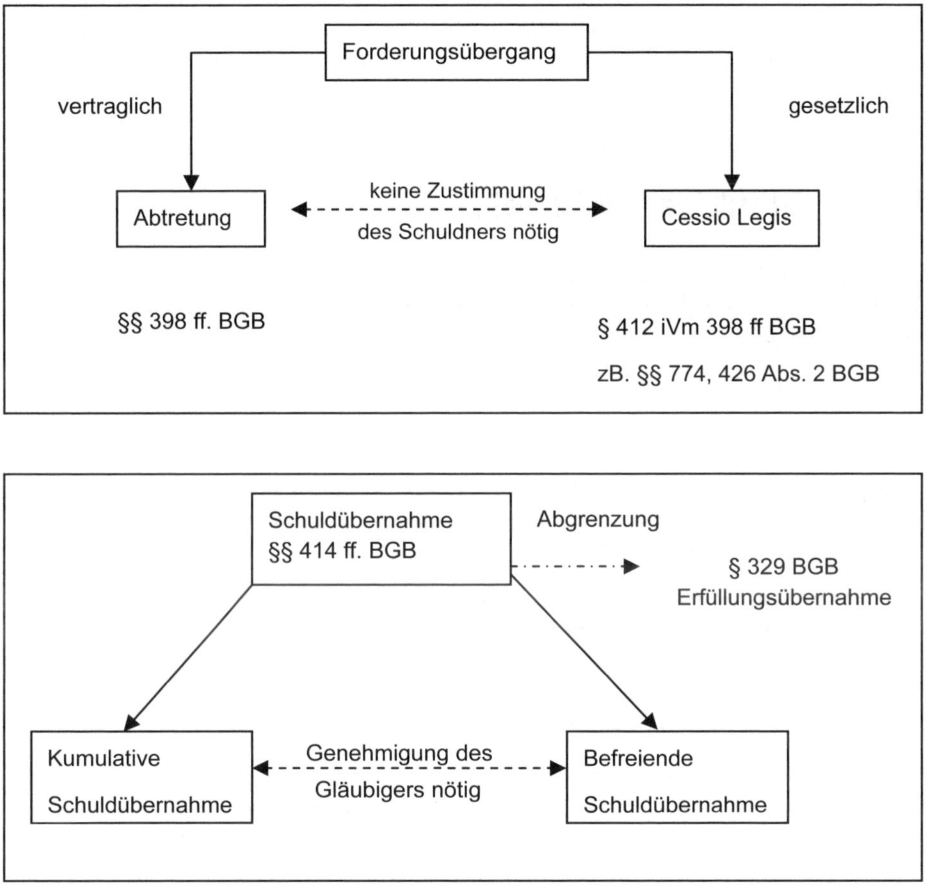

L. Mehrheit von Gläubigern und Schuldnern

An einem Schuldverhältnis sind mindestens zwei Personen beteiligt, es können aber auch mehrere Personen auf der Gläubiger- oder Schuldnerseite stehen.

I. Gläubigermehrheit

Gläubigermehrheiten bestehen nach dem BGB in Form der Teil-, Gesamt- und Gesamthandsgläubiger. Der Wortlaut der drei Begriffsformen deutet bereits den Inhalt und die Rechtsfolgen an.

Bei der **Teilgläubigerschaft** besteht gem. § 420 1. Halbsatz, Alt. 2 BGB für mehrere Gläubiger das Recht, eine teilbare Leistung fordern zu können. Eine teilbare Leistung ist gegeben, wenn sie ohne Wertminderung bzw. ohne Beeinträchtigung des Leistungszwecks in Teilleistungen zerlegbar ist, was i.d.R. bei Geld und anderen vertretbaren Sachen zutrifft. Als Rechtsfolge ergibt sich gem. § 420 BGB, dass jeder Gläubiger zu einem gleichen Teil berechtigt ist.

> **Die Hobbygärtner K und L bestellen beim Großhändler wegen eines Mengenrabatts gemeinsam 40 Liter Pestizide mit der Abrede, dass jeder von ihnen die Hälfte erhalten und bezahlen soll. Folglich können gem. § 420 BGB der K und L jeweils 20 Liter Pestizide vom Großhändler gegen Bezahlung fordern.**

Im Falle einer **Gesamtgläubigerschaft** eröffnet sich nur für den Schuldner nach § 428 S. 1 BGB die Möglichkeit, nach seinem Belieben an jeden der Gläubiger leisten zu können. Der Schuldner wird somit durch die Leistung an einen Gläubiger frei, wobei er sich aussuchen kann, an welchen Gläubiger er mit befreiender Wirkung leistet. Der Ausgleich ist dann innerhalb der Gläubiger vorzunehmen.

Mitgläubiger können die Leistung nur gemeinsam, d.h. an alle fordern (vgl. § 432 Abs. 1 S. 1 BGB). Demzufolge hat jeder Gläubiger ein Forderungsrecht, kann die Leistung aber nicht nur für und an sich, sondern ausschließlich an alle Gläubiger, verlangen.

II. Schuldnermehrheit

Bei der Mehrheit von Schuldnern bestehen grundsätzlich die Formen der Teil- und Gesamtschuldnermehrheit.

Im Rahmen der **Teilschuldnerschaft** schulden mehrere Schuldner eine teilbare Leistung, vgl. § 420 BGB. Der Rechtsfolge nach sind die einzelnen Schuldner nur zu einem gleichen Teil verpflichtet.

Bei der **Gesamtschuld** schulden mehrere eine Leistung in der Weise, dass jeder die ganze Leistung zu bewirken verpflichtet ist, wobei der Gläubiger aber die Leistung nur einmal fordern darf, § 421 BGB.

Die Begründung einer Gesamtschuld kommt in Betracht, wenn mehrere Schuldner eine unteilbare Leistung schulden, § 431 BGB, z.B. die Herstellung eines Werkes durch mehrere Handwerker oder Künstler.

Das Gesetz kann auch eine gesamtschuldnerische Haftung anordnen, z.B. wenn mehrere Täter dem Opfer Schadensersatz für unerlaubte Handlungen nach §§ 840, 823 BGB leisten müssen.

Von Bedeutung ist weiterhin die Auslegungsregel für vertragliche Verpflichtungen in § 427 BGB. Hieraus ergibt sich, dass im Zweifel eine Haftung als Gesamtschuldnerschaft besteht.

> **Die Eheleute M und F unterschreiben einen Kaufvertrag für einen Sportwagen i.H.v. 40.000 EUR. Damit verpflichten sich beide, jeweils für die gesamte Schuld einstehen zu wollen, auch wenn nur der M mit dem Wagen fahren will und die F kein Interesse daran hat.**

Für die Rechtsfolgen der Gesamtschuld ist zwischen der Gläubiger- und Schuldnerstellung zu unterscheiden. Die Stellung des Gläubigers zeichnet sich durch sein Forderungsrecht nach freier Wahl hinsichtlich des Schuldners aus.

Für die Schuldnerstellung ergibt sich gem. § 422 BGB, dass die Erfüllung eines Gesamtschuldners auch für die übrigen Schuldner wirkt. Soweit ein Gesamtschuldner vom Gläubiger in Anspruch genommen wird und erfüllt, besteht seinerseits ein Ausgleichsanspruch gem. § 426 Abs. 1 BGB gegenüber den anderen Schuldnern.

Nach § 426 Abs. 2 BGB geht sodann die Forderung des Gläubigers gegen die übrigen Schuldner auf ihn über. Hierin liegt ein weiteres Beispiel für einen gesetzlichen Forderungsübergang (cessio legis). Gem. § 412 BGB sind die §§ 398 ff. BGB entsprechend anwendbar, wodurch auch Sicherungsrechte auf den leistenden Schuldner mit übergehen.

Abbildung 23: Mehrheit von Gläubigern und Schuldnern

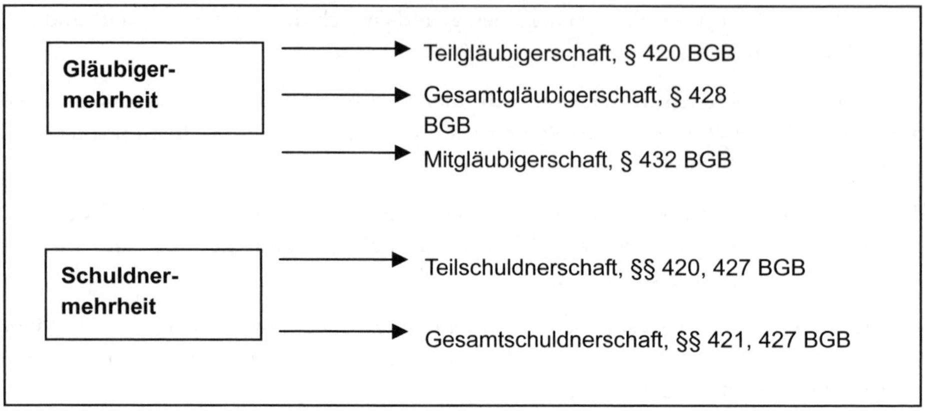

Viertes Kapitel

Besonderes Schuldrecht

A. Übersicht über die Vertragsarten

Das allgemeine Schuldrecht stellt Regelungen auf, die für alle Arten von Schuldverhältnissen gelten. Da die einzelnen Verträge aber unterschiedliche Erfordernisse und Ausgestaltungen bedingen, reichen allgemeine, für alle geltende Vorschriften nicht aus, um die Rechtsbeziehungen untereinander ausreichend zu regeln. Daher stellt der Besondere Teil des Schuldrechts für die einzelnen Vertragstypen Sondervorschriften auf, die den speziellen Anforderungen des jeweiligen Vertragstyps Rechnung tragen.

Es bestehen wesentliche Unterschiede, ob Brot gekauft, ein Werkvertrag für eine Skulptur geschlossen, der Urlaub vertraglich geregelt oder eine Wohnung gemietet wird. Für diese Vertragstypen einheitliche Regelungen aufzustellen, würde nicht den Besonderheiten der einzelnen Schuldverhältnisse gerecht werden. Daher beinhaltet das besondere Schuldrecht für jeden Vertragstyp spezielle Vorschriften, die den Vertragsparteien vorgeben, wie etwaige Probleme in den Schuldverhältnissen bzw. Verträgen zu behandeln sind.

Erst dann, wenn der zugrundeliegende Vertrag keinem Vertragstyp des Besonderen Teils im BGB entspricht oder wenn die dort enthaltenen Sondervorschriften im konkreten Fall nicht ausreichend sind, können diese Lücken mit Hilfe des Allgemeinen Teils des Schuldrechts im BGB geschlossen werden.

I. Typische Verträge

Im Besonderen Teil des Schuldrechts enthält das BGB sog. typische Vertragsarten. Die praktisch wichtigsten und häufigsten Vertragsarten werden hier geregelt: z.B. Kauf-, Tausch-, Miet-, Leih-, Werk-, Darlehensvertrag usw. Schließen die Vertragsparteien einen typischen Vertrag und vereinbaren nichts Näheres oder Abweichendes, gelten automatisch die gesetzlichen Bestimmungen zu diesem Vertragstyp.

Malermeister M verpflichtet sich gegenüber dem Friseurmeister F, dessen Salon gegen Zahlung von 10.000,- EUR zu renovieren.

Durch diese Vereinbarung ist ein Werkvertrag zwischen den Beteiligten zustande gekommen, da sich M verpflichtet, für F den Friseursalon zu renovieren. Diese Vereinbarung entspricht der Definition des Werkvertrages in § 631 BGB dahingehend,

daß sich M zur Herstellung des versprochen Werkes (Renovierung des Friseursalons) und der F zur Zahlung der Vergütung (10.000 EUR) verpflichtet.

Wenn die Parteien keine weiteren Vereinbarungen treffen, sind die bestehenden gesetzlichen Vorschriften anwendbar.

Im Beispiel gelten deshalb z.B. die gesetzlichen Gewährleistungsrechte, wenn die Vertragsparteien über Gewährleistung nicht gesprochen bzw. an diese Fälle nicht gedacht haben. Führt M die Renovierung mangelhaft aus, kann F gemäß §§ 634 Nr. 1, 635 Abs. 1 BGB Nacherfüllung und unter den Voraussetzungen der §§ 634 Nr. 4; Nr. 3, 280 ff., 323 BGB Schadensersatz sowie Rücktritt geltend machen. M könnte dies nicht mit dem Argument zurückweisen, über diese Rechte des F sei keine Vereinbarung getroffen worden. Darüber hinaus hat F gem. § 634 Nr. 2 iVm § 637 BGB das Recht zur Selbstvornahme.

Dies ermöglicht im Wirtschaftsleben die einfache Vertragseinigung und Abwicklung iRd häufigsten Vertragstypen. Es muss nicht erst ausgehandelt werden, welche Regelungen in allen nur denkbaren Fällen gelten sollen, sondern Verträge können schlicht und vor allem kurz ausfallen, was in der Praxis jedoch nicht die Regel ist.

II. Gemischte Verträge

Im Wirtschaftsleben gibt es Vertragssituationen, die nicht nur einem der typischen Verträge, sondern mehreren Vertragstypen entsprechen.[351]

Gourmet G bestellt mit seiner Gattin im Restaurant von P das Galamenü und ist hoch zufrieden mit dem exzellenten Service und den Speisen.

G hat einen sog. Bewirtungsvertrag mit dem Inhaber geschlossen. Der Bewirtungsvertrag enthält Elemente

- **des Dienstvertrags hinsichtlich der Bedienung;**
- **des Kaufvertrags, da G die Speisen entgeltlich erwerben soll;**
- **des Werkvertrags in Bezug auf die Zubereitung der Speisen durch den Koch;**
- **des Mietvertrags für die Überlassung der Stühle, Bestecke, Gläser etc.**

---

351 Siehe auch *Roth*, JuS 1999, 20 ff.

In derartigen Fällen gelten für die einzelnen Vertragselemente die jeweiligen gesetzlichen Regelungen dieses Vertragstyps.[352]

> **Wenn beispielsweise das Fleisch mangelhaft zubereitet ist (z.B. "roh" statt "medium"), kann G Nacherfüllung, hier "Nachbraten" aus Werkvertragsrecht (§ 635 BGB) verlangen. Wird er nicht ordnungsgemäß bedient oder beleidigt ihn der Kellner als "Pseudo-Feinschmecker", kann G den Vertrag nach § 626 BGB (Dienstvertragsrecht) aus wichtigem Grund kündigen und gehen. Wenn G zum Essen einen "Chateau boire Jahrgang 1967" bestellt und feststellen muss, dass der Wein nach Kork schmeckt, kann er den Preis nach fruchtloser Fristsetzung zur Nacherfüllung (Lieferung mangelfreier Sache, § 439 Abs. 1, 2. Alt BGB) mindern (siehe §§ 437 Nr. 2, 441, 323 Abs. 1, 2. Alt BGB), da ihm das Kaufrecht diese Ansprüche zur Verfügung stellt.**

III. Atypische Verträge

Da die Parteien grundsätzlich alle möglichen Verpflichtungen eingehen können, dürfen sie auch andere, nicht im BGB direkt geregelte Verträge (sog. verkehrstypische Verträge), schließen. An derartige Verträge haben bzw. konnten die Väter des BGB oft noch nicht denken: z.B. Leasingverträge, Franchising, Factoring, Bauherrenmodell, Geldautomatenauszahlungsverträge, usw.

Es besteht die Möglichkeit und teilweise sogar die Notwendigkeit, dass die Parteien von den typischen Verträgen abweichende Regelungen vereinbaren. Da nach dem BGB der Grundsatz der Dispositionsfreiheit gilt, können die Parteien im Rahmen der Gesetze vereinbaren, was ihnen beliebt.

Die Vertragsbestimmungen der typischen Verträge können aber nicht alle gesetzlichen Regelungen modifizieren, weil einzelne Vorschriften vom Gesetzgeber als zwingend zum Schutz einer Vertragspartei angesehen werden, sog. nicht-dispositives Recht s.o.

Abweichende Regelungen können ferner auch nach AGB unwirksam sein, z.B. wenn sie eine Seite zu stark benachteiligen. Unwirksam sind darüber hinaus Vereinbarungen, die gegen die guten Sitten (§ 138 BGB) oder gegen ein gesetzliches Verbot verstoßen (§ 134 BGB), s.o.

---

352 Vgl. eine Übungsklausur zu gemischttypischen Verträgen *Lorenz/Unberath* JuS 2005, S. 335 ff.

B. Die einzelnen typischen Verträge des BGB

Es folgt eine Darstellung der klausurrelevantesten und wesentlichsten Vertragsarten mit ihren besonderen Regelungen.

I. Der Kaufvertrag nach §§ 433 ff. BGB

Der Kaufvertrag ist in der Ausbildung der wichtigste Vertragstyp. Durch den Kaufvertrag können bewegliche Sachen (körperliche Gegenstände), unbewegliche Sachen (Grundstücke), Rechte (Konzessionen; Gesellschaftsanteile) oder sonstige Gegenstände (Erfindungen, Know-how, Elektrizität)[353] veräußert werden. Ausreichend ist ein bestimmbarer Gegenstand, damit die Parteien wissen, was verkauft werden soll.[354]

Demnach lässt sich sowohl ein Auto als auch eine Schadensersatzforderung verkaufen.

1. Die Grundpflichten

Durch den Kaufvertrag wird der Verkäufer verpflichtet, dem Käufer die Sache zu übergeben und das Eigentum an der Sache zu verschaffen. Die Sache muss dabei frei von Sach- und Rechtsmängeln sein, § 433 Abs. 1 Satz 2 BGB.

In der o.g. ersten Fallvariante besteht die Verpflichtung, das Auto sach- und rechtsmängelfrei an den Käufer zu übergeben und zu übereignen. In der zweiten Variante muss der Schadensersatzanspruch an den Käufer abgetreten werden.

Der Käufer hat die Pflicht, dem Verkäufer den vereinbarten Kaufpreis zu zahlen und ihm die gekaufte Sache abzunehmen. (§ 433 Abs. 2 BGB)

Denken Sie an das Trennungsprinzip! Der Kaufvertrag als Verpflichtungsgeschäft bewirkt noch nicht die Abtretung als

---

353 Vgl. § 453 BGB.

354 Es kann auch vereinbart werden, dass ein Dritter die Leistungen, also den Kaufgegenstand und den Kaufpreis bestimmt, vgl. §§ 315 ff. BGB.

solche im o.g. Beispielsfall des Forderungsverkaufs. Die Abtretung ist ein Verfügungsgeschäft und muss gesondert vorgenommen werden.

Auch durch den Kaufvertrag wird der Käufer noch lange nicht Eigentümer des Fahrzeugs, denn der Verkäufer verpflichtet sich nur, diesem das Eigentum zu verschaffen.

Aus den Grundpflichten wird bereits deutlich, über welche Vertragspunkte sich die Parteien verständigen müssen. Wie bereits dargelegt[355], sind dies die sog. "essentialia negotii"[356], also wesentlichen Bestandteile hier der Kaufpreis, Kaufgegenstand und die Parteien.

a) Käufer

Der Käufer[357] ist verpflichtet, den vereinbarten Kaufpreis zu zahlen und die Sache dem Verkäufer abzunehmen. Aus § 271 BGB folgt, dass der Kaufpreis grundsätzlich sofort fällig ist. Die Kaufpreiszahlung muss normalerweise bar entrichtet werden durch die Übereignung der Geldscheine bzw. Geldstücke.

In der Praxis hat sich die bargeldlose Bezahlung durchgesetzt. Dies beruht aber letztlich auf einer Parteivereinbarung. Soweit der Verkäufer EC- und/oder Kreditkarten akzeptiert oder eine Bank und Kontoverbindung als Zahlungsort angibt, ist er mit einer solchen Zahlungsweise einverstanden. Mit der Gutschrift auf seinem angegebenen Konto ist die Verpflichtung zur Kaufpreiszahlung erfüllt.

Die Verpflichtung zur Kaufpreiszahlung ist eine Hauptleistungspflicht und steht im Gegenseitigkeitsverhältnis. Die Kaufpreiszahlung ist damit Zug und Zug i.S.v. § 320 BGB gegen die Leistung iFd Übertragung von Besitz und Eigentum am Kaufgegenstand zu erfüllen.

Dagegen stellt die Abnahmepflicht generell nur eine Nebenpflicht dar. Ausnahmsweise verhält es sich anders, wenn die Abnahmepflicht nach Vertragsinhalt als Hauptpflicht ausgestaltet ist, insbesondere bei großen Warenmengen oder verderblicher Ware.

Verkauft Obsthändler H an K 5 Tonnen Apfelsinen, ist K nicht nur zur Kaufpreiszahlung verpflichtet, sondern auch zur Abnahme. Er kann nicht verlangen, dass H die Ware in seinem Lager aufbewahrt, bis K die entsprechenden Kapazitäten geschaffen hat.

---

[355] Siehe oben ab S. 12 ff.

[356] Lat. = wesentliche (Vertrags-) Bestandteile.

[357] Gem. §§ 450, 451 BGB sind bei Verkäufen im Wege der Zwangsvollstreckung bestimmte Personengruppen ausgeschlossen, um Interessenkonflikte zu vermeiden.

Letztlich ist die Unterscheidung zwischen Haupt- und Nebenleistungspflicht idR untergeordneter Bedeutung, da auch für Nebenpflichtverletzungen die gleichen Sekundärleistungsansprüche entstehen wie für die Hauptpflichten.[358]

b) Verkäufer

Der Verkäufer ist verpflichtet, dem Käufer die geschuldete Sache zu übergeben und das Eigentum an der Sache (§ 433 Abs. S. 1 BGB) zu verschaffen. Aus § 271 BGB folgt, dass das Eigentum sofort zu verschaffen ist, falls nichts anderes vereinbart ist. Beim Sachkauf muss der verkaufte Gegenstand frei von Rechten Dritter übereignet werden. Bedeutung erfährt die Vorschrift des § 433 Abs. 1 S. 2 BGB insbesondere beim Kauf von Immobilien.

V verkauft sein Haus an K und lässt den Kaufvertrag notariell beurkunden. Als das Haus übereignet werden soll, stellt K fest, dass das Haus noch mit Hypotheken zugunsten verschiedener Banken belastet ist, die fast den Wert des Kaufpreises erreichen. Während sich V freut, endlich von den Verpflichtungen gegenüber der Bank befreit zu sein, verlangt er von K Bezahlung des vollen Kaufpreises.

Da V dem K nach § 433 Abs. 1 S. 2 BGB die Kaufsache frei von Rechten Dritter verschaffen muss, steht K bis zur Freizeichnung des Grundstücks ein Leistungsverweigerungsrecht gem. § 320 BGB zu, so dass er den Kaufpreis zunächst nicht erbringen muss.[359]

Beim Sachkauf ist grundsätzlich zwischen den zwei unterschiedlichen Arten des Kaufs zu unterscheiden, die das Gesetz in seinem Aufbau nur unzureichend trennt:

Beim Stückkauf schuldet der Verkäufer nur die Lieferung (Übereignung) eines ganz bestimmten Gegenstandes, auf den sich die Parteien geeinigt haben.[360]

Beim Gattungskauf[361] dagegen bestimmen die Parteien den Kaufgegenstand nur durch die Festlegung einer bestimmten Gattung, Typ oder Sorte, aus welcher dann ein beliebiger Gegenstand zu leisten ist. Gem. § 243 BGB hat der Verkäufer einer Gattungsschuld einen der Gattung entsprechenden Gegenstand mittlerer Art und Güte zu leisten. Die Gattung wird durch sog. Gattungsmerkmale näher bestimmt, die eine genaue Bestimmung der Leistungspflicht erlauben.[362]

---

358 Z.B. §§ 280, 323 BGB.

359 Zur Wiederholung: Kaufverträge über Immobilien bedürfen zu ihrer Wirksamkeit einer notariellen Beurkundung, § 311b Abs. 1 S. 1, 128 BGB.

360 Z.B. das Bild "Paul als Harlekin" von Picasso, die gebrauchte Kamera des X, das Auto mit der Fahrgestellnummer Y, etc.

361 Siehe zum Begriff oben S. 140, 145.

362 Z.B. ein Kunstdruck des "Harlekin", eine Kamera vom Typ Nikon Z 1000, ein Mercedes-Benz S-Klasse etc.

c) Nebenleistungspflichten

Gegebenfalls müssen zusätzliche Leistungen erbracht werden, um die Hauptleistungspflicht sachgerecht und verwendbar erbringen zu können. In diesem Fällen ist die Erfüllung etwaiger Nebenleistungspflichten relevant.[363] Im Kaufrecht sind Nebenleistungspflichten teilweise normiert, vgl. § 448 BGB.

d) Rücksichtnahmepflichten nach § 241 Abs. 2 BGB

Mit dem Kaufvertrag als vertraglichem Schuldverhältnis gehen die Parteien neben den kaufspezifischen Leistungspflichten auch grundsätzlich nicht selbstständig einklagbare Nebenpflichten ein[364], deren Verletzung im Einzelfall zu Schadensersatzforderungen (§§ 280 Abs. 1 u. 3, 282 BGB) und zum Rücktritt gem. § 324 BGB führen kann.[365]

2. Kauf unter Eigentumsvorbehalt

Neben dem Grundtyp des Kaufvertrags mit den o.g. Grundpflichten von Käufer und Verkäufer ergeben sich in der Praxis häufig Modifikationen, die von den Parteien grundsätzlich frei vereinbart werden können. Die wichtigste Abänderung ist hierbei der Kauf unter Eigentumsvorbehalt gem. § 449 BGB. Es ist darauf hinzuweisen, dass es einer eindeutigen Parteivereinbarung bedarf. Ansonsten bleibt der Verkäufer zur unbedingten Übereignung verpflichtet. Ein allgemeiner Handelsbrauch oder eine Verkehrssitte, nach der bei einer Stundung des Kaufpreises das Eigentum automatisch, also konkludent vorbehalten wird, erfährt allg. Ablehnung.[366] Beim Kauf unter Eigentumsvorbehalt wird vereinbart, dass der Käufer das Eigentum an dem Kaufgegenstand erst dann erhalten soll, wenn er den Kaufpreis vollständig gezahlt hat. Dadurch ergeben sich folgende Modifikationen der Grundpflichten für Käufer und Verkäufer:

- Der Käufer muss i.d.R. den Kaufpreis nicht sofort zahlen; es wird ihm eine bestimmte Zahlungsweise gewährt, z.B. auf Raten, Kredit oder Stundung.
- Der Verkäufer ist nicht verpflichtet, dem Käufer vor der vollständigen Bezahlung das Eigentum am Kaufgegenstand zu verschaffen, sondern muss diesen nur an den Käufer zunächst übergeben, der zugleich ein Anwartschaftsrecht erwirbt.

Die kaufvertragliche Verpflichtung zur Übereignung wird dadurch erfüllt, dass der Verkäufer den Gegenstand (nur) unter der aufschiebenden Bedingung der vollständigen Kaufpreiszahlung (Eigentumsvorbehalt) übereignet.

---

363 Z.B. unterliegt die Leistung der Umsatzsteuer muss eine entsprechende Rechnung die Mehrwertsteuer getrennt ausweisen, Vgl. BGHZ 103, 284 (297).

364 Zum Begriff der Nebenpflicht siehe S. 98 ff.

365 Aufklärungs-, Verpackungs-, Untersuchungspflichten.

366 Vgl. jurisPK/Leible, § 449 Rdnr. 9.

Damit wird die Übereignung erst nach §§ 929 ff., 158 Abs. 1 BGB wirksam, wenn der Käufer den vollständigen Kaufpreis gezahlt hat. Vorher bleibt der Verkäufer Eigentümer.[367] Wichtig ist hierbei die Trennung von schuldrechtlicher Verpflichtung und der Bewirkung dieser Verpflichtung (Verfügungsgeschäft). Der Kaufvertrag verpflichtet nur zur aufschiebend bedingten Übereignung unter Eigentumsvorbehalt, die dann im Rahmen von §§ 929 ff., 158 Abs. 1 BGB gesondert vorgenommen werden muss.[368] § 449 BGB bestimmt lediglich eine Auslegungsregel, nach der die Übereignung im Zweifelsfall nur unter der aufschiebenden Bedingung der Kaufpreiszahlung erfolgt, wenn hierzu keine ausdrückliche Vereinbarung erfolgt.

Sinn und Zweck des Eigentumsvorbehalts liegen in der Funktion als Sicherungsmittel des vorleistenden Verkäufers, der als Eigentümer und aus dem Kaufvertrag besondere Rechte hat. Der Käufer wiederum ist durch den Erwerb eines Anwartschaftsrechtes als wesensgleichem Minus zum Eigentum ausreichend geschützt. Bezahlt der Käufer nicht, hat der Verkäufer das Recht, vom Vertrag zurückzutreten. In diesem Fall sind die gewährten Leistungen gem. §§ 346 i.V.m. 449 Abs. 2 BGB zurückzugewähren, so dass der Verkäufer die Herausgabe der Kaufsache verlangen kann. Der Käufer muss daneben auch aus § 985 BGB die Kaufsache zurückgeben, da der Verkäufer durch den Eigentumsvorbehalt Eigentümer geblieben ist. Für den Verkäufer liegt darin der Vorteil, dass er sein Eigentum auch noch im Insolvenzverfahren (§§ 1, 11 InsO) des Käufers gem. § 47 Satz 1 InsO i.V.m. 985 BGB herausverlangen kann, ohne auf die regelmäßig unzureichende Befriedigung aus der Insolvenzmasse angewiesen zu sein, sog. Anspruch auf Aussonderung.

Der alternde Hotelier H kauft beim Juwelier J einen Goldring für seine 20jährige Geliebte im Wert von 4.000,- EUR mit der Vereinbarung eines Eigentumvorbehalts. H soll innerhalb der nächsten 3 Monate ab Kauf zahlen. J übergibt ihm den Ring. Nachdem er damit auf seine Geliebte Eindruck gemacht hat und auch sonst als wohlhabender Geschäftsmann öffentlich auftritt, verweigert er nach Ablauf der 3 Monate jedwede Zahlung und ignoriert die Mahnungen des J. Schließlich sei bei ihm nichts mehr zu holen, seitdem er die Eröffnung eines Insolvenzverfahrens (§ 13 InsO) für sein Unternehmen beantragt hat. Damit bliebe dem J nur die Befriedigung aus der (unzureichenden) Insolvenzmasse.

---

[367] Vgl. zum Kauf unter Eigentumsvorbehalt im Kaufrecht ab S. 224 ff. und im Sachenrecht ab S. 502 ff.

[368] Hier wird deutlich, dass der Eigentumsvorbehalt nur auf bewegliche Sachen Anwendung finden kann. Für Grundstücke regeln §§ 925 Abs. 2 i.V.m. 873 BGB, dass eine Einigung unter einer Bedingung unwirksam ist.

Zwar besteht für J die Möglichkeit, nach Ablauf einer gesetzten Frist zur Zahlung gegenüber dem H den Rücktritt zu erklären[369]. Dann sind über §§ 346, 449 Abs. 2 BGB die empfangenen Leistungen (hier der Ring) zurückzugewähren. Dieser vertragliche Anspruch unterliegt aber der Beschränkung der Insolvenzmasse nach § 80 Abs. 1 InsO. Über diesen kann H nicht mehr verfügen.[370]

Allerdings besteht daneben noch ein Herausgabeanspruch des J gegen H aus § 985 BGB. Danach kann der Eigentümer vom unrechtmäßigen Besitzer die Herausgabe seines Eigentums verlangen. Durch den vereinbarten Eigentumsvorbehalt bleibt J Eigentümer des Rings. H ist Besitzer und hat wegen des über den Rücktritt beendeten Kaufvertrags auch kein Recht mehr zum Besitz des Rings[371]. Dieses dingliche Eigentumsrecht wiederum begründet für J die Möglichkeit nach § 47 InsO den Ring aus der Insolvenzmasse herauszulösen, da nach dem Insolvenzrecht nur das tatsächliche Vermögen des Schuldners aufgeteilt werden soll, wozu der im Eigentum des J stehende Ring nicht gehört. Über § 47 InsO i.V.m. §§ 985, 449 BGB kann J den Ring zurückerlangen.[372]

In der Praxis ist die wirtschaftliche Absicherung derartiger Geschäfte wichtig, da sowohl der Käufer als auch der Verkäufer ein wirtschaftliches Interesse daran haben, möglichst viel und frühestmöglich kaufen bzw. verkaufen zu können. Beide Parteien wollen auch dann ihr Geschäft tätigen, wenn nicht sofort gezahlt werden kann. Zahlt der Käufer später ordnungsgemäß, kann der Kaufvertrag ordnungsgemäß abgewickelt werden, wovon letztlich beide Seiten profitieren. Das Gesetz muss vor allem auch für die Fälle Regelungen vorsehen, in denen eine ordnungsgemäße Vertragsabwicklung scheitert. Da es zumeist nur zum Rechtsstreit kommt, wenn der Vertragsablauf nicht ordnungsgemäß abgewickelt wird, stellen die Leistungsstörungen den Schwerpunkt der juristischen Ausbildung im Schuldrecht dar.

---

369 Beachte auch § 216 Abs. 2 Satz 2 BGB, trotz Verjährung des gesicherten Anspruchs kann der Rücktritt erklärt werden!

370 Sondern nur sein Insolvenzverwalter, vgl. § 80 Abs. 1 InsO.

371 Zwar beinhaltet das Anwartschaftsrecht des Vorbehaltskäufers als dingliches Recht grundsätzlich ein Recht zum Besitz iSv § 986 BGB. Aber das Anwartschaftsrecht endet mit dem Bedingungsausfall; damit wird die Erstarkung des Anwartschaftsrechts zum Vollrecht unmöglich. Als Rechtsfolge erlischt das Anwartschaftsrecht und das Recht zum Besitz gem. § 986 erlischt gleichermaßen, womit der Käufer die Kaufsache an den Eigentümer (Verkäufer) herausgeben muß.

372 Zur Erinnerung: Dieser Fall zeigt, dass sowohl vertragliche (Rückgabeanspruch nach §§ 346, 449 Abs. 2 BGB) wie auch gesetzliche (Herausgabeanspruch nach § 985 BGB) Ansprüche nebeneinander bestehen können.

3. Leistungsstörungen beim Kaufvertrag

Leistungsstörungen treten auf, wenn entweder der Käufer oder Verkäufer ihren vertraglichen oder gesetzlichen Pflichten aus dem Kaufvertrag nicht nachkommen. Dies kann aus der Verletzung von Grundpflichten (Hauptpflichten) oder Nebenpflichten geschehen. Im Falle der Leistungsstörungen ist zu klären, wie die Parteien vorgehen können und welche Rechte ihnen zustehen. Die Regelungen im Kaufrecht folgen dabei den Bestimmungen des allgemeinen Schuldrechts, enthalten aber auch Spezialvorschriften z.B. zum Gewährleistungsrecht (§ 437 BGB). Wie schon im Allgemeinen Teil beschrieben, gibt es nur drei denkbare Arten von Leistungsstörungen bei geschlossenen Verträgen.[373] Das Gesetz muss also die Frage beantworten, was mit den Leistungen und Gegenleistungen passieren soll, wenn

- eine Leistung unmöglich wird (Unmöglichkeitsrecht)
- eine Leistung zu spät erbracht wird (Verzug) oder
- eine Leistung nicht vertragsgemäß erbracht wird (Gewährleistung).

a) Unmöglichkeit im Kaufrecht

Unmöglichkeit liegt vor, wenn entweder der Schuldner oder Dritte nicht imstande sind, die geschuldete Leistung zu erbringen.[374]

aa) Anfängliche Unmöglichkeit

Das Leistungshindernis kann schon bei Vertragsschluss vorliegen, sog. anfängliche Unmöglichkeit. Auch bei anfänglicher Unmöglichkeit ist der geschlossene Vertrag wirksam, § 311a Abs. 1 BGB. Da aber bei anfänglicher Unmöglichkeit die Erfüllung der verkäuferischen Grundpflicht der Übergabe und Übereignung der Sache naturgemäß scheitern muss, bemisst sich die Gegenleistungsverpflichtung des Käufers nach § 326 BGB.[375] Daneben ist der Verkäufer aus § 311a Abs. 2 BGB ggf. zum Schadensersatz auf das positive Interesse ("statt" der Leistung) bzw. alternativ zum Aufwendungsersatz (§ 284 BGB) verpflichtet. Dies aber nur, wenn er von der anfänglichen Unmöglichkeit Kenntnis hatte oder seine Unkenntnis zu vertreten hat (§ 311a Abs. 2 S. 2 BGB). Diese Normen stammen aus dem allgemeinen Teil des Schuldrechts. Sie sind deshalb anwendbar, weil der besondere Teil, das Kaufrecht, keine eigenen Sonderregeln enthält.[376]

---

[373] Zur Erinnerung: Die cic stellt auf *vor*vertragliche Schuldverhältnisse ab.
[374] Vgl. zur Unmöglichkeit ab S. 127 ff.
[375] Das heißt sie entfällt, § 326 Abs. 1 BGB.
[376] Der Verweis in § 437 Nr. 3 BGB auf § 311a BGB bezieht sich nur auf die nicht-Behebbarkeit des Mangels und damit auf das Gewährleistungsrecht.

bb) Nachträgliche Unmöglichkeit

Nachträgliche Unmöglichkeit liegt vor, wenn das Leistungshindernis erst nach Vertragsschluss eintritt und zu einem Leistungsausschluss führt. Gem. § 275 Abs. 1 BGB entfällt die Verpflichtung zur Leistung. Entsprechend § 326 Abs. 1 BGB entfällt auch der Anspruch auf die Gegenleistung. Von diesem Grundsatz gelten die in § 326 BGB benannten Ausnahmen.[377] Daneben können diverse Sekundärleistungspflichten, wie Schadensersatz (§§ 280, 283 BGB), Rücktritt (§ 326 Abs.5 BGB)[378] oder Ersatz auf das stellvertretende commodum (§ 285 BGB) entstehen.[379] Der Gegenleistungsanspruch bleibt auch bestehen, wenn die Preisgefahr bereits auf den Käufer übergegangen ist. Denn der Wegfall der Gegenleistung ist in den Fällen unbillig, in denen den Schuldner am Untergang der Sache kein Verschulden mehr treffen kann, da er die Sache entweder aus der Hand gegeben hat[380] oder ihm keinerlei Einfluss- und Schutzmöglichkeiten[381] auf die Sache mehr zugemutet werden. Diesbezüglich gelten im Kaufrecht die Sondervorschriften der §§ 446, 447 BGB.

(1) § 446 BGB

§ 446 BGB stellt die entscheidende Gefahrtragungsnorm im Kaufrecht dar und begründet zugleich den Grundsatz, dass der Verkäufer mit der Übergabe der Sache an den Käufer jeglicher Untergangs- oder Verschlechterungsgefahr entgeht. Wie erläutert, rechtfertigt sich diese Verlagerung der Preisgefahr mit den Einflussmöglichkeiten auf die Sache. Es wäre unbillig, wenn sich der Käufer durch Zerstörung der Sache seiner Gegenleistungspflicht entziehen könnte, weil der Verkäufer den Zerstörungsakt mangels Einwirkungsmöglichkeit nicht verhindern kann.

V verkauft dem Choleriker K einen Notebook unter Eigentumsvorbehalt und übergibt ihm die Ware. Anschließend gerät K in Wut und zerstört den Computer.

Grundsätzlich ist V zur Übereignung des Computers gem. § 433 Abs. 1 S. 1 BGB aus dem Kaufvertrag verpflichtet. Mit der Übergabe unter Eigentumsvorbehalt bleibt V Eigentümer und hat insoweit noch nicht erfüllt. Mit der Zerstörung des Rechners wird diese Übereignungsverpflichtung obsolet. Daher muss er gem. § 275 Abs. 1 BGB nicht mehr an K leisten.

K selbst kann aber seine Kaufpreiszahlungsverpflichtung aus § 433 Abs. 2 BGB nicht mit dem Hinweis auf § 326 Abs. 1 BGB verweigern, da er gem. § 326 Abs. 2 Alt. 1 BGB den Untergang verschuldet hat.

---

[377] Insoweit siehe oben ab S. 129 ff.

[378] Beachte auch § 325 BGB, der ein Nebeneinander von Rücktritt und Schadensersatz ermöglicht.

[379] Siehe dazu oben ab S. 116 ff.

[380] Entweder an den Käufer oder eine Frachtperson.

[381] Gläubiger befindet sich im Annahmeverzug.

Aber selbst wenn ein Dritter ohne Verschulden des K den Laptop zerstört, muss K leisten: Denn nach § 446 S. 1 BGB ist bereits die Preisgefahr auf ihn übergegangen.

Entsprechend § 326 Abs. 2 Alt. 2 BGB geht über § 446 S. 3 BGB die Preisgefahr auch dann über, wenn sich der Gläubiger nach § 293 ff. BGB in Annahmeverzug befindet.

(2) § 447 BGB

§ 447 BGB stellt eine Ausnahme vom Grundsatz des § 446 BGB dar. Ist eine Versendung der Sache zum Gläubiger beabsichtigt, wird der Schuldner schon mit der Übergabe an die sorgfältig ausgewählte Transportperson von der Gefahrtragung befreit. Nach der gesetzlichen Konzeption ist grundsätzlich eine Holschuld vereinbart und somit stellt die Versendung einer Sache (Schickschuld) eine Erweiterung der Schuldnerpflichten dar[382], für die der Gläubiger das Risiko trägt. Zudem ist dieser Weg sachgerecht, weil der Schuldner mit der Übergabe die Einwirkungsmöglichkeit auf die Sache verliert.

Mit der Übergabe bleibt der Käufer verpflichtet den Kaufpreis zu entrichten, auch wenn die Sache während des Transports beschädigt wird oder untergeht.

Merke: Grundsätzlich reist die Ware auf Kosten des Käufers.[383]

Ferner tritt bei Gattungsschulden mit der Übergabe auch Konkretisierung nach § 243 Abs. 2 BGB ein. Damit schuldet der Verkäufer nur noch eine Stückschuld in Form der übergebenen Sache.

Haben Unternehmer V und Unternehmer K im o.g. Beispiel vereinbart, dass V den Computer mit der Post schicken soll, trägt er nicht mehr die Gefahr des Transports, wenn er die Ware ordnungsgemäß verpackt (§ 243 Abs. 2 BGB - "seinerseits alles Erforderliche getan") bei der Post abgibt. K muss dann trotzdem zahlen. Zugleich konkretisiert sich die Gattungsschuld "Notebook" mit der Übergabe an die Post auf dieses versandfähige Gerät, so dass im Falle des Untergangs V auch keinen anderen Computer gleicher Art leisten muss.

Problematisch wird teilweise gesehen, dass der Käufer für alle eintretenden Schäden nach der Übergabe an die Transportperson einzustehen hat. Daher wird vertreten, dass sich die Preisgefahr nur auf die typischen, dem Transportverkehr anhaftenden Gefahren beziehe.[384] Für andere untypische Gefahren bleibe der Verkäufer verantwortlich, bis die Sache beim Käufer ankomme.[385]

---

382 Daher gesonderte Vereinbarung notwendig.

383 Ausnahme beim Verbrauchsgüterkauf, vgl. § 474 Abs. 2 BGB.

384 Z.B. Unfallschäden, Auslieferungsschäden, Beförderungsgefahren, Transportdiebstähle.

385 Vgl. Palandt/*Weidenkaff*, § 447, Rn 6 ff.; Jauernig/*Berger* § 447 Rn 13.

Dagegen wird nach richtiger Ansicht auf die fehlende Einschränkung des Gesetzes verwiesen und daraus eine Einstandspflicht des Käufers für alle auftretenden Schäden abgeleitet.[386]

Abbildung 24: *Die Hauptleistungspflichten beim Kaufvertrag*

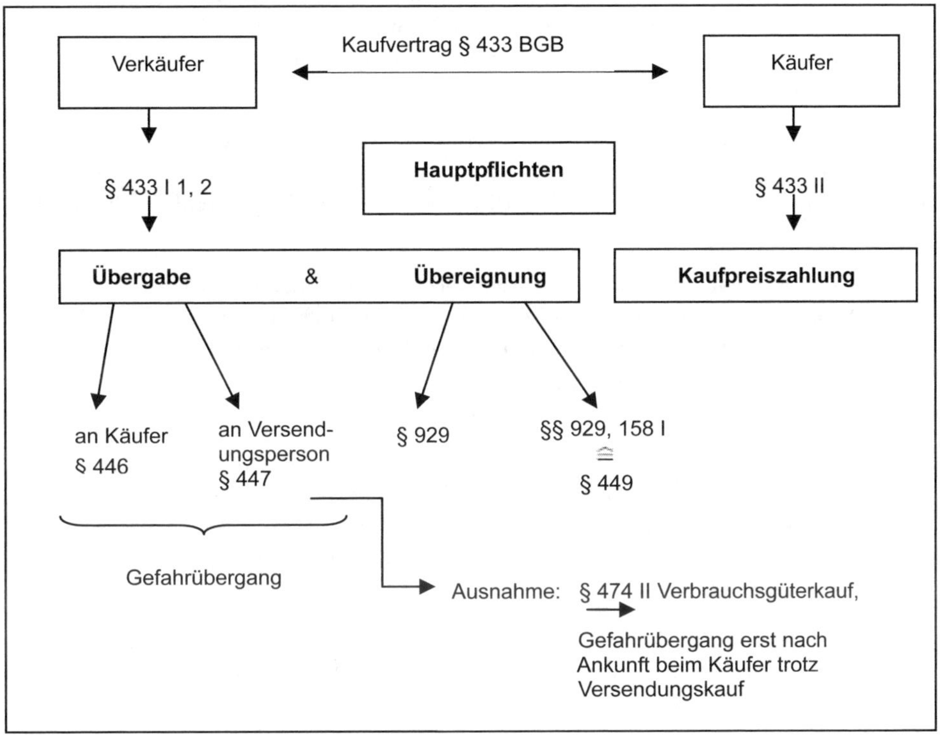

(3) Drittschadensliquidation

In Transportfällen wird häufig der Problemkreis der Drittschadensliquidation (DSL) erörtert, weil sich hier ihr größter Anwendungsbereich zeigt.

V verkauft ein Laptop an K und vereinbart mit ihm die Versendung zu K. V übergibt den Laptop ordnungsgemäß der Spedition S. Deren Fahrer verursacht aufgrund überhöhter Geschwindigkeit auf der Fahrt zu K einen Verkehrsunfall, wobei der Computer zerstört wird.

386 Vgl. *Bamberger/Roth/Faust* § 447 Rn 21; Staudinger/*Beckmann* § 447 Rn 17.

V behält seinen Anspruch auf Kaufpreiszahlung, weil mit der Übergabe an S die Preisgefahr auf K übergegangen ist. Während V also weiter den Kaufpreis verlangen kann, stellt sich für K die Frage, ob er diese Leistung verweigern könnte.

Eine Leistungsverweigerung nach § 320 BGB würde ihm zustehen, wenn V aus dem Untergang etwas erlangt, was K über § 285 BGB herausfordern könnte. Dies könnte ein Anspruch des V gegen die Spedition S sein, weil V mit S einen Frachtvertrag[387] geschlossen hat, wonach S den Laptop sicher zu K bringen soll.

Tatsächlich stehen dem Verkäufer bei Abschluss eines Frachtvertrages nach § 407 HGB über §§ 421, 425 HGB Ersatzansprüche bei Beschädigung der Ware zu, wobei über § 428 HGB der Frachtführer für die Handlungen seiner Erfüllungsgehilfen einzustehen hat.

Im Beispielsfall kann V zwar über § 421 aE HGB gegen S einen Schadensersatzanspruch geltend machen, jedoch mangelt es ihm am Schaden, da K weiter zur vollen Kaufpreiszahlung verpflichtet ist. K selbst kann aber auch über § 421 Abs. 1 Satz 2 HGB als Empfänger der Ware bei S Regress nehmen.

Da aber V zumindest den Anspruch dem Wortlaut nach "geltend machen" kann, hat er etwas i.S.v. § 285 BGB erlangt, so dass K die Kaufpreiszahlung unter Hinweis auf § 320 BGB solange verweigern kann, bis ihm dieser denkbare Anspruch abgetreten wird.

Im Beispiel liegt keine DSL vor. Durch Im Bereich des Frachtvertrages wird im HGB dem Absender und Empfänger ein Recht zur Geltendmachung der vom Frachtführer verursachten Schäden begründet.

Übergibt V den Laptop nicht an die Spedition S, sondern gegen ein geringeres Entgelt an seinen zuverlässigen Nachbarn N und verursacht dieser den Unfall, verändert sich die rechtliche Bewertung. Denn jetzt liegt kein Frachtvertrag i.S.v. § 407 HGB[388] vor, da N kein Handelsgeschäft betreibt. Folglich gilt auch § 421 HGB nicht und K kann kein Recht aus dem Vertrag zwischen V und N geltend machen. Allein V stehen als Auftraggeber etwaige Ersatzansprüche gegen N zu. V wird diese aber nicht geltend machen, da er selbst keinen Schaden hat. K ist ihm immer noch zur vollen Kaufpreiszahlung verpflichtet, s.o. V hat also einen Anspruch aber keinen Schaden. Dagegen

[387] Vgl. § 407 HGB.

[388] Sondern ein Werkvertrag i.S.v. § 631 BGB, da ein Erfolg (Lieferung zu K) geschuldet ist.

muss K zahlen, ohne die Möglichkeit zu haben, den N wegen dessen Verschulden am Unfall in Regress nehmen zu können. K hat einen Schaden aber keinen Anspruch.

Diese Konstellation wird Drittschadensliquidation (DSL) genannt. Während einer Partei ein Anspruch zusteht, aber kein Schaden erwachsen ist, liegt bei der anderen Partei ein Schaden vor, der von keinem Anspruch gedeckt wird. In den Fällen zufälliger Schadensverlagerung wird dann generell der Schaden zur Anspruchsgrundlage gezogen. Das hat zur Folge, dass die Partei mit dem Anspruch auch den Schaden zugerechnet bekommt.

Im o.g. Fall wird somit V ermächtigt (da er den Anspruch hat) den Schaden des K gegen N geltend zu machen. Damit aber hat V etwas aus der Unmöglichkeit erlangt, so dass K wiederum über §§ 285, 320 BGB Abtretung des Anspruches verlangen kann, bevor er seiner Kaufzahlungspflicht nachkommt.[389]

Der Gesetzgeber hat mit der neuen Regelung im HGB beim Frachtvertrag reagiert, wonach Absender und Empfänger den Schaden geltend machen können. Voraussichtlich wird sich damit der Anwendungsbereich des DSL in der Praxis etwas reduzieren.

Merke: Die Drittschadensliquidation

---

1. Eine Partei hat einen Anspruch aber keinen Schaden
2. Die andere Partei hat einen Schaden aber keinen Anspruch
3. zufällige Schadensverlagerung (dh keiner Partei zurechenbar)

Rechtsfolge: Der Schaden wird zur Anspruchsgrundlage gezogen.

---

b) Der Verzug im Kaufrecht

Leistet der Verkäufer oder der Käufer zu spät, so greifen auch hier die Regeln des allgemeinen Teils des Schuldrechtes.[390]

Hat der Gläubiger kein Interesse mehr an der Leistung, kann er nach § 323 Abs. 1 BGB zurücktreten, soweit er dem Schuldner eine angemessene Frist gesetzt hat, die abgelaufen ist.

Er kann aber auch nach §§ 280 Abs. 1, 3 i.V.m. 281 BGB Schadensersatz statt der Leistung verlangen, muss hierfür aber auch erfolglos eine angemessene Frist zur Leistung gesetzt haben.

---

389 Auch die daneben anwendbaren möglichen Ansprüche aus § 823 Abs. 1 BGB, §§ 7, 18 StVG muss V abtreten.

390 Siehe umfassend im 3. Kapitel dieses Buches, S. 96 ff.

Der Gläubiger kann weiter auf Leistung bestehen und den bei ihm eingetretenen Verzögerungsschaden nach § 280 Abs. 1, 2 i.V.m. 286 BGB geltend machen. Daneben stehen ihm Verzugszinsen und Prozesszinsen, §§ 288, 291 BGB zu. Auch muss er nach § 287 BGB verstärkt haften.

Abbildung 25: Die Unmöglichkeit und der Verzug im Kaufrecht

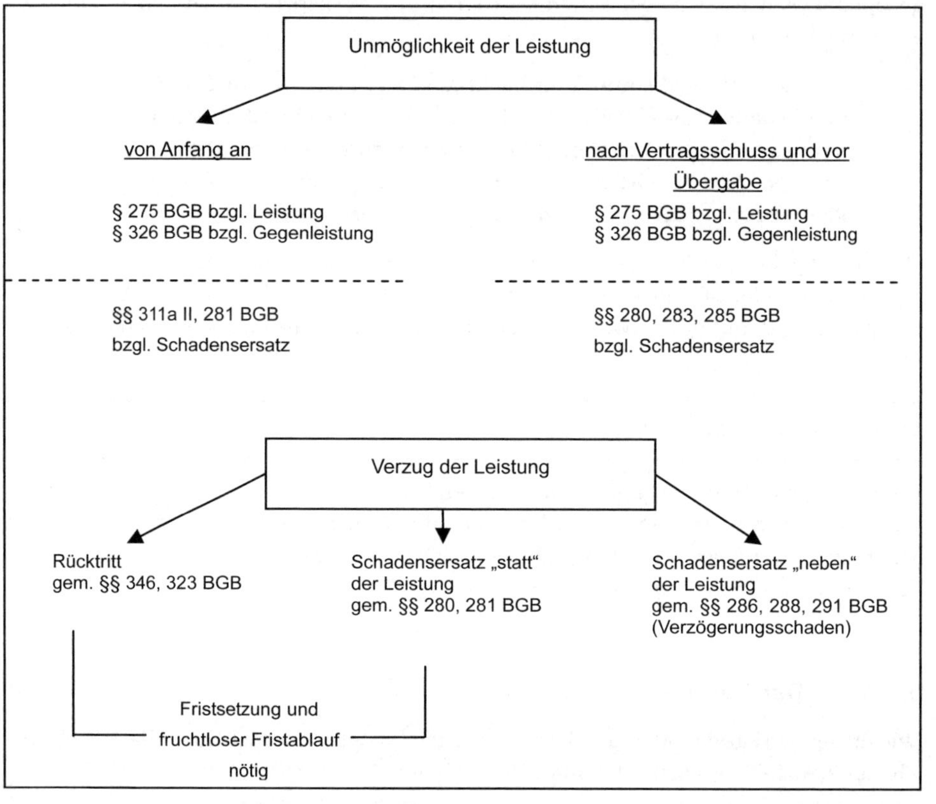

c) Die Schlechtleistung im Kaufrecht

Bis zur Übergabe der Sache sind somit die Vorschriften des allgemeinen Schuldrechts anzuwenden. Ab der Übergabe sind die besonderen Gewährleistungsrechte anwendbar, die als lex specialis dem allgemeinen Schuldrecht vorgehen.

Soweit der Verkäufer seine kaufvertragliche Verpflichtung mangelhaft erbringt, greift mithin die Gewährleistung des Kaufrechts. Grundsätzlich regelt das Gewährleistungsrecht nur die Rechte des Käufers, wenn der Verkäufer mangelhaft leistet.

Ist eine Sache oder ein Recht mangelhaft, hat der Käufer die Rechte aus § 437 BGB. Wann eine Sache oder ein Recht mangelbehaftet sind, regeln wiederum die §§ 434, 435 BGB.

> *Das gesamte System des Sach- und Rechtsmangels wirkt komplizierter als es ist. Zunächst ist zu prüfen, ob die Parteien eine vertragliche Sondervereinbarung über die Kaufsache getroffen haben (dann § 434 Abs. 1 S. 1 BGB). Ist dies nicht der Fall, fragt sich, ob die Sache für die vertragsgemäße Verwendung geeignet ist (§ 434 Abs. 1 S. 2 Nr. 1 BGB). Ist keine vertragsgemäße Verwendung vereinbart, muss die Kaufsache der üblichen Verwendung unter Berücksichtigung der Käufererwartung entsprechen (§ 434 Abs. 1 S. 2 Nr. 2 BGB). Die Sonderfälle der öffentlichen Äußerungen, der fehlerhaften Montage, der mangelhaften Montageanleitungen und der Aliud- und Minderlieferungen sowie der Rechtsmangel fallen regelmäßig schon beim Lesen des Sachverhals auf.*

aa) Sachmangel aufgrund vereinbarter Beschaffenheit § 434 Abs. 1 S. 1 BGB

Die Kaufsache ist frei von Sachmängeln, wenn sie bei Gefahrübergang die vereinbarte Beschaffenheit aufweist. Gefahrübergang bedeutet grundsätzlich die Übergabe der Kaufsache beim Käufer, § 446 BGB.

(1) Vereinbarung

Wie der Wortlaut der Vorschrift zeigt, ist eine Vereinbarung zwischen den Parteien zwingend notwendig. Grundsätzlich genügen hierfür zwei einander entsprechende Willenserklärungen, die mangels Formbedürftigkeit auch konkludent abgegeben werden können. Jedoch ist allgemein anerkannt, dass an die Vereinbarung i.S.d. § 434 Abs.1 S.1 BGB erhöhte Anforderungen zu stellen sind, da die normale Beschaffenheit von § 434 Abs. 1 S. 2 Nr. 2 BGB erfasst ist. Um § 434 Abs. 1 S. 1 BGB einen eigenständigen Regelungsgehalt zu geben, sollen nur solche Beschaffenheiten als vereinbarungswürdig erachtet werden, die über die normale Verwendung der Kaufsache hinausgehen.

V verkauft an K einen Laptop. Die Tatsache, dass K sich das Gerät im Laden des V ausgesucht und dort vielleicht auch schon ein paar Anwendungen ausprobiert hat, macht die ordnungsgemäße Funktionalität des Laptops nicht zu einer besonders vereinbarten Beschaffenheit. Funktioniert der Laptop später nicht mehr, kann sich K nicht auf § 434 Abs. 1 S. 1 BGB mit dem Argument berufen, dass er zumindest konkludent die Funktionstüchtigkeit des Gerätes mit V vereinbart habe.[391]

Kauft K dagegen von V einen Geländewagen und vereinbart mit ihm extra einen ordnungsgemäßen Umbau zum Amphibienfahrzeug, kann er einen Mangel der vereinbarten Beschaffenheit rügen, wenn er später mit dem Fahrzeug im Fluss untergeht.[392]

---

[391] Ein solcher Mangel fällt unter § 434 Abs. 1 S. 2. Nr. 2 BGB.

[392] Vgl. Palandt/*Weidenkaff*, § 434 ,Rn 13.

(2) *Beschaffenheit*

Da die Kaufsache im Zeitpunkt des Gefahrübergangges die vereinbarte Beschaffenheit aufweisen muss, stellt sich die Frage nach der Definition von Beschaffenheit.

An dieser Stelle hilft das Gesetz nicht weiter. Der Begriff wird daher verschiedentlich ausgefüllt. Zum einen umfasst er lediglich die Eigenschaften, die der Sache anhaften, zum anderen werden auch außerhalb der Sache liegende Umstände einbezogen, soweit sie in der Sache selbst verwurzelt sind. Die h.M. hat sich für einen weiten Beschaffenheitsbegriff entschieden. Beschaffenheit umfasst den tatsächlichen Zustand der Sache, die Sollbeschaffenheit.[393] Danach zählen alle der Kaufsache unmittelbar anhaftenden Merkmale[394] sowie alle gegenwärtigen, rechtlichen, sozialen und wirtschaftlichen Beziehungen der Sache zur Umwelt von gewisser Dauer zum Beschaffenheitsbegriff. Gelegentlich wird in der Literatur gefordert, dass das Merkmal der Dauer nicht mit dem Beschaffenheitsbegriff zu vereinbaren sei, da das Gesetz den Gefahrübergang als Zeitpunkt festlege und darüber hinausgehende Anforderungen nicht gestellt werden dürfen.[395]

Der von K erworbene Laptop weist gewisse Eigenschaften auf: Farbe, Form, Gewicht, Alter, Material, Ausstattung, Energieverbrauch, ggf. Vorbesitzer.

Will K ein Haus bauen und kauft dafür von V ein Grundstück mit Seeblick, weil das Nachbargrundstück unbebaubar ist, und wird dieser Seeblick durch den Neubau eines Hotels mit 15. Etagen auf jenem Nachbargrundstück beeinträchtigt, liegt ein Sachmangel des Grundstücks vor. Denn auch Umweltbeziehungen können einen Sachmangel darstellen, da sie als Eigenschaften in der Sache selbst ihren Grund haben und ihr auf eine gewisse Dauer auch anhaften.[396]

Zu beachten ist, dass Umstände in der Person des Käufers und der Kaufpreis als solcher keine wertbildenden Faktoren und damit keine Eigenschaften darstellen. Dies gilt ebenso für falsche Auskünfte in Bezug auf künftige Eigenschaften, weil diese der Kaufsache nicht unmittelbar anhaften.

Erwirbt K den Laptop für 5.000 EUR und stellt sich später heraus, dass dieses Gerät nur 3.000 EUR wert ist, kann er sich nicht auf die Mangelhaftigkeit des Laptops berufen. Denn der Preis wird durch die Nachfrage bestimmt und stellt daher keine der Sache anhaftende Eigenschaft dar.

---

393 Vgl. Palandt/*Weidenkaff*, § 434 ,Rn 10.

394 Entspricht Eigenschaften, als allen wertbildenden Faktoren. Daher nicht Preis (weil dieser nicht wertbildend ist, sondern nach der Nachfrage entsteht).

395 Staudinger/*Matusche-Beckmann* § 434, Rn 46; *Bamberger/Roth/Faust* § 434, Rn 24.

396 Vgl. Palandt/*Weidenkaff*, § 434, Rn 11.

Abbildung 26: *Der Sachmangel aus § 434 Abs. 1 S. 1 BGB*

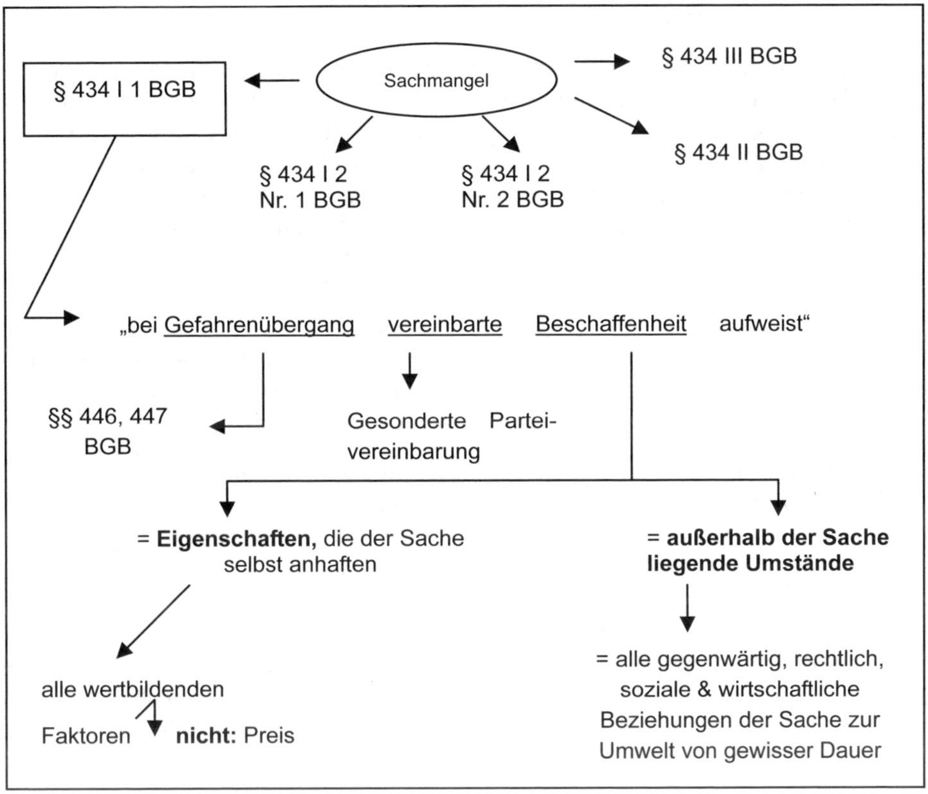

bb) Sachmangel nach § 434 Abs. 1 S. 2 Nr. 1 BGB

Soweit die Beschaffenheit nicht ausdrücklich vereinbart ist, ist die Kaufsache frei von Sachmängeln, wenn sie sich für die nach dem Vertrag vorausgesetzte Verwendung eignet. Damit werden in der Regel alle diejenigen Vertragsfälle erfasst, in denen nicht über Eigenschaften gesprochen, sondern nur der Kaufszweck offenbart wird.

> **Wenn K im Computergeschäft erklärt, er suche ein Laptop, mit dem er die neuesten Grafikshooter spielen könne, und stellt sich später heraus, dass die im Laptop verwendete Grafikkarte hierfür untauglich ist, liegt ein Sachmangel vor. Zwar haben die Parteien keine über die normale Verwendung des Laptops hinausgehende Vereinbarung getroffen, jedoch eignet sich das Gerät nicht für die nach dem Vertrag vorausgesetzte Verwendung.**

§ 434 Abs. 1 S. 2 BGB stellt dabei auf die vorausgesetzte Verwendung und die Eignung der Kaufsache ab.

(1) Vorausgesetzte Verwendung

Die Verwendung der Kaufsache kann nur vorausgesetzt werden, wenn sie dem Verkäufer bei den Verkaufsverhandlungen zumindest konkludent zur Kenntnis gebracht wurde und sich der Verkäufer dieser gegenüber nicht verwahrt hat.[397] Nach h.M. muss daher die Verwendung, entsprechend des Wortlautes im Vertrag, tatsächlich auch vereinbart worden sein.[398] Sonst könnte der Käufer das Verwendungsrisiko auch schon durch beiläufiges Erwähnen des Kaufzweckes auf den Verkäufer abwälzen, was unbillig wäre.

(2) Eignung

Geeignet ist die Kaufsache, wenn sie infolge ihrer tatsächlichen Beschaffenheit zum bestimmungsgemäßen Gebrauch verwendet werden kann. Dabei kann der zum früheren Fehlerbegriff entwickelte Maßstab herangezogen werden.[399]

Ein Fehler der Kaufsache ist gegeben, wenn die Soll-Beschaffenheit von der Ist-Beschaffenheit abweicht. Störungen der Verwendungsfunktionen, die aus der Sphäre des Käufers stammen, sind für das Vorliegen eines Sachmangels unbeachtlich.

cc) Sachmangel nach § 434 Abs. 1 S. 2 Nr. 2 BGB

Ist weder eine besonders vereinbarte noch eine konkret benannte vorausgesetzte Verwendung vertraglich bestimmt, kommt ein Sachmangel nur in Betracht, wenn sich die Sache nicht für die gewöhnliche Verwendung eignet und eine Beschaffenheit aufweist, die bei Sachen gleicher Art üblich ist und die der Käufer nach der Art der Sache erwarten kann.

§ 434 Abs. 1 Nr. 2 BGB ist als Auffangtatbestand konstruiert und greift daher stets, wenn § 434 Abs. 1 S. 1 und S. 2 Nr. 1 BGB nicht einschlägig sind. Dabei ist entsprechend dem Wortlaut darauf zu achten, dass ein Sachmangel vorliegt, wenn die Kaufsache sich nicht für die gewöhnliche Verwendung eignet und eine Beschaffenheit aufweist, die bei Sachen gleicher Art üblich ist und die der Käufer nach der Art der Sache erwarten kann. Der Gesetzeswortlaut sieht eine Mangelfreiheit also nur vor, wenn beide Voraussetzungen erfüllt sind.

(1) gewöhnliche Verwendung

Die gewöhnliche Verwendung leitet sich aus der Art der Sache sowie des Verkehrskreises ab, dem der Käufer angehört.[400]

---

397 Vgl. Palandt/*Weidenkaff*, § 434 Rn 22; *Grigoleit/Herresthal*, JZ 03, 233 (235); *Schinkels* ZGS 04, 226.
398 *Bamberger/Roth/Faust* § 434 Rn 50 f.
399 Vgl. Palandt/*Weidenkaff*, § 434 Rn 24.
400 Vgl. Palandt/*Weidenkaff*, § 434 Rn 27.

Ein Auto eignet sich gewöhnlich zum Autofahren, Kleidungsstücke zum Tragen, Digitalkameras für Fotos.

Maßgeblich kann auch sein, ob der Käufer die Sache privat, beruflich oder industriell erwirbt.

(2) *übliche Beschaffenheit*

Die Beschaffenheit ist der zentrale Begriff im Sachmangelrecht. Für § 434 Abs. 1 S. 2 Nr. 2 BGB muss die Kaufsache die Sollbeschaffenheit der Sache aufweisen. Dabei sind wegen dem Erfordernis der Üblichkeit gleichwertige Sachen der gleichen Produktgruppe als Vergleichsmaßstab heranzuziehen. Dabei kann es sich um das gleiche Material, die Ausstattung, die Funktion oder den Herstellungsprozess etc. handeln. Dazu kann auch eine fehlerfreie Gebrauchsanweisung zählen.[401]

(3) *Käufererwartung*

Diese übliche Beschaffenheit muss der Käufer der Sache erwarten können. Dabei wird auf einen Durchschnittskäufer abgestellt, so dass im Einzelfall für überhöhte Anforderungen kein Raum bleibt. Hier kann der Kaufpreis die Erwartungshaltung des Käufers entsprechend beeinflussen.[402]

Kauft K von V einen gebrauchten 10 Jahre alten Fiat Panda für 300 EUR. Es liegt kein Sachmangel vor, wenn K vorträgt, dass die Kaufsache Roststellen aufweise.

Da die Parteien keine Sondervereinbarungen getroffen haben, stellt sich die Frage, ob der Fiat eine übliche Beschaffenheit aufweist, die der Käufer nach Art der Sache erwarten konnte. Hier lässt sich dahingehend argumentieren, dass ein vergleichbarer Fiat Panda ebenso nach 10 Jahren Roststellen aufweisen würde und i.ü. der geringe Kaufpreis keine hohen Erwartungen bei K an die Mangelfreiheit wecken durfte.

(4) *Beschaffenheit aufgrund öffentlicher Äußerungen § 434 Abs. 1 S. 3*

Weiter kann ein Sachmangel dadurch begründet werden, dass die Kaufsache von Eigenschaften abweicht, die zuvor vom Verkäufer, Hersteller oder ihren Gehilfen in öffentlichen Äußerungen (durch Werbung oder Kennzeichnung) versichert worden sind. Dabei wird der Anwendungsbereich der Gewährleistungsrechte über den Abschnitt der Vertragsverhandlungen hinaus auf bereits im Vorfeld getätigte Äußerungen erweitert. Soweit in den Verkaufsverhandlungen dann darauf nicht mehr Bezug genommen wird, ist dies also unschädlich. Grundsätzlich sind die Fälle betroffen, in denen der Verkäufer dem Kunden eine Werbebroschüre mit auf den Weg gibt und

401 Vgl. Palandt/*Weidenkaff*, § 434 Rn 29; *Bamberger/Roth/Faust*, § 434 Rn 96. Siehe auch § 434 Abs. 2 BGB.

402 Vgl. Palandt/*Weidenkaff*, § 434 Rn 30.

dieser dann die darin niedergelegten Eigenschaften von der Kaufsache erwartet, ohne sie im Verkaufsgespräch noch einmal zu erwähnen.[403] Dabei sind allgemeine Anpreisungen[404] nicht geeignet, einen Sachmangel zu begründen.

Öffentliche Äußerungen liegen vor, wenn sie einer unbestimmten Anzahl von Personen zur Kenntnis gebracht werden.

V übersendet K eine Broschüre seines Autohauses, in der V ein 3-Liter Auto anpreist. K kauft den Wagen und stellt später fest, dass der Wagen tatsächlich 6-8 Liter auf 100 km verbraucht. Er macht einen Sachmangel geltend, den V mit dem Argument ablehnt, dass man während der Verkaufsverhandlungen (was zutrifft) nicht über das Erfordernis eines Verbrauchs von 3 Litern auf 100 km gesprochen habe.

Hier helfen die Alternativen des § 434 Abs. 1 S. 1–Nr. 2 BGB nicht weiter. Es wurde keine Sondervereinbarung getroffen. Das Fahrzeug eignet sich auch für die gewöhnliche Verwendung (es fährt) und weist die übliche Beschaffenheit auf (alle "3 Liter-Autos" dieser Marke verbrauchen 6-8 Liter), die auch ein Durchschnittskäufer erwarten konnte (6-8 Liter stellt einen üblichen Verbrauch für ein Auto dar).

Allerdings ist K im Vorfeld der Vertragsverhandlungen durch die fehlerhafte Broschüre zum Kauf animiert worden. Da es sich dabei um die öffentliche Äußerung des Verkäufers handelt (die Broschüre wurde an eine Vielzahl von Kunden gesandt) entfaltet diese Rechtswirkungen. Da das Fahrzeug mehr als 3 Liter auf 100 km verbraucht, liegt ein Sachmangel vor.

Dieser erweiterten Haftung kann sich der Verkäufer nur entziehen, wenn er nachweisen kann, dass er die öffentliche Äußerung nicht kannte und auch nicht kennen musste, dass sie im Zeitpunkt des Vertragsschlusses bereits berichtigt war oder dass sie die Kaufentscheidung letztlich nicht beeinflussen konnte. Dmit besteht grundsätzlich eine Darlegungs- und ggf. Beweispflicht des Verkäufers (Umkehr der Beweislast zugunsten des Käufers).

Um sich der Sachmängelgewährleistung zu entziehen, muss V darlegen, dass er selbst von der Broschüre nichts gewusst habe oder sie nicht kennen musste. Dies wird ihm hier nicht gelingen, da sie einerseits von seinem Autohaus stammt und er andererseits auch für die Handlungen seiner Erfüllungsgehilfen einzustehen hat.

[403] Vgl. *Grigoleit/Herresthal* JZ 2003, 233 (237).
[404] Z.B. "Das beste Auto aller Zeiten", "Mehr Frucht geht nicht", "Blau macht glücklich" etc.

Für die Frage des "kennen müssen" sieht § 122 BGB eine Legaldefinition vor. Danach wird fahrlässige Unkenntnis dem "kennen müssen" gleichgestellt.

Die Unkenntnis des V als Inhaber des Autohauses von der in seinem Namen versandten Broschüre ist im o.g. Beispiel auf jeden Fall fahrlässig, da er diese hätte kennen müssen.

Eine weitere Exkulpationsmöglichkeit liegt dann vor, wenn die öffentliche Äußerung zwischenzeitlich berichtigt wurde, also eine Gegendarstellung bereits existierte.

Letztlich kann der Verkäufer noch den Beweis antreten, dass die öffentliche Äußerung die Kaufentscheidung des Käufers nicht beeinflussen konnte. Dies wird aber nur dann gelingen, wenn die Äußerung den Adressaten nachweislich nicht erreicht hat. Aufgrund des eindeutigen Wortlautes der Vorschrift reicht der Nachweis nicht aus, dass die Äußerung die Kaufentscheidung nicht beeinflusst hat.

Soweit V geltend macht, dass K das Auto vor allem wegen der schönen Farbe und der Motorisierung erwerben wollte, reicht dies für seine Entlastung nicht aus. Er muss darlegen, dass die Broschüre niemals Grundlage der Kaufentscheidung werden konnte, z.B. weil der mit der Versendung beauftragte Briefträger alle Broschüren in den Müll geworfen hat, anstatt sie zu verteilen.

dd) Sachmangel aufgrund fehlerhafter Montage § 434 Abs. 2 S. 1 BGB

Ein Sachmangel liegt auch dann vor, wenn die vereinbarte Montage durch den Verkäufer oder dessen Erfüllungsgehilfen unsachgemäß durchgeführt worden ist.

Die Vorschrift gilt für alle Verträge, in denen eine Montage zur Vertragserfüllung gehört. Sie wird damit von der eigentlichen Nebenpflicht zur Hauptpflicht gemacht.[405]

Soweit also die Montage vom Verkäufer vertraglich übernommen, aber unsachgemäß durchgeführt wird, liegt trotz eigentlich mangelfreier Kaufsache ein Sachmangel vor.

K kauft von V eine technische Anlage. Zur Vertragserfüllung soll auch deren Aufbau und ordnungsgemäßer Anschluss durch von V gestelltes technisches Personal erfolgen. Weil V aber gerade einen Personalengpass hat, schickt der die Lehrlinge L1 und L2 zum Aufbau. Es stellt sich heraus, dass diese zur Montage nicht in der Lage sind.

Montage meint dabei alle zum vertraglichen Gebrauch der Kaufsache notwendigen Handlungen, insbesondere der Zusammenbau von Einzelteilen, Anschluss, Aufstellung und Einbau am vereinbarten Ort.[406]

[405] Vgl. Palandt/*Weidenkaff*, § 434, Rn 40; BGH NJW 1998, 3197.

[406] Vgl. Palandt/*Weidenkaff*, § 434 Rn 42.

Da die Anlage als solche technisch einwandfrei ist, liegt an sich kein Sachmangel vor. Weil aber die Montage zur Vertragserfüllung gehört, und diese mangelhaft erbracht wurde, findet doch das Sachmängelgewährleistungsrecht Anwendung. Gleiches gilt, wenn die Montage zwar ordnungsgemäß erbracht wird (die Maschine arbeitet) aber nicht in der vertraglich bestimmten Form (z.B. am falschen Ort aufgestellt wird).

Wichtig ist, dass das Kaufrecht kein Recht zur Selbstvornahme kennt.[407] Legt der Käufer also selbst Hand an, montiert er auf eigene Kosten und eigenes Risiko.

ee) Sachmangel aufgrund fehlerhafter Montageanleitung § 434 Abs. 2 S. 2 BGB[408]

Diese Vorschrift bezieht die Montageanleitung mit in das Sachmängelgewährleistungsrecht ein. Soweit diese mangelhaft ist, und deshalb die Montage nicht gelingt, liegt ein Sachmangel der zur Montage bestimmten Kaufsache vor.

Zur Montage bestimmt ist die Kaufsache, wenn für den bestimmungsgemäßen Gebrauch dieser der Zusammenbau der Einzelteile, eine Aufstellung, ein Einbau oder ein Anschluss notwendig ist.[409]

Die Montageanleitung kann als Drucksache ausgestaltet sein, aber auch mündlich erfolgen. Die Sprache der Montageanleitung ist Vertragsbestandteil. Fehlt die Montageanleitung ganz, ist bereits ein Sachmangel nach § 434 Abs. 1 S. 2 Nr. 2 BGB gegeben, weil bei zur Montage bestimmten Kaufsachen eine entsprechende Anleitung erwartet werden kann.[410]

Die Mangelhaftigkeit der Anleitung ist nach dem Erwartungshorizont des Käufers zu beurteilen.[411] Diesen hat der Verkäufer zu berücksichtigen. Er muss also darauf achten, wen er als Kunden vor sich hat und die Anleitung gegebenenfalls anpassen. Dabei kann er ein Mindestmaß an Allgemeinwissen voraussetzen. Der Verkäufer darf sogar auf den überwiegenden Teil der voraussichtlichen Käufer abstellen.

Wenn die Montageanleitung den ganz überwiegenden Teil der Käufer nicht auf Anhieb befähigt, die Montage fehlerfrei vorzunehmen, ist die Anleitung mangelhaft.[412]

Ein Fehler kann sich aus einer Unrichtigkeit der Anleitung, aus der Unvollständigkeit oder auch aus missverständlichen Formulierungen ergeben.

---

407 Siehe dazu BGH NJW 2005, 1348; dazu auch Lorenz, NJW 2005, 1321. Anders im Werkvertragsrecht, dazu siehe S. 346 ff., 353.

408 Sog. IKEA-Klausel.

409 Vgl. Palandt/*Weidenkaff*, § 434 Rn 47.

410 Str. *Bamberger/Roth/Faust*, § 434 Rn 99; Erman/*Grunewald*, § 434 Rn 107; a.A. Staudinger/*Matusche-Beckmann*, § 434 Rn 109.

411 Vgl. Palandt/*Weidenkaff*, § 434, Rn 49.

412 Vgl. Palandt/*Weidenkaff*, § 434, Rn 49.

K plant eine "Heimwerkerparty" mit ihren Freunden, auf der als Höhepunkt verschiedene Einrichtungsgegenstände eigenhändig zusammen aufgebaut werden sollen. Dafür kauft sie bei einer großen schwedischen Möbelkette Einrichtungsgegenstände. Sie bekommt die Ware ordnungsgemäß zerlegt und verpackt geliefert. Als sie sich mit ihren Freunden gegen Mitternacht an die Arbeit machen will, stellt sie entsetzt fest, dass die Montageanleitung wörtlich nur in Schwedisch abgedruckt ist und die beigefügten Abbildungen ungeeignet sind.

Da die Möbel als solche mangelfrei sind, greift § 434 Abs. 1 BGB nicht. Allerdings ist hier die Montageanleitung mangelhaft, weil sie die K nicht problemlos befähigt, den Aufbau vorzunehmen.

Gelingt trotz mangelhafter Montageanleitung der ordnungsgemäße Aufbau, fehlt die Kausalität für einen Sachmangel und vertragsgemäße Erfüllung läge vor.

Nachdem K sich beruhigt hat, macht sie sich trotz der mangelhaften Anleitung mit ihren Freunden an die Arbeit. Zusammen gelingt der fehlerfreie Aufbau. Zufrieden geht die Partygesellschaft auseinander; ein Sachmangel der Kaufsache ist nicht gegeben.

Problematisch sind die Fälle, in denen der Erstkäufer die Kaufsache später mit der mangelhaften Anleitung weiter veräußert.

Am nächsten Tag lässt K die Einrichtungsgegenstände wieder zerlegen und verkauft sie später an D. Dieser kann die Ware aber mangels Sprachkenntnisse in Schwedisch nicht aufbauen. Auch ergeben für ihn die Abbildungen keinen Sinn. Er macht einen Sachmangel geltend.

Da die Anleitung fehlerhaft ist und auch der Aufbau nicht gelungen ist, liegt ein Sachmangel vor. Fraglich ist, ob K gegen das Möbelhaus noch Ansprüche zustehen.

Nach einer Ansicht soll der Sachmangel nach der Demontage wieder aufleben. Es sei ungerecht, denjenigen Weiterverkäufer mit besonderer Sachkunde schlechter zu stellen als denjenigen, dem der Aufbau nicht gelingt. Außerdem dürfe auch ein zufällig richtiger Aufbau nicht dazu führen, dass dem Käufer alle Risiken einer erneuten Montage auferlegt werden.[413]

Diese Ansicht ist abzulehnen. Der Wortlaut von § 434 Abs. 2 S. 2 BGB stellt ausdrücklich auf ein einmaliges Montieren ab ("worden"). Ist der Mangel geheilt, kann die Sa-

---

413 *Brand* ZGS 2003, 96 (100); *Stoppel* VUR 2003, 176 (179).

che nicht noch einmal mangelhaft werden.[414] Zerlegt also der Käufer die Kaufsache noch einmal, so handelt er, wie der Käufer einer bereits montierten Sache, auf eigenes Risiko.

Gemäß § 434 Abs. 2 S. 2 BGB ist die Vorschrift auch nicht auf Gebrauchs- und Bedienungsanleitungen auszuweiten. Denn ordnungsgemäße Gebrauchs- und Bedienungsanleitungen können vom Käufer üblicherweise erwartet werden und fallen damit schon unter § 434 Abs. 1 Satz 2 Nr. 2 BGB.

ff) Sachmangel aufgrund Aliudlieferung § 434 Abs. 3 Alt. 1 BGB

Die Aliudlieferung ist begrifflich kein Sachmangel, wird diesem aber gleichgestellt.[415] Sie liegt vor, wenn der Verkäufer eine *andere* Sache liefert.

> **K bestellt bei V das Pflanzenvernichtungsmittel "Greenex" und erhält stattdessen das Konkurrenzprodukt "Grasfrei". Hier liegt ein Sachmangel nach § 434 Abs. 3 Alt. 1 BGB vor.**

Umstritten ist, ob in den Fällen des sog. Totalaliud's von einem Sachmangel ausgegangen werden kann. Ein Totalaliud liegt vor, wenn die gelieferte Sache mit der bestellten überhaupt nichts gemein hat.

> **Im o.g. Beispiel erhält K anstelle des Pflanzenvernichtungsmittels ein 5-teiliges Camping-Set.**

Zunächst führte die Anwendung des § 434 Abs. 3 Alt. 1 BGB grds. zu einem Sachmangel. Richtigerweise kann dies aber nur gelten, wenn der Verkäufer mit der Leistung tatsächlich auch seine Verpflichtung aus dem Kaufvertrag erbringen wollte. Nach h.M. bringt der Verkäufer mit seiner Leistung eine Tilgungsbestimmung zum Ausdruck, die nach dem objektiven Empfängerhorizont zu bemessen ist. Diese ist aber in den Fällen des Totalaliuds fraglich.

> **Es ist nicht anzunehmen, dass V mit der Lieferung des Camping-Sets seiner Verpflichtung zur Lieferung des "Greenex" nachkommen wollte. Anstelle der Sachmängelgewährleistungsrechte (Nacherfüllung) wird K hier so gestellt, als hätte V noch nicht erfüllt (also noch nicht geliefert). Dadurch behält K seinen Anspruch auf Übergabe und Übereignung des "Greenex". Andererseits muss er das Camping-Set nach § 812 Abs. 1, 1 Alt. BGB herausgeben, weil hierfür kein Rechtsgrund vorliegt.[416]**

---

414 *Rappenplitz* JA 2003, 36 (39).

415 Vgl. Palandt/*Weidenkaff*, § 434, Rn 52.

416 Der Rechtsgrund kann nur soweit gehen, wie der Kaufvertrag reicht. Der Kaufvertrag sah aber nur die Verpflichtung zur Lieferung von "Greenex" vor und trifft keine Regelung hinsichtlich des Camping-Sets. Daher darf der Käufer dieses auch nicht aufgrund des Kaufvertrages behalten.

Interessant wird es, wenn der Verkäufer unglücklicherweise eine wertvollere Sache als die bestellte Sache liefert und diese nicht zum Totalaliud zählt.[417]

Anstelle des Greenex erhält K die doppelt so teure Premiumvariante "GreenexPower". Aufgrund des Kaufvertrags ist K nur zur Zahlung des Greenex verpflichtet. Als V seinen Irrtum bemerkt, bietet er K einen Umtausch der Produkte an. Dankend lehnt K ab.

Da das Kaufrecht nur die Rechte des Käufers, nicht aber die des Verkäufers regelt, ist § 434 BGB nicht anwendbar.

V könnte ein Herausgabeanspruch auf das gelieferte "GreenexPower" aus § 812 Abs. 1 S. 1 Alt. 1 BGB gegen K zustehen. Dann müsste K etwas, durch Leistung des V, ohne rechtlichen Grund erhalten haben. K hat das "GreenexPower" durch eine ziel- und zweckgerichtete Mehrung fremden Vermögens von V erlangt. Der Rechtsgrund könnte in dem Kaufvertrag liegen. Dies setzt aber voraus, dass der Kaufvertrag ordnungsgemäß erfüllt wurde.

Die h.M. will auch in den Fällen der Besserlieferung, die nicht in den Bereich des Totaliuds fällt, weiter die o.g. Regeln anwenden. Danach liegt in der Lieferung einer anderen Sache (also auch der Besserlieferung) keine Erfüllung des Kaufvertrags, weil die dort zugrunde gelegte Leistung nicht erbracht wurde. Dem Käufer verbleibt dann ein Forderungsrecht auf Leistung gemäß Kaufvertrag und der Verkäufer kann über § 812 Abs. 1 S. 1 Alt. 1 BGB die Besserlieferung herausverlangen, da diese insoweit ohne Rechtsgrund vom Käufer erlangt wurde.

Soweit der Irrtum des V, vom objektiven Empfängerhorizont aus betrachtet, für K erkennbar war, fehlt in der Übergabe des "GreenexPower" die Tilgungsbestimmung. Damit ist der Vertrag nicht erfüllt. Vielmehr hat K das Premiumpräparat ohne rechtlichen Grund erhalten.

Demgegenüber lässt sich auch vertreten, die Regeln des Totalaliuds nicht auf den Fall der Besserlieferung anwenden, weil die erbrachte Leistung noch vom Kaufvertrag erfasst sei.[418] In diesen Fällen würde der Kaufvertrag einen Rechtsgrund für das Behaltendürfen der Besserlieferung darstellen.

Soweit von einer Tilgungsbestimmung ausgegangen werden kann, hat V seine Vertragsverpflichtung erfüllt. Der Kaufvertrag würde den Rechtsgrund für das Behaltendürfen des "GreenexPower" bedeuten.

---

417 Liefert er eine schlechtere Sache als die bestellte, wird der Käufer regelmäßig rügen und seine Gewährleistungsrechte geltend machen.

418 Vereinfacht dargestellt bestellt K Pflanzenvernichtungsmittel und bekommt auch Pflanzenvernichtungsmittel.

Allerdings geht auch diese Ansicht davon aus, dass die Gleichstellung einer Aliudlieferung mit einem Sachmangel keine Regelung für das "Behaltendürfen" des Aliuds enthält. Wenn der Verkäufer schon kein Aliud liefern darf, wäre es unbillig, wenn dafür der Käufer dieses behalten dürfte. Daher muss der Verkäufer seine Tilgungsbestimmung[419] nach § 119 Abs. 1 BGB analog[420] anfechten können. Damit entfiele der Rechtsgrund wieder. Diese Vorgehensweise steht i.ü. auch nicht mit § 241a BGB in Widerspruch, da nach h.M.[421] die falsche (höherwertige) Bestelllieferung keine "unbestellte Sache" i.S.d. Vorschrift darstellt.

Selbst unter der Annahme, dass die Besserlieferung vom Kaufvertrag erfasst ist, kann V seine Tilgungsbestimmung anfechten, mit der Folge, dass die Zuordnung des "GreenexPower" zum Kaufvertrag über "Greenex" entfällt und der Kaufvertrag damit noch nicht erfüllt wurde. Dann hat K (wie oben) einen Anspruch auf Erfüllung des Kaufvertrags (Greenex) und V kann über § 812 Abs. 1 S. 1 Alt. 1 BGB die Premiumvariante herausverlangen, weil diese nunmehr ohne Rechtgrund geleistet wurde.

Das gleiche Verfahren kann in Fällen zur Anwendung kommen, in denen der Verkäufer (versehentlich) zu viel leistet. Fehlt es an der Tilgungsbestimmung, ist eine direkte Rückforderung über § 812 BGB möglich. Ist sie gegeben, wird der Verkäufer sie anfechten können.

gg) Sachmangel aufgrund Minderlieferung § 434 Abs. 3 Alt. 2 BGB

Einem Sachmangel steht es gleich, wenn der Verkäufer zuwenig liefert. Der Käufer kann in diesem Fall Nacherfüllung verlangen. Voraussetzung hierfür ist, dass der Verkäufer mit der Minderlieferung seine vollständige Leistungsverpflichtung und keine Teilleistung i.S.v. § 266 BGB erbringen wollte. Im letzteren Fall greift kein Sachmangelgewährleistungsrecht, so dass die Regelungen des allgemeinen Teils anzuwenden sind.

hh) Sonderfälle des Gefahrenverdachts

Bei verderblichen Waren lässt sich selten mit Sicherheit sagen, ob ein Sachmangel vorliegt.

K kauft bei V einen Sahnejoghurt "Birne-Helene" am 27.03. Zuhause stellt er fest, dass das Mindesthaltbarkeitsdatum des Joghurts am 25.03. abgelaufen ist. K erwägt die Geltendmachung von Gewährleistungsrechten.

---

419 Siehe dazu auch *Lorenz* JuS 2003, 36 ff.; *Tiedtke/Schmitt* JZ 2004, 1092.

420 Die Tilgungsbestimmung ist keine Willenserklärung, sondern eine geschäftsähnliche Handlung. Die Regeln über Willenserklärungen (und damit auch die Anfechtung) können aber analog angewandt werden.

421 Vgl. *Bamberger/Roht/Faust* § 434 Rn 117; Jauernig/*Berger* § 434 Rn 23.

In diesen Fällen ist nicht sicher, ob ein Mangel bei Gefahrübergang vorliegt. Der Joghurt könnte am 27.03. auch noch mangelfrei sein. Der 25.03. gibt nur ein Mindesthaltbarkeitsdatum vor. Andererseits ist fraglich, ob dem Käufer ein Ausprobieren der Kaufsache zugemutet werden kann. Weitere Kontrollmöglichkeiten stehen dem Käufer in der Regel nicht zu. Die h.M. geht deshalb davon aus, dass mit dem Ablauf des Mindesthaltbarkeitsdatums der Verdacht einer Qualitätsminderung besteht, die zur Geltendmachung der Sachmangelgewährleistungsrechte berechtigt.

K kann also den Joghurt zurückbringen. Soweit V einwendet, dass die Gewährleistung über § 442 BGB ausgeschlossen sei, weil K beim Kauf auf das Datum hätte achten müssen, greift das Argument nicht durch. Der Kunde ist zur Warenkontrolle nicht verpflichtet, welche in den Aufgabenbereich des Verkäufers fällt.

Abbildung 27: Übersicht zum Sachmangel

Sachmangel

§ 434 I 1 BGB

§ 434 I 2 Nr.1 BGB → vertraglich vorausgesetzte Verwendung + Eignung

§ 434 I 2 Nr. 2 BGB → gewöhnliche Verwendung eignet + übliche Beschaffenheit entsprechend Käufererwartung

§ 434 II BGB → "IKEA – Klausel"

§ 434 III BGB → Aliudlieferung / Zuweniglieferung

§ 434 I 3 BGB → „öffentliche Äußerungen"

ii) Rechtsmangel aufgrund § 435 BGB

Sachen können nicht nur mit einem Sachmangel, sondern auch mit einem Rechtsmangel belastet sein. Nach § 435 BGB ist die Sache frei von Rechtsmängeln, wenn Dritte in Bezug auf die Sache keine oder nur die im Kaufvertrag übernommenen Rechte gegen den Käufer geltend machen können. Das geltend gemachte Recht muss dabei tatsächlich bestehen.

Im Wesentlichen lassen sich zwei Gruppen unterscheiden:

(1) privatrechtliche Rechte Dritter

Die verkaufte Sache ist mit Rechten belastet, die einem Dritten zustehen. Dies können absolute[422] aber auch obligatorische[423] Rechte sein. Weiter zählen Patente, Geschmacks- und Gebrauchsmuster, Markenrechte und andere Immaterialgüterrechte hierzu.[424]

V verkauft T-Shirts mit dem Aufdruck der Rolling Stones, ohne von ihnen zum Vertrieb berechtigt zu sein. Die T-Shirts haben insoweit einen Rechtsmangel.

(2) öffentlich-rechtliche Beschränkungen

Ein Rechtsmangel liegt regelmäßig auch vor, wenn die Kaufsache öffentlich-rechtlichen Beschränkungen unterliegt, z.B. wenn die Beschränkung zum Entzug des Eigentums führt. Dagegen sind nach ständiger Rechtsprechung Beschränkungen aus dem Bauordnungs- oder Bauplanungsrecht als Sachmangel zu klassifizieren. Nach § 435 S. 2 BGB steht die Eintragung eines Rechtes im Grundbuch einem Rechtsmangel gleich. Hier kommt es nicht darauf an, ob das Recht noch besteht oder nicht, da allein das Vorhandensein der Eintragung die Verfügung über das Grundstück erschwert. Für öffentliche Lasten an einem Grundstück gibt es mit § 436 BGB eine Sondervorschrift. Eine Abgrenzung des Sachmangels vom Rechtsmangel kann in Zweifelsfällen dahinstehen, weil für beide die gleichen Rechtsfolgen in § 437 BGB angeordnet sind.

Abbildung 28: Der Rechtsmangel

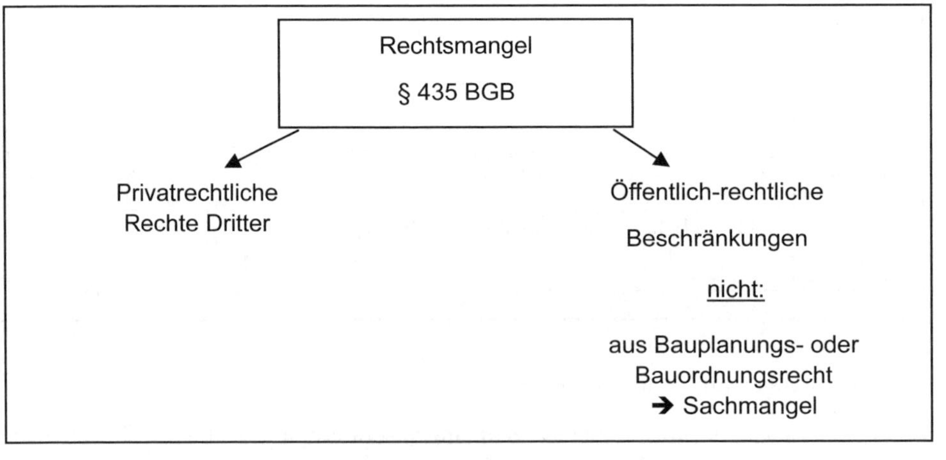

422 Dingliche Rechte wie Hypothek, Grundschuld, Vormerkung etc.

423 Weiterverkaufsverbote, bestehende Verlängerungsoptionen etc.

424 Vgl. Palandt/*Weidenkaff*, § 435, Rn 9.

4. Rechtsfolgen

Nachdem die Mangelhaftigkeit der Kaufsache untersucht und bejaht wurde, gilt es, die Rechtsfolgen zu analysieren.

Für den Sach- und den Rechtsmangel ordnet das Gesetz gleichermaßen die Anwendung der in § 437 BGB niedergelegten Rechte an. Danach kann der Käufer vom Verkäufer

- Nacherfüllung gem. § 439 BGB
- Minderung (§ 441 BGB) oder Rücktritt (§§ 346 ff. BGB)
- und Schadens- oder Aufwendungsersatz (§§ 280 ff. BGB) verlangen.

a) Die Nacherfüllung § 439 Nr. 1 BGB

Liegt bei einem wirksamen Kaufvertrag bei Gefahrübergang ein behebbarer Sachmangel oder Rechtsmangel der Kaufsache vor (§§ 434, 435 BGB), muss der Käufer vom Verkäufer zunächst nach § 439 BGB Nacherfüllung verlangen, bevor er sich auf weitere in § 437 BGB benannte Rechtsbehelfe berufen kann.[425] Das bedeutet, dass der Käufer nach seiner Wahl vorerst nur die Beseitigung des Mangels oder Neulieferung verlangen kann. Dabei muss der Verkäufer nach § 439 Abs. 2 BGB die zum Zwecke der Nacherfüllung erforderlichen Aufwendungen, insbesondere Transport-, Wege-, Arbeits- und Materialkosten tragen.

V verkauft an K Transistoren, die K in Radios einbaut und weiterverkauft. Nach Einbau der Transistoren stellt sich deren Mangelhaftigkeit (V hatte schlampig hergestellt) heraus. Fraglich ist, ob V nur die Kosten zu tragen hat, die entstehen, um die Transistoren zu reparieren bzw. auszutauschen oder ob er darüber hinaus den Ein- und Ausbau der Transistoren in die Radios vorzunehmen hat. K weist daraufhin, dass der erste Einbau sinnlos und ein Ausbau und nochmaliger Einbau bei ihm Kosten verursacht.

Der Anspruch auf unentgeltliche Nacherfüllung betrifft sowohl die beim Käufer wie auch beim Verkäufer infolge der Nacherfüllung anfallenden Kosten. Der Verkäufer haftet, weil er seiner Leistungspflicht aus § 433 Abs. 1 BGB nicht ordnungsgemäß nachgekommen ist. Er muss auch die Aufwendungen begleichen, die gegenüber Dritten entstehen.

Da er den Ausbau i.d.R. mangels Fachkompetenz nicht selbst ausführen kann, wäre er zur Kostentragung gegenüber Dritten verpflichtet (z.B. wenn K sich weigert, den Ausbau vorzunehmen).

---

425 Wenn die Gewährleistung nicht ausgeschlossen wurde, siehe S. 275 ff.

Ersetzt werden alle erforderlichen Aufwendungen, wobei die Aufzählung in § 439 Abs. 2 BGB nur beispielhaft ist.[426] Umstritten ist, ob neben dem Ausbau der Kaufsache auch deren Wiedereinbau geschuldet ist.[427]

Durch die Nacherfüllung soll der Käufer in die Lage versetzt werden, mit der Sache so zu verfahren, als wäre sie mangelfrei gewesen.

Wären die Transistoren ordnungsgemäß gewesen, hätte K die Radios ohne weitere Kosten weiterveräußert.

Damit würde zu den gem. § 439 Abs. 2 BGB zu ersetzenden Aufwendungen auch der Einbau der Kaufsache zählen.[428]

Nach anderer zutreffender Ansicht lässt sich nur der Ausbau als tatsächliche Nacherfüllungskosten abrechnen, während der erneute Einbau als Schadensersatz über §§ 437 Nr. 3, 280 Abs. 1 BGB erfasst wird.[429] Die geschuldete Nacherfüllung beschränkt sich nur auf die mangelfreie Nach- oder Neulieferung der Kaufsache. Ein weitergehender Einbau (erstmalig oder erneut) gehört nicht zu den Verkäuferpflichten aus § 433 Abs. 1 BGB. Ferner würde sonst der ursprüngliche Kaufvertrag mit einem etwaigen Werkvertrag vermengt. Die Einbaukosten sind damit nicht der mangelhaften Sache als solcher zuzuordnen, sondern nur durch diese entstanden.

Durch fehlerhafte Lieferung bedingte Schäden werden über §§ 437 Nr. 3, 280 Abs. 1 BGB ausgeglichen, soweit den Verkäufer ein Verschulden trifft. Liegt ein solches nicht vor, sind weder die ersten noch die erneuten Einbaukosten vom Verkäufer zu ersetzen.

Danach muss V hier die vergeblichen Einbaukosten und die erneuten Einbaukosten zahlen, da die Mangelhaftigkeit der Transistoren auf seinem Verschulden beruht.

Die Nacherfüllungspflicht, die für den Verkäufer ein Recht zur zweiten Andienung darstellt, kann aber nach § 439 Abs. 3 BGB ausgeschlossen sein.

aa) Die Unmöglichkeit der Nacherfüllung

Nach § 439 Abs. 3 BGB kann der Verkäufer die Nacherfüllung unbeschadet von § 275 Abs. 2 und 3 BGB verweigern, was zeigt, dass das Unmöglichkeitsrecht neben den Nacherfüllungsanspruch tritt. Eine Nacherfüllung ausgeschlossen, wenn sie gemäß § 275 Abs. 1 BGB unmöglich ist. Dies ist der Fall, wenn sowohl die Mangelbeseitigung als auch Neulieferung nicht möglich sind.

---

426 Vgl. Wortlaut "insbesondere".

427 Vgl. Köln NJW –RR 2006, 677; a.A. Karlsruhe MDR 2005, 135; Vgl. auch *Lorenz* ZGS 2004, 408; Köln MDR 2006, 926; Karlsruhe ZGS 2004, 432.

428 Vgl. Karlsruhe MDR 2005, 135; *Terrahe*, VersR 2004, 680; *Bamberger/Roth/Faust* § 439 Rn 18.

429 Bzw. als Aufwendungsersatz nach § 284 BGB; vgl. *Lorenz* NJW 2007, 1 ff.

Verkauft V dem K einen Unfallwagen als unfallfrei, ist eine Mangelbeseitigung nicht möglich, da V -und auch kein Dritter- die Unfallfreiheit des Wagens herstellen können. Fraglich ist, ob auch eine Nachlieferung ausscheidet?

Dies bemisst sich danach, ob man bei einem Stückkauf überhaupt eine Nachlieferung vornehmen kann. Da sich mit der Konkretisierung des Kaufgegenstandes auf die einzelne Sache der Käufer und Verkäufer festgelegt haben, kommt allenfalls eine Reparatur des Gegenstandes in Betracht. Die Lieferung einer anderen Sache scheidet beim Stückkauf nach einer Ansicht schon begrifflich aus.[430]

Die h.M. ist anderer Auffassung.[431] Beim Nacherfüllungsanspruch werde nicht mehr zwischen Stück- und Gattungsschuld unterschieden. Daraus ergibt sich, dass auch beim Stückkauf eine Nachlieferung nicht automatisch wegfällt. Schließlich verlangt der Wortlaut des § 439 Abs. 1 BGB die Lieferung einer (und nicht *der*) mangelfreien Sache. Letztlich wird also zumindest bei vertretbaren Sachen[432] ein Anspruch auf Ersatzlieferung bejaht. Vertretbar sind solche Sachen, die objektiv austauschbar sind. Bei nicht vertretbaren Sachen wird schon Unmöglichkeit der Ersatzlieferung vorliegen. Bei gebrauchten Sachen ist im Einzelfall zu prüfen, ob eine Ersatzlieferung erfolgreich sein kann.

Die Literatur und der BGH haben sich zu Recht dafür entschieden, dass es zur Entscheidung dieser Frage maßgeblich auf den (hypothetischen) Parteiwillen ankommt, ob die Kaufsache im Wege der Nacherfüllung ersetzbar sein sollte oder nicht.[433]

Beim Gattungskauf tritt ein Ausschluss der Nachlieferung erst ein, wenn die Gattung untergeht oder auf die Vorratsschuld beschränkt wurde.

Im o.g. Fall kommt eine Ersatzlieferung folglich nur in Betracht, wenn tatsächlich ein vergleichbarer unfallfreier Wagen existiert.

Weiter kann der Verkäufer die Nacherfüllung in den Fällen des **§ 275 Abs. 2 BGB** verweigern, wenn sie nur mit unverhältnismäßigem Aufwand im Vergleich zum Schuldverhältnis und dem Gläubigerinteresse zu realisieren ist. Bei diesen Fällen kann vom Verkäufer nach Treu und Glauben nicht erwartet werden, dass er die Nacherfüllung noch vornimmt.[434] Die Verweigerung nach § 275 Abs. 2 BGB stellt nach h.M. eine "rechtsvernichtende Einrede" dar. Sie wird also nur berücksichtigt, wenn der Verkäufer sie geltend macht und führt zum Erlöschen des Nacherfüllungsanspruchs.

---

430 Vgl. *Bamberger/Roth/Faust* § 439 Rn 27; Lorenz/*Riehm* Lehrbuch zum neuen Schuldrecht, Rn 505.

431 Vgl. Palandt/*Weidenkaff* § 439, Rn 15.

432 § 91 BGB.

433 Vgl. BGH NJW 2006, 2839 mwN.

434 Zur Unmöglichkeit siehe ab S. 116 ff.

In den Fällen des **§ 275 Abs. 3 BGB** kann der Verkäufer, der eine höchstpersönliche Nacherfüllung erbringen müsste, diese mit dem Hinweis auf Unzumutbarkeit verweigern. Auch hier gelten die Regeln, die schon bei der Unmöglichkeit dargestellt wurden. Als "rechtsvernichtende Einrede" muss § 275 Abs. 3 BGB vom Verkäufer erhoben werden.

Verweigert der Verkäufer nach § 275 BGB die Nacherfüllung, geht der Nacherfüllungsanspruch des Käufers unter. Sein **Gegenleistungsanspruch** erlischt aber nicht automatisch nach § 326 Abs. 1 BGB, was dort ausdrücklich geregelt ist. Dies deshalb, weil dem Käufer bei einer fehlgeschlagenen Nacherfüllung weitere Rechte nach § 437 BGB zustehen, deren er sich bedienen kann. Was mit seiner Gegenleistung geschieht, ist somit von der Wahl seines Vorgehens abhängig.

bb) § 439 Abs. 3 BGB Unverhältnismäßige Kosten

Die Vorschrift erlaubt neben den Unmöglichkeitsregeln eine weitere Nacherfüllungsverweigerung des Verkäufers. Dieser muss die "gewählte Art der Nacherfüllung" auch nicht vornehmen, wenn sie nur mit unverhältnismäßigen Kosten möglich ist. Bezugspunkt ist hierbei nicht der Gewinn des Verkäufers, sondern der Nutzen der Nacherfüllungsmaßnahme für den Käufer.[435]

§ 439 Abs. 3 BGB stellt ebenfalls eine Einrede dar und bedarf somit der ausdrücklichen Geltendmachung durch den Verkäufer. Sie bezieht sich nur auf die vom Käufer gewünschte Art der Nacherfüllung.

Umstritten ist, ob der Verkäufer die Einrede auch dann noch erheben kann, wenn die Nacherfüllungsfrist bereits verstrichen ist und damit die Voraussetzungen für Rücktritt und Schadensersatz schon vorliegen. Hierbei ist zu fragen, ob der Schadensersatzanspruch oder das Rücktrittsrecht überhaupt entstehen können, wenn die Nacherfüllung einredebehaftet ist. Wie vorn im Allgemeinen Teil gezeigt[436] entsteht der Schuldnerverzug (§§ 280, 286 BGB) nicht, wenn die Forderung allein einredebehaftet ist. Auf eine Geltendmachung kommt es zunächst nicht an.[437] Andererseits würde dem Käufer damit eine Reaktionsmöglichkeit genommen, denn er kann bei Unverhältnismäßigkeitsanzeige einfach auf die andere Art der Nacherfüllung umstellen. Insoweit ist seine Position eher mit § 273 BGB vergleichbar, die auch eine Reaktionsmöglichkeit des Gläubigers vorsieht und deshalb unbedingt vom anderen Teil erhoben werden muss.

Dieses Ergebnis rechtfertigt sich auch im Hinblick auf eine richtlinienkonforme Auslegung der Verbrauchsgüterkaufrichtlinie, wonach bei Verbrauchsgüterkäufen die Rücktritts- und Minderungsrechte dann eintreten, wenn die Nacherfüllungsfrist abgelaufen ist. Nicht notwendig ist, dass der Käufer diese zuvor gesetzt hat.

---

435 Vgl. *Lorenz* NJW 2007, 1 ff.; auch BAG NZA 2005, 118 zu § 275 Abs. 2.
436 Siehe S. 154 ff.
437 Anders bei § 273 BGB, weil hier der Gläubiger Sicherheit leisten kann.

Da es im Verbrauchsgüterkauf nur auf den Ablauf der Frist ankommt, nimmt man zumindest beim Verbrauchsgüterkauf eine Obliegenheit des Verkäufers an, die Einrede innerhalb der Nacherfüllungsfrist zu erheben. Dies erlaubt dem Käufer einen Wechsel zwischen den Nacherfüllungsarten. Dem ist auch deshalb zuzustimmen, weil der Käufer nicht einzuschätzen vermag, ob die gewählte Art der Nacherfüllung unverhältnismäßig ist oder nicht.[438]

Bei der Frage nach der Unverhältnismäßigkeit ist letztlich auf den Einzelfall abzustellen.[439] Dabei sind die im Gesetz benannten Kriterien zu beachten.

(1) Wert der Sache im mangelfreien Zustand

Die Nacherfüllung für höherwertige Kaufsachen soll seltener unverhältnismäßig sein als bei geringwertigeren Kaufsachen[440].

> **K hat schlechte Erfahrungen mit V gemacht. Da dessen Supermarkt aber so günstig zu erreichen ist, kauft K immer wieder bei V ein. Als er einen USB-Stick für 10 EUR bei V erwirbt, der bereits wenige Stunden später defekt ist, reicht es ihm. Auf seine Rechtskenntnisse vertrauend, verlangt er von V Reparatur des USB-Sticks und lehnt den von V vorgeschlagenen Austausch ab. Dabei weiß K, dass eine Reparatur des 10-EUR-Stickes das 5fache des Preises weit übersteigen dürfte. Er will es dem V aber auf diesem Wege "heimzahlen".**

Die Vorschrift stellt auf den Wert des Gegenstands im mangelfreien Zustand ab und nicht auf den Kaufpreis. Dies führt dazu, dass bei kleinen Alltagsgegenständen i.d.R. ein Austausch der Ware günstiger ist als die Nachbesserung.

> **Der Wert eines mangelfreien USB-Sticks liegt unter dem Kaufpreis. Da die Reparatur dessen Wert um mehr als 500 % übersteigt[441], ist es V nicht zuzumuten, die vom Käufer gewählte Art der Nacherfüllung durchzuführen. V kann sich auf § 439 Abs. 3 BGB berufen und die Nachbesserung verweigern und stattdessen eine Neulieferung vornehmen.**

Da sich die Unverhältnismäßigkeit der Nacherfüllungskosten nach dem Wert der Sache richtet und nicht nach dem Kaufpreis, bleiben sowohl dem Käufer als auch dem Verkäufer die durch die Verkaufsverhandlungen erreichten Positionen erhalten. Der Käufer, der ein Schnäppchen erwirbt, muss also nicht fürchten, dass sich die für ihn günstige Stellung letztlich bei der Nacherfüllung umkehrt. Ebenso behält der clevere

---

438 Kann der Verkäufer beide Arten der Nacherfüllung verweigern, bedarf es der Erhebung der Einrede nicht, da dann dem Käufer ein Wechsel nicht zusteht.

439 Insgesamt dürfte – als grobe Faustformel - eine Unverhältnismäßigkeit der Nacherfüllungskosten ab 100 % des Wertes der Kaufsache anzunehmen sein.

440 BT-Ds 14/6040, S. 232.

441 A.A. 150 % als absolute Unverhältnismäßigkeit.

Verkäufer, der ein Produkt überteuert verkauft hat, die Früchte seiner Verhandlungstaktik. Auch hier wird der Schutz der Privatautonomie erkennbar.

(2) Bedeutung des Mangels

Bei der Bestimmung der unverhältnismäßigen Kosten ist ferner die Art des Mangels von erheblicher Bedeutung. Handelt es sich um einen derart gravierenden Fehler, der die gesamte Kaufsache vollkommen wertlos werden lässt, muss dem Verkäufer ein erhöhter Kostenaufwand zugemutet werden.

(3) Nachteile durch andere Art der Nacherfüllung

Hier wird darauf abgestellt, ob dem Käufer ein besonderes Recht an der Nacherfüllung in einer bestimmten Weise zusteht oder ob die Mangelbeseitigung nicht ebenso erfolgreich wie sinnvoll durch die andere Art der Nacherfüllung erreicht werden kann.

Im o.g. Beispiel wird deutlich, dass der Käufer zwar wählen kann, ob er Nachbesserung oder Neulieferung verlangt. Der Verkäufer kann aber auf Neulieferung bestehen, wenn die Nachbesserung unverhältnismäßige Kosten für ihn bedeutet, und kein Grund ersichtlich ist, weshalb dem Leistungsinteresse des Käufers nicht genauso gut durch eine Neulieferung gedient werden kann.

Die Tatsache, dass K sich für diverse Fehler im Vorfeld des Kaufes rächen wollte, stellt kein schützenswertes Interesse dar.

(4) Verschulden

Ein Verschulden ist kein in § 439 Abs. 3 BGB genanntes Kriterium. Es entspricht aber allgemeiner Auffassung, dass dem schuldhaft handelnden Verkäufer ein erhöhter Nacherfüllungsaufwand zugemutet werden kann.[442]

(5) Reparaturwerkstatt

Ein beliebtes Klausurproblem stellt sich, wenn der Verkäufer einer Kaufsache die Nacherfüllung mit dem Hinweis verweigert, dass er zur Nachbesserung nicht in der Lage sei.

V betreibt einen Gemüsehandel. Durch einen Freund ist er zufällig an eine Warenlieferung günstiger Laptops (die letzten ihrer Gattung) gelangt, die er wiederum zu äußerst günstigen Sonderpreisen in seinem Geschäft als "Knüller der Woche" anbietet. K hat sich deshalb, wie viele andere, schon nachts vor dem Geschäft des V in Stellung gebracht, um eines der begehrten Geräte zu kaufen. Die Freude währt nur kurz, da der bei V

[442] Vgl. *Bamberger/Roth/Faust* § 439 Rn 45; Staudinger/*Matusche-Beckmann* § 439 Rn 48.

erworbene Laptop diverse Mängel aufweist. Frustriert bringt K den Rechner zurück und verlangt Nachbesserung. V verweigert diese mit dem Hinweis, er betreibe einen Gemüsehandel und keine PC-Werkstatt. Da die Laptops ausverkauft seien, könne K aber sein Geld als Gutschrift im Gemüsehandel des V einlösen.

In der Regierungsbegründung zum Gesetzesentwurf wird das Fehlen einer eigenen Reparaturwerkstatt als Beispiel für die Unzumutbarkeit der Nacherfüllung angegeben.[443] Danach kann der Verkäufer hier die Nachbesserung ablehnen. Da eine Neulieferung nicht möglich ist, wird er von seiner Nacherfüllungspflicht frei. Der Käufer kann dann überlegen, ob er über § 437 BGB den Rücktritt erklärt, Minderung und Schadensersatz geltend machen will.

Anders die Literatur.[444] Da die Reparatur durch eine externe Werkstatt nur einen organisatorischen Mehraufwand darstellt, ist diese dem Verkäufer zuzumuten. Letztlich ist dieser Ansicht der Vorzug zu geben, weil der Käufer einer Sache erwarten darf, dass sich der Verkäufer auch für Fälle der Nachbesserung entsprechend rüstet und diverse Vorkehrungen trifft.

V muss hier die Reparatur des Laptops auf seine Kosten vornehmen lassen.

(6) Wahlrecht

Gemäß § 439 Abs. 1 BGB steht dem Käufer das Wahlrecht zu, welche Art der Nacherfüllung er wünscht. Dahinter steht die für den Verbrauchsgüterkauf entwickelte verbraucherfreundliche Erwägung, dass der Verkäufer seiner Leistungspflicht nicht hinreichend nachgekommen ist und nunmehr der Wahl des Käufers für Nacherfüllung nur noch mit der Einrede der Unverhältnismäßigkeit entgegentreten kann.

Trotz dieser klaren Gesetzesaussage wird in der Literatur versucht[445], das Wahlrecht des Käufers zu unterlaufen. Das Wahlrecht sei rechtspolitisch zweifelhaft.[446] Begründet wird dies damit, dass es dem Käufer regelmäßig nur auf eine ordnungsgemäße Leistung ankomme. Auf welche Art das geschehe, sei nicht von Bedeutung. Aufgrund der besonderen Sachkenntnisse wäre es außerdem der Verkäufer, der besser einzuschätzen vermag, welche Nacherfüllung am ehesten den gewünschten Erfolg verspreche. Die Position der Literatur steht jedoch im Widerspruch zum Gesetzeswortlaut und ist damit abzulehnen.

---

443 Vgl. BT-Ds. 14/6040, S. 232.

444 Vgl. u.a. *Bitter/Meidt* ZIP 2001, 2114 ff.

445 So die h.M. *Bamberger/Roth/Faust* § 439 Rn 26.

446 Bamberger/Roth/Faust, § 439 Rn 2 ff.

(7) Wahlwechsel

Umstritten ist weiter, ob der Käufer nach Ausübung seines Wahlrechts von diesem noch einmal abrücken kann und eine andere Art der Nacherfüllung wählen darf. Die Antwort auf diese Frage richtet sich danach, ob die Nacherfüllung als Wahlschuld i.S.d. §§ 262, 263 BGB zu verstehen ist oder von einem Fall der elektiven Konkurrenz ausgeht.

(aa) Wahlschuld

Geht man bei der Nacherfüllung von einer Wahlschuld i.S.v. §§ 262, 263 BGB aus, ist ein Wechsel nach der Bestimmung der Nacherfüllungsart nicht mehr möglich. Denn mit der Entscheidung gestaltet sich das Rechtsverhältnis, so dass automatisch ex tunc (von Anfang an) nur die gewählte Art der Nacherfüllung geschuldet wird.[447]

(bb) elektive Konkurrenz

Der BGH hat sich für ein Verhältnis der elektiven Konkurrenz entschieden.[448] Ein Fall der elektiven Konkurrenz liegt vor, wenn dem Berechtigten verschiedene Ansprüche zur freien Wahl gestellt werden.[449] Der Käufer soll beim Fehlschlagen der Nacherfüllung sofort wechseln können, weil sonst seine Position unnötig geschwächt wird.[450] Im Falle einer Wahlschuld wäre der Berechtigte nur auf Sekundäransprüche verwiesen, vgl. § 265 BGB.

(1) Wertverbesserung

Beseitigt der Käufer den Mangel selbst, verliert er seinen Nacherfüllungsanspruch gegenüber dem Verkäufer, da diesem die Nacherfüllung nun unmöglich wird. Hierbei ist aber nicht vorschnell zu urteilen. Das Bundesverfassungsgericht hat klargestellt, dass der bloße Ankauf eines Ersatzteils durch den Käufer noch nicht zur Unmöglichkeit der Nacherfüllung führt und den Ausschluss sämtlicher Gewährleistungsrechte rechtfertigt.[451]

Kommt der Verkäufer seiner Nacherfüllungspflicht nach und tauscht die fehlerhafte Kaufsache aus, ist die Frage zu beantworten, ob der Käufer einen Ausgleich leisten muss, weil er nun eine neue Sache mit ggf. längerer Gebrauchsdauer erhält. So wird vertreten, dass der Käufer einen Ausgleich gemäß den Grundsätzen "neu für alt" vornehmen müsse.[452] Andere wollen dem Käufer die sog. Sowieso-Kosten auferlegen,

---

447 *Büdenbender* AcP 205 (2005), 386 ff.; auch MüKo/*Krüger* § 262, Rn 13; *Schwab* JZ 2006, 1030 ff.; OLG Celle NJW 2005, 2094 ff.

448 BGH NJW 2006, 1198 ff. mwN.

449 Vgl. MüKo/*Krüger* § 262, Rn11; Palandt/*Heinrichs* § 262, Rn 6.

450 *Oetker/Maultzsch* Vertragliche Schuldverhältnisse S 90 ff.; *Ball* NZV 2004, 217 ff.; *Spickhoff* BB 2003, 589 ff.

451 BVerfG, BeckRS 2006, 26166.

452 *Gsell* NJW 2003, 1969 ff.

also diejenigen, die er sowieso im Laufe der Zeit hätte aufbringen müssen (z.B.durch Verschleißteile und Wartung).[453]

Richtigerweise muss der Käufer keinen Abzug für die Wertverbesserung entrichten.[454] Die Nacherfüllung ist eine kostenlose Leistung des Verkäufers. Sie ist Sanktion für seine nicht ordnungsgemäße Erstlieferung und darf daher keinerlei Zahlungen des Käufers nach sich ziehen.

(2) Herausgabe der mangelhaften Sache § 439 Abs. 4 BGB

Dem Verkäufer einer mangelhaften Sache ist diese nach dem Umtausch zurückzugewähren, siehe § 439 Abs. 4 BGB iVm §§ 346-348 BGB. Insoweit ist fraglich, ob der Käufer dem Verkäufer Nutzungsersatz für die Verwendung der mangelhaften Sache leisten muss.[455]

K kauft von V einen Laptop für 3.000 EUR. Nach 1 Jahr ist das Gerät defekt. V tauscht es aus und fordert von K die Rückgabe des alten Laptops und Nutzungsersatz iHv 500 EUR.

Dieses Ergebnis wird als europarechtswidrig i.S.d. Verbrauchsgüterkaufrichtlinie empfunden. Daher ist zumindest beim Verbrauchsgüterkauf[456] eine Ausnahme vom Aufwendungsersatz zu machen. Dogmatisch begründen lässt sich dies mit dem Wortlaut der Vorschrift. Denn § 439 Abs. 4 BGB verweist nur auf die Rückgewähr der Leistung. § 346 Abs. 1 BGB unterscheidet aber zwischen Rückgewähr und Nutzungsersatz. Daher ist davon auszugehen, dass der Käufer nach § 439 Abs. 4 BGB nur die Kaufsache zurückgeben und keinen Nutzungsersatz an den Verkäufer leisten muss.

Soweit K als Verbraucher auftritt, kann er einen neuen Laptop verlangen, ohne dafür eine Zahlung leisten zu müssen.

Die unterschiedliche Behandlung des § 346 BGB wird dabei durch eine Kontrollüberlegung gedeckt. In den Fällen des Rücktritts über § 346 BGB erhält der Verkäufer die Kaufsache zurück und muss den vollen Kaufpreis erstatten. In den Fällen der Nacherfüllung behält er den Kaufpreis (und einen etwaigen Gewinn), so dass die Nacherfüllung als Vertragserfüllung gesehen werden kann. Nach dem Vertrag aber ist der Käufer nur zur vertraglichen Leistung verpflichtet und muss nicht mehr bezahlen als vereinbart.

Ansonsten hätte K insgesamt 3.500 EUR aufgewendet, um den Laptop zu erhalten. Er wollte aber stets nur 3.000 EUR für ein mangelfreies Gerät gem. Kaufvertrag zahlen.

---

453 Vgl. *Bamberger/Roth/Faust* § 439, Rn 23.

454 So wohl auch Staudinger/*Matusche-Beckmann* § 439, Rn 23 f.

455 Vgl. Jauernig/*Berger* § 439, Rn 18.

456 D.h. Verkauf einer Sache an einen Verbraucher, § 474 ff. BGB.

(3) Ausschluss der Nacherfüllung

Die Nacherfüllung als Recht des Verkäufers zur zweiten Andienung und als Wahlrecht des Käufers auf Nachbesserung oder Neulieferung stellen maßgebliche Regelungen im Gewährleistungsrecht des Kaufrechts dar. Als Schutznorm des Käufers ist im Verbrauchsgüterkauf (§ 475 BGB) ein Abweichen von der Vorschrift nicht erlaubt. Aber auch im Unternehmerregress nach § 478 Abs. 4 BGB unterliegt die Nacherfüllung nur dann Beschränkungen, wenn dem Rückgriffsgläubiger ein gleichwertiger Ausgleich eingeräumt wird.[457] Regelungen in Allgemeinen Geschäftsbedingungen, welche die Nacherfüllung beschränken, sind über § 309 Nr. 8 b) bb) BGB unwirksam.

Abbildung 29: Die Nacherfüllung nach § 439 BGB

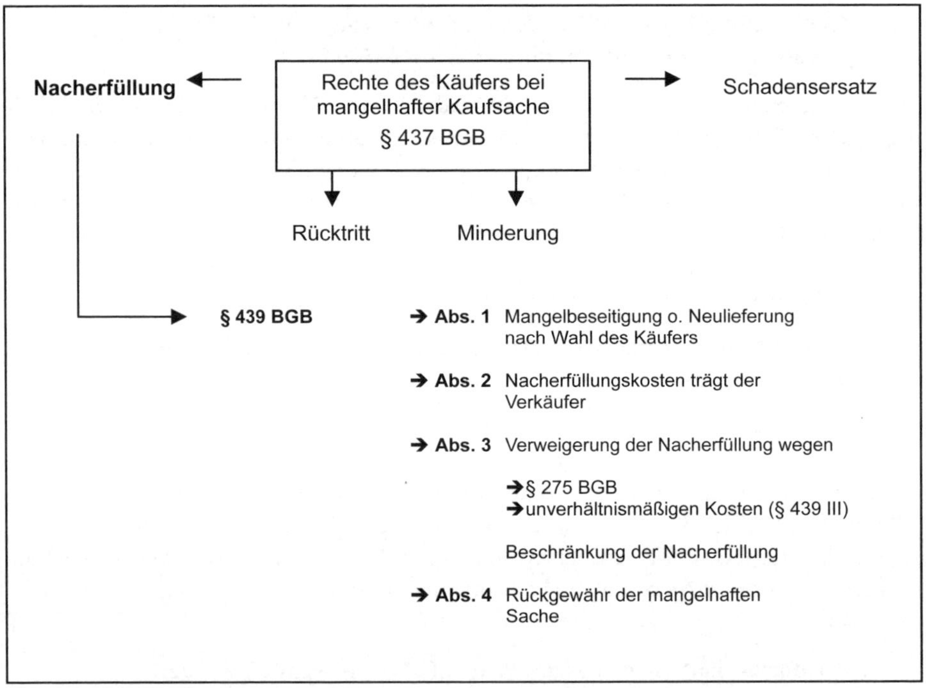

[457] Ungeklärt ist bislang, was die Rechtsprechung als "gleichwertigen Ausgleich" ansieht.

b) Rücktritt gemäß § 437 Nr. 2 BGB

Nachdem das primäre Nacherfüllungsrecht keinen Erfolg gebracht hat, kann der Käufer bei Vorliegen einer mangelhaften Sache Rücktritt oder Minderung verlangen.

K's Laptop ist nach 1 Jahr defekt, weil das Motherboard schlecht verarbeitet ist. Eine Reparatur lehnt V im Hinblick auf die unverhältnismäßigen Kosten ab. Eine Neulieferung ist nicht mehr möglich, weil das Modell längst aus dem Handel genommen ist.

K fragt, was er vorgehen soll. Er könnte vom Vertrag gem. § 437 Nr. 2 BGB zurücktreten.

aa) Rücktrittsvoraussetzungen

Gemäß § 323 BGB kann bei gegenseitigen Verträgen der Gläubiger vom Vertrag zurücktreten, wenn der Schuldner die vereinbarte Leistung nicht oder nicht ordnungsgemäß erbracht hat und dem Schuldner zuvor eine angemessene sowie erfolglos abgelaufene Frist gesetzt wurde.

---

§ 323 BGB - gesetzliches Rücktrittsrecht - Voraussetzungen

---

1. gegenseitiger, wirksamer Vertrag
2. fällige Nicht– oder nicht vertragsgemäße Leistung
3. angemessene Frist
4. erfolgloser Fristablauf

Rechtsfolge: Rücktritt gem. §§ 346 ff. BGB

Der Kaufvertrag ist ein gegenseitiger Vertrag. Die nichtvertragsgemäße Leistung liegt in der Lieferung einer mangelhafteten Sache durch den Verkäufer. Der Käufer muss eine angemessene Frist zur Nacherfüllung setzen. Bestimmt er eine zu kurze Frist, wird automatisch eine entsprechend angemessene Frist in Gang gesetzt.[458]

K muss V also grundsätzlich zur Nacherfüllung auffordern und ihm hierzu eine Frist setzen.

Gemäß § 323 Abs. 2 BGB ist eine Fristsetzung entbehrlich, wenn der Schuldner die Leistung ernsthaft und endgültig verweigert, der Gläubiger kein Interesse mehr an der Leistung hat (relative Fixgeschäfte) oder besondere Umstände einen sofortigen Rücktritt erlauben.

---

[458] Von der Rechtsprechung noch nicht geklärt ist die Frage, inwieweit das Fristsetzungserfordernis des § 323 BGB mit der Verbrauchsgüterkaufrichtlinie übereinstimmt. Nach dieser wird bei Minderung und Rücktritt im Verbrauchsgüterkauf keine Fristsetzung des Käufers verlangt, sondern lediglich deren fruchtloser Ablauf. Zum Verhältnis zwischen Europarecht und nationalem (Zivil-)Recht siehe unten im 6. Kapitel, S. 530 ff.

Weiterhin bedarf es keiner Fristsetzung -neben der Ausschlussregelung des § 323 Abs. 2 BGB- in den Fällen des § 440 S. 1 BGB,

- wenn der Verkäufer beide Arten der Nacherfüllung nach § 439 Abs. 3 BGB verweigert hat,
- wenn dem Verkäufer die Nacherfüllung unzumutbar ist
- wenn die Nacherfüllung fehlgeschlagen ist.

Gem. § 440 S. 2 BGB kann grundsätzlich ein Fehlschlag nach dem erfolglosen zweiten Nachbesserungsversuch angenommen werden.

V hat die Nacherfüllung unter Hinweis auf § 439 Abs. 3 und § 275 Abs. 1 BGB abgelehnt, womit ein Fall von § 440 S. 1 BGB gegeben ist.[459]

V hat also in einem gegenseitigen Vertrag (Kaufvertrag) eine vertragsgemäße Leistung nicht erbracht, weil der Laptop infolge des schlecht verarbeiteten Motherboards schon bei Gefahrübergang mangelbehaftet war. Die Fristsetzung ist wegen Unzumutbarkeit entbehrlich (§ 440 BGB), so dass er gem. §§ 437 Nr. 2, 323 BGB vom Vertrag zurücktreten kann.

Die Geltendmachung des Rücktritts erfolgt dabei über §§ 346 ff. BGB.

Rücktritt nach § 346 BGB - Voraussetzungen

---

1. Rücktrittserklärung § 349 BGB
2. gesetzliches oder vertragliches Rücktrittsrecht
3. kein Ausschluss §§ 323 Abs. 5 S. 2; Abs. 6 BGB
4. keine Unwirksamkeit § 218 BGB

Rechtsfolge: Rückgewähr der Leistungen und Nutzungsersatz; ggf. Wertersatz

---

Die Erklärung des Rücktritts ist deshalb notwendig, weil sich damit das vertragliche Schuldverhältnis in ein sog. Rückgewährschuldverhältnis umwandelt. Daher stellt der Rücktritt auch ein sog. Gestaltungsrecht dar.

K muss V gegenüber seinen Rücktrittswillen erklären, siehe § 349 BGB. Das für den Rücktritt notwendige Rücktrittsrecht ergibt sich hier aus § 323 BGB.

---

459 Eine Fristsetzung zur Nacherfüllung wäre auch nicht sinnvoll.

Ein Ausschluss des Rücktrittsrechts kommt nach der gesetzlichen Regelung der §§ 323 Abs. 5 S. 2, Abs. 6 BGB in Betracht, wenn der Mangel unerheblich ist, der Gläubiger für den Mangel weit überwiegend verantwortlich ist oder er sich im Annahmeverzug befindet. Bei Unerheblichkeit des Mangels verbleibt dem Käufer nur die Minderung oder der sog. "kleine Schadensersatz" i.H.d. Wertdifferenz.[460]

Da der Rücktritt ein Gestaltungsrecht ist, unterliegt dessen Geltendmachung nicht der Verjährung, weil nur Ansprüche verjähren können, § 194 Abs. 1 BGB. Der Rücktritt modifiziert nur ein bestehendes Schuldverhältnis. Damit ist die Umwandlung grundsätzlich zu jedem Zeitpunkt möglich. Der Gesetzgeber hat aber in § 218 BGB aus Gründen der Rechtssicherheit und des Rechtsfriedens eine Schlusslinie gezogen, bei deren Überschreiten eine Geltendmachung des Rücktritts ausscheidet. Diese Grenze stellt die Verjährung des Leistungs- oder Nacherfüllungsanspruches dar, §§ 218, 438 BGB.[461]

Der Nacherfüllungsanspruch des K aus § 439 BGB verjährt nach § 438 Abs. 1 Nr. 3 BGB innerhalb von 2 Jahren. Da K hier nach 1 Jahr den Rücktritt erwägt, ist dieser noch nicht ausgeschlossen.

bb) Rechtsfolgen des Rücktritts

Mit der Erklärung des Rücktritts wandelt sich das vertragliche Schuldverhältnis in ein sog. Rückgewährschuldverhältnis. Die bereits erlangten Leistungen sind gemäß § 346 BGB zurückzugewähren und die gezogenen Nutzungen herauszugeben.[462] Etwaige noch zu erbringende Primärleistungspflichten erlöschen.[463]

K muss folglich den defekten Laptop zurückgeben und erhält dafür seinen Kaufpreis erstattet.

Während bei der Nacherfüllung kein Nutzungsersatz anfällt, ist dies beim Rücktritt anders. K muss also zudem das herausgeben, was er infolge der Nutzung des Laptops erlangte.

Der Nutzungsersatz fällt deshalb an, weil es das Ziel des Rücktritts ist, den gesamten Vertrag rückabzuwickeln. Beide Parteien sollen so gestellt werden, wie zum Zeitpunkt vor dem Vertrag. Keiner Partei sollen irgendwelche Vorteile verbleiben.

---

460 Insoweit zeigt sich der Grundsatz der Vertragserhaltung. Siehe auch *Lorenz* NJW 2007, 1 ff.

461 Beachte auch § 438 Abs. 4 S. 2 BGB. Bei Unwirksamkeit des Rücktritts kann der Käufer die Zahlung weiter verweigern. Damit wird verhindert, dass nach Ablauf der Verjährungsfrist die Leistungspflicht des Käufers trotz fehlerhafter Leistung des Verkäufers wieder auflebt und er im Nachhinein trotz schlechter Leistung dennoch die volle Kaufpreisgegenleistung erhält.

462 Die Herausgabe der pflichtwidrig nicht gezogenen Nutzungen bestimmt sich nach § 347 BGB.

463 Vgl. MüKo/*Gaier* § 346, Rn 16.

> *Nutzungen sind gem. § 100 BGB die Früchte einer Sache oder eines Rechts sowie die Vorteile, welche der Gebrauch der Sache oder des Rechts gewährt.*

Ist Nutzungsersatz nach der Natur des Erlangten unmöglich, hat der Schuldner nach § 346 Abs. 2 Nr. 1 BGB Wertersatz zu leisten. Dies gilt auch, wenn der empfangene Gegenstand verbraucht, veräußert, belastet, verarbeitet oder umgestaltet ist (§ 346 Abs. 2 Nr. 2 BGB). Soweit der Gegenstand mittlerweile untergegangen ist oder sich verschlechtert hat, muss ebenso Wertersatz geleistet werden, es sei denn, es handelt sich um Abnutzungen durch die bestimmungsgemäße Ingebrauchnahme, § 346 Abs. 2 Nr. 3 BGB. Abnutzungen durch die bestimmungsgemäße Ingebrauchnahme werden regelmäßig eng ausgelegt und umfassen den Wertverlust, der eintritt, obwohl sich beim Schuldner zugleich keine Nutzungen einstellen.[464] Grundsätzlich handelt es sich um einen Schaden, der dadurch entsteht, dass die Kaufsache nunmehr als gebraucht gilt und nicht mehr als neu.

K kann V keine Nutzungen herausgeben. Daher muss er Wertersatz leisten. Fraglich ist, ob diese Wertersatzpflicht ausgeschlossen ist.

Gem. § 346 Abs. 3 BGB entfällt die Wertersatzpflicht wenn,

- sich der zum Rücktritt berechtigende Mangel erst während der Verarbeitung oder Umgestaltung des Gegenstands zeigt (§ 346 Abs. 3 Nr. 1 BGB)

> *Nach h.M. wird § 346 Abs. 3 Nr. 1 BGB analog auf die Fälle des Teilverbrauchs angewandt (z.B. der Riss im gekauften Marmorblock beim Bildhauer)[465]*

- der Gläubiger die Verschlechterung oder den Untergang zu vertreten hat oder der Schaden auch gleichfalls bei ihm eingetreten wäre (§ 346 Abs. 3 Nr. 2 BGB)

> *Die Regelung beschränkt die Wertersatzpflicht des Käufers, obwohl er eigentlich wegen des Gefahrüberganges vollumfänglich für Verschlechterung und Untergang einzustehen hätte. Dies ist deshalb sachgerecht, weil der Hauptanwendungsfall darin gesehen wird, dass der Rücktritt aufgrund eines der Kaufsache anhaftenden Mangels erklärt wird. Das hier verwendete Vertreten müssen richtet sich entgegen des Wortlauts nicht nach § 276 BGB. Es ist untechnisch zu verstehen. Daher spielt es keine Rolle, ob der Verkäufer den Mangel zu vertreten hat.[466] Wichtig ist nur, dass der Mangel bei Gefahrübergang schon vorlag und deshalb vom Gläubiger stammt.*

- im Falle eines gesetzliches Rücktrittsrechts die Verschlechterung oder der Untergang beim Berechtigten eingetreten ist, obwohl dieser die Sorgfalt beachtet hat, die er in seinen Angelegenheiten anzuwenden pflegt (§ 346 Abs. 3 Nr. 3 BGB).

---

464 Z.B. der Zulassungsschaden bei KfZ. Obwohl der Käufer hier kaum gefahren ist, reduziert sich der Wert des Fahrzeuges bereits um ca. 20 %.

465 Vgl. Palandt/*Grüneberg*, § 346, Rn 11 mwN.

466 Vgl. Palandt/*Grüneberg*, § 346, Rn 12; *Gaier* WM 2002, 1 ff.

Die ordnungsgemäß gelieferte Kaufsache verbleibt normalerweise im Eigentum des Käufers. Daher ist von ihm kein erhöhter Maßstab zu erwarten, wie er mit der Sache umgeht. Somit ist der Wertersatz schon ausgeschlossen, wenn er die für ihn übliche Sorgfalt angewandt hat und die Verschlechterung trotzdem eingetreten ist.

K kauft von V ein mangelhaftes Auto, bei dem die Lenkung nur unzureichend funktioniert. Dies fällt dem K schon bei der ersten Fahrt auf. Er verlangt von V Nacherfüllung, die dieser jedoch strikt ablehnt. K fährt –rasant wie immer– weiter mit dem Wagen zur Arbeit. Als er nach 1 Woche einen Unfall wegen erhöhter Geschwindigkeit erleidet, bei dem auch noch das Auto wesentlich beschädigt wird, erklärt er V gegenüber den Rücktritt vom Kaufvertrag.

Der Rücktritt ist möglich, weil V eine mangelhafte Sache geliefert hat. Eine Fristsetzung war wegen der ernsthaften Ablehnung entbehrlich. Die Voraussetzungen des § 323 BGB als gesetzliches Schuldverhältnis liegen vor. K hat dem V gegenüber den Rücktritt auch erklärt. Die mangelbehaftete Lenkung ist nicht unerheblich und der Rücktritt auch nicht wegen § 218 BGB verjährt. V kann aber gem. § 346 Abs. 1 BGB Herausgabe des (defekten) Wagens (nun mit Beulen) und Nutzungsherausgabe verlangen. Da K die "Freude am Fahren" nicht herausgeben kann, muss er nach Abs. 2 BGB Wertersatz zahlen. Ferner muss er für die Beschädigung des Fahrzeugs durch den Unfall nach § 346 Abs. 2 Nr. 3 BGB Wertersatz leisten.

Dieser könnte aber über § 346 Abs. 3 Nr. 3 BGB ausgeschlossen sein. Denn K ist so gefahren wie immer und hat damit die Sorgfalt beachtet, die er auch sonst anzuwenden pflegt.

In der Literatur wird dagegen vorgebracht, dass sich in Fällen, in denen der Schuldner Kenntnis vom Mangel hat, der Sorgfaltsmaßstab von § 277 BGB auf § 276 BGB erhöhen müsse. Dies sei durch eine teleologische Reduktion zu erreichen.[467]

Da K hier von der mangelbehafteten Lenkung wusste, wäre er verpflichtet gewesen, langsamer bzw. gar nicht mit dem Wagen zu fahren. Dann wäre auch die Beschädigung durch den Unfall ausgeblieben.

Die Gegenansicht lehnt dies ab.[468] Der Verkäufer sei nicht schutzwürdig, da er eine mangelhafte Sache geliefert hat.

---

467 Vgl. *Rheinländer* ZGS 2004, 178 ff.; MüKo/*Gaier* § 346, Rn 59.
468 Vgl. Palandt/*Grüneberg* § 346, Rn 13a; *Bamberger/Roth/Grote* § 346, Rn 35.

Danach muss K also keinen Wertersatz für die Beschädigung durch den Unfall zahlen. V empfindet dieses Ergebnis aber als ungerecht und verlangt von K Schadensersatz nach § 346 Abs. 4 i.V.m. § 280 Abs. 1 BGB.

Der Kaufvertrag hat sich in ein Rückgewährschuldverhältnis gewandelt. Es stellt sich aber die Frage, ob K eine Pflicht aus diesem Rückgewährschuldverhältnis verletzt hat, weil er das Fahrzeug nur beschädigt zurückgeben kann.

Nach einer Ansicht sollen Pflichtverletzungen, die vor der Rücktrittserklärung liegen, mit erfasst werden.[469] Denn der Schuldner sei verpflichtet, den Gegenstand in dem Zustand zurückzugeben, in dem er sich bei ordnungsgemäßer Nutzung befinden würde.

Die andere Ansicht stellt nur auf Pflichtverletzungen nach der Rücktrittserklärung ab.[470] Da die Rückgewährverpflichtung erst mit der Rücktrittserklärung entsteht, schuldet der Schuldner dem Gläubiger vorher nichts. Wenn er aber keine Pflicht schuldet, kann er auch keine Pflicht verletzen.

Zum Verständnis: Im Wesentlichen ist die Kernfrage, ob auf den Käufer oder den Verkäufer zur Bewertung abgestellt wird.

Ist vom Käufer, der um die mangelhafte Kaufsache weiß, zu erwarten, die Kaufsache zur Sicherheit "beiseite zu legen", um eine etwaige Rückgewährverpflichtung ordnungsgemäß erfüllen zu können?

Oder ist der Verkäufer, der eine mangelhafte Kaufsache liefert, wegen dieses Verstoßes für alle späteren Schäden an der Kaufsache verantwortlich und verdient keinen Ersatz?

K hat den Rücktritt erst nach dem Unfall erklärt. Da er V zuvor noch nicht zur Rückgewähr verpflichtet war, traf ihn –trotz seiner Kenntnis– keine besondere Sorgfaltspflicht. Denn der Rücktritt stellt nur eine von mehreren Möglichkeiten dar, die K infolge der Lieferung des mangelbehafteten Fahrzeugs gegen V zustehen. Da der Rücktritt nicht zwingend war, musste er noch nicht an eine etwaige Rückgewährverpflichtung denken.

Auch ein Schadensersatzanspruch des Gläubigers aus § 280 Abs. 1 BGB unter Zugrundelegung des Kaufvertrages scheidet aus. Zwar stellt der Kaufvertrag ein Schuldverhältnis dar, und den Schuldner treffen nach § 241 Abs. 2 BGB Sorgfaltspflichten in Bezug auf die Kaufsache, jedoch gehen diese nicht soweit, dass auch ein späterer Rücktritt berücksichtigt werden muss.[471] Erst mit der Erklärung des Rücktritts legt sich der Schuldner fest. Zuvor muss er ggf. Wertersatz leisten. Schadensersatzverpflichtungen greifen erst nach Erklärung des Rücktritts, § 346 Abs. 4 BGB.

---

469 Vgl. Müko/*Gaier*, § 346, Rn 61; Palandt/*Grüneberg* § 346, Rn 15.

470 *Perkamps* Jura 2003, 150 (152); *Lorenz/Riehm* Lehrbuch zum neuen Schuldrecht, Rn 434.

471 Streitig, zur Thematik siehe *Lorenz/Riehm*, aaO, Rn 434; a.A. Palandt/*Heinrichs* § 346, Rn 18.

Abbildung 30: *Der Rücktritt im Kaufrecht*

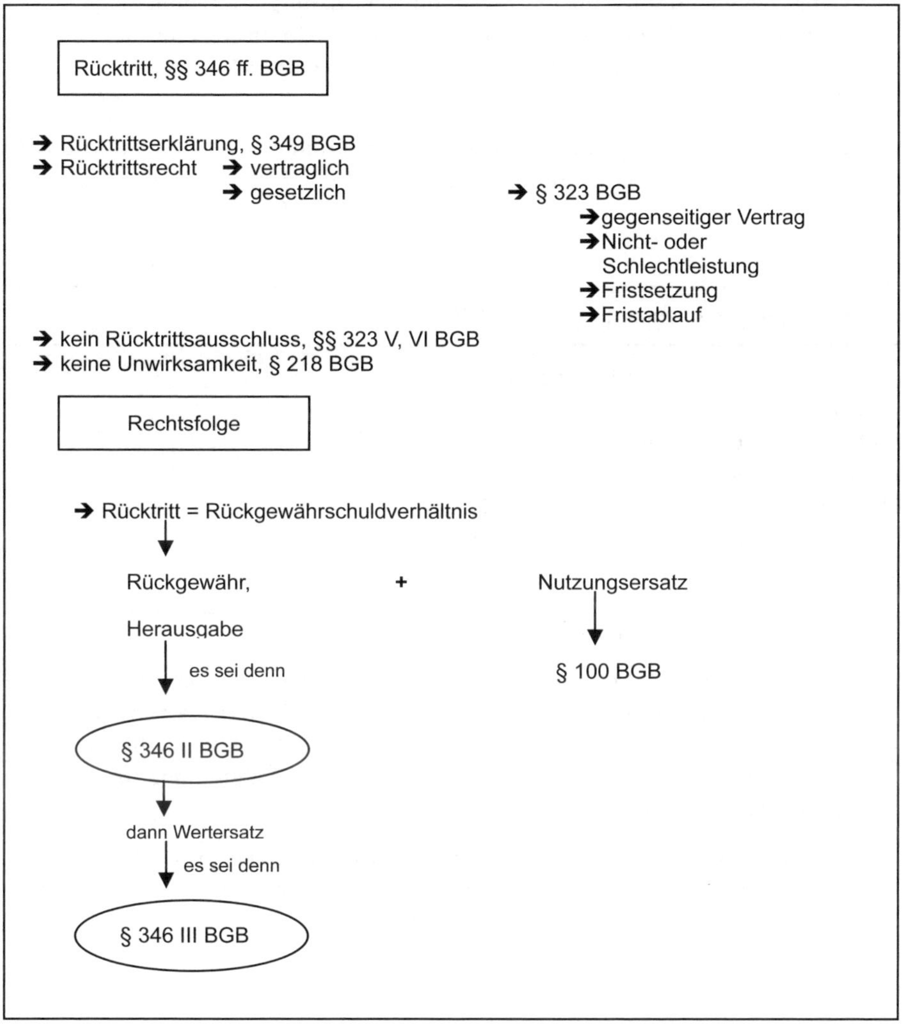

c) Minderung nach § 437 Nr. 2 BGB

Statt zurückzutreten kann der Käufer den Kaufpreis durch Erklärung gegenüber dem Verkäufer mindern, § 441 Abs. 1 S. 1 BGB.

K ist die Erklärung des Rücktritts zu umständlich. Er hat sich mit dem mangelhaften Motherboard abgefunden. Da er auch wichtige Daten und Einstellungen auf dem Laptop vorgenommen hat, kommt es ihm nicht auf einen Rücktritt an. Er überlegt aber, ob er einen Teil des Kaufpreises wiederbekommen kann.

Wie der Wortlaut der Vorschrift klarstellt, kann der Käufer alternativ zum Rücktritt auch Minderung verlangen. Es müssen folglich die Rücktrittsvoraussetzungen vorliegen.

Voraussetzungen der Minderung § 441 BGB

1. gegenseitiger, wirksamer Kaufvertrag
2. Nicht – oder nicht vertragsgemäße Leistung
3. angemessene Fristsetzung
4. erfolgloser Fristablauf
5. Minderungserklärung § 441 Abs. 1 S. 1 BGB
6. keine Unwirksamkeit §§ 438 Abs. 5, 218 BGB

Rechtsfolge: Minderung des Kaufpreises

Wie sich aus der Übersicht ergibt, stellt auch die Minderung ein Gestaltungsrecht des Käufers dar. Die Minderung ist kein Anspruch, sondern ändert ein Schuldverhältnis bzw. den daraus resultierenden Anspruch unmittelbar. Daher kann die Minderung grundsätzlich nicht verjähren. Aber auch hier hat der Gesetzgeber über §§ 438 Abs. 5 i.V.m. 218 BGB eine zeitliche Grenze gezogen.[472]

Mit der Minderung reduziert sich automatisch der Kaufpreisanspruch des Verkäufers auf den geminderten Preis. Etwaige überschüssig gezahlte Beträge kann folglich der Käufer über §§ 441 Abs. 4, 346 BGB erstattet verlangen.[473]

472 Beachte § 438 Abs. 4 S. 2 BGB: Bei Unwirksamkeit des Rücktritts kann der Käufer die Zahlung weiter verweigern. Damit wird verhindert, dass nach Ablauf der Verjährungsfrist die Leistungspflicht des Käufers trotz fehlerhafter Leistung des Verkäufers wieder auflebt und er im Nachhinein trotz schlechter Leistung dennoch die volle Kaufpreisgegenleistung erhält.

473 WICHTIG: Ein Rückforderungsanspruch ergibt sich *nicht* zugleich aus § 812 Abs. 1 S. 1 Alt. 1 BGB. Zwar hat der Verkäufer den überschüssigen Betrag durch Leistung iSd Vorschrift auch erlangt, aber dies erfolgte mit Rechtsgrund! Da sich beim Rücktritt das Schuldverhältnis nicht auflöst (dann ohne Rechtsgrund) sondern nur umwandelt (in ein Rückgewährschuldverhältnis) bleibt ein Rechtsgrund bestehen. Dies gilt auch bei der Minderung, weil die Rücktrittsvoraussetzungen vorliegen und die Rückzahlung gem. § 441 Abs. 4 BGB über die Rücktrittsregel des § 346 BGB erfolgt.

Da die Rücktrittsvoraussetzungen vorliegen, kann K tatsächlich mindern. Der fehlerbehaftete Laptop ist ein Jahr alt, so dass die Minderung nicht ausgeschlossen ist. Der Mangel ist wesentlich, auch wenn dies bei der Minderung wegen § 441 Abs. 1 S. 2 BGB keinen Ausschlussgrund darstellt. Bevor K die Minderung gegenüber V erklärt, möchte er wissen, in welcher Höhe er den Kaufpreis mindern soll.

Gemäß § 441 Abs. 3 BGB ist bei der Minderung der Kaufpreis in dem Verhältnis herabzusetzen, in welchem zur Zeit des Vertragsschlusses der Wert der Sache in mangelfreiem Zustand zu dem wirklichen Wert gestanden haben würde. Hierbei kann nach § 441 Abs. 3 S. 2 BGB auch geschätzt werden.

Abbildung 31: *Die Formel für die Minderung, § 441 BGB*

$$\frac{\text{Wert der Sache in mangelfreiem Zustand}}{\text{Wert der Sache in mangelhaftem Zustand}} = \frac{\text{Kaufpreis}}{\text{geminderter Kaufpreis}}$$

K hatte den Laptop zum Verkaufspreis von 3.000 EUR bei V erworben. Der tatsächliche Wert des Rechners beträgt 2.800 EUR. Durch das fehlerbehaftete Motherboard reduziert sich dieser Wert auf 2.100 EUR.

$$\frac{2800}{2100} = \frac{3000}{x}$$

$$X = \frac{3000 * 2100}{2800}$$

$$X = 2250 \text{ EUR}$$

Da der geminderte Kaufpreis 2250 EUR beträgt und K 3000 EUR an V überwiesen hat, steht ihm ein Rückzahlungsanspruch iHv 750 EUR aus §§ 441 Abs. 4, 346 Abs. 1 BGB zu.[474]

Die verhältnismäßige Herabsetzung erlaubt es, den Parteien die bei Vertragsschluss durch die Verhandlungen jeweils erreichte Position zu erhalten.

d) Schadens- oder Aufwendungsersatz nach § 437 Nr. 3 BGB

In § 437 Nr. 3 BGB verweist das Kaufrecht (als Besonderer Teil des Schuldrechts) auf den Allgemeinen Teil des Schuldrechts. Ist die Nacherfüllung nicht erfolgreich, kann der Käufer neben Minderung oder Rücktritt auch Schadensersatz oder Aufwendungsersatz verlangen. Wie bereits erörtert, sind zwei Arten des Schadensersatzes zu unterscheiden.

aa) Schadensersatz statt der Leistung

Soweit die Nacherfüllung wegen anfänglicher Unmöglichkeit ausscheidet, kann der Käufer gem. §§ 437 Nr. 3, 311a BGB Schadensersatz verlangen.

K kauft von V einen Unfallwagen als unfallfrei für 30.000 EUR.

Wenn die Nacherfüllung nachträglich unmöglich ist, kann der Käufer gem. §§ 437 Nr. 3, 280 Abs. 1, 3, 283 BGB Schadensersatz verlangen.

K kauft von V einen Laptop, der später defekt ist. Da das Modell nicht mehr produziert wird, scheiden Nachlieferung und Reparatur mangels Ersatzteile aus.

Bei gescheiteter Nacherfüllung kann der Käufer nach §§ 437 Nr. 3, 280 Abs. 1, 3, 281 BGB Schadensersatz *statt* der Leistung verlangen.

K kauft von V einen defekten Laptop. V verspricht immer wieder, für eine Reparatur zu sorgen. Nachdem K erfolglos eine Frist gesetzt hat, verlangt er Schadensersatz statt der Leistung.

bb) Schadensersatz neben der Leistung

Entschließt sich der Käufer dazu, die Kaufsache zu behalten, kann er dennoch einen bei ihm durch die mangelhafte Sache entstandenen Verzögerungsschaden neben der Leistung nach §§ 437 Nr. 3, 280 Abs. 1, 2, 286 BGB geltend machen.[475]

V bessert endlich nach. Allerdings erst nach 3 Wochen. Den in der Zwischenzeit entstandenen Schaden bei K muss er ausgleichen.

---

474 Wertersatz muss K nicht leisten, da sich die Verweisung nur auf § 346 Abs. 1 BGB bezieht.
475 Grds. bei Verzug des Verkäufers mit der Nacherfüllung.

Daneben können dem Käufer auch sonstige Schäden entstehen, die letztlich unter §§ 437 Nr. 3, 280 Abs. 1 BGB zu prüfen sind.

K erleidet mit dem defekten Fahrzeug einen Unfall und muss drei Tage stationär behandelt werden. Die Arztkosten sind gem. §§ 437 Nr. 3, 280 Abs. 1 BGB von V zu ersetzen.

cc) Abgrenzung

Die Vielzahl der Schadensersatznormen kann in der Prüfung zur Unsicherheit führen, welche Schadensposition über welche Norm zu lösen ist. Daher muss sich der Rechtsanwender zur Abgrenzung stets fragen, ob der geltend gemachte Schaden durch die Nichterbringung der Leistung direkt entstanden ist (dann Schadensersatz statt der Leistung) oder ob der Schaden auch dann eingetreten wäre, wenn zwar verspätet aber geliefert wurde (dann Schadensersatz neben der Leistung). Im Wesentlichen ist daher von Bedeutung, ob der Käufer die Sache behält oder nicht. Denn wie der Wortlaut zeigt, ist Schadensersatz "statt" der Leistung nur möglich, wenn der Verkäufers gerade nicht leistet.[476] Alle durch die Nichtleistung entstehenden Schäden werden daher über § 281 BGB abgewickelt, soweit sie auf Unmöglichkeit beruhen gem. § 283 BGB.

Die darüber hinaus gehenden Schäden, die auch bei Leistung nicht verhindert worden wären, sind dann § 280 BGB vorbehalten.

Anderer, früherer Auffassung nach, sei der Begriff "Schadensersatz statt der Leistung" identisch mit dem Nichterfüllungsschaden, so dass der Käufer letztlich so zu stellen sei, als wäre der Verkäufer seiner Leistungsverpflichtung ordnungsgemäß nachgekommen.[477] Terminologisch würde darunter also der Mangelschaden verstanden werden, der alle Schäden an der Sache selbst und den allgemeinen Vermögensschaden abdeckt. Nur weitergehende Schäden an anderen Sachen (sog. Mangelfolgeschäden) blieben dann § 280 BGB vorbehalten.

Da es aber ein erklärtes Ziel der Schuldrechtsreform war, "die problematische Unterscheidung zwischen Mangelschaden und Mangelfolgeschaden" entfallen zu lassen[478] ist die erstgenannte Ansicht vorzugswürdig.

Von diesem Grundsatz sind folgende Sonderfälle zu beachten:

(1) Betriebsausfallschaden

Beliebte Klausurfragen betreffen den sog. Betriebsausfallschaden. Darunter werden diejenigen Einbußen verstanden, die dem Käufer entstehen, weil er die gekaufte Sache nicht wie geplant einsetzen kann.

---

476 Vgl. *Bamberger/Roth/Faust* § 437, Rn 46 f.
477 Vgl. Palandt/*Heinrichs* § 281, Rn 17.
478 Vgl. BT-Drs. 14/6040, S. 94.

K kauft eine professionelle Espressomaschine für seine Espresso-Bar. Kurz nach der Inbetriebnahme ist die Maschine aufgrund eines Materialfehlers defekt. K fordert den Verkäufer V zur Nachbesserung auf. Nach 3 Wochen ist die Espressomaschine endlich wieder funktionstüchtig. In dieser Zeit konnte aber K seinen Kunden keinen Espresso verkaufen, so dass ihm ein Schaden entstanden ist.

Gemäß den vorstehen genannten Grundsätzen ist der Schaden durch die Lieferung des mangelhaften Gerätes direkt entstanden (daher § 281 BGB). Andererseits handelt es sich beim Nutzungsausfall auch um einen klassischen Verzögerungsschaden (daher § 286 BGB). Letztlich ist auch denkbar, dass der Schaden über § 280 BGB abgewickelt werden kann, da der Schaden auch sonst entstanden wäre.

Es ist umstritten, nach welcher Norm der sog. **Betriebsausfallschaden** zu ersetzen ist. Einigkeit besteht nur darin, dass er überhaupt ersatzfähig ist. Die h.M. wendet § 280 Abs. 1 BGB an, da der Betriebsausfallschaden eine Unterart des allgemeinen Vermögensschadens darstellt.[479] Dies gilt jedenfalls dann, wenn -wie im o.g. Beispiel- die Pflichtverletzung auf der schuldhaften Schlechtlieferung beruht.

(2) Ein- und Ausbaukosten

Die Ausbaukosten der fehlerhaften Sache sind regelmäßig ersatzfähig. Nach h.M. gilt hierfür ebenso die zentrale Schadensersatznorm des allgemeinen Schuldrechts, § 280 BGB. Kommt der Verkäufer dem Ausbau trotz Fristsetzung nicht nach, sind auch die Voraussetzungen des § 281 BGB erfüllt. Dagegen sind die Einbaukosten regelmäßig kein Schaden, der durch die Kaufsache direkt entsteht. Als entstehender Vermögensschaden sind sie aber mangelbedingt und daher -bei Verschulden- über § 280 iVm § 437 Nr. 3 BGB zu ersetzen.

(3) Umfang

Im Falle des Schadensersatzes statt der Leistung kann der Käufer wählen, ob er bezüglich des schon erbrachten Kaufpreises den sog. großen oder den kleinen Schadensersatz fordert. **Großer Schadensersatz** umfasst hierbei, dass der Käufer die mangelhafte Sache (soweit er sie erhalten hat) zurückgibt und dafür den vollen (falls schon gezahlten) Kaufpreis zurückverlangt. Dies ist nach § 281 Abs. 1 S. 3 BGB ausgeschlossen, wenn die Pflichtverletzung nur unerheblich ist.[480] Gemäß § 281 Abs. 4 BGB erlischt im Falle der Geltendmachung des Schadensersatzes statt der Leistung der Anspruch des Käufers auf Lieferung. Der Gegenanspruch des Verkäufers auf den Kaufpreis erlischt zugleich gem. § 281 Abs. 4 BGB analog.

---

479 BT-Drs. 14/6040, S. 225; *Medicus* JuS 2003, 528 ff.

480 Beim großen Schadensersatz wird die Nähe zum Rücktritt deutlich, siehe auch § 281 Abs. 5 BGB. Bei der Prüfung, welche Ansprüche dem Käufer zustehen, ist an beide zu denken!

Kleiner Schadensersatz bedeutet, dass der Käufer die mangelbehaftete Sache behält und lediglich den Wertunterschied herausverlangt.

Bei sämtlichen Schadensersatznormen der §§ 280 ff. BGB ist zu beachten, dass sie nur bei Verschulden des Verkäufers zur Ersatzpflicht führen. Dieses Verschulden kann auf der pflichtwidrigen Lieferung einer mangelhaften Sache oder auf der Verletzung der Nacherfüllungspflicht beruhen, weil der Verkäufer damit gegen seine Pflicht aus § 433 Abs. 1 S. 1 BGB verstößt[481]. Gem. § 278 BGB muss er auch für das Verschulden seiner Erfüllungsgehilfen einstehen.

Bei Gattungssachen ist der Verkäufer verpflichtet, sich die Leistung zu beschaffen, wobei umstritten ist, ob er eine mangelfreie Leistung oder überhaupt eine Leistung zu beschaffen hat.[482]

Im Kaufrecht kann der Verkäufer auch verschuldensunabhängig eine Garantie für die Leistung übernommen haben, was ggf. zu prüfen ist.

dd) Aufwendungsersatz §§ 437 Nr. 3 i.V.m. 284 BGB

Aufwendungen sind freiwillige Vermögensopfer.[483] Hat der Käufer im Vertrauen auf den Erhalt der Leistungen Ausgaben getätigt, die sich durch die Nichtleistung als nutzlos herausstellen, steht ihm ein entsprechender Aufwendungsersatzanspruch zu.

> **Hat K ein mangelhaftes Auto gekauft, welches er letztlich zurückgibt, kann er die Kosten der Überführung, Zulassung und besondere Sonderausstattungen ersetzt verlangen. Hinsichtlich der Nutzungszeit wird ein Abschlag vorgenommen, da insoweit die Aufwendungen nicht "nutzlos/vergeblich" waren.**

Dabei ist zu beachten, dass gemäß Wortlaut von § 284 BGB der Aufwendungsersatz "anstelle" des Schadensersatzes tritt. Er stellt nur eine Alternative dar und vermeidet damit eine doppelte Kompensation.

5. Verjährung

Die Gewährleistungsrechte aus § 437 BGB geben dem Käufer Ansprüche und Gestaltungsrechte gegenüber dem Verkäufer, wenn dieser mangelhaft leistet. Ansprüche unterliegen gem. § 194 Abs. 1 BGB der Verjährung. Im allgemeinen Schuldrecht sind daher in §§ 194 ff. BGB Regelungen aufgestellt, die bestimmen, wann Ansprüche grundsätzlich nicht mehr durchsetzbar sind.

481 Siehe dazu Palandt/*Weidenkaff*, § 437, Rn 32, 37.

482 Vgl. zum Streitstand *Bamberger/Roth/Faust* § 434, Rn 117; Jauernig/*Berger* § 434, Rn 23.

483 Dagegen sind Schäden sog. unfreiwillige Vermögensopfer.

Im Kaufrecht hat sich der Gesetzgeber für Sonderregelungen entschieden, die den allgemeinen Regelungen vorgehen. In § 438 BGB ist daher für die jeweiligen Ansprüche die Verjährung geregelt. Gem. § 438 Abs. 1 Nr. 3 BGB beträgt die Verjährungsfrist für bewegliche Sachen prinzipiell 2 Jahre.[484]

Während normalerweise die Verjährung mit dem Schluss des Jahres beginnt, in dem der Gläubiger Kenntnis vom Mangel und der Person des Schuldners erlangt, bestimmt § 438 Abs. 2 BGB für das Kaufrecht als Verjährungsbeginn

- die Übergabe des Grundstücks
- die Ablieferung der Sache beim Käufer.

Da Gestaltungsrechte nicht der Verjährung unterliegen, trifft § 438 Abs. 4 BGB eine Sonderregelung, dass deren Ausübung nach Ablauf der Gewährleistungsrechte nicht mehr möglich sein soll.

Umstritten ist, ob im Falle der Nacherfüllung die Verjährung der Mängelrechte des Käufers neu beginnt. Dies ist bei Annahme eines konkludenten Anerkenntnisses i.S.v. § 212 Nr. 1 BGB gegeben. Ansonsten ist zumindest eine Hemmung nach § 203 BGB denkbar. Wird ein Mangel beseitigt, ist bezüglich der Ansprüche, die Gegenstand der Nacherfüllung sind, ein Neubeginn der Verjährung zu fordern. Dies gilt erst recht bei einer im Wege der Nachlieferung neu gelieferten Sache, denn hier muss dem Käufer die Verjährungsfrist zur Entdeckung von Mängeln zustehen.[485]

6. Gewährleistungsausschluss und Abgrenzung

Da die Privatautonomie als ein wesentlicher Grundgedanke des BGB angesehen wird, steht es den Parteien frei, eine Änderung der gesetzlichen Gewährleistungsrechte zu vereinbaren, sog. Individualvereinbarung. Zum Schutz des Verbrauchers vor den aus der Verbrauchersicht teilweise "übermächtigen" Herstellerfirmen und Unternehmen hat der Gesetzgeber Schutzmechanismen im Kaufrecht eingebaut, die verhindern sollen, dass Käuferrechte praktisch außer Kraft gesetzt werden. Diese Schutzrechte sind als nicht-dispositives Recht von den Parteien zu beachten und damit insgesamt unabänderbar.

a) § 442 BGB Kenntnis des Käufers

Die Gewährleistung ist nach § 442 BGB ausgeschlossen, wenn der Käufer bei Vertragsschluss den Mangel kennt. Ist ihm der Mangel grob fahrlässig unbekannt geblieben, greift die Gewährleistungshaftung des Verkäufers nur, wenn dieser den Mangel arglistig verschwiegen oder eine Garantie für die Beschaffenheit der Sache übernommen hat.

[484] Und unterscheidet sich damit von der regelmäßigen Verjährungsfrist des § 195 BGB (3 Jahre).
[485] Vgl. *Bamberger/Roth/Faust* § 438 Rn 59; Palandt/*Weidenkaff* § 438 Rn 16a.

Ist K bei der Übergabe des Laptops klar, dass dieser defekt ist, weil er um die Mangelhaftigkeit des Gerätes weiß, ist sein Anspruch auf Gewährleistung ausgeschlossen. Dies gilt auch, wenn ihm als Computerspezialist der Mangel sofort hätte auffallen müssen, er aber grob fahrlässig entsprechende Anzeichen ignoriert[486]. Dagegen ist K anspruchsberechtigt, wenn V zuvor versichert hat, dass mit dem Gerät alles in Ordnung sei und er damit eine Garantie für die Beschaffenheit der Ware übernommen hat.

b) § 444 BGB Haftungsausschluss

Nach § 444 BGB kann sich ein Verkäufer nicht auf eine Individualvereinbarung zum Haftungsausschluss mit dem Käufer berufen, wenn er den Mangel an der Kaufsache arglistig verschwiegen hat oder für die Beschaffenheit dieser eine Garantie übernommen hat. Ein Verschweigen des Mangels kann sowohl durch aktives Tun als auch durch Unterlassen eines Hinweises oder irreführende Angaben über vorherige Mängel vorliegen.[487] Das Verschweigen muss arglistig sein und setzt daher positive Kenntnis beim Verkäufer voraus. Fahrlässige Unkenntnis genügt dabei nicht.[488] Soweit der Verkäufer das Bestehen einer Eigenschaft zugesichert hat, ist im Rahmen der Garantie ein Berufen auf den individuell vereinbarten Haftungsausschluss unwirksam. Etwaige Vertragsklauseln sind auslegungsfähig und im Zweifel zugunsten des Käufers zu entscheiden.[489]

c) §§ 307-309 BGB Ausschluss durch AGB

Häufig sind Allgemeine Geschäftsbedingungen (AGB) Gegenstand juristischer Prüfungen, was auf die hohe Bedeutung in der Praxis zurückzuführen ist und deshalb an dieser Stelle wiederholt wird[490].

aa) Voraussetzungen für AGB

Die meisten Verkäufer gewerblicher Art modifizieren die gesetzlichen Gewährleistungsrechte mittels AGB.

---

486 Oder wenn der Gebrauchtwagenhändler G den Wagen des X annimmt, ohne eine Probefahrt zu machen, ist hinsichtlich der Mängel ein Gewährleistungsausschluss über § 442 BGB gegeben, da sich G grob fahrlässig verhielt.

487 Vgl. KG Berlin NJW-RR 2006, 1213.

488 Vgl. Palandt/*Weidenkaff*, § 444, Rn 11.

489 Z.B. der Verkauf "wie besichtigt". Dies stellt einen Gewährleistungsausschluss dar, der solche Mängel ausschließt die bei einer ordnungsgemäßen Besichtigung ohne Sachverständigen erkennbar waren. Dagegen steht die Formulierung "wie es steht und liegt" für einen vollständigen Ausschluss auch verborgener Mängel.

490 Siehe bereits oben ab S. 82 u.a. zum eCommerce.

Verkäufer V verkauft einen Laptop nicht nur an K, sondern auch an L, M, N, O, und 10.000 andere Käufer. V ist bei jedem Verkauf an einem Gewährleistungsausschluss hinsichtlich möglicher Mängel an jedem Laptop gelegen. Normalerweise müsste er diesen mit jedem Kunden einzeln aushandeln. Da V immer wieder gleichartige Verkäufe praktizieren will, entwirft er einmal einen Gewährleistungsausschluss, der für alle Laptopverkäufe gelten soll.

Allgemeine Geschäftsbedingungen liegen nach § 305 BGB vor, wenn

- vorformulierte Vertragsbedingungen
- für eine Vielzahl von Verträgen
- vom Verwender einseitig gestellt werden.

V hat einen Ausschluss formuliert, den er für alle Laptopverkäufe nutzen will. AGBs liegen damit vor.

Diese müssen als weitere Voraussetzung wirksam in den Vertrag einbezogen werden.

Die Einbeziehung von AGB nach § 305 Abs. 2 BGB erfolgt dadurch,

- dass der Verwender auf sie ausdrücklich oder durch deutlichen Hinweise aufmerksam macht
- und die andere Vertragspartei die Möglichkeit der Kenntnisnahme hat und mit ihrer Geltung einverstanden ist.

Um seinen AGB Geltung zu verschaffen, muss V sie entweder sichtbar in seinem Geschäft aufhängen oder jedem Kunden beim Kauf ein Exemplar aushändigen, so dass diese Kenntnis vom Inhalt der AGB nehmen können und sich mit ihnen einverstanden erklären.

Keine AGB liegen vor, wenn die Vereinbarungen zwischen den Vertragspartnern einzeln ausgehandelt worden sind, § 305 Abs. 1 S. 3 BGB. Auch gehen Individualvereinbarungen nach § 305b BGB grundsätzlich AGB vor.

Wenn V beim Vertragsschluss mit N im Kaufvertragsformular einen separat ausgehandelten handschriftlichen Extraeintrag

vornimmt, entfallen insoweit seine AGB. Denn die Parteien haben die AGB geändert und damit eine Einzelvereinbarung getroffen.[491]

Überraschende Klauseln werden nach § 305c BGB nicht Bestandteil des Vertrags. Überraschend sind Klauseln, die nach dem äußeren Erscheinungsbild so ungewöhnlich sind, dass der Vertragspartner des Verwenders nicht mit ihnen rechnen musste. Zweifel bei der Auslegung gehen auch hier zulasten des Verwenders.

bb) Inhaltskontrolle

Liegen AGB vor und sind sie auch wirksam in den Vertrag einbezogen worden, ist ihre Wirksamkeit zu überprüfen. Dabei kennt das Gesetz in den §§ 307-309 BGB eine ganze Reihe von Bestimmungen, die nicht in AGB geregelt werden können. Diese Regeln zum Schutze der Verbraucher[492] verhindern ein Aushöhlen der Käuferrechte.

Bei dieser sog. Inhaltskontrolle empfiehlt es sich aus dogmatischen Gründen, mit der Prüfung von § 309 BGB zu beginnen. Dies deshalb, weil nach dem Wortlaut der Vorschrift ein Klauselverbot ohne Wertungsmöglichkeit angeordnet wird. Bei Verstößen gegen § 309 BGB hat also auch der unabhängige Richter bei der Überprüfung der AGB keinen Wertungsspielraum. Verstöße gegen § 309 BGB bedingen sofort die Unwirksamkeit der entsprechenden Klausel.

V kann also in seinen AGB nicht wirksam vereinbaren, dass die Kosten der Nacherfüllung vom Käufer zu tragen sind. Dies würde einen Verstoß gegen § 309 Nr. 8 b) lit cc) BGB bedeuten und die Klausel unwirksam werden lassen.

Anschließend sind die AGB nach § 308 BGB zu untersuchen. Diese Vorschrift enthält unbestimmte Rechtsbegriffe die einer richterlichen Wertungsmöglichkeit zugänglich sind.

Vereinbart V in seinen AGB, dass er ohne die Angabe von Gründen jederzeit vom Vertrag zurücktreten kann, könnte diese Klausel gegen § 308 Nr. 3 BGB verstoßen. Diese Frage ließe sich gerichtlich überprüfen, weil V vielleicht mangels sicherer Lieferzusagen gute Gründe für die Klausel hat.

Letztlich können AGB noch an § 307 BGB scheitern. Diese als Auffangtatbestand fungierende Norm erklärt Vorschriften in AGB für unwirksam, wenn sie den Vertragspartner unangemessen benachteiligen. Dies ist gegeben, wenn die Formulierung nicht ausreichend klar ist (§ 307 Abs. 1 S. 2 BGB), u.a. wesentliche Rechte und Pflichten des

---

491 Diese Individualvereinbarung gilt nur bezüglich der betreffenden Klausel. Die übrigen Klauseln bleiben AGB und unterliegen der Inhaltskontrolle der §§ 307 ff. BGB. Vgl. Palandt/ *Heinrichs* § 305, Rn 23.

492 Die meisten AGB-Steller sind Verkäufer, denn der einzelne Käufer kauft nicht eine Vielzahl von Geräten des gleichen Typs.

Vertrages eingeschränkt werden oder von einer gesetzlichen Regelung derart abgewichen wird, dass die neue Regelung mit dem Grundgedanken der gesetzlichen Rahmenbedingungen nicht vereinbar ist.

cc) Rechtsfolgen

Wird eine Bestimmung gem. § 305c Abs. 1 BGB (überraschende Klausel) nicht Vertragsbestandteil, lässt dies die Wirksamkeit des Vertrages und der übrigen AGB unberührt gem. § 306 Abs. 1 BGB

Ist eine Bestimmung in AGB unwirksam (sei es durch § 309, 308 oder 307 BGB) gilt diese Klausel nicht zwischen den Parteien. Sie wird durch die gesetzlichen Regeln ersetzt, vgl. § 306 Abs. 2 BGB. Dies gilt auch bei einander widersprechenden Geschäftsbedingungen. Die früher vertretene "Theorie des letzten Wortes", wonach diejenigen AGB gelten sollten, auf die zuletzt aufmerksam gemacht wurde, wird kaum noch vertreten.

Bei unwirksamen Klauseln kommt es also zum Ersatz durch die gesetzlichen vorgesehenen Regelungen. Eine sog. **geltungserhaltende Reduktion** ist nicht möglich. Geltungserhaltende Reduktion bedeutet, dass dem Willen der Vertragsparteien dahingehend Rechnung getragen wird, dass die unwirksame Klausel lediglich auf die Ebene des gerade noch rechtlich Zulässigen reduziert wird. Damit stünde der Verwender aber noch immer besser als mit der gesetzlich vorgesehenen Regelung. Das Verbot der geltungserhaltenden Reduktion sanktioniert daher den Verwender, der unwirksame AGB verwendet und entlastet auch die Gerichte.

dd) AGB bei Unternehmer- und Verbrauchergeschäften

Bei Geschäften mit einem Unternehmer sind nach § 310 Abs. 1 BGB die Vorschriften der §§ 305 Abs. 2 u. 3, 308, 309 BGB nicht anwendbar. Allerdings hat § 307 BGB auch bei Unternehmergeschäften Geltung. Nach h.M. können bei der Frage der unangemessenen Benachteiligung die Leitsätze der §§ 308-309 BGB zumindest mit Indizwirkung in die Prüfung einbezogen werden.

Bei Verbraucherverträgen, d.h. Geschäften zwischen einem Unternehmer[493] und einem Verbraucher[494], sind in § 310 Abs. 3 Nr. 1-3 BGB nochmalige Erleichterungen für den Verbraucher hinsichtlich der Erkennbarkeit und Verwendung von AGB geregelt.

ee) AGB im Gewährleistungsrecht

Im Kaufrecht haben die §§ 307 ff. BGB eine besondere Bedeutung, weil sie die Rechte aus § 437 BGB betreffen. Bei der Beschränkung von Schadenseratzansprüchen durch AGB empfiehlt es sich, den Wortlaut der §§ 307, 309 Nr. 7a BGB in den Vertrag bzw. Haftungsausschluss zu übernehmen.

---

493 § 14 BGB.
494 § 13 BGB.

d) Sonderfälle

Nach **§ 445 BGB** kann eine Haftungsbeschränkung im Rahmen von öffentlichen Versteigerungen erfolgen. Wird eine Sache aufgrund eines Pfandrechts (§§ 1204 ff. BGB) in einer öffentlichen Versteigerung unter der Bezeichnung als Pfand verkauft, stehen dem Käufer die Rechte wegen eines Mangels nur zu, wenn der Verkäufer den Mangel arglistig verschwiegen oder eine Garantie für die Beschaffenheit der Sache übernommen hat.

Im Handelsrecht ist die Sondernorm **§ 377 HGB** zu beachten. Denn bei einem Handelsgeschäft für beide Kaufparteien[495] muss der Käufer die Ware bei Erhalt unverzüglich untersuchen und wenn ein Mangel besteht, diesen unverzüglich beim Verkäufer anzeigen. Diese sog. Rügeobliegenheit im Handelsrecht ist von großer Bedeutung. Unterlässt der Käufer die Anzeige, gilt gem. § 377 Abs. 2 HGB die Ware als genehmigt, wenn der Mangel bei einer Untersuchung erkennbar gewesen wäre. Der Käufer verliert folglich seine Gewährleistungsrechte, wenn er seiner Rügeobliegenheit[496] nicht nachkommt. Der Hintergrund für die Regelung liegt darin, dass unter Kaufleuten eine schnellere und einfachere Abwicklung von Rechtsgeschäften erfolgen soll. Der Verkäufer muss zügig wissen, ob und in welchem Maße er Gewährleistungsansprüchen seines Vertragspartners ausgesetzt ist. Hat er allerdings den Mangel arglistig verschwiegen, ist ein Berufen auf die genehmigte Ware nicht möglich, siehe § 377 Abs. 5 HGB.

Weiter kann ein Ausschluss der Gewährleistungsrechte vorliegen, wenn der Vertragspartner in erheblichem Maße eigene Pflichtverletzungen begeht und damit selbst in eklatanter Weise vertragsuntreu wird, so dass eine Geltendmachung seiner ihm zustehenden Rechte gegen Treu und Glauben nach **§ 242 BGB** verstoßen würde.[497]

> *Einwendungen nach § 242 BGB bestehen nur in seltenen Ausnahmefällen. Nur wenn das positive Recht keine sachgerechte Lösung des Rechtsstreits ermöglicht, können mit dem Verstoß gegen Treu und Glauben grobe Ungerechtigkeiten und damit für die Gesellschaft inakzeptable Ergebnisse vermieden werden. Hieran wird deutlich, wie selten der Klausurbearbeiter von einem Verstoß gegen Treu und Glauben ausgehen sollte.*

e) Abgrenzung des Gewährleistungsrechts

Mit Hilfe des Gewährleistungsrechts kann der Käufer vom Verkäufer bei mangelhafter Leistung verschiedene Rechte einfordern und aufgrund der Gestaltungsrechte das

---

495 D.h. Warenumsatz unter Kaufleuten, § 343 HGB.

496 Zur Erinnerung: Obliegenheiten sind lediglich parteibezogene Verpflichtungen. Verstöße gegen Obliegenheiten begründen keine Pflichtverletzungen und keine Ansprüche, die eingeklagt werden können. Es handelt sich vielmehr um ein Verschulden gegen sich selbst, weil derjenige, der die Obliegenheit nicht wahrnimmt, seine eigenen Rechte beschneidet bzw. verliert.

497 Vgl. Palandt/*Heinrichs* § 281, Rn 35; *Bamberger/Roth/Grüneberg* § 281, Rn 28.

Vertragsverhältnis als solches maßgeblich beeinflussen. In den Fällen, in denen es zu Konflikten zwischen dem Allgemeinen Teil des BGB und dem Besonderem Teil des Schuldrechts im BGB kommt, könnte der Käufer bzw. Verkäufer versucht sein, die für ihn jeweils günstige Regelung auszuwählen. Daher bedarf es einer Regelung, die diese Konkurrenzsituation löst.

aa) Abgrenzung zu den Anfechtungsregeln

Liegt tatbestandlich ein Sachmangel vor, bestünde zugleich die Möglichkeit der Anfechtung wegen Eigenschaftsirrtum, da sich der Käufer über eine verkehrswesentliche Eigenschaft der Kaufsache geirrt hat.

> **Möchte K einen Laptop kaufen, mit dem er die neuesten Action-Shooter spielen kann und bedarf es hierzu einer leistungsfähigen Grafikkarte, die das von V erworbene Gerät nicht beinhaltet, könnte K versucht sein, den Kaufvertrag wegen Irrtums anzufechten.**
>
> **Dieser Weg ist z.B. von Interesse, wenn er einen etwaigen Nutzungsersatz umgehen möchte, weil die Rückabwicklung nach Anfechtung über §§ 812 ff. BGB, der Rücktritt im Gewährleistungsrecht aber nach §§ 346 ff. BGB erfolgt.**
>
> **Sollte K grob fahrlässig den Mangel übersehen haben, ist sein Gewährleistungsrecht über § 442 BGB ausgeschlossen. Ein Anfechtungsrecht nach § 119 Abs. 2 BGB steht aber auch dem grob fahrlässig Irrenden zu, weshalb sich K noch vom Vertrag lösen könnte.**
>
> **Letztlich bräuchte K auch nicht die von V gern vorzunehmende Nachbesserung zu dulden, weil für die Anfechtung keine Fristsetzung zur Nacherfüllung erforderlich ist.**

Um hier den Verkäufer nicht übermäßig zu belasten, wird allgemein ein Vorrang des Mängelgewährleistungsrechts vor dem Anfechtungsrecht vertreten. Vor Übergabe der Kaufsache kann der Vertrag noch angefochten werden. Danach greifen die Gewährleistungsregeln (Gefahrübergang!) und schließen eine Anwendung des Anfechtungsrechtes aus. Somit wird auch das Recht des Verkäufers zur zweiten Andienung gesichert.

Der Ausschluss der Anfechtung ist auch im Hinblick auf die Verjährung sinnvoll: Denn während das Mängelgewährleistungsrecht den Verkäufer i.d.R. nach 2 Jahren von seinen Verkäuferpflichten entbindet, wäre eine Anfechtung gem. § 121 Abs. 2 BGB 10 Jahre lang möglich.

Zu beachten ist allerdings, dass es nur bei § 119 Abs. 2 BGB (Eigenschaftsirrtum) zur Konkurrenz zwischen Mängelgewährleistung und Anfechtungsrecht kommt.

Anfechtungen wegen Inhalts- oder Erklärungsirrtum oder Botenirrtum betreffen nicht die Kaufsache als solche, so dass hier eine Geltendmachung des Anfechtungsrechts auch nach der Übergabe der Ware problemlos möglich ist.

In den Fällen, in denen der Verkäufer arglistig den Mangel verschweigt, ist er dagegen nicht schutzwürdig. Daher steht dem Käufer hier ein Wahlrecht zu, ob er die Gewährleistungsrechte oder das Anfechtungsrecht zur Geltung bringen möchte. Daneben kommt auch ein Anspruch aus §§ 823 Abs. 2 BGB i.V.m. 263 StGB oder § 826 BGB in Betracht.[498]

bb) Störungder Geschäftsgrundlage § 313 BGB

Stellt sich heraus, dass sich wesentliche Umstände seit dem Vertragsschluss verändert haben, steht dem Käufer hierfür das vorrangige besondere Schuldrecht in Form der Gewährleistungsrechte gem. §§ 433 ff. BGB zu. Für zukünftige Eigenschaften der Kaufsache hingegen bleibt § 313 BGB anwendbar, womit eine Anpassung des Kaufvertrags ermöglicht wird.

7. Beschaffenheits- und Haltbarkeitsgarantie

Gemäß § 443 BGB kann der Verkäufer auch eine Garantie für die Beschaffenheit der Sache oder dafür übernehmen, dass die Sache für eine bestimmte Dauer eine bestimmte Beschaffenheit behält (Haltbarkeitsgarantie).

> *Eine Beschaffenheitsgarantie liegt vor, wenn der Verkäufer erklärt, dass die Sache eine bestimmte Eigenschaft im Zeitpunkt des Gefahrübergangs aufweist.*

> *Eine Haltbarkeitsgarantie liegt vor, wenn der Verkäufer zusichert, dass die Kaufsache für einen bestimmten Zeitraum sachmängelfrei bleibt.*

Diese Garantien sind eine Zusatzleistung von Verkäufer, Hersteller oder auch Dritten und lassen die gesetzliche Gewährleistung unberührt. Es ist zwischen selbständiger und unselbständiger Garantie zu unterscheiden:

> *Bei der unselbständigen Garantie werden die gesetzlichen Gewährleistungsrechte lediglich erweitert[499]. Der Garantiegeber kann z.B. die gesetzliche Verjährungsfrist von 2 Jahren auf 4 Jahre erhöhen.*

[498] Siehe zum Deliktsrecht unten ab S. 401, 409 ff.
[499] Vgl. OLG Koblenz ZGS 2006, 36 ff.

Bei der selbständigen Garantie dagegen werden neue, über die Gewährleistungsrechte hinausgehende, Zusagen gemacht, so dass ein eigenständiger Garantievertrag i.S.v. § 311 Abs. 1 BGB begründet wird. Hier ist der Verkäufer oder Hersteller verschuldensunabhängig[500] *bereit, für eine Leistung einzustehen, die von den üblichen gesetzlichen Gewährleistungsrechten nicht gedeckt ist.*

Voraussetzungen für das Vorliegen einer Garantie i.S.v. § 443 BGB ist ein Kaufvertrag und die dazugehörige Garantieerklärung. Ferner müssen die in den Garantiebedingungen genannten Umstände im Garantiezeitraum eingetreten sein. Dabei ist die Verjährung der Garantieleistungen zu beachten. Zwischen der Verjährung der gesetzlichen Ansprüche aus dem Mangel (§ 438 BGB) und den Ansprüchen aus der Garantieerklärung ist strikt zu unterscheiden. Tritt der Mangel während der Garantiezeit auf, liegt ein Garantiefall vor. Davon getrennt ist die Frage zu beantworten, wann die Geltendmachung dieses Garantiefalls verjährt. Da das Gesetz diese Frage nicht in § 443 BGB regelt, wird teilweise von der gesetzlichen Verjährungsfrist nach §§ 195 ff. BGB ausgegangen.[501] Andere wollen nach selbständiger und unselbständiger Garantie unterscheiden. Da die unselbständige Garantie lediglich eine Erweiterung der Gewährleistungsrechte darstellt, sei § 438 BGB anwendbar.[502] Bei Vorliegen einer selbständigen Garantie sei § 195 BGB anzuwenden.

Mit dem Ablauf der Verjährung stellt sich auch die Frage, wann die Verjährung beginnt. Während die Rechtsprechung mit dem Gefahrübergang auch die Garantieverjährung beginnen lässt, ist dies in der Literatur umstritten.

Es wird vertreten, dass die Garantieverjährung erst mit Entdeckung des Mangels beginnt, weil damit dem Käufer die Sorge um den Ablauf der Garantiefrist genommen wird, wenn er kurz zuvor einen Mangel entdeckt.[503] Hiergegen wird aber vorgebracht, dass dies zu einer erheblichen Verlängerung der Leistungspflicht des Verkäufers führe, so dass letztlich zu unterscheiden sei, ob die Garantiefrist kürzer oder gleich lang mit der gesetzlichen Verjährungsfrist ist (dann laufe sie entsprechend § 438 BGB) oder ob die Garantiefrist länger als die gesetzliche Verjährungsfrist ist (dann verlängert sich diese entsprechend). Letztlich ist auch vertretbar, dass bei einer selbständigen Garantie die Entdeckung des Mangels als Startpunkt und die allgemeine Regelverjährungszeit als Endpunkt zu sehen sind, während bei der unselbständigen Garantie die Ablieferung der Sache den Beginn und, soweit im Einzelfall die Garantiezeit nicht länger ist, § 438 BGB deren Ende beschreibt. Hier gilt es in der Prüfung, allein eine schlüssige Lösung zu konzipieren.

500 Vgl. § 276 Abs. 1 Satz 1 BGB.
501 Vgl. Palandt/*Weidenkaff* § 443, Rn 23.
502 Vgl. *Bamberger/Roth/Faust* § 443, Rn 31.
503 Vgl. Palandt/*Weidenkaff* § 443, Rn 23.

Abbildung 32: Die Garantie

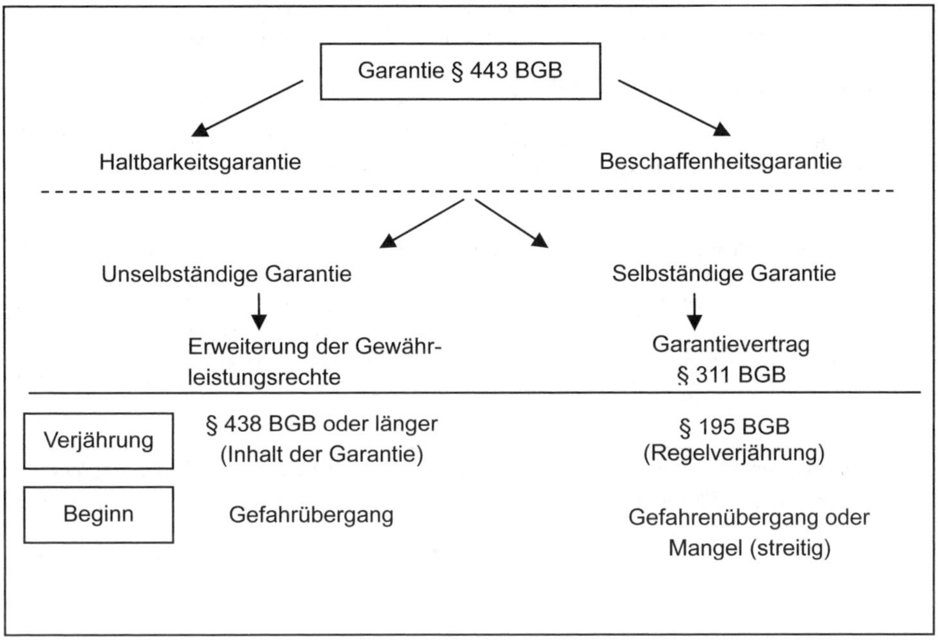

8. Der Verbrauchsgüterkauf

Mit der Umsetzung der Verbrauchsgüterkaufrichtlinie (EG 44/1999) sind die Sonderregeln des Verbrauchsgüterkaufs im Wege der Schuldrechtsmodernisierung in das BGB aufgenommen worden. Dadurch werden einige kaufrechtliche Regeln nochmals zugunsten des Verbrauchers modifiziert.

a) § 474 BGB

Die Vorschrift bestimmt den Begriff des Verbrauchsgüterkaufs.

Ein Verbrauchsgüterkauf liegt vor, wenn ein Verbraucher von einem Unternehmer eine bewegliche Sache kauft.

Keine Anwendung finden die Verbrauchsgütervorschriften demnach,

- wenn ein Unternehmer eine bewegliche Sache von einem Verbraucher kauft
- wenn nur Verbraucher oder nur Unternehmer am Kauf beteiligt sind
- wenn unbewegliche Sachen verkauft werden[504]
- wenn gem. § 474 Abs. 1 S. 2 BGB gebrauchte Sachen vorliegen, die in einer öffentlichen Versteigerung verkauft werden, an der der Verbraucher persönlich teilnehmen kann.

Die Unternehmer und die Verbrauchereigenschaft richten sich nach den §§ 13, 14 BGB.

Verbraucher ist jede natürliche Person, die ein Rechtsgeschäft zu einem Zwecke abschliesst, der weder ihrer gewerblichen noch ihrer selbständigen beruflichen Tätigkeit zugerechnet werden kann.

Unternehmer ist eine natürliche oder juristische Person oder eine rechtsfähige Personengesellschaft, die bei Abschluss eines Rechtsgeschäftes in Ausübung ihrer gewerblichen oder selbständigen beruflichen Tätigkeit handelt.

Für den Unternehmerbegriff ist mittlerweile anerkannt, dass es auf das Kriterium der Gewinnerzielung nicht ankommt. Es ist auch derjenige Unternehmer, der letztlich die Verluste aus einer zur Liebhaberei betriebenen Tätigkeit mindern möchte.[505] Umstritten sind u.a. Geschäfte, die sowohl zu Privat- als auch zu Dienstzwecken abgeschlossen werden.

Der selbständige Arzt A kauft sich einen neues KfZ, weil er damit seine Hausbesuche durchführen möchte. Zugleich soll das Fahrzeug auch für jegliche Privatfahrten dienen.[506]

Hier wird nach der h.M. regelmäßig auf den Schwerpunkt der Nutzung abgestellt, wobei der EuGH zuletzt ein Privatgeschäft erst dann angenommen hat, wenn der beruflichen Nutzung eine völlig untergeordnete Rolle innewohnte.[507]

Sog. Existenzgründergeschäfte, die erst der Aufnahme einer gewerblichen oder selbstständigen Tätigkeit dienen, stellen nach h.M. keine Verbrauchergeschäfte dar.[508]

504 Z.B. Grundstücke.
505 Vgl. BGH NJW 2006, 2250.
506 Sog. "Dual-use" Geschäfte.
507 Vgl. *Lorenz* NJW 2007, 1 ff.
508 Vgl. BGHZ 162, 253 ff.; BGH NJW 2005, 1275 ff.

b) Rechtsfolgen

Liegt ein Verbrauchsgüterkauf vor, kommt es zur Modifizierung einiger kaufrechtlicher Bestimmungen:

aa) § 474 Abs. 2 BGB

Die Haftungsbegrenzung bei öffentlichen Versteigerungen (§ 445 BGB) gilt nicht.[509] Ebenso wird die Kaufsache auf Risiko des Verkäufers transportiert, da § 447 BGB nicht anwendbar ist. Trotz Übergabe der Kaufsache beim Versendungskauf an einen Spediteur geht die Preisgefahr erst mit der Übergabe an den Verbraucher auf diesen über.[510]

bb) § 475 BGB

Regelungen zwischen Unternehmer und Verbraucher sind unwirksam, wenn durch sie von §§ 433-435, 437, 439-443 BGB zum Nachteil des Verbrauchers abgewichen wird. Durch das in § 475 Satz 2 BGB begründete Umgehungsverbot soll sichergestellt werden, dass die Parteien im Wege der Privatautonomie nicht anderweitige Bestimmungen treffen können. Denn nach der Intention des Gesetzgebers befinden sich Verbraucher in Geschäften mit Unternehmern grundsätzlich in einer schwächeren und somit schutzbedürftigen Position.

Weiter kann nach § 475 Abs. 2 BGB auch nicht durch Individualvereinbarung eine kürzere Verjährungszeit als 2 Jahre und bei gebrauchten Sachen nicht weniger als 1 Jahr vereinbart werden. Der Begriff der "gebrauchten Sache" ist dabei mit dem BGH objektiv zu bestimmen.[511] Junge Haustiere sind entsprechend "neu".[512]

Durch das Umgehungsverbot ist insbesondere im Gebrauchtwagenhandel erneut die Anwendung von Agenturgeschäften in Mode gekommen. Danach nimmt das Autohaus den alten Wagen des Kunden in Zahlung und verkauft diesen Altwagen im Namen des Kunden weiter. Da hier ein Vertrag zwischen zwei Privaten zustande kommt (alter Eigentümer, vertreten durch das Autohaus und neuer Eigentümer) kann ein Gewährleistungsausschluss vereinbart werden, der wegen § 475 BGB ausgeschlossen ist, wenn das Autohaus in eigenem Namen den Wagen verkauft.

Derartige Umgehungsgeschäfte sind nicht per se unzulässig. Einer genauerer Prüfung, ob ein Verstoß gegen § 475 BGB vorliegt, bedarf es, wenn das Autohaus bei wirtschaftlicher Betrachtung als Verkäufer anzusehen ist, sei es durch einen garantierten Mindestpreis oder durch die Übernahme etwaiger Vertragsrisiken. Hier wird ein wirksamer Kaufvertrag zwischen Autohaus und Käufer angenommen.[513]

---

509 Öffentliche Versteigerung entspricht dabei dem Begriff in § 383 Abs. 3 BGB.

510 Vgl. zum Versendungskauf ab S. 139 ff.

511 Ein PKW mit Tageszulassung ist kein Gebrauchtwagen, vgl. MüKo/*Lorenz* § 474, Rn 14 ff.

512 Vgl. den Fall eines 6 Monate alten Hengstfohlens, BGHZ 170, 31 ff.

513 Vgl. BGH NJW 2005, 1039; auch *Bamberger/Roth/Faust* § 474 Rn 14; *Lorenz* NJW 2007, 1 ff.

cc) § 476 BGB

Zeigt sich innerhalb von sechs Monaten seit Gefahrübergang ein Sachmangel, so wird vermutet, dass die Sache bereits bei Gefahrübergang mangelhaft war, es sei denn, diese Vermutung ist mit der Art der Sache oder des Mangels unvereinbar. § 476 BGB beinhaltet eine Beweislastumkehr, wonach zugunsten des Käufers (der eigentlich das Vorliegen eines Sachmangels zum Zeitpunkt des Gefahrübergangs beweisen muss) widerlegbar vermutet wird, dass ein Sachmangel schon im Zeitpunkt des Gefahrübergangs vorlag, wenn innerhalb von sechs Monaten nach der Übergabe ein solcher auftritt.

Umstritten ist, wie weit die Vermutungswirkung des § 476 BGB gehen soll. Nach der Rechtsprechung des BGH stellt § 476 BGB lediglich eine Beweislastumkehr in zeitlicher Hinsicht auf.[514] In der Literatur dagegen wird aus Gründen des Verbraucherschutzes eine Erstreckung auf die Ursache eines sich innerhalb von sechs Monaten zeigenden Sachmangels befürwortet.[515] So können auch unstreitig nach Gefahrübergang aufgetretene Sachmangel auf einen anderen, bei Gefahrübergang vorhandenen "Grundmangel" zurückgeführt werden.[516] Es genüge, wenn der Käufer die gegenwärtige Mangelhaftigkeit der Sache nachweise, nicht notwendig sei eine Darlegung, dass andere mangelbedingte Ursachen ausscheiden. Denn § 476 BGB solle dem Verbraucher gerade eine mühsame Beweisdarlegung und Suche nach der wahren Mangelursache ersparen.[517]

K kauft bei V einen gebrauchten Opel Vectra. V hatte zuvor den Zahnriemen des Fahrzeugs erneuert. 5 Monate nach der Übergabe erleidet der Opel einen Motorschaden. Ein Sachverständigengutachten kommt zu dem Ergebnis, dass der Motorschaden im Wesentlichen durch einen zu lockeren Zahnriemen verursacht wurde. Diese Lockerung des Zahnriemens könne entweder durch fehlerhaftes Material und einen unangemessen hohen Verschleiß des Zahnriemens oder aber durch das Einlegen eines kleineren Gangs bei hoher Motordrehzahl (damit Bedienfehler des K) entstanden sein.[518]

Nach dem BGH muss K das Vorliegen eines Sachmangels beweisen. Aufgrund von § 476 BGB ist er lediglich von der Beweisführung befreit, dass dieser Mangel im Zeitpunkt des Gefahrüberganges vorgelegen habe.

---

514 Vgl. BGH NJW 2004, 2299 (2300 f.).

515 U.a. *Lorenz* NJW 2004, 3020 f.; OLG Stuttgart ZGS 2005, 36f.; *Roth* ZIP 2004, 2025; *Gsell* JuS 2005, 967 ff.

516 *Lorenz* NJW 2007, 1 (3 ff.) mwN.

517 Für die idR dem Verbraucher auch nicht die geeigneten Mittel zur Verfügung stehen.

518 Fall nach BGH NJW 2004, 2299 ff.

Die Literatur dagegen vermutet angesichts des Motorschadens aufgrund des lockeren Zahnriemens, dass der Opel schon bei Gefahrübergang mit irgendeinem Sachmangel behaftet gewesen sei. Die Vermutungswirkung des § 476 BGB erstreckt sich somit auch auf einen "Grundmangel" der Kaufsache.

Die Beweislastumkehr greift nicht, wenn dies mit der Art der Sache oder des Mangels unvereinbar ist. Unter Art des Mangels fallen z.B. Tierkrankheiten, weil sich hier im Nachhinein nur in seltenen Fällen nachweisen lassen wird, ob die Ansteckung des Tieres vor oder nach der Lieferung stattfand.[519] Mit der Art der Sache ist die Beweislastumkehr nicht vereinbar, wenn z.B. aufgrund des unterschiedlichen Abnutzungsgrades nicht klar ist, wann die Mangelhaftigkeit eingetreten ist. Bei der Art des Mangels stellt der BGH vornehmlich auf die Erkennbarkeit ab. Ein Ausschluss der Vermutung greift nur, wenn auch dem fachlich nicht versierten Käufer der Mangel bei Übergabe aufgefallen wäre.[520]

dd) § 477 BGB

Die Vorschrift stellt für den Verbrauchsgüterkauf Sonderregeln für Garantien auf. So kann z.B. der Verbraucher verlangen, dass die Garantieerklärung einfach, verständlich und in Textform ausgestaltet wird.

c) Der Unternehmerregress

Durch den Verbrauchsgüterkauf werden die Schutzvorschriften zugunsten des Verbrauchers erweitert und verstärkt. Der Verkäufer wird noch stärker in die Pflicht genommen. Um allerdings zu verhindern, dass der Einzelhandel letztlich das gesamte Risiko des Verbrauchsgüterkaufs trägt (nur weil an den Verbraucher verkauft wird), regeln die §§ 478 ff. BGB einen Unternehmerregress. Dadurch soll ein Rückgriff auf denjenigen ermöglicht werden, der tatsächlich den Sachmangel verursacht hat. Denn meist entstehen Sachmängel schon bei der Herstellung, Lagerung oder dem Transport.[521]

V muss den Laptop des K zurücknehmen. Dabei ist das mangelhafte Motherboard ein Verschulden des Herstellers gewesen, da V das Gerät nur weiterverkauft hatte.

Gem. § 478 Abs. 1 BGB (sog. unselbständiger Unternehmerregress) kann der Unternehmer im Verhältnis zu seinem Lieferanten Regress nehmen, wenn er eine neu verkaufte Sache infolge ihrer Mangelhaftigkeit zurücknehmen oder deren Preis mindern musste. Dabei bedarf es einer Fristsetzung nach § 437 BGB nicht mehr. Auch gilt über § 478 Abs. 2 BGB (sog. selbständiger Unternehmerregress), dass der Lieferant die Aufwendungen zur Nacherfüllung zu tragen hat.

---

519 So z.B. wenn die Inkubationszeit bekannt ist und man die Ansteckungszeit ausrechnen kann.
520 Vgl. BGH NJW 2005, 3490 ff.
521 Vgl. Palandt/*Weidenkaff*, § 478, Rn 2.

Wichtig ist, dass der Regress nur gilt, wenn der Mangel schon beim Verkauf an den Unternehmer vorgelegen hat. Insoweit greift die Beweislastumkehr des § 476 BGB auch zwischen Unternehmer und Lieferanten gem. § 478 Abs. 3 BGB und beginnt mit der Übergabe an den Verbraucher.

Für V bedeutet dies: Er kann seinen Lieferanten L in Regress nehmen, wenn er z.B. dem K den Kaufpreis für den Laptop gemindert hat. Hat er Kosten zur Nacherfüllung aufgewandt, kann er diese ebenso zurückverlangen. Da V die Ware von L gekauft hat, stehen V auch die Rechte aus § 437 BGB im Verhältnis zu L zu. Einer Fristsetzung bedarf es aber nicht mehr.[522]

Zeigt sich der Mangel beim Käufer innerhalb der 6-Monatsfrist, wird vermutet, dass der Mangel auch schon bei Gefahrübergang zwischen V und L vorgelegen hat. L kann diese Vermutung widerlegen, wenn er nachweist, dass seinerzeit die Ware in Ordnung war.

Diese Vorschriften werden durch § 478 Abs. 4 BGB vor individualvertraglichen Abreden zum Nachteil des Unternehmers geschützt, da auch der Letztverkäufer im Verhältnis zum Lieferanten eine schwächere Position einnimmt.[523]

Nun ist L verärgert. Er hat schließlich den mangelhaften Laptop auch nur vom Hersteller H erworben und -ebenso wie V- nur weiterverkauft.

Da es Sinn und Zweck des Unternehmerregresses ist, den durch die verschärften Verbraucherschutzbestimmungen entstandenen Schaden auf den tatsächlichen Verursacher abzuwälzen, greifen die Vorschriften des § 478 BGB nach dessen Absatz 5 auch im Verhältnis des Lieferanten zu dessen Lieferanten bis hin zum Hersteller.

L kann also gem. § 478 Abs. 1 u. 2 BGB in gleicher Weise Regress verlangen, wie er zuvor an V leisten musste.

Der Unternehmerregress unterliegt eigenen Verjährungsregeln, die in § 479 BGB geregelt sind.

---

522 Sie wäre i.ü. auch sinnlos, da der Verkäufer grds. schon an den Käufer geleistet hat. Beim Regress geht es nur noch um den Ausgleich der eingetretenen Schäden und deren richtige Verteilung auf den tatsächlichen Verursacher.

523 Unklar ist bislang, was die Rechtsprechung als "gleichwertigen Ausgleich" ansieht.

Abbildung 33: Verbrauchsgüterkauf und Unternehmerregress

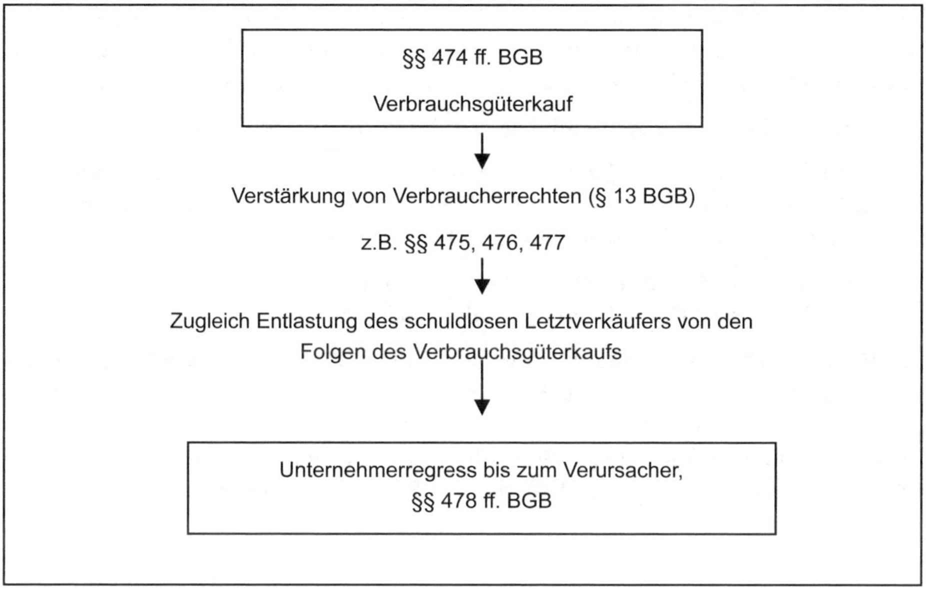

9. Der Rechtskauf nach § 453 BGB

§ 433 BGB regelt nur den Sachkauf. Auf den Kauf von Rechten und sonstigen Gegenständen finden aber über § 453 BGB die Vorschriften über den Sachkauf entsprechende Anwendung. Dabei hat beim Rechtskauf der Verkäufer die Kosten der Begründung und Übertragung zu begleichen. Wird ein Recht zum Besitz verkauft, muss der Verkäufer dem Käufer die Sache frei von Rechts- und Sachmängeln übergeben.

Unter sonstigen Gegenständen sind übertragbare Sachen und Rechte zusammengefasst, die im Rechts- und Wirtschaftsverkehr üblicherweise gegen Entgelt dem Käufer zur Verfügung gestellt werden.[524] Hierbei ist von Unternehmen über Wasser, Strom, Energie und Wärme bis hin zu Wertpapieren und Immaterialgütern alles denkbar.

[524] Vgl. Palandt/*Weidenkaff*, § 453, Rn 5.

II. Der Tauschvertrag nach § 480 BGB

Beim Tauschvertrag wird zwischen zwei Parteien die Verpflichtung ausgesprochen, einen Gegenstand gegen einen anderen zu tauschen. Anders als beim Kaufvertrag soll eine Partei keine Geldleistung, sondern ebenfalls eine Sache oder ein Recht erhalten.

K tauscht seinen Laptop mit F gegen dessen neues Fahrrad ein.

Auf den Tauschvertrag sind die Vorschriften des Kaufrechts entsprechend anwendbar, § 480 BGB. Jeder Vertragspartner gilt dabei hinsichtlich seiner eigenen Leistungspflicht als Verkäufer und hinsichtlich der ihm zustehenden Leistung als Käufer.

K ist hinsichtlich des Laptops also "Verkäufer" und hinsichtlich des Fahrrades "Käufer". Bei F verhält es sich genau andersherum.

Da die getauschten Gegenstände unterschiedliche Werte aufweisen, insbesondere beim Tausch neuer gegen gebrauchte Objekte, kann im Tauschvertrag ein Wertausgleich vereinbart werden. Obwohl eine Minderung (§§ 441 i.V.m. 480 BGB) an sich wegen fehlender Geldleistung ausscheidet, wird sie dergestalt durchgeführt, dass anstelle des Kaufpreises der objektive Wert der Sache ermittelt wird.[525]

III. Die Schenkung nach §§ 516 ff. BGB

1. Inhalt des Schenkungsvertrages

Bei der Schenkung verpflichtet sich der Schenker durch Vertrag, dem Beschenkten einen Vermögensvorteil unentgeltlich zukommen zu lassen, § 516 BGB. Der Schenkungsvertrag wird häufig nicht ausdrücklich, sondern vielmehr als sog. Handschenkung nur konkludent geschlossen und sofort vollzogen.

Onkel O schenkt seinem achtjährigen Neffen N 1000,- EUR, in dem er ihm diese Summe feierlich zu seiner Ernennung als Pfadfinder überreicht. Im Verhalten des O ist nicht nur die Übergabe und Übereignung der 1000,-EUR i.S.v. § 929 Satz 1 BGB zu sehen, sondern auch das Angebot an N auf Abschluss eines Schenkungsvertrages. Dieses hat N durch Entgegenahme des Geldes angenommen und damit den Vertragsschluss vollzogen, § 518 BGB.[526]

---

[525] Vgl. Palandt/*Weidenkaff*, § 480, Rn 8.

[526] Zur Erinnerung: Die Annahme des Geldes stellt für N einen lediglich rechtlichen Vorteil dar, so dass er hierzu auch ohne Zustimmung seiner gesetzlichen Vertreter gem. § 107 BGB berechtigt ist.

Da das Schenkungsversprechen und die Übereignung als Verträge eines Angebots und der Annahme bedürfen, braucht sich niemand gegen seinen Willen etwas schenken bzw. übereignen zu lassen.

Lehnt N die Schenkung ab, weil er seinen Onkel nicht mag oder schon genug Geld besitzt, kommt kein Schenkungsvertrag zustande.

2. Trennungsprinzip

Die Trennung zwischen Schenkungsvertrag und seiner Erfüllung ist Ausdruck des Trennungsprinzips. Durch den Schenkungsvertrag wird der Beschenkte nicht Eigentümer des Zuwendungsgegenstands. Die Übereignung muss gesondert vollzogen werden und kann unabhängig vom Schenkungsvertrag zunächst wirksam sein. Die Übereignung einer beweglichen Sache erfolgt nach den §§ 929 ff. BGB, wonach der Eigentumsübergang grundsätzlich eine Einigung und die Übergabe des Gegenstandes voraussetzt. Der Schenkungsvertrag ist für die Frage bedeutend, ob der Beschenkte die Leistung fordern bzw. behalten darf.[527] Ansonsten kommt ein Rückforderungs- bzw. Herausgabeanspruch des "Schenkers" nach den §§ 812 ff. BGB in Betracht.

3. Form

Der Schenkungsvertrag bedarf zur Wirksamkeit der notariellen Beurkundung (§§ 518 Abs. 1, 128 BGB). Wird der Vertrag nicht notariell beurkundet, ist das Schenkungsversprechen unwirksam (§§ 518, 125 BGB). Der Schenker ist in diesem Fall nicht zur Schenkung verpflichtet.

Onkel O verspricht aus einer Sektlaune heraus, seiner 17 jährigen Nichte N einen Sportwagen zum 18. Geburtstag zu schenken. Am nächsten Morgen reut O die bevorstehende Schenkung. Schließlich fordert seine Frau schon seit langem die Umsetzung einer geplanten Weltreise von ihm. Nach anwaltlicher Beratung ist O beruhigt, dass mangels notarieller Beurkundung der Schenkungsvertrag (Angebot und Annahme liegen vor) unwirksam ist und N keinen Anspruch auf den Sportwagen hat.

Bei Schenkungsverträgen wird in der Praxis häufig die Form der notariellen Beurkundung nicht eingehalten. Diese Verträge können dennoch wirksam werden. Denn nach § 518 Abs. 2 BGB kann der Formmangel geheilt werden, wodurch der Vertrag im Nachhinein wirksam wird.

[527] Der Schenkungsvertrag ist Rechtsgrund i.S.v. § 812 BGB.

Der Formmangel wird durch die Bewirkung der Leistung geheilt, § 518 Abs.2 BGB.

Bewirkt der Schenker trotz Unwirksamkeit des Vertrages sein Schenkungsversprechen, wird der Schenkungsvertrag wirksam.

Falls der Onkel im o.g. Beispiel sein Versprechen bzw. Schenkungsangebot derartig bereut, dass er es nicht einhalten und somit nicht leisten möchte, ist er hierzu auch nicht verpflichtet. Empfindet er es dagegen als eine Frage der Ehre, kann er der Nichte den Sportwagen übergeben und übereignen. Damit erfüllt er das bisher unwirksame Schenkungsversprechen und der Schenkungsvertrag erlangt Wirksamkeit.

Sinn und Zweck der Heilungsmöglichkeit ist, dass der Schenker nicht in jedem Fall des Schutzes durch die notarielle Beurkundung vor voreiligen und unüberlegten Handlungen bedarf. Wenn der Schenker sein Versprechen aufrecht erhalten will, gibt es keinen Grund, ihn daran zu hindern.

Warum aber wird der Vertrag überhaupt noch geheilt, wenn der Beschenkte seine Leistung bereits erhalten hat? Die Antwort ergibt sich mit Hilfe des Schuldrechts. Der Schenkungsvertrag stellt den Rechtsgrund für die Leistung (z.B. die Eigentumsübertragung an dem Sportwagen) dar. Ohne diesen Rechtsgrund müsste der Empfänger (N) das Eigentum an dem Sportwagen wieder an den Leistenden (O als "Geber" des Sportwagens) nach §§ 812 ff. BGB herausgeben, weil er ungerechtfertigt (ohne Rechtsgrund) bereichert wäre. Um dieses Ergebnis zu vermeiden, soll der Schenkungsvertrag als Rechtsgrund wirksam werden, wenn die Schenkung vollzogen wird.

Tante T kauft der achtjährigen A ein Märchenbuch und übergibt es ihr. Sie hat dabei mit A konkludent einen Schenkungsvertrag geschlossen, dessen Formunwirksamkeit durch die Übereignung des Buches geheilt wird. Hierdurch erlangt der Schenkungsvertrag Wirksamkeit. Diese Form der Schenkung wird "Handschenkung" genannt. Überlegt es sich T im Nachhinein anders, und will das Buch lieber für sich selbst verwenden, darf A das Buch trotz fehleneder notarieller Beurkundung behalten und muss es nicht wieder an T nach §§ 812 ff. BGB zurückübereignen.[528]

---

528 Zur Erinnerung: Sowohl der Schenkungsvertrag als auch die Übereignung an A sind nach § 107 BGB wirksam, da sie für die beschränkt geschäftsfähige A (§ 106 BGB) keinen rechtlichen Nachteil beinhalten.

4. Haftung des Schenkers für Leistungsstörungen

Der Schenker haftet nur für Vorsatz und grobe Fahrlässigkeit (§ 521 BGB). Er wird deshalb von seiner Leistungspflicht frei, wenn die Leistung aufgrund seiner nur "einfachen" Fahrlässigkeit untergeht (§§ 280 Abs. 1 u. 3, 283, 275, 521 BGB) und muss hierfür keinen Schadensersatz leisten (§§ 280, 521 BGB).

O schließt mit N einen notariell beglaubigten Schenkungsvertrag über einen (bestimmten) Sportwagen, den er bereits für N gekauft hat. Als O den Sportwagen N vor die Tür stellen möchte, verwechselt er aufgrund der ungewohnten 6-Gang-Schaltung den Rückwärtsgang mit dem Vorwärtsgang und fährt den Wagen zu Schrott. N besteht auf Lieferung des Sportwagens, da sie hierauf nun einen Anspruch habe.

O wird von seiner Lieferpflicht des Sportwagens frei, da ihm die Lieferung unmöglich wurde (§ 275 Abs. 1 BGB). Schadensersatz muss er N hierfür nicht leisten, da er nur leicht fahrlässig gehandelt hat (§ 521 BGB)[529].

5. Haftung für Sach- und Rechtsmängel

Grundsätzlich haftet der Schenker dem Beschenkten nicht auf Schadensersatz wegen Sach- oder Rechtsmängeln.[530]

Er haftet nur ausnahmsweise, wenn er einen Fehler arglistig verschweigt (§§ 523, 524 BGB). Weitere Ausnahmen, die in der Praxis keine große Bedeutung erfahren, sehen die §§ 523 Abs. 2 und 524 Abs. 2 BGB vor.

Hat in den Beispielen oben der tatsächlich gelieferte Sportwagen ohne Wissen des O einen technischen Mangel, haftet er der N nicht auf Schadensersatz.

6. Besonderheiten bei der gemischten Schenkung

Besonderheiten bezüglich der Bestimmung der anwendbaren Vorschriften können sich ergeben, wenn ein bestimmtes Geschäft teilweise Elemente einer Schenkung und eines

529 Zur Erinnerung: Die Lieferung des Sportwagens ist unmöglich, da der geschuldete Sportwagen (Stückschuld) untergegangen ist. Damit entfällt diese Leistungspflicht. Auch ein Schadensersatz nach § 280 Abs. 1 u. 3, 283, 275 Abs. 1 BGB entfällt, da der Schenker entgegen § 276 BGB (dort Vorsatz und jede Fahrlässigkeit) bei der Schenkung nach § 521 BGB nur Vorsatz und grobe Fahrlässigkeit zu vertreten hat.

530 Daher heißt es: Einem geschenkten Gaul schaut man nicht ins Maul!

anderen Vertrages, z.B. eines Kaufvertrages, aufweist. Eine sog. **gemischte Schenkung** liegt vor, wenn in einem Austauschvertrag, z.B. einem Kaufvertrag, vereinbart wird, dass der Differenzbetrag zwischen dem Wert einer unteilbaren Leistung und der Höhe der Gegenleistung als unentgeltliche Zuwendung gelten soll.[531] Hierbei ist erforderlich, dass die teilweise Unentgeltlichkeit Inhalt der Vereinbarung geworden ist. Dies dient der Abgrenzung zu einem günstigen Geschäft, welches z.B. ausschließlich einen Kaufvertrag darstellen kann.

Nach der Rechtsprechung[532] und überwiegenden Literatur sind auf die gemischte Schenkung die Grundsätze für **gemischte Verträge** anzuwenden. Hieraus folgt, dass die Regeln des jeweiligen Vertragstyps insoweit Anwendung finden, als dies im Hinblick auf den Gesamtcharakter des Rechtsgeschäfts im Einzelnen sinnvoll ist. Hierbei wird auf die beiderseitigen Parteiinteressen und den wirtschaftlichen Zweck des Geschäfts abgestellt. Überwiegt hiernach der unentgeltliche Charakter, ist insoweit Schenkungsrecht anwendbar.

IV. Der Mietvertrag nach §§ 535 ff. BGB

1. Inhalt des Mietvertrages

Gegenstand der Miete ist die Gebrauchsüberlassung der vermieteten Sache an den Mieter gegen Geldleistung (Mietzins). Anders als bei Kauf, Tausch oder Schenkung schuldet der Vermieter keine Übereignung der Mietsache.

Gemäß § 535 BGB hat der Mietvertrag folgenden Inhalt[533]:

- Der Mieter verpflichtet sich zur Mietzinszahlung
- Der Vermieter verpflichtet sich, dem Mieter die vermietete Sache zum Gebrauch zu überlassen und diese in gebrauchsfähigem Zustand zu erhalten

Hieraus folgt:

- Gegenstand der Miete können nur Sachen, keine Rechte sein.

531 Vgl. zur gemischten Schenkung BGH ZEV 2005, 213.
532 Vgl. BGHZ 30, 120.
533 Vgl. zum Wohnraummietvertrag Rezension *Blank* NZM 2002, 516 mit Buchempfehlung.

- die unentgeltliche Gebrauchsüberlassung einer Sache ist nicht Miete, sondern Leihe.
- die Leihe ist immer unentgeltlich, während die Miete stets eine entgeltliche Gebrauchsüberlassung darstellt.

In der Umgangssprache wird diese Abgrenzung nicht eingehalten. Es wird korrekt von Autovermietung, dagegen z.B. fehlerhaft von Boots- oder Fahrradverleih usw. gesprochen. Aufgrund der Entgeltlichkeit der Gebrauchsüberlassung liegt rechtlich gesehen in diesen Fällen Miete vor. Sowohl bewegliche als auch unbewegliche Gegenstände können Gegenstand einer Mietvereinbarung sein.

2. Regelung des Mietrechts

Das Mietrecht beginnt in §§ 535 ff. BGB mit den allgemeinen Regeln, welche zunächst für die Miete von beweglichen, aber auch für die Miete von unbeweglichen Sachen (Immobilien) gelten. Entsprechend dem Systemverständnis des BGB[534] werden diese allgemeinen Regeln um Spezialvorschriften ergänzt und teilweise abgeändert. Nach den Allgemeinen Regeln hat der Gesetzgeber Sonderregeln für die Wohnraummiete als wichtigstes Mietverhältnis geschaffen. Dazu sah er sich verpflichtet, weil der Mietwohnung für weite Teile der Bevölkerung als Lebensmittelpunkt und absolute Privatsphäre besondere Bedeutung zukommt. Dem Grundprinzip des "sozialen Mietrechts" sollte Rechnung getragen werden, weil aufgrund materieller Umstände vielen Bürgern Wohnraum nur über die Miete zur Verfügung steht. Folglich ist dieser Bereich gesetzgeberisch sehr intensiv ausgestaltet, um den Mieter davor zu schützen, dass ihm sein Wohnraum ungebührend entzogen wird. Anschließend hat der Gesetzgeber Regeln für die Mietverhältnisse über andere Sachen aufgestellt, die teilweise auf den Allgemeinen Teil des Mietrechts und teilweise auf die Regelungen zur Wohnungsmiete Bezug nehmen.

Zum besseren Verständnis der Systematik empfiehlt es sich, dass Inhaltsverzeichnis des BGB zu lesen.

Beispiele für die Arten der Miete:

Miete beweglicher Sachen: Auto, Fahrrad, Boot usw.

Miete von Immobilien (Grundstücken): Schrebergarten, Autostellplatz etc .

Miete von Raum: Büro, Verkaufsräume, Garage, Lagerhalle etc.

Miete von Wohnraum: Appartements, Wohnhaus, Wohnung etc.

534 Durch die Schaffung eines zunächst allgemeinen, dh. für alle geltenden, Teils und anschließend eines besonderen Teils für Spezialregelungen.

3. Form und Zustandekommen von Mietverträgen

Grundsätzlich müssen sich der Mieter und der Vermieter nur über den Mietgegenstand und den Mietzins einigen, damit der Mietvertrag zustande kommt. Schriftform ist grundsätzlich nicht erforderlich. Besonderes gilt bei Missachtung der Schriftform bei Wohnraummietverträgen: Der Mietvertrag wird nicht nach den allgemeinen Regeln (§ 125 BGB) unwirksam, sondern gilt als für unbestimmte Zeit geschlossen (§ 550 S. 1 BGB). Allerdings dürfen die Parteien nicht vor Ablauf eines Jahres kündigen (§ 550 S. 2 BGB).

4. Pflichten des Vermieters

Der Vermieter muss dem Mieter die Mietsache überlassen. Ferner ist er für deren Instandhaltung verantwortlich. Letztlich stellt sich noch die Frage nach etwaigen Nebenpflichten.

a) Gebrauchsgewährung

Der Vermieter muss gem. § 535 Abs. 1 BGB

- den Gebrauch der vermieteten Sache zu Beginn der Mietzeit gewähren,(1)
- diesen Gebrauch beim Mieter belassen und dulden,(2)
- Störungen Dritter abwehren, soweit möglich und zumutbar.(3)

Diese Pflichten bilden die Hauptleistungspflichten des Vermieters.

(1.) Die Gewährung des Gebrauchs der vermieteten Sache muss sich an dem vertragsgemäßen Gebrauch orientieren.[535] Es reicht nicht aus, dass der Vermieter dem Mieter die Sache nur irgendwie überlässt. Der Gebrauchszustand der Sache muss vertragsgemäß sein.

> **R vermietet Mountain-Bikes und schließt mit S einen Mietvertrag über ein Rad für 200,- EUR pro Woche. R übergibt dem S ein Fahrrad, bei dem weder Bremsen noch Schaltung richtig funktionieren. Hierin liegt keine ordnungsgemäße Vertragserfüllung. R muss dem S ein ordentlich funktionierendes Fahrrad geben, da dieser Zustand vom Vertrag vorausgesetzt wird.**

(2.) Die Duldung und andauernde Gewährung des Gebrauchs der Sache umfasst die Pflicht, vertragsgemäße Handlungen des Mieters zu dulden.

---

[535] Vgl. u.a. LG Berlin NZM 2003, 512; OLG-Karlsruhe NJW-RR 1997, 139.

Im Beispiel oben darf S auch größte Hänge mit dem Mountain-Bike hinabfahren, ohne dass ihm R den Gebrauch der Mietsache untersagen kann. Anders verhielte es sich ggf. bei der Miete eines "Stadtrades".

Der Mieter eines Raumes ist z.B. berechtigt, Namens- oder Firmenschilder anzubringen und ein Telefon installieren zu lassen. Der Mieter eines Raumes ist aus dem Mietverhältnis berechtigt, Besuch zu empfangen. Der Vermieter kann diese Verhaltensweisen nicht untersagen.

(3.) Die Pflicht des Vermieters, eigene Störungen zu unterlassen und Störungen Dritter abzuwehren, ergibt sich aus seiner Pflicht, dem Mieter den Gebrauch zu gewähren. Diese Pflicht besteht im Rahmen des dem Vermieter Möglichen und Zumutbaren.

Der Vermieter von Geschäftsräumen darf nicht selbst ein Konkurrenzgeschäft im selben Haus eröffnen oder die Eröffnung eines solchen Geschäfts durch einen Dritten zulassen, wenn die Räume für einen bestimmten Betrieb (Gaststätte, Apotheke, Lebensmittelgeschäft) vermietet wurden. Stört ein anderer Mieter durch übermäßigen Lärm den Mieter von Wohnraum, muss der Vermieter für die Beseitigung dieser Störung sorgen, weil er den störenden Mieter aufgrund des Mietvertrages zur Einhaltung des vertragsgemäßen Gebrauchs (nur normaler Lärm zulässig) anhalten kann.

b) Instandhaltungspflicht

Den Vermieter trifft nicht nur die Pflicht, den Gebrauch der Mietsache zu gewähren, sondern gem. § 535 Abs. 1 S. 2 aE BGB auch eine Instandhaltungspflicht:

Der Vermieter muss den

- vertragsgemäßen Zustand der Mietsache erhalten
- und notfalls die Mietsache wieder instand setzen.

Dementsprechend hat der Vermieter auf eigene Kosten die während der Mietzeit erforderlichen Erhaltungs- und Reparaturarbeiten an der Mietsache vorzunehmen, solange der Mieter diese Mängel bzw. Schäden nicht schuldhaft verursacht hat.[536] Diese Instandhaltungspflicht umfasst auch die Beseitigung der durch vertragsgemäßen

536 Dann hat der Vermieter einen Schadensersatzanspruch, zumindest aus § 823 BGB.

Gebrauch der Mietsache entstehenden Abnutzung. Eine solche Abnutzung hat der Mieter nach § 538 BGB nicht zu vertreten. Auch die Instandhaltungspflicht ist eine Hauptleistungspflicht.

E vermietet an M eine Wohnung mit Teppichboden und Rollläden. Nach sechs Jahren ist die Heizung defekt und der Teppich abgenutzt, da M beim Nachdenken immer durch die Wohnung läuft und hinter ihm die Kinder herlaufen. Außerdem sind die Rollläden bei einem Sturm abgefallen. E will nur die Heizung reparieren lassen. Bezüglich des Teppichs solle M zufrieden sein, dass überhaupt ein Teppichboden vorhanden ist. Wenn M den Teppich abnutzt, sei das sein Problem. Rollläden brauche M ebenfalls nicht unbedingt zum wohnen oder er solle selbst neue Rolläden anbringen lassen.

E muss die Heizung reparieren, die Rollläden und den Teppich erneuern. Diese Aufgaben gehören zu seiner Instandhaltungspflicht, da M diese Abnutzung oder den Schaden nicht zu vertreten hat. E kann sich nicht darauf berufen, Teppich und Rollläden seien zusätzliche freiwillige Beigaben gewesen, da er die Wohnung mit Teppich und Rollläden vermietete, so dass diese auch vertraglich geschuldet sind.

Die Instandhaltungspflicht kann der Vermieter allerdings durch eine vertragliche Vereinbarung abändern und z.B. dem Mieter auferlegen. In der Praxis erfolgen entsprechende Vereinbarungen meist in Formularverträgen, welche dann als Allgemeine Geschäftsbedingungen (AGB) gelten. Im Rahmen von AGB kann der Vermieter seine Instandhaltungspflicht nur teilweise im angemessenen Umfang übertragen. Zulässig ist z.B., den Mieter durch Vereinbarung zur Übernahme von Schönheitsreparaturen (anstreichen, tapezieren) oder Kleinstreparaturen bis zu einem bestimmten Betrag zu verpflichten. Bei Formularverträgen ist Vorsicht geboten. Denn bei Vorliegen sog. starrer Fristenpläne wird der Mieter unangemessen benachteiligt, so dass die entsprechende Klausel gem. § 307 Abs. 1 BGB unwirksam ist. Durch AGB darf der Mieter nicht mit Renovierungspflichten belastet werden, die über den tatsächlich notwendigen Renovierungsbedarf hinausgehen.[537] Da eine geltungserhaltende Reduktion bei AGB nicht in Frage kommt, gilt bei Verstoß gegen AGB-Regelungen die gesetzliche Regelung und der Vermieter ist zur Kostentragung verpflichtet.

Starre Fristenpläne liegen vor, wenn die Renovierung der einzelnen Räume an feste Fristen gebunden ist, z.B. Küche, Bäder, Duschen nach 3 Jahren, Wohn- und Schlafräume, Toiletten nach 5 Jahren etc. Soweit hier keine Sonderregelung vereinbart ist, die auf den tatsächlichen Renovierungsbedarf abstellt, sind diese starren Fristenpläne unwirksam. Dies gilt auch für die Pflicht zur Endrenovierung.

---

537 Vgl. Palandt/*Weidenkaff*, § 535, Rn 47; BGH NJW 2004, 2586, 3775.

E vermietet M eine unrenovierte Wohnung. Noch vor dem Einzug streicht M die Wände neu und schafft sich ein wohnliches Zuhause. Als er berufsbedingt nach 1 Jahr ausziehen und umziehen muss, verlangt E erneute Renovierung und verweist auf den geschlossenen Formularmietvertrag, wonach der M zur Endrenovierung verpflichtet sei.

M lehnt eine neuerliche Renovierung ab und meint, die Wohnung sei noch längst nicht "abgewohnt". Zu Recht fordert er die Herausgabe seiner Kaution.

c) Nebenpflichten des Vermieters

Neben der Gebrauchsüberlassungs- und Gebrauchserhaltungspflicht als Hauptleistungspflicht treffen den Vermieter weitere Nebenpflichten. Er muss dem Mieter notwendige Verwendungen gem. § 539 Abs. 1 BGB ersetzen und die Wegnahme von Gegenständen dulden, die der Mieter mit der Mietsache fest verbunden hat, z.B. einen Spiegelschrank im Bad (§ 539 Abs. 2 BGB). Eine geleistete Kaution ist gem. § 551 BGB vom Vermögen des Vermieters getrennt aufzubewahren und zu verzinsen. Außerdem ergeben sich für den Vermieter allgemeine Sorgfalts- und Schutzpflichten.

Der Vermieter muss z.B. die Mieter über Gefahren, die von der Mietsache ausgehen, aufklären oder den Mieter in den Gebrauch der Mietsache einweisen.

5. Pflichten des Mieters

Der Pflichtenkreis des Mieters unterteilt sich in Haupt- und Nebenpflichten.

a) Hauptleistungspflicht des Mieters

Die Hauptleistungspflicht des Mieters ist die Zahlung des vereinbarten Mietzinses. Wann er diesen Mietzins zu zahlen hat (Fälligkeit), bestimmt sich nach dem Mietobjekt und ist bei Wohnraum (§ 556b BGB) anders zu beurteilen als z.B. bei Grundstücken, Schiffen oder anderen beweglichen Gegenständen (§ 579 BGB).

Ist die Mietzeit nach Zeitabschnitten bemessen, ist der Mietzins nach Ablauf der einzelnen Zeitabschnitte zu entrichten.

Wenn S ein Fahrrad bei R mietet, ist der Mietzins nach § 579 BGB erst am Ende der Mietzeit zu entrichten, wenn keine andere Vereinbarung getroffen wurde.

Mietet G bei C im Parkhotel Baden-Baden die Luxussuite, muss er erst bei der Abreise zahlen. Erfährt C im Laufe des Aufenthalts, dass G sich auf eine spannende Nacht im Spielkasino freut, kann sie dennoch nicht sofort die Mietzahlung verlangen.

Die Parteien können vertraglich eine andere Vereinbarung der Fälligkeit des Mietzinses treffen. In Mietverträgen über Wohnräume sieht § 556 b Abs. 1 BGB vor, dass der Mietzins am dritten Werktag des Monats fällig und der Mieter dementsprechend vorleistungspflichtig ist. Auch bei der Fahrradmiete könnte die Vorauszahlung des Mietzinses vereinbart werden. Diese freie Vereinbarkeit, die auch die Miethöhe umfasst, ist dem Grundgedanken der Privatautonomie entnommen. Die Grenze findet diese Vertragsfreiheit im Wuchergeschäft, § 138 Abs. 2 BGB. Auch während der Mietzeit kann eine Mieterhöhung erfolgen, im Wege der Staffelmiete oder Indexmiete (§§ 557a, 557b BGB), § 557 Abs. 2 BGB.[538] Der Vermieter hat zudem das Recht, vom Mieter in bestimmten Zeitabständen und in gewisser Höhe dessen Zustimmung zu einer Mieterhöhung zu verlangen, vgl. §§ 558-560 BGB.

b) Nebenpflichten des Mieters

Der Mieter darf nicht den vertragsgemäßen Gebrauch der Mietsache überschreiten.

Insbesondere treffen den Mieter folgende Pflichten:

- den vertraglichen Gebrauch nicht zu ändern oder zu überschreiten, z.B. Wohnraum nicht als Büro zu nutzen,(1)
- die Sache nicht unberechtigt an Dritte unterzuvermieten,(2)
- Obhut- und Sorgfaltspflichten bezüglich der Mietsache einzuhalten,(3)
- Reparaturen des Vermieters zu dulden,(4)
- die Mietsache nach Ende der Mietzeit zurückzugeben.(5)

(1.) Entscheidend für den vertragsgemäßen Gebrauch ist immer, welcher Gebrauch vertragsmäßig bestimmt wurde.

Eine Hausordnung bindet den Mieter nur, wenn diese Vertragsbestandteil wurde. Aber auch ohne Hausordnung muss der Mieter die allgemeinen Sorgfalts- und Rücksichtnahmepflichten einhalten. Öffentlich-rechtliche Bestimmungen können den Mieter ebenfalls binden.

[538] Hierzu beachte § 549 Abs. 2 BGB. Danach gelten die Vorschriften u.a. über die Mieterhöhung nicht bei bestimmten Mietgegenständen.

(2.) Grundsätzlich darf der Mieter eine Sache nicht unerlaubt untervermieten (§ 540 Abs. 1 BGB). Aufgrund des Verbots der nicht genehmigten Untervermietung ist der Mieter nicht berechtigt, Dritten eine Sache (Wohnung, PKW) ohne Erlaubnis unterzuvermieten. Somit darf der Mieter die Sache (Wohnung) Dritten **nicht** dergestalt überlassen, dass diese ein **selbständiges Gebrauchsrecht** erhalten. Der Mieter kann hingegen Dritten grundsätzlich frei nach seinen Wünschen den unselbständigen Mitgebrauch der Mietsache einräumen. Er kann frei nach seinen Wünschen Familienangehörige und Freunde eine Wohnung mitnutzen lassen, solange diese kein eigenes Gebrauchsrecht haben.

Gemäß § 540 BGB hat der Mieter grundsätzlich keinen Anspruch darauf, dass ihm der Vermieter die Erlaubnis zur Untervermietung erteilt. Verweigert der Vermieter die Erlaubnis zur Untervermietung, steht dem Mieter allerdings ein außerordentliches Kündigungsrecht nach der gesetzlichen Kündigungsfrist zu (§ 540 Abs. 1 S. 2 BGB). **Nur** bei der **Wohnraummiete** gilt gem. § 553 Abs. 1 BGB, dass der Mieter bei berechtigtem Interesse einen Anspruch gegen den Vermieter auf Genehmigung der Untervermietung haben kann. Voraussetzung ist nach § 553 Abs. 1 BGB, dass nach Abschluss des Mietvertrages ein berechtigtes Interesse des Mieters an der Untervermietung entsteht. Der Vermieter kann diese Erlaubnis nur verweigern, wenn in der Person des Dritten ein wichtiger Grund liegt, der Wohnraum übermäßig belegt werden würde oder sonst die Erlaubnis unzumutbar ist.

> **Bei Wohnraum kann der Mieter deshalb insbesondere die Berechtigung zur Untervermietung an seinen Lebenspartner, Partner oder Verwandte verlangen.**

(3.) Allgemeine Obhut- und Sorgfaltspflichten bezüglich der Mietsache binden den Mieter, mit der Mietsache sorgsam umzugehen.

> **Der Mieter von Räumen muss diese sauber halten, regelmäßig lüften usw.**

Gesetzlich vorgeschrieben ist nach § 536c Abs. 1 BGB, dass der Mieter dem Vermieter Mängel oder Gefahren hinsichtlich der Mietsache unverzüglich anzeigen muss.

(4.) Bei Wohnraum muss der Mieter weiter nach § 554 BGB die Vornahme von Erhaltungs- und Modernisierungsmaßnahmen durch den Vermieter dulden.

(5.) Nach Beendigung des Mietverhältnisses ist der Mieter verpflichtet, die Mietsache an den Vermieter zurückgeben. Bei der Grundstücksmiete bedeutet dies, dass der Mieter das Grundstück räumt, inklusive der gemieteten Räumlichkeiten.

6. Leistungsstörungen der Vermieterpflichten

Die Folgen der Nicht- oder Schlechterfüllung durch den Vermieter bestimmen sich im Mietrecht regelmäßig nicht nach den allgemeinen Vorschriften der Regeln über Leistungsstörungen, sondern folgen Spezialregelungen im Mietrecht, vor allem §§ 536 ff. BGB. §§ 536 ff. BGB setzen nach ihrem Wortlaut die Überlassung der Mietsache voraus. Rücktritt und Schadensersatzansprüche des Mieters nach den allgemeinen Regeln sind deshalb nur bis zur Übergabe der Mietsache möglich, danach greifen die Sonderbestimmungen der §§ 536 ff. BGB ein.

Bei anfänglicher Unmöglichkeit bleibt der Mietvertrag wirksam, § 311a Abs. 1 BGB. Soweit der Vermieter die Unmöglichkeit zu vertreten hat oder seine Unkenntnis ist er dem Mieter zu Schadensersatz nach den allgemeinen Regeln, § 311a Abs. 2 BGB verpflichtet. Bei nachträglicher Unmöglichkeit gilt nicht das allgemeine Leistungsstörungsrecht, sondern § 536 BGB. Die allgemeinen Regeln über die Unmöglichkeit finden grundsätzlich nur Anwendung, soweit z.B. die Unmöglichkeit der Vermieterleistung auf einem anderen Grund als einem Sachmangel beruht, z.B. wenn die Mietsache durch eine Explosion zerstört wird, oder eine Schadensbeseitigung dem Vermieter unzumutbar ist.[539]

Die Sonderregelungen der §§ 536 ff. BGB bei Sach- oder Rechtsmängeln nach Überlassung der Mietsache gelten folglich vorrangig vor den allgemeinen Regeln, solange nicht Unmöglichkeit aus anderen Gründen als durch einem Sachmangel eintritt. Hiernach hat der Mieter nach allgemeinen Regeln einen Erfüllungsanspruch aus § 535 BGB gegen den Vermieter. Wird dem Mieter aufgrund eines Sach- oder Rechtsmangels der Gebrauch der Mietsache nicht gewährt, stehen dem Mieter ausschließlich die Rechte aus den §§ 536 ff. BGB (Minderung, Schadensersatz) zu. Diese Regelungen sind für den Mieter günstiger, da bei einer Minderung und teilweise auch beim Schadensersatz nach Mietrecht anders als nach den allgemeinen Regeln ein Verschulden des Vermieters nicht maßgebend ist.

Im Mietrecht stehen dem Mieter deshalb folgende Rechte bei Leistungsstörungen zu:

a) Erfüllung

Kommt der Vermieter seinen Pflichten nicht nach, kann der Mieter Erfüllung gem. § 535 Abs. 1 BGB verlangen. Der Erfüllungsanspruch umfasst neben der Gebrauchsgewährung auch die Instandhaltung der Mietsache. Bezüglich des Mängelbeseitigungsanspruches ist es unerheblich, ob die Mängel bereits bei der Übergabe vorhanden sind oder erst später entstehen, weil den Vermieter während der gesamten Mietzeit eine Instandhaltungspflicht trifft (§ 535 Abs. 1 S. 2 BGB).

---

539 Vgl. auch das Beispiel im Unmöglichkeitsrecht auf S. 125 ff.

b) Mängelhaftung: Minderung und Schadensersatz

Bestehen Mängel an der Mietsache oder entstehen diese nach Abschluss des Vertrags, kommen für den Mieter nach den §§ 536, 536a BGB Ansprüche auf Minderung und Schadensersatz gegen den Vermieter in Betracht. Wie auch im Kaufrecht können Minderungsrechte neben Schadensersatzansprüchen bestehen und es ist nicht zwischen einem Sach- oder Rechtsmangel zu unterscheiden.

Hat die Sache zur Zeit der Überlassung einen Mangel, der ihre Tauglichkeit zum vertragsgemäßen Gebrauch nicht nur unerheblich aufhebt, stehen dem Mieter nach §§ 536 und § 536a BGB die Rechte

- (1) Minderung (§ 536 BGB) und

- (2) Schadens- und Aufwendungsersatz (§ 536a BGB) zu.

(1.) Voraussetzung für Minderungs- und Schadensersatzansprüche ist zunächst, dass ein Sach- oder Rechtsmangel besteht. Dieser darf dem Mieter nach § 536b S. 1 BGB bei Vertragsschluss nicht bekannt gewesen sein. Ist der Mangel dem Mieter grob fahrlässig unbekannt geblieben, stehen ihm die Gewährleistungsrechte des Mietrechts nur zu, wenn der Vermieter den Mangel arglistig verschwiegen hat.

Ein Sachmangel an der Mietsache liegt vor,

wenn ein Fehler an der Mietsache die Tauglichkeit der Mietsache zum vertragsgemäßen Gebrauch nicht nur unerheblich aufhebt oder beeinträchtigt.

Ob ein Fehler vorliegt, richtet sich deshalb entscheidend nach dem vertragsgemäßen Gebrauch. Es kommt darauf an, welche Eigenschaften nach dem Vertrag vorliegen oder gerade nicht vorliegen sollten.

Ein nur schwach heizbarer Raum kann als Lagerhalle mangelfrei, als Büro hingegen mangelhaft sein. Ein Tourenrad ist mangelfrei, wenn es für den Gebrauch in der Stadt vermietet wird. Soweit dasselbe Rad als "Mountain-Bike" vermietet wird, ist es mangelhaft, da es für Geländefahrten nicht tauglich ist.

Der Fehler kann der Sache unmittelbar anhaften (z.B. wenn bei einem PkW der Motor defekt ist) oder in Umständen liegen, die auf die Sache einwirken.

R vermietet an M einen Laden, in dem M ein Friseurgeschäft eröffnen will. Ein Jahr später vermietet R im selben Haus Ladenräume an einen Konkurrenten, der ebenfalls einen Friseurladen eröffnen möchte. In diesem Fall hat M nicht nur einen Anspruch auf Unterlassung dieser Vermietung. Liegt eine solche Vermietung ohne sein Wissen bereits vor, kann er seine Rechte wegen eines Sachmangels geltend machen.

Ein Rechtsmangel an der Mietsache liegt vor,
wenn dem Mieter aufgrund des (privaten) Rechts eines Dritten der vertragsgemäße Gebrauch der Mietsache nicht gewährt oder ganz bzw. teilweise wieder entzogen wird, § 536 Abs. 3 BGB.

Das Recht des Dritten kann schuldrechtlicher oder dinglicher Natur sein. Schulfall für einen schuldrechtlich bedingten Rechtsmangel ist die Doppelvermietung.

Vermietet R eine Wohnung gleichzeitig an H und K, kann K sie nicht nutzen, soweit sie H schon bezogen hat. R kann von H nicht den Auszug verlangen, da dieser ein Recht auf Raumüberlassung hat. Da R die Vermietung an K (rechtlich) unmöglich ist, liegt ein Rechtsmangel für K vor. K als nicht besitzender Mieter kann Schadensersatz nach § 536a BGB verlangen sowie über § 543 Abs. 2 Nr. 1 BGB den Mietvertrag außerordentlich kündigen.

Ein Rechtsmangel kann auch darin begründet sein, dass dem Vermieter die Gebrauchseinräumung der Sache nicht möglich ist, weil er nicht Eigentümer der Sache ist. Der Vermieter ist in diesem Fall dinglich (sachenrechtlich) gesehen nicht verfügungsberechtigt und kann dem Mieter nicht wirksam den Besitz (Gebrauch) der Mietsache einräumen. Die Rechte des Mieters auf Minderung oder Schadensersatz sind nach § 536b BGB ausgeschlossen, wenn dem Mieter der Mangel bekannt war. War dem Mieter der Mangel grob fahrlässig unbekannt, stehen dem Mieter diese Rechte nur zu, wenn der Vermieter diese arglistig verschwiegen (§ 536b S. 2 BGB) oder der Mieter sich die Rechte vorbehalten (§ 536b S. 3 BGB) hat.

(2.) Unter der Voraussetzung eines solchen Sach- oder Rechtsmangels an der Mietsache kann dem Mieter ein Recht auf Minderung oder Schadensersatz zustehen:

Minderung § 536 Abs. 1 BGB:
Der Mieter wird ganz oder teilweise von der Entrichtung des Mietzinses befreit, wenn die Mietsache mit einem Mangel behaftet ist.

Auf ein Verschulden des Vermieters kommt es nicht an (Garantiehaftung).

Es ist unerheblich für das Minderungsrecht, ob der Mangel von Anfang an vorhanden ist oder erst später entsteht, siehe oben. Die Befreiung vom Mietzins tritt unabhängig davon ein, ob der Vermieter den Mangel verschuldet hat (Garantiehaftung). Mit der Gebrauchsbeeinträchtigung tritt automatisch die Herabsetzung des Mietpreises ein. Der geschuldete Mietzins reduziert sich von selbst und der geminderte Mietzins gilt als vereinbart. Für die Minderung bedarf es keiner Mahnung oder Fristsetzung seitens des Mieters an den Vermieter. Gemäß § 536c Abs. 1 S. 1 BGB ist der Mieter allerdings verpflichtet, den Vermieter über den Mangel unverzüglich zu informieren, damit dieser Kenntnis hiervon erlangt und den Mangel beseitigen kann. Nur wenn gegenteilig der Mieter den Mangel zu vertreten hat (i.d.R. schuldhaft herbeiführt), wird er nicht von der Mietzinszahlung befreit (dann Schadensersatz des Vermieters gegen den Mieter)[540]. Verstößt der Mieter gegen seine Pflicht zur Mängelanzeige, verliert er nach Maßgabe des § 536c Abs. 2 S. 2 BGB jegliche Rechte (Minderung nach § 536 BGB, Schadensersatz nach § 536a BGB, Kündigungsrecht ohne Fristsetzung nach § 543 Abs. 3 BGB), falls der Vermieter mangels Information keine Abhilfe schaffen konnte. Zahlt der Mieter trotz Kenntnis des Mangels vorbehaltlos den Mietzins, verliert er nach der Rechtsprechung seine Minderungsansprüche, weil er die mangelhafte Mietsache als vertragsgemäß akzeptiert.[541] Umgekehrt nimmt die Rechtsprechung auch die Verwirkung der unberechtigten Minderung bei Duldung durch den Vermieter über längere Zeit an.[542]

Hat E an M eine Wohnung vermietet und fällt im Winter die Heizung aus, kommt für M gem. § 536 BGB eine Befreiung von der Mietzinszahlung in Betracht, da ein Mangel vorliegt. Die Wohnung muss zu ihrer Bewohnbarkeit im Winter beheizbar sein.

Ob den Vermieter hinsichtlich des Heizungsschadens ein Verschulden trifft, ist unerheblich. Wusste M bei Vertragsschluss vom Mangel, sind diese Rechte nach § 536c BGB ausgeschlossen. Beschädigt hingegen M die Heizungsanlage schuldhaft (z.B. vorsätzlich bei einem Wutausbruch), hat er selbst diesen Mangel zu vertreten. M muss in diesem Fall sowohl die Miete als auch Schadensersatz leisten und kann nicht mindern.

Zu welchem Teil der Mieter von der Mietzinszahlung befreit ist, richtet sich nach der Einschränkung des vertragsmäßigen Gebrauchs durch den Mangel und ist vom Einzelfall abhängig. Im Prozess ist § 287 ZPO anzuwenden und damit zu schätzen. Letztlich gilt es zu beachten, dass das Recht zur Minderung gemäß § 536 Abs. 4 BGB bei der Vermietung von Wohnräumen nicht vertraglich abdingbar ist und somit dem Mieterschutz dient.

Schadensersatz kann der Mieter nach § 536a Abs. 1 BGB verlangen, wenn

- ein Mangel bereits bei Vertragsschluss vorliegt (Garantiehaftung),
- ein Mangel nach Vertragsschluss entsteht und vom Vermieter zu vertreten ist,
- der Vermieter mit der Beseitigung eines Mangels in Verzug kommt.

540 Unveränderte Miete: § 326 Abs. 2. 1. Alt. analog BGB, vgl. Palandt/*Weidenkaff* § 536, Rn 38.
541 OLG Hamm ZMR 2000, 93; Palandt/*Weidenkaff*, § 536, Rn 36.
542 BGH NJW 2006, 219 ff.

Ist der Mangel bereits vor Vertragsschluss gegeben, haftet der Vermieter unabhängig von einem Verschulden auf Schadensersatz. Anders verhält es sich bei einem Mangel nach Vertragsschluss. In diesem Fall haftet der Vermieter nur, wenn er den Mangel gem. §§ 276, 278 BGB zu vertreten (i.d.R. verschuldet) hat.

Der Vermieter haftet auch für einen Mangel, den er nicht zu vertreten hat, wenn er mit der Beseitigung des Mangels in Verzug (§§ 280, 286 BGB) kommt.

E hat eine Wohnung an M vermietet. Aufgrund normalen Verschleisses geht die Ölpumpe der Heizung bei Kälte kaputt. Da M nicht gerne friert, setzt er E eine Frist von 3 Tagen zur Reparatur der Heizung. E vergisst jedoch vor seiner Abreise in den Urlaub, den Heizungsmonteur zu bestellen, wodurch M nach drei Tagen immer noch in der Wohnung vor Kälte zittert. Zunächst steht M das Recht zu, für die Tage ohne Heizung keine Miete zu entrichten (Mietminderung auf Null, § 536 Abs. 1 BGB), da ohne Heizung im Winter keine vertragsgemäße Wohnungsnutzung möglich ist.

Einen Schadensersatzanspruch gegen E hat er nach § 536a BGB zunächst nicht, da dieser mangels Verschulden den Mangel nicht zu vertreten hat. Nach Ablauf der drei Tage kommt der E allerdings durch die vorherige Mahnung mit der Beseitigung des Mangels in Verzug (vgl. §§ 280, 286 BGB). Er wird deshalb gegenüber dem M schadensersatzpflichtig gem. § 536a Abs. 1 BGB. M kann in ein angemessenes Hotel ziehen und die Kosten ersetzt verlangen, bis die Heizung repariert ist.

Kommt der Vermieter mit der Beseitigung eines Mangels in Verzug, kann der Mieter nach § 536a Abs. 2 BGB den Mangel auch selbst beseitigen und den Ersatz dieser Aufwendungen verlangen. Außerdem steht dem Mieter ein Kündigungsrecht nach § 543 BGB zu, wenn der Vermieter mit der Beseitigung eines Mangels in Verzug kommt.

c) Weitere Schadensersatzansprüche

Ansprüche aus § 280 BGB oder § 311 Abs. 2 Nr. 1 (cic) BGB sind aufgrund der Subsidiarität gegenüber den gesetzlichen Haftungsnormen nur anwendbar, soweit die §§ 535 ff. BGB keine abschließende Regelung enthalten. Bei Verletzung von Nebenpflichten, die nicht auf einem Mangel der Mietsache beruhen, kann sich ein Schadensersatzanspruch aus §§ 280, 241 Abs. 2 BGB ergeben.[543]

Der Vermieter beschädigt beim Mieter anlässlich eines im Zsammenhang mit dem Mietverhältnis erfolgten Besuchs versehentlich dessen kostbare Ming-Vase.

---

543 Instruktiv BGHZ 63, 336; *Fikentscher/Heinemann*, Schuldrecht, § 74 II 6.

Ansprüche aus § 311 Abs. 2 BGB (cic) sind aufgrund der Subsidiarität durch §§ 535 ff. BGB ausgeschlossen, sobald die mangelhafte Mietsache dem Mieter überlassen wurde. Folglich kommen solche cic-Ansprüche nur vor Überlassung der Mietsache in Betracht.[544]

7. Nicht- oder Schlechterfüllung von Mieterpflichten

Auch bei der Leistungsstörung von Mieterpflichten trifft das Mietrecht gegenüber den allgemeinen Vorschriften Sonderregelungen, die den allgemeinen Bestimmungen insoweit vorgehen. Sind keine Sonderregelungen getroffen worden, finden die allgemeinen Vorschriften Anwendung.

a) Verletzung der Mietzahlungspflicht

Ist der Mietzins einmalig für die Miete zu entrichten, gelten bei der Miete beweglicher Sachen keine Sondervorschriften für die Verletzung der Zahlungspflicht. Der Vermieter ist nach den allgemeinen Vorschriften berechtigt, seine eigene Leistung (den Mietgegenstand) zurückzuhalten (§ 320 BGB) und kann dem Mieter gem. § 323 BGB eine Frist bestimmen, nach deren erfolglosem Ablauf er vom Vertrag zurücktreten oder Schadensersatz verlangen kann.

> **R vermietet an M ein Auto für 2 Wochen zum Preis von 800,- EUR, zahlbar bei Mietbeginn. M kann bei Mietbeginn nicht zahlen. R ist deshalb berechtigt, M bis zur Zahlung die Gebrauchsgewährung des Autos zu verweigern. Außerdem kann er ihm eine Frist bestimmen und nach ergebnislosem Fristablauf vom Vertrag zurücktreten (§ 323 BGB). Schadensersatz (§ 281 BGB) zu verlangen ist insofern aussichtslos, als M nicht zahlen kann.**

Die allgemeinen Regeln der §§ 320 ff. BGB gelten nicht, wenn der Mietzins in wiederkehrenden Abschnitten zu entrichten ist. In diesem Fall kann der Vermieter bei Zahlungsverzug des Mieters nur nach § 543 Abs. 2 Nr. 3a BGB außerordentlich fristlos kündigen, wenn der Mieter mit zwei aufeinanderfolgenden Zahlungen in Verzug ist oder ein nicht unerheblicher Teil der Miete rückständig ist.[545] Zahlt der Mieter vor der Kündigung, erlischt das Kündigungsrecht des Vermieters. Für die Wohnraummiete ist die Kündigung aus wichtigem Grund in § 569 BGB geregelt. Bei anderen Mietverhältnissen gilt § 580a BGB.

---

544 Ausführlich BGH NJW 1997, 2813.

545 Gem. § 569 Abs. 3 Nr. 1 BGB gilt bei der Wohnraummiete ein rückständiger Teil als dann nicht unerheblich wenn er die Miete für einen Monat übersteigt.

b) Überschreitung des vertragsgemäßen Gebrauchs

Überschreitet der Mieter schuldhaft (§§ 276, 278 BGB) den vertragsgemäßen Gebrauch der Mietsache, muss er dem Vermieter Schadensersatz leisten. Anspruchsgrundlage für den Schadensersatz ist § 280 Abs. 1 (ggf. i.V.m. §§ 241 Abs. 2, 282) BGB. Bei der Haftung ist zu berücksichtigen, dass der Mieter gem. § 540 Abs. 2 BGB ein Verschulden eines Dritten, dem er zumindest teilweise den Mietbesitz zum selbständigen Gebrauch einräumt, zu vertreten hat.

E vermietet eine Wohnung an M und gestattet diesem die Untervermietung an seine Freundin F. M hat nunmehr sein eigenes Verschulden nach § 276 BGB und das seiner Freundin nach § 540 Abs. 2 BGB für eintretende Schäden an der Mietsache zu verantworten.

Wichtig ist die besondere Verjährungsfrist für Schadensersatzansprüche gegen den Mieter wegen Verschlechterung der Mietsache. Die Verjährungsfrist beträgt gem. § 548 BGB sechs Monate ab Rückgabe der Mietsache.

Setzt der Mieter den vertragswidrigen Gebrauch trotz Abmahnung fort, hat der Vermieter folgende Rechte:

- einen Anspruch auf Unterlassung nach § 541 BGB und
- ein Kündigungsrecht bei erheblicher Rechtsverletzung nach § 543 Abs. 2 Nr. 2 BGB.

Ein Verschulden des Mieters ist hierfür nicht erforderlich. Das Recht auf außerordentliche fristlose Kündigung setzt allerdings gem. § 543 BGB voraus, dass der vertragswidrige Gebrauch die Rechte des Vermieters in erheblichem Maße verletzt. Das ist gemäß § 543 BGB insbesondere der Fall, wenn der Mieter die Mietsache einem Dritten unberechtigt überlässt (untervermietet) oder die Mietsache durch Vernachlässigung der Sorgfalts-pflicht erheblich gefährdet wird.

c) Verletzung der Rückgabepflicht

Wenn der Mieter nach Beendigung des Mietverhältnisses die Mietsache nicht an den Vermieter zurückgibt, kann der Vermieter nach § 546a BGB für die Dauer der Vorenthaltung eine Entschädigung in Höhe des vereinbarten oder des ortsüblichen Mietzinses verlangen. Dieser Anspruch setzt kein Verschulden des Mieters voraus und soll eine Mindestentschädigung des Vermieters garantieren. Ein weitergehender Schadensersatzanspruch des Vermieters aus den §§ 280, 286 BGB (Verzugschaden) ist deshalb bei Verzug des Mieters nicht ausgeschlossen, vgl. § 546a Abs. 2 BGB[546], setzt allerdings Verschulden voraus.

546 Beachte aber § 571 BGB bei Wohnraum.

d) Verletzung sonstiger Pflichten

Verletzt der Mieter gegenüber dem Vermieter seine Anzeigepflicht bei einem Mangel der Mietsache, kann er den Minderungsanspruch verlieren, § 536c Abs. 2 BGB.

In der Praxis ist die Verweigerung von Schönheitsreparaturen durch den Mieter von Bedeutung. In Abweichung zur gesetzlichen Regelung des § 535 Abs. 1 Satz 2 BGB können dem Mieter diese Schönheitsreparaturen zumindest teilweise übertragen werden. Diese gehören nach erfolgter Übertragung auf den Mieter zu dessen Hauptleistungspflichten. Folglich kann der Vermieter Schadensersatz wegen Nichterfüllung nach §§ 280 Abs. 1 u. 3, 281 BGB verlangen, wenn er dem in Verzug befindlichen Mieter eine angemessene Frist gesetzt hat und diese Frist ergebnislos verstrichen ist. Diese Frist ist nur entbehrlich, wenn der Mieter die Erfüllung ernsthaft und endgültig verweigert.[547]

Der Mieter M hat sich gegenüber seinem Vermieter E verpflichtet, die Schönheitsreparaturen nach Beendigung des 10-jährigen Mietverhältnisses selbst vorzunehmen. Er zieht aber aus, ohne sich an die Absprache zu halten. E ist verärgert und lässt die Wohnung umgehend streichen. Die Kosten für die Streicharbeiten will er von M ersetzt haben.

Es fehlt zwar eine Nachfristsetzung, aber gem. § 281 Abs. 2 BGB ist diese entbehrlich, wenn im Auszug ohne Durchführung der Schönheitsreparaturen eine ernsthafte Erfüllungsverweigerung seitens M liegt, was von den Einzelfallumständen abhängt und somit einer Argumentation in der Prüfung bedarf; dann hat E ggf. einen Anspruch auf Schadensersatz gem. §§ 280, 281 BGB.[548]

Befindet sich der Mieter bereits in Verzug mit der Schönheitsreparatur, wird der Auszug ohne Renovierung als endgültige Erfüllungsverweigerung bewertet.

8. Beendigung des Mietverhältnisses

Ein Mietverhältnis endet gem. § 542 BGB durch

- Zeitablauf, wenn es nur für eine bestimmte Zeit eingegangen ist (1.),
- ordentliche Kündigung, wenn es für unbestimmte Zeit besteht (2.).

---

547 Zu den Fristenplänen siehe ab S. 297 ff.

548 Siehe zur Erfüllungsverweigerung Palandt/*Weidenkaff*, § 535, Rn 50.

(1.) Durch **Zeitablauf** endet ein Mietverhältnis nur, wenn es für bestimmte Zeit eingegangen ist. In diesem Fall ist die vorherige ordentliche Kündigung regelmäßig ausgeschlossen. Die Parteien können sich jedoch auch auf etwas anderes einigen. Unter Umständen kann ein Vermieter nach dem Grundsatz von Treu und Glauben (§ 242 BGB) die Beendigung eines auf bestimmte Zeit eingegangenen Mietverhältnisses auch zur Unzeit nicht verweigern, wenn der Mieter z.B. drei solvente Nachmieter anbietet. Der Mieter von Wohnraum hat jedoch unter Umständen das Recht, vom Vermieter die Fortsetzung des Mietverhältnisses zu verlangen.

(2.) Die **ordentliche Kündigung** ist grds. nur bei unbefristeten Mietverträgen möglich. Die Kündigung setzt eine Kündigungserklärung des Kündigenden gegenüber dem anderen Vertragspartner voraus. Aus dieser Kündigungserklärung muss sich deutlich ergeben, dass das Mietverhältnis zu einem bestimmten Termin beendet werden soll. Die Form der Kündigungserklärung ist grundsätzlich frei. Bei Wohnraum muss die Kündigung allerdings schriftlich erklärt werden (§ 568 Abs. 1 BGB) und ist ansonsten unwirksam. Die ordentliche Kündigung ist an die Einhaltung bestimmter Kündigungsfristen gebunden, die sich aus § 580a BGB ergeben. Bei der Vermietung von Wohnraum gem. § 573c Abs. 1 BGB beträgt die Kündigungsfrist regelmäßig knapp drei Monate. Bei der Vermietung von Wohnraum ist das ordentliche Kündigungsrecht des Vermieters darüber hinaus stark eingeschränkt, vgl. § 573 BGB. Der Vermieter von Wohnraum kann danach nur kündigen, wenn er ein berechtigtes Interesse an der Kündigung hat.

Ein berechtigtes Interesse des Vermieters besteht nach § 573 Abs. 2 Nr. 3 BGB

- bei erheblicher schuldhafter Vertragsverletzung durch den Mieter oder
- bei Eigenbedarf des Vermieters an der Wohnung für sich oder Angehörige.

(3.) Bei Mietverträgen kann das Recht auf **außerordentliche fristlose Kündigung** nach § 543 BGB bestehen, welches bei der Raummiete in § 569 BGB geregelt ist. Dabei modifiziert § 569 BGB die allgemeine Vorschrift des § 543 BGB und regelt Sonderfälle. Die außerordentliche fristlose Kündigung führt zur sofortigen Beendigung des Mietverhältnisses. Sie ist nur in diesen gesetzlich geregelten Fällen zulässig. Generell ist zur fristlosen Kündigung ein wichtiger Grund erforderlich.

Ein wichtiger Grund liegt vor, wenn dem Kündigenden unter Berücksichtigung aller Umstände des Einzelfalls und unter Abwägung der beiderseitigen Interessen die Fortsetzung des Mietverhältnisses bis zum Ablauf der Kündigungsfrist oder zur sonstigen Beendigung des Mietverhältnisses nicht zugemutet werden kann.

Hat M von R ein Fahrrad gemietet und will er dieses aufgrund einiger Mängel von R reparieren lassen, kann er aus wichtigem Grund außerordentlich fristlos kündigen, wenn R ihn einen "unfähigen Trampel" und "Querulanten" nennt.

(4.) Das **Mietverhältnis verlängert** sich gem. § 545 Satz 1 BGB auf unbestimmte Zeit, wenn der Vermieter dem Gebrauch der Mietsache durch den Mieter trotz Beendigung des Mietverhältnisses nicht innerhalb von zwei Wochen widerspricht.

9. Kauf bricht nicht Miete

Der Eigentümer kann trotz des andauernden Mietverhältnisses auch weiterhin über die Mietsache dinglich verfügen. So kann der Eigentümer einer Sache -auch als Vermieter- diese immer verkaufen und übereignen, eine Immobilie mit einer Hypothek belasten usw. Der Mieter behält in diesen Fällen sein Besitzrecht (Gebrauchsrecht) gegenüber dem neuen Eigentümer. Bei der Veräußerung beweglicher Sachen kann der Mieter gem. § 986 Abs. 2 BGB sein Besitzrecht aus dem alten Mietvertrag auch gegenüber dem neuen Eigentümer geltend machen, falls dieser die Herausgabe der Mietsache gem. § 985 BGB fordert. Beim Verkauf von Immobilien tritt der neue Eigentümer gem. § 566 BGB in den alten Mietvertrag ein.

Es gilt daher der Grundsatz: "Kauf"(präziser: Veräußerung) bricht nicht Miete (vgl. § 566 BGB).

Abbildung 34: Der Mietvertrag nach §§ 535 ff. BGB

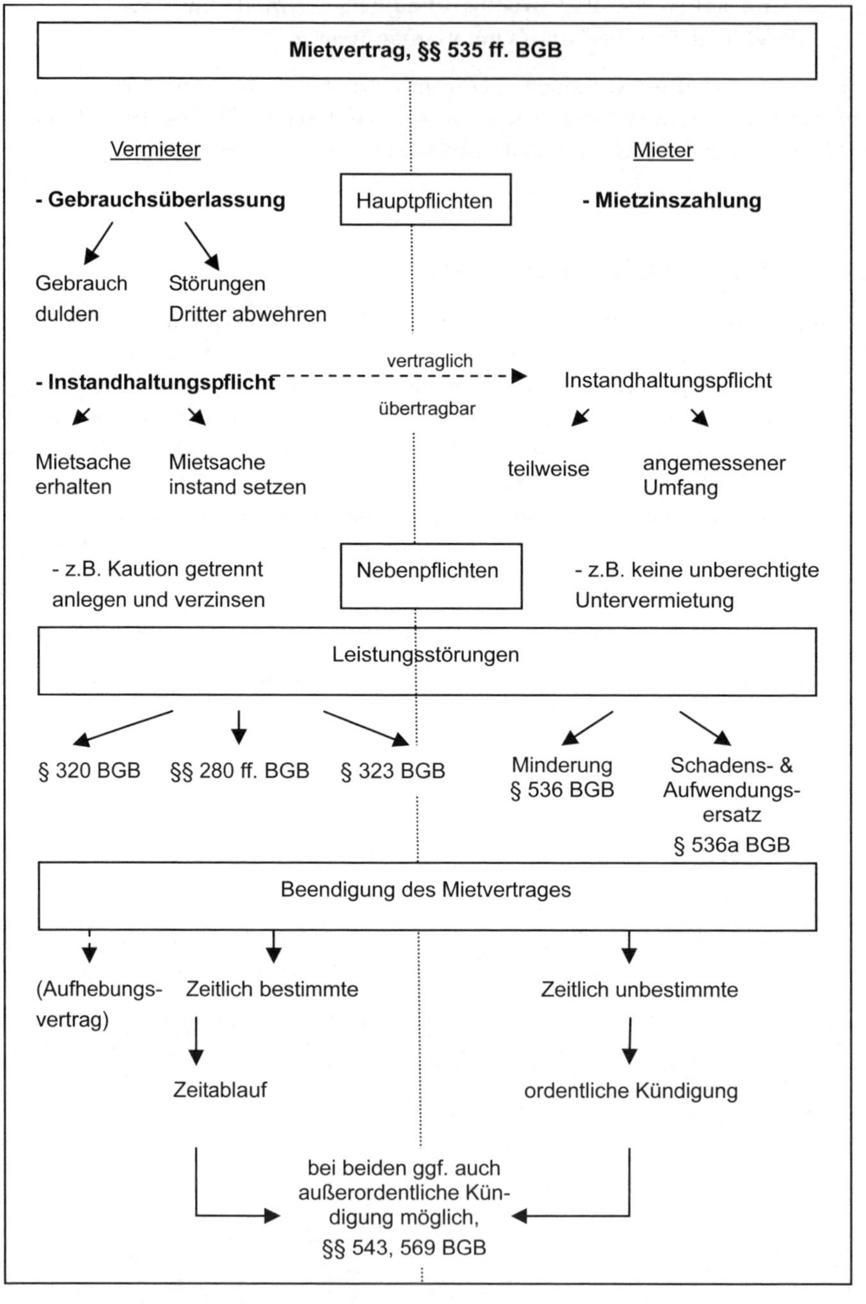

V. Der Pachtvertrag nach §§ 581 ff. BGB

Bei der Pacht (§§ 581 ff. BGB) verpflichtet sich der Verpächter dem Pächter gegenüber

- den Gebrauch des verpachteten Gegenstandes und den
- Genuss der Früchte während der Pachtzeit zu gewähren
- Der Pächter verpflichtet sich, dem Verpächter den vereinbarten Pachtzins zu zahlen

Der Unterschied zwischen Pacht und Miete besteht darin, dass zum Gebrauchsrecht des Mieters bei der Pacht das Recht hinzu kommt, die Früchte der Sache ziehen zu können (Fruchtgenuss)[549], also den wirtschaftlichen Ertrag der Sache zu behalten. Da bei der Pacht die Fruchtziehung im Vordergrund steht, können Pachtobjekte sowohl körperliche als auch unkörperliche Gegenstände sein, soweit Früchte aus ihnen gezogen werden können. Anders als bei der Miete können deshalb auch unkörperliche Gegenstände, wie z.B. ein Unternehmen verpachtet werden. Das Unternehmen kann als solches zwar nicht gebraucht werden, jedoch Früchte abwerfen.

1. Der Anspruch auf Gebrauch und Fruchtgenuss

Der Verpächter muss dem Pächter den Gebrauch des Gegenstandes und den Genuss der Früchte gewähren, die nach den Regeln einer ordnungsgemäßen Wirtschaft als Ertrag anzusehen sind (§ 581 Abs. 1 BGB). Die Pflicht des Verpächters zur Gebrauchsgewährung entspricht der Gebrauchsgewährung bei der Miete. Die Gewährung des Fruchtgenusses bedeutet, dass der Verpächter dem Pächter erlauben muss, die Früchte des Gegenstandes zu ziehen und als Eigentum zu erwerben. Dieses Recht kommt bei der Pacht gegenüber der Miete hinzu und steht im Vordergrund. Das Recht zur Fruchtziehung ergibt sich nicht schon allein aus dem Gebrauchsrecht einer Sache. Die Früchte eines Gegenstandes stehen grundsätzlich nur dem Eigentümer zu (§ 953 BGB). Das Recht, die Früchte eines Gegenstandes ziehen zu dürfen, muss daher gesondert gewährt werden. Hierzu verpflichtet sich der Verpächter gegenüber dem Pächter durch den Pachtvertrag. Die Früchte muss der Pächter sich selbst aneignen, der Pachtvertrag gibt ihm nur hierzu das Recht. Die Aneignung der Früchte geschieht i.d.R. gem. § 956 BGB durch Trennung bzw. Inbesitznahme der Früchte durch den Pächter mit Erlaubnis des Verpächters. Die Erlaubnis gewährt der Verpächter mit Abschluss des Pachtvertrages.

---

549 Zur Abgrenzung von Miete und Pacht vgl. *Treier* WM 2001, Heft 50, Beilage 8, 1 ff.

Früchte einer Sache sind gem. § 99 BGB die Erzeugnisse und die sonstige Ausbeute, welche aus der Sache ihrer Bestimmung gemäß gezogen werden. Als Früchte kommen die unmittelbaren und mittelbaren Früchte in Betracht.

Unmittelbare Früchte einer Sache sind nach § 99 Abs. 1 BGB ihre Erzeugnisse und die bestimmungsgemäße Ausbeute.

Erzeugnisse einer Sache: Beispielsweise das Obst einer Obstplantage, die Weintrauben eines Weinbergs usw.

Bestimmungsgemäße Ausbeute einer Sache: z.B. Steine aus einem Steinbruch, Kies aus einer Kiesgrube usw.

Mittelbare Früchte einer Sache sind die Einnahmen, die aufgrund der Gebrauchsüberlassung oder der Überlassung zur Fruchtziehung erzielt werden.

Z.B. Einnahmen aus der Vermietung (z.B. Bootsvermietung verpachtet) oder die Einnahmen aus dem Verkauf von gezogenen Früchten (verpachteter Weinberg).

Durch das bei der Pacht gewährte und im Vordergrund stehende Recht, die Früchte ziehen zu dürfen, wird der Unterschied zur Miete deutlich.

E vermietet an M seinen Schrebergarten, damit sich M dort im Sommer sonnen und erholen kann. M steht ein Gebrauchsrecht an dem Grundstück zu. Soweit sich auf dem Grundstück auch ein Obstbaum befindet, ist M nicht berechtigt, sich diese Früchte anzueignen. Schließlich stehen die Früchte einer Sache grundsätzlich nur dem Eigentümer zu. Anders verhält es sich, wenn E den Schrebergarten an G verpachtet, der dort einen ökologischen Obstanbau betreiben will. Der Pachtvertrag gibt G das Recht, neben der Benutzung des Grundstücks die Früchte und Erträge aus dem Grundstück zu ziehen und sich diese anzueignen. Er darf z.B. Obst anbauen und dieses als Früchte des Grundstücks abernten und sich aneignen.

2. Modifizierte Geltung des Mietrechts

Die Rechte der Parteien bestimmen sich weitgehend nach Mietrecht, unterliegen aber folgenden Besonderheiten:

Die Kündigungsmöglichkeit nach Mietrecht ist in bestimmten Fällen ausgeschlossen. Der Pächter kann z.B. nicht nach § 540 BGB (Verweigerung der Erlaubnis zur Gebrauchsüberlassung an Dritte) kündigen. Der Verpächter darf nicht bei Tod des Pächters kündigen, §§ 584a, 580 BGB (Fortsetzung mit Erben des Pächters zwingend).

Wird das Inventar eines Grundstücks mitverpachtet, gelten die Sonderregelungen der §§ 582 ff. BGB zur Erhaltung und Gefahrtragung des Inventars. Insbesondere muss danach der Pächter und nicht der Verpächter für die Instandhaltung des Inventars aufkommen.

Hat ein Bauer ein Grundstück mit Traktor als Inventar gepachtet, muss er diesen z.B. auf eigene Kosten reparieren. Geht der Traktor ohne Verschulden des Pächters verloren, muss aber der Verpächter ihn ersetzen, § 582 Abs. 2 BGB.

Mietrecht gilt nicht bei der sog. Landpacht, die in den §§ 585 ff. BGB gesondert geregelt ist. Bei der Landpacht wird ein Grundstück mit den seiner Bewirtschaftung dienenden Wohn- und Wirtschaftsgebäuden oder ein Grundstück allein zur Landwirtschaft verpachtet. Bezüglich weiterer Einzelheiten siehe §§ 585-597 BGB.

VI. Der Leasingvertrag

Das Leasing ist gesetzlich nicht geregelt[550] und stellt einen sog. atypischen (Miet-) Vertrag dar, der bezüglich der entgeltlichen Gebrauchsüberlassung Parallelen zur Miete aufweist, teilweise hingegen anders ausgestaltet ist. An einem Leasingvertrag sind anders als beim Mietvertrag regelmäßig drei Personen beteiligt: der Leasingnehmer, der Leasinggeber und der Verkäufer (bzw. Hersteller/Lieferant). Im Grundfall des Leasings gibt es zwei Vertragsverhältnisse. Zunächst erwirbt der Leasinggeber die Leasingsache als Eigentum vom Verkäufer, mit dem er einen Kaufvertrag schließt. Danach kommt der eigentliche Leasingvertrag zwischen Leasinggeber und Leasingnehmer zur Gebrauchsüberlassung dieses Gegenstandes zustande.[551]

550 Ausnahme: §§ 499, 500 BGB für Finanzierungshilfen bei Verbraucherverträgen.

551 Vgl. zum Leasing *Amman/Hucke* IStR 2000, 87; *Treier* WM 2001, Heft 50, Beilage 8, 1 ff. weiterführend *Martinek*, Moderne Vertragstypen I-III.

Abbildung 35: Die Vertragsverhältnisse beim Leasingvertrag

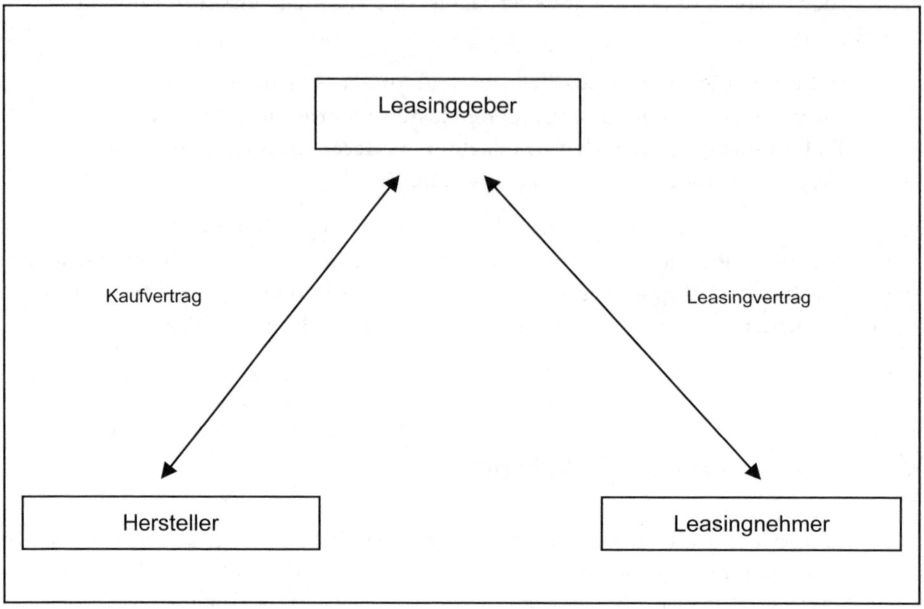

Beim Leasingvertrag verpflichtet sich der Leasinggeber gegenüber dem Leasingnehmer,

- den Gebrauch der Leasingsache zu überlassen.

Als Gegenleistung verpflichtet sich der Leasingnehmer gegenüber dem Leasinggeber,

- ein Entgelt in Raten zu zahlen
- die Instandhaltungspflicht zu tragen
- die Gefahr der Beschädigung und des Untergangs der Leasingsache zu übernehmen.

Anders als bei der Miete hat der Leasingnehmer für die Instandhaltung und für das Risiko des Untergangs der Sache aufzukommen. Der Leasingnehmer kann sich ein bestimmtes Objekt zum Gebrauch aussuchen, welches sich der Leasinggeber u.U. erst kauft, um es daraufhin dem Leasingnehmer zu überlassen.

F möchte trotz geringen Einkommens einen neuen Sportwagen fahren. Deshalb beschließt er, ein solches Fahrzeug zu leasen. Er geht zum Sportwagenhändler H und trägt ihm seinen Wunsch vor. Daraufhin schaltet H seine Leasingbank LBank

ein. Die LBank kauft und erwirbt den Sportwagen von H und überlässt im Rahmen des Leasingvertrags dieses Auto gegen monatliche Ratenzahlung an F. Das eigentliche Leasingverhältnis entsteht zwischen der LBank als Leasinggeber und dem F als Leasingnehmer.

Die Einzelheiten des Leasingvertrages werden im Regelfall individualvertraglich oder durch AGB geregelt. Häufig muss der Leasingnehmer nach den AGB die Sache gegen Beschädigung oder Untergang als Leasingnehmer versichern, beispielsweise eine Vollkaskoversicherung für das geleaste Kraftfahrzeug abschließen. In der Praxis bestehen mehrere Arten des Leasings. Die wichtigsten Formen sind das Operating-Leasing und das Finanzierungsleasing.

Beim **Operating-Leasing** handelt es sich um einen leicht modifizierten Mietvertrag, nach dem der Leasingnehmer ein bestimmtes Objekt zum Gebrauch gegen Entgelt erhalten soll und kurzfristig kündigen darf.[552] Ziel des Operating-Leasing ist die Vollamortisation des Leasinggegenstandes durch mehrfaches Überlassen an verschiedene Leasingnehmer.[553] Folglich kann der Leasingnehmer immer die aktuellsten Anlagen fordern, die ihm der Leasinggeber jeweils zur Verfügung stellt. Der Leasinggeber übernimmt dabei das Investitions- und Überalterungsrisiko. Auf das Operating-Leasing findet weitgehend Mietvertragsrecht Anwendung.

So will beispielsweise der Architekt A immer den neuesten Porsche fahren, während sich der Sozialökonom S auch mit dem von A übernommenen Jahreswagen einen Traum erfüllt.

Der häufigste Fall des Leasings betrifft das **Finanzierungsleasing**[554], welches gegenüber dem Mietvertrag eigenen Regeln folgt.[555] Beim Finanzierungs-Leasing übernimmt der Leasinggeber die Rolle eines Kreditgebers. Es wird eine längere mehrjährige[556] Festlaufzeit vereinbart, die u.U. verlängert werden kann. In dieser Zeit darf der Leasingnehmer nicht kündigen und deckt durch seine Ratenzahlungen üblicherweise den Kaufpreis der Sache inklusive Kosten, Zinsen, Kreditrisiko und Gewinn ab. Der Leasingnehmer kann sich auch hier den Leasinggegenstand aussuchen, den der Leasinggeber dann kauft. Der Begriff wird in §§ 499 Abs. 2, 500 BGB verwendet und begründet bei Finanzierungsleasingverträgen zwischen Unternehmern und Verbrauchern Sondervorschriften.

Da das Finanzierungsleasing die Vollamortisation der vom Leasinggeber angeschafften Kaufsache zum Ziel hat, handelt es sich hierbei praktisch gesehen um eine Finanzierung, die gegenüber der Aufnahme eines Kredites und eigenem Kauf für den Leasingnehmer vor allem durch bessere Abschreibungsmöglichkeiten dann steuerliche

---

552 Vgl. BGHZ 111, 95.
553 BGH NJW 2003, 505 ff.
554 Vgl. wiederum *Treier* WM 2001, Heft 50, Beilage 8, 1 ff.
555 Vgl. BGHZ 109, 250.
556 Grds. 2-7 Jahre.

Vorteile haben kann, wenn er gewerblich handelt. Üblicherweise wird der Leasinggeber von der Mängelhaftung freigestellt, dem Leasingnehmer hierfür aber die Gewährleistungsrechte des Leasinggebers gegen den Hersteller abgetreten. Wenn z.B. ein geleaster PKW mangelhaft ist, besteht gegen den Leasinggeber keine Mängelhaftung. Er verliert weder sein Recht auf die Leasingrate noch muss er reparieren oder nachbessern oder ein anderes Auto stellen. Der Leasingnehmer kann sich nur an den Hersteller (bzw. Verkäufer) wenden und dort die Gewährleistungsrechte des Leasinggebers (als Käufer) geltend machen. Im Ergebnis trifft deshalb den Leasingnehmer das Investitionsrisiko, den Leasinggeber das Kreditrisiko (die Frage, ob der Leasingnehmer zahlen kann).

Abbildung 36: Das Leasingverhältnis nach Abtretung

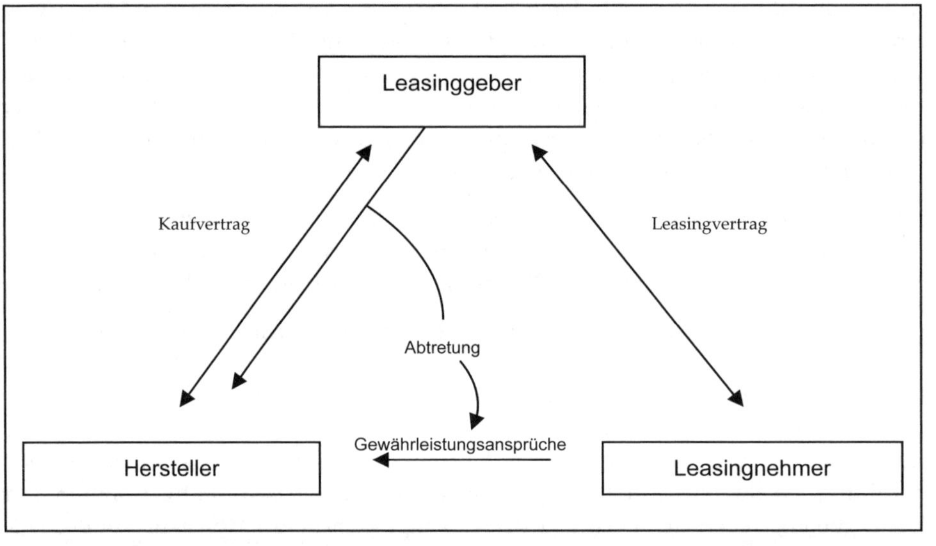

Für das Leasing besteht die folgende Grundregel:

> *Beim Leasingvertrag gilt grundsätzlich Mietrecht, soweit durch den Leasingvertrag nichts anderes bestimmt ist. Dies ist insbesondere beim Finanzierungsleasing häufiger als beim Operating-Leasing der Fall.*

1. Pflichten des Leasinggebers gegenüber dem Leasingnehmer

Der Leasinggeber schuldet dem Leasingnehmer als Hauptleistungspflicht die Gebrauchsüberlassung der Leasingsache. Nach Übergabe der Leasingsache schuldet er nur die Unterlassung einer Störung des Gebrauchs gegenüber dem Leasingnehmer. Insbesondere trifft den Leasinggeber regelmäßig durch die Leasingvereinbarung keine Instandhaltungspflicht der Sache. Die Gewährleistung für Mängel der Leasingsache ist regelmäßig ausgeschlossen, wofür der Leasinggeber seine Gewährleistungsrechte gegenüber dem Hersteller der Leasingsache unbeschränkt auf den Leasingnehmer übertragen muss.

2. Pflichten des Leasingnehmers gegenüber dem Leasinggeber

Der Leasingnehmer verpflichtet sich zur Ratenzahlung und zur Instandhaltung der Sache. Es wird vereinbart, dass der Leasingnehmer das Risiko der Verschlechterung und des Untergangs der Sache ab Übergabe tragen soll.

3. Leistungsstörungen durch den Leasinggeber

Kann der Leasinggeber den Gebrauch der Leasingsache nicht gewähren, gelten wie im Mietrecht die allgemeinen Regeln über Leistungsstörungen, soweit die Störung nicht auf einem Sach- oder Rechtsmangel beruht. Wie bei der Miete tritt an die Stelle des Rücktrittsrechts nach § 323 BGB das Kündigungsrecht nach § 543 Abs. 2 Nr. 1 BGB bei Nichterfüllung der Gebrauchsüberlassungspflicht. Folglich kann der Leasingnehmer kündigen, wenn ihm der Gebrauch der Sache nicht überlassen wird. Ab Übergabe der Leasingsache können dem Leasingnehmer keine Rechte wegen zufälliger Störung des Gebrauchs oder des Untergangs der Sache zustehen, da er selbst die Sachgefahr trägt. Bei einem Rechtsmangel ist § 536 Abs. 3 i.V.m. Abs. 1 u. 2 BGB anwendbar. Wird dem Leasingnehmer durch das Recht eines anderen der Gebrauch entzogen, muss er keine Leasingraten zahlen.

Bei einem Sachmangel würde der Leasinggeber grundsätzlich nach den §§ 536 ff. BGB auf Minderung und Schadensersatz haften und müsste die Sache wieder herstellen. Die Sachmängelhaftung des Leasinggebers ist aber i.d.R. ausgeschlossen. Dem Leasingnehmer stehen nur die Gewährleistungsansprüche des Leasinggebers gegen den Hersteller der Sache zu, die ihm vom Leasinggeber abgetreten wurden.[557]

[557] Instruktiv zu den Leistungsstörungen *Zimmer* NJW 2002, 1 ff.

4. Leistungsstörungen durch den Leasingnehmer

Bei Nichtzahlung der Leasingrate steht dem Leasinggeber das Kündigungsrecht insbesondere nach § 543 Abs. 2 S. 1 Nr. 3a BGB zu.[558] Der Leasinggeber kann im Falle der Kündigung nicht alle noch ausstehenden Zahlungen verlangen (eine entsprechende AGB-Klausel wäre unwirksam), sondern diese Beträge nur über einen Nichterfüllungsschaden abzüglich ersparter Aufwendungen und anderer Vorteile geltend machen. Beschädigt der Leasingnehmer schuldhaft die Sache, haftet er aufgrund positiver Forderungsverletzung aus § 280 BGB und aus § 823 Abs. 1 BGB auf Schadensersatz.

Der Leasingnehmer wird bei zufälligem Untergang (z.B. Diebstahl) der übergebenen Sache nicht von seiner Pflicht zur Leasingratenzahlung frei.

Der Grund dieser Leistungsverpflichtung ist, dass der Leasingnehmer ab Übergabe der Leasingsache (anders als bei der Miete) die Sachgefahr trägt. Der Abschluss einer diesbezüglichen Versicherung ist deshalb nicht nur regelmäßig eine Pflicht für den Leasingnehmer, sondern darüber hinaus in seinem eigenen Interesse zwingend. Denn ohne Versicherung müsste z.B. im Falle des Diebstahls der Leasingsache KfZ der Leasingnehmer weiter die Leasingraten zahlen, obwohl er den Nutzen an der Leasingsache nicht mehr hat.

5. Besondere Haftung des Herstellers gegenüber dem Leasingnehmer

Im Normalfall stehen dem Leasingnehmer keine Rechte gegen den Hersteller zu, da dieser den Kaufvertrag nur mit dem Leasinggeber schließt. Hat der Hersteller den Leasingnehmer, der die Sache aussuchen darf, beraten, kommt zwischen dem Leasingnehmer und Hersteller ein Beratungsvertrag zustande. War die Beratung fehlerhaft und erweist sich die Sache als mangelhaft, können dem Leasingnehmer gegen den Hersteller (bzw. Verkäufer) unter Umständen Ansprüche auf Schadensersatz aufgrund positiver Forderungsverletzung gem. § 280 BGB aus dem Beratervertrag zustehen.[559]

---

[558] Vgl. *Engel* NZM 2000, 953.

[559] Zur Vertiefung: In den Fällen, in denen der Leasinggeber die Sache für einen Verbraucher kauft und diesem übergibt, muss der Leasinggeber dem Leasingnehmer nicht die gleichen Rechte einräumen wie beim Verbrauchsgüterkauf. D.h. der Leasinggeber kann mit dem Hersteller (bzw. Verkäufer) Gewährleistungsbeschränkungen treffen, die über den Rahmen des § 475 BGB hinausgehen; denn es liegt kein objektiver Umgehungszweck vor. Hier stehen dem Leasingnehmer aber mietrechtliche Gewährleistungsansprüche gegen den Leasinggeber zu, vgl. BGH NJW 2006, 1066 ff.

VII. Der Factoringvertrag

Auch das Factoring ist gesetzlich nicht geregelt. Beim Factoring werden die Forderungen eines Unternehmers gegen seine Abnehmer durch Global- oder Mantelzession auf einen sog. Factor übertragen, wobei der Factor dem Unternehmer nach der Entstehung der Forderung den Gegenwert gemindert um eine Provision zahlt und die Forderung selbst einzieht.[560]

S kauft sich von K, der eine Möbelfabrik besitzt, eine Büroeinrichtung im Wert von 20.000 EUR. Nach Lieferung der Möbel an S reist dieser ins Ausland und hat angeblich keine Möglichkeit mehr, die Möbel zu bezahlen. Außerdem meint er, dass die Ware ihr Geld nicht wert sei. K will das Geld so schnell wie möglich haben, weil er Liquidität benötigt. Um sich langwierige Rechtsstreitigkeiten und Zwangsvollstreckungsverfahren zu ersparen, verkauft er seine Forderung gegen S an die Factoringgesellschaft F für 18.000 EUR, so dass F beim Einziehen der vollen Forderung eine Provision von 2.000 EUR verbleibt. Mit dem Verkauf der Forderung im Wege der Abtretung wird F neuer Forderungsinhaber.

Die Rechtsnatur des Factoring-Vertrags ist umstritten. Teilweise[561] wird das Factoring als Kauf angesehen, anders auch als Darlehen[562]. Nach der Rechtsprechung des BGH sind grundsätzlich zwei Arten des Factoring zu unterscheiden:

Beim sog. **echten Factoring** handelt es sich um einen Forderungskauf seitens des Factors, der gleichzeitig gegen eine Provision das Ausfallrisiko (sog. **Delkredererisiko**) übernimmt.[563] Der Factor übernimmt das Risiko, dass der Schuldner der Leistung zahlungsunfähig werden könnte und er im Zweifel keine Erfüllung aus der abgetretenen Forderung erlangen kann. Im Falle der Insolvenz des Schuldners entsteht dem Factoringkunden neben der Provisionszahlung somit kein Nachteil.[564]

---

560 Palandt/*Grüneberg*, § 398, Rn 35.

561 *Blaurock*, ZHR 142, 340, 143, 71.

562 *Canaris* Verlängerter Eigentumsvorbehalt und Forderungseinzug durch Banken NJW 81, 250.

563 *Philipp/Keller*, DStR 2003, 1286.

564 Sowohl der Factor als auch der Kunde des Factors übernehmen beim echten Factoring eine Leistung, die zu versteuern ist. Dabei stellt diese Leistung beim Factor den Kauf der Forderung und beim Kunden der Forderungsverkauf eine solche Leistung dar. Zur umsatzsteuerlichen Behandlung des Factoring enthält Abschn. 18 Abs. 8 bis 11 UStR 2005 Regelungen, vgl. DStR 2003, 1286 ff.

Im Gegensatz zum echten Factoring verbleibt beim **unechten Factoring** das Delkredererisiko beim Factoringkunden.[565] Hier muss der Forderungsverkäufer das Risiko übernehmen, falls der Schuldner der Leistung nicht zahlt. Das Vermögen des Factors bleibt unberührt. Bei dieser Art des Factoring wird die Gutschrift des Gegenwerts der Forderung als Kreditgeschäft eingestuft.[566]

Abbildung 37: *Das Factoring*

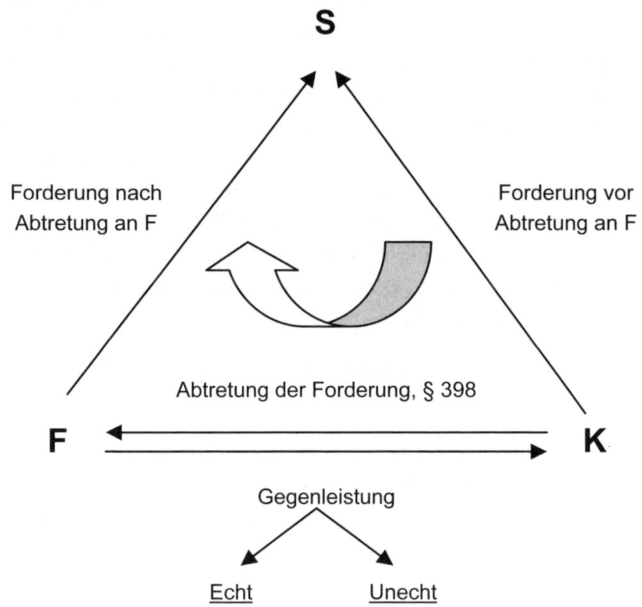

Rechtsnatur:	Kauf	Kreditgeschäft
Delkredererisiko:	F	K

565 Palandt/*Grüneberg*, § 398, Rn 37.
566 BGH NJW 82, 164.

VIII. Die Leihe nach §§ 598 ff. BGB

Nach § 598 BGB verpflichtet sich der Verleiher gegenüber dem Entleiher, den Gebrauch einer Sache unentgeltlich zu überlassen.

1. Begriff und Abgrenzung zur Miete

Leihe ist wie Miete ein Vertrag über die Gebrauchsüberlassung eines Gegenstandes. Dieser Gegenstand kann beweglich oder unbeweglich (Immobilie) sein. Anders als bei der Miete erfolgt die Leihe unentgeltlich.

> *Der Leihvertrag bezieht sich auf die unentgeltliche Gebrauchsüberlassung und der Mietvertrag auf eine entgeltliche Gebrauchsüberlassung.*

Die Leihe eines Bootes beim "Bootsverleih" für 100,- EUR ist aufgrund der entgeltlichen Gebrauchsüberlassung kein Leihvertrag, sondern ein Mietvertrag.

2. Abgrenzung der Leihe vom Gefälligkeitsverhältnis

Bei der Leihe ist die Abgrenzung zum bloßen Gefälligkeitsverhältnis erforderlich. Durch ein Gefälligkeitsverhältnis werden keine rechtlichen Pflichten begründet, sondern lediglich unverbindlich ein "Gefallen" in Aussicht gestellt. Beim Vertrag wird ein rechtlicher Anspruch auf die zugesagte Leistung begründet. Da die Leihe unentgeltlich ist, bedarf es der Prüfung, ob ein rechtlicher Anspruch auf den Gebrauch der Sache durch einen Leihvertrag begründet oder lediglich eine Gefälligkeit in Aussicht gestellt werden sollte. Ein Leihvertrag kommt in Betracht, wenn sich der Verleiher tatsächlich rechtlich binden will (sog. **Rechtsbindungswille**[567]). Ein Leihvertrag liegt vor, wenn ein neutraler Dritter auf einen solchen Rechtsbindungswillen schließen musste. Dies ist der Fall, wenn die Leihe für den Entleiher ersichtlich von so großer Bedeutung ist, dass er einen rechtlichen Anspruch auf den Gebrauch der Sache haben will.

> **Das Auto des Handelsvertreters V ist defekt. Er fragt H, ob dieser ihm sein Auto leihen könne, da er auf ein Auto beruflich angewiesen ist. H meint, das gehe in Ordnung, fährt dann aber mit dem Auto in den Urlaub.**

---

567 Vgl. zum Geschäfts- und zum Rechtsbindungswillen bei sog. Gefälligkeitsverhältnissen BGHZ 21, 106.

Zwischen den Parteien ist ein wirksamer Leihvertrag zustande gekommen, woraus V die Überlassung fordern kann. Neben den Vertragsparteien musste auch ein Dritter auf einen Rechtsbindungswillen bei H schließen, da erkennbar war, dass der V aufgrund der Bedeutung des Gebrauchsrechtes einen rechtlichen Anspruch haben sollte.[568]

3. Pflichten und Haftung des Verleihers

Der Verleiher hat dem Entleiher während der Leihdauer den Gebrauch der Sache zu gestatten (§ 598 BGB). Die Sache muss aufgrund der Unentgeltlichkeit jedoch nicht in einem gebrauchsfähigen Zustand übergeben werden und den Verleiher trifft während der Leihzeit keine Instandhaltungspflicht.

Falls G an S sein Fahrrad verleiht, dessen Bremsen nicht ordnungsgemäß funktionieren, braucht es G nicht vorher und auch nicht während der Leihzeit zu reparieren. Hat er dem S aber den Mangel arglistig verschwiegen, ist er ihm ggf. zum Schadensersatz verpflichtet, § 600 BGB.

Die Haftung des Verleihers ist -wie bei der Schenkung- auf Vorsatz und grobe Fahrlässigkeit beschränkt (§ 599 BGB). Für Sach- oder Rechtsmängel haftet der Verleiher nur auf Schadensersatz, wenn er die Mängel arglistig verschweigt.

H schließt mit V einen Leihvertrag über sein Auto, damit V wichtige Geschäftstermine wahrnehmen kann. Aufgrund *leichter* Unvorsichtigkeit zerstört H das Auto vor der Übergabe. H wird deshalb von seiner Pflicht zur Gebrauchsüberlassung an V wegen Unmöglichkeit gem. § 275 Abs. 1 BGB frei. Schadensersatz gem. §§ 280 Abs. 1 u. 3, 283 BGB muss er hierfür nicht leisten, da er gem. § 599 BGB leichte Fahrlässigkeit nicht zu vertreten hat.

Zur Verdeutlichung: Hätte H das Auto an V z.B. vermietet, müsste er für seine leichte Fahrlässigkeit (§ 276 BGB) haften und Schadensersatz (§§ 280 Abs. 1 u. 3, 283 BGB) leisten.

568 Vgl. zum Gefälligkeitsverhältnis oben ab S. 103 ff.

4. Pflichten und Haftung des Entleihers

Der Entleiher hat folgende Pflichten gegenüber dem Verleiher:

- er darf den vertragsgemäßen Gebrauch der Sache nicht überschreiten, insbesondere die Sache nicht unberechtigt Dritten überlassen (§ 603 BGB)
- nach Beendigung der Leihe muss er die Sache zurückgeben (§ 604 BGB)
- während der Leihzeit treffen ihn Obhut- und Sorgfaltspflichten für die Sache
- er hat die gewöhnlichen Unterhaltskosten der Sache zu tragen (§ 601 Abs. 1 BGB)

Leiht sich V von H für längere Zeit das Auto, muss er nicht nur ordnungsgemäß mit der Leihsache verfahren und sie nach der Leihzeit wieder zurückgeben, sondern auch die gewöhnlichen Unterhaltskosten tragen, beispielsweise einen Ölwechsel auf eigene Kosten vornehmen oder eine kleine Reparatur durchführen lassen.

Die Haftung des Entleihers bemisst sich nach den allgemeinen Vorschriften (§§ 280 ff. BGB), so dass er bei einer schuldhaften Pflichtverletzung Schadensersatz leisten muss. Darüber hinaus haftet der Entleiher jedoch nicht und hat insbesondere dem Verleiher nicht die normale Abnutzung zu ersetzen und haftet nicht für den zufälligen Untergang der Sache.

V muss deshalb keinen Ersatz für die "abgefahrenen" Kilometer oder Schadensersatz leisten, wenn das Auto von Dritten gestohlen oder beschädigt wird.

Der Entleiher haftet dem Verleiher nicht für

- die normale Abnutzung der Sache
- den zufälligen (unverschuldeten) Untergang oder die Verschlechterung der Sache

IX. Der Darlehensvertrag nach §§ 607 ff./488 ff. BGB

Beim Darlehensvertrag wird dem Darlehensnehmer eine vertretbare Sache (auch Geld) gegen Entgeltzahlung zum Verbrauch überlassen, die er nach Ablauf einer bestimmten Zeit zurückgewähren muss. Dabei gibt er -im Unterschied zur Leihe- nicht dieselbe, sondern die gleiche Sache zurück, also eine Sache gleicher Zahl, Maß oder Gewicht. Da bei dieser Art von Kreditgeschäften, insbesondere beim Gelddarlehen, der Darlehensnehmer meist auf das Darlehen dringend angewiesen ist, besteht die Gefahr, dass der Darlehensgeber diese Zwangslage auszunutzen versucht, was wiederum zur Sittenwidrigkeit des Vertrages führen kann. Daher ist bei der Prüfung eines Darlehensvertrages stets § 138 BGB zu berücksichtigen.

Das Darlehen ist im BGB an zwei Stellen geregelt: Der Sachdarlehensvertrag richtet sich nach §§ 607 ff. BGB, wogegen der Gelddarlehensvertrag in den §§ 488 ff. BGB näher bestimmt ist. Für Verbraucherdarlehensverträge enthalten die §§ 491 ff. BGB wiederum einige Sonderregeln.

1. Der Sachdarlehensvertrag §§ 607 ff. BGB

Beim Sachdarlehen erhält der Darlehensnehmer andere vertretbare Sachen nach § 91 BGB außer Geld vom Darlehensgeber (§ 607 Abs. 2 BGB). Dafür muss der Darlehensnehmer später dem Darlehensgeber das Empfangene in Sachen gleicher Art, Güte und Menge zurückerstatten (§ 607 BGB). Ein Darlehen kann entgeltlich oder unentgeltlich vereinbart werden. Da der Gesetzgeber aber die Entgeltlichkeit als vertragstypische Pflicht festgesetzt hat, bedarf es für die Unentgeltlichkeit einer gesonderten Vereinbarung der Parteien (§ 607 Abs. 1 S. 2 BGB). Beim entgeltlichen Darlehen muss der Darlehensnehmer etwas Zusätzliches, z.B. Zinsen oder Früchte, gewähren. Der Darlehensnehmer wird folglich i.d.R. Eigentümer der empfangenen Sache. Der Darlehensvertrag (§ 607 ff. BGB) bildet hierbei die schuldrechtliche Verpflichtung zur Übereignung (Gewährung) der Sache. Diese Verpflichtung wird durch die Übereignung der Sache als dingliches Verfügungsgeschäft gem. §§ 929 ff. BGB erfüllt. Hierin kommt das Trennungsprinzip zum Ausdruck, wonach das Verpflichtungsgeschäft und das Verfügungsgeschäft in ihrer Vornahme zu trennen sind.[569]

Gegenstand des Darlehens können nach § 607 BGB nur vertretbare Sachen sein. Vertretbare Sachen sind gem. § 91 BGB bewegliche Sachen, die im Verkehr nach Zahl, Maß oder Gewicht bestimmt zu werden pflegen.

Zum Beispiel 1 kg Mehl, 6 Flaschen Wein, 2 Eier usw.

---

569 Siehe S. 23 ff.

Beim Darlehen erhält der Darlehensnehmer den Darlehensgegenstand zum Verbrauch und nicht nur zum Gebrauch, wie bei der Miete. Die Rückgabepflicht besteht nicht in der Rückerstattung der empfangenen Sache, sondern in der Rückerstattung einer gleichen Sache, also einer nach Art, Menge und Güte identischen Sache. Es besteht somit keine Identität zwischen empfangener und zurückzuerstattender Sache.

"Leiht" sich Hausfrau H von ihrem Nachbarn N zwei Eier, um einen Kuchen backen zu können, kommt ein Darlehensvertrag nach § 607 BGB zustande. Eine Leihe (§ 598 BGB) scheidet aus, weil H nicht beabsichtigt, die geliehenen Eier zurückzugeben, sondern zwei Eier gleicher Art und Güte.

Andere, nicht vertretbare Sachen, können nicht Gegenstand des Darlehens sein, weil sie nicht in gleicher Art, Güte und Menge zurückerstattet werden können.

Z.B. das Bild "Paul als Harlekin" von Picasso oder der Prototyp eines Autos können nicht als vertretbare Sachen, sondern nur als exakt identischer Gegenstand zurückgegeben werden, nicht aber in gleicher Art, Güte und Menge.

Das Sachdarlehen stellt nach mittlerweile h.M. ein Verpflichtungsgeschäft dar.[570]

a) Pflichten des Darlehengebers

Der Darlehengeber verpflichtet sich, dem Darlehensnehmer eine vertretbare Sache für eine gewisse Dauer zu überlassen.

b) Pflichten des Darlehennehmers

Der Darlehennehmer hat die Sache am Ende der Vertragszeit zurückzuerstatten. Daneben ist er zur Zahlung eines Darlehensentgeltes verpflichtet.[571] Vom Wortlaut ausgehend wird auch beim Sachdarlehen im Zweifel ein Geldbetrag als Darlehensentgelt fällig. Fehlt eine Bestimmung der Höhe des Darlehensentgeltes, ist § 316 BGB anzuwenden. Bezüglich der Rückerstattung muss der Darlehennehmer dem Darlehengeber das Eigentum und den Besitz verschaffen. Fälligkeit tritt nach Ablauf der im Vertrag bestimmten Zeit ein oder wenn eine der Parteien kündigt, § 608 BGB. Kann der Darlehennehmer die Sache nicht mehr zurückerstatten, führt diese Pflichtverletzung bei Verschulden zu Schadensersatz nach § 280 BGB.

---

570 Früher wurde auch ein Realkontrakt angenommen, vgl. Palandt/*Weidenkaff*, § 607, Rn 1.

571 Soweit keine individualvertragliche Abrede getroffen wurde.

c) Kündigung nach § 608 BGB

Die Laufzeit ist den Parteien überlassen. Sie können jegliche Regelungen selbst treffen. Nur für den Fall, dass die Parteien von diesem Recht keinen Gebrauch machen, bestimmt § 608 BGB das Ende des Sachdarlehensvertrags. Es tritt ein, wenn eine Partei kündigt.[572] Dies kann jederzeit erfolgen. Die Kündigung ist form- und fristfrei möglich, kann daher auch konkludent geschehen. Das Kündigungsrecht ist grundsätzlich ordentlicher Natur, erfolgt also innerhalb einer Frist. Daneben ist bei Vorliegen eines Dauerschuldverhältnisses auch ein außerordentliches fristloses Kündigungsrecht über § 314 Abs. 1 Satz 1 BGB möglich.

2. Der Gelddarlehensvertrag §§ 488 ff. BGB

Gem. § 488 BGB ist Gegenstand des Gelddarlehensvertrags naturgemäß eine Geldleistung, die der Darlehensgeber dem Darlehensnehmer zur Verfügung stellt. Nach Ablauf des Vertrags muss der Darlehensnehmer den erhaltenen Betrag zuzüglich Zinsen zurückerstatten. Es handelt sich entsprechend der o.g. Darstellung um einen entgeltlichen Darlehensvertrag. Auch hier muss Unentgeltlichkeit gesondert vereinbart werden.

Als Sonderfall ist der Verbraucherdarlehensvertrag nach § 491 BGB gesetzlich geregelt, wenn zwischen einem Verbraucher als Darlehensnehmer und einem Unternehmer als Darlehensgeber ein entgeltlicher Darlehensvertrag geschlossen wird. Zum Schutze des Verbrauchers werden hierbei spezielle Regelungen betreffend Form, Inhalt und Widerspruch bestimmt.

Das Gelddarlehen ist das wirtschaftlich wichtigste Kreditgeschäft[573]. Die Parteien können hinsichtlich der Laufzeit und Fälligkeit, Zeitpunkt und Höhe der Rückerstattung sowie der Höhe der Zinsen eigene Vereinbarungen treffen. Der Darlehensvertrag ist formfrei möglich, zur Rechtssicherheit und Beweiskraft wird jedoch grundsätzlich Schriftform vereinbart.

a) Pflichten des Darlehensgebers

Der Darlehensgeber verpflichtet sich

- einen Geldbetrag
- in vereinbarter Höhe
- zur Verfügung zu stellen

---

572 Genauer: mit Zugang der Kündigung, § 130 BGB.
573 Vgl. Palandt/*Weidenkaff*, Einf v § 488, Rn 1.

Dabei kann die Fälligkeit der Verpflichtung vereinbart werden. Erfolgt dies nicht, ist das Darlehen im Zweifel sofort fällig, § 271 BGB. Die vereinbarte Höhe muss nicht ein bestimmter Betrag sein, auch Rahmenregelungen sind möglich. Zur Verfügung stellen meint, dass der Darlehensgeber aus seinem Vermögen einen Betrag dem Vermögen des Darlehensnehmers endgültig zuführt.[574] Dabei kann auch vereinbart werden, dass die Auszahlung an einen Dritten erfolgt.[575]

Originäre Nebenpflichten des Darlehengebers bestehen nicht. Er muss weder ohne weiteres beraten oder warnen noch aufklären. Aus den Vertragsumständen kann sich aber anderes ergeben. Dann ist eine Schadensersatzpflicht über §§ 311 Abs. 2, 280 Abs. 1, 241 Abs. 2 BGB (cic) oder § 280 Abs. 1 BGB (pVV) möglich.

b) Pflichten des Darlehennehmers

Der Darlehensnehmer ist verpflichtet

- das Darlehen abzunehmen
- es nach Ablauf der Vertragszeit zurückzuerstatten
- den Darlehenszins zu entrichten

Die Abnahme des Darlehens ist beim verzinslichen Darlehen Hauptleistungspflicht. Bei einem Verschulden des Darlehennehmers können deshalb Schadensersatzansprüche aus § 280 Abs. 1 BGB entstehen.[576] Ist der Darlehenszins nicht vereinbart, gilt hier der gesetzliche Zinssatz nach § 246 BGB oder § 352 HGB. Die Rückzahlungspflicht wird gem. § 488 Abs. 3 S. 1 BGB fällig, wenn der Vertrag gekündigt wird (so keine Laufzeit vereinbart war). Dabei ist eine Kündigungsfrist von drei Monaten zu beachten.

Die meisten Darlehenverträge sind Individualvereinbarungen, so dass die gesetzlichen Regelungen nur selten anwendbar sind.

c) Kündigung nach §§ 488 Abs. 3, 489, 490 BGB

Neben der bereits erwähnten generellen Kündigungsmöglichkeit aus § 488 Abs. 3 BGB für beide Parteien stellen die §§ 489-490 BGB Sonderregeln auf. Nach § 489 BGB ist eine ordentliche Kündigung durch den Darlehensnehmer möglich. Will er hiervon Gebrauch machen, muss er nach § 489 Abs. 3 BGB den geschuldeten Betrag binnen zwei Wochen nach Wirksamwerden der Kündigung zurückzahlen. Nach § 490 BGB kann der Darlehensgeber den Vertrag außerordentlich kündigen, wenn aufgrund sich

574 Vgl. BGH NJW 2006, 1788.

575 H.M., insbesondere wenn der Darlehensnehmer zur Zahlung an einen Dritten verpflichtet ist.

576 Vgl. Palandt/*Weidenkaff*, § 488, Rn 23; sog. Nichtabnahmeentscheidung BGH NJW 2001, 510.

verschlechternder Vermögensverhältnisse beim Darlehensnehmer eine Rückzahlung des Darlehens gefährdet ist. Nach § 490 Abs. 2 BGB steht auch dem Darlehensnehmer ein außerordentliches Kündigungsrecht unter den dort genannten Voraussetzungen zu.

Die Vorschriften zum Darlehensvertrag nach §§ 488 ff. BGB sind selbsterklärend und insoweit zur Prüfungsvorbereitung zu lesen.

3. Der Verbraucherdarlehensvertrag §§ 491 ff. BGB

Für entgeltliche Darlehensverträge zwischen einem Unternehmer als Darlehensgeber und einem Verbraucher als Darlehensnehmer gelten ergänzende Vorschriften, die den Verbraucher schützen sollen. Dies ist notwendig, weil die meisten Regeln im Darlehensvertragsrecht dispositiver Natur sind und daher von den Parteien frei vereinbart werden können. Um grundlegende Verbraucherrechte zu gewährleisten, bestehen Schutzvorschriften. Verbraucherdarlehensverträge müssen mindestens der Schriftform entsprechen, § 492 Abs. 1 S. 1 BGB. Weiter muss die vom Verbraucher zu unterzeichnende Vertragserklärung bestimmte Mindestinhalte wie z.B. den Nettodarlehensbetrag, den Zinssatz oder die Art und Weise der Rückzahlung oder den effektiven Jahreszins enthalten, § 492 Abs. 1 S. 5 BGB. Der Darlehensnehmer muss eine Abschrift der Vertragserklärungen erhalten, § 492 Abs. 3 BGB. Weist der geschlossene Vertrag nicht diese Erfordernisse auf, ist der Darlehensvertrag nach § 494 Abs. 1 BGB nichtig. Nimmt der Darlehensnehmer den Betrag gleichwohl an, wird der Vertrag zwar wirksam, aber die Zinssätze reduzieren sich auf das gesetzliche Maß und andere Handlungsoptionen des Darlehensgebers werden eingeschränkt. Dem Verbraucher wird weiter ein Widerrufsrecht gem. §§ 495 i.V.m. 355 BGB eingeräumt. Die Kündigungsmöglichkeit beim Verbraucherdarlehenvertrag für den Darlehensgeber in § 498 BGB erschwert. Eine Kündigung wegen Zahlungsverzug ist danach nur möglich, wenn dem Darlehensnehmer u.a. erfolglos eine zweiwöchige Frist gesetzt und ihm angekündigt wurde, dass bei Nichtzahlung die gesamte Restschuld fällig gestellt werde. Ferner soll ein Gesprächsangebot über Möglichkeiten einer einverständlichen Regelung erfolgen. Auf diese Weise soll der Verbraucher beim Verbraucherdarlehensvertrag geschützt werden. Gem. § 506 BGB sind abweichende Vereinbarungen zum Nachteil des Verbrauchers unwirksam. Wichtig ist dabei, dass diese Sonderregeln nur für den Verbraucherdarlehensvertrag gelten, weil nur hier der Verbraucher als Darlehensnehmer schutzbedürftig ist. Diese Schutzbedürftigkeit ist nach § 491 Abs. 2 BGB bei Verbraucherdarlehensverträgen nicht notwendig, die u.a.

- einen Nettodarlehensbetrag von 200,- EUR nicht übersteigen
- ein Arbeitgeber mit seinem Arbeitnehmer zu Zinsen abschließt, die unter den marktüblichen Sätzen liegen.[577]

[577] Beachte auch § 491 Abs. 2 Nr. 3 BGB.

Abbildung 38: *Das Darlehen im BGB*

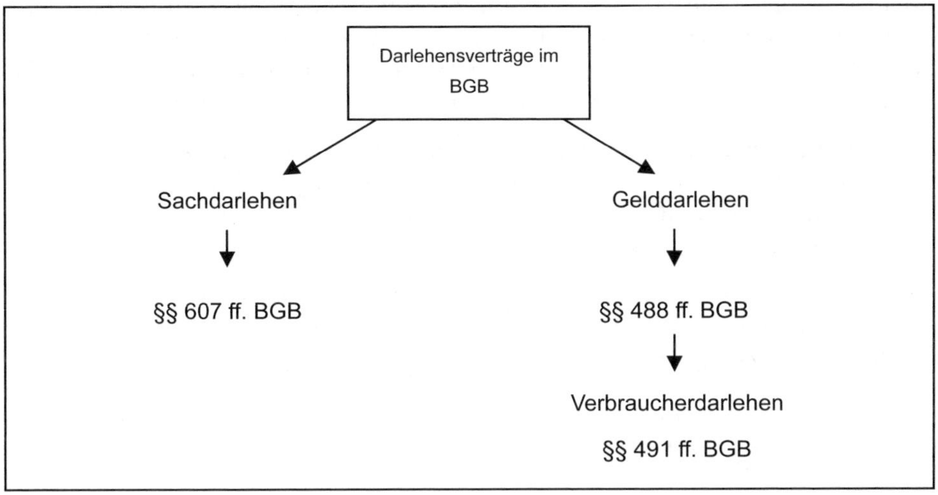

X. Der Dienstvertrag nach §§ 611 ff. BGB

Gem. § 611 BGB verpflichtet sich beim Dienstvertrag der eine Vertragsteil zur Leistung eines versprochenen Dienstes. Der andere Teil verpflichtet sich zur Gewährung der vereinbarten Vergütung. Beim Dienstvertrag wird somit die Leistung von Diensten gegen Entgelt versprochen.

1. Gegenstand des Dienstvertrages

Gegenstand des Dienstvertrages können Dienste jeder Art sein (§ 611 Abs. 2 BGB). Es kommen sowohl selbständige und eigenverantwortliche als auch unselbständige oder untergeordnete Dienste in Betracht. Die Ausführung von selbständigen und eigenverantwortlichen Diensten werden sog. freie oder unabhängige Dienstverträge genannt.

> **Beispiele: Tätigkeit (Dienstleistung) eines frei praktizierenden Arztes, Steuerberaters oder Rechtsanwaltes, Nachhilfelehrers, Musiklehrers usw.**

Sind die Dienste von gewisser Dauer in persönlicher oder wirtschaftlicher Abhängigkeit vom Dienstberechtigten zu erbringen, liegen sog. **abhängige Dienstverträge** vor. Kommt es beim abhängigen Dienstvertrag zur Eingliederung des Dienstverpflichteten in den Wirtschaftsbetrieb des Dienstberechtigten und unterliegt der Dienstverpflichtete hierbei Weisungen, bildet der Dienstvertrag einen **Arbeitsvertrag.** Der Dienstberechtigte wird zum Arbeitgeber, der Dienstverpflichtete zum Arbeitnehmer.

Beispiele: Dienste des im Krankenhaus angestellten Assistenarztes im Rahmen seines Arbeitsvertrages, angestellter Anwalt in der Rechtsabteilung eines Unternehmens, Verkäuferin in einem Supermarkt usw.

Der Arbeitsvertrag[578] bildet einen Sonderfall des Dienstvertrags und ist in zahlreichen Spezialgesetzen geregelt, welche durch von Rechtsprechung und Wissenschaft entwickelte Grundsätze ergänzt werden.

Die Vorschriften über den Dienstvertrag im BGB finden auf den Arbeitsvertrag nur ergänzend (subsidiär) Anwendung, soweit im Arbeitsrecht nichts anderes gilt.

2. Vergütung

Voraussetzung für einen Dienstvertrag ist, dass der Dienstberechtigte im Gegenzug dem Dienstverpflichteten eine Vergütung gewährt, vgl. § 611 Abs. 1 BGB. Diese Vergütung besteht grundsätzlich in Geld, kann ausnahmsweise auch in der Überlassung von Naturalien oder in einer anderen Leistung liegen.

3. Spezialregeln für den Arbeitsvertrag

Aufgrund der Bedeutung der Arbeitsverträge für weite Bevölkerungsteile und der Gefahr von Missbrauch wirtschaftlicher Macht seitens der Arbeitgeber hat der Gesetzgeber zahlreiche Gesetze zum Schutz der Arbeitnehmer erlassen.

z.B. Kündigungsschutzgesetz, Mutterschutzgesetz, Jugendarbeitsschutzgesetz, Schwerbehindertengesetz, etc.

Neben diesen spezialgesetzlichen Bestimmungen gibt es weitere Grundsätze zum Arbeitsrecht, die von der Rechtsprechung und Rechtswissenschaft entwickelt wurden. Dadurch hat sich das Arbeitsrecht zu einem eigenständigen Rechtsgebiet entwickelt, welches weit über die Regelung des Dienstvertrags im BGB hinausgeht. Deshalb kann

578 Siehe allg. zum Arbeitsrecht *Michalski* "Arbeitsrecht. 50 Fälle mit Lösungen" oder besonders lesenswert *Oetker* "Individualarbeitsrecht"; zum fehlerhaften Arbeitsverhältnis *Joussen* NZA 2006, 963 ff.

diese Einführung in das Zivilrecht keinen Überblick über das Arbeitsrecht verschaffen, sondern muss sich mit einem Überblick über die Grundzüge des Dienstvertrages im BGB begnügen. In den Dienstvertragsvorschriften des BGB wird im wesentlichen der freie Dienstvertrag geregelt, auf diesen beschränkt sich deshalb weitgehend die hier folgende Darstellung.

4. Abgrenzung des Dienstvertrages zu anderen Verträgen

Beim Dienstvertrag geht es um die Erbringung von Diensten gegen Entgelt. Durch die Entgeltlichkeit der Dienstleistung unterscheidet sich der Dienstvertrag vom Auftrag (§§ 662 ff. BGB). Beim Auftrag werden die Dienste unentgeltlich erbracht. Wird eine Dienstleistung unentgeltlich versprochen, liegt ein Auftrag und kein Dienstvertrag vor. Der **Arbeitsvertrag** bildet einen Sonderfall des (abhängigen) Dienstvertrages und wurde aus diesem entwickelt. Für den Arbeitsvertrag gelten Sonderregelungen, so dass die Dienstvertragsvorschriften bis auf Ausnahmen wie z.B. § 612 Abs. 2 BGB nicht ohne weiteres anwendbar sind. Zur Abgrenzung zum Arbeitsvertrag sind der Grad der Abhängigkeit des Dienstverpflichteten und die Frage entscheidend, ob dieser in den Betrieb eingegliedert wurde. Ein Arbeitsvertrag liegt folglich vor, wenn der Verpflichtete in den Betrieb eingegliedert wurde und fremdbestimmte sowie unselbständige Arbeit zu leisten hat, d.h. eine vom Arbeitgeber abhängige, weisungsgebundene Tätigkeit ausübt. Kein Arbeitsverhältnis, sondern ein Dienstvertrag liegt bei den sog. **freien Mitarbeitern** vor, die über Zeit, Dauer und Ort der Arbeit (frei) bestimmen können und nur hinsichtlich des Arbeitsproduktes Weisungen unterliegen. **Dienstverträge** liegen grundsätzlich vor, wenn der Verpflichtete seine Dienste in wirtschaftlicher und sozialer Unabhängigkeit leistet.

Beispiele: freie Rechtsanwälte, Ärzte, Unternehmer usw.

Die Abgrenzung zwischen Dienst- und Werkvertrag bedarf einer umfassenden Würdigung. Beim Werkvertrag wird nicht nur die Erbringung einer Dienstleistung, sondern die Herbeiführung eines bestimmten (Arbeits-)Erfolges geschuldet. Im Rahmen des Dienstvertrages ist nicht ein Erfolg, sondern die Dienstleistung als solche geschuldet. Im Unterschied zum Dienstvertrag hat beim **Werkvertrag** der Verpflichtete nicht nur eine bestimmte Tätigkeit durchzuführen, sondern auch für den **Erfolg**, das Arbeitsergebnis, einzustehen. Beim Werkvertrag trägt der Verpflichtete damit das Unternehmerrisiko. Bleibt der versprochene Erfolg aus, erhält der Verpflichtete beim Werkvertrag grundsätzlich kein Entgelt. Anders verhält es sich beim Dienstvertrag. Da nur die Dienstleistung geschuldet wird, besteht eine Vergütung unabhängig vom Erfolg.

Ein frei praktizierender Arzt kann seine Behandlung auch berechnen, wenn er den Patienten nicht heilen kann: Dienstvertrag. Ein Maler hingegen, der ein Haus anstreichen soll, erhält

grundsätzlich nur einen Anspruch auf Vergütung, wenn er das Haus fertig streicht (der Lohn kann allerdings der Höhe nach von den Arbeitsstunden abhängig sein): Werkvertrag.

Zur Unterscheidung ist abzugrenzen, ob der Verpflichtete für diesen Erfolg haften soll oder lediglich die Leistung eines Dienstes schuldet. Verlässliche Abgrenzungskriterien bestehen hierbei nicht. Es gibt selbständige und unselbständige Dienstverträge, sowie Werkverträge.

Z.B. sind die nicht weisungsgebundenen Vorstandsmitglieder einer Aktiengesellschaft im Rahmen eines Dienstvertrags tätig. Der selbständige Malermeister hat die Renovierung einer Wohnung aufgrund eines Werkvertrags zu erbringen, obwohl er sich nach Weisungen und Wünschen des Bestellers richten muss.

Die Art der Vergütung nach Zeit oder nach Erfolg ist bei beiden Vertragsarten möglich, unabhängig von der Frage, ob der Erfolg oder die Dienstleistung geschuldet ist.

Beim Dienstvertrag (Arbeitsvertrag) wird oft nach Erfolg (Akkordlohn) bezahlt, der Werklohn dagegen nach Stunden berechnet.

In der Regel liegt ein Dienstvertrag zumindest vor, wenn der Eintritt des bezweckten Erfolges nicht ausschließlich von den Fähigkeiten des Verpflichteten abhängt.

In der Regel sind deshalb folgende Tätigkeiten bestimmter Berufe Dienstverträge: Selbständiger Rechtsanwalt, frei praktizierender Arzt, privater Nachhilfelehrer, privater Musiklehrer.

Folgende Tätigkeiten bestimmter Berufe sind grds. Werkverträge: Architektenvertrag, auch wenn nur Bauleitung oder Bauaufsicht übertragen ist; Auskunftsvertrag, soweit dieser auf die Beschaffung bestimmter Informationen gerichtet ist; Bau- und Abbruchvertrag; Beförderungsvertrag; Softwareerstellungsvertrag; Fertighausvertrag; Ingenieurvertrag zur Projektierung einzelner Teile einer Anlage; Reparatur mit Lieferung bestimmter Ersatzteile; ebenso Wartung/Inspektion eines Kraftfahrzeugs.

5. Pflichten des Dienstverpflichteten

Die Hauptleistungspflicht des Dienstverpflichteten besteht in der Leistung des durch den Dienstvertrag versprochenen Dienstes. Der Inhalt dieser Dienstleistungspflicht richtet sich nach den Vereinbarungen im Dienstvertrag.

Beispiel: Der Arzt hat aufgrund des Arztvertrages den Patienten zu behandeln, der Rechtsanwalt den Mandanten zu beraten usw.

Beim abhängigen Dienstvertrag kann ein Direktionsrecht zur Konkretisierung der Dienstpflicht bestehen. Beim freien Dienstvertrag ist dieses Direktionsrecht von der Natur des Vertrages weitgehend ausgeschlossen.

Die Innenarchitektin I arbeitet im Büro von S als freie Mitarbeiterin. S kann ihr Anweisungen bezüglich ihres Arbeitsproduktes geben (z.B. Perspektiven für einen bestimmten Auftrag besonders farbintensiv zu zeichnen). Dagegen ist S grundsätzlich nicht berechtigt, von I andere Arbeiten als die einer Innenarchitektin, wie z.B. Kaffeekochen, zu verlangen.

Die Dienstleistung ist im Zweifel persönlich zu erbringen (§ 613 BGB). Der Dienstverpflichtete kann dabei grundsätzlich Gehilfen einsetzen.

I kann nicht aus Unmut, für S arbeiten zu müssen, ihre Freundin F, die ebenfalls Innenarchitektin ist, an ihrer Stelle arbeiten lassen. Wenn ein Auftrag dagegen unter Zeitnot fertig werden muss, kann sie sich von F Skizzen vorbereiten lassen, die sie dann eigenhändig fertigstellt.

Neben dieser Hauptleistungspflicht zur Dienstleistung bestehen wie bei anderen Verträgen weitere **Nebenpflichten**:

Jede Partei muss bei der Ausübung der jeweiligen Pflichten auf die Belange der anderen Partei Rücksicht nehmen, welches dem sog. Gebot der gegenseitigen Rücksichtnahme entspricht. Die Einzelheiten bestimmen sich dabei nach der Enge und Dauer des Dienstverhältnisses. Insbesondere trifft den Dienstverpflichteten hierbei die Handlungspflicht, berechtigte Interessen des Dienstberechtigten nach besten Kräften wahrzunehmen. Hieraus erwächst z.B. die Pflicht, drohenden Schaden abzuwenden, vor Gefahren zu warnen und Rechnungen (Spesen, Auslagen usw.) ordnungsgemäß abzurechnen. Für den Dienstverpflichteten besteht die **Pflicht**, alles zu **unterlassen**, was den berechtigten Interessen des Dienstberechtigten zuwiderläuft. Danach ist es nicht gestattet, andere zur Dienstverweigerung aufzurufen oder den Betriebsfrieden zu stören (z.B. "Mobbing").

6. Pflichten des Dienstberechtigten

Als Hauptleistungspflicht trifft den Dienstberechtigten die Gewährung der vereinbarten Vergütung.

a) Art und Umfang der Vergütung

Die Art und der Umfang der Vergütung bestimmen sich nach der getroffenen Vereinbarung. Regelmäßig wird die Vergütung in Geld bestehen, wobei auch die Erbringung von Naturalien möglich ist. Eine Besonderheit gilt beim Dienstvertrag gemäß § 612 BGB, wenn die Parteien keine konkrete Vergütung vereinbart haben. Gemäß den allgemeinen Regeln des BGB würde ohne Einigung über die Vergütung kein Dienstvertrag zustande kommen, weil sich die Parteien noch nicht über alle wesentlichen Vertragselemente geeinigt haben. § 612 BGB bestimmt für den Dienstvertrag, dass ein Dienstvertrag zustande kommt und eine Vergütung als stillschweigend vereinbart gilt, wenn die versprochene Dienstleistung den Umständen nach nur gegen Vergütung erwartet werden kann. Die Höhe der Vergütung bestimmt sich nach der für die Tätigkeit üblichen Vergütung.

Der Winzer W fragt den achtzehnjährigen Schüler S, ob er in den Herbstferien zwei Wochen täglich bei der Weinernte mithelfen möchte. Nach Abschluss der Ernte bittet S um seinen Lohn, den W nicht zahlen will, da nichts vereinbart worden sei.

Gemäß § 612 BGB schuldet W die übliche Vergütung für diese Dienstleistung (die übliche Vergütung pro Stunde) gegenüber S. Selbst wenn nicht ausdrücklich über eine Vergütung gesprochen wurde, konnte W die Arbeitsleistung nur gegen Vergütung erwarten.

Der Dienstberechtigte kann im Nachhinein sein Angebot (Willenserklärung) nicht mit der Begründung anfechten, er habe sich in seiner Erklärung insofern getäuscht, als er kraft Gesetzes die Vergütung schuldet. § 612 BGB greift aber nicht ein, wenn sich die Parteien auf die Unentgeltlichkeit ausdrücklich geeinigt haben.

b) Vergütungspflicht ohne Erbringung der Dienstleistung

Nach den allgemeinen Regeln des BGB braucht beim gegenseitigen Vertrag der eine Vertragsteil nicht zu leisten (hier zu zahlen), wenn der andere Teil (hier den Dienst) nicht leistet (vgl. § 326 Abs. 1 BGB). Im Dienstvertragsrecht gilt zudem, dass die Vergütung erst nach Leistung der Dienste fällig wird (§ 614 BGB), der Dienstverpflichtete mithin grundsätzlich vorleistungspflichtig ist. Von diesem Grundsatz **"ohne Dienst keinen Lohn"** gibt es **drei wichtige Ausnahmen**. Nach § 615 und § 616 BGB sowie den Grundsätzen der sog. "Sphärentheorie" behält der Dienstverpflichtete in bestimmten Fällen auch ohne Dienstleistung seinen Vergütungsanspruch.

aa) Annahmeverzug des Dienstberechtigten (§ 615 BGB)

Nimmt der Dienstberechtigte die ordnungsgemäß angebotene Dienstleistung nicht an und gerät er hierdurch in Annahmeverzug (vgl. §§ 293 ff. BGB), kann der Dienstverpflichtete seine Leistung nicht erbringen. Ihm steht in diesem Fall ein Anspruch auf

Vergütung zu, ohne zur Nachleistung verpflichtet zu sein (§ 615 BGB). Der Verzug des Gläubigers führt hier ausnahmsweise dazu, dass der Dienstverpflichtete von seiner Leistungspflicht frei wird. Er muss sich bei der Vergütung jedoch anrechnen lassen, was er an Aufwendungen erspart oder durch anderweitige Verwendung seiner Dienste erwirbt oder zu erwerben böswillig unterlässt (§ 615 Satz 2 BGB).

Der Musikstudent M erteilt zur Aufbesserung seiner Finanzen Musikunterricht an P. Mit P ist vereinbart, dass der Unterricht immer mittwochs zwischen 15 und 17 Uhr im Hause der Familie P für 50,- EUR pro Stunde stattfinden soll. Als M an diesem Mittwoch um 15 Uhr das Haus der Familie P betreten möchte, teilt ihm Frau P mit, dass P keine Zeit habe. M verlangt Vergütung für die nicht geleisteten Stunden. Zu Recht?

M hat seine Dienstleistung gemäß des zugrunde liegenden Dienstvertrages ordnungsgemäß angeboten, P hat diese Leistung nicht angenommen, sondern die Annahme verweigert. Nach § 293 BGB kommt P damit in Annahmeverzug. Folglich steht M gem. § 615 BGB auch ohne tatsächliche Leistung seiner Dienste ein Anspruch auf die vereinbarte Vergütung zu. Er muss den Unterricht auch nicht später nachholen. Bietet P dem M hingegen an, statt P ihrer Tochter T den Unterricht zu erteilen, sollte er dieses Angebot annehmen. Anderenfalls hätte er es böswillig unterlassen, durch seine Dienste etwas anderes zu erwerben und bekäme diesen Betrag abgezogen. M muss aber nur vergleichbare und zumutbare Arbeiten annehmen. Schlägt ihm P vor, das Haus zu putzen oder im Garten zu arbeiten, kann er ablehnen, ohne Abzüge von seiner Vergütung befürchten zu müssen.

bb) Unverschuldete Betriebsstörung

Bei einer von beiden Parteien unverschuldeten Betriebsstörung muss der Dienstberechtigte entgegen den allgemeinen Regeln den Lohn auch ohne eine Leistung des Dienstverpflichteten zahlen, wenn infolge der Betriebsstörung die Leistung unmöglich wird (sog. Sphärentheorie).

M hat sich gegenüber der Familie P zum Klavierunterricht verpflichtet. Als er den Unterricht leisten möchte, teilt ihm Frau P mit, dass das Klavier unerwartet defekt ist.

§ 615 BGB ist in diesen Fällen nicht anwendbar, weil kein Annahmeverzug, sondern Unmöglichkeit vorliegt. Ohne ein Klavier kann M keinen Klavierunterricht erteilen. Die Familie P trifft an dem Defekt des Klaviers kein Verschulden, so dass M nach § 326 Abs. 1 S. 1 BGB dem Grunde nach keine Vergütung zusteht.

Es wäre aber ungerecht, dem Dienstverpflichteten dieses Risiko aufzubürden, da es aus der Sphäre (dem Bereich) des Dienstberechtigten (hier der P) stammt. Deshalb wird das Betriebshindernis dem Dienstberechtigten zugerechnet, so dass der Dienstverpflichtete (hier M) gem. § 326 Abs. 2 BGB seinen Vergütungsanspruch behält.

cc) § 616 BGB

Der Dienstverpflichtete behält seinen Vergütungsanspruch nach § 616 BGB auch dann, wenn er für verhältnismäßig unerhebliche Zeit durch einen in seiner Person liegenden Grund ohne sein Verschulden an der Dienstleistung verhindert wird. Als in der Person liegende Gründe kommen insbesondere Unfälle, Erkrankungen oder außergewöhnliche Vorkommnisse in der Familie in Betracht. Die Dienstverhinderung darf nicht auf ein Verschulden des Dienstverpflichteten zurückzuführen sein. Die Zeitdauer darf nicht unverhältnismäßig lang sein, da ansonsten der Vergütungsanspruch ganz entfällt.

Wie im o.g. Beispiel soll M der Familie P Klavierunterricht geben. M verstaucht sich aber bei einem von ihm verschuldeten Fahrradunfall die Hand und kann deshalb für einen Monat keinen Klavierunterricht geben, bei dem er selbst vorspielen soll. Hat M einen Vergütungsanspruch?

Der Fall des § 616 BGB liegt nicht vor. M hat den in seiner Person liegenden Umstand der Verstauchung selbst verschuldet und erhält daher keine Vergütung.

Ob ein Monat Dienstverhinderung bereits unverhältnismäßig lang ist, hängt von der Dauer des Unterrichts ab.

c) Schutzpflichten des Dienstberechtigten

Neben der Vergütungspflicht treffen den Dienstberechtigten insbesondere beim abhängigen Dienstvertrag besonders stark ausgeprägte Schutzpflichten gegenüber dem Dienstverpflichteten. Hierzu zählt z.B. die Pflicht zum Schutz von Leben und Gesundheit des Dienstverpflichteten, die teilweise in § 618 BGB ausdrücklich geregelt ist.

7. Nicht- oder Schlechterfüllung durch den Dienstverpflichteten

Die allgemeinen Regeln über die Nicht- oder Schlechterfüllung gelten auch beim Dienstvertrag, werden aber in einigen Fällen modifiziert.

Erfüllt der Dienstverpflichtete seine Dienstpflicht nicht, kann der Dienstberechtigte auf Erfüllung klagen. Der Dienstberechtigte kann auch den Lohn einbehalten, da dieser erst nach Leistung der Dienste fällig ist (§ 614 BGB), falls kein Fall des § 616 BGB vorliegt. Unter Umständen tritt mangels Nachholbarkeit der nicht erbrachten Dienstleistung Unmöglichkeit ein, wodurch der Dienstberechtigte gem. § 326 Abs. 1 BGB von der Vergütungspflicht frei wird, falls nicht ein Fall des § 616 BGB vorliegt.

Hat der Dienstverpflichtete das Ausbleiben oder die Verspätung seiner Dienstleistung zu vertreten, stehen dem Dienstberechtigten die Rechte aus §§ 280, 281, 286 BGB zu. Danach kann der Dienstberechtigte insbesondere Schadensersatz wegen Verzug oder Schadensersatz statt der Leistung verlangen. Statt des Rücktritts steht ihm unter den Voraussetzungen des § 626 BGB jedoch nur das Recht auf fristlose Kündigung zu. Im Falle der fristlosen Kündigung nach §§ 626, 627 BGB stehen dem Dienstberechtigten Schadensersatzansprüche wegen Nichterfüllung zu, wenn der andere durch vertragswidriges Verhalten die Kündigung veranlasst hat (§ 628 Abs. 2 BGB). Erfüllt der Dienstverpflichtete seine vertraglichen Pflichten schuldhaft schlecht, hat er Schadensersatz aus § 280 BGB (pVV) zu leisten.

Beschädigt M während des Unterrichts versehentlich das Klavier, muss er für den Schaden Ersatz aus § 280 BGB leisten. Weigert sich M daraufhin, weiterhin Unterricht zu erteilen, entsteht keine Vergütungspflicht, vgl. § 614 BGB. P kann zudem den Vertrag fristlos kündigen (§ 626 BGB) und von M Schadensersatz nach § 628 Abs. 2 BGB verlangen, wenn ein anderer Musiklehrer bestellt werden muss, der eine höhere Vergütung verlangt.

8. Nicht- oder Schlechterfüllung durch den Dienstberechtigten

Hierbei gelten wiederum die allgemeinen Regeln. Erfüllt der Dienstberechtigte seine Verpflichtung nicht (insbesondere die Vergütungspflicht oder Schutzpflichten), kann der Dienstverpflichtete

- auf Erfüllung klagen
- nach § 320 BGB seine Leistung bis zur Bezahlung (der Rückstände) verweigern
- bei schuldhafter Verletzung der Vertragspflichten durch den Dienstberechtigten Schadensersatz verlangen (§ 280 BGB).

9. Beendigung des Dienstvertrages

Wie bei der Miete kann das Dienstverhältnis beendet werden durch

- Zeitablauf
- Kündigung in Form der ordentlichen oder außerordentlichen Kündigung
- Aufhebungsvertrag

a) Zeitablauf

Ist das Dienstverhältnis nur befristet, endet es mit Zeitablauf (§ 620 Abs. 1 BGB).

Wurde M nur für die Sommerferien als Klavierlehrer verpflichtet, endet dieser Vertrag mit dem Ende der Sommerferien.

b) Kündigung

Das Dienstverhältnis kann auch dadurch beendet werden, dass eine Partei gegenüber der anderen die Kündigung ausspricht und sie hierzu berechtigt ist. Hierbei ist zwischen ordentlicher und außerordentlicher Kündigung zu unterscheiden. Die ordentliche Kündigung kommt nur bei Verträgen in Betracht, die auf unbestimmte Dauer geschlossen werden. Regelmäßig sind die Kündigungsfristen zu beachten, die vertraglich vereinbart sein können oder sich aus der gesetzlichen Regelung der §§ 621 ff. BGB ergeben. Die außerordentliche Kündigung ist nur aus wichtigem Grund (§ 626 BGB) oder bei einer besonderen Vertrauensstellung (§ 627 BGB) möglich.

Ein zur außerordentlichen Kündigung berechtigender ***wichtiger Grund*** *besteht nach § 626 BGB, wenn Tatsachen vorliegen, die dem kündigenden Teil die Fortsetzung des Vertrages unzumutbar erscheinen lassen.*

Die Kündigungserklärung muss innerhalb von zwei Wochen nach Kenntniserlangung[579] vom Kündigungsgrund erklärt werden (§ 626 Abs. 2, Satz 1 BGB). Bezüglich des wichtigen Grundes kommt es entscheidend auf die Umstände des Einzelfalles an.

Beleidigt M in den o.g. Klavierlehrer-Fällen P mehrmals vor Dritten, kann P aus wichtigem Grund fristlos kündigen.

Bei einer besonderen Vertrauensstellung, innerhalb derer Dienste höherer Art geschuldet sind, kann auch ohne wichtigen Grund gem. § 627 BGB außerordentlich gekündigt werden.

579 Kenntniserlangung bedeutet das Kennen aller Umstände des Einzelfalls, die zur Kündigung berechtigen.

Eine besondere Vertrauensstellung durch Leistung höherer Dienste haben beispielsweise Rechtsanwälte, Ärzte usw.

Dieses außerordentliche Kündigungsrecht entfällt, wenn der Dienstverpflichtete feste Bezüge erhält. § 628 Abs. 1 BGB regelt hierbei, inwieweit bei der außerordentlichen Kündigung für schon geleistete Dienste eine Vergütung verlangt werden kann. Wurde die außerordentliche Kündigung schuldhaft durch einen Vertragsteil herbeigeführt, ist dieser Teil nach § 628 Abs. 2 BGB zudem schadensersatzpflichtig.[580]

c) Aufhebungsvertrag

Die Vertragsparteien des Dienstvertrages können sich auch vertraglich einigen, das Dienstverhältnis aufzuheben.

XI. Der Werkvertrag nach §§ 631 ff. BGB

Beim Werkvertrag (§ 631 BGB) verpflichtet sich der Unternehmer zur Herstellung des versprochenen Werkes und der Besteller zur Entrichtung der vereinbarten Vergütung. Anders als beim Dienstvertrag verpflichtet sich der Unternehmer nicht nur zu einer Dienstleistung oder zu einer bestimmten Arbeit, sondern zur Herstellung eines Werkes. Damit schuldet er den Erfolg der Herstellung des Werkes. Ansonsten erhält er keinen Werklohn als Vergütung.[581]

Wenn der KFZ-Meister M mit dem Kunden K den Einbau einer neuen Wasserpumpe in dessen Fahrzeug vereinbart, muss grds. der Einbau gelingen, damit er einen vollständigen Werklohnanspruch erhält. M schuldet den Einbau und nicht nur seine "Arbeit am Auto". Andererseits kann u.U. die Höhe des Werklohnes nach dem Zeitaufwand bemessen sein.[582]

Gegenstand des Werkvertrags können nach § 631 Abs. 2 BGB sowohl die Herstellung oder Veränderung einer Sache als auch andere durch Arbeit oder Dienstleistung herbeiführbare Erfolge sein.

Als ein Werk kommt z.B. die Erstellung eines Hauses, Reparatur eines Autos, Anfertigung eines Gutachtens, Planung eines Bauwerkes usw. in Betracht.

---

580 Vgl. Palandt/*Weidenkaff*, § 628, Rn 6.

581 Vgl. zur Thematik *Büdenbender* JuS 2001, 625.

582 Zur Abgrenzung zwischen Dienst- und Werkvertrag im Einzelfall vgl. ab S. 338 ff.

Ausnahmen gelten beim sog. **Werklieferungsvertrag** (§ 651 BGB). Bei dieser Vertragsart wird der Stoff, aus dem die Sache hergestellt werden soll, nicht vom Besteller, sondern vom Unternehmer geliefert[583]. Elemente des Werkvertrages und des Kaufvertrages werden hierbei kombiniert. Hierfür gelten Sonderregelungen, welche im Anschluss an den Werkvertrag erörtert werden. Die **entgeltliche Geschäftsbesorgung** ist ein Sonderfall des Werkvertrages und unterliegt teilweise den Auftragsregeln, vgl. § 675 BGB. Bei der entgeltlichen Geschäftsbesorgung ist die Geschäftsbesorgung selbst der Gegenstand des Werkvertrages.

Beispiele sind die Kontoführung durch eine Bank oder die Inkassotätigkeit eines Inkassobüros.

Für Kaufleute und deren typische Werkverträge hat der Gesetzgeber im HGB teilweise Sonderregelungen geschaffen.

Beispielsweise für das Kommissionsgeschäft (§§ 383 ff. HGB), das Frachtgeschäft (§§ 407 ff. HGB). Der Verlagsvertrag ist im Verlagsgesetz (§§ 1 ff. VerlG) geregelt.

Die Vergütung beim Werkvertrag besteht regelmäßig in Geld, kann aber ausnahmsweise in Naturalien o.ä. zu entrichten sein.

1. Pflichten des Unternehmers

Gemäß § 631 BGB trifft den Unternehmer die Pflicht zur Herstellung des versprochenen Werkes. Anders als beim Dienstvertrag muss er regelmäßig nicht persönlich tätig werden und kann Erfüllungsgehilfen hinzuziehen. Ein Verschulden seiner Erfüllungsgehilfen hat er hierbei nach § 278 BGB zu vertreten. Aus dem Vertrag kann sich allerdings auch die Pflicht zum höchstpersönlichen Tätigwerden ergeben.

Z.B. wenn ein Maler ein Porträt anfertigen soll.

Der Unternehmer hat ein mangelfreies Werk herzustellen (§ 633 Abs. 1 BGB). Dies bedeutet, dass es die vereinbarte Beschaffenheit aufzuweisen hat. Daneben kann der Unternehmer bestimmte Eigenschaften des Werkes durch eine Garantie[584] nach § 276 Abs. 1 S. 1 BGB zusichern.[585] Diese Herstellungspflicht ist eine Hauptleistungspflicht des Unternehmers.

Vereinbaren beide Parteien keine besondere Beschaffenheit, schuldet der Unternehmer nach § 633 Abs. 2 die nach dem Vertrag vorausgesetzte Verwendungsmöglichkeit und gewöhnliche Beschaffenheit, die bei Werken gleicher Art üblich ist und der Besteller

---

583 Von diesem Grundsatz bestehen Ausnahmen bzw. Varianten, vgl. Palandt/*Sprau*, § 651, Rn 2.
584 Garantie bedeutet stets verschuldensunabhängige Haftung des Garantiegebers.
585 Vgl. Palandt/*Heinrichs*, § 276, Rn 29.

erwarten darf.[586] Weiterhin treffen den Unternehmer Nebenpflichten. Er hat die sinnvolle Durchführung des Vertrages zu ermöglichen, muss auf berechtigte Interessen des Bestellers Rücksicht nehmen und den Besteller vor Schäden bewahren.

2. Pflichten des Bestellers

Die Hauptleistungspflichten des Bestellers sind die Abnahme des Werkes und die Leistung der vereinbarten Vergütung. Diese richtet sich nach der vertraglich getroffenen Vereinbarung. Wie beim Dienstvertrag besteht auch beim Werkvertrag die Möglichkeit, dass ohne Einigung über eine Vergütung der Besteller die übliche Vergütung schuldet, wenn die Herstellung des Werkes den Umständen nach nur gegen eine Vergütung zu erwarten ist (§ 632 BGB).

Die Vergütung wird grundsätzlich[587] erst mit der **Abnahme** nach Fertigstellung des Werkes fällig (§ 641 Abs. 1 BGB). Bei größeren Werken wird in der Praxis häufig eine Teilabnahme nach Teilergebnissen vereinbart, nach der eine Teilvergütung zu entrichten ist (§ 641 Abs. 1 S. 2 BGB). Ohne eine derartige Vereinbarung kann der Unternehmer erst nach Fertigstellung und Abnahme des gesamten Werkes die Vergütung verlangen. Ab Abnahme des Werkes ist der Vergütungsanspruch zu verzinsen (§ 641 Abs. 4 BGB).

Da der Besteller den Werklohn nur nach der Abnahme des Werkes schuldet, ist er gem. § 640 BGB verpflichtet, das vertragsmäßig hergestellte Werk abzunehmen. Zudem liegt es im Interesse des Werkunternehmers, die hergestellte Sache nicht auf eigene Kosten einlagern zu müssen.

Die Abnahme nach § 640 besteht[588] aus der

1. körperlichen Entgegennahme (i.F.d. Besitzübertragung) des Werkes und der
2. Erklärung, dass das Werk in der Hauptsache vertragsgemäß erstellt ist (Billigung)

Die Erklärung der Billigung des Werkes kann auch konkludent erfolgen, z.B. indem der Besteller das Werk annimmt oder in Betrieb nimmt. Die körperliche Entgegennahme entfällt, wenn der Besteller bereits im Besitz des Werkes ist (z.B. beim errichteten Haus). Insoweit muss der Besteller das Werk nur als vertragsgemäß billigen. In der Praxis ist von Bedeutung, auf eine ordnungsgemäße und sorgfältige Abnahme zu achten, da spätere Rechte und Pflichten von der Abnahme abhängen: Die Vergütung

[586] Siehe dazu im Kaufvertragsrecht ab S. 235 ff.
[587] Zu den Ausnahmen der Rechtsprechung vgl. OLG Hamm NZBau 2002, 2218 ff.; vgl. auch Palandt/*Sprau* § 641, Rn 2.
[588] Vgl. BGH NJW 1993, 1972; BGH ZIP 1996, 840.

wird fällig, die Verjährung für Mängelansprüche beginnt zu laufen usw. Eine Abnahme entfällt gem. § 640 BGB, wenn sie nach der Beschaffenheit des Werkes ausgeschlossen ist. Anstelle der Abnahme bedarf es insoweit nur der Vollendung des Werkes (§ 646 BGB).

Soll ein Künstler ein Bild malen, ist eine Abnahme nach der Beschaffenheit des Werkes ausgeschlossen, weil ein Kunstwerk keiner Billigung durch den Besteller zugänglich ist. Es kann vorher grds. nicht festgelegt werden, wie das Bild genau auszusehen hat und ob es ggf. noch nachgearbeitet werden soll.

Den Besteller trifft u.U. eine Mitwirkungspflicht bei der Herstellung des Werkes, falls es sich nicht ohne seine Mithilfe erstellen lässt (§ 642 Abs. 1 BGB).

Der Friseur F soll beim Kunden K einen modischen Kurzhaarschnitt vornehmen. Hierfür muss K sich naturgemäß zur Verfügung stellen.

Andererseits hat der Unternehmer auf diese Mitwirkung keinen einklagbaren Anspruch. Der Unternehmer kann jedoch bei Unterlassung der Mitwirkung eine angemessene Entschädigung verlangen, wenn der Besteller dadurch in Annahmeverzug (§ 293 BGB) gerät. Dem Unternehmer steht darüber hinaus unter den Voraussetzungen des § 643 BGB (Fristsetzung zur Mitwirkung) ein Kündigungsrecht in Bezug auf den Werkvertrag zu. Weiterhin bestehen zahlreiche Sorgfaltspflichten des Bestellers für den Unternehmer.

3. Nicht - oder Schlechterfüllung durch den Unternehmer

Stellt der Unternehmer das Werk nicht oder nur mangelhaft her, gelten wiederum die allgemeinen Regeln, die durch die **Sonderregeln** der §§ 633 bis 637 BGB modifiziert werden. Der Besteller hat zunächst einen Erfüllungsanspruch. Dieser richtet sich auf die Erstellung oder Neuerstellung des Werkes (§ 631 Abs. 1 BGB), bzw. die Beseitigung der Mängel des Werkes (§ 633 Abs. 2 BGB). Im Anschluss an den Erfüllungsanspruch stehen dem Besteller sowohl Gestaltungsrechte wie auch Ansprüche zu. So kann er

- Nacherfüllung (§ 634 Nr. 1, 635 BGB)
- Selbstvornahme und Aufwendungsersatz (§§ 634 Nr. 2, 637 BGB)
- Minderung und Rücktritt (§§ 634 Nr. 3, 636, 638, 323, 326 BGB) und
- Schadensersatz oder Aufwendungsersatz nach §§ 634 Nr. 4, 636, 280 ff., 311a BGB, 284 BGB

verlangen.

a) Erfüllungsanspruch

Bis zur Abnahme (§ 640 BGB) hat der Besteller einen Verschaffungsanspruch auf das mangelfreie Werk. Seine Rechte, insbesondere in Bezug auf Leistungsstörungen, richten sich grundsätzlich nach den allgemeinen Vorschriften des Schuldrechts.[589] Der Besteller kann bei Mängeln die Abnahme verweigern und die Herstellung eines mangelfreien Werkes fordern. Nach § 320 BGB kann der Besteller seine Geldzahlungsleistung solange verweigern. Der Unternehmer kann nach seiner Wahl durch Neuherstellung oder Mängelbeseitigung erfüllen. Soweit dies nicht möglich ist, hat der Besteller u.a. einen Schadensersatzanspruch aus §§ 280 Abs. 1. u. 3, 283 bzw. 311a BGB.[590]

Vor der Abnahme kann der Besteller

---

1. Herstellung eines mangelfreien Werkes verlangen (§§ 631, 633 BGB)
2. Abnahme und Vergütung des mangelhaften Werkes verweigern

---

b) Nacherfüllung aus § 635 BGB

Ab der Abnahme beschränkt sich der Erfüllungsanspruch des Bestellers auf das hergestellte und durch die Abnahme als Erfüllung angenommene Werk, mit allen seinen Mängeln.[591] Nun stehen dem Besteller nur noch die Rechte aus § 634 BGB zu. Damit handelt es sich um einen modifizierten Erfüllungsanspruch, der sich auf das konkrete Werk bezieht. Hat der Unternehmer ein mangelhaftes Werk geliefert, kann der Besteller zunächst nur Nacherfüllung verlangen. Unter einem Mangel versteht das Gesetz die Abweichung vom vertraglich dem Unternehmer auferlegten Pflichtenprogramm.[592] Ein Werk ist danach mangelbehaftet, wenn es

- nicht die vereinbarte Beschaffenheit aufweist (§ 633 Abs. 2 S. 1 BGB)
- sich nicht für die nach dem Vertrag vorausgesetzte Verwendung eignet (§ 633 Abs. 2 S. 2 Nr. 1 BGB)
- sich nicht für die gewöhnliche Verwendung eignet und nicht die Beschaffenheit aufweist, die bei Werken der gleichen Art üblich ist und die der Besteller nach der Art des Werkes erwarten kann (§ 633 Abs. 2 S. 2 Nr. 2 BGB)
- nicht das bestellte Werk ist (Aliudlieferung; § 633 Abs. 2 Satz 3, 1. Alt. BGB)

---

589 Zur Erinnerung: Auch im Kaufrecht gilt vor der Übergabe das allgemeine Schuldrecht. Die besonderen Regeln greifen erst nach der Übergabe ein. Ähnlich im Werkvertragsrecht: die Sonderregeln greifen erst nach der Abnahme ein.

590 Vgl. zum Unmöglichkeitsrecht ab S. 117 ff., 137.

591 Vgl. Palandt/*Sprau*, Vor § 633, Rn 8.

592 Vgl. Palandt/*Sprau* § 633, Rn 1.

- in zu geringer Menge geliefert wird (Zuweniglieferung; § 633 Abs. 2, 2. Alt. BGB)
- mit Rechtsmängeln behaftet ist (§ 633 Abs. 3 BGB).

Bezüglich der einzelnen Mängelbegriffe kann auf das Kaufrecht verwiesen werden. Der Gesetzgeber wollte bei der Neufassung der Vorschrift eine inhaltliche Übereinstimmung.[593] Unterschiede im Wortlaut haben einerseits teilweise keine Bedeutung (z.B. § 633 Abs. 2 S. 2 zu § 434 Abs. 1 S. 2 BGB), andererseits ist die Anwendbarkeit im Rahmen des Werkvertrags nicht von Bedeutung (z.B. § 434 Abs. 1 S. 3, da Werkverträge grundsätzlich individuell abgeschlossen werden, sind öffentliche Äußerungen nicht relevant). Anders als im Kaufrecht kann hier der **Unternehmer** im Rahmen der Nacherfüllung entscheiden, ob er nachbessern oder neu liefern möchte. Dies deshalb, weil im Werkvertragsrecht der Unternehmer bei der Herstellung regelmäßig besser einschätzen kann, welche Art der Nacherfüllung am ehesten geeignet ist. Der Besteller ist hier auch nicht schutzwürdig, weil er nur Interesse am bestellten Werk hat, so dass der Weg dahin für ihn grundsätzlich irrelevant ist. Nur wenn die Beseitigung der Mängel nicht mit der Neuherstellung gleichwertig ist, hat der Besteller einen ausschließlichen Anspruch auf Neuherstellung. Ist die Neuherstellung für den Unternehmer unzumutbar (hohe Anforderungen), erlischt der Anspruch auf Neuherstellung (§ 635 Abs. 3 BGB). Auch hier kann auf die Ausführungen zum Kaufrecht verwiesen werden.

Der Nacherfüllungsanspruch gibt dem Besteller ein Zurückbehaltungsrecht bezüglich des Vergütungsanspruchs. Gemäß § 641 Abs. 3 BGB kann der Besteller mindestens das Dreifache der zu erwartenden Mängelbeseitigungskosten zurückbehalten, sog. **Druckzuschlag**. Damit soll der Werkunternehmer insbesondere dazu angehalten werden, kleine und ihm lästige Mängel nachzubessern, anstatt eine von ihm zuvor einkalkulierte Minderung des Werklohnes i.H.d. einfachen Nachbesserungskosten hinzunehmen. Der Unternehmer muss wie im Kaufrecht die Aufwendungen der Nacherfüllung tragen (§ 635 Abs. 2 BGB). Liefert er ein neues Werk, kann er das mangelbehaftete nach §§ 635 Abs. 4, 346 ff. BGB herausverlangen.[594]

Das Nacherfüllungsrecht erlischt mit der Erklärung des Rücktritts oder der Minderung bzw. mit der Geltendmachung von Schadensersatzleistungen statt der Leistung (§ 281 Abs. 4 BGB). Unter den Voraussetzungen der §§ 280 Abs. 1. u. 2, 286 BGB sind daneben auch Verzugschäden einklagbar.

c) Selbstvornahme und Aufwendungsersatz nach § 637 BGB

Das Selbstvornahmerecht stellt eine Besonderheit im Werkvertragsrecht dar und hat keine Entsprechung im Kaufrecht. Nach § 637 BGB kann der Besteller nach erfolglosen Ablauf einer angemessenen Frist den Mangel selbst beseitigen und Ersatz seiner Auf-

593 Vgl. BT-Drs 14/7052 S. 204.

594 Die gleiche Formulierung wie im Kaufrecht bedingt die gleiche Problematik. Siehe oben ab S. 251 ff.

wendungen verlangen. Dazu kann er sogar nach § 637 Abs. 3 BGB vom Unternehmer einen Vorschuss auf die Aufwendungen verlangen, wenn er den entsprechenden Betrag nicht mehr anderweitig zurückbehalten oder aufrechnen kann.[595] In den Fällen des § 323 Abs. 2 BGB sowie bei Fehlschlagen oder Unzumutbarkeit der Nacherfüllung ist die Fristsetzung entbehrlich.

Malermeister M hat die Fassade des X nicht vertragsgemäß in hellem Blau, sondern in Pink gestrichen. Trotzdem nimmt X das Werk ab, setzt M aber eine Frist zur Nachbesserung. M verweigert die Nachbesserung. Verärgert lässt X vom Konkurrenzunternehmen U die Fassade streichen und verlangt von M berechtigterweise diese Kosten als Aufwendungsersatz.

Darüber hinaus kann der Besteller einen möglichen Verzugschaden nach §§ 286 ff. BGB oder sog. Begleitschäden gem. § 280 Abs. 1 BGB ersetzt verlangen.

d) Rücktritt und Minderung nach §§ 636,638 BGB

Rücktritt und Minderung sind Gestaltungsrechte, die grundsätzlich[596] erst nach erfolglosem Ablauf einer angemessenen Frist entstehen.[597] Bis zu deren Ausübung kann der Besteller alle anderen Rechte aus § 634 BGB geltend machen. Sobald der Besteller ein Gestaltungsrecht gewählt hat, ist er daran gebunden. Dies ist sinnvoll, da durch Gestaltungsrechte das Rechtsverhältnis als solches geändert wird und sich der andere Teil auf die Änderung entsprechend einrichten können muss. Im Falle des Rücktritts wandelt sich das Werkvertragsschuldverhältnis in ein Rückgewährschuldverhältnis. Die bereits gewährten Leistungen sind herauszugeben und abzurechnen.

Im Falle der Minderung reduziert sich automatisch die vereinbarte Gegenleistung um den Mangel. Es gilt der geminderte Werkpreis als geschuldet. Alle weiteren Rechte entfallen. Auch Schadensersatzansprüche wegen des mangelhaften Werkes entfallen[598], da eine dem § 325 BGB vergleichbare Vorschrift im Falle der Minderung fehlt.

e) Schadensersatz- und/oder Aufwendungsersatzansprüche

Der Unternehmer verletzt dadurch, dass er ein mangelhaftes Werk herstellt, seine Vertragspflicht aus § 631 Abs. 1 S. 1 BGB. Daher ist der Unternehmer gemäß §§ 634 Nr. 4, 280 f. BGB zum Schadensersatz verpflichtet, wenn er die Vertragsverletzung zu vertreten hat. Die anzuwendende Norm bestimmt dabei Art und Umfang des Schadensersatzes.

---

595 Vgl. dazu BGH NJW 2000, 1403.
596 Beachte § 636 BGB.
597 Vgl. Palandt/*Sprau*, § 634 Rn 5.
598 Natürlich nur soweit sie von der Minderung umfasst sind.

aa) §§ 280 Abs. 1 u. 2, 281 BGB

Tritt der Schadensersatz an die Stelle des Erfüllungsanspruchs, ist für die Geltendmachung u.a. eine Fristsetzung erforderlich. Diese kann im Einzelfall entbehrlich sein, insbesondere wenn die Nacherfüllung gem. § 275 Abs. 1 BGB unmöglich ist, wobei im Werkvertragsrecht neben § 281 Abs. 2 BGB auch § 636 BGB zu beachten ist. Eine Fristsetzung ist auch entbehrlich, wenn die Nacherfüllung verweigert wurde, fehlgeschlagen oder nicht zumutbar ist.

Der Schadensersatz umfasst den Mangelschaden, d.h. den in der Sache selbst liegenden Schaden, der bei einer gelungenen Nacherfüllung nicht eingetreten wäre. Dieser ist selbst dann noch zu ersetzen, wenn die Kaufsache bereits veräußert ist.[599] Auch der mangelbedingte Minderwert ist ersatzfähig.[600]

> **KFZ-Mechaniker K soll für X ein Auto reparieren. K erfüllt diese Aufgabe nur mangelhaft. K ist X zum Ersatz des daraus entstehenden Schadens verpflichtet. Wenn X das KfZ an P weiterverkauft und infolge der mangelhaften Reparatur nur einen geringeren Verkaufswert erzielt, muss K diesen Minderwert ausgleichen.**

bb) § 311a BGB, § 283 BGB

Bei anfänglicher Unmöglichkeit[601] gibt § 311 a BGB ebenfalls einen Schadensersatz statt der Leistung. Für nachträgliche Unmöglichkeit[602] gilt § 283 BGB.

> *Mit der Wahl des Schadensersatzes statt der Leistung gehen der Nachlieferungsanspruch und der Erfüllungsanspruch unter. Auch ein mögliches Selbstvornahmerecht und die Minderung werden gesperrt.*

cc) § 280 Abs. 1 BGB

Neben dem Leistungsanspruch kann der Besteller auch Schadensersatz nach § 280 Abs. 1 BGB geltend machen. Es handelt sich dabei um Schäden, die außerhalb des bestellten Werkes an anderen Rechtsgütern eintreten und die nicht mit dem bestellten Werk im direkten Zusammenhang stehen. Dazu zählen Schäden, die bei einer hypothetischen Nacherfüllung zum spätmöglichsten Zeitpunkt entfielen, zum Beispiel Gutachterkosten, Nutzungsausfall und entgangener Gewinn.[603]

---

599 Vgl. BGH-NJW 2004, 1462.

600 Siehe auch BGH NJW-RR 2005, 1039 ff.

601 § 311a BGB ist anwendbar auf anfänglich unbehebbare Mängel, die also bereits bei Begründung des Schuldverhältnisses schon vorhanden sind.

602 Nach Begründung des Schuldverhältnisses unbehebbarer Mangel, was die Nacherfüllung unmöglich macht, § 275 Abs. 1 BGB, sog. qualitative Unmöglichkeit.

603 Vgl. Palandt/*Sprau*, § 634, Rn 8.

Dachdeckermeister D soll das Hausdach von X reparieren. Die Arbeit gelingt D nicht, wodurch es zum Wassereintritt in das Haus und zum Schaden am Perserteppich von X kommt. D ist schadensersatzpflichtig aus § 280 Abs. 1 BGB. Der Schaden tritt an einem anderen Rechtsgut ein und ließe sich auch bei einer Nachbesserung durch D nicht mehr vermeiden.

Da dieser Schaden neben den Leistungsanspruch tritt, ist dieser unabhängig von der Geltendmachung des Selbstvornahmerechts, der Nacherfüllung, des Rücktritts und der Minderung.

dd) Sonstige Schäden

§ 280 Abs. 1 BGB ist auch einschlägig, wenn es um die Verletzung sonstiger Pflichten aus dem Werkvertragsverhältnis geht, wie z.B. bei der Verletzung von Nebenpflichten (zu nichtleistungsbezogenen Schutzpflichten siehe § 241 Abs. 2 BGB). Diese Nebenpflichtverletzungen stehen, soweit sie keinen Mangel darstellen, neben den Hauptleistungspflichten, für die aber §§ 631 ff. BGB anwendbar sind. Da die Nebenpflichten nicht von §§ 631 ff. BGB erfasst werden, gelten für sie die normalen Regeln des allgemeinen Teils des Schuldrecht, insbesondere auch die dort geregelte Verjährung.

ee) § 284 BGB Ersatz vergeblicher Aufwendungen

Anstelle des Schadensersatzes statt der Leistung kann der Besteller (Gläubiger) Ersatz seiner Aufwendungen verlangen.[604]

4. Nicht- oder Schlechterfüllung durch den Besteller

Bei der Nicht- oder Schlechterfüllung durch den Besteller gelten die allgemeinen Regeln, wobei folgendes zu beachten ist: die Abnahmepflicht des Bestellers gehört nach § 640 BGB zur Hauptleistungspflicht des Bestellers, da der Unternehmer ansonsten keine Vergütung erhält. Den durch eine schuldhafte Verzögerung der Abnahme entstandenen Schaden kann der Unternehmer aufgrund des Verzugs gem. §§ 280 Abs. 2, 286 BGB vom Besteller ersetzt verlangen.

Der Unternehmer erhält somit z.B. den Zinsschaden durch die verspätete Abnahme und evtl. anfallende Mehraufwendungen ersetzt.

Weiterhin haftet auch der Besteller bei schuldhafter Verletzung von Nebenpflichten gem. §§ 280 Abs. 1, 241 Abs. 2 BGB oder §§ 631 Abs. 1, 280 Abs. 1 BGB.

Informiert der Besteller den Unternehmer beispielsweise nicht über Gefahren, die vom Werk ausgehen, haftet er für den hieraus entstehenden Schaden.

---

604 Siehe oben ab S. 149 ff.

5. Besonderheiten der Preisgefahr beim Werkvertrag

Im Grundsatz gilt, dass der Unternehmer (erst) mit der Abnahme des Werkes einen Anspruch auf die Vergütung erhält (§ 641 BGB). Damit trägt der Unternehmer bis zur Abnahme gem. § 644 Abs. 1 S. 1 BGB die **Preisgefahr**. Wird das Werk vor der Abnahme zufällig zerstört, fällt dieser Umstand in den Risikobereich des Unternehmers. Er bekommt für das zerstörte Werk keine Vergütung und trägt somit die sog. Preisgefahr bis zur Abnahme.

Dachdecker D soll das Hausdach von X neu decken. Nach Beendigung der Arbeiten brennt das Dach durch einen Blitzschlag wieder ab, obwohl ein Blitzableiter installiert ist.

Das Werk (gedecktes Dach) ist durch den Blitzeinschlag vor der Abnahme ohne ein Verschulden der Vertragsparteien untergegangen (zufälliger Untergang). D erhält daher für seine bereits geleistete Arbeit keine Vergütung. Soweit die Deckung des Daches noch einmal möglich ist, muss der Unternehmer die Leistung erneut erbringen. Erst dann erhält er seine Vergütung (nach der Abnahme). Falls die Leistung (die erneute Deckung des Daches) unmöglich ist (z.B. ist das ganze Haus abgebrannt), werden beide Parteien von ihren Verpflichtungen gem. §§ 275 Abs. 1, 644 Abs. 1 Satz 1[605] BGB frei. Demzufolge muss D das Dach nicht mehr decken. Andererseits erhält er für seine bereits geleistete Arbeit keine Vergütung.

a) Übergang der Preisgefahr durch Abnahme

Nach der Abnahme geht die Preisgefahr gem. § 644 Abs. 1 S. 1 BGB auf den Besteller über. Geht das Werk nach der Abnahme zufällig unter, kann der Unternehmer seine Vergütung verlangen, ohne das Werk erneut herstellen zu müssen. Bedeutung erfährt diese Regelung besonders bei bereits ordnungsgemäß erfolgten Teilabnahmen, nach denen das Werk zufällig untergeht.

Als Variante zum o.g. Beispiel hat X das Dach bereits teilweise abgenommen, bevor es durch den Blitzeinschlag zufällig zerstört wird. X freut sich, dass er den Werkvertrag mit D zu einem günstigen Zeitpunkt geschlossen hatte. Da die Endabnahme noch nicht erfolgt ist, fragt X, ob D das Dach wieder komplett herstellen muss, um den Vertrag zu erfüllen. Bezahlen will X dafür aber nur einmal. Zu Recht?

---

605 Es gelten grds. §§ 320 ff. BGB, denen hier aber §§ 644, 645 BGB als speziellere Regelungen vorgehen, sog. Anwendungsvorrang des spezielleren Rechts.

X übersieht den Übergang der Preisgefahr gem. § 644 Abs. 1 Satz 1 BGB. Hiernach kann D erhaltene Teilvergütungen behalten. Die Preisgefahr ist auf den Besteller X übergegangen. Daraus folgt weiterhin, dass D das Dach nicht erneut decken, sondern nur den letzten Teil des noch nicht abgenommenen Werkes erneut leisten muss.

Gleichzeitig legt § 644 Abs. 1 Satz 1 BGB mit dem Übergang der Preisgefahr fest, dass der Unternehmer das Werk nicht wieder herstellen muss, selbst wenn ihm dies möglich ist. Insoweit wird auch die sog. **Leistungsgefahr** geregelt. Lediglich Nachbesserungen am abgenommenen Werk kommen noch infrage, es sei denn die Nacherfüllung verpflichtet zur Neuherstellung.

b) Übergang der Preisgefahr bei Annahmeverzug des Bestellers

Die Preisgefahr geht gem. § 644 Abs. 1 Satz 2 BGB auch schon vor Abnahme auf den Besteller über, wenn sich dieser in **Annahmeverzug** des Werkes befindet. Der Annahmeverzug des Bestellers setzt nach §§ 293 ff. BGB voraus, dass der Besteller das ordnungsgemäß fertig gestellte Werk nicht abnimmt, obwohl es vom Unternehmer ordnungsgemäß angeboten wird.

Im o.g. Beispiel hat D das Dach fertig gestellt und fordert X auf, diese Woche das Dach abzunehmen. X lehnt ab, weil er wenig Zeit habe und den Zahlungstermin hinausschieben möchte. Wiederum schlägt der Blitz ein und das Dach brennt ab. X meint, Glück gehabt zu haben, dass er das Dach vorher nicht abgenommen hat.

X übersieht hier § 644 Abs. 1 Satz 2 BGB, wonach die Preisgefahr bei Annahmeverzug des Bestellers auf diesen auch schon vor Abnahme übergeht. X befand sich durch seine Weigerung, das fertige Dach abzunehmen, in Annahmeverzug. Somit muss er dennoch zahlen, erhält aber kein neues Dach.

§ 644 Abs. 1 S. 2 BGB regelt zusätzlich, dass der Unternehmer das Werk auch dann nicht wieder herstellen muss, wenn ihm dies möglich ist.

Der Annahmeverzug bewirkt eine fingierte Abnahme gem. § 640 Abs. 1 S. 3 BGB.

c) Übergang der Preisgefahr §§ 644 Abs.2,645 BGB

Nach § 644 Abs. 2 BGB geht gleichermaßen die Preisgefahr auf den Besteller über, wenn er sich das fertige Werk zusenden lässt, der Unternehmer hingegen an seinem Standort erfüllen soll. Außerdem geht gem. § 645 BGB die Preisgefahr auf den Besteller über, wenn der von ihm gelieferte Stoff fehlerhaft ist oder falsche Anweisungen durch den Besteller erfolgen und infolge dessen das Werk ohne Verschulden des Unternehmers untergeht.

Streitig ist eine analoge Anwendung von § 645 Abs. 1 BGB. Nach der sog. Sphärentheorie folgt aus § 645 Abs. 1 BGB analog, dass der Besteller für alle Leistungshindernisse aus seiner Risikosphäre haftet. Hiernach geht die Vergütungsgefahr auch bei zufälliger Unmöglichkeit auf den Besteller über, wenn schon die Ursache aus dem Geschäftsbereich (Risikosphäre) des Bestellers stammt[606], ohne dass eine bevorstehende Gefährdungssituation vorliegen müsste.

Bauunternehmer U errichtet im Auftrag von Bauer B eine Scheune. In der fast fertig gestellten, aber noch nicht abgenommenen Scheune lagert B bereits Heu ein. Aufgrund dieser Gefahrerhöhung durch die Heueinlagerung brennt die Scheune schon in der ersten Nacht ab, ohne dass B ein Verschulden trifft. B will U mangels Abnahme keine Vergütung zahlen[607]. Zu Recht?

Die Rechtsprechung und überwiegende Literatur lehnt diese Risikoverlagerung ab, da sie der grundsätzlichen Risikoverteilung beim Werkvertrag widerspricht.[608] Nach der Rechtsprechung findet ein Übergang der Preisgefahr gem. § 645 Abs. 1 BGB analog nur statt, wenn der Besteller das Werk in einen Zustand oder in eine Lage gebracht hat, die eine Gefährdung des Werkes mit sich führte, die ursächlich für den Untergang war.[609]

Im o.g. Beispiel kann U aufgrund der analogen Anwendung von § 645 Abs. 1 BGB die (teilweise) Vergütung verlangen, da B durch das Einbringen von sich selbst entzündenden feuchtem Heu eine Gefahrerhöhung geschaffen hat, welche für den Untergang ursächlich wurde.[610]

6. Verjährung

Die Verjährung der Mängelansprüche richtet sich nach § 634a Abs. 1 Nr. 1 BGB und beträgt 2 Jahre bei einem Werk, dessen Erfolg in der Herstellung, Wartung oder Veränderung einer Sache oder in der Erbringung von Planungs- und Überwachungsleistungen hierfür besteht; 5 Jahre bei einem Bauwerk und einem Werk, dessen Erfolg in der Erbringung von Planungs- und Überwachungsleistungen hierfür besteht, § 634a

606 Vgl. Palandt/*Sprau* § 645, Rn 8.
607 Vgl. BGHZ 40, 71.
608 Vgl. OLG Hamm, BauR 80, 576, BGHZ 40, 71; Palandt/*Sprau* § 645, Rn 9.
609 Vgl. BGHZ 40, 71.
610 Vgl. auch oben ab S. 118 ff.

Abs. 1 Nr. 2 BGB. Im Übrigen gilt die regelmäßige Verjährung, § 634a Abs. 1 Nr. 3 BGB. Bei Rücktritt als Gestaltungsrecht gilt § 218 BGB, vgl. § 634a Abs. 4 Satz 1 BGB.[611] Für den Anspruch auf Erstellung des Werkes sowie für die Entgeltpflicht gilt hingegen die regelmäßige Verjährung gemäß §§ 195, 199 BGB.

7. Vorzeitige Beendigung des Werkvertrages

Der Besteller kann nach § 649 BGB den Werkvertrag vor seiner Erfüllung jederzeit durch **Kündigung** vorzeitig beenden. Der Unternehmer kann in diesem Fall die gesamte vereinbarte Vergütung vom Besteller verlangen, muss sich aber das anrechnen lassen, was er durch die Vertragsaufhebung an Aufwendungen erspart. Nach § 643 BGB kann der Unternehmer nur kündigen, wenn der Besteller auch nach Fristsetzung mit Ablehnungsandrohung des Unternehmers seine Mitwirkungspflichten an der Herstellung des Werkes nicht wahrnimmt. Der Unternehmer erhält nach § 645 Abs. 1 BGB analog einen Vergütungsanspruch für seine bereits geleistete Arbeit. Darüber hinaus können sich die Parteien jederzeit einvernehmlich durch einen sog. Aufhebungsvertrag auf die Beendigung des Werkvertrages verständigen.

8. Besonderheiten beim VOB-Vertrag

Die vertraglichen Pflichten beim Werkvertrag i.R.d. Errichtung von Bauten werden in der Praxis nach einem Standardvertrag modifiziert, siehe dazu die sog. **Verdingungsordnung für Bauleistungen (VOB)**. Vereinbaren die Parteien die Anwendbarkeit der VOB, werden durch Teil B der VOB u.a. einige Regeln des BGB über den Werkvertrag geändert:

> **Z.B. Anfertigung eines Abnahmeprotokolls auf Wunsch einer Partei. Teilweise Erweiterung oder Beschränkung der Gewährleistung sowie Regelungen zum Schadensersatz. Der Unternehmer trägt u.a. nicht die Gefahr für den zufälligen Untergang des Werkes vor Abnahme. Der Unternehmer muss seine Leistung nachprüfbar innerhalb einer Frist abrechnen.**

---

611 Insoweit siehe auch schon beim Kaufvertrag ab S. 266 ff.

Abbildung 39: Der Werkvertrag nach §§ 631 ff. BGB

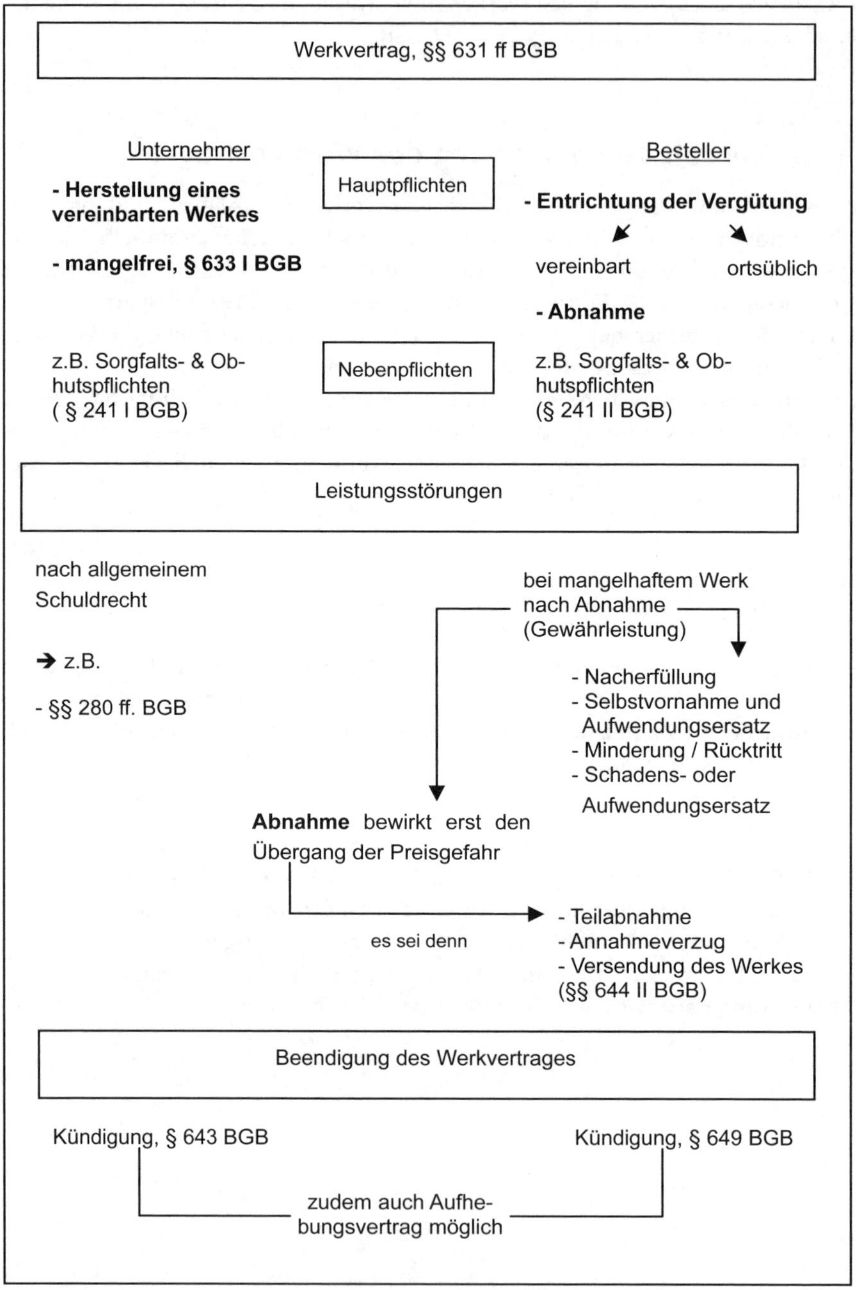

XII. Der Werklieferungsvertrag nach § 651 BGB

Die Vorschrift regelt in Umsetzung der Verbrauchsgüterkaufrichtlinie, welches Recht auf Verträge über die Lieferung herzustellender oder zu erzeugender beweglicher Sachen Anwendung findet. Dabei unterscheidet die Norm nicht hinsichtlich der Herkunft oder der Art der beweglichen Sachen (vertretbar/unvertretbar).

Das Ehepaar E bestellt im Küchenparadies K eine Einbauküche für ihre Wohnung. Im Küchenparadies stellt Mitarbeiter M für E deren Traumküche zusammen. Alle Teile werden bei K selbst hergestellt. Hier stellt sich die Frage, welche Normen anwendbar sind, wenn die Küche mangelbehaftet ist. Zum einen hat K die Einbauküche hergestellt und damit ein Werk vollbracht, zum anderen hat E die Küche schlicht gekauft, so dass ein Kaufvertrag vorliegt. Die sonstige Unterscheidungsmöglichkeit nach dem Schwerpunkt der Pflichtverletzung hilft hier nicht weiter.

In diesen Fällen regelt § 651 Satz 1 BGB die generelle Anwendbarkeit des Kaufrechts. Vom reinen Kaufvertrag unterscheiden sich die Verträge nach § 651 BGB durch die dem Werkvertrag zugrunde liegende Pflicht zur Herstellung für den Besteller. Beim normalen Kaufvertrag schuldet der Verkäufer nur die Übergabe und Übereignung einer an sich schon fertigen Sache. Vom Werkvertrag unterscheiden sich die Verträge nach § 651 BGB durch die schwerpunktmäßige und für einen Kaufvertrag typische Übereignung nach Herstellung. Damit wird über den eigentlichen Anwendungsbereich des Werkvertrages hinausgegangen. Rechtsfolge des § 651 S. 1 BGB ist die Anwendung des Kaufrechts. Satz 2 bestimmt eine Erweiterung des Gewährleistungsausschlusses, wenn der Mangel einer vom Besteller gelieferten Sache anhaftet. Satz 3 trägt der Janusköpfigkeit des Werklieferungsvertrages Rechnung und begründet die Geltung bestimmter Werkvertragsregeln im eigentlich anwendbaren Kaufrecht.

XIII. Der Auftrag nach §§ 662 ff. BGB

Beim Auftrag verpflichtet sich gem. § 662 BGB der Auftragnehmer gegenüber dem Auftraggeber, für diesen unentgeltlich ein Geschäft zu besorgen. Voraussetzung für den Auftrag ist somit die Unentgeltlichkeit. Das zu besorgende Geschäft kann jedes Tätigwerden für den Auftraggeber umfassen.

Es kommt nicht darauf an, ob der Auftragnehmer rechtsgeschäftlich oder tatsächlich handeln soll. Er kann Verträge für den Auftraggeber abschließen (z.B. Einkaufen gehen) oder einen Brief zur Post bringen.

1. Abgrenzung zu anderen Verträgen

Vom **Dienstvertrag** unterscheidet sich der Auftrag durch die Unentgeltlichkeit. Beide Vertragsarten beinhalten, dass der Verpflichtete eine Tätigkeit vorzunehmen hat. Im allgemeinen Sprachgebrauch wird Auftrag teilweise in einem anderen Sinne verwendet.

> **Als "Auftrag" wird oft ein Werkvertrag bezeichnet. Z.B. wenn D seinem Freund erzählt, er habe von X den "Auftrag" bekommen, dessen Dach zu decken. Aber auch der Abschluss eines Kaufvertrages wird teilweise als Auftrag bezeichnet. So z.B. wenn der Händler H seiner Tochter erzählt, er habe den Auftrag zur Lieferung von drei Gabelstaplern bekommen.**

Beim Auftrag ist die Abgrenzung zum bloßen Gefälligkeitsverhältnis von Bedeutung, wobei sich ähnliche Probleme wie bei der Leihe ergeben.[612] Entscheidend ist hierbei wiederum der Rechtsbindungswille der Parteien. Wird der Wille einer Partei deutlich, sich rechtlich dahingehend verpflichten zu wollen, die Geschäftsbesorgung mit der letzten Konsequenz vorzunehmen, dass sein Partner die versprochene Leistung notfalls gerichtlich geltend machen kann (Rechtsbindungswille), liegt ein wirksames Auftragsverhältnis vor. Hierzu ist wie bei der Leihe nicht nur der innere Wille des Auftragnehmers von Bedeutung. Entscheidend ist der sog. objektive Empfängerhorizont, d.h. wie Dritte die Auftragsannahme verstehen mussten. Ist der Auftrag erkennbar von (z.B. wirtschaftlicher) Bedeutung für den Auftraggeber, kommt ein Auftrag gem. §§ 662 ff. BGB in Betracht. Im täglichen Leben besteht ohne ein derartiges besonderes Interesse des Auftraggebers oft nur ein Gefälligkeitsverhältnis ohne rechtliche Pflichten.

Auf einen Dienst- oder Werkvertrag, der eine entgeltliche Geschäftsbesorgung zum Gegenstand hat (**Geschäftsbesorgungsvertrag,** § 675 BGB), finden einige Auftragsregelungen Anwendung, siehe dazu unten.

2. Pflichten der Vertragsparteien

Beim Auftrag hat der Auftragnehmer das ihm übertragene Geschäft sorgfältig auszuführen, § 662 BGB. Der genaue Inhalt der Geschäftsbesorgung ergibt sich hierbei aus der getroffenen Vereinbarung. Der Beauftragte muss wie beim Dienstvertrag im Zweifel die Geschäftsbesorgung selbst durchführen, darf sich hierbei aber der Hilfe Dritter bedienen, was aus § 664 BGB folgt. Gemäß § 666 BGB hat der Beauftragte dem Auftraggeber die erforderlichen Nachrichten zu geben, auf Verlangen über den Stand des Geschäftes zu informieren und nach der Ausführung des Geschäftes Rechenschaft abzulegen.

---

[612] Vgl. oben ab S. 101 ff.

Der Auftraggeber ist verpflichtet, dem Auftragnehmer alle notwendigen Aufwendungen zu ersetzen (§ 670 BGB) und dem Auftragnehmer auf dessen Verlangen hin für die erforderlichen Aufwendungen Vorschuss zu leisten (§ 669 BGB). Hierfür muss der Auftragnehmer dem Auftraggeber alles herausgeben, was er zur Ausführung des Auftrags erhalten oder bei der Durchführung des Auftrags erlangt hat (§ 667 BGB).

Beauftragt E den Freund F, seine Geschäftspost vom Postamt abzuholen, muss F diese Geschäftsbesorgung durchführen, da ein Auftragsverhältnis nach §§ 662 ff. BGB zustande gekommen ist. F kann sich von E bereits vorab die nötig erscheinenden Aufwendungen bezahlen lassen, wie z.B. das Fahrgeld. Den Überschuss des Vorschusses muss er nach Beendigung der Geschäftsbesorgung an E zurückgeben, wie auch alles andere, was er aus der Durchführung der Geschäftsbesorgung erlangt; Z.B. die Pakete und Briefe, die er auf der Post ausgehändigt bekommt.

Gemäß § 671 BGB kann sowohl der Auftragnehmer als auch der Auftraggeber den Auftrag durch Kündigung bzw. Widerruf aufheben. Der Auftragnehmer darf aber nicht zur "Unzeit" kündigen, so dass der Auftraggeber keine Vorsorge mehr für die Kündigung treffen könnte. Verletzen die Vertragsparteien Pflichten aus dem Auftragsverhältnis, haften sie nach den allgemeinen Regeln über Verzug, Unmöglichkeit oder § 280 Abs. 1 BGB. Der Auftrag spielt keine bedeutende Rolle in der Rechtspraxis. Anders verhält es sich mit dem Geschäftsbesorgungsvertrag, der teilweise Auftragsregeln folgt.

XIV. Der Geschäftsbesorgungsvertrag § 675 BGB

1. Voraussetzung und Inhalt

Der Geschäftsbesorgungsvertrag ist ein Dienst- oder Werkvertrag, der eine entgeltliche Geschäftsbesorgung zum Inhalt hat (§ 675 BGB). Es handelt sich um einen Spezialfall des Dienst- oder Werkvertrags, auf den gem. § 675 BGB einige Auftragsregeln anwendbar sind. Geschäftsbesorgung ist nicht jede entgeltliche Tätigkeit.

Als Geschäftsbesorgung gilt nur eine selbständige Tätigkeit mit wirtschaftlichem Charakter, welche im Bereich einer fremden wirtschaftlichen Interessensphäre vorgenommen wird.[613]

Die Tätigkeit muss sich somit unmittelbar auf das Vermögen des Geschäftsherrn (Auftraggebers) beziehen. Als Geschäftsbesorgung gilt z.B.:

Tätigkeit eines Rechtsanwalts, Steuerberaters, Anlageberaters, der kontoführenden Bank. Nicht aber die Tätigkeit des Arztes oder eines Privatlehrers, welche nicht den Vermögensbereich des Geschäftsherrn ("Auftraggebers") betreffen.

Es muss hinzukommen, dass sich der Geschäftsherr ursprünglich selbst um diese Geschäftsbesorgung kümmern sollte.

Wird die Aufgabe durch den Vertrag erst neu geschaffen, liegt kein Geschäftsbesorgungsvertrag vor. Z.B. nicht zwischen Architekten und Bauherren, weil die Planung erst durch den Architekten ermöglicht wird. Hauptfall der Geschäftsbesorgung sind Vermögensverwaltung- und beratung sowie Rechtsberatung.

2. Pflichten der Vertragsparteien

Für den Geschäftsbesorgungsvertrag gelten hauptsächlich die Auftragsregeln (§ 675 BGB). Nur soweit die Bestimmungen der §§ 662 ff. BGB über den Auftrag nicht eingreifen, finden zusätzlich die Dienst- oder Werkvertragsvorschriften Anwendung. In § 675 BGB wird für den Geschäftsbesorgungsvertrag nicht auf § 664 BGB verwiesen, der die höchstpersönliche Ausführung des Auftrags vorschreibt. Folglich kann der Verpflichtete die Vornahme der Tätigkeiten auch Dritten überlassen, wenn der Geschäftsbesorgungsvertrag werkvertraglichen Charakter hat und sich aus dem zugrundeliegenden Vertrag nicht ein höchstpersönliches Vertrauensverhältnis ergibt.

Bei einem Geschäftsbesorgungsvertrag mit dienstvertraglichem Charakter ist entsprechend § 613 BGB die Dienstleistung stets höchstpersönlich vorzunehmen.

Demzufolge hat z.B. der Vermögensberater höchstpersönlich tätig zu werden und darf die Tätigkeit nicht gänzlich Dritten übertragen, aber Gehilfen einschalten.

[613] Vgl. dazu BGHZ 45, 228; zur Geschäftsbesorgung und zum Rechtsberatungsgesetz siehe auch *Sauer/Wittemann* BKR 2003, 656 ff.

XV. Geschäftsführung ohne Auftrag §§ 677 ff. BGB

Das Rechtsinstitut der Geschäftsführung ohne Auftrag (GoA) kommt in Betracht, wenn keine vertragliche Beziehung zwischen den Parteien besteht. Mit Hilfe der GoA besteht die Möglichkeit, ein angemessenes rechtliches Ergebnis zu erreichen, wenn konkrete vertragliche Beziehungen fehlen. Bei der GoA besorgt jemand (der sog. Geschäftsführer) für einen anderen (den sog. Geschäftsherrn) ein fremdes Geschäft, ohne vom Geschäftsherrn hierzu beauftragt oder verpflichtet worden zu sein. Der Geschäftsführer wird für einen anderen freiwillig tätig, insbesondere um diesen vor Schaden zu bewahren oder im Interesse des Geschäftsherrn zu handeln. In diesen Fällen liegt eine **berechtigte GoA** vor. Das Gesetz will in diesem Fall den Handelnden schützen und ihn mit eigenen Rechten gegen den Geschäftsherrn ausstatten.

Großgrundbesitzer G steht an seinem See und angelt. Das Terrain hat er durch einen Zaun mit einem abgeschlossenen Tor gesichert und ein Schild "Betreten verboten" aufgestellt. Aus Unachtsamkeit rutscht er ins kalte Wasser und ist sofort bewusstlos. Spaziergänger S, der den Vorgang zufällig beobachtet, bricht sofort das Tor auf und eilt zum Teich, wo er G retten kann. G bedankt sich, fordert jedoch Schadensersatz für das von S aufgebrochene Tor. Er habe S nicht ermächtigt oder beauftragt, das Tor aufzubrechen. S hätte schließlich über den Zaun klettern können. S ist schockiert und fordert Ersatz für seinen Anzug, der bei der Rettungsaktion beschädigt wurde.

Daneben soll der Geschäftsherr aber auch vor "Besserwissern" geschützt werden, die ihre "Hilfe" dem Geschäftsherrn aufdrängen wollen. Bei dieser **unberechtigten GoA** soll der Geschäftsführer keinen Anspruch erhalten.

a) A hat sein Auto schon seit über einem Jahr nicht mehr gewaschen und lehnt saubere Autos als "spießig" ab. Seine Freundin F glaubt dennoch etwas Gutes für ihn zu tun, indem sie das Auto in der Waschanlage waschen lässt. Die Auslagen möchte sie von A erstattet bekommen, der verärgert und mit der Erstattungsforderung nicht einverstanden ist.

b) A wollte sich schon immer das Buch "Sein oder Design" kaufen, welches er bislang in keinem Buchladen gefunden hat. F sieht eines Tages zufällig das Buch im Sonderangebot und kauft es für A.

Im Fall a) erhält F keine Auslagen, da sie unberechtigt gegen den ausdrücklichen Willen von A handelt. Anders verhält es sich im Fall b), wo aufgrund der berechtigten GoA eine Erstattungspflicht für A besteht.

1. Voraussetzung der berechtigten GoA

Eine Geschäftsführung ohne Auftrag liegt vor, wenn der Geschäftsführer für den Geschäftsherrn

1. ein objektiv fremdes Geschäft
2. mit Fremdgeschäftsführungswillen
3. ohne Auftrag

vornimmt. Liegt das Tätigwerden des Geschäftsführers im Interesse und im wirklichen oder mutmaßlichen Willen des Geschäftsherrn, kann er Ersatz seiner Aufwendungen nach §§ 670, 683 S. 1 i.V.m. 677 BGB verlangen.

a) Geschäftsbesorgung

Eine Geschäftsbesorgung ist wie nach § 662 BGB (Auftrag) extensiv zu bewerten. Hierzu können alle tatsächlichen oder rechtsgeschäftlichen Handlungen des Geschäftsführers zählen.

b) Fremdes Geschäft

Der Geschäftsführer muss das Geschäft für einen anderen führen. Dies ist der Fall, wenn das Geschäft fremd ist. Ein **fremdes Geschäft** liegt grundsätzlich vor, wenn es in tatsächlicher oder rechtlicher Hinsicht nur den Geschäftsherrn betrifft, sog. objektiv fremdes Geschäft.[614] Bei diesem lässt sich aus dem Inhalt des Geschäftes objektiv auf den betroffenen Rechtskreis des Geschäftsherrn schließen.

Wenn S im o.g. Beispiel G vor dem Ertrinken retten will, liegt ein objektiv fremdes Geschäft vor, da es nur den Rechtskreis von G betrifft.

Soweit es an einer objektiven Fremdbezogenheit des Geschäftes mangelt, handelt es sich um ein sog. **neutrales Geschäft**. Dieses kann durch einen Fremdgeschäftsführungswillen des Geschäftsführers zum fremden Geschäft werden, sog. subjektiv fremdes Geschäft. Hierfür ist die erkennbare Bestimmung durch den Geschäftsführer erforderlich. Nimmt der Geschäftsführer mit der Geschäftsbesorgung auch eigene Belange wahr, sog. **auch-fremdes Geschäft**[615], steht dies der Fremdheit nicht entgegen.

Der Feuerwehr obliegt das Löschen eines Brandes, zugleich ist nach der Rechtsprechung grundsätzlich eine GoA für den Brandverursacher als "Geschäftsherrn" gegeben, weil es sich objektiv um dessen Geschäft handelt.

---

614 Vgl. BGHZ 70, 389.
615 Vgl. BGHZ 98, 240.

c) Fremdgeschäftsführungswille

Beim Geschäftsführer muss der Wille zur Führung eines fremden Geschäfts vorhanden sein. An dieses Tatbestandsmerkmal werden von der Rechtsprechung nur geringe Anforderungen gestellt. Bei objektiv fremden Geschäften wird der Fremdgeschäftsführungswille vermutet, hingegen trifft den Geschäftsführer bei subjektiv fremden Geschäften die Beweispflicht für diesen Willen.[616]

d) Ohne Auftrag oder sonstige Berechtigung

Der Geschäftsführer darf dem Geschäftsherrn nicht bereits zur Geschäftsführung aus Vertrag oder aus Gesetz verpflichtet sein.

Will S sein eigenes Kind vor dem Ertrinken retten, liegt keine GoA in Bezug auf die Rettung des Kindes vor. Als Vater ist er bereits gem. § 1626 Abs. 1 BGB zur Rettung des eigenen Kindes verpflichtet. Gleichermaßen ist der Leibwächter oder das Kindermädchen aus Vertrag zur Rettung verpflichtet, so dass keine GoA vorläge.

e) Berechtigung zur Geschäftsübernahme

Dem Geschäftsherrn soll nicht gegen seinen Willen eine Geschäftsführung aufgezwungen werden. Deshalb müssen die Voraussetzungen für die Berechtigung zur Geschäftsführung für einen anderen vorliegen. Dabei reicht es nicht aus, dass der Geschäftsführer irrig das Vorliegen der Berechtigung annimmt. Der praktisch wichtigste Fall der **berechtigten** GoA, neben der nachträglichen Genehmigung durch den Geschäftsherrn (§ 684 S. 2 BGB), liegt vor, wenn die Übernahme der Geschäftsführung dem **Interesse und dem Willen**[617] oder dem mutmaßlichen Willen des Geschäftsherrn entspricht (§ 683 S. 1 BGB). Ein **Interesse** des Geschäftsherrn besteht an der Geschäftsbesorgung durch den Geschäftsführer, wenn sie ihm objektiv nützlich ist[618], wobei grundsätzlich der Zeitpunkt der Übernahme maßgebend ist. Der **Wille** des Geschäftsherrn muss darauf gerichtet sein, dass der Geschäftsführer gerade für ihn die Geschäftsbesorgung übernimmt. Vorrangig ist hierbei der tatsächliche Wille des Geschäftsherrn, den dieser ausdrücklich oder konkludent zum Zeitpunkt der Vornahme des Geschäftes hat.[619] Wenn kein Wille hinsichtlich des konkreten Geschäfts auf Seiten des Geschäftsherrn besteht, ist auf den mutmaßlichen Willen abzustellen.[620]

---

616 Vgl. zum Fremdgeschäftsführungswillen auch Palandt/*Sprau*, Einf § 677, Rn 3.
617 Kumultativ!
618 Instruktiv BGHZ 47, 370.
619 Vgl. zu den Ausnahmen § 684 S. 2 BGB (nachträgliche Genehmigung des Geschäftsherrn), § 679 BGB (Unbeachtlichkeit des entgegenstehenden Willens des Geschäftsherrn bei Pflichter-

Im o.g. Beispiel bestand auf Seiten des bewusstlosen, ertrinkenden G der mutmaßliche Wille, sich retten zu lassen. Anders verhält es sich im o.g. Beispiel a) hinsichtlich der Autowäsche. Selbst wenn F nichts von der Antipathie von A für gewaschene Autos wusste, berechtigt ihre Mutmaßung sie nicht zur GoA, da der Wille von A ausdrücklich entgegensteht.

Die Geschäftsübernahme ist deshalb für den Geschäftsführer riskant.

2. Rechtsfolgen der berechtigten GoA

Liegt eine berechtigte GoA vor, besteht zwischen dem Geschäftsführer und dem Geschäftsherrn ein **gesetzliches (Ausgleichs-)Schuldverhältnis,** welches Pflichten und Rechte auf beiden Seiten begründen kann.

Der Geschäftsführer kann

- seine notwendigen Aufwendungen ersetzt verlangen (§§ 670, 683 Satz 1, 677 BGB),
- zu denen auch Schäden gehören, die typischerweise bei der Geschäftsführung entstehen.

Er kann zunächst seine Aufwendungen ersetzt verlangen, die er für nötig halten durfte (§§ 670, 683 Satz 1 iVm 677 BGB).

F kann demnach von A im o.g. Beispiel b) den Kaufpreis für das Buch verlangen, da eine berechtigte GoA vorliegt. Anders verhält es sich im Beispiel a) hinsichtlich der Autowäsche, da keine Berechtigung vorliegt.

Der **Aufwendungsersatz** umfasst für Geschäftsführer, die einer beruflichen oder gewerblichen Gruppe angehören und entsprechende Handlungen im Rahmen der Geschäftsbesorgung vornehmen, auch eine übliche Vergütung. Hierunter fällt beispielsweise die Rettungs- und Behandlungstätigkeit eines Arztes, der am Unfallort erste Hilfe leistet. Diese Rechtsfolge lässt sich u.a. systematisch im Vergleich mit § 1835 Abs. 3 BGB ableiten. Zum Aufwendungsersatz zählt auch der Schadensersatz für bei der Geschäftsführung **typischerweise entstehende Schäden**.

füllung im öffentlichen Interesse oder zur rechtzeitigen Erfüllung einer gesetzlichen Unterhaltspflicht des Geschäftsherrn).

620 Vgl. BayObLG ZMR 2003, 694 ; siehe dazu auch *Medicus* BR, Rn 424, 425.

Aufwendungen sind grundsätzlich nur freiwillige Opfer, während Schäden unfreiwillige Opfer an Rechtsgütern darstellen. Für die Regulierung des Schadens als Aufwendungsersatz wird in der Judikatur angeführt, dass es der Geschäftsführer freiwillig übernommen habe, die typischerweise auftretenden Schäden zu erleiden.

Demzufolge kann S von G Schadensersatz für seinen ruinierten Anzug verlangen, da derartige Schäden typischerweise bei einer entsprechenden Rettungsaktion eintreten können.

Der Schadensersatz ist dabei auf jene Ausnahmefälle beschränkt, weil das Gesetz in § 670 BGB grundsätzlich nur einen Aufwendungsersatz zuspricht, nicht hingegen Schadensersatz. Weiterhin könnte der Geschäftsführer einen Schadensersatzanspruch z.B. aus unerlaubter Handlung (§§ 823 ff. BGB) haben, welcher jedoch ein Verschulden des Geschäftsherrn voraussetzt.[621]

Den Geschäftsführer trifft die Hauptpflicht, bei der Ausführung das Geschäft ordnungsgemäß und sorgfältig zu führen, wofür wiederum das objektive Interesse und der Wille des Geschäftsherrn maßgebend sind. Verstößt der Geschäftsführer gegen diese **Sorgfaltspflichten**, kommt bei Verschulden des Geschäftsführers ein Schadensersatzanspruch des Geschäftsherrn aus § 280 Abs. 1 BGB i.V.m. §§ 677 ff. BGB in Betracht. Dabei wird deutlich, dass § 280 Abs. 1 BGB auch bei gesetzlichen Schuldverhältnissen Anwendung findet.

Fehlt es an einem Ausführungsverschulden des Geschäftsführers, haftet dieser nicht für Schäden, die er im Rahmen der berechtigten GoA beim Geschäftsherrn verursacht. Vielmehr stellt die berechtigte GoA einen Rechtfertigungsgrund für die Verletzungshandlung dar und schließt somit die Rechtswidrigkeit als Tatbestandsmerkmal möglicher Ersatzansprüche (z.B. nach §§ 823 ff. BGB) aus.

Deshalb kann G von S keinen Schadensersatz für das aufgebrochene Tor verlangen. Dieser hat zwar das Eigentum des G beschädigt. Er war aber durch die GoA gerechtfertigt.

Gleichfalls stellt die berechtigte GoA einen Rechtsgrund im Sinne des § 812 Abs.1 Satz 1 Alt. 1 BGB dar.

3. Rechtsfolgen der unberechtigten GoA

Nimmt der Geschäftsführer eine unberechtigte GoA wahr, stehen ihm die o.g. Rechte nicht zu.

621 Vgl. hierzu unten im Deliktsrecht ab S. 397 ff.

Der Geschäftsführer kann bei der unberechtigten GoA

- grundsätzlich keinen Aufwendungsersatz und keinen Schadensersatz verlangen
- und haftet für die von ihm angerichteten Schäden (§ 678 BGB).

§ 678 BGB bildet eine **eigene Anspruchsgrundlage** für die Schadensersatzpflicht des Geschäftsführers. Hiervon gibt es eine Einschränkung bei der GoA zur Gefahrenabwehr (§ 680 BGB). Bezweckt die GoA die Abwendung einer dem Geschäftsherrn drohenden dringenden Gefahr, haftet der Geschäftsführer nur für Vorsatz oder grobe Fahrlässigkeit (Haftungsprivilegierung).

4. Irrtümliche und angemaßte Geschäftsführung

Nach § 687 Abs. 1 BGB wird der Fall, dass jemand ein fremdes Geschäft in der (irrigen) Auffassung besorgt, dass es sein eigenes sei, ausdrücklich von den Regelungen über die GoA ausgeschlossen, sog. irrtümliche Eigengeschäftsführung. Insoweit ist auf allgemeine Regelungen wie z.B. §§ 812 ff. BGB und §§ 823 ff. BGB abzustellen.

Den Fall, dass jemand ein fremdes Geschäft als sein eigenes behandelt, obwohl er weiß, dass er nicht dazu berechtigt ist, regelt § 687 Abs. 2 BGB. Bei dieser sog. angemaßten Eigengeschäftsführung kann der Geschäftsherr gem. § 687 Abs. 2 BGB seine Ansprüche aus §§ 678, 681 BGB geltend machen, ist dem Geschäftsführer dann aber ebenfalls im Rahmen des § 687 Abs. 2 BGB verpflichtet.

XVI. Der Maklervertrag §§ 652 ff. BGB

Beim "Mäklervertrag" verpflichtet sich der Auftraggeber, dem Makler die vereinbarte Vergütung (Provision) zu zahlen, wenn der Auftraggeber durch den Nachweis oder die Vermittlung des Mäklers zu dem angestrebten Vertragsschluss gelangt (§652 BGB). In der Praxis hat die Wohnungsvermittlung durch einen Makler die größte Bedeutung. Dieser vermittelt dem Auftraggeber den Abschluss eines Kauf- oder Mietvertrages über Wohnraum, z.B. den Vertragsschluss mit dem Verkäufer oder Vermieter (Dritter). Zu den Maklerverträgen gehört als Unterfall auch der Ehemaklervertrag bzw. die sog. Heiratsvermittlung nach § 656 BGB.

Der Makler verkauft oder vermietet nicht selbst, sondern bewirkt, dass der Auftraggeber mit einem Dritten einen entsprechenden Vertrag schließen kann. Die Besonderheit des Maklervertrages liegt darin, dass für den Makler keine Pflicht zum Tätigwerden gegenüber dem Auftraggeber begründet wird und sein Lohnanspruch dementsprechend nur entsteht, wenn seine Vermittlungstätigkeit ursächlich für den Vertragsschluss ist, den der Auftraggeber mit einem Dritten vornimmt. Der Auftraggeber kann grundsätzlich jederzeit den Maklerauftrag widerrufen, selbst tätig werden, oder weitere Makler einschalten. Der Auftraggeber hat grundsätzlich keine Pflicht, entsprechende, vom Makler angebotene Vertragsmöglichkeiten abzuschließen. In der Praxis lassen sich Makler deshalb teilweise einen sog. "Fest- *und* Alleinauftrag" erteilen, bei dem der Auftraggeber nicht mehr frei den Auftrag widerrufen kann und keine weiteren Makler einschalten darf. Hierdurch entsteht allerdings für den Makler die Pflicht zum Tätigwerden.

Dem Auftraggeber steht dabei üblicherweise im Rahmen vereinbarter Fristen ein Kündigungsrecht zu. Ansonsten kommt eine fristlose Kündigung nach § 626 BGB bei Vorliegen eines wichtigen Grundes in Betracht, der z.B. bei Untätigkeit des Maklers gegeben sein kann. Einen bestimmten Vertragsschluss, den ihm der Makler anbietet, muss der Auftraggeber nach wie vor nicht eingehen.

Dem Makler steht der Lohn nicht zu, wenn er vertragswidrig auch für den anderen Vertragsteil tätig gewesen ist (§ 654 BGB). Der Makler soll dadurch seine Objektivität wahren, die gefährdet sein kann, wenn er für beide Teile agiert. Im Vertrag kann allerdings etwas anderes vereinbart sein. Der Lohnanspruch des Maklers entfällt auch, wenn er selbst Vertragspartner des zu vermittelnden Vertrages ist. Dieser Grundsatz gilt insbesondere, wenn er an dem abzuschließenden Geschäft wirtschaftlich stark beteiligt ist.

> **Makler M baut mit mehreren Geschäftspartnern als Geldgeber einen Wohnkomplex, der vermietet werden soll. Für den Abschluss dieser Mietverträge steht ihm kein Maklerlohn zu, da er an dem Geschäft (wirtschaftlich) selbst beteiligt ist. Gleiches kann gelten, wenn er als "Verwalter" des Wohnkomplexes tätig ist (§ 2 Abs. 2 Nr. 2, 2. Var. Wohnungsvermittlungsgesetz) oder bereits von den Eigentümern beauftragt wurde. Bei der Beauftragung durch die Eigentümer können abweichende Vereinbarungen getroffen werden, was in der Praxis regelmäßig erfolgt.**

Besonderheiten gelten bei der **Wohnungsvermittlung.**

Nach dem Wohnungsvermittlungsgesetz (WoVermG), welches Missständen bei der Wohnungsvermittlung vorbeugen soll, ist festgelegt, dass dem Makler kein Lohnanspruch zusteht,

- wenn durch den Mietvertrag nur ein schon bestehendes Mietverhältnis fortgesetzt, verlängert oder erneuert wird,
- wenn der Mietvertrag über Wohnräume geschlossen wird, deren Eigentümer, Verwalter, oder Vermieter der Wohnungsvermittler (Mäkler) selbst ist,

- wenn der Mietvertrag über Wohnräume abgeschlossen wird, deren Eigentümer, Verwalter oder Vermieter eine juristische Person ist, an der der Wohnungsvermittler rechtlich oder wirtschaftlich beteiligt ist.
- wenn eine natürliche oder juristische Person Eigentümer, Verwalter oder Vermieter von Wohnräumen ist und ihrerseits an einer juristischen Person, die sich als Wohnungsvermittler betätigt, rechtlich oder wirtschaftlich beteiligt ist. [622]

Bei der Wohnungsvermittlung kann durch Vertrag von den vorstehenden Grundsätzen keine abweichende Vereinbarung getroffen werden. Hingegen ist eine Vereinbarung möglich, dass dem Makler der Lohnanspruch auch zusteht, obwohl er vom Vermieter beauftragt wurde. In der Praxis wird dies regelmäßig vereinbart. Demnach muss der Mieter i.d.R. die Maklerprovision auch dann zahlen, wenn der Vermieter den Makler eingeschaltet hat. Wird der Makler über die Vermittlung des Vertrages hinaus auch als Verwalter tätig, kommt ein Ausschluss des Lohnanspruchs nach dem WoVermG in Betracht. Vorschüsse dürfen bei der Wohnungsvermittlung nicht verlangt werden. Ebenso unwirksam ist im Rahmen von AGB die Vereinbarung einer vom Vermittlungserfolg unabhängigen Vergütung (Provision).

Bei der **Heiratsvermittlung** besteht eine andere Besonderheit: Hier erhält der Heiratsvermittler gem. § 656 BGB keinen verbindlichen und einklagbaren Lohnanspruch. Zahlt der Auftraggeber dennoch, kann der Heiratsmakler seinen Lohn behalten und der Auftraggeber diesen nicht zurückfordern. Diese Art des Leistungsrechts wird **Naturalobligation**[623] genannt. Dementsprechend vereinbaren die Heiratsmakler i.d.R., dass hohe Vorschüsse zu zahlen sind, was für diese Vertragsart zulässig ist.

XVII. Spiel und Wette

Gemäß § 762 BGB wird grundsätzlich durch Spiel und Wette keine Verbindlichkeit begründet. Das aufgrund des Spiels oder der Wette Geleistete (z.B. "Spielschulden" in Höhe von 200,- EUR) kann nach der Leistung nicht mehr zurückgefordert werden (§ 762 Abs. 1, Satz 2 BGB), sog. **Naturalobligation.**[624]

> **G wettet mit E um 1000,- EUR auf den Sieg eines Boxers in einem bedeutenden Kampf. G verliert diese Wette, woraufhin E nachhaltig die Zahlung der 1000,- EUR verlangt.**

---

[622] Vgl. § 2 WoVermG.

[623] Vgl. zur Naturalobligation im Fall des Versprechens eines Lohns für den Nachweis der Gelegenheit zur Eingehung einer Ehe oder für die Vermittlung des Zustandekommens einer Ehe OLG Koblenz NJW-RR 2006, 419.

[624] Vgl. Palandt/*Heinrichs*, § 138, Rn 94.

Durch Spiel und Wette werden nach § 762 BGB keine Ansprüche begründet. Folglich hat E keinen Zahlungsanspruch. Zahlt G hingegen freiwillig an E, weil er zu "seinem Wort stehen will", kann er das Gezahlte später nicht mehr zurückfordern, weil er nicht hätte zahlen müssen.[625]

Auch die Ausstellung eines Schuldanerkenntnisses o.ä. (z.B. eines Schecks oder Wechsels) zur Begleichung der Spielschuld ist ungültig (§ 762 Abs. 2 BGB). Etwas anderes gilt für die staatlich genehmigten Lotterien und Ausspielungen. Gem. § 763 BGB wird nur bei **staatlicher Genehmigung** des Spiels oder der Wette eine rechtliche Verbindlichkeit begründet.

Gewinnt G den Betrag von 9,- EUR im "Lotto", hat er aufgrund der staatlichen Genehmigung einen Anspruch auf Auszahlung. Ebenso verhält es sich hinsichtlich staatlich genehmigter Spielcasinos.

XVIII. Die Bürgschaft nach §§ 765 ff. BGB

Die Bürgschaft ist ein einseitig verpflichtender Vertrag.[626] Bei der Bürgschaft verpflichtet sich der Bürge gegenüber dem Gläubiger eines Dritten, für die Verbindlichkeit (Hauptschuld) des Dritten einzustehen, vgl. § 765 Abs. 1 BGB.

Die Bank gewährt S ein Darlehen (Kredit) in Höhe von 100.000,- EUR. Zur Sicherheit lässt die Bank sich von seinem Vater eine Bürgschaftserklärung für die Kreditrückzahlung geben.

Damit hat sich der Vater (Bürge) gegenüber der Bank als Gläubigerin (der Darlehensforderung) von S (Dritter) verpflichtet, für die Erfüllung der Verbindlichkeit (Kredit) von S (Dritter) einzustehen. Die Verbindlichkeit des Dritten wird auch als Hauptschuld bezeichnet und der Dritte (S) als Hauptschuldner. Zahlt S den Kredit nicht zurück, muss der Vater als Bürge zahlen.

Vertragspartner der Bürgschaft sind der Bürge und der Gläubiger des Hauptschuldners (im Fall der Vater und die Bank).

---

625 Daher auch der Volksmund: "Wettschulden sind Ehrenschulden."

626 BGHZ 115, 177; siehe auch *Heinemann/Pickartz* JuS 2002, 1081.

Daneben besteht das Schuldverhältnis zwischen dem Gläubiger der zu verbürgenden Forderung und dem Schuldner dieser Forderung, dem Dritten. Dies ist die sog. **Hauptschuld**.

Im Beispiel besteht die Hauptschuld im Darlehensvertrag zwischen der Bank und S.

Der Bürge verpflichtet sich **vertraglich,** für eine fremde Schuld einzustehen, und begründet damit eine eigene Leistungspflicht. Wenn der Bürge seine eigene Schuld erfüllt, geht die Hauptforderung **gesetzlich** nach § 774 Abs. 1 Satz 1 BGB auf ihn über (sog. cessio legis). Die Bürgschaft dient der Sicherung einer fremden Schuld für den Gläubiger dieser Schuld, und zwar üblicherweise zur **Kreditsicherung**.

Verkäufer V zweifelt, ob sein Vertragspartner K die für 100.000,- EUR bestellten Waren bezahlen kann. Deshalb lässt er sich von der Bank seines Vertragspartners eine Bürgschaft über die Kaufpreisforderung geben. Das Geschäft wirkt für V wie ein Kredit, weil er dem Vertragspartner Waren im Wert von 100.000,- EUR vorleisten muss. Zur Absicherung verlangt er die Bürgschaft der Bank.

Die Bürgschaft ist für den Bürgen sehr riskant. Schließlich muss er in vollem Umfang für die fremde Verbindlichkeit einstehen, ohne eine Gegenleistung zu erhalten. Er steht damit wirtschaftlich betrachtet schlechter als der Hauptschuldner, für dessen Verpflichtung er sich verbürgt.

Im o.g. Beispiel erhält K von V tatsächlich Waren im Wert von 100.000,- EUR, aus deren Verwertung er den Kaufpreis bezahlen könnte. Der Bürge erhält dagegen nichts, sondern muss notfalls die gesamte Schuld ohne Gegenleistung aus seinem eigenen Vermögen bezahlen.[627]

[627] Siehe bereits Friedrich von Schiller: "Ich lasse den Freund Dir als Bürgen, den magst Du, entrinn ich, erwürgen ...".

Abbildung 40: *Die Bürgschaft §§ 765 ff. BGB*

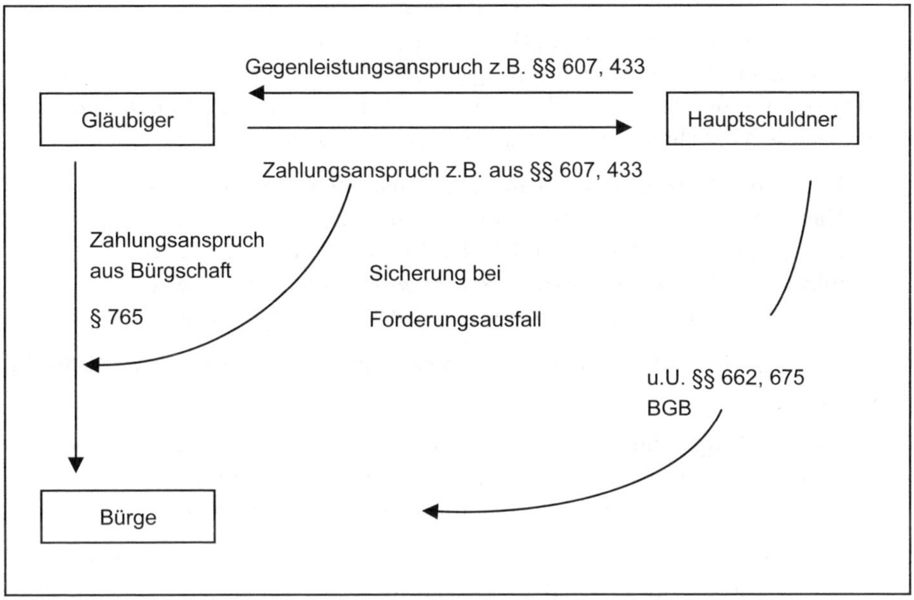

1. Voraussetzungen des Bürgschaftsanspruchs

Der Gläubiger (Bürgschaftsnehmer) kann den Bürgen auf die Zahlung der Bürgschaft nach § 765 Abs. 1 BGB in Anspruch nehmen, wenn

- ein wirksamer Bürgschaftsvertrag zwischen Bürge und Gläubiger vorliegt
- die fremde Hauptforderung (wirksam und) fällig ist.

a) Wirksamer Bürgschaftsvertrag

Nach den allgemeinen Regeln über den Vertragsschluss muss ein Bürgschaftsvertrag zustande kommen. Der Bürge muss dem Gläubiger (Bürgschaftsnehmer) erklären, dass er für die Verbindlichkeit des Dritten (Hauptschuldners) gegenüber dem Gläubiger einsteht. Dieses Angebot bedarf der Annahme auf Seiten des Gläubigers.

Die Bürgschaftserklärung setzt gem. § 766 BGB Schriftform voraus.

Ansonsten ist sie grundsätzlich gem. §§ 766 Satz 1, 125 BGB ungültig.

Für den Vertragsschluss wird es für das Schriftformerfordernis des § 766 BGB als ausreichend angesehen, wenn nur der Bürge seine Bürgschaftserklärung schriftlich abgibt. Diese Erklärung kann der Gläubiger mündlich oder durch schlüssiges (konkludentes) Handeln annehmen, indem er die Bürgschaftserklärung entgegennimmt.

Durch die Schriftform soll der Bürge vor den Folgen seiner Haftung gewarnt und vor unüberlegten Bürgschaftserklärungen geschützt werden. § 766 BGB ist (im Wege einer sog. teleologischen Reduktion) deshalb dahingehend einzuschränken, dass nur der Bürge seine Erklärung schriftlich abgeben muss.

Zahlt der Bürge dennoch auf den unwirksamen (mündlichen) Vertrag, wird die Unwirksamkeit geheilt (§ 766 Satz 3 BGB).

Hat der Bürge schon gezahlt, kann er deshalb nicht seine Leistung nach § 812 Abs. 1, Satz 1, 1. Alt. BGB zurückfordern, da aufgrund der Heilung ein Rechtsgrund zur Leistung besteht.

Bei einem Vollkaufmann, der im Rahmen seines Handelsgeschäfts handelt, bedarf es nicht der Schriftform, vgl. § 350 HGB. Die schriftliche Bürgschaftserklärung muss alle wesentlichen Bestandteile des Bürgschaftsvertrages enthalten. Der Gläubiger und der Hauptschuldner sind mit der zu sichernden Hauptforderung zu bezeichnen und die Bürgschaftserklärung des Bürgen für diese Hauptforderung muss in der Urkunde enthalten sein. Der Bürge kann sich gem. § 765 Abs. 2 BGB auch für eine **zukünftige** oder **bedingte Hauptforderung** verpflichten. Nach der Rechtsprechung des BGH kann eine Bank durch ihre AGB nicht mehr bestimmen, dass der Bürge unbegrenzt für alle zukünftigen Schulden des Hauptschuldners aus seiner Geschäftsbeziehung mit der Bank haften muss (sog. Kontokorrentbürgschaft), ohne einen Höchstbetrag zu nennen. Entsprechende Vereinbarungen sind unwirksam.

b) Bestehen der Hauptforderung

Da der Bürge sich selbständig für die Erfüllung der fremden Verbindlichkeit verpflichtet, ist seine Inanspruchnahme davon abhängig, dass diese fremde Forderung (noch) besteht.

Die Bürgschaftsverpflichtung ist vom Bestand der zu sichernden Hauptschuld abhängig, sog. Akzessorietät der Bürgschaft (§ 767 Abs. 1 S. 1 BGB).

Dieser Grundsatz kann von den Parteien nicht durch Vereinbarung abgeändert werden. Es gilt deshalb:

Ist die Hauptforderung nicht entstanden oder untergegangen, besteht keine Bürgschaftsverpflichtung des Bürgen gegenüber dem Gläubiger.

Der Vater hat sich für die zukünftigen Darlehensforderungen der Bank gegen S verbürgt. S will den Kreditvertrag umgehend abschließen und die Bank hat zu ihrer Absicherung bereits die Bürgschaftsverpflichtung vom Vater erhalten. Als die Bank jedoch von der Zahlungsunfähigkeit des S hört, lehnt sie den Abschluss des Kreditvertrags trotzdem ab. Die Bürgschaftserklärung des Vaters wird deshalb nicht wirksam, weil es an einer zu sichernden Hauptforderung fehlt.

Vermindert sich die Hauptschuld oder erlischt sie ganz, reduziert sich in diesem Maß auch die Bürgschaftsverpflichtung, da die Bürgschaft von der Hauptschuld abhängig ist (§ 767 Abs. 1 BGB).[628]

Für den Fall, dass S im o.g. Beispiel von den 100.000,- EUR Kredit die Hälfte zurückzahlt, erlischt in dieser Höhe die Hauptschuld. Der Vater haftet als Bürge insoweit nur für die verbleibenden 50.000,- EUR.

Die Bürgschaftsschuld kann sich nur gem. § 767 Abs. 1 BGB erweitern, wenn die Hauptverbindlichkeit durch ein Verschulden oder Verzug des Hauptschuldners geändert wird. Gleichermaßen haftet der Bürge für die Kosten der Rechtsverfolgung (z.B. Gerichtskosten) oder Kündigung, soweit auch der Hauptschuldner für diese haftet (§ 767 Abs. 2 BGB). Kommt der Hauptschuldner z.B. mit der Rückzahlung in Verzug, muss der Bürge auch für die Verzugszinsen einstehen. Soweit es zwischen Gläubiger und Hauptschuldner zum Prozess kommt, haftet der Bürge auch für die Gerichtskosten. Neben dieser gesetzlich angeordneten Erweiterung der Bürgenverpflichtung ist keine andere Erweiterung ohne schriftliches Einverständnis des Bürgen möglich (§ 767 Abs. 1, Satz 3 BGB).

Erhöht die Bank z.B. den Kredit an S um weitere 20.000,- EUR, haftet der Bürge (hier der Vater) nicht, wenn er sich nur für die Kreditsumme von 100.000,- EUR verbürgt hat.

2. Gegenrechte des Bürgen gegen den Gläubiger

Dem Bürgen stehen gegenüber dem Gläubiger zunächst nach allgemeinen Grundsätzen eigene Rechte zu, wie z.B. das Recht, seine Bürgschaftserklärung anzufechten. Daneben kann dem Bürgen nach den speziellen Bürgschaftsregeln die sog. Einrede der Vorausklage nach § 771 BGB sowie die Geltendmachung von Rechten des Haupt-

628 Vgl. BGH NJW 2007, 1957.

schuldners nach §§ 768, 770 BGB zustehen. Die Anfechtung des Bürgschaftsvertrages durch den Bürgen kommt in Betracht, wenn er arglistig (insbesondere vom Gläubiger, ansonsten ist § 123 Abs. 2 BGB zu beachten) getäuscht wurde. Er könnte auch mit einer Gegenforderung aufrechnen (§§ 387 ff. BGB), die ihm persönlich gegen den Gläubiger zusteht, so dass er seine Bürgschaftsverpflichtung hierdurch erfüllen würde.

Weiterhin kann der Bürge die **Einrede der Vorausklage** nach § 771 BGB erheben. Aufgrund dieser Einrede kann er gegenüber dem Gläubiger die Zahlung der Bürgschaft solange verweigern, bis dieser erfolglos die Zwangsvollstreckung gegen den Hauptschuldner betrieben hat. Erst im Anschluss hieran muss er der Bürgschaftsverpflichtung entsprechend an den Gläubiger leisten, sog. **Subsidiarität der Bürgenhaftung.** Der Bürge kann im Bürgschaftsvertrag allerdings auf die Einrede der Vorausklage verzichten.

Wenn S den Kredit nicht mehr zurückzahlt, kann die Bank nicht sofort den Vater aus der Bürgschaft in Anspruch nehmen, falls dieser die Einrede der Vorausklage erhebt. In diesem Fall muss die Bank erst gegen S auf Zahlung klagen und aus diesem Titel (Urteil) versuchen, sich bei S notfalls durch Zwangsvollstreckung zu befriedigen. Erst danach kann die Bank vom Vater die Zahlung aus der Bürgschaft verlangen. Hierbei ist stets zu beachten, dass der (Vater als) Bürge die Einrede[629] der Vorausklage erheben muss, damit sie wirksam wird.

Die Einrede der Vorausklage ist in den Fällen des § 773 Abs. 1 BGB ausgeschlossen. Praktisch wichtigster Fall des Ausschlusses der Vorausklage ist nach § 773 Abs. 1 Nr. 1 BGB die Eingehung einer **selbstschuldnerischen Bürgschaft** oder der ausdrückliche Verzicht auf die Einrede durch den Bürgen. Gleichermaßen steht nach § 349 HGB einem Kaufmann als Bürgen die Einrede der Vorausklage nicht zu, wenn er die Bürgschaft im Rahmen seines Handelsgeschäftes abgegeben hat. Die Übernahme einer selbstschuldnerischen Bürgschaft ist in der Praxis die Regel. Die Einrede der Vorausklage ist dann für den Bürgen ausgeschlossen. Er muss sofort die fällige Hauptschuld des Schuldners bezahlen, wenn der Gläubiger es verlangt. Dieser Verzicht auf die Einrede oder die Bezeichnung der Bürgschaft als selbstschuldnerisch bedarf der Schriftform nach § 766 BGB.

Neben seinen eigenen Rechten kann sich der Bürge gegenüber dem Gläubiger nach § 768 BGB auf alle Einreden, die dem Hauptschuldner gegen die Forderung des Gläubigers zustehen, berufen und die Zahlung verweigern. Hierdurch kommt zum Ausdruck, dass die Haftung des Bürgen von der Haftung des Hauptschuldners abhängig (**akzessorisch**) ist.

Soweit im o.g. Beispiel der Anspruch der Bank auf Rückzahlung des Kredits gegen S z.B. verjährt ist, kann sich der Vater

---

629 Zur Erinnerung: Über Einreden muss man reden.

auf Verjährung berufen und die Zahlung verweigern. Gleiches gilt für ein Zurückbehaltungsrecht (§ 273 BGB) des Hauptschuldners oder die Einrede des nichterfüllten Vertrags (§ 320 BGB).

Für den Fall, dass der Hauptschuldner selbst auf die Einrede verzichtet, kann der Bürge sie dennoch nach § 768 Abs. 2 BGB gegenüber dem Gläubiger geltend machen und die Zahlung verweigern.

Nach § 770 Abs. 1 BGB kann der Bürge ebenfalls die Zahlung verweigern, wenn der Hauptschuldner das der Hauptschuld zugrundeliegende Rechtsgeschäft anfechten könnte. Ebenso kann der Bürge nach § 770 Abs. 2 BGB Zahlung verweigern, wenn sich der Gläubiger durch Aufrechnung gegenüber dem Hauptschuldner befriedigen kann.

In Ergänzung zum Beispielsfall oben hat S gegen die Bank eine Gegenforderung in Höhe von 100.000,- EUR. Somit könnte die Bank sich beim Hauptschuldner S durch Aufrechnung voll befriedigen. Die Bank möchte sich aber beim Vater schadlos halten und verlangt von diesem Erfüllung der Bürgschaft. In diesem Fall kann der Vater nach § 770 Abs. 2 BGB die Zahlung verweigern.

Zusammenfassend stehen dem Bürgen gegen den Gläubiger folgende Rechte zu:

- alle eigenen Rechte, die ihm nach allgemeinen Regeln gegen den Gläubiger zustehen (z.B. Anfechtung),
- die Einrede der Vorausklage nach § 771 BGB,
- die dem Hauptschuldner gegen den Gläubiger zustehenden Einreden nach § 768 BGB,
- die Verweigerung der Befriedigung des Gläubigers nach § 770 BGB, wenn der Hauptschuldner das (zugrundeliegende) Rechtsgeschäft anfechten kann oder der Gläubiger sich beim Hauptschuldner durch Aufrechnung befriedigen könnte.

3. Ansprüche des Bürgen gegen den Hauptschuldner

Zahlt der Bürge für den Hauptschuldner dessen Hauptschuld an den Gläubiger, soll der Hauptschuldner im Verhältnis zum Bürgen nicht von der Forderung frei werden. Befriedigt der Bürge den Gläubiger, geht das Forderungsrecht gegen den Hauptschuldner auf ihn über (§ 774 BGB).

Der Bürge kann deshalb seinerseits Zahlung vom Hauptschuldner verlangen.

Zahlt der Vater im Ausgangsfall als Bürge den Kredit an die Bank zurück, kann er nunmehr von S die Rückzahlung verlangen.

Mit diesem Forderungsrecht gehen auch die weiteren Sicherungsrechte, die dem Gläubiger gegenüber dem Hauptschuldner zustehen, unmittelbar durch Gesetz (sog. cessio legis) auf den Bürgen über (§§ 774 Abs. 1, 412, 401 BGB).

Hatte sich im Ausgangsfall die Bank zur Sicherung des Kredites an S noch von diesem ein Pfandrecht an dessen Münzsammlung bestellen lassen, geht auch dieses Pfandrecht auf den Vater über, wenn er an die Bank zahlt.

4. Erlöschen der Bürgschaft

Wie bereits erörtert, erlischt die Bürgschaftsverpflichtung durch Erfüllung, wenn der Bürge an den Gläubiger zahlt (§ 362 BGB).

Die Bürgschaftsverpflichtung erlischt aufgrund der Abhängigkeit von der Hauptschuld weiterhin, wenn

- die Hauptforderung erlischt (z.B. der Hauptschuldner zahlt), oder
- bei einer nur für eine bestimmte Zeit eingegangenen Bürgschaft diese Zeit abgelaufen ist (§ 777 BGB),
- ein neuer Hauptschuldner die Hauptschuld übernimmt (§ 418 Abs. 1 BGB),
- der Gläubiger vorsätzlich und ohne Zustimmung des Bürgen weitere Sicherungsrechte aufgibt (§ 776 BGB).

5. Weitere spezielle Arten von Bürgschaften

Darüber hinaus bestehen weitere spezielle Arten von Bürgschaften, die durch besondere vertragliche Vereinbarung die Rechte und Pflichten aus der Bürgschaft näher bestimmen oder verändern. Der bedeutendste Fall einer selbstschuldnerischen Bürgschaft, welche die Einrede der Vorausklage ausschließt, ist bereits beschrieben worden. Weiterhin gibt es die sog. Nachbürgschaft, Rückbürgschaft, Bürgschaft auf erstes Anfordern, Sicherheitsbürgschaft, Höchstbetragsbürgschaft usw.

XIX. Der Reisevertrag nach §§ 651a ff. BGB

Der Reisevertrag ist ein aus dem Werkvertragsrecht entwickelter entgeltlicher gegenseitiger Vertrag.[630] Danach erbringt der Reiseveranstalter für den Reisenden eine Gesamtheit von Reiseleistungen (Reise) für die der Reisende die vereinbarte Vergütung (Reisepreis) zu zahlen hat. Im Unterschied zum Werkvertrag setzt der Reiseveranstalter im Vorfeld aus einer Vielzahl von Einzelleistungen (Flug, Hotel, Ausflüge etc.) ein Gesamtpaket zusammen, dass der Reisende dann auswählt und wofür er einen einheitlichen Preis zahlt. Damit wird klar, dass der Gesetzgeber die Pauschalreise im Regelungsblick hatte.

Eine Pauschalreise ist eine aus mehreren Einzelleistungen zu einer Einheit zusammengefasste, als solche angebotene und innerhalb eines bestimmten Zeitraums zu erbringende Gesamtleistung, die als Veranstaltung, d.h. als über die Summe der Einzelleistungen hinausgehender Erfolg geschuldet ist.[631]

Im Gegensatz zur Individualreise, bei der sich die Reisenden auch der Leistungen von Hotels, Beförderern und anderen Dienstleistern bedienen, erschöpft sich bei der Pauschalreise der Erfolg nicht nur in der einzelnen Teilleistung. Denn der Individualtourist schließt im Zweifel viele einzelne Verträge mit diversen Vertragspartnern ab, um seine Reise zu organisieren. Bei der Pauschalreise dagegen erbringt der Veranstalter eine Gesamtheit aller notwendigen Leistungen. Er übernimmt damit die Gestaltung der Reise und bietet zugleich die Gewähr für den Erfolg ("Urlaubsfreude") der Reise. Diese Gewährübernahme bedingt letztlich, dass er für den Erfolg der Reise, soweit er von seinen Leistungen abhängig ist, auch haften muss.[632] Der Reiseveranstalter erbringt die Reise in eigener Verantwortung, so dass der Reisezweck des Reisenden völlig ohne Belang bleibt.

Der Reiseveranstalter organisiert die Reise, bietet sie an und führt sie in eigener Verantwortung durch. Reiseveranstalter kann dabei jede natürliche oder juristische Person sein. Es ist nicht notwendig, dass er gewerblich auftritt oder nach Gewinn strebt.[633]

Dabei kann er sich anderer Dienstleister (Leistungsträger) bedienen, die durch eigene Verträge mit dem Reiseveranstalter verpflichtet sind. Sie gehören neben dem Personal des Veranstalters auch zu seinen Erfüllungsgehilfen iSv § 278 BGB, so dass er für deren Verschulden einzutreten hat.

---

630 Vgl. Palandt/*Sprau*, Einf v 651a ,Rn 1.

631 Zum Reisevertrag siehe *Führich* NJW 2002, 1082; *Tonner* NJW 2003, 2783; *Tempel* NJW 2002, 2005.

632 Daher auch Schadensersatz wegen nutzlos aufgewendeter Urlaubszeit, siehe ab S. 378 ff.

633 Arg. § 651k VI BGB.

Z.B. Hotel, Fluggesellschaft etc. schließen eigene Verträge mit dem Veranstalter. Der Reisende dagegen schließt nur einen Reisevertrag mit dem Veranstalter.

Die Leistungserbringung in eigener Verantwortung grenzt den Reiseveranstalter vom Reisevermittler ab.

Der Reisevermittler bietet selbständig und erkennbar die Leistung eines Dritten als solche und für diesen an. Er handelt als Verkaufsstelle, Vermittler, Agent oder Handelsvertreter des Dritten.

R fühlt sich urlaubsreif. Deshalb beschließt er, einen zweiwöchigen Urlaub auf den Malediven zu buchen. Beim Reisebüro B informiert er sich und schließt eine Pauschalreise bei dem führenden Reiseveranstalter M ab.

R hat einen Reisevertrag nach § 651a BGB mit dem Reiseveranstalter M abgeschlossen. Dabei trat das Reisebüro B als Reisevermittler auf.

Die Regelungen der §§ 651a ff. BGB zum Reisevertragsrecht sind Teil des Besonderen Schuldrechts. Nur wenn dieses besondere Recht keine Regelung für den konkreten Fall vorsieht, ist ein Zurückgreifen auf die allgemeinen Bestimmungen (BGB Allgemeiner Teil und Allgemeines Schuldrecht) möglich. Dabei gelten die §§ 651a ff. BGB unmittelbar nur für Verträge zwischen dem Reisenden und dem Reiseveranstalter. Ist aus Sicht des Kunden[634] der Reisevermittler (z.B. das Reisebüro) für eine Einzelleistung als Veranstalter aufgetreten, hat er also den Eindruck erweckt, für einen Gesamterfolg eintreten zu wollen, ist eine Haftung des Vermittlers analog §§ 651a ff. BGB möglich.[635] Denn die Interessenlage ist auch bei einer Einzelleistung zur Urlaubszwecken die gleiche, wie wenn der Reisende einen Reisevertrag abgeschlossen hätte.[636] Nicht anwendbar sind die Vorschriften, wenn der Vermittler selbst der Leistungsträger ist.[637]

Ist das Reisebüro zugleich Eigentümer von Ferienhäusern und vermietet es diese an Reisende für deren Urlaubszeit, kommt kein Reisevertrag, sondern ein befristeter Mietvertrag zustande.

Ist hingegen im o.g. Beispiel für R nicht erkennbar, ob die Reise von B oder von M organisiert wird, und ergeben die Umstände eine Haftung des B für den Erfolg der Reise, sind die §§ 651a ff. BGB analog anzuwenden.

634 Gemäß objektivem Kundenhorizont.
635 Vgl. BGH NJW 1995, 2629; auch *Tonner* JZ 00, 895..
636 Zu den Voraussetzungen einer Analogie siehe S. 554 ff.
637 Vgl. NJW-RR 2001, 48.

1. Pflichten des Reiseveranstalters

Der Reiseveranstalter ist zur Erbringung aller dem Reisenden angebotenen und von diesem gewählten Leistungen verpflichtet. Er muss das Reiseprogramm entsprechend seinen Vorgaben umsetzen. Dazu gehört auch die Einhaltung der in etwaigen Prospekten angegebenen Informationen. Der Reiseveranstalter muss die einzelnen Leistungsträger sorgfältig im Hinblick auf Eignung und Zuverlässigkeit auswählen, sich an die Sicherheitsstandards nach den öffentlichen Vorschriften halten und auch andere erkennbare Sicherheitsrisiken für die Reisenden abwenden oder zumindest mitteilen. Gem. § 651a Abs. 3 BGB ist dem Reisenden eine Reisebestätigung auszuhändigen.

Nachdem R bei B die Reise auf die Malediven gebucht hat (Veranstalter M), erhält er eine Reisebestätigung und, da er den Reisepreis sofort an B bezahlen muss[638], auch einen Sicherungsschein.

Der Reiseveranstalter muss ferner den Reisenden ausreichend gem. BGB-Informationspflichten-Verordnung[639] informieren. Dies betrifft u.a. die erforderlichen Reisedokumente (Visa, Reisepass, Gesundheitszeugnisse), Einreisebestimmungen, Reisedaten und gem. Verordnung (EG) 2111/2005 die befördernde Fluggesellschaft. Außerdem muss der Reiseveranstalter auf alle erkennbaren Punkte hinweisen, die ein Gelingen der Reise in Frage stellen könnten oder dem Schutz des Reisenden dienen.[640]

Erfährt der Reiseveranstalter von einem aufziehenden Hurrikan, gebietet es seine Informationspflicht, dies auch jenen Reisenden mitzuteilen, die schon die Reise angetreten haben und sich im Flugzeug befinden.[641] Auf diesem Wege erhält R eine Tsunami-Warnung.

Weiterhin ist der Reiseveranstalter verpflichtet, den Kunden gegen das Risiko fehlender Liquidität nach § 651k BGB abzusichern. Es gehört auch zu seinen Pflichten, den Reisenden nach einer außerordentlichen Kündigung zurückzubefördern gem. § 651j Abs. 2 iVm § 651e Abs. 4 Satz 1 BGB.

2. Pflichten des Reisenden

Der Reisende hat den vereinbarten Reisepreis als Vergütung zu zahlen und zwar grundsätzlich gem. § 646 BGB[642] nach Vollendung der Reise. Hiervon begründet § 651k Abs. 4 S. 1 BGB eine Ausnahme; Zahlungen können auch schon vor Beendigung

---

638 § 651 k Abs. 4 S. 1 BGB.
639 BGB-InfoV.
640 Vgl. Palandt/*Sprau*, § 651a, Rn 5.
641 Vgl. FFM NJW-Rn 2003, 1139.
642 Der Reisevertrag ist aus dem Werkvertrag entwickelt worden.

der Reise eingefordert werden, wenn dem Reisenden ein Sicherungsschein übergeben wird. Andere Zahlungsmodalitäten sind wegen § 651m BGB nur möglich, wenn hierdurch nicht zum Nachteil des Reisenden abgewichen wird.

3. Pflichtverletzungen aus dem Reisevertrag

a) Allgemeines Leistungsstörungsrecht

Soweit es sich nicht um Reisemängel handelt, ist das allgemeine Leistungsstörungsrecht anwendbar. Für etwaige Pflichtverletzung gelten dann die §§ 280 ff. BGB. Bei Pflichtverletzungen des Reisenden steht dem Veranstalter ein Rücktrittsrecht zu, § 323 Abs. 1 BGB.[643]

b) Mängelgewährleistungsrecht

Soweit die Reise mangelbehaftet ist, liegt mit §§ 651c-h BGB eine abschließende, vorrangige gesetzliche Regelung vor. Ein Zurückgreifen auf das Gewährleistungsrecht des Werkvertrages verbietet sich daher. Anknüpfungspunkt für eine mangelhafte Reise ist die Gesamtheit der zu erbringenden Reiseleistungen neben zugesicherten Eigenschaften. Weicht die Ist-Beschaffenheit der Reise von der vertraglich vereinbarten Soll-Beschaffenheit ab, liegt ein Fehler und damit ein Mangel vor.

Direkt am Hulule International Airport in Male stellt sich heraus, dass die Tsunami-Warnung unbegründet war. Dagegen droht neuer Ärger. R stellt bei der Ankunft in seinem Feriendomizil fest, dass sein gebuchtes 4-Sterne-Hotel einige Schwächen aufweist. Entgegen der im Prospekt angegebenen "himmlischen Stille" fliegen alle 20 min Flugzeuge über das Hotel. Zudem hatte sich R unter "Himmelbett" etwas anderes vorgestellt als das tatsächliche Bett mit Eisengestell und defekter Matratze. Der Wasserhahn liefert kein warmes oder kaltes sauberes Wasser, sondern nur bräunliche Tropfen. Nachdem er den örtlichen Reiseleiter informiert hat, setzt er ihm eine Frist von 3 Tagen, um die Mängel zu beseitigen.

In diesem Fall ist das nächstliegende Gewährleistungsrecht das **Abhilfeverlangen** nach § 651c Abs. 2 BGB. Kommt der Reiseveranstalter dem innerhalb einer gesetzten, angemessenen Frist nicht nach, kann der Reisende nach § 651c Abs. 3 BGB die Abhilfe selbst vornehmen (**Selbstvornahme**) und Aufwendungsersatz geltend machen.

Da R weder willens noch fähig ist, den Wasserhahn zu reparieren, informiert er den Reiseleiter und wartet ab.

---

643 Beachte aber § 323 Abs. 3 BGB, wonach möglicherweise eine Abmahnung zu erfolgen hat.

Über § 651d Abs. 1 BGB mindert sich kraft Gesetz der Reisepreis (**Minderung**), soweit der Reisende den Mangel angezeigt hat gem. § 651d Abs. 2 BGB.

Nach 3 Tagen hat sich nichts geändert. Der Reiseleiter war nicht in der Lage, eine Besserung für R herbeizuführen.

Bei einer erheblichen Beeinträchtigung der Reise oder bei Unzumutbarkeit der Fortsetzung kann der Reisende nach § 651e BGB die **Kündigung** des Reisevertrags aussprechen. Ob eine erhebliche Beeinträchtigung vorliegt, ist aufgrund einer Gesamtwürdigung der Umstände zu entscheiden. Der Reisende muss vor der Kündigung eine angemessene Frist zur Abhilfe gesetzt haben, die der Veranstalter nicht zur Mängelbeseitigung genutzt hat. Im Falle der Kündigung verliert er den Anspruch auf den Reisepreis und kann nur für die erbrachten oder zur Beendigung der Reise zu erbringenden Leistungen eine nach § 638 BGB angemessene Entschädigung verlangen, § 651e Abs. 3 Satz 2 BGB. Ferner muss der Veranstalter den Reisenden nach Hause zurückbringen, wenn die Rückreise Vertragsbestandteil war. Etwaige Mehrkosten muss er auf sich nehmen, § 651e Abs. 4 S. 2 BGB.

R könnte hier die Kündigung nach 651e Abs. 1 BGB aussprechen. Damit wandelt sich das Vertragsverhältnis entsprechend § 346 BGB in ein Rückgewährschuldverhältnis. M steht nur noch eine angemessene Entschädigung für die erbrachten Leistungen und den Rückflug zu. Bei völliger Wertlosigkeit der erbrachten Leistungen, z.B. weil R schon nach 3 Tagen wieder abreist, entfällt dieser Anspruch. Aus § 651e Abs. 3 Satz 1 BGB ergibt sich der Rückzahlungsanspruch von R auf den schon geleisteten Reisepreis.

Nach § 651f BGB kann der Reisende neben der Kündigung oder der Minderung **Schadensersatz** verlangen, wenn der Reiseveranstalter den Mangel zu vertreten hat. Hierbei geht der Gesetzgeber nach dem Wortlaut von einer Verschuldensvermutung aus, so dass es dem Veranstalter obliegt, das Gegenteil darzulegen und ggf. zu beweisen.

R fordert Schadensersatz. Er brauchte dringend Erholungsurlaub und hat dafür seine wertvolle Urlaubszeit eingesetzt. Da M als Veranstalter für den Erfolg der Reise einstehen wollte, müsse er nun -bei Fehlschlag- auch haften. R verlangt eine finanzielle Entschädigung für die vertane Urlaubszeit.

Als Schadensersatz wegen Nichterfüllung ist das positive Interesse zu ersetzen, d.h. jegliche Schäden, die durch den Mangel (Mangelschäden) selbst und auch an anderen Rechtsgütern eintreten (Mangelfolgeschäden), soweit sie nicht von der Minderung umfasst sind. Der Anspruch schließt bei einer erheblichen Reisebeeinträchtigung eine angemessene Entschädigung für nutzlos aufgewendete Urlaubszeit mit ein (§ 651f Abs. 2 BGB).

c) Verjährung

Das Reisevertragsrecht beinhaltet eigene Verjährungsregeln. Der Reisende muss seine Gewährleistungsansprüche binnen einen Monats nach der vertraglich vorgesehenen Beendigung der Reise beim Reiseveranstalter geltend machen, vgl. § 651g BGB (Ausschlussfrist).

R ist nach Deutschland zurückgekehrt und übermittelt M sein Begehren auf Rückzahlung des Reisepreises und Schadensersatz.

Wenn der Reisende diese Monatsfrist ohne eigenes Verschulden nicht einhalten kann, ist eine spätere Geltendmachung möglich, solange die absolute Verjährung von 2 Jahren nach § 651g Abs. 2 BGB nicht abgelaufen ist.

4. Beendigung des Reisevertrages

Eine Beendigung des Reisevertrages ist durch beiderseitige Erfüllung gem. § 362 BGB möglich. Bis zum Reisebeginn kann der Reisende gem. § 651a Abs. 5 S. 2 BGB oder nach § 651i BGB vom Reisevertrag zurücktreten. Ferner können beide Parteien nach § 651j BGB den Vertrag bei nicht voraussehbarer höherer Gewalt kündigen.

Höhere Gewalt ist ein von außen kommendes und keinen betrieblichen Zusammenhang aufweisendes, nicht vorhersehbares, auch durch äußerste vernünftigerweise zu erwartende Sorgfalt, nicht abwendbares Ereignis.[644]

Der Veranstalter kann nach § 651a Abs. 5 S. 1 BGB die Reise absagen oder bei Vertragsverletzungen nach allgemeinem Leistungsstörungsrecht vorgehen.

5. Reisendenschutz

Zum Schutz des Reisenden vor abweichenden Regelungen der Reiseveranstalter[645] hat § 651m BGB eine Hürde aufgestellt, wonach Änderungen der Vorschriften der §§ 651a–l BGB zum Nachteil des Reisenden nicht geändert werden dürfen. Nur die Erleichterung der absoluten Verjährungsfrist des § 651g Abs. 2 BGB zugunsten des Veranstalters ist unter den Voraussetzungen des § 651m S. 2 BGB möglich.

644 Vgl. BGHZ 100, 185.

645 Grundsätzlich durch Allgemeine Geschäftsbedingungen.

Abbildung 41: Der Reisevertrag nach §§ 651a ff. BGB

Reisevertrag
§§ 651a ff. BGB

Reiseveranstalter ≠ Reisevermittler

- Durchführung der „Reise" gemäß Reisevertrag
- Reisebestätigung
- Sicherungsschein
- BGB-InfV
- Rücktransport nach außerordentlicher Kündigung

Pflichtprogramm

Reisender

- Zahlung Reisepreis

Leistungsstörungen

z.B. §§ 280 ff. BGB, § 323 BGB ← allgemeines Schuldrecht

bei Mängeln der Reise Gewährleistungsrecht nach §§ 651c ff. BGB

Ausschlussfrist:

1 Monat nach vertraglich vorgesehener Beendigung der Reise, § 651g I BGB

→ Abhilfe, § 651c II

→ Selbstvornahme und Aufwendungsersatz § 651c III

→ Minderung, 651d I

→ Kündigung, § 651e

→ Schadensersatz, § 651f (auch für „vertane Urlaubszeit")

Beendigung des Reisevertrags

vor Antritt: Absage, 651a V — Rücktritt, § 651i

nach Antritt: Kündigung, § 651 j — Kündigung § 651e

höhere Gewalt: Kündigung, § 651 j — Kündigung § 651j

C. Bereicherungsrecht

Das sog. Bereicherungsrecht ist in den §§ 812 ff. BGB geregelt und dient dem Ausgleich ungerechtfertigter Vermögensverschiebungen. Wer einen Vermögensvorteil ohne rechtlichen Grund erlangt hat (Bereicherter), soll den Vorteil wieder an den, der ihn verloren hat (Entreicherter), zurückführen (siehe § 812 Abs. 1, Satz 1 BGB).[646]

Das Bereicherungsrecht (§§ 812 ff. BGB) hat die Rückführung ungerechtfertigter (rechtsgrundloser) Vermögensverschiebungen zum Ziel.

Das Gesetz kennt zwei Arten von Bereicherungen, deren Voraussetzungen unterschiedlich sind:

- die Bereicherung durch Leistung, so z.B. der "Grundfall" § 812 Abs. 1 Satz 1, Alt. 1 und Abs. 2 BGB;
- die Bereicherung in sonstiger Weise, so z.B. der "Grundfall" § 812 Abs. 1 Satz 1, Alt. 2 BGB.

Da das Bereicherungsrecht auf das römische Recht zurückgeht, werden die Bereicherungsansprüche heute noch als Kondiktionen[647] bezeichnet.

I. Einführung

Der Anspruch auf Rückgängigmachung einer Leistung wird **Leistungskondiktion** und der Anspruch auf Rückgängigmachung einer Bereicherung in sonstiger Weise **Nichtleistungskondiktion** genannt.

Die **Leistungskondiktion** setzt eine Leistung (z.B. eine Geldzahlung) des Entreicherten an den Bereicherten voraus. Als Leistung gilt nur die willentlich und zweckgerichtete Zuführung eines Vermögensvorteils an den Bereicherten.[648] Der Entreicherte leistet, weil er glaubt, hierzu verpflichtet zu sein.

---

646 Vgl. zur Thematik *Lorenz* JuS 2003, 729 und 839; *Staake* WM 2005, 2113 zur Bestimmung des Leistenden, ansonsten instruktiv *Medicus,* BR § 26; zur Rechtsprechung lesenswert BGHZ 40, 272; BGHZ 55, 176; BGHZ 55, 128; *Schmidt* JuS 2005, 179 ff.

647 Im Römischen Recht konnte man mit der "condictio" die Herausgabe einer bestimmten Summe oder einer bestimmten Sache verlangen. Entstanden ist die "condictio" aus dem Rückforderungsanspruch eines gewährten Darlehens.

648 Vgl. BGHZ 40, 277; 58, 188; 72, 248.

Eine Leistung ist jede bewusste ziel- und zweckgerichtete Mehrung fremden Vermögens.

Verkäufer V schließt mit dem elegant auftretenden 17 Jahre alten K einen Kaufvertrag über ein Auto, welches auch übereignet wird. Im Gegenzug erhält er den Kaufpreis in bar von K. Der Kaufvertrag ist aufgrund der Minderjährigkeit des K schwebend unwirksam (§§ 106 ff. BGB). Die Übereignung (Lieferung) des Autos durch V erfolgt damit eigentlich ohne Rechtsgrund, was V zu diesem Zeitpunkt aber noch nicht wusste. Er leistet das Eigentum an dem Auto ("Lieferung") an K (§ 929 BGB), da er glaubte, hierzu aufgrund des Kaufvertrages verpflichtet zu sein. Die Übereignung ist trotz Minderjährigkeit des K wirksam, weil sie ihm nur rechtliche Vorteile bringt (§ 107 BGB).

Hier liegt eine Leistungskondiktion nach § 812 Abs. 1, Satz 1 Alt. 1 BGB vor, wonach K das Eigentum am Auto an V zurückgewähren muss. Andererseits muss V den Besitz am Geld (Kaufpreis in bar) an K gem. § 812 Abs. 1 S. 1 Alt. 1 BGB herausgeben. Denn beide haben etwas erlangt (Auto, Geld) durch Leistung (Übereignung) erlangt, wofür es aber keinen Rechtsgrund (unwirksamer Kaufvertrag) gibt[649].

Die Bereicherung kann auch in sonstiger Weise, d.h. nicht durch Leistung, als sog. **Nichtleistungskondiktion** erfolgen. Die Nichtleistungskondiktion umfasst somit alle Bereicherungen, die nicht auf einer Leistung des Entreicherten beruhen.

Bauer B hat sich zur effizienten Felderbewirtschaftung einen Hubschrauber mit Düngerspritzdüsen gekauft. Aufgrund eines Navigationsfehlers düngt er irrtümlich nicht seine eigenen Felder, sondern die seines Konkurrenten K. Dieser freut sich über die willkommenen Düngemittel auf seinen Feldern. B verlangt von K die Kostenerstattung für den eingesetzten Dünger.

Am nächsten Tag weidet das Vieh von K das Gras auf der Wiese von B ab, weil der Hirte die Weiden verwechselt. Auch hierfür fordert B Ersatz, da das Vieh von K auf seine Kosten gefüttert wurde.

649 Zur Erinnerung: Hat V auch das Eigentum am Geld erworben? Ein Eigentumserwerb gem. § 929 S. 1 BGB setzt eine wirksame Einigung der Parteien voraus. Die Abgabe einer wirksamen Willenserklärung von K kommt aufgrund seiner beschränkten Geschäftsfähigkeit grundsätzlich nicht in Betracht (§§ 106, 107 ff. BGB), da zu diesem dinglichen Rechtsgeschäft keine Einwilligung oder Genehmigung seiner Eltern besteht und der Eigentumsverlust ein rechtlicher Nachteil wäre (§ 107 BGB). Daher hat V kein Eigentum am Geld erlangt.

B kann von K die Vergütung der diesem zugekommenen Bereicherungen verlangen, da beide Vorgänge -Düngung und Fütterung- ohne Rechtsgrund erfolgten. Eine Leistung des B im Sinne einer gewollten und zweckgerichteten Vermehrung fremden Vermögens liegt aber in beiden Fällen nicht vor. Es kommt ein Rückgewähranspruch nach § 812 Abs. 1 S. 1 Alt. 2 BGB (Nichtleistungskondiktion) in Betracht.

Da die Leistungs- und Nichtleistungskondiktion nicht die gleichen Voraussetzungen haben, muss zwischen ihnen streng unterschieden werden. Die Leistungskondiktion ist immer vorrangig vor der Nichtleistungskondiktion zu prüfen.[650] Die Unterscheidung zwischen der Leistungs- und Nichtleistungskondiktion ist von größter Bedeutung:

*Was durch **Leistung** ungerechtfertigt erhalten worden ist, ist im Verhältnis zwischen Leistendem und Leistungsempfänger auszugleichen.*

*Was **auf andere Weise** erhalten worden ist, ist im Verhältnis zwischen dem Bereicherten und demjenigen, auf dessen Kosten letztendlich die Bereicherung geht, auszugleichen.*

Nur wenn dieser Grundsatz eingehalten wird, lassen sich die oft schwierigen Fallgestaltungen des Bereicherungsrechts zutreffend lösen. Das gilt insbesondere, wenn an einer (ungerechtfertigten) Vermögensverlagerung mehrere selbständig handelnde Personen beteiligt sind (z.B. sog. Dreiecksverhältnisse). Im Folgenden wird zunächst die Leistungskondiktion dargestellt.

II. Die Leistungskondiktion

Die Leistungskondiktion ist ein notwendiges Rechtsinstitut, um Vermögensverschiebungen rückgängig machen zu können, die auf einer Leistung beruhen, bei der ein (wirksamer) Rechtsgrund fehlt. Der Rechtsgrund kann bei einer Leistung fehlen, indem überhaupt kein Rechtsgrund (z.B. ein Verpflichtungsgeschäft) vorliegt (§ 812 Abs. 1, Satz 1, Alt. 1 BGB).

Der Vater eineiiger Zwillinge verwechselt seine Söhne und übereignet versehentlich 100,- EUR an seinen Sohn S, obwohl

650 Sog. Subsidiarität der Nichtleistungskondiktion. Dem liegt der Gedanke zugrunde, dass zunächst immer die Vertragsparteien ihre Rechtsverhältnisse untereinander abwickeln sollen, insbesondere jeder nur das Insolvenzrisiko desjenigen Vertragspartners tragen soll, den er selbst gewählt hat.

er nur dem anderen Sohn A aus einem Schenkungsvertrag gegenüber verpflichtet ist. Es liegt bezüglich der Übereignung an S kein Rechtsgrund (Verpflichtungsgeschäft) vor. S gegenüber ist der Vater nicht verpflichtet, hat diesem aber bewusst und willentlich das Geld übereignet (Vermögensvermehrung, damit Leistung). Folglich liegt eine Leistungskondiktion nach § 812 Abs. 1, Satz 1, Alt. 1 BGB vor, so dass S das Eigentum am Geld seinem Vater wieder herausgeben muss. Ein ähnlicher Problembereich zeigt sich auch in den Fällen einer irrtümlich ausgestellten Banküberweisung.

1. Korrektur des Trennungsprinzips

Weiterhin hat die Leistungskondiktion eine besondere Bedeutung, wenn zwar ein Rechtsgrund von den Parteien angenommen wird, dieser aber tatsächlich unwirksam ist oder wird. Wird als Rechtsgrund zur Leistung ein schuldrechtlicher Vertrag (sog. Verpflichtungsgeschäft) angenommen, kann dieser trotz Einigung der Parteien nichtig oder unwirksam sein; z.B. durch

- Anfechtung einer Partei aufgrund von Irrtum (§ 119 Abs. 1 u. 3 BGB) oder Täuschung (§§ 123, 142 BGB)
- Beschränkung in der Geschäftsfähigkeit einer Vertragspartei (§§ 104 ff. BGB)
- Sittenwidrigkeit oder Gesetzesverstoß (§§ 138, 134 BGB)
- Mängel des Vertragsschlusses usw.

Wie bereits im Allgemeinen Teil des BGB erörtert wurde, kann ein Verfügungsgeschäft (z.B. Übereignung) auch dann wirksam sein, wenn das zugrundeliegende Verpflichtungsgeschäft (z.B. Kaufvertrag) unwirksam ist. Diese Rechtsfolge ergibt sich aus dem sog. **Trennungs- und Abstraktionsprinzip,** wonach Verpflichtungs- und Verfügungsgeschäft zu trennen und im Bestand unabhängig (abstrakt) voneinander sind. Hieraus ergibt sich die Möglichkeit, dass zwar das Verpflichtungsgeschäft (z.B. Kaufvertrag) unwirksam, das Verfügungsgeschäft (z.B. Übereignung der Kaufsache) jedoch wirksam ist. In diesem Fall bedarf es der Klärung, ob der ohne Rechtsgrund (unwirksamer Kaufvertrag) Bereicherte das Eigentum am Kaufgegenstand behalten darf oder wieder herausgeben muss.

Im o.g. Beispiel ist der Kaufvertrag als Verpflichtungsgeschäft zwischen V und K aufgrund dessen beschränkter Geschäftsfähigkeit nach §§ 106 ff. BGB schwebend unwirksam, da keine Einwilligung der Eltern vorliegt und der Kaufvertrag für K rechtlich nachteilig (§ 107 BGB) ist. Die Vornahme des Verfügungsgeschäfts, die Übereignung des Autos, ist hiervon zu

trennen und im Bestand unabhängig vom Kaufvertrag. Die Übereignung des Autos an K ist nach § 107 BGB wirksam, da der Eigentumserwerb für K nur rechtlich vorteilhaft ist. Indem V das Auto an K übereignet, hat dieser wirksam Eigentum am Auto nach § 929 Satz 1 BGB erworben, obwohl der Kaufvertrag unwirksam ist. Somit ist K ohne Rechtsgrund um das Eigentum an dem Auto durch Leistung (die Übereignung) des V bereichert. Folglich ist zu prüfen, ob K das Eigentum am Auto an V nach § 812 Abs. 1 Satz 1, Alt. 1 BGB wieder herausgeben muss.

Die Leistungskondiktion dient damit u.a. der Korrektur des Trennungs- und Abstraktionsprinzips.

2. Die Voraussetzungen der Leistungskondiktion

Den Grundfall der Leistungskondiktion regelt § 812 Abs. 1, Satz 1, Alt. 1 BGB.[651]

Die Leistungskondiktion nach § 812 Abs. 1, Satz 1, Alt. 1 BGB setzt voraus, dass

---

1. jemand (der Bereicherte)
2. einen Vermögenswert ("etwas")
3. durch Leistung eines anderen (des Leistenden und Entreicherten)
4. ohne Rechtsgrund erlangt hat

Rechtsfolge: Herausgabe der ungerechtfertigten Bereicherung

Anhand des o.g. Beispiels werden diese Voraussetzungen erläutert.

a) Etwas erlangt

Jemand (der Bereicherungsschuldner) muss einen Vermögenswert erlangt haben, also bereichert sein. Dieser erlangte Vermögenswert kann in allem bestehen, was einen Wert hat:

- Erwerb von Rechten, wie z.B. das Eigentum an Sachen,
- Erwerb des Besitzes an Sachen.

Der Bereicherte erhält die tatsächliche Verfügungsgewalt über einen Gegenstand, wird aber nicht Eigentümer.

---

651 Sog. "condictio in debiti".

- Erwerb von Gebrauchsvorteilen oder Ersparung von Aufwendungen[652].

Der Bereicherte erhält Nutzungsvorteile (z.B. einen Computer zur Benutzung) oder erspart Aufwendungen, die er sonst hätte tätigen müssen, z.B. indem er ein Ticket für eine Beförderung hätte kaufen müssen.

- Befreiung von Verbindlichkeiten

Die Schuld (Passiva) des Bereicherten wird von jemandem beglichen, erlassen o.ä. So z.B., wenn der Vater die Schulden seines Sohnes begleicht oder auf seine Forderung verzichtet.

Im o.g. Beispielsfall ergibt sich folgendes: K hat das Eigentum am Auto erlangt, da es ihm von V durch Einigung und Übergabe gem. § 929 Satz 1 BGB übereignet wurde. Da die Einigungserklärung K nur einen rechtlichen Vorteil bringt, ist sie nach § 107 BGB wirksam. V hat den Besitz an den Geldscheinen erlangt, die ihm von K übergeben wurden. Der Besitz an den Geldscheinen ist ebenfalls ein vermögenswerter Vorteil. Das Eigentum am Geld konnte V nicht erlangen, da K beschränkt geschäftsfähig ist und somit nicht wirksam die für ihn aufgrund des Eigentumsverlustes nachteilige Übereignung (§ 929 Satz 1 BGB) selbst vornehmen kann (§ 107 BGB).

Merke: "Etwas erlangt" i.S.v. § 812 Abs. 1 Satz 1 BGB umfasst jede vermögenswerte Position.

b) Leistung eines anderen

Der Vermögenszuwachs (die Bereicherung) muss durch Leistung eines anderen eingetreten sein.

Das Eigentum am Auto hat K durch Leistung (Übereignung) des V erworben. Den Besitz an den Geldscheinen hat V durch Leistung des K erlangt.

Merke: Als Leistung i.S.v. §§ 812 ff. BGB gilt jede bewusste ziel- und zweckgerichtete Vermehrung fremden Vermögens durch den Leistenden.

Der Leistende muss wissen und bezwecken, dass durch seine "Leistung" das Vermögen des anderen vermehrt werden soll (Ziel).[653] Das Wissen um die Vermögensvermehrung reicht allein nicht aus. Der Leistende muss damit zusätzlich ein bestimmtes

652 So die Rechtsprechung, was anders in der Literatur über § 818 Abs. 3 BGB gelöst wird, vgl. Palandt/*Sprau* § 812, Rn 28.

653 BGHZ 40, 277; 58, 188; 72, 248.

Ziel "beabsichtigen", also auf einen (fälschlich angenommenen) Rechtsgrund bezogen leisten.

Im Beispiel leistet V an K das Eigentum am Auto, da er es willentlich K übereignen und damit bezwecken will, den (unwirksamen) Kaufvertrag zu erfüllen.

Auch der Vater im o.g. Zwillingsbeispiel leistet an S. Er will dessen Vermögen vermehren, weil er hierzu verpflichtet zu sein glaubt. Dass er sich in der Person irrt (S anstelle des Zwillingsbruders A), ändert nichts daran, dass er S willentlich und zweckgerichtet 100,- EUR übereignet.

Anders hingegen verhält es sich im Fall des Bauern B, als er versehentlich die Felder des Konkurrenten K düngt. Er will nur seine eigenen Felder düngen, nicht die von K. Dementsprechend liegt mangels bewusster und zweckgerichteter Vermögensvermehrung hier keine Leistung von B an K vor.

Die Leistungskondiktion (Leistung) scheidet aus, wenn die Vermögensvermehrung unbewusst oder ohne Zweck (vorausgesetzte Verpflichtung) erfolgt.

In Einzelfällen kann problematisch sein, welcher Zweck mit der Vermögenszuwendung verfolgt werden soll, wenn eine ausdrückliche Bestimmung fehlt. Dies ist insbesondere wichtig, wenn mehrere Personen an der Vermögensverschiebung beteiligt sind, sog. Dreiecksbeziehungen. Für die Beurteilung der Frage, wie in diesen Fällen die Leistungsbeziehungen zu bestimmen sind, ist nach der Rechtsprechung und Teilen der Literatur **objektiv auf die Sicht des Leistungsempfängers** vom Standpunkt eines durchschnittlichen Beobachters abzustellen. Der Empfänger ist schutzwürdiger als der Zuwendende, weil dieser klarstellen kann, dass er leisten will.[654]

c) ohne Rechtsgrund

Der Rechtsgrund fehlt, wenn die Verbindlichkeit (der Zweck der Leistung) nicht besteht, mit der die Leistung erfüllt werden sollte. Folglich müsste dieser Rechtsgrund vom Leistenden angenommen worden sein, um den Zweck der "Leistung" zu begründen. Dieser fehlerhaft vorausgesetzte Rechtsgrund kann in einem schuldrechtlichen Vertrag oder in einer gesetzlichen Rechtspflicht liegen.

Casanova C leistet Unterhalt an den jungen A, weil er ihn fälschlicherweise für seinen Sohn hält. Er leistet damit aufgrund der Annahme einer gesetzlichen Unterhaltspflicht (Rechtsgrund), die tatsächlich nicht besteht. Ebenso leistet der Vater im Beispiel oben an S ohne Rechtsgrund, da er diesem

654 BGHZ 72, 246; weiterführend BGH NJW 2006, 1732; BGH NJW 2007, 290.

gegenüber nicht aus Rechtsgeschäft verpflichtet ist. Er geht irrtümlich von einer Verpflichtung aus, da er A vor sich zu sehen glaubt, dem er Geld schuldet.

d) Ausschluss der Rückforderung nach § 814 BGB

Der Bereicherungsanspruch gem. § 812 Abs. 1, Satz 1, Alt. 1 BGB ist nach § 814 BGB bei der Leistung zum Zwecke der Erfüllung einer Verbindlichkeit ausgeschlossen, wenn der Leistende gewusst hat, dass er zur Leistung nicht verpflichtet war oder wenn die Leistung einer sittlichen Pflicht oder einer auf den Anstand zu nehmenden Rücksicht entsprach (§ 814 BGB).

Schulbeispiel für den Ausschluss der Rückforderung bei Kenntnis des fehlenden Rechtsgrundes sind Zahlungen ohne Anerkennung eines Rechtsgrundes. Zahlt z.B. eine Versicherung, um einen Rechtsstreit zu vermeiden, "ohne Anerkennung eines Rechtsgrundes", weil sie den Grund nicht anerkennen möchte, um weitere Ansprüche zu vermeiden, kann der Empfänger das Geld behalten. Die Versicherung kann grundsätzlich nicht mehr nach § 812 Abs. 1, Satz 1, Alt. 1 BGB die Rückzahlung wegen Fehlens eines Rechtsgrundes verlangen, da sie wissentlich ohne Rechtsgrund leistete.

In § 814 BGB zeigt sich der allgemeine Grundsatz von Treu und Glauben (siehe dazu § 242 BGB). Wer entgegen positiver Kenntnis von der Rechtslage leistet, soll sich nicht später auf seine Nichtschuld berufen können. Dieser Ausschluss nach § 814 BGB findet jedoch nur für Bereicherungsansprüche aufgrund von Leistungen zum Zwecke der Erfüllung einer Verbindlichkeit Anwendung, die in Wirklichkeit nicht besteht.

3. Weitere Anspruchsgrundlagen der Leistungskondiktion

a) Leistung bei Nichteintritt des bezweckten Erfolges

Neben dem Grundfall der Leistungskondiktion nach § 812 Abs. 1, Satz 1, Alt. 1 BGB kann eine Leistung nach § 812 Abs. 1, Satz 2, Alt. 2 BGB auch deshalb zurückgefordert werden, weil der mit der Leistung nach dem Inhalt des Rechtsgeschäftes bezweckte Erfolg nicht eintritt[655]. Dieser Fall der Leistungskondiktion setzt voraus, dass der Leistende über die unmittelbare Erfüllung der Verbindlichkeit hinaus einen **weitergehenden Erfolg** beabsichtigt. Über diese Zweckbestimmung (Erfolg) müssen sich die Par-

---

[655] Sog. "condictio ob rem".

teien geeinigt haben, wobei diese nicht den Charakter einer vertraglichen Bindung haben darf. Es bedarf einer Verknüpfung zwischen der Leistung und dem erwarteten Erfolg dahingehend, dass die Leistung von der Zweckerreichung abhängig gemacht wird.

Die Rückforderung ist in diesem Fall gem. § 815 BGB ausgeschlossen, wenn

- der Eintritt des Erfolges von Anfang an unmöglich war und der Leistende dies gewusst hat,
- der Leistende den Eintritt des Erfolges wider Treu und Glauben verhindert hat.

b) Leistung bei später weggefallenem Rechtsgrund[656]

Dem Grundfall der Leistungskondiktion nach § 812 Abs. 1, Satz 1, Alt. 1 BGB, bei welcher der Rechtsgrund von Anfang an nicht (wirksam) besteht, ist nach § 812 Abs. 1, Satz 2, Alt. 1 BGB der Fall gleichgestellt, dass der Rechtsgrund (erst) später wegfällt. Die praktische Bedeutung dieses Falls ist eher gering: Es kommt z.B. der Wegfall der Bedingung bei auflösend bedingten Verträgen (§ 158 BGB) in Betracht.

Zum Teil wird bei der Anfechtung eines Rechtsgeschäftes angenommen, dass der Rechtsgrund i.S.v. § 812 Abs. 1, Satz 2, Alt. 1 BGB durch die Anfechtung im nachhinein wegfällt. Im Hinblick auf § 142 BGB, wonach bestimmt ist, dass ein angefochtenes Rechtsgeschäft von Anfang an als nichtig gilt (ex-tunc-Wirkung), ist diese Annahme nicht überzeugend. Deshalb ist der h.M. zu folgen, die auch bei der Anfechtung davon ausgeht, dass der Rechtsgrund i.S.v. § 812 Abs. 1, Satz 1, Alt. 1 BGB (von vornherein) fehlt, da wegen der ex-tunc Wirkung das Rechtsverhältnis praktisch nie entstanden ist. Dieser Theorienstreit ist nur in Ausnahmefällen erheblich, da er letztendlich für gewöhnlich zu den gleichen Ergebnissen führt.

c) Leistung bei verwerflichem Zweck

Eine weitere Anspruchsgrundlage der Leistungskondiktion besteht nach § 817 Satz 1 BGB für den Fall, dass der Empfänger durch die Annahme der Leistung gegen ein gesetzliches Verbot oder die guten Sitten verstoßen hat[657].

656 Sog. "condictio ob causam finitam".
657 Sog. "condictio ob turpem vel iniustam causam".

III. Die Nichtleistungskondiktion

Die Nichtleistungskondiktion darf bezüglich des identischen Bereicherungsgegenstandes nicht geprüft werden, wenn bereits eine Leistungskondiktion oder Leistungsbeziehung vorliegt. Es gilt der Grundsatz:[658]

Leistungskondiktion geht vor Nichtleistungskondiktion und schließt diese aus.

Der Grund hierfür ist, dass im Falle vorliegender Leistungsbeziehungen nur innerhalb dieser Rechtsbeziehungen die Rückabwicklung der Vermögensverschiebungen erfolgen soll. Jede Partei soll sich nur an ihren Vertragspartner halten, ohne unmittelbaren Rückgriff (sog. Durchgriffskondiktion oder auch Eingriffskondiktion genannt) auf andere Personen aus der Eingriffskondiktion nach § 812 Abs. 1, Satz 1, Alt. 2 BGB nehmen zu können. Der Grundsatz des Vorrangs der Leistungskondiktion gilt auch, wenn der Anspruch einer weiteren Person über denselben Bereicherungsgegenstand in einem sog. **Dreiecksverhältnis**[659] geprüft werden soll.

1. Die Voraussetzungen der Nichtleistungskondiktion

Die Nichtleistungskondiktion nach § 812 Abs. 1, Satz 1, Alt. 2 BGB ("Bereicherung in sonstiger Weise") umfasst mehrere Möglichkeiten der Bereicherung. Der wichtigste Fall ist die Bereicherung aufgrund einer eigenen Handlung, die sog. **Eingriffskondiktion.**

Im o.g. Beispiel lässt Bauer K sein Vieh auf der Weide von Bauer B weiden und greift somit in dessen Rechtsgüter ein.

Die Bereicherung kann auch dadurch eintreten, dass ein anderer (ohne zu leisten) die Bereicherung vornimmt, sog. **Verwendungskondiktion.**

Voraussetzungen der Nichtleistungskondiktion nach § 812 Abs. 1, Satz 1, Alt. 2 BGB:

1. Bereicherungsgegenstand ("etwas erlangt") beim Anspruchsgegner,
2. keine Leistungsbeziehungen[660], sondern Bereicherung in sonstiger Weise, z.B. Eingriffskondiktion, Verwendungskondiktion, Rückgriffskondiktion
3. auf Kosten des Anspruchstellers
4. ohne Rechtsgrund

Rechtsfolge: Herausgabe der ungerechtfertigten Bereicherung

[658] Vgl. BGHZ 40, 272 (278); 56, 228 (240).
[659] Vgl. dazu auch *Lorenz* JuS 2003, 729.
[660] Sonst Leistungskondiktion, weil diese vorrangig ist.

a) Bereicherungsgegenstand

Wie bei der Leistungskondiktion muss ein vermögenswerter Vorteil ("etwas") erlangt worden sein. Hier gilt das gleiche wie bei der Leistungskondiktion.

b) Bereicherung in sonstiger Weise

Die Bereicherung muss durch eine Nichtleistungskondiktion eingetreten sein, z.B. durch einen Eingriff des Bereicherten. Die Nichtleistungskondiktion ist dabei ausgeschlossen, wenn der Bereicherungsgegenstand gleichzeitig von Dritten geleistet wurde, sog. **Vorrang der Leistungskondiktion**. Geleistet wird der Gegenstand, wenn er von einem anderen willentlich und (aufgrund eines angeblich bestehenden Schuldverhältnisses) zweckgerichtet in das Vermögen des Bereicherten überführt wird (vgl. oben zur Leistung). Die Bereicherung kann durch Ereignisse aller Art eintreten. Hauptanwendungsfall der Nichtleistungskondiktion ist die sog. Eingriffskondiktion, bei welcher der Bereicherte selbst in das Vermögen des anderen "eingreift".

c) auf Kosten eines anderen

Die Bereicherung muss zu Lasten eines anderen gehen, der um diesen Vermögenswert entreichert ist. Dies setzt voraus, dass dem Entreicherten dieser Vermögenswert von der Rechtsordnung zugeschrieben war, wie beispielsweise das Eigentum.

Im Beispiel oben war der Dünger Eigentum des Bauern B und somit diesem rechtlich zugeschrieben. Deshalb erfolgte die Bereicherung bei K "auf dessen Kosten" (des B).

d) ohne Rechtsgrund

Der Bereicherte hat den Vermögensvorteil ohne rechtlichen Grund erlangt, wenn er nach der Rechtsordnung dem anderen zusteht und für die Vermögensverschiebung kein rechtlicher Grund besteht.

Es ist kein Rechtsgrund gegeben, wonach K den Dünger von B behalten darf.

Beim Merkmal "ohne Rechtsgrund" ist wie beim Merkmal "auf dessen Kosten" zunächst wieder die Frage zu untersuchen, wem der Vermögenswert ursprünglich rechtlich zugewiesen war.

2. Verfügung durch oder an Nichtberechtigte

Das Gesetz trifft Regelungen für Fälle, in denen Verfügungen durch (§ 816 Abs. 1 BGB) oder an einen Nichtberechtigten (§ 816 Abs. 2 BGB) erfolgen.

§ 816 Abs. 1 BGB bestimmt, dass der Nichtberechtigte zur Herausgabe des durch die Verfügung Erlangten an den Berechtigten verpflichtet ist. Der praktisch wichtigste Fall ist der gutgläubige Eigentumserwerb vom Nichtberechtigten nach §§ 929 Satz 1, 932 Abs. 1. u. 2 BGB.[661]

> **Überträgt z.B. ein Nichtberechtigter im Rahmen eines gutgläubigen Erwerbs das Eigentum eines anderen wirksam auf einen Dritten und erhält er dafür einen "Kaufpreis" von 200,- EUR, muss er diesen nach § 816 Abs. 1 BGB an den ursprünglichen Eigentümer herausgeben.**

Der Bereicherte ist ebenfalls nach § 816 Abs. 2 BGB zur Herausgabe des Erlangten verpflichtet, wenn an ihn als Nichtberechtigten eine Leistung bewirkt wird, die dem Berechtigten gegenüber wirksam ist. § 816 Abs. 2 BGB betrifft z.B. den Fall, dass der Schuldner einer Forderung diese wirksam dem alten Gläubiger gegenüber erfüllt, obwohl der die Forderung bereits an einen neuen Gläubiger (Forderungsinhaber) abgetreten hat (§ 407 BGB), so dass der alte Gläubiger Nichtberechtigter ist.

Beide Fälle des § 816 BGB betreffen einen Spezialfall der Nichtleistungskondiktion, da zwischen dem Nichtberechtigten, der auf Kosten des Berechtigten etwas erlangt, und dem Berechtigten keine Leistungsbeziehung besteht.

IV. Die Rechtsfolge der §§ 812 ff. BGB

Liegen entweder die Voraussetzungen der Leistungs- oder Nichtleistungskondiktion vor, gilt gem. §§ 812, 818 Abs. 1 BGB

- Herausgabe des Erlangten (§ 812 Abs. 1 Satz 1 u. Satz 2 BGB) und
- Herausgabe der gezogenen Nutzungen (§ 818 Abs. 1 Satz 1, 1. Halbsatz BGB) und
- Herausgabe der Surrogate (§ 818 Abs. 1 Satz 1, 2. Halbsatz BGB)
- Wertersatz leisten (§ 818 Abs. 2 BGB).

661 Vgl. ausführlich Müko/*Lieb*, § 816 Rn 1 ff.; *Medicus* BR § 28 V.

Grundsätzlich hat der Bereicherte den erlangten Vermögensvorteil wieder herauszugeben.

Im o.g. Autobeispiel hat K das Eigentum und den Besitz am Auto wieder an V herauszugeben und zurückzuübereignen.

Ist eine solche Herausgabe wegen der Beschaffenheit des Erlangten nicht möglich, muss der Bereicherte hierfür **Wertersatz** leisten (§ 818 Abs. 2 BGB). Dieser bemisst sich nach dem **objektiven Verkehrswert** des Erlangten[662] zum **Zeitpunkt der Zuwendung** (d.h. bei Anspruchsentstehung).

Im Bauernbeispiel muss der Bauer K entsprechend Wertersatz für den Dünger leisten, da er den auf seinem Feld versprühten Dünger naturgemäß nicht mehr herausgeben kann.[663]

Die Herausgabe des Erlangten oder die Pflicht zum Wertersatz ist jedoch ausgeschlossen, wenn die Bereicherung nicht mehr im Vermögen des Bereicherungsempfängers vorhanden ist (§ 818 Abs. 3 BGB), sog. **Entreicherung.**[664] Solange der Vermögensvorteil noch bei dem Bereicherten ist, hat er ihn herauszugeben. Ist der Vermögensvorteil dagegen nicht mehr vorhanden, soll der ursprünglich Bereicherte auch nichts mehr herausgeben müssen.

Bei Bösgläubigkeit des Bereicherten haftet dieser nach § 819 BGB verschärft. Wenn der Bereicherte von seiner ungerechtfertigten Bereicherung Kenntnis hat, indem er sich über den Mangel des rechtlichen Grundes bewusst ist, besteht bei Untergang oder Verschlechterung des erlangten Vermögenswertes gem. §§ 819 Abs. 1, 818 Abs. 4, 292, 989 BGB eine Schadensersatzpflicht. Diese sog. **verschärfte Haftung** nach den allgemeinen Vorschriften auf Wertersatz trifft den ehemals Bereicherten ebenfalls, wenn er bereits auf Herausgabe verklagt wurde (§ 818 Abs. 4 BGB).

Problemfälle können sich ergeben, wenn **gegenseitige Verträge** bereicherungsrechtlich rückabgewickelt werden, beispielsweise im Fall der Nichtigkeit eines Kaufvertrages. Grundsätzlich hat jeder Vertragspartner einen selbständigen Anspruch auf die Rückgewähr der jeweils geleisteten Sache, sog. **Zweikondiktionenlehre.**[665] Eine Verbindung dieser sich gegenüberstehenden selbständigen Bereicherungsansprüche bestünde hiernach nur über die Möglichkeit einer Aufrechnung, vgl. §§ 387 ff. BGB, oder über die Geltendmachung eines Zurückbehaltungsrechts, vgl. §§ 273, 274 BGB.

---

662 Ebenso zur Thematik BGH NJW 2006, 2847 ff.; i.ü. Palandt/*Sprau* § 818 Rn 17. Anders § 818 Abs. 4 iVm § 819 iVm §§ 292, 989 BGB: gegenwärtiger Wert.

663 Dies deshalb, weil ihm der Dünger willkommen war. Hätte B versehentlich ein brach liegendes Feld des K besprüht und hätte diesem also die Düngung gar nichts genützt, so läge eine sog. **aufgedrängte Bereicherung** vor. Das Selbstbestimmungsrecht des K steht dann mit dem Ausgleichanspruch des B in Konflikt. K kann dann nach § 818 Abs. 3 BGB Entreicherung geltend machen. Der Anspruch ist nach dem Interesse zu bemessen, den der Zuwachs für den Erwerbenden hat, vgl. auch Palandt/*Bassenge* § 951 Rn 3, 18, 21.

664 Vgl. dazu auch den Fall von *Hellfeier* JuS 2005, 436 ff.

665 Vgl. dazu auch *Schur* JuS 2006, 673 ff.

Fraglich ist jedoch, welche Rechtsfolgen eintreten, wenn eine der beiden zurückzuführenden Leistungen (Sachen) ersatzlos untergegangen ist. Bei uneingeschränkter Anwendung der Zweikondiktionenlehre ist der Vertragspartner, dessen Leistung bei dem anderen Vertragspartner weggefallen ist, einer Kondiktion ausgesetzt, ohne selbst kondizieren zu können, vgl. § 818 Abs. 3 BGB. Damit würde er hinsichtlich der von ihm erbrachten Leistung weiterhin die Gefahr tragen, obwohl sich seine Leistung im Vermögen des Vertragspartners befindet und dessen Disposition unterliegt.

Zur Vermeidung dieses Ergebnisses hat die Rechtsprechung die sog. **Saldotheorie**[666] entwickelt. Die Saldotheorie trägt dem Umstand Rechnung, dass auch bei einem nichtigen Vertrag die eine Leistung nur um der anderen willen erbracht wird, sog. **Lehre vom faktischen Synallagma**[667].

> **V verkauft K einen antiken Tisch für 15.000,- EUR, der einen Wert von 10.000,- EUR hat. Der Kaufvertrag stellt sich im Nachhinein als unwirksam heraus. Dies ist V recht, weil er nunmehr den Tisch zurückerhalten möchte. K hat jedoch in der Zwischenzeit den Tisch an Dritte weiterveräußert.**

Nach der Saldotheorie werden zunächst **gleichartige Bereicherungsansprüche,** z.B. auf Geldherausgabe, **saldiert**. Zur Herausgabe ist die Partei verpflichtet, zu deren Gunsten ein Saldo besteht.

> **Im Beispielsfall kann K den Tisch nicht mehr an V herausgeben, da er durch den Verkauf Besitz und Eigentum am Tisch verloren hat. Gem. §§ 812 Abs. 1, Satz 1 Alt. 1, 818 Abs. 2 BGB hat er deshalb grundsätzlich Wertersatz in Höhe von 10.000,- EUR für den Tisch an V zu leisten. V ist aufgrund des Erhalts (Übereignung) von 15.000,- EUR grundsätzlich zur Herausgabe von 15.000,- EUR an K verpflichtet. Gemäß der Saldotheorie werden die beiden Ansprüche saldiert, so dass (nur) V verpflichtet ist, 5.000,- EUR an K herauszugeben, vgl. §§ 812 Abs. 1 Satz 1 Alt. 1 BGB, 818 Abs. 2 BGB.**[668]

Bei ungleichartigen Bereicherungsansprüchen bleibt es hingegen dabei, dass die Leistungen nicht saldiert werden und die Herausgabeansprüche nur beschränkt Zug um Zug[669] bestehen.

> **Wenn im Beispielsfall K noch Eigentümer und Besitzer des Tisches ist, hat er beides an V gem. §§ 818 Abs. l Satz 1 Alt. 1, 818 Abs. 1 BGB herauszugeben. V schuldet aus gleichem Rechtsgrund Zahlung von 15.000 EUR an K. Beide Parteien können**

---

666 Vgl. dazu auch *Schur* JuS 2006, 673 ff.
667 Vgl. BGHZ 78, 223; *Medicus* BR, Rn 224.
668 Weil V nur noch um 5000 EUR bereichert ist.
669 Vgl. BGH NJW-RR 2006, 884 ff.

die jeweilige Leistung des anderen (ungleichartige Bereicherungsgegenstände) nur Zug um Zug gegen die eigene Leistung verlangen.

Zur Anwendung kommt die Saldotheorie auch, wenn einer der Bereicherungsgegenstände nach § 818 Abs. 3 BGB ersatzlos wegfällt. Im Falle einer **Entreicherung** bestehen insoweit keine Ansprüche gegen den Entreicherten. Aufgrund der Saldotheorie ist der Entreicherte in diesen Fällen nicht mehr berechtigt, seine bei der Gegenseite noch vorhandene Gegenleistung zurückzufordern, ohne sich den Wert der an ihn erbrachten und nunmehr wertlos gewordenen Leistung anrechnen zu lassen.

Wenn im Beispiel der Tisch durch K nicht verkauft, sondern ohne dessen Verschulden zerstört wird, muss er sich den Wert des Tisches bei seinem Bereicherungsanspruch gegen V anrechnen lassen. Nach der Saldotheorie kann er deshalb von V auch nur die Zahlung von 5.000 EUR verlangen.[670]

Wäre der Tisch hingegen 20.000,- EUR wert gewesen, könnte K von V nichts mehr verlangen. In diesem Fall könnte aber auch V nichts mehr von K verlangen, da dieser nicht mehr bereichert ist.

Die Saldotheorie ist als **Einwendung** zu Gericht immer von Amts wegen zu berücksichtigen.[671] Allerdings findet die Saldotheorie keine Anwendung, wenn übergeordnete Billigkeitsgründe eine abweichende Regelung erfordern. Dies gilt nach der Rechtsprechung z.B., wenn eine Partei die andere bei Vertragsschluss arglistig getäuscht hat oder bei mangelnder Geschäftsfähigkeit einer Partei.[672] Bei **arglistiger Täuschung** findet die Saldotheorie keine Anwendung, so dass der Getäuschte seine Leistung auch kondizieren kann, wenn der an ihn gelieferte Gegenstand bei ihm untergegangen ist.[673] Gleiches gilt für die Fälle verschärfter Haftung, vgl. §§ 818 Abs. 4, 819 Abs. 1, 820 BGB, in denen die Saldotheorie ausgeschlossen ist.[674] War ein **Minderjähriger Vertragspartei,** muss der andere Teil das Risiko dessen Entreicherung tragen, wenn er mit einem Minderjährigen Geschäfte macht.[675]

---

670 Anstelle der gezahlten 15.000 EUR.
671 Vgl. auch BGH NJW-RR 2006, 884 ff.
672 Vgl. auch Palandt/*Sprau*, § 818, Rn 49 mwN.
673 Vgl. BGHZ 53, 144; BGHZ 57, 137.
674 Vgl. BGHZ 72, 252.
675 Vgl. auch BGHZ 126, 105.

Abbildung 42: Das Bereicherungsrecht im Überblick

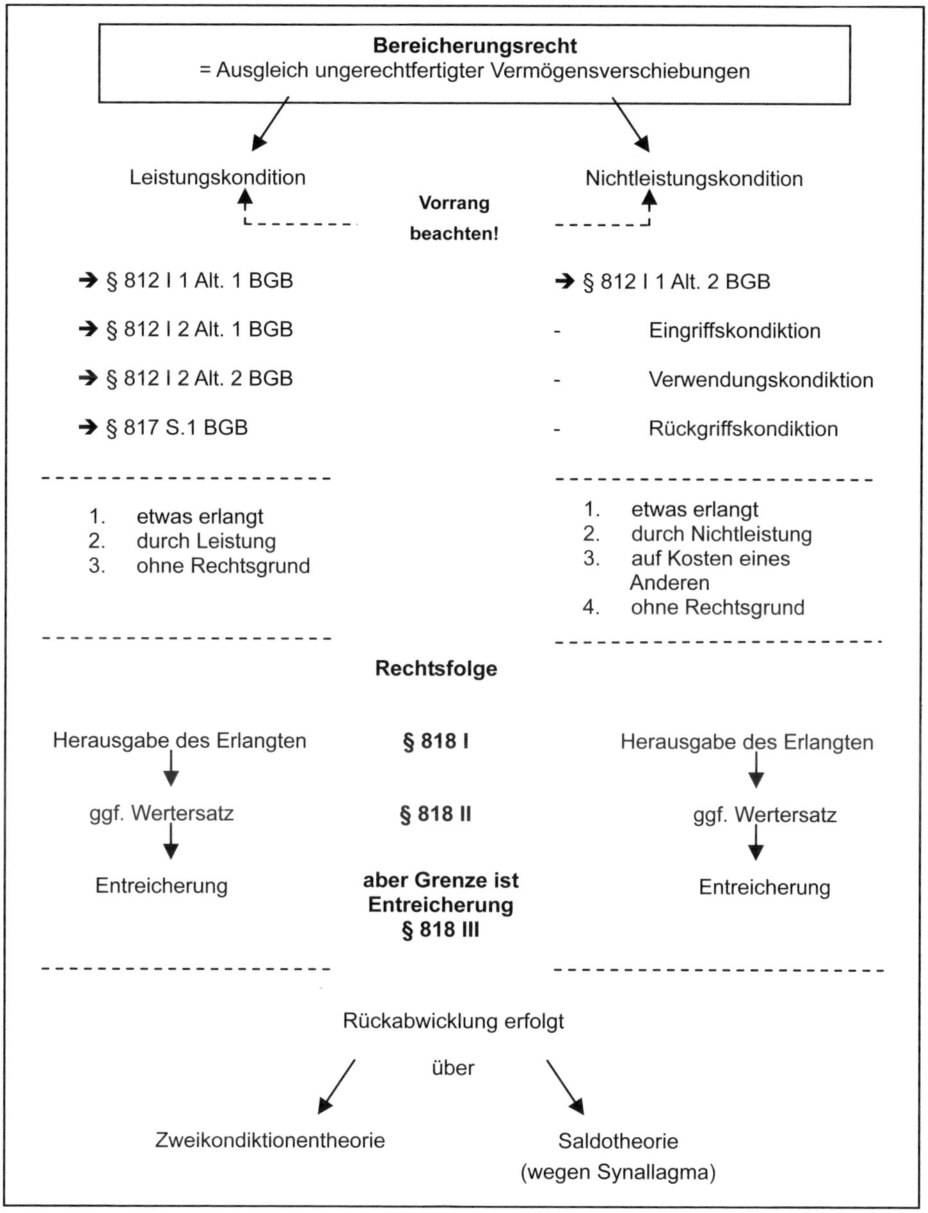

D. Deliktsrecht

I. Einführung

Das Deliktsrecht regelt den Schadensersatz für **unerlaubte Handlungen** (Delikt), die fremde Rechtsgüter wie das Eigentum oder die Gesundheit eines anderen verletzen.

> **S kollidiert im Straßenverkehr unter vorsätzlicher Missachtung des Rotlichts mit P, wobei Sach- und Personenschäden entstehen. Hier begeht S eine unerlaubte Handlung, weil er rechtswidrig das Eigentum und den Körper von P verletzt und dabei schuldhaft handelt. Demzufolge muss er an P Schadensersatz nach § 823 Abs. 1 BGB und ggf. Schmerzensgeld nach § 253 Abs. 2 BGB leisten.**[676]

Im Deliktsrecht geht es um Schadensersatz für unerlaubte Handlungen. Es soll nicht wie bei den vertraglichen Schuldverhältnissen eine vertragliche Verpflichtung erfüllt oder aufgrund der Verletzung einer Vertragspflicht gehaftet werden. Bei der Haftung aus Delikt handelt es sich um ein **gesetzliches Schuldverhältnis**. Die Haftung tritt mit Erfüllung der im Gesetz genannten Voraussetzungen unabhängig vom Parteiwillen und unabhängig von einem Rechtsgeschäft ein.

> **Unabhängig von seinem Willen haftet S gegenüber P aufgrund seiner unerlaubten Handlung auf Schadensersatz. Die Haftung ist deshalb auch keine Frage der Geschäftsfähigkeit.**

Es gibt jedoch Fälle, in denen z.B. sowohl aus der Verletzung vertraglicher Pflichten als auch aus unerlaubter Handlung eine Schadensersatzpflicht begründet wird.

> **A lässt sein Auto in der Werkstatt bei M reparieren. Dieser will das reparierte Auto auf seinen Parkplatz stellen und fährt es dabei aus Unachtsamkeit gegen die Mauer, wodurch die Stoßstange eingedrückt wird. M haftet aus § 280 Abs. 1 BGB i.V.m. dem Werkvertrag (Verletzung der Nebenpflicht, das Eigentum des Bestellers nicht zu schädigen) und aus unerlaubter Handlung (§ 823 Abs. 1 BGB) auf Schadensersatz.**

Der Schadensersatzanspruch aus dem gesetzlichen Schuldverhältnis der unerlaubten Handlung (§§ 823 ff. BGB) besteht grundsätzlich neben einer möglichen Haftung aus vertraglichen oder vertragsähnlichen Ansprüchen.

---

676 Zur Haftung nach dem StVG siehe S. 445 ff.

Ob M neben der Haftung aus Delikt auch eine Haftung wegen der Schlechterfüllung eines vertraglichen Schuldverhältnisses trifft, ist für den einzelnen Schadensersatzanspruch zunächst ohne Bedeutung.

In einem Vertrag können Sonderregelungen getroffen oder gesetzlich angeordnet werden, so dass nach dem vertraglichen Anspruch geringer oder gar nicht gehaftet werden soll (sog. **Haftungsprivilegierung**). In bestimmten Fällen ist diese Regelung auch im Deliktsrecht zu berücksichtigen, um die vertragliche Regelung nicht zu übergehen und leerlaufen zu lassen.[677] Der Verleiher einer Sache haftet gem. § 599 BGB nur für Vorsatz und grobe Fahrlässigkeit. Nach Deliktsrecht haftet er grundsätzlich bereits für leichte Fahrlässigkeit (§§ 823, 276 Abs. 1 Satz 1 BGB). Liegt ein Leihverhältnis zwischen den Beteiligten vor, muss für den Haftungsmaßstab im Deliktsrecht demzufolge der Haftungsausschluss des Leihvertrages bei nur leichter Fahrlässigkeit berücksichtigt werden. Anderenfalls würde die Regelung des § 599 BGB für den Leihvertrag durch das Deliktsrecht stets umgangen, was der Intention des Gesetzgebers widerspräche.

Bei den einzelnen Tatbeständen und deren Merkmalen wird jeweils auf eine derartige Beeinflussung des Deliktsrechts durch vertragliche Ansprüche hingewiesen.

Ausnahmsweise kann eine vertragliche Regelung auch die Haftung nach Deliktsrecht beeinflussen, z.B. bezüglich der Verjährung oder des Verschuldensmaßstabs.

II. Haftungstatbestände

Aufgrund einer unerlaubten Handlung wird auf Schadensersatz gehaftet, wenn dies gesetzlich vorgesehen ist. Hierzu hat der Gesetzgeber bestimmte **Haftungstatbestände** geschaffen, die abschließend die Entstehung von Schadensersatzansprüchen regeln. Liegen die Voraussetzungen eines Haftungstatbestandes nicht vor, entsteht keine Haftung aus unerlaubter Handlung. Die Haftungstatbestände bauen auf drei Grundtatbeständen auf, die um mehrere Spezialtatbestände innerhalb und außerhalb des BGB ergänzt werden.

Die Grundtatbestände sind:

- § 823 Abs. 1 BGB: Verletzung bestimmter Rechtsgüter, wie der Persönlichkeit, des Eigentums und sonstiger absoluter Rechte;
- § 823 Abs. 2 BGB: Verstoß gegen ein Schutzgesetz;
- § 826 BGB: Vorsätzliche sittenwidrige Schädigung.

[677] Vgl. zu § 828 Abs. 2 BGB auch *Bernau* NZV 2005, 234.

Grundsätzlich setzt die Haftung nach diesen Grundtatbeständen ein Verschulden voraus und wird deshalb auch **Verschuldenshaftung** genannt. Die weiteren Spezialtatbestände bauen teilweise auf den Grundtatbeständen auf. Hierzu zählt auch die Haftung für das **Handeln Dritter.**

§ 831 BGB bestimmt die Haftung des Geschäftsherrn für das Handeln seines Verrichtungsgehilfen. § 832 BGB regelt die Haftung des Aufsichtspflichtigen (z.B. der Eltern) für Handlungen eines Aufsichtsbedürftigen (z.B. Kind). Bei der Haftung nach §§ 831, 832 BGB wird ein eigenes Verschulden bezüglich der Handlung des Dritten vermutet, welches widerlegt werden kann. Das heißt, der Schädiger trägt die Beweislast für sein Nichtverschulden.

In § 833 Satz 1 BGB wird die **Gefährdungshaftung** des Tierhalters für Luxustiere geregelt, in § 833 Satz 2 BGB die vermutete Verschuldenshaftung des Tierhalters für Nutztiere. § 836 BGB betrifft die Haftung des Gebäudebesitzers für vermutetes Eigenverschulden. Gefährdungshaftung bedeutet, dass der Verantwortliche nur aufgrund einer bestimmten Eigenschaft haftet, unabhängig davon, ob ihm im konkreten Fall ein Fehlverhalten vorzuwerfen ist.

In § 839 BGB ist die Haftung des Beamten für Amtspflichtverletzungen geregelt, welche in Verbindung mit Art. 34 GG einen Anspruch des Geschädigten gegen den Staat auf Staatshaftung begründen können.

Neben der in § 833 Satz 1 BGB geregelten Gefährdungshaftung des Tierhalters gibt es weitere Tatbestände der Gefährdungshaftung außerhalb des BGB, die eine **verschuldensunabhängige Haftung** bestimmen. Die Haftung hängt dort nur von der Verletzung bestimmter Rechtsgüter wie Eigentum oder Gesundheit ab. Die Gefährdungshaftung ist eine untypische Sonderregelung, vgl. § 833 Satz 1 BGB, § 7 StVG, § 1 HaftpflG, § 33 LuftVG, § 25 AtG, § 22 WHG, § 84 AMG, § 1 ProdhaftG, § 32 GenTG. Grundsätzlich gilt Verschulden als Haftungsvoraussetzung.

Eine Gefährdungshaftung wird z. B. in § 7 Straßenverkehrsgesetz (StVG) angeordnet. Danach haftet ein Kraftfahrzeughalter grundsätzlich für alle Schäden, die beim Betrieb seines Kraftfahrzeuges unabhängig von seinem Verschulden entstehen.

Weiterhin besteht eine sog. **Billigkeitshaftung** nach § 829 BGB, die beispielsweise in Betracht kommt, wenn ein Verkehrsteilnehmer durch unvorhersehbare Hirnblutung das Bewusstsein verliert und Schäden verursacht, wofür er gem. §§ 823 Abs. 1, 827, 828, 829 BGB haftet.[678]

[678] Siehe dazu BGHZ 23, 90; *Schwintowski* ZRP 2003, 391 ff.

Abbildung 43: Die Systematik der Haftungstatbestände

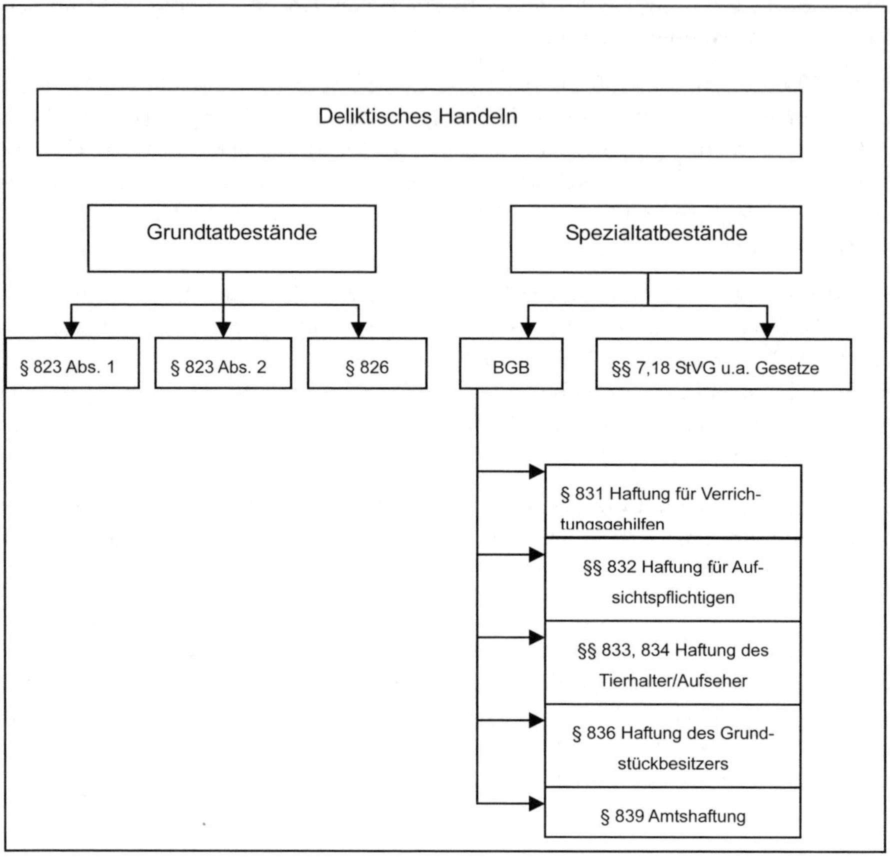

III. Die Verschuldenshaftung

Die Verschuldenshaftung baut insbesondere auf dem Grundtatbestand des § 823 Abs. 1 BGB auf. Dort heißt es, wer "vorsätzlich oder fahrlässig das Leben, den Körper, die Gesundheit, die Freiheit, das Eigentum oder ein sonstiges Recht eines anderen widerrechtlich verletzt", hat dem anderen Schadensersatz zu leisten. Hiermit wird das Grundprinzip der Deliktshaftung bestimmt.

Eine Haftung kommt grundsätzlich nicht für jeden schuldhaft und widerrechtlich zugefügten Schaden in Betracht, sondern nur

- nach § 823 Abs. 1 BGB bei der Verletzung ganz bestimmter Rechtsgüter, sog. **Rechtsgüterprinzip** oder bei der Vornahme ganz bestimmter Handlungen.
- § 823 Abs. 2 BGB: Verstoß gegen ein Schutzgesetz.
- § 826 BGB: vorsätzliche sittenwidrige Schädigung.

Abbildung 44: Die Grundtatbestände der Haftung im Deliktsrecht

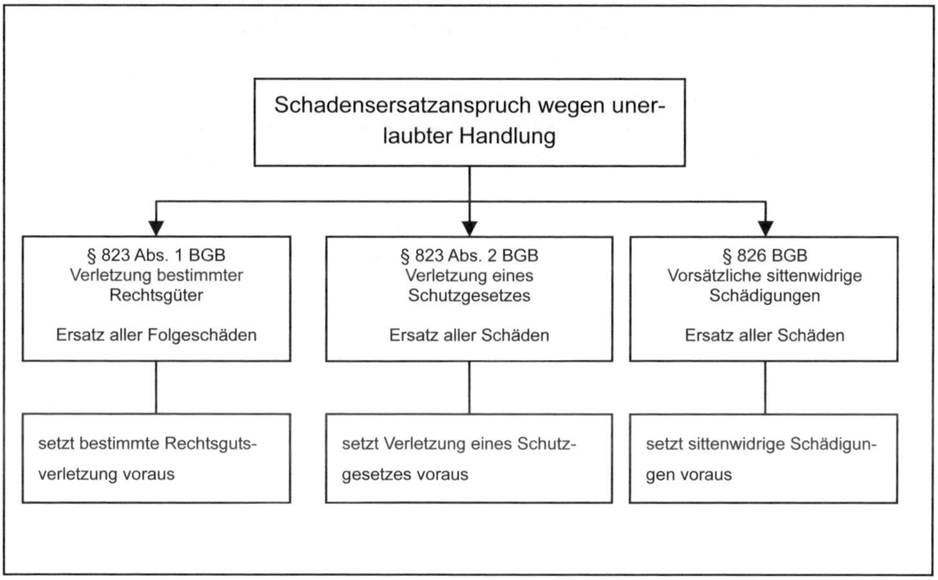

Folglich wird nicht ohne weiteres für die Verursachung eines reinen Vermögensschadens eine Haftung begründet.

> **B randaliert mit seinen Freunden ständig in einer Fußgängerzone, woraufhin der dort befindliche Einzelhandel erhebliche Umsatzeinbußen hinnehmen muss, weil die Passanten und potentiellen Kunden diesen Ort mittlerweile meiden. Ansonsten hätte K bei V einen neuen Staubsauger in Wert von 250,- EUR gekauft, den K nunmehr woanders erwirbt. V ist verärgert und verlangt von B Schadensersatz für seine Umsatzeinbuße in Höhe von 250,- EUR.**

In diesem Fall fehlt es an den Voraussetzungen einer Anspruchsgrundlage. V erleidet zwar einen Vermögensschaden, aber er wurde nicht in seinen durch § 823 Abs. 1 BGB geschützten Rechtsgütern verletzt. Auch die anderen Anspruchsgrundlagen § 823 Abs. 2 und § 826 BGB sind nicht einschlägig, da es an einer Schutzgesetzverletzung und einer sittenwidrigen Schädigung fehlt. V erhält keinen Schadensersatz, da ein reiner Vermögensschaden nicht ohne weiteres schadensersatzpflichtig ist.

Anders verhält es sich, wenn B über die Forderungen von V verärgert ist und beschließt, diesem gezielt durch tägliche Krawalle vor dessen Laden das Verkaufsgeschäft gänzlich zu verderben. In diesem Fall ist eine vorsätzliche sittenwidrige Schädigung nach § 826 BGB gegeben. Aufgrund der beabsichtigten und sittenwidrigen Schädigung sind hier alle Rechtsgüter und somit auch das Vermögen geschützt. Aufgrund der zusätzlichen sittenwidrigen Handlungsweise ist nach § 826 BGB ein reiner Vermögensschaden zu ersetzen. Ergänzend kommt ein Anspruch aus § 823 Abs. 1 BGB in Betracht, da B gezielt in den eingerichteten und ausgeübten Gewerbebetrieb des V eingreift, der durch § 823 Abs. 1 BGB geschützt wird.

Ein Vermögensschaden wird nur ersetzt, wenn er auf der Verletzung eines nach § 823 Abs. 1 BGB geschützten Rechtsguts oder einer Schädigungshandlung nach § 823 Abs. 2 BGB oder nach § 826 BGB beruht.

1. § 823 Abs. 1 BGB

Ein Schadensersatzanspruch nach § 823 Abs. 1 BGB setzt voraus:

---

1. Menschliche Handlung (Tun, Dulden oder Unterlassen)
2. Verletzung eines geschützten Rechtsguts (siehe Katalog des § 823 BGB)
3. Verursacht durch die Handlung (haftungsbegründende Kausalität)
4. Rechtswidrigkeit der Verletzungshandlung
5. Verschulden des Handelnden
6. Haftungsausfüllende Kausalität
7. Schaden

Rechtsfolge: Schadensersatz für alle verursachten Schäden §§ 249 ff. BGB.

---

a) Menschliche Handlung

Ein Schadensersatzanspruch setzt eine menschliche Handlung voraus. Das Handeln kann sowohl in einem aktiven Tun als auch in einem Unterlassen bestehen. Auch nur reflexartige Reaktionen gehören zur menschlichen Handlung. Lediglich willentlich gänzlich unsteuerbare Vorgänge scheiden als menschliche Handlung aus.

Die Schauspielerin S erfährt von ihrem Produzenten, dass ihr neuer Film ein Flop ist. Sie wird sofort ohnmächtig und reißt beim Sturz die antike Vase des Produzenten um. Ohnmächtige können ihre Bewegungsabläufe nicht mehr steuern, eine menschliche Handlung liegt deshalb mit dem Sturz nicht vor. Demzufolge erhält der Produzent keinen Schadensersatz nach § 823 Abs. 1 BGB für die Vase. Auch andere Anspruchsgrundlagen sind direkt nicht einschlägig (erwogen wird aber eine Billigkeitshaftung nach § 829 BGB analog).

b) Verletzung eines geschützten Rechtsguts

Für einen Schadensersatzanspruch aus § 823 Abs. 1 BGB ist erforderlich, dass ein dort genanntes Rechtsgut verletzt worden ist.

Geschützte Rechtsgüter nach § 823 Abs. 1 BGB sind:

- Leben
- Körper und Gesundheit
- Freiheit
- Eigentum
- sonstige absolute Rechte i.S.v. § 823 Abs. 1 BGB
- berechtigter Besitz
- einzelne Persönlichkeitsrechte
- das Recht am eingerichteten und ausgeübten Gewerbebetrieb
- allgemeine Persönlichkeitsrechte

Das **Leben** wird durch Tötung verletzt. Als Besonderheit ist zu beachten, dass dieser Schadensersatzanspruch nicht mehr dem Toten, sondern nur Dritten gem. §§ 844, 845 BGB zustehen kann. Diese Dritten sind gem. § 844 BGB die Unterhaltsberechtigten (z.B. Kinder) des Getöteten, denen aufgrund der Tötung der Unterhalt entzogen wird.

Körper- und Gesundheit, die sich nicht streng voneinander abgrenzen lassen, werden durch physische oder psychische Eingriffe verletzt. Eingriff ist jede Störung der körperlichen, geistigen oder seelischen Lebensvorgänge, jedes Hervorrufen oder Steigern eines von der normalen Körperfunktion nachteilig abweichenden Zustands auch ohne tiefgreifende Veränderung der Befindlichkeit.[679]

> **Beispiele: Stichwunden, Schürfverletzungen, Brüche, Organschäden, aber auch Schock, Depressionen usw.**

Die **Freiheit** ist verletzt, wenn durch physische oder psychische Behinderung die körperliche Bewegungsfreiheit beschränkt wird.[680]

> **Beispiele: einsperren, fesseln, festhalten etc.**

Eine Verletzung des **Eigentums** ist gegeben, wenn die Sachsubstanz des Eigentums beeinträchtigt oder dem Eigentümer die Sache entzogen oder in ihrem Gebrauchswert oder bestimmungsgemäßem Gebrauch eingeschränkt wird.[681]

> **Beispiele: Beschädigung eines Autos, Zerbrechen einer Vase als Beeinträchtigung der Sachsubstanz. Wird die Sache entwendet (entzogen) oder ein Schiff in einem Kanal für mehrere Monate eingeschlossen, ist der Gebrauchswert eingeschränkt.[682] Nicht hierunter fällt nach der Rechtsprechung die Unterbrechung der Stromversorgung für eine Maschine.**

Beachte: Wird die Eigentumsverletzung von einem Besitzer ohne Besitzrecht (sog. Vindikationslage) begangen, richtet sich der Schadensersatzanspruch (zunächst) ausschließlich nach §§ 989 ff. BGB, die abschließende **Sonderregelungen** für das Verhältnis zwischen dem Eigentümer und dem unberechtigten Besitzer aufstellen.[683]

Unter die **sonstigen Rechte** fallen alle Rechte, die den in § 823 Abs. 1 BGB genannten Rechten vergleichbar sind und entsprechend einen Ausschließungscharakter gegenüber Dritten haben[684]. Hierzu zählt als eigentumsähnliches Recht der **berechtigte Besitz** an einer Sache, z.B. der Besitz eines Mieters am vermieteten Gegenstand. Ebenso dingliche Rechte wie Erbbaurecht, Dienstbarkeit, Hypothek usw.[685]

> **M mietet ein Fahrrad, das ihm anschließend gestohlen wird. Neben dem Eigentümer steht auch M als berechtigtem ehemaligen Besitzer gegen den Dieb ein Schadensersatzanspruch zu.**

Als **einzelne Persönlichkeitsrechte** sind z.B. geschützt: Das Namensrecht (§ 12 BGB), das Firmenrecht (§ 17 HGB), das Recht am eigenen Bild (§§ 22 ff. KUG)[686] etc.

---

679 Vgl. BGH NJW 2005, 2614; vgl. weitere Beispiele bei Palandt/*Sprau*, § 823 Rn 4.
680 Vgl. Beispiele bei Palandt/Sprau, § 823, Rn 6; MüKo/*Wagner* § 823 Rn 92.
681 Vgl. die einzelnen Nachweise bei Palandt/*Sprau*, § 823, Rn 7, 8.
682 Sog. Fleet-Fall des BGH vgl. BGHZ 55, 153.
683 Vergleiche zum Eigentümer-Besitzer-Verhältnis ab S. 531 ff.
684 Vgl. Palandt/*Sprau*, § 823 Rn 11.
685 Vgl. Palandt/*Sprau*, § 823 Rn 12 ff.
686 Vgl. Palandt/*Sprau*, § 823 Rn 14 ff.

Als weiteres Recht ist der **Schutz des eingerichteten und ausgeübten Gewerbebetriebs** gegen Eingriffe in seine gesamte wirtschaftliche Tätigkeit anerkannt.[687] Dieser Schutz setzt nach der Rechtsprechung allerdings einen **unmittelbaren Eingriff** in den Betrieb voraus, der sich spezifisch gegen den Betrieb richten soll.[688]

> **Wenn im o.g. Beispiel B zielgerichtet den Geschäftsbetrieb des V mit seinen Handlungen beeinträchtigen will, liegt ein unmittelbar betriebsbezogener Eingriff in das Recht am eingerichteten und ausgeübten Gewerbebetrieb (des V) vor. Treffen die Handlungen bzw. Krawalle das Geschäft von V nur zufällig, ist ein derartiger Eingriff nicht gegeben. Insbesondere liegt mangels Unmittelbarkeit kein Eingriff vor, wenn jemand aus Unachtsamkeit einen Schaden bei einem Betrieb bewirkt, z.B. durch Unterbrechung eines Stromkabels zur Betriebsversorgung.**

Das **allgemeine Persönlichkeitsrecht** eines Menschen ist verletzt, wenn die Intimsphäre oder Privatsphäre durch schwere Eingriffe verletzt wird.[689] Dieser Schutz ist durch verfassungskonforme Auslegung des § 823 Abs. 1 BGB gem. Art. 2 Abs. 1, Art. 1. Abs. 1 GG geboten.[690]

> **Beispiele: Nichtberechtigte Veröffentlichung von Tagebüchern, Briefen, die heimliche Aufzeichnung von vertraulichen Gesprächen, heimliches Photographieren, das unbefugte Benutzen von Bild oder Namen einer Person zu Werbezwecken.**[691]

Nach der Rechtsprechung ist dem Schutzauftrag in Art. 1, 2 Abs. 1 GG zufolge vorrangig unter dem Aspekt der Genugtuung und der Prävention[692] (ausnahmsweise) Ersatz des immateriellen Schadens[693] unter zwei einschränkenden Voraussetzungen zu leisten: Es muss sich zunächst um eine schwere Verletzung des Persönlichkeitsrechts handeln. Zusätzlich darf nach der Art der Verletzung auf andere Weise keine Genugtuung durch Unterlassung, Gegendarstellung oder Widerruf zu erreichen sein.[694] Ob eine schwerwiegende Verletzung des Persönlichkeitsrechts vorliegt, die die Zahlung einer Geldentschädigung fordert, hängt insbesondere von der Bedeutung und Trag-

---

687 Vgl. BGHZ 45, 307.
688 Vgl. *Bütter/Tonner* BKR 2005, 344.
689 Vgl. zum Allgemeinen Persönlichkeitsrecht und Schmerzensgeld *Wagner* NJW 2002, 2049; Siehe zu den Fallgruppen der Rechtsprechung BGHZ 13, 334; 15; 249; 24, 200.
690 Vgl. auch KG Berlin NJW-RR 2005, 1709 ff.
691 Lesenswert LG Hamburg NJOZ 2003, 1805 ff.; zum postmortalen Persönlichkeitsrecht siehe auch *Reber* GRUR Int 2007, 492.
692 Siehe den Caroline von Monaco-Fall, BGH NJW 1996, 984.
693 Zum immateriellen Schaden siehe ab S. 196 ff.
694 Vgl. dazu *Peifer* GRUR 2002, 495.

weite des Eingriffs, ferner von Anlass und Beweggrund des Handelnden sowie vom Grad seines Verschuldens und davon ab, in welcher geschützten Sphäre der Eingriff erfolgte.[695]

Eine Wochenzeitschrift veröffentlicht ein Interview, welches angeblich mit Prinzessin P persönlich geführt wurde und erfundene Details über ihr Intimleben enthält. Insbesondere habe sie sich zu ihrer Alkoholabhängigkeit bekannt. Prinzessin P fühlt sich aufgrund dieser Erfindungen in ihrer Würde tief verletzt. Deshalb fordert sie Schadensersatz. Neben Ansprüchen auf Unterlassung und Gegendarstellung kommt nach den o.g. Grundsätzen auch ein Schadensersatzanspruch in Geld zur Prävention und Genugtuung in Betracht.[696]

Daneben bestehen keine weiteren über § 823 Abs. 1 BGB geschützte Rechtsgüter.

***Nicht** durch § 823 Abs. 1 BGB geschützt ist insbesondere das **Vermögen als solches** (ohne weitere Rechtsgutsverletzung) also z.B. Forderungen gegen einen Dritten.*

S sieht eine sehr seltene und wertvolle chinesische Vase als Verkaufsobjekt bei V und schließt mit diesem umgehend einen Kaufvertrag über 100.000,- EUR. Sein Sammelkonkurrent K zerstört bei einem Besuch versehentlich die Vase, bevor V sie an S übereignet.

In diesem Fall hat nur der Eigentümer V einen Schadensersatzanspruch gegen K aus § 823 Abs. 1 BGB. S hat keinen Anspruch auf Schadensersatz, weil sein Forderungsrecht "Übereignung der Vase" aus dem Kaufvertrag gegen V nicht nach § 823 Abs. 1 BGB geschützt ist. Auch wenn er die Vase für das Doppelte hätte weiterverkaufen können (Vermögensschaden), erhält er für diesen reinen Vermögensschaden keinen Ersatz. Etwas anderes gilt nach § 826 BGB nur, wenn der K die Vase absichtlich zerstört hätte, damit sie gerade der S nicht erhält. In diesem Fall wäre aufgrund einer vorsätzlichen sittenwidrigen Schädigung nach § 826 BGB auch das Vermögen des S mit seinen Forderungen geschützt.[697]

---

695 Vgl. BGHZ 128, 1.

696 Vgl. auch BGHZ 35, 363.

697 Zur Wiederholung des Kaufrechts: S hat aus dem Umstand, dass der Verkäufer V den Kaufvertrag nicht erfüllen kann, keine vertraglichen Ansprüche auf Schadensersatz. Es liegt (nachträgliche) Unmöglichkeit vor, die weder V noch S verschuldet (zu vertreten) haben. V wird nach § 275 Abs. 1 BGB von seiner Leistungspflicht frei und muss mangels Verschulden keinen Schadensersatz nach §§ 280 Abs. 1 u. 3 iVm 283 BGB BGB leisten. S wird gem. § 326 Abs. 1 Satz 1 BGB von seiner Gegenleistungspflicht in Form der Kaufpreiszahlung frei, erhält jedoch keinen Ersatz für den entgangenen Gewinn. Verlangt S von V nach § 285 BGB Herausgabe

c) Haftungsbegründende Kausalität

Eine Anspruchsbegründung nach § 823 Abs. 1 BGB setzt voraus, dass die fragliche Handlung (Tun oder Unterlassen) die Rechtsgutsverletzung verursacht hat. Dieser Verursachungszusammenhang wird Kausalität genannt. Die Verursachung, die zu der Rechtsgutsverletzung führt, wird deshalb **haftungsbegründende Kausalität** genannt.

Darüber hinaus stellt sich (später) bezüglich des Umfangs des Schadensersatzanspruchs die Frage, welche (weiteren) Schäden durch die Rechtsgutsverletzung eingetreten sind, sog. **haftungsausfüllende Kausalität**.

Die Kausalität wird anhand folgender Untersuchung ermittelt:

> *Eine (aktive) **Handlung** gilt als für die Rechtsgutsverletzung kausal (ursächlich), wenn sie nicht hinweggedacht werden kann, ohne dass die konkrete Rechtsgutsverletzung entfiele.*

> *Eine **Unterlassung** gilt als kausal für die Rechtsgutsverletzung, wenn sie nicht hinzugedacht werden kann, ohne dass die konkrete Rechtsgutsverletzung entfiele.*

Diese Untersuchungsmethode heißt auch condicio-sine-qua-non-Formel.

Für die Prüfung der Ursächlichkeit muss zwischen einem Tun und einem Unterlassen als Handlung unterschieden werden. Für die Ursächlichkeit ist immer entscheidend, ob die konkrete Rechtsgutsverletzung (z.B. der Tod, die Verletzung) entfiele, wenn man sich die fragliche Handlung hinweg (bei einem Tun) oder hinzudenkt (bei einem Unterlassen).

Aktives Tun:

Bankräuber B bedroht den Kassierer mit einer täuschend echten Schreckschusspistole. Zum Spaß und aus Grausamkeit zählt er laut bis drei und drückt dann ab. Als der Schreckschuss erschallt, erleidet der Kassierer vor Angst einen Herzinfarkt und stirbt. Der Schreckschuss kann nicht hinweggedacht werden, ohne dass der Tod des Kassierers entfiele. Hätte B nicht den Schreckschuss gelöst, wäre der Kassierer nicht durch Herzinfarkt gestorben. Dementsprechend war der Schuss kausal für den Tod des Kassierers.

---

des für die zerstörte Vase erlangten Ersatzes (z.B. erhält V Schadensersatz von K für die Vase), bleibt er zur Kaufpreiszahlung weiterhin verpflichtet (§ 326 Abs. 3 BGB).

Unterlassen:

Erfreut beobachtet A, wie sein Nebenbuhler N beim Schlittschuhlaufen auf einem See in Ufernähe einbricht und langsam ertrinkt. Bequem hätte er N retten können, da sich ein Seil und Rettungsringe in der Nähe befinden. Die Rettungsleistung kann nicht hinzugedacht werden, ohne dass der Tod entfiele. Hätte A dem N ein Seil und einen Rettungsring zugeworfen, wäre N nicht gestorben. Folglich war das Unterlassen von A ursächlich für den Tod des N.

Nach der Kausalitätsprüfung anhand der sog. condicio-sine-qua-non-Formel sind alle möglichen Ursachen für einen Erfolg gleichwertig (äquivalent). Deshalb wird diese Annahme auch **Äquivalenztheorie** genannt.

Wenn B von seiner Freundin F zu dem grausamen Spiel mit der Sehreckschusspistole angestiftet wurde, ist auch ihre Handlung ursächlich, da sie nicht hinweggedacht werden kann, ohne dass der Tod des Kassierers durch Herzinfarkt entfiele. Damit haben F und B den Tod des Kassierers verursacht.

Die Äquivalenztheorie geht im Ergebnis oft zu weit. Es werden auch Handlungen erfasst, deren tatsächlich zurechenbarer Zusammenhang mit dem Erfolg fragwürdig erscheint.

Nach der Äquivalenztheorie ist auch die Zeugung von B ursächlich für den Tod des Kassierers. Die Eltern könnten insoweit bereits aufgrund der Geburt ihres Kindes für einen späteren Handlungserfolg des Kindes verantwortlich sein.

Deshalb ist die Äquivalenztheorie mit Hilfe der Adäquanzformel einzuschränken. Nach der **Adäquanztheorie** gelten nur solche Ursachen als ursächlich im Rechtssinne, bei denen der Eintritt des Verletzungserfolges nach allgemeiner Lebenserfahrung und nicht nur unter besonders eigenartigen, ganz unwahrscheinlichen und nach dem regelmäßigen Verlauf der Dinge ganz außer Betracht zu lassenden Umständen zur Herbeiführung des Verletzungserfolges geeignet war.

Nach der Adäquanzformel gelten solche Ursachen als im Rechtssinne ursächlich, die nicht nur aufgrund ganz außergewöhnlicher und unwahrscheinlicher Umstände zu dem Verletzungserfolg führten (sog. adäquate Verursachung).

Ursachen, die nur aufgrund ganz außergewöhnlicher und unwahrscheinlicher Umstände zu dem Schaden führten, bleiben deshalb für Schadensersatzansprüche von vornherein außer Betracht. Weiterhin können sich Einschränkungen unter dem Gesichtspunkt des **Schutzzwecks der Norm**[698] ergeben. Die Lehre vom Schutzzweck der

698 Vgl. BGHZ 57, 256.

Norm ist eine teleologische Wertung. Hiernach können nur Schäden zugerechnet werden, die Folgen der Gefahren sind, um deretwillen die verletzte Rechtsnorm erlassen wurde. Ein Anspruch aus § 823 Abs. 1 BGB (insbesondere auch nach § 823 Abs. 2 BGB i.V.m. einer Schutzgesetzverletzung) kann entfallen, wenn der Schaden nicht in den Schutzbereich der verletzten Norm, in persönlicher und sachlicher Hinsicht, fällt.[699]

Persönlicher Schutzbereich: Gehört der Geschädigte zu dem durch die Norm geschützten Personenkreis?

Sachlicher Schutzbereich: Soll das Rechtsgut durch das (Schutz-)Gesetz gerade gegen die vorliegende Schädigungsart geschützt werden?

> **Wenn G seinen Kollegen S am Arbeitsplatz mit Grippe ansteckt, liegt prinzipiell eine rechtswidrige und schuldhafte Gesundheitsverletzung durch G gegenüber S vor. Eine derartige Ansteckung gehört allerdings zum allgemeinen Lebensrisiko und lässt sich beim normalen Zusammenleben unter Menschen nicht vermeiden. Deshalb soll es nach dem Schutzzweck des § 823 Abs. 1 BGB in diesem Fall keinen Schadensersatz geben. Anders wäre es allerdings bei einer Ansteckung mit Aids o.ä. In diesem Fall wäre das allgemeine Lebensrisiko überschritten und eine Haftung grundsätzlich möglich.**

In der Regel sind bei "nahen" Schäden die Adäquanz und die Zurechnung unter dem Gesichtspunkt des "Schutzzwecks der Norm" gegeben. Nur wenn außergewöhnliche Schäden oder Umstände hinzutreten, bedarf es einer eingehenden Prüfung. Hierzu einige typische Fallgruppen:[700] Die Kausalität und Zurechnung zum Schädiger wird von der Rechtsprechung in folgenden "außergewöhnlichen" Fällen (i.d.R.) bejaht:

Schockschäden[701] (z.B. nach Autounfall) wegen der Verletzung anderer, nur für den Fall, dass nahe Angehörige betroffen sind; ansonsten normales Lebensrisiko .

Verfolgungsfalle: Jemand verfolgt einen Dritten und verletzt sich hierbei. Die Zurechnung ist zu bejahen, wenn die zur Eigenschädigung des Verfolgers führende Verfolgung von dem Verfolgten herausgefordert wird (z.B. flüchtender Dieb oder Schwarzfahrer vor Eigentümer bzw. Kontrolleur, Polizist). Ansonsten aufgrund der Verwirklichung des normalen Lebensrisikos keine Zurechnung.

Anders verhält es sich, wenn die genannten Umstände nicht vorliegen, wie z.B. in den Grippefällen. Bei entsprechend weit entfernten Ursachen kann nach eingehender Prüfung die adäquate Verursachung abzulehnen sein. Beispielsweise gelten nach der Adäquanztheorie die Handlungsbeiträge "Zeugung" eines späteren "Geisterfahrers" und die PKW-Produktion des Fahrzeugherstellers insoweit grundsätzlich als nicht ursächlich für den von dem Geisterfahrer verursachten Unfall.

---

699 Vgl. die zu den Kausalitätslehren gelungene Übersicht für Zivil-, Straf-, und Öffentliches Recht bei *Rönnau/Faust/Fehling* JuS 2004, 113 ff.

700 Vgl. auch Palandt/*Heinrichs*, Vor § 249, Rn 66 ff.

701 Vgl. auch das Fallbeispiel von *Kirchner/Richter* JuS 2006, 718 ff.

d) Rechtswidrigkeit der Verletzungshandlung

Nach § 823 Abs. 1 BGB kommt es bei einer Rechtsgutsverletzung nur dann zur Haftung, wenn rechtswidrig (d.h. unerlaubt) gehandelt wird. Dementsprechend wird das Schadensersatzrecht auch als das Recht der unerlaubten Handlung bezeichnet. Für die Bestimmung der Rechtswidrigkeit ist zwischen einem Handeln durch aktives Tun und Handeln durch Unterlassen zu unterscheiden. Steht hiernach die grundsätzliche Rechtswidrigkeit einer Handlung fest, ist zu untersuchen, ob im konkreten Fall Rechtfertigungsgründe die Widerrechtlichkeit ausschließen.

aa) Rechtswidrigkeit bei aktivem Tun

Für die Fälle der aktiven Verletzungshandlungen gilt: Das für die Rechtsgutsverletzung ursächliche aktive Handeln ist bereits durch diese Rechtsgutverletzung als rechtswidrig anzusehen, wenn dem Täter kein Rechtfertigungsgrund zusteht. Hierin zeigt sich der allgemeine Rechtsgedanke, dass die Verletzung fremder Rechtsgüter grundsätzlich rechtswidrig ist, falls nicht spezielle Rechtfertigungsgründe die Handlung rechtfertigen.

Wem G den kleinen Hund von D schlägt und verletzt, sind diese Handlungen rechtswidrig, da er grundsätzlich kein fremdes Eigentum (Tiere werden rechtlich wie Sachen eingeordnet, § 90a BGB) verletzen darf. Etwas anderes kann nur gelten, wenn für diese Verletzung fremden Eigentums ein Rechtfertigungsgrund für G besteht. Ein derartiger Rechtfertigungsgrund kann z.B. Notstand sein, wenn der Hund G angreift (§ 228 BGB).

Die Rechtswidrigkeit wird durch den Verletzungserfolg dagegen nicht vorbestimmt bei

- dem Eingriff in den eingerichteten und ausgeübten Gewerbebetrieb,
- der Verletzung eines allgemeinen Persönlichkeitsrechts.

In diesen Fällen ist der Eingriff nach der Rechtsprechung rechtswidrig, wenn eine Interessenabwägung ergibt, dass das Schutzinteresse des Verletzten höher zu bewerten ist als die Interessen des Verletzenden an dem Eingriff.

bb) Rechtswidrigkeit bei Unterlassen

Bei der Handlung durch Unterlassen gilt, dass der Handelnde nur dann rechtswidrig handelt, wenn ihn eine Rechtspflicht zur Erfolgsabwendung trifft. Diese Rechtspflicht wird als **Garantenstellung** bezeichnet.

Ein Unterlassen ist nur rechtswidrig, wenn den Unterlassenden eine Rechtspflicht zur Erfolgsabwendung (Garantenstellung) trifft, z.B. aus

- Vertrag,
- Gesetz (z.B. gesetzliche Sorgepflicht der Eltern),
- allgemeine Verkehrssicherungspflichten.

Aus Vertrag kann sich eine Garantenstellung ergeben, wenn sich der Betreffende zu dieser Fürsorge vertraglich verpflichtet hat.

Beispielsweise Babysitter, Bodyguards u.s.w.

Das Gesetz bestimmt zahlreiche Fälle besonderer Verkehrssicherungspflichten. So sind z.B. die Eltern als Ausdruck der elterlichen Sorge nach §§ 1626, 1631 BGB für ihre Kinder verkehrssicherungspflichtig. Gleiches gilt für nahe Angehörige. Keine Garantenstellung bestimmt hingegen § 323c StGB, der die unterlassene Hilfeleistung mit Strafe androht. In diesem Fall fehlt es zur Bestimmung einer Garantenstellung für Dritte (ohne Familienbeziehungen zu dem Opfer) an der Erfolgsabwendungspflicht. § 323c StGB normiert nur eine allgemeine Rechtspflicht zur Hilfeleistung, nicht zur konkreten Erfolgsabwendung.

Im o.g. Beispiel der unterlassenen Hilfeleistung von A gegenüber N handelt dieser nicht rechtswidrig, da ihn keine Garantenpflicht trifft. A hat sich zwar der unterlassenen Hilfeleistung nach § 323c StGB strafbar gemacht, eine Garantenstellung wird durch § 323c StGB jedoch nicht begründet. Andere Erfolgsabwendungspflichten sind ebenfalls nicht ersichtlich. Trotz der Kausalität seines Unterlassens haftet A somit nicht nach § 823 Abs. 1 BGB für den Tod von N, weil es an der Rechtswidrigkeit seines Unterlassens fehlt.

Neben den durch Gesetz bestimmten Verkehrssicherungspflichten hat die Rechtsprechung weitere Fälle **allgemeiner Verkehrssicherungspflichten**[702] entwickelt. Wer eine Gefahr schafft oder unterhält, hat dafür zu sorgen, dass durch die Gefahrenquelle keine Schäden verursacht werden. Hiergegen muss der Verkehrssicherungspflichtige alle möglichen Vorkehrungen treffen.[703] Verkehrssicherungspflichten bestehen im Falle der Verkehrseröffnung (Straßenwege, Spielplätze)[704], bei gefährlichen Berufs- und Gewerbebereichen (Werkstatt, Bauunternehmen)[705], oder bei der Sachherrschaft oder Verwendung von gefährlichen Sachen oder Produkten.[706]

702 Vgl. dazu auch *Raab* JuS 2002, 1041 ff.
703 Vgl. Palandt/*Sprau*, § 823, Rn 48.
704 Vgl. zur Haftung von Fussballvereinen für Randale und Rassismus *Weller* NJW 2007, 960 ff.
705 BGH r+s 2003, 127 ff.
706 Siehe dazu auch das Gerätesicherungsgesetz; *Medicus* BR Rn 650.

A baut eine neue Brücke über seinen Burggraben und öffnet sie für Besucher (Verkehrseröffnung). Diese Brücke muss er instand halten und dafür sorgen, dass keine Verletzungen durch das Benutzend der Brücke verursacht werden. Insoweit hat er als Verkehrssicherungspflichtiger eine Garantenstellung. Kommt er dieser Sicherungspflicht nicht nach und wird hierdurch jemand verletzt, handelt er rechtswidrig.

cc) Rechtfertigungsgründe

Ist die Rechtswidrigkeit der Handlung gegeben, ist weiter zu untersuchen, ob die grundsätzliche Rechtswidrigkeit der Handlung im konkreten Fall aufgrund eines Rechtfertigungsgrundes entfällt. Dies gilt sowohl für Handeln durch aktives Tun als auch durch Unterlassen. Zu prüfen ist, ob die Rechtswidrigkeit der Handlung ausnahmsweise im konkreten Fall durch das Eingreifen von Rechtfertigungsgründen entfällt.

Die Rechtswidrigkeit ist ausgeschlossen, wenn für den Handelnden ein Rechtfertigungsgrund besteht. Wichtige Rechtfertigungsgründe[707] sind:

- Notwehr (§ 227 BGB),
- Notstand (§ 228 BGB und § 904 BGB),
- Selbsthilfe (§ 229 BGB),
- berechtigte GoA (§§ 677, 683 BGB),
- Einwilligung des Verletzten.

Notwehr ist die Verteidigung, die erforderlich ist, um einen gegenwärtigen und rechtswidrigen Angriff von sich oder einem anderen abzuwenden (§ 227 BGB).

Wenn z.B. B Frau S angreift, darf S ihn mit einem gezielten Schlag abwehren ohne dabei rechtswidrig zu handeln, da ein derartiges Mittel zu ihrer Verteidigung gegen den rechtswidrigen Angriff von B erforderlich ist.

Bei **Notstand** handelt derjenige nicht rechtswidrig, der eine fremde Sache beschädigt oder zerstört, um eine durch diese Sache drohende Gefahr von sich oder einem anderen abzuwenden, und die Beschädigung der Sache zur Abwendung der Gefahr erforderlich sowie nicht unverhältnismäßig ist (§ 228 BGB).[708]

[707] Vgl. allgemein zu den Rechtsfertigungsgründen des BGB, *Schreiber* Jura 1997, 29.
[708] Siehe *Schreiber* Jura 1997, 29.

Der kleine Dackel von D greift G an. Insoweit besteht für G eine Gefahr, wodurch G sich wehren und den Dackel hierbei -soweit erforderlich- auch verletzen darf. Die Abwehrhandlung muss dabei im Verhältnis zur Gefahr stehen. Wenn der Dackel nur am Hosenbein zerrt, darf G ihn nicht töten. Etwas anderes könnte gelten, wenn er von einem Kampfhund angefallen wird.

Von dem Notstand des § 228 BGB ist derjenige des § 904 BGB zu unterscheiden. Nach § 228 BGB ist die Handlung zur Abwehr der Gefahr, die von der Sache selbst ausgeht, nicht rechtswidrig und verpflichtet somit nicht zum Schadensersatz. Anders verhält es sich bei § 904 BGB. Hier geht die Gefahr von einer anderen Sache aus, kann aber nur durch Einwirkung auf die in Frage stehende Sache abgewendet werden. Die Handlung ist zwar nicht rechtswidrig, der Eigentümer kann aber dennoch im Ergebnis nach § 904 S. 2 BGB Schadensersatz für die Beschädigung verlangen.

Wenn G wieder vom Dackel angegriffen wird, kann er aus dem Zaun des unbeteiligten Nachbarn N ein Brett herausreißen, wenn hierin die einzige Verteidigungsmöglichkeit gegen den Dackel liegt. Die Gefahr geht zwar nicht vom Zaun aus, kann aber nur mittels der Zaunlatte abgewendet werden. G handelt auch beim Herausreißen der Zaunlatte nicht rechtswidrig. Aufgrund der Spezialvorschrift des § 904 Satz 2 BGB muss er N den Schaden am Zaun allerdings ersetzen.

Die Vornahme einer Handlung im Rahmen einer **berechtigten GoA** (vgl. §§ 677, 683 BGB) bildet einen Rechtfertigungsgrund für diese Handlung.[709]

Das **Selbsthilferecht** ist in §§ 229, 230 BGB geregelt. Selbsthilfe als private Gewalt zur Durchsetzung oder Sicherung eines Anspruchs ist im Rechtsstaat grundsätzlich unzulässig, da gerichtlicher Rechtsschutz zur Verfügung steht. Ausnahmsweise ist unter den engen Voraussetzungen von § 229 BGB die eigenmächtige vorläufige Anspruchssicherung zulässig. Voraussetzung ist, dass dem Handelnden ein Anspruch zusteht, obrigkeitliche Hilfe nicht rechtzeitig zu erlangen ist und ohne sofortiges Eingreifen die Anspruchsverwirklichung gefährdet ist. Demzufolge dürfen fällige Geldschulden nicht mit Schlägen eingetrieben werden. Andererseits ist es z.B. für den bestohlenen Fahrradeigentümer möglich, wenn er nach einigen Wochen dem Dieb mit dem Rad auf einer einsamen Straße begegnet, den Dieb festzuhalten und mit dem Rad zur Polizei zu bringen.

Die **Einwilligung des Verletzten** schließt die Rechtswidrigkeit aus, solange er über das verletzte Rechtsgut frei verfügen kann, die Einwilligung nicht sittenwidrig ist und der Einwilligende die Tragweite der Vorgänge abschätzen kann.[710]

---

709 Zur GoA siehe in diesem Buch S. 359.

710 Vgl. BGHZ 29, 38.

Die Operation eines Arztes am Patienten ist vom Tatbestand betrachtet grundsätzlich eine Körperverletzung, deren Rechtswidrigkeit durch die Einwilligung des Patienten entfällt. Anders verhält es sich, wenn der Arzt gegen den Willen des Patienten einen Eingriff vornimmt.

Die Einwilligung eines beschränkt Geschäftsfähigen ist wirksam, wenn er nach seiner geistigen und sittlichen Reife die Bedeutung und Tragweite des Eingriffs ermessen kann.

e) Verschulden

Die Rechtsgutverletzung verpflichtet trotz Rechtswidrigkeit den Schädiger nur nach § 823 Abs. 1 BGB zum Schadensersatz, wenn sie schuldhaft begangen wird.

Eine Haftung aus § 823 Abs. 1 BGB setzt ein schuldhaftes Handeln des Täters, d.h. grundsätzlich

---

- Vorsatz oder
- Fahrlässigkeit gem. § 276 BGB voraus.

Für die Haftung ist grundsätzlich unerheblich, ob "nur" Fahrlässigkeit oder Vorsatz vorliegt.

Unabhängig davon, ob K im Vasenbeispiel die wertvolle Vase aus Unachtsamkeit oder vorsätzlich fallen lässt, muss er nach § 823 Abs. 1 BGB dem Eigentümer V Schadensersatz leisten.

Der Schadensersatz soll keine "Sühne" oder Strafe sein, sondern den Schaden ausgleichen. **Vorsatz** ist die wissentliche und willentliche Herbeiführung eines Schadens. **Fahrlässig** handelt, wer die im Verkehr erforderliche Sorgfalt außer Acht lässt (§ 276 Abs. 2 BGB). Der Verschuldensmaßstab des § 276 BGB gilt dabei auch im Deliktsrecht. An der Gleichwertigkeit der unterschiedlichen Verschuldensformen kann es nur ausnahmsweise fehlen, wenn das Gesetz eine bestimmte Verschuldensform vorschreibt oder aufgrund eines Vertrages eine bestimmte Verschuldensform vorliegen muss. Aufgrund des Leihvertrages haftet der Verleiher nur für grobe Fahrlässigkeit und Vorsatz (§ 599 BGB). Deshalb haftet er auch nach § 823 Abs. 1 BGB ausnahmsweise nur für grob fahrlässig und vorsätzlich verursachte Schäden.[711]

Voraussetzung für ein Verschulden ist die **Deliktsfähigkeit** des Handelnden gem. §§ 827 ff. BGB. Diese liegt bei Volljährigen regelmäßig vor, so dass hierauf nur bei Anhaltspunkten im Sachverhalt einzugehen ist, die gem. § 827 BGB einer Deliktsfä-

711 Siehe zum Leihvertrag ab S. 327 ff.

higkeit entgegenstehen können (z.B. der Täter befindet sich in einem seine freie Willensbildung ausschließenden Zustand). Besondere Beachtung muss bei Minderjährigen die Deliktsfähigkeit nach § 828 BGB finden, die ausgeschlossen sein kann.[712]

f) Umfang des Schadensersatzes

Wenn der Schädiger ein in § 823 Abs. 1 BGB genanntes Rechtsgut verletzt, begründet er seine Haftung für alle hieraus entstehenden Schäden. Ist der Schadensersatzanspruch nach § 823 Abs. 1 BGB begründet (Haftungsbegründung), muss der Schädiger für alle hieraus entstehenden Schäden unabhängig von ihrer Art haften (Haftungsausfüllung). Der Umfang des Schadensersatzes bemisst sich nach den allgemeinen Regeln der §§ 249 ff. BGB.[713] Der Schadensersatz umfasst zunächst den Schaden an dem Rechtsgut. Zu ersetzen sind aber auch alle aus der Verletzung dieses Rechtsgutes entstehenden weiteren Schäden. Die Ersatzpflicht umfasst z.B. auch den Verdienstausfall und die Behandlungskosten (Vermögensschäden), die durch eine Körperverletzung (Nichtvermögensschäden) entstehen.

Autofahrer A beschädigt schuldhaft das Auto von B bei einem Autounfall. B muss das Auto für 10.000,- EUR reparieren lassen und benötigt für 10 Tage einen Mietwagen für 1000,- EUR. Außerdem erleidet B einen Verdienstausfall am Unfalltag in Höhe von 200,- EUR. A hat rechtswidrig und schuldhaft das Eigentum ("Auto") von B verletzt. Er haftet ihm deshalb auf Schadensersatz und muss B alle aus der Eigentumsverletzung entstehenden Schäden ersetzen. Dieser Schadensersatz umfasst sowohl den Schaden am Auto (Reparaturkosten) als auch die Folgeschäden Verdienstausfall und Kosten für den Mietwagen. A kann nicht einwenden, er brauche für Vermögensschäden nach § 823 Abs. 1 BGB nicht zu haften. Wenn der Schadensersatzanspruch durch die Verletzung eines nach § 823 Abs. 1 BGB geschützten Rechtsgut (hier Eigentum) begründet ist, entsteht grundsätzlich eine Haftung für alle hieraus entstehenden Schäden.

Für die Haftung weiterer Schäden kommt es dabei nicht mehr auf ein Verschulden des Schädigers an. Dieses Verschulden muss nur bei der Haftungsbegründung durch die Rechtsgutsverletzung vorliegen. Entscheidend für den Umfang der Haftung ist allein die Frage, welche Schäden durch die haftungsbegründende Handlung (Rechtsgutsverletzung) verursacht wurden.

A hat die Mietwagenkosten und den Verdienstausfall demzufolge auch dann zu ersetzen, wenn er nicht wissen oder absehen konnte, dass B einen Mietwagen benötigt und Handelsvertreter ist.

---

712 Siehe zur Deliktsfähigkeit ab S. 468 ff.
713 Siehe zum Schadensersatz ab S. 191 ff.

g) Haftungsausfüllende Kausalität

Der Schädiger haftet nach § 823 Abs. 1 BGB für alle von ihm verursachten Schäden unabhängig von ihrer Art. Es kommt nur auf die Verursachung an. Diese **Verursachung** ist anhand der **condicio-sine-qua-non-Formel**[714] festzustellen. Somit betrifft der Haftungsumfang alle Schäden, die entfallen würden, wenn man sich die Rechtsgutsverletzung des Schädigers hinwegdenken würde.

Im Beispiel oben ergibt sich folgendes: Auch der Verdienstausfall und die Kosten des Mietwagens sind als Schäden von A zu ersetzen, da er sie durch die Beschädigung des Autos mitverursacht hat. Der Verdienstausfall und die Mietwagenkosten würden entfallen, wenn A das Auto von B nicht beschädigt hätte.

Es ist allerdings zu beachten, dass auch bei der Kausalitätsprüfung im Rahmen der Haftungsausfüllung wiederum eine adäquate Verursachung erforderlich ist. Der Umfang der Verursachung kann ansonsten zu weit sein und deshalb nicht mehr in den Verantwortungsbereich des Schädigers fallen. Folglich haftet der Schädiger nur für solche Schäden, die durch seine Handlung adäquat kausal verursacht wurden.

Der Schädiger eines Rechtsgutes haftet für alle adäquat verursachten Schäden, welche

- durch diese Rechtsgutsverletzung verursacht wurden und
- die nicht aufgrund nur ganz unwahrscheinlicher und ungewöhnlicher Umstände eingetreten sind (adäquate Verursachung).

Diese Abgrenzung nach der **Adäquanztheorie**[715] entspricht der gleichen Abgrenzung wie bei der Prüfung der Haftungsbegründung.

Wie im Beispiel oben beschädigt A den PKW von B. Der von B in der Werkstatt gemietete Ersatzwagen hat mangelhafte Bremsen, weshalb B erneut einen Unfall erleidet. Hieraus entstehen ihm weitere Vermögensschäden (Verdienstausfall etc.). Außerdem erleidet er eine Knieverletzung, die 2 Jahre später zu einem Skiunfall führt. Die gesamten Schäden sind durch A gemäß der condicio-sine-qua-non-Formel verursacht worden. Insoweit müsste A für alle Schäden, wozu auch der Skiunfall zählt, Schadensersatz leisten. Eine derartig ausufernde Haftung führt jedoch zu weit und ist dem Schädiger nicht mehr

714 Vgl. BGHZ 2, 141; BGHZ 25, 84.
715 Vgl. *Rönnau/Faust/Fehling* JuS 2004, 113 ff.

zuzurechnen. Der Bremsendefekt am Mietwagen und die Knieverletzung sind für A derart unwahrscheinlich und entfernt, dass er für diesen Umstand nicht nach §§ 823 ff. BGB haften soll.

Die Kausalität ist bei einem Schadensersatzanspruch nach § 823 Abs. 1 BGB folglich zweimal zu prüfen:

- Bei der **Haftungsbegründung:** Begründung der Haftung

  Ursächlichkeit der Handlung für die Verletzung eines geschützten Rechtsgutes; sog. haftungsbegründende Kausalität.[716]

- Bei der **Haftungsausfüllung:** Ausfüllung der Haftung

  Ursächlichkeit der Rechtsgutsverletzung für alle weiteren Schäden, sog. haftungsausfüllende Kausalität.[717]

---

716 Kausalität zwischen Handlung und Schadenseintritt.

717 Kausalität zwischen Schadenseintritt und Schaden.

Abbildung 45: Deliktischer Anspruchsaufbau nach § 823 Abs. 1 BGB

§ 823 Abs. 1 BGB

→ **1. Rechtsgutverletzung:** → - Leben
- Körper und Gesundheit
- Freiheit
- Eigentum
- Sonstige absolute Rechte
  z.B.
  - berechtigter Besitz
  - einzelne Persönlichkeitsrechte
  - Recht am eingerichteten und ausgeübten Gewerbebetrieb
  - allgemeines Persönlichkeits-recht

→ **2. Tun oder Unterlassen oder Verkehrssicherungspflichten**

→ **3. Haftungsbegründete Kausalität:** →
- Äquivalenztheorie
- Adäquanztheorie

→ **4. Rechtswidrigkeit:** → ggf. Rechtfertigungsgründe
  z.B.
  - Notwehr § 227 BGB
  - Notstand § 228 und § 904 BGB
  - Selbsthilfe § 229 BGB
  - berechtigte GoA § 677, 683 BGB
  - Einwilligung

→ **5. Verschulden** →
- Vorsatz
- Fahrlässigkeit
- ggf. Haftungsprivilegierungen

→ **6. haftungsausfüllende Kausalität** →
- Äquivalenztheorie
- Adäquanztheorie

→ **7. Schaden**

Rechtsfolge: **Schadensersatz nach §§ 249 ff. BGB**

2. § 823 Abs. 2 BGB

§ 823 Abs. 2 BGB bestimmt die Haftung auf Schadensersatz bei der Verletzung von Schutzgesetzen. Eine Haftung aus § 823 Abs. 2 BGB gewinnt insbesondere bei dem Ersatz reiner Vermögensschäden Bedeutung, da diese für sich allein nicht nach § 823 Abs. 1 BGB zu ersetzen sind. Eine Haftung aus § 823 Abs. 1 BGB entfällt in diesem Fall, weil es an der erforderlichen Rechtsgutsverletzung fehlt. § 823 Abs. 2 BGB knüpft die Haftung an eine besondere Handlungsweise an, die im Verstoß gegen ein "Schutzgesetz" liegt.

a) Die Tatbestandsvoraussetzungen des § 823 Abs. 2 BGB

Nach § 823 Abs. 2 BGB muss Schadensersatz leisten, wer

- schuldhaft gegen ein "Schutzgesetz" verstößt, das gerade den Schutz des anderen bezweckt und
- dadurch bei dem anderen einen Schaden verursacht.

Somit ist nicht die Verletzung eines bestimmten Rechtsgutes, sondern bestimmter Schutzgesetze erforderlich.

T gibt sich fälschlich als Spendensammler einer wohltätigen Vereinigung aus und bezieht dadurch von M eine "Spende" in Höhe von 1000,- EUR. Nach § 823 Abs. 1 BGB erhält M für ihren reinen Vermögensschaden keinen Schadensersatz, da es an einer Rechtsgutsverletzung gem. § 823 Abs. 1 BGB fehlt. Ein Schadensersatzanspruch könnte sich jedoch aus § 823 Abs. 2 BGB ergeben.

Zu den Voraussetzungen des § 823 Abs. 2 BGB:

b) Schutzgesetz

Schutzgesetze sind alle Rechtsnormen i.S.d. Art. 2 EGBGB, die ein Ge- oder Verbot enthalten und zumindest auch den Schutz des einzelnen oder einzelner Personenkreise bezwecken.[718] Somit ist nicht ausreichend, dass das Gesetz dem Schutz der Allgemeinheit dient. Es ist erforderlich, dass gerade der Schutz des geschädigten Anspruchstellers als Einzelner zum Regelungszweck der Norm zählt. Beispiele für Schutzgesetze:

Aus dem StGB: Hausfriedensbruch (§ 123 StGB), unerlaubtes Entfernen vom Unfallort (§ 142 StGB), Beleidigungsdelikte (§§ 185 ff. StGB), Körperverletzungsdelikte (§§ 223 ff. StGB), Delikte gegen die persönliche Freiheit (§§ 234 ff. StGB).

Vermögensdelikte des StGB: Diebstahl (§§ 242 ff. StGB), Raub und Erpressung (§§ 249 ff. StGB), Betrug (§§ 263 ff. StGB), Sachbeschädigung (§ 303 StGB), Verbotene Eigenmacht nach § 858 BGB u.a.

718 Vgl. BGHZ 122, 1.

Weiterhin können auch in anderen Gesetzen Schutznormen enthalten sein. Zum Beispiel das Verbot des Betriebes eines nicht zugelassenen Kraftfahrzeuges (§§ 1,22 StVG).

Im Beispiel oben hat T schuldhaft gegen den Betrugstatbestand § 263 StGB als Schutzgesetz verstoßen, der gerade M als Betrogene vor Vermögensschäden schützen soll. Folglich hat T ihr den entstandenen Schaden in Höhe von 1000 EUR zu ersetzen.

Anders verhält es sich im o.g. Vasenbeispiel bei der Frage, ob S gegen K einen Schadensersatzanspruch hat: Als K vorsätzlich die Vase beim Verkäufer und (Noch-)Eigentümer V beschädigt, verwirklicht er zwar § 303 StGB (Sachbeschädigung), was zwar ein Schutzgesetz darstellt, aber nur den Eigentümer V und nicht S schützt, der nur ein wirtschaftliches Interesse an der Vase hat. Deshalb steht S gegen V kein Anspruch aus § 823 Abs. 2 BGB zu.

Kein Schutzgesetz ist insbesondere die **unterlassene Hilfeleistung** nach § 323c StGB. Mit diesem Straftatbestand soll lediglich eine allgemeine Handlungspflicht begründet werden, nicht aber die Pflicht zur Abwendung eines ganz bestimmten Erfolges zum Schutz bestimmter Personen. Ebenso wie § 323c StGB keine allgemeine Garantenpflicht für Dritte begründet, stellt diese Norm auch kein Schutzgesetz i.S.v. § 823 Abs. 2 BGB dar.

Wenn A seinen Nebenbuhler N wie im o.g. Beispiel ertrinken läßt, trifft ihn keine Schadensersatzpflicht aus § 823 Abs. 2 BGB. Schließlich ist § 323c StGB kein Schutzgesetz, welches eine bestimmte Person vor Schäden bewahren will. Wie schon dargestellt, scheidet ein Schadensersatzanspruch aus § 823 Abs. 2 BGB ebenfalls mangels Rechtswidrigkeit des Unterlassens aus, da A aus § 323c StGB keine Garantenpflicht (Rechtspflicht zur Erfolgsabwendung) trifft. § 323c StGB bestimmt jeweils nur eine allgemeine Handlungspflicht, deren Verletzung strafbar ist aber regelmäßig keinen Schadensersatzanspruch begründet.

Der Täter muss den vollen Tatbestand des Schutzgesetzes erfüllt haben. Bei Straftatbeständen müssen deshalb alle Voraussetzungen zur Strafbarkeit gegeben sein. Straftatbestände setzen überwiegend Vorsatz voraus (z.B. Betrug, Sachbeschädigung). Für diese Fälle reicht eine fahrlässige Begehung nicht aus. Somit muss die Verschuldensform des Schutzgesetzes im Deliktsrecht beachtet werden.

c) Schadenszurechnung

Durch den Verstoß gegen das Schutzgesetz muss der Täter einen Schaden adäquat verursacht haben. Hierzu gelten die o.g. Ausführungen bei § 823 Abs. 1 BGB. Rechtsfolge ist eine Schadensersatzpflicht, deren Umfang sich allgemein nach §§ 249 ff. BGB bestimmt[719].

3. Sittenwidrige Schädigung gemäß § 826 BGB

Dieser Schadensersatzanspruch erlangt besondere Bedeutung, wenn ein Anspruch aus § 823 Abs. 1 BGB mangels Rechtsgutsverletzung und ein Anspruch aus § 823 Abs. 2 BGB mangels Schutzgesetzverletzung ausscheiden.

Voraussetzungen der sittenwidrigen vorsätzlichen Schädigung nach § 826 BGB:

1. Sittenwidrige Schädigungshandlung des Täters.
2. Vorsatz bezüglich des Schadens und der den Sittenverstoß begründenden Tatumstände.
3. Schaden des Anspruchstellers.

a) Sittenwidrige Schädigungshandlung

Sittenwidrig ist eine Handlung, wenn sie das "Anstandsgefühl aller billig und gerecht denkenden Menschen verletzt".[720] Die Handlung muss somit das Anstandsgefühl des "anständigen Durchschnittsmenschen" verletzen. Die Verwerflichkeit der Handlung kann sich aus dem Sinn und Zweck der Handlung, des Mittels der Handlung sowie aus einer Verknüpfung von Mittel und Zweck[721] ergeben. Im Einzelfall ist die Sittenwidrigkeit detailliert festzustellen und liegt nicht bereits in jedem "anstößigen" Verhalten. Nach der Rechtsprechung haben sich einige Fallgruppen[722] herausgebildet, die eine Orientierungshilfe darstellen. Als sittenwidrig wird z.B. erachtet:

- Mittel (Verhalten):

  Arglistiges Verhalten (Täuschung) zum Abschluss eines Vertrages; Verleiten zum Vertragsbruch; Erteilung wissentlich falscher Auskünfte; Ausnutzung einer wirtschaftlichen Machtstellung u.a.

---

719 Siehe dazu oben ab S. 192 ff.

720 Begriff wie bei § 138 BGB.

721 Letzteres: sog. Zweck-Mittel-Relation.

722 Vgl. hierzu Palandt/*Sprau*, § 826, Rn 19 ff.

Weiterhin können sich grundsätzlich moralisch wertungsfreie Handlungen durch einen bestimmten

- Zweck als sittenwidrig erweisen: z.B. Existenzvernichtung.

Im o.g. Beispiel sind die Handlungen von B in der Fußgängerzone einzeln betrachtet gegenüber V nicht sittenwidrig, solange sie ihn nur zufällig treffen. Erst wenn er diese Mittel nutzt, um andere, beispielsweise den V, gezielt zu schädigen, werden die Handlungen durch ihren Zweck sittenwidrig.

Die Handlung muss rechtswidrig sein. Ansonsten entfällt bereits der Vorwurf der Sittenwidrigkeit. Zur Rechtswidrigkeit gelten die allgemeinen Regeln wie bei § 823 Abs. 1 BGB dargestellt.[723] Bei Unterlassen ist die Garantenstellung zu prüfen und es sind immer mögliche Rechtfertigungsgründe zu berücksichtigen.

Im Beispiel zum Ertrinken des Nebenbuhlers N erscheint es zwar "sittenwidrig", dass A den N aus Missgunst ertrinken lässt, obwohl er ihn hätte retten können. Dennoch liegt keine vorsätzliche sittenwidrige Schädigung nach § 826 BGB vor, da das Unterlassen der Rettung mangels Garantenstellung des A nicht rechtswidrig i.S.v. §§ 823 ff. BGB ist. Obwohl sich A nach § 323c StGB wegen unterlassener Hilfeleistung strafbar macht, haftet er wegen der unterlassenen Rettung nicht auf Schadensersatz.[724]

b) Vorsatz

Der Täter muss vorsätzlich handeln. Fahrlässigkeit bezüglich des Erfolges oder bestimmter Handlungsumstände reicht bei § 826 BGB nicht aus.

c) Schaden

Durch das sittenwidrige und vorsätzliche Verhalten muss ein Schaden verursacht worden sein. In Betracht kommen bei § 826 BGB alle möglichen verursachten Schäden. Auch reine Vermögensschäden begründen eine Schadensersatzpflicht. Zur Verursachung gilt das gleiche wie bei § 823 Abs. 1 BGB. Erforderlich ist eine adäquate Verursachung des Schadens. Bezüglich des Umfangs der Schadensersatzpflicht gelten dann die §§ 249 ff. BGB.

---

723 Siehe dazu oben S. 418.

724 Zur Wiederholung: Bei §§ 823 Abs. 1, 826 BGB scheitert es an der Rechtswidrigkeit, bei § 823 Abs. 2 BGB fehlt es zudem an der Verletzung eines Schutzgesetzes.

Abbildung 46: Die Grunddelikte der §§ 823 Abs.2 und 826 BGB

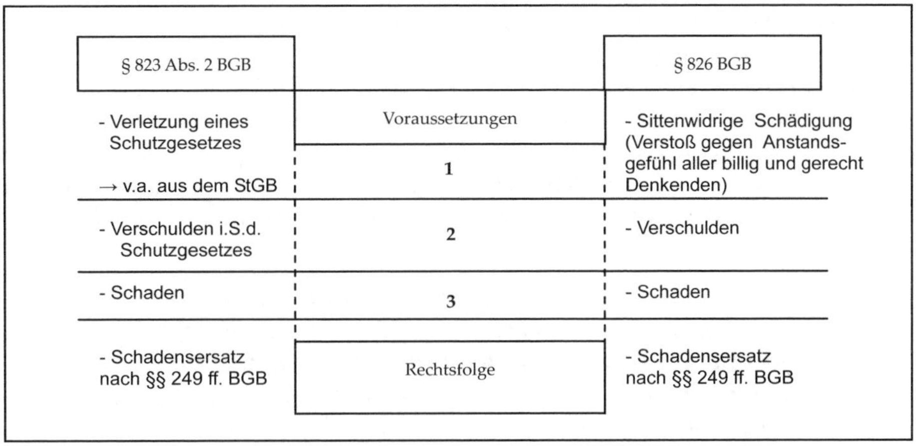

IV. Die deliktische Haftung für Dritte im BGB

Die Grundtatbestände der §§ 823 und 826 BGB bestimmen die Haftung für eigenes Verschulden und eigenes Handeln. Die §§ 831, 832 BGB bestimmen keine allgemeine Haftung für das Handeln Dritter. Die Haftung aus § 831 BGB bezieht sich nur auf die Haftung des Geschäftsherrn für seinen **Verrichtungsgehilfen**. § 832 BGB betrifft lediglich die Haftung des Aufsichtspflichtigen für den **Aufsichtsbedürftigen**.

Grundsätzlich bleibt es somit dabei, dass nur für eigene Handlungen eine Haftung entsteht. Darüber hinaus ist auch der Grund für die Haftung nach §§ 831, 832 BGB letztendlich nur die eigene Handlung des Geschäftsherrn oder Aufsichtspflichtigen, indem vermutet wird, dass er aufgrund eines **eigenen Fehlverhaltens** den Schaden (mit-)verursacht und verschuldet hat indem er seinen Angestellten bespielsweise nicht hinreichend beaufsichtigt hat. Demzufolge räumt das Gesetz dem Anspruchsgegner die Möglichkeit ein, diese Verursachungs- und Verschuldensvermutung zu widerlegen und dadurch seine Haftung auszuschließen.[725] Im Ergebnis betrifft auch die Haftung nach §§ 831, 832 BGB die Haftung für eigenes Verschulden, die nur aufgrund des Verhaltens Dritter vermutet wird.

[725] Sog. Exkulpation.

1. Haftung für den Verrichtungsgehilfen nach § 831 BGB

§ 831 BGB setzt voraus, dass auf einen Verrichtungsgehilfen (z.B. einen Arbeiter) durch den Geschäftsherrn (z.B. dessen Arbeitgeber) Arbeiten übertragen werden, bei dessen Ausführung dieser einen Schaden verursacht. In solchen Fällen basiert die Haftung des Geschäftsherrn für seinen Verrichtungsgehilfen auf der Vermutung, dass den Geschäftsherrn bei der Auswahl oder Leitung seines Verrichtungsgehilfen ein eigenes Verschulden trifft, welches für den Schaden mitursächlich war (sog. vermutetes Eigenverschulden). Kann der Geschäftsherr diese Verschuldens- und Ursächlichkeitsvermutung nicht widerlegen, haftet er für den Schaden, den der Verrichtungsgehilfe (rechtswidrig) verursacht.

Elektromeister E soll im Haus von H eine neue Elektroinstallation vornehmen. E schickt seinen Angestellten A, dem er einen Lageplan für alle bereits verlegten Leitungen mitgibt. A ist in Eile und bohrt, ohne den Plan zu beachten. Dabei beschädigt er ein Kabelnetz. Es entsteht ein Sachschaden in Höhe von 2.000,- EUR.

E selbst hat die Leitungen nicht beschädigt. Insofern trifft ihn bezüglich des Bohrens mangels entsprechender Handlung keine Haftung aus § 823 Abs. 1 BGB oder § 823 Abs. 2 BGB. Für die Handlung seines Angestellten A kommt eine Haftung des E nach § 831 BGB in Betracht, da er diesen zu der Verrichtung bestellt hat. Insoweit vermutet § 831 BGB, dass E den A falsch ausgewählt oder überwacht hat und deshalb haften soll. E kann seine Haftung ausschließen, wenn er die Vermutung seines Auswahlverschuldens widerlegt, bzw. wenn er sich also exkulpieren kann. Darüber hinaus kommt eine vertragliche Haftung von E aus § 280 Abs. 1 BGB des Werkvertrages in Betracht, da er gem. § 278 Satz 1 BGB das Verschulden seines Erfüllungsgehilfen wie eigenes Verschulden zu vertreten hat.[726]

Der Geschäftsherr kann seiner Haftung folglich nicht dadurch entgehen, dass er seine Arbeiter zur Ausführung der Aufträge entsendet. Der Geschädigte kann so im Schadensfall u.U. auf einen leistungsstarken Schuldner zurückgreifen (den Geschäftsherrn als Unternehmer). Daneben haftet der Verrichtungsgehilfe nach § 823 Abs. 1 BGB auch selbst für den Schaden.[727]

---

[726] Zur Unterscheidung von § 278 BGB und § 831 BGB siehe gleich unten.

[727] Bei Arbeitsverhältnissen sind die Regelungen zum sog. innerbetrieblichen Schadensausgleich zu beachten. Bei betrieblicher Tätigkeit haftet der Arbeitnehmer danach nur bei Vorsatz und grober Fahrlässigkeit vollumfänglich, während bei mittlerer Fahrlässigkeit eine Aufteilung mit dem Arbeitgeber in Betracht kommt. Bei leichter Fahrlässigkeit dagegen kann die Haftung des Arbeitnehmers ganz entfallen. Vgl. auch BAG NJW 2002, 2900 ff.

a) Die Tatbestandsvoraussetzungen des § 831 BGB

Voraussetzungen der Haftung für den Verrichtungsgehilfen nach § 831 BGB:

1. Deliktische Handlung des Verrichtungsgehilfen in Ausführung der Verrichtung, die den (obj.) Tatbestand der §§ 823 ff. BGB verwirklicht
2. Keine Entlastung (Exkulpation) durch den Geschäftsherrn.

aa) Verrichtungsgehilfe

Verrichtungsgehilfe ist, wer

1. mit Wissen und Wollen des Geschäftsherrn
2. in dessen Interesse eine übertragene Tätigkeit wahrnimmt und
3. vom Geschäftsherrn abhängig und weisungsgebunden ist.

Verrichtungsgehilfe ist nur, wer den Weisungen des Geschäftsherrn unterliegt. Als Verrichtungsgehilfe kommt somit keine Person in Betracht, die zwar für einen anderen Leistungen ausführt, dabei aber völlig selbständig und eigenverantwortlich handelt.[728]

Verrichtungsgehilfen sind z.B. die Arbeiter und Angestellten eines Unternehmers, nicht aber ein anderer Unternehmer, der als Subunternehmer beauftragt wird. Der Grund für die Voraussetzung der Abhängigkeit und Weisungsgebundenheit des Verrichtungsgehilfen liegt darin, dass der Geschäftsherr für vermutetes eigenes Verschulden bei der Auswahl oder Überwachung seiner Verrichtungsgehilfen haften soll. Dies setzt voraus, dass jene tatsächlich von dem Geschäftsherrn abhängig und weisungsgebunden sind, wodurch sie erst seinem Einfluss unterliegen können.

bb) Handeln in Ausführung der Tätigkeit

Der Verrichtungsgehilfe muss in Ausführung seiner übertragenen Tätigkeit gehandelt haben.[729] Nur insoweit kann den Geschäftsherrn eine Überwachungs- und Instruktionspflicht treffen, deren Verletzung § 831 BGB vermutet. Der Geschäftsherr haftet grundsätzlich auch dann, wenn der Erfüllungsgehilfe gegen seine ausdrücklichen Weisungen verstößt. Der Grund hierfür liegt in einem vermuteten Auswahlverschulden. Für Schäden, die ein Verrichtungsgehilfe, bei Gelegenheit, ohne Zusammenhang mit seiner Aufgabe verursacht, haftet der Geschäftsherr nicht.

[728] BGHZ 45, 313; siehe auch das Fallbeispiel bei *Rolfs* JuS 2002, 883 ff.
[729] Vgl. OLG Frankfurt/Main NJOZ 2006, 3401 ff.

Entwendet A während der Installationsarbeiten bei der Familie G einen Diamantring, muss der Geschäftsherr E hierfür nicht nach § 831 BGB haften. Den Diebstahl hat der Verrichtungsgehilfe A nicht in Ausführung der Verrichtung, sondern zufällig ohne inneren Zusammenhang mit der ihm übertragenen Ausführung begangen. Er hat einfach die Gelegenheit ausgenutzt.

cc) Deliktische Handlung des Verrichtungsgehilfen

Der Verrichtungsgehilfe muss rechtswidrig einen Schaden verursacht haben.

§ 831 BGB setzt die rechtswidrige Verwirklichung einer der (obj.) Grundtatbestände der §§ 823,826 BGB durch den Verrichtungsgehilfen voraus. Ein Verschulden des Verrichtungsgehilfen ist nicht erforderlich.

Ein Verschulden des Erfüllungsgehilfen ist nicht erforderlich, da § 831 BGB nur von widerrechtlicher Verletzung spricht und auf das Verschulden des Geschäftsherrn abstellt.

b) Exkulpationsmöglichkeit des Geschäftsherrn

Wie bereits dargestellt, soll der Geschäftsherr für vermutetes Eigenverschulden bei der Auswahl oder Leitung seiner Verrichtungsgehilfen haften. Deshalb besteht für ihn nach § 831 Abs. 1, S. 2 BGB die Möglichkeit, seine Haftung durch den Nachweis auszuschließen, dass ihn bei der Auswahl oder Leitung seines Verrichtungsgehilfen kein Verschulden trifft.[730] Diese Möglichkeit der Entlastung aufgrund des Nachweises mangelnden Verschuldens wird auch **Exkulpationsmöglichkeit** genannt.

Der Geschäftsherr kann seine Haftung nach § 831 BGB durch den Nachweis ausschließen (Exkulpation), dass er bei der

- Auswahl und Überwachung des Verrichtungsgehilfen,
- Leitung der Ausführung der Verrichtung,
- Beschaffung von Gerätschaften,
- die im Verkehr erforderliche Sorgfalt angewendet hat (schuldlos handelte).

Eine ordnungsgemäße Auswahl seiner Verrichtungsgehilfen hat der Geschäftsherr immer vorzunehmen. Je größer die Verantwortung bei der auszuführenden Tätigkeit ist, desto größer ist auch das Maß der Sorgfaltspflicht bei der Auswahl. Für die Überwachungspflicht gilt, dass den Geschäftsherrn keine permanente Überwachungspflicht trifft, eine regelmäßige Kontrolle hingegen erforderlich ist. Diese fortgesetzte Prüfungspflicht besteht insofern, als sich der Geschäftsherr seiner Auswahl fortdauernd sicher sein muss.

730 Siehe dazu auch BGH NJW 2003, 288 ff.

Im o.g. Elektrikerbeispiel hat A als Verrichtungsgehilfe von E in Ausführung seiner ihm übertragenen Verpflichtung eine deliktische Handlung begangen. Er hat die Elektroleitung pflichtwidrig angebohrt und somit alle Voraussetzungen von § 823 Abs. 1 BGB erfüllt. Es ist nur eine objektive Pflichtverletzung von A erforderlich, nicht sein Verschulden. Demzufolge haftet E nach § 831 Abs. 1 BGB, wenn ihm nicht der Nachweis gelingt, dass ihn kein Auswahl- und Überwachungsverschulden hinsichtlich A trifft. Legt E dar, dass er A ordnungsgemäß als Angestellten ausgewählt bzw. eingestellt und überwacht und dieser bisher stets sorgfältig gearbeitet hat, kann ihm dieser Entlastungsbeweis gelingen. E haftet in diesem Fall nicht nach § 831 Abs. 1 BGB.

Gemäß § 831 Abs. 1, Satz 2, Alt. 2 BGB kann sich der Geschäftsherr auch durch den Nachweis entlasten, dass der Schaden auch bei Anwendung der im Verkehr erforderlichen Sorgfalt eingetreten wäre (sog. Widerlegung der Kausalitätsvermutung).

E könnte sich auch durch den Nachweis entlasten, dass die angebohrte Leitung niemandem bekannt war, so dass A sie in jedem Fall angebohrt hätte.

2. Haftung des Aufsichtspflichtigen nach § 832 BGB

Gemäß § 832 Abs. 1 BGB haftet die aufsichtspflichtige Person für den Schaden, den der Aufsichtsbedürftige widerrechtlich einem Dritten zufügt. Wie bei § 831 BGB haftet der Aufsichtspflichtige nach § 832 BGB für vermutetes Eigenverschulden (Vermutung schuldhafter Aufsichtspflichtverletzung) und dessen vermuteter Ursächlichkeit für den angerichteten Schaden (Vermutung, dass die Aufsichtspflichtverletzung für den entstandenen Schaden ursächlich ist). Deshalb kann er sich durch den Nachweis entlasten (exkulpieren), dass er seine Aufsichtspflicht erfüllt hat oder der Schaden bei ordnungsgemäßer Aufsicht gleichermaßen entstanden wäre.

Voraussetzungen der Haftung nach § 832 Abs. 1 BGB:

1. Verursachung eines Schadens durch den Aufsichtsbedürftigen,
2. Handlung erfüllt rechtswidrig den (obj.) Tatbestand der §§ 823 Abs. 1, 2, 826 BGB ohne dass es eines Verschuldens bedarf,
3. Keine Exkulpation des Aufsichtspflichtigen durch den Nachweis, dass
   a) er seiner Aufsichtspflicht genügt hat,
   b) der Schaden auch bei gehöriger Aufsicht eingetreten wäre.

A ist mit ihrem 7-jährigen Sohn S zum Tee bei B eingeladen. S ist sehr aggressiv, nachdem er kurz zuvor einen Western gesehen hat. Er kündigt "große Taten" seiner Filmidole an, die üblicherweise in Gewaltakten bestehen. A schenkt den Ankündigungen ihres Sohnes keine Beachtung, da sie im Gespräch mit B über die Neuigkeiten in der Nachbarschaft vertieft ist. Daraufhin zerstört S zunächst das Inventar.

a) Aufsichtsbedürftigkeit

Aufsichtsbedürftig sind gem. § 832 Abs. 1 BGB Minderjährige (§ 2 BGB) und wegen ihres geistigen oder körperlichen Zustandes der Beaufsichtigung bedürftige Personen.

Der siebenjährige S ist als Minderjähriger aufsichtsbedürftig.

b) Widerrechtliche Schadenszufügung

Der Aufsichtsbedürftige muss durch die Schadenszufügung widerrechtlich einen der Tatbestände der §§ 823, 826 BGB objektiv verwirklicht haben. Ein Verschulden des Aufsichtsbedürftigen ist nicht erforderlich. Es kommt deshalb nicht auf die Verschuldensfähigkeit eines Minderjährigen nach § 828 BGB an.

Im Beispiel oben genügt es, dass der Minderjährige S den objektiven Tatbestand einer unerlaubten Handlung i.S.v. § 823 BGB begeht, was durch die Eigentumsverletzung bei B vorliegt. Ein Verschulden von S ist nicht erforderlich.

c) Exkulpationsmöglichkeit des Aufsichtspflichtigen

Die Aufsichtspflicht ergibt sich zunächst aus Gesetz oder aus Vertrag. Aus Gesetz kann sich die Aufsichtspflicht durch die gesetzliche Sorgepflicht ergeben, wie z.B. für die Eltern nach §§ 1626, 1631 BGB gegenüber ihrem Kind. Möglich ist auch eine Begründung durch vertragliche Übernahme.

Bei Minderjährigen kommen als Aufsichtspflichtige kraft Gesetzes die Eltern bzw. gesetzliche Vertreter in Betracht. Vertraglich können zur Aufsicht verpflichtet sein:

Pflegeeltern, Tagesmütter, Babysitter, usw. Lehrer treffen grundsätzlich auch eine Aufsichtspflicht. Für Beamte gilt bei Amtspflichtverletzungen jedoch die Sonderregelung der Amtshaftung nach § 839 BGB. Im Beispiel oben war A als Mutter aufsichtspflichtig.

Die Haftung des Aufsichtspflichtigen entfällt, wenn dieser nachweisen kann, dass er seiner Aufsichtspflicht genügt hat (Widerlegung der Verschuldensvermutung) oder der Schaden auch bei gehöriger Aufsicht entstanden wäre (Widerlegung der Ursächlichkeitsvermutung). Für Minderjährige besteht grundsätzlich immer eine Aufsichtspflicht. Für den Inhalt und Umfang dieser Aufsichtspflicht kommt es auf die Umstände des Einzelfalls an; auf Alter, Eigenart und Charakter des Kindes, auf die Vorhersehbarkeit des schädigenden Verhaltens und die Zumutbarkeit der Beaufsichtigung.[731]

Im Beispiel oben kann sich A nicht entlasten. Sie musste damit rechnen, dass S Unsinn anstellt, nachdem er vorher bereits "große Taten" angekündigt hatte und sehr aggressiv war. Bei gebotener Aufsicht wären die Sachbeschädigungen zu verhindern gewesen.

Anders liegen die Fälle, in denen bisher eher unauffällige Kinder mit durchschnittlich ausgeprägtem Verantwortungsbewusstsein allein spielen gehen und von den Eltern belehrt sowie gelegentlich überwacht werden. Ohne besondere Umstände müssen die Eltern nicht damit rechnen, dass diese Kinder deliktisch handeln. Eine andauernde Überwachungspflicht ist ihnen nicht zuzumuten. In diesen Fällen könnte den Eltern somit der Entlastungsbeweis gelingen.

3. Abgrenzung der §§ 278 und 831 BGB

Gemäß § 831 BGB haftet der Geschäftsherr für Handlungen seines **Verrichtungsgehilfen,** da sein eigenes (Mit-)Verschulden vermutet wird. Diese Regelung betrifft nur die deliktische Haftung des Geschäftsherrn.

Gemäß § 278 BGB hat der Geschäftsherr das Verschulden seines **Erfüllungsgehilfen** wie eigenes Verschulden zu vertreten. Diese Zurechnung des Verschuldens gilt nur bei vertraglichen Schuldverhältnissen und vertraglichen Ansprüchen.

Wichtig ist folgende Unterscheidung:

*§ 278 BGB findet nur bei **vertraglichen Ansprüchen** Anwendung und rechnet nur das Verschulden des Erfüllungsgehilfen dem Geschäftsherrn zu, bildet aber **keine** eigene Anspruchsgrundlage.*

*§ 831 findet nur bei **deliktischen Ansprüchen** Anwendung und stützt sich als **eigene Anspruchsgrundlage** auf die Vermutung von Eigenverschulden des Geschäftsherrn.*

731 Vgl. auch OLG Oldenburg r+s 2004, 465 ff.

Es ist ein schwerer Fehler, in einem vertraglichen Schuldverhältnis § 831 BGB oder § 278 BGB bei der Begründung deliktischer Ansprüche anzuwenden.

> **Elektrikermeister E soll für Familie G die Elektroinstallation vornehmen. Er schickt den A, der aus Unachtsamkeit den Elektroplan nicht beachtet und deshalb beim Bohren einen Schaden am Leitungsnetz verursacht, obwohl er bisher immer sorgfältig gearbeitet hat. Hier sind sowohl vertragliche als auch deliktische Ansprüche zu prüfen, da diese grundsätzlich nebeneinander bestehen können.**

a) Die vertraglichen Ansprüche

Familie G könnte einen Schadensersatzanspruch aus §§ 280 Abs. 1 BGB i.V.m. 631 ff. BGB (pVV des Werkvertrages) gegen E haben, wenn E durch eine schuldhafte Vertragspflichtverletzung einen Schaden verursacht hat. Ein Werkvertrag zwischen den Parteien sowie ein Schaden liegen vor. Fraglich ist, ob E den Schaden verursacht und verschuldet hat, da er nicht selbst die Leitung beschädigte. Die Schädigungshandlung von A ist E aufgrund von § 278 BGB zuzurechnen, da A Erfüllungsgehilfe von E ist. Schließlich hat E sich des A zur Erfüllung seiner vertraglichen Verbindlichkeit (der Installation) gegenüber Familie G als **Erfüllungsgehilfe** bedient und muss sich dessen Verschulden und Pflichtwidrigkeit zurechnen lassen. A handelte zumindest fahrlässig, als er den Elektroplan missachtet. Diese Pflichtverletzung ist ursächlich für den Schaden. Folglich haftet E aus §§ 280 Abs. 1, 631 ff. BGB i.V.m. § 278 BGB auf Schadensersatz.

b) Die deliktischen Ansprüche

Als Anspruchgrundlage der Familie G gegen E kommt § 831 BGB in Betracht, wenn A als Verrichtungsgehilfe eine deliktische Handlung begangen hat, ohne dass sich E exkulpieren kann. A ist auch **Verrichtungsgehilfe** von E, da er von diesem zur Ausführung bestellt wurde und diesem weisungsgebunden und abhängig ist. Die Schadensverursachung durch A erfüllt den objektiven Tatbestand des § 823 Abs. 1 BGB. Insoweit haftet E nach § 831 BGB, wenn er nicht widerlegen kann, dass er A sorgfältig ausgewählt und überwacht hat. Wenn A noch nie derartig fahrlässig gehandelt hat und regelmäßig belehrt bezw. fortgebildet wurde, kann E dieser Nachweis gelingen. Dann haftet er nicht nach § 831 BGB.

c) Vorsicht vor Fehlern

Es wäre fehlerhaft, im Rahmen der vertraglichen Haftung § 831 BGB zu berücksichtigen. § 831 BGB gilt nur für die deliktische Haftung. Ebenso darf bei der deliktischen Haftungsbegründung nie § 278 BGB berücksichtigt werden. Die Anwendung der falschen Vorschrift kann zu unrichtigen Ergebnissen führen, denn § 831 BGB setzt beispielsweise -anders als § 278 BGB- eine Weisungsbefugnis gegenüber dem Gehilfen voraus. Eine Schadenszufügung durch einen selbständig handelnden Subunternehmer könnte also im Vertragsverhältnis eine Haftung des Unternehmers über § 278 BGB begründen, nicht aber dessen deliktische Haftung aus § 831 BGB.

Zur Verdeutlichung folgt eine Zusammenstellung der Unterschiede zwischen der Zurechnung beim Erfüllungsgehilfen und der Vermutung für eigenes Verschulden bei § 831 BGB.

Abbildung 47: Übersicht zum Erfüllungs- und Verrichtungsgehilfen

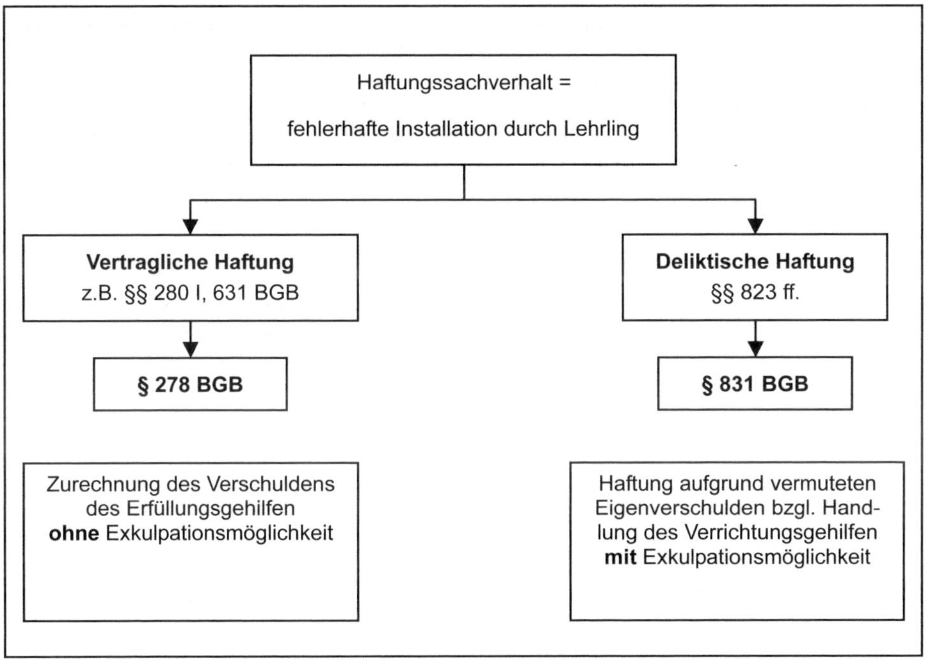

Abbildung 48: Die Abgrenzung zwischen Erfüllungs- und Verrichtungsgehilfe

	Erfüllungsgehilfe § 278 BGB	Verrichtungsgehilfe § 831 BGB
Funktion:	Zurechnungsnorm	Anspruchgrundlage
Anwendungsbereich:	Schädigung durch einen Dritten bei vertraglichen Schuldverhältnissen	Deliktshaftung bei Schädigung durch Dritten, unabhängig von vertraglichen Schuldverhältnissen
Rechtsfolge:	Zurechnung des Verschuldens des Erfüllungsgehilfen zum Geschäftsherrn	Haftung für eigenes Verschulden des Geschäftsherrn bei der Auswahl seiner Verrichtungsgehilfen
Voraussetzung für Gehilfen:	Jede Tätigkeit in Erfüllung einer Verbindlichkeit des Geschäftsherrn mit dessen Wissen und Wollen	Ausfüllung der durch Geschäftsherrn angewiesenen Tätigkeit in einem Abhängigkeits- und Weisungsverhältnis
Entlastungsmöglichkeit:	Keine	Vermutung für eigenes Verschulden und Verursachung kann widerlegt werden, wodurch die Haftung entfällt.

V. Schmerzensgeld nach § 253 Abs. 2 BGB

Im Falle der Verletzung des Körpers oder der Gesundheit, im Falle der Freiheitsentziehung sowie bei einer Verletzung der sexuellen Selbstbestimmung kann der Verletzte auch wegen eines Schadens, der nicht Vermögensschaden ist, eine billige Entschädigung in Geld verlangen (§ 253 Abs. 2 BGB).[732]

[732] Instruktiv BGHZ 18, 149; 120, 1.

Voraussetzungen des Schmerzensgeldanspruchs nach § 253 Abs. 2 BGB:

- Verletzung von Körper, Gesundheit, Freiheit, sexueller Selbstbestimmung,
- Eintritt eines Nichtvermögensschadens, z.B. körperliche Schmerzen oder psychisch negative Verfassung (Ängste, Sorgen usw.),
- Rechtsfolge: Billige Entschädigung in Geld.

Nach § 253 Abs. 2 BGB ist der Ersatz eines immateriellen Schadens möglich, der nach §§ 249 ff. BGB ansonsten nicht ersetzt wird. Der Schmerzensgeldanspruch soll nicht den Vermögensschaden des Geschädigten kompensieren, sondern einen Ausgleich und Genugtuung für erlittene Schmerzen leisten. Dieser Schmerzensgeldanspruch gem. § 253 Abs. 2 BGB wird, wie die Stellung im allgemeinen Teil nahelegt, nicht nur bei einer unerlaubten Handlung nach §§ 823 ff. BGB gewährt[733], die die genannten Rechtsgüter verletzt. Vielmehr kann Schmerzengeld mittlerweile bei jedem Schadensersatzanspruch, gleich ob auf vertraglicher oder gesetzlicher Grundlage, eingefordert werden. Auch die Gefährdungshaftung z.B. nach StVG kennt mittlerweile einen solchen Anspruch (§ 11 Satz 2 StVG).

VI. Spezialtatbestände der Haftung im BGB

1. Haftung des Tierhalters und Tieraufsehers

§ 833 Satz 1 BGB bestimmt für den **privaten Tierhalter** eine **Gefährdungshaftung** für Schäden, die dieses Tier an Personen oder Sachen verursacht. Ein Verschulden des Tierhalters ist nicht erforderlich, er kann sich auch nicht durch den Nachweis entlasten, dass ihn kein Verschulden trifft. Tierhalter i.S.v. § 833 BGB ist, wer ein Tier nicht nur vorübergehend im eigenen Interesse verwendet. Das Eigentum und der Eigenbesitz sind somit nicht entscheidend. Der private Tierhalter haftet aufgrund der Gefährdungshaftung unabhängig von seinem Verschulden gem. § 833 Satz 1 BGB. Etwas anderes gilt gem. § 833 Satz 2 BGB nur für **gewerbliche Tierhalter**, deren Tiere ihrer Berufsausübung oder Erwerbstätigkeit dienen.[734]

> **Beispielsweise Hirtenhunde, Jagdhunde des Berufsförsters, Polizeihunde, das Schlachtvieh eines Bauern usw.**

[733] Was früher der Fall war. Damals stand das Schmerzensgeld noch in § 847 BGB und galt damit nur für das Deliktsrecht.

[734] Vgl. BGH NJW 2006, 813 ff.

Gewerbliche Tierhalter trifft nur eine Haftung aus vermutetem Verschulden, die sie widerlegen und sich dadurch entlasten können (§ 833 Satz 2 BGB).

Der Tierhalter haftet nach § 833 BGB für Schäden an Personen (einschließlich Schmerzensgeld) oder Sachen

- bei **Luxustieren** gem. § 833 Satz 1 verschuldensunabhängig (Gefährdungshaftung)
- bei **Nutztieren,** die der Erwerbstätigkeit des Halters dienen (§ 833 Satz 2), wenn der Halter nicht nachweisen kann (Haftung für vermutetes Verschulden), dass er
- seiner Aufsichtspflicht genügt hat oder
- der Schaden auch bei gehöriger Aufsicht eingetreten wäre.

S geht mit seinem Schäferhund an der Leine spazieren. Der frei laufende aggressive Dackel des Besitzers D beißt den Schäferhund in die Pfote. Rechtslage? D haftet S nach § 833 BGB auf Schadensersatz, da sein Dackel das Eigentum von S (Tiere werden nach § 90a BGB rechtlich wie Sachen behandelt) verletzt hat. Ein Verschulden von D ist unerheblich, da er seinen Hund privat hält und sich nicht entlasten kann.

Gleichermaßen haftet gemäß §§ 833, 834 BGB derjenige, der es übernommen hat, über das Tier Aufsicht zu führen. Dem Tieraufseher steht der Entlastungsbeweis des § 834 Satz 2 BGB offen.

2. Haftung bei Einsturz eines Gebäudes aus § 836 BGB

Wird ein Personen- oder Sachschaden dadurch verursacht, dass ein Gebäude einstürzt oder sich Teile des Gebäudes lösen (siehe weitere Fälle in § 836 BGB), ist der Besitzer des Grundstückes zum Schadensersatz verpflichtet, es sei denn, er kann sich entlasten. Die Entlastung setzt den Nachweis voraus, dass er die im Verkehr erforderliche Sorgfalt beachtet hat.[735]

[735] Vgl. den Fall BGH NJW 2006, 1098 ff.

3. Amtshaftung und Staatshaftung aus § 839 BGB i.V.m. Art. 34 GG

a) Privatrechtliches und hoheitliches Verwaltungshandeln

§ 839 BGB bestimmt die Haftung eines Beamten für eine von ihm gegenüber einem anderen begangene Amtspflichtverletzung. Diese Anspruchsgrundlage ist eine **Spezialregelung**. Deshalb haften Beamte bei Amtspflichtverletzungen nur nach § 839 BGB und z.B. nicht nach § 823 BGB. Die Haftung nach § 839 BGB kann extensiver als nach §§ 823, 826 BGB, aber auch restriktiver ausfallen. § 839 BGB stellt insofern eine Haftungserweiterung gegenüber § 823 BGB dar, als auch reine Vermögensschäden von § 839 BGB erfasst werden. Andererseits besteht eine Haftungseinschränkung nach § 839 BGB bei Fahrlässigkeit und die Möglichkeit eines Haftungsausschlusses bei Mitverschulden (§ 839 Abs. 3 BGB).

Bei der Amtspflichtverletzung nach § 839 BGB sind zwei Fälle zu unterscheiden, da die Amtshaftung nach § 839 BGB im Falle hoheitlichen Handelns durch Art. 34 GG als sog. **Überleitungsnorm** modifiziert wird. Bei hoheitlichem Handeln des Beamten (in Ausübung staatlicher Hoheitsaufgaben) bestimmt Art. 34 GG, dass ausschließlich die Körperschaft (der Staat), für die der Beamte tätig war, gegenüber dem Dritten haftet, nicht aber der Beamte selbst. Art. 34 GG ist eine sog. Überleitungsvorschrift, welche die Haftung vom Beamten auf den Staat "überleitet" und die Staatshaftung begründet. Der Staat haftet nach § 839 BGB i.V.m. Art. 34 GG für die Amtspflichtverletzungen seiner Beamten. Bei privatrechtlichem (fiskalischem) Handeln des Staates durch seine Beamten (Verwaltungsprivatrecht, wirtschaftliche Betätigung des Staates) bleibt es bei der Eigenhaftung des Beamten nach § 839 BGB, da Art. 34 GG als Überleitungsnorm nicht eingreift.

b) Staatshaftung nach § 839 BGB i.V.m. Art. 34 GG

Die Überleitungsvorschrift des Art. 34 GG bestimmt i.V.m. § 839 BGB die Haftung des Staates für Amtspflichtverletzungen seiner Beamten. § 839 BGB begründet hierbei die Haftung, welche gem. Art. 34 GG auf den Staat übergeleitet wird. Somit haftet gegenüber dem Dritten nur der Staat, nicht der Beamte.

Voraussetzung der Staatshaftung nach § 839 BGB i.V.m. Art. 34 GG

1. Jemand in Ausübung eines öffentlichen Amtes (Beamter).
2. Verletzung einer dem Dritten gegenüber bestehenden Amtspflicht.
3. Rechtswidrig und schuldhaft.
4. Kausaler Schaden des Dritten.
5. Einschränkungen bei Fahrlässigkeit gem. § 839 Abs. 1, Satz 2 BGB.
6. Kein Ausschluss der Haftung gem. § 839 Abs. 3 BGB.

Rechtsfolge: Keine Naturalrestitution, nur Schadensersatz in Geld.

aa) Beamter im haftungsrechtlichen Sinne

Bei § 839 BGB i.V.m. Art. 34 GG gilt der haftungsrechtliche Beamtenbegriff. Beamter i.S.v. § 839 BGB i.V.m. Art. 34 GG ist jeder, der in Ausübung eines ihm anvertrauten öffentlichen Amtes handelt. Dies setzt nicht die staatsrechtliche Ernennung des Handelnden zum Beamten voraus, sondern nur, dass dieser Person öffentliche Gewalt anvertraut ist.

Nach § 839 BGB i.V.m. Art. 34 GG handelt jemand in Ausübung eines öffentlichen Amtes, wenn er ihm übertragene hoheitliche Gewalt ausübt.

Im haftungsrechtlichen Sinne sind neben allen ernannten Beamten folgende Personen auch "Beamte", weil sie hoheitliche Gewalt ausüben:

Privat angestellter Kraftfahrer einer öffentlichen Behörde auf Dienstfahrt, Angehörige von Hilfsorganisationen, die zur Katastrophenabwehr von staatlichen Organen herangezogen werden, Schülerlotsen im Auftrag der Schule, die freiwillige Feuerwehr bei der Brandbekämpfung, von der Behörde beauftragter privater Abschleppunternehmer.

Der Begriff des staatlichen Hoheitsträgers ist bei der Staatshaftung nach § 839 BGB i.V.m. Art. 34 GG weiter als bei der Beamtenhaftung (nur) nach § 839 BGB, weil Art. 34 GG insoweit auch § 839 BGB modifiziert.

Zur Ausübung staatlicher Hoheitsgewalt sind die Fälle privatrechtlicher (sog. fiskalischer) Tätigkeit abzugrenzen, in denen "Beamte" nicht hoheitlich handeln. Im Einzelfall kann diese Abgrenzung Probleme bereiten, da der Beamtenstatus nur bedingt eine Orientierungshilfe bietet.

Die Ausübung eines öffentlichen Amtes (hoheitliche Tätigkeit) ist anzunehmen, wenn die Zielsetzung der Tätigkeit dem Bereich hoheitlicher Betätigung zuzurechnen ist und zwischen dieser Zielsetzung und der schädigenden Handlung ein innerer Zusammenhang besteht.

Der private Abschleppunternehmer ist demnach öffentlicher Hoheitsträger, wenn er von einer staatlichen Behörde mit dem Abschleppen eines Autos zur Gefahrenabwehr beauftragt wird. Hingegen handelt der Beamte des Ordnungsamtes nicht in Ausübung staatlicher Hoheitsgewalt, wenn er eine Probefahrt mit einem Auto macht, dessen Kauf das Ordnungsamt erwägt. Hier kommt keine Haftung nach Art. 34 GG i.V.m. § 839 BGB, sondern nur nach § 839 BGB in Betracht.

Ein Handeln nur bei Gelegenheit der Amtsausübung genügt für die Staatshaftung nicht.

Gerichtsvollzieher G begeht bei einer Pfändung einen Diebstahl. Mangels inneren Zusammenhangs zwischen hoheitlicher Aufgabe (Zwangsvollstreckung) und Diebstahl handelt er nicht in Ausübung eines öffentlichen Amtes. Demzufolge ist eine Staatshaftung nicht zu erwägen. Für G kommt eine Eigenhaftung nach § 823 Abs. 2 BGB in Betracht, da § 839 BGB nicht eingreift.

bb) Amtspflichtverletzung gegenüber dem Dritten

Der Hoheitsträger muss eine Amtspflicht verletzt haben, die gerade dem Dritten gegenüber bestand. Inhalt und Umfang der Amtspflichten ergeben sich aus den Gesetzen, Dienst- und Verwaltungsvorschriften, dienstlichen Weisungen und Befehlen von Vorgesetzten. Staatliche Hoheitsträger haben dabei grundsätzlich die Pflicht, die Vorschriften und Regeln zu beachten, das Amt sachlich und unparteiisch auszuüben, keine falschen Auskünfte zu geben, die Zuständigkeiten zu beachten usw. Entscheidend ist, dass diese Amtspflicht gerade dem geschädigten Dritten gegenüber bestand. Dieser **Drittschutz** ist nur anzunehmen, wenn die **Amtspflicht** besteht, um gerade auch den geschädigten Dritten sachlich und persönlich vor dem Schaden zu schützen. Der grundsätzliche Schutz der Allgemeinheit, wozu der Dritte gehört, ist nicht ausreichend. Die Schutzzweckbestimmung der Amtspflicht ergibt sich aus den der Amtspflicht zugrundeliegenden Normen und Regelungen.

Beispiele für drittschützende Amtspflichten: Pflicht des Polizeibeamten zur Verhütung strafbarer Handlungen gegen Dritte sowie allgemein das Einschreiten zur Gefahrenabwehr; Aufsichtspflicht des Lehrers.

Drittbezogene Amtspflichtverletzungen sind aufgrund der Verletzung des Rechtsstaatsprinzips (Art. 20 Abs. 3 GG) stets:

Amtsmissbrauch, Kompetenzverletzung und die Erteilung falscher Auskünfte.

cc) Rechtswidrigkeit und Verschulden

Die Amtspflichtverletzung muss rechtswidrig sein. Jede Amtspflichtverletzung ist grundsätzlich rechtswidrig, soweit kein Rechtfertigungsgrund besteht.[736]

Die Amtspflichtverletzung muss vorsätzlich oder fahrlässig begangen worden sein (§ 839 Abs. 1 BGB). Hierbei ist zu beachten, dass sich das Verschulden auf die Amtspflichtverletzung bezieht. Hinsichtlich der Schadensherbeiführung ist kein Verschulden erforderlich.

dd) Schadensverursachung

Durch die Amtspflichtverletzung muss ein Schaden verursacht worden sein. Als Schäden kommen alle möglichen und somit auch reine Vermögensschäden in Betracht. Die Kausalität der Amtspflichtverletzung für den Schaden ist anhand der Äquivalenztheorie und Adäquanztheorie (sowie der Lehre vom Schutzzweck der Norm) zu prüfen. Danach ist eine Handlung für den Schaden kausal, wenn sie nicht hinweggedacht werden kann, ohne dass der konkrete Schaden entfiele und der Schaden nicht nur aufgrund ganz außergewöhnlicher Umstände eintritt.[737]

ee) Haftungseinschränkung bei Fahrlässigkeit

Bei einer fahrlässigen Amtspflichtverletzung des staatlichen Hoheitsträgers haftet die Anstellungskörperschaft nur, wenn der Geschädigte nicht anderweitig Ersatz erlangen kann; der Staat haftet bei Fahrlässigkeit des Beamten also nur, wenn kein Dritter für diesen Schaden haftet (§ 839 Abs. 1 Satz 2 BGB). Diese Haftungseinschränkung (sog. Subsidiarität der Staatshaftung) gilt nach der Rechtsprechung nicht im normalen Straßenverkehr, da dort alle Verkehrsteilnehmer den gleichen Rechten und Pflichten unterliegen und deshalb auch haftungsrechtlich gleich zu behandeln sind. Anders verhält es sich bei einer Fahrt mit Blaulicht, da der Hoheitsträger in diesem Fall Sonderrechte in Anspruch nimmt.

Die Rechtsgrundlage für einen anderweitigen Ersatzanspruch des Geschädigten kann in allen möglichen Ansprüchen aus Vertrag oder Delikt liegen. Auch die Haftung einer Versicherung aus einem Versicherungsvertrag ist somit z.B. vorrangig vor der Staatshaftung.

ff) Ausschluss der Haftung

Die Haftung des Staates ist ausgeschlossen, wenn es der Verletzte vorsätzlich oder fahrlässig unterlassen hat, den Schaden durch Gebrauch eines Rechtsmittels abzuwenden (§ 839 Abs. 3 BGB). Hiermit soll verhindert werden, dass der Geschädigte nach dem Grundsatz "dulde und liquidiere" vorgeht. Der Geschädigte kann bei der Möglichkeit zur Schadensabwendung durch Rechtsmittel nur Ersatz verlangen, wenn er

---

736 Zu den Rechtfertigungsgründen vgl. oben bei § 823 Abs. 1 BGB.

737 Vergleiche zur adäquaten Kausalität in diesem Buch ab S. 420 ff.

das Rechtsmittel erfolglos eingelegt hat. Als Rechtsmittel gelten alle im konkreten Fall in Betracht kommenden Rechtsbehelfe gegen die die Amtspflichtverletzung darstellende Handlung oder den durch sie drohenden Schaden: Erinnerung, Berufung, Beschwerde im Zivilrecht; Widerspruch, Anfechtungs-, Verpflichtungsklage usw. im Öffentlichen Recht.[738]

Im Falle der Beeinträchtigung durch eine rechtswidrig erteilte Baugenehmigung muss der geschädigte Nachbar somit versuchen, gegen diese Baugenehmigung durch Widerspruch und ggf. Anfechtungsklage bzw. einstweiligen Rechtsschutz gem. § 80a VwGO vorzugehen. Er kann die rechtswidrige Baugenehmigung nicht hinnehmen und nur seinen Schaden ersetzt verlangen. Insoweit ist ein Handeln i.S.v. "dulde und liquidiere" nicht möglich. Unterlässt er die Einlegung von zulässigen Rechtsmitteln, verliert er gem. § 839 Abs. 3 BGB i.V.m. Art. 34 GG seinen Amtshaftungsanspruch.

c) Eigenhaftung des Beamten bei privatrechtlichem Handeln

Handelt der Beamte **nicht in Ausführung hoheitlicher Aufgaben**, sondern privatrechtlich, haftet er gem. § 839 BGB bei einer Amtspflichtverletzung selbst, da Art. 34 GG in diesem Fall mangels hoheitlicher Aufgabenerfüllung nicht eingreift und die Haftung nicht auf den Staat "überleitet". Nach § 839 BGB haften nur Beamte im staatsrechtlichen Sinne, d.h. Personen, die gem. § 5 BRRG zum Beamten ernannt worden sind. Anders als bei der Staatshaftung ist die Ernennung zum Beamten entscheidend.

Gegen die Angestellten im Öffentlichen Dienst ist im privatrechtlichen Handlungsbereich (des Staates) ein Amtshaftungsanspruch aus § 839 BGB ausgeschlossen.

Diese Angestellten haften demzufolge selbst für deliktische Handlungen im privatrechtlichen Bereich nach §§ 823, 826 BGB. Die Haftung der Anstellungskörperschaft richtet sich hierbei nach § 831 BGB als Geschäftsherr für seine Angestellten als Verrichtungsgehilfen. Für hohe und leitende Angestellte haftet der Staat nach §§ 823, 31, 89 BGB.

Ansonsten bleibt es bei den bereits im Rahmen der Staatshaftung dargestellten Voraussetzungen:

---

738 Vgl. Palandt/*Sprau* § 839 Rn 69.

Eigenhaftung (Amtshaftung) des Beamten nach § 839 BGB für Schäden Dritter:

1. als Beamter im staatsrechtlichen Sinne,
2. im privatrechtlichen Handlungsbereich,
3. aufgrund einer Amtspflichtverletzung,
4. die dem Geschädigten gegenüber bestand,
5. rechtswidrig und vorsätzlich bzw. fahrlässig,
6. einen Schaden verursacht.

Der Beamte haftet nach § 839 BGB auf Schadensersatz in Geld. Dabei gilt für ihn die **Haftungserleichterung** des § 839 Abs. 1, Satz 2 BGB bei fahrlässiger Amtspflichtverletzung, wenn ein anderer für den Schaden ersatzpflichtig ist. In diesem Fall schließt auch ein Ersatzanspruch des Geschädigten aus § 831 BGB gegen die Anstellungskörperschaft den Amtshaftungsanspruch aus § 839 BGB gegen den Beamten aus. Es gilt der Haftungsausschluss nach § 839 Abs. 3 BGB, wenn der Geschädigte vorsätzlich oder fahrlässig versäumt, den Schaden durch Einlegung von Rechtsmitteln abzuwenden.

Im privatrechtlichen Handlungsbereich trifft den Staat keine Staatshaftung aus § 839 BGB i.V.m. Art. 34 GG.

Nach § 831 BGB kann hingegen eine Haftung als Geschäftsherr in Betracht kommen, wenn Angestellte oder Beamte als Verrichtungsgehilfen durch ihre Handlung pflichtwidrig einen der Tatbestände der §§ 823, 826 BGB erfüllen. Bei der Haftung aus § 831 BGB ist dabei unerheblich, dass der Beamte nicht selbst aus §§ 823, 826 BGB, sondern allenfalls aus § 839 BGB haftet.

Für die Haftung des Geschäftsherrn aus § 831 BGB ist nur auf die pflichtwidrige Verletzung des objektiven Tatbestands der §§ 823, 831 BGB durch den Verrichtungsgehilfen abzustellen. Hierbei ist zu beachten, dass die Ersatzansprüche des Geschädigten gegen die Anstellungskörperschaft aus § 831 BGB nach § 839 Abs. 1, Satz 2 BGB den Ersatzanspruch gegen den Beamten bei nur fahrlässiger Amtspflichtverletzung ausschließen. Weiterhin ist eine Haftung des Staates für Organe nach §§ 823, 89, 31 BGB und für Organisationsverschulden gem. §§ 823, 89, 31 BGB bei Garantenstellung für den Fall der unterlassenen Einrichtung zuständiger Stellen möglich.

Die Haftung des Staates für Organe aus §§ 823, 89, 31 BGB ist davon abhängig, dass der handelnde Beamte als verfassungsmäßig berufener Vertreter (§ 31 BGB) der juristischen Person des öffentlichen Rechts gehandelt hat. Von der Organschaft erfasst sind alle Beamten, denen durch die Organisationsnormen der betreffenden Behörde oder zumindest nach der allgemeinen betrieblichen Regelung bedeutsame wesensmäßige Funktionen übertragen sind, so dass sie die Behörde repräsentieren.

d) Übersicht

Deliktische Haftung bei **privatrechtlichem** Handeln des Staates durch seine Mitarbeiter:

• *Staatshaftung*
keine Staatshaftung nach § 839 BGB i.V.m. Art. 34 GG. Nach allgemeinen Bestimmungen des BGB aber Haftung des Staates möglich aus:
- §§ 823, 89, 31 BGB für hohe Beamte als Organ des Staates
- § 831 BGB für sonstige Bedienstete als Verrichtungsgehilfen
- §§ 823, 89, 31 BGB für eigenes Organisationsverschulden bei Garantenstellung und unterlassener Einrichtung zuständiger Stellen
• *Eigenhaftung des Handelnden (Mitarbeiters):*
- Der Beamte haftet selbst gem. § 839 BGB bei privatrechtlichen Amtshandlungen
- Sonstige Bedienstete (Angestellte) haften selbst gem. § 823 BGB

Deliktische Haftung bei **hoheitlichem** Handeln des Staates durch seine Mitarbeiter:

•*Staatshaftung*
Staatshaftung nach Art. 34 GG i.V.m. § 839 BGB für Beamte und sonstige Bedienstete
• *Eigenhaftung*
Eine Eigenhaftung des Mitarbeiters besteht nicht.

4. Beseitigungs- und Unterlassungsansprüche bei Störungen

Über den bereits dargelegten deliktischen Rechtsschutz auf Schadensersatz hinaus beinhalten die §§ 1004, 862, 12 BGB sowie Sondergesetze (vgl. §§ 37 Abs. 2 HGB, 1, 3, 8, 9 UWG, 97 UrhG, 14, 15 MarkenG) Ansprüche auf Beseitigung und Unterlassung bei fortdauernden oder drohenden Störungen. Dabei setzt ein Unterlassungsanspruch einen erneuten oder ersten unmittelbar bevorstehenden Eingriff voraus. Allein die bloße Fortwirkung eines bereits bestehenden Eingriffs reicht grundsätzlich nicht als selbständiger Störungsursprung.

Der Eigentumsschutz erfolgt über § 1004 BGB sowie bei beschränkt dinglichen Rechten entsprechend § 1004 BGB, vgl. §§ 1027, 1065, 1090 Abs. 2, 1227 BGB. Der Besitz ist durch § 862 BGB und das Namensrecht gem. § 12 BGB geschützt. Des weiteren ist nach h.M. anerkannt, dass die geschützten Rechte in §§ 823 ff. BGB analog §§ 1004, 862, 12 BGB zu Beseitigungs- und Unterlassungsansprüchen führen.[739]

Die Besonderheit dieser Anspruchsgrundlage in § 1004 BGB liegt darin, dass -im Gegensatz zum verschuldensabhängigen deliktischen Schadensersatzanspruch gem. §§ 823, 249 Satz 1 BGB- bei fortdauernder rechtswidriger Störung ein verschuldensunabhängiger Beseitigungsanspruch besteht, sog. (quasi-)negatorischer Anspruch.[740]

VII. Gefährdungshaftung nach Spezialgesetzen

1. Grundgedanke der Gefährdungshaftung

Wie bereits dargestellt, baut das deutsche Deliktsrecht mit seiner Grundregelung im BGB auf dem Rechtsguts- und Verschuldensprinzip auf. Demgemäß wird grundsätzlich nur eine Haftung begründet, wenn bestimmte Rechtsgüter schuldhaft verletzt werden (siehe dazu § 823 Abs. 1 BGB) oder Sonderfälle vorliegen (Schutzgesetz § 823 Abs. 2 BGB, sittenwidrige Schädigung § 826 BGB, Sonderfälle §§ 831 ff. BGB). Diese am Verschulden und an der Rechtswidrigkeit orientierte Haftung erfasst die üblichen Schäden durch menschliches Handeln und bestimmt eine überschaubare sowie ausreichende Haftung. Anders verhält es sich bei Gefahren, die in einer modernen Industriegesellschaft durch Anlagen, Verkehr oder Produkte entstehen können. Von diesen Sachbereichen und Verhaltensweisen geht eine grundsätzliche Gefährdung aus, welche die Gesellschaft um des wirtschaftlichen und gesellschaftlichen Nutzens hinnimmt.[741]

Beispielsweise ist der Kraftfahrzeugverkehr entgegen seiner Gefährlichkeit erlaubt, da ein bestimmtes Risiko für die Allgemeinheit in Kauf genommen wird. Gleiches gilt für den Luft-, Wasser- und Eisenbahnverkehr sowie für die Nutzung von Kernenergie etc. Diese Handlungen sind trotz ihrer Gefährlichkeit erlaubt, weil der gesellschaftliche Nutzen grundsätzlich zu überwiegen scheint.

---

739 Siehe dazu *Medicus*, BR Rn 628.

740 Negatorische Beseitigungs- und Unterlassungsansprüche betreffen absolute, eigentumsähnliche "sonstige" Rechte i.S.v. § 823 Abs. 1 BGB; quasinegatorische Ansprüche auf Beseitigung und Unterlassung sind gegeben, wenn weitere durch §§ 823 ff. BGB geschützte Rechtsgüter (Leben, Körper, Gesundheit, Freiheit) und auch Schutzgesetze i.S.v. § 823 Abs. 2 BGB oder nach § 824 BGB geschützte Interessen betroffen sind, vgl. Palandt/*Bassenge*, § 1004, Rn 2.

741 Vgl. zur Gefährdungshaftung OLG Hamm NZV 2006, 540 f.; OLG München NJW-RR 2006, 971.

Als Ausgleich für die Gefährdung bedarf es einer Anpassung der Haftung für entsprechend gefahrbringende Tätigkeiten. Im Schadensfall soll derjenige, der einen Vorteil aus der gefahrbringenden Tätigkeit hatte, auch dafür haften, dass sich die Gefahr in einem Schaden realisiert. Auf ein Verschulden desjenigen, der die Gefahrenquelle beherrscht, soll es in diesen Fällen nicht ankommen.

Wird z.B. infolge der Nutzung eines Kraftfahrzeuges die Sache eines Dritten beschädigt, trifft den Kraftfahrzeughalter eine Schadensersatzpflicht unabhängig von seinem Verschulden (§ 7 StVG). Der Fahrzeughalter hat den wirtschaftlichen Vorteil aus der Fahrzeugführung und kann grundsätzlich die Gefährdung Dritter durch das Kraftfahrzeug beeinflussen. Die Verursachung des Schadens durch die Kraftfahrzeugnutzung rechtfertigt bereits die Ersatzpflicht. Ein etwaiges Verschulden Dritter ist erst bei der Verteilung der Haftung unter mehreren Schädigern zu berücksichtigen.

Die Gefährdungshaftung bedarf andererseits einer Begrenzung, um die Kalkulierbarkeit bzw. Abgrenzung des Haftungsrisikos zu gewährleisten. Zudem ist die Haftung auf die Fälle zu beschränken, in denen sich tatsächlich die typische Gefährdung verwirklicht hat, ohne dass ausschließlich betriebsfremde Faktoren eine Rolle spielen. So bestimmt z.B. § 7 Abs. 2 StVG, dass eine Haftung des Fahrzeughalters und Fahrzeugführers entfällt, wenn der Unfall durch höhere Gewalt verursacht wird. Hätte niemand diesen Schaden abwenden können, hat sich auch nicht die allgemeine Betriebsgefahr realisiert. Eine Ersatzpflicht des Fahrzeughalters wäre in diesen Fällen unbillig.

Ergänzend werden Haftungshöchstgrenzen zur Eingrenzung des Schadensrisikos bestimmt. Zum Beispiel ist in § 12 Abs. 1 Nr. 3 StVG die Haftung für Sachschäden auf 300.000 EUR beschränkt. Hat der Fahrzeughalter den Schaden verschuldet, trifft ihn neben der Gefährdungshaftung aus dem StVG die Haftung für seine deliktische Handlung aus § 823 Abs.1, 2 BGB unbegrenzt, vgl. § 16 StVG. Die Gefährdungshaftung nach Spezialgesetzen tritt neben die Verschuldenshaftung nach BGB.

2. Die Gefährdungshaftung im StVG

Beim Betrieb von Kraftfahrzeugen regelt das Straßenverkehrsgesetz (StVG) die Haftung desjenigen, der als Fahrer den Schaden verursacht hat (Fahrerhaftung § 18 StVG) und desjenigen, der als Halter für den Betrieb des Fahrzeuges zur Verantwortung gezogen werden kann (Halterhaftung, § 7 StVG).

a) Die Halterhaftung nach § 7 StVG

§ 7 StVG bestimmt eine Gefährdungshaftung des Fahrzeughalters für Sach- oder Personenschäden, die beim Betrieb des Kraftfahrzeugs entstanden sind.

Voraussetzungen der Gefährdungshaftung nach § 7 StVG:

1. Anspruchsgegner ist Halter eines Kraftfahrzeugs,
2. bei dessen Betrieb ein Sach- oder Personenschaden verursacht wird,
3. und keine weiteren Ausschlussgründe nach § 7 Abs. 2 u. 3, 3, 8 StVG bestehen.

K ist in einer Kurve aus Unachtsamkeit gegen die Leitplanke gefahren und dem entgegenkommenden P in dessen Fahrzeugseite geschleudert. Aufgrund des Unfalls bildet sich in beiden Richtungen ein Stau. H entgeht ein wichtiger Geschäftstermin, wodurch er eine schon sicher geglaubte Provision einbüßt.

aa) Halter eines Kraftfahrzeugs

Kraftfahrzeuge sind nach § 1 Abs. 2 StVG alle Landfahrzeuge, die mit Maschinenkraft bewegt werden und nicht an Bahngleise gebunden sind, wie z.B. PKW, LkW.

Halter eines Kraftfahrzeugs ist, wer die tatsächliche Verfügungsgewalt über das Fahrzeug besitzt und es auf eigene Rechnung gebraucht.[742] *Insoweit ist die Eigentümerstellung hinsichtlich des Fahrzeuges unbeachtlich.*

Regelmäßig wird der Eigentümer eines Kraftfahrzeuges auch dessen Halter sein, da er die Verfügungsgewalt über das Auto hat und es für eigene Rechnung gebraucht. Anders verhält es sich, wenn ein Auto geleast wird. In diesem Fall ist i.d.R. der Leasingnehmer Halter des Fahrzeugs, da er aufgrund des Leasingvertrages die Verfügungsgewalt hat und für alle Kosten aufkommen muss.[743]

Im Beispiel oben ist K Halter des Kraftfahrzeugs.

Für die Haftung des Kraftfahrzeughalters ist es grundsätzlich unerheblich, ob er selbst oder andere das Fahrzeug geführt haben.

bb) Schadensverursachung beim Betrieb des KFZ

Es muss ein Personen- oder Sachschaden entstanden sein. Ein reiner Vermögensschaden ist nicht ausreichend.

Im o.g. Beispiel sind Sachschäden an der Leitplanke sowie an den Fahrzeugen von K und P entstanden. Kein Sachschaden ist der Forderungsausfall von H, der seine Provision nicht erhielt. Hierin liegt ein reiner Vermögensschaden, der nach § 7 StVG nicht ersatzfähig ist.[744]

742 Siehe auch OLG Koblenz NJW-RR 2004, 822 ff.

743 Vgl. zur Haltereigenschaft des Leasingnehmers BGHZ 87, 133.

744 Zur Wiederholung: Reine Vermögensschäden sind auch nach § 823 Abs. 1 BGB nicht ersatzfähig (weil keine Rechtsgutsverletzung iSd § 823 BGB vorliegt).

Der Schaden muss beim Betrieb des Kraftfahrzeugs entstanden sein. In Betrieb befindet sich ein Kraftfahrzeug, solange es als Verkehrsmittel im Straßenverkehr dient, sog. verkehrstechnische Auffassung.[745] Unterbrechungen der Fahrt zählen noch zum Betrieb, auch wenn der Motor abgeschaltet ist.

Im vorstehenden Fall ist der Betrieb unproblematisch.

In Betrieb ist ein Kraftfahrzeug aber auch noch dann, wenn der Fahrer parkt, den Motor abstellt und beim Türöffnen einen Fahrradfahrer verletzt. Nicht in Betrieb ist hingegen ein ordnungsgemäß parkendes Kraftfahrzeug. Beim Betrieb ist der Schaden entstanden, wenn er in einem unmittelbaren örtlichen und zeitlichen Kausalzusammenhang (condicio sine qua non[746]) mit dem Betriebsvorgang steht. Vorausgesetzt wird weiterhin, dass sich die typische Betriebsgefahr verwirklicht.[747]

cc) Höhere Gewalt

Die Haftung des Fahrzeughalters ist ausgeschlossen, wenn der Schaden aufgrund höherer Gewalt eingetreten ist. Denn hier hat sich nicht die typische, dem Betrieb eines KFZ anhaftende Gefahr realisiert, sondern eine untypische Gefahr den Schaden verursacht.

> *Höhere Gewalt ist ein von außen kommendes und keinen betrieblichen Zusammenhang aufweisendes, nicht vorhersehbares, auch durch äußerste vernünftigerweise zu erwartende Sorgfalt unabwendbares Ereignis.*[748]

Wird K infolge eines plötzlich auftretenden Minitornados gegen das Fahrzeug des P geschleudert, ist er als Halter für den Schaden nicht verantwortlich. Hier realisiert sich eine außerhalb des Straßenverkehrs liegende Gefahr (Unwetter). Die Fallkonstellation zeigt, dass nur sehr wenige und außergewöhnliche Umstände die Annahme höherer Gewalt rechtfertigen. Darauf ist in der Klausurbearbeitung zu achten.

dd) andere Ausschlussgründe

Die Haftung des Fahrzeughalters ist ebenfalls ausgeschlossen, wenn das Fahrzeug ohne Wissen und Wollen des Halters benutzt wird (Schwarzfahrt, Diebstahl). In diesem Fall haftet der unbefugte Benutzer, es sei denn, der Halter hat die unbefugte Benutzung zumindest fahrlässig ermöglicht (§ 7 Abs. 3 StVG). Die Haftung bleibt gem. § 7 Abs. 3 StVG bestehen, wenn der unbefugte Benutzer vom Halter für den Betrieb des Fahrzeugs angestellt ist.

---

745 Vgl. BGHZ 37, 311.

746 Vgl. die Äquivalenztheorie im Deliktsrecht ab S. 420 ff.

747 Vgl. dazu BGHZ 115, 84.

748 Vgl. BGHZ 100, 185.

Wenn beispielsweise der angestellte Taxifahrer das Taxi auch nach Dienstschluss unbefugt weiterbenutzt.

Dem Ersatzpflichtigen ist nach § 15 StVG innerhalb von zwei Monaten der Unfall anzuzeigen, wenn dieser nicht bereits Kenntnis hat. Ansonsten verliert der Ersatzberechtigte seinen Ersatzanspruch nach dem StVG.

ee) Mitverschulden und Anrechnung der eigenen Betriebsgefahr

Wenn ein Schadensersatzanspruch gegen den Fahrzeughalter entstanden ist, bedarf es der Prüfung, ob dem Geschädigten der Anspruch in voller Höhe zusteht. Hierzu sind zwei Fälle zu unterscheiden:

Unterliegt der Geschädigte nicht selbst der Gefährdungshaftung gem. StVG, richtet sich die Anrechnung eines möglichen Mitverschuldens nach §§ 9 StVG, 254 BGB.

Unterliegt der Geschädigte selbst der Gefährdungshaftung nach StVG, richtet sich die Anrechnung der eigenen Betriebsgefahr nach §§ 17, 18 StVG.[749]

Im ersten Fall ist bei einem Mitverschulden des Verletzten an der Verursachung des Unfalls sein Schadensersatzanspruch gem. § 9 StVG iVm § 254 BGB um den Anteil seines Mitverschuldens zu kürzen.[750]

S fährt ohne Licht mit seinem Fahrrad auf einer beleuchteten Straße. An der nächsten Kreuzung nimmt ihm E mit seinem PKW die Vorfahrt und verletzt ihn leicht, da er nur flüchtig nach rechts gesehen hatte. Bei genauerem Hinsehen hätte er S bemerken müssen. Hier haftet E für den Personenschaden des S gem. § 7 StVG.

Im Rahmen des Mitverschuldens ist gem. § 9 StVG iVm § 254 BGB die Quote des eventuellen Mitverschuldens des S zu berücksichtigen.[751] Die Mitverschuldensquote hängt von den näheren Umständen ab und könnte hier bei ca. 30-50 % liegen.

Im zweiten Fall einer eigenen Gefährdungshaftung nach StVG gilt: der Geschädigte muss sich seine **eigene Betriebsgefahr anrechnen** lassen. Liegt auf Seiten des Geschädigten eine für den Schaden mitursächliche Betriebsgefahr vor, die ihn seinerseits haften ließe, wenn er einen Schaden verursacht hätte, muss er bei der Verteilung des Schadens die Betriebsgefahr gegen sich gelten lassen. Bei der Gefährdungshaftung wird der Schadensersatzanspruch des Geschädigten somit um dessen eigene Betriebs-

---

749 Zum Schadensersatz der Leasingfirma gegen den Unfallgegner siehe *Schmitz* NJW 2002, 3070; zur zivilrechtlichen Haftung beim Verkehrsunfall siehe auch *Garbe/Hagedorn* JuS 2004, 287 ff.

750 Zum Mitverschulden ab S. 205 ff.

751 Zur Entwicklung des Straßenverkehrsrechts *Heß/Burmann* NJW 2007, 486.

gefahr gekürzt. Diese Kürzung setzt allerdings voraus, dass sich für den Geschädigten beim Unfall die eigene Betriebsgefahr des Fahrzeugs verwirklicht hat. Folglich entfällt die Kürzung, wenn für den Geschädigten der Unfall unvermeidbar ist (unabwendbares Ereignis). Die normale Betriebsgefahr kann ohne das Hinzutreten weiterer Umstände mit ca. 20- 30 % des Schadens angerechnet werden. Eigenes Mitverschulden des Geschädigten erhöht dessen anzurechnende Betriebsgefahr, so dass die Mithaftungsquote entsprechend höher ausfällt.[752]

E nimmt B mit seinem Auto die Vorfahrt. Trotz umgehender Vollbremsung von B kommt es zum Unfall. Nur ein "idealer" Autofahrer hätte Sekundenbruchteile schneller reagieren und noch rechtzeitig bremsen können. Hier trifft B kein Mitverschulden, es liegt aber kein unabwendbares Ereignis vor. Demzufolge muss sich B seine Betriebsgefahr auf den Schadensersatzanspruch gegen E anrechnen lassen. Sein Schadensersatzanspruch könnte somit gegen den Schädiger E -je nach den konkreten Umständen des Einzelfalls- ggf. um ca. 20 % zu kürzen sein.

ff) Verhältnis zu anderen Ansprüchen/Überblick zum Verkehrsunfall

Die Ansprüche aus dem StVG bestehen neben den Ansprüchen aus anderen Anspruchsgrundlagen, wie z.B. aus §§ 823 ff. BGB, vgl. § 16 StVG. Auch bei den deliktischen Anspruchsgrundlagen des BGB (wie etwa § 823 Abs. 1 BGB) ist im Rahmen des § 254 BGB nach der Rechtsprechung allerdings die eigene Betriebsgefahr nach dem StVG wie ein Mitverschulden anzurechnen. Auf diese Weise wird bei der Haftung aller Beteiligten sowohl nach § 7 StVG als auch nach § 823 Abs. 1 Abs. 2 BGB im Ergebnis eine einheitliche Haftungs- bzw. Mitverschuldensquote erreicht.

Für die Fallbearbeitung ist bei einem KFZ-Unfall folgendes zu berücksichtigen:

*Die **Reparaturkosten** für das beschädigte KFZ sind gem. § 7 StVG (oder § 823 BGB) i.V.m. § 249 Abs. 2 Satz 1 BGB erstattungsfähig.*

*Der **merkantile Minderwert** - für den unfallbedingt verbleibenden Minderwert des Wagens nach der Reparatur - ist gem. § 251 Abs. 1 BGB (i.V.m. § 7 StVG oder § 823 BGB) dem geschädigten Eigentümer zu erstatten. Für die Höhe des merkantilen Minderwerts, die nach § 287 ZPO festzustellen ist, wird in der Praxis eine Berechnung aus der Relation von Reparaturkosten, Zeitwert des KFZ und Fahrzeugalter vorgenommen.*[753]

752 Vgl. Palandt/*Heinrichs*, § 254, Rn 59 ff.
753 Palandt/*Heinrichs*, § 251, Rn 15; BGHZ 35, 396.

*Die **Sachverständigenkosten** für die Begutachtung des Unfallfahrzeugs vor Durchführung der Reparatur zur Beweissicherung sind gem. § 249Abs.2 BGB i.V.m. § 7 StVG (oder § 823 BGB) erstattungsfähig, da ihre Entstehung eine adäquate Folge des Unfalls ist.*[754]

*Die **Mietwagenkosten** für ein tatsächlich gemietetes Ersatzfahrzeug sind -im notwendigen Umfang- gem. § 249 Abs. 2 BGB (i.V.m. § 7 StVG oder § 823 BGB) zu erstatten. Grundsätzlich ist jedoch von den Mietwagenkosten die Eigenersparnis des Geschädigten abzuziehen. Die Eigenersparnis besteht darin, dass der Geschädigte für den entsprechenden Zeitraum sein eigenes Fahrzeug nicht vorzuhalten braucht und insoweit dieses auch nicht "abnutzt", wofür grundsätzlich 10-20 % der Kosten veranschlagt werden*[755]*. Dieser Abzug ist ausnahmsweise nicht gerechtfertigt, wenn die Mietwagenkosten nur wenige Tage betreffen, da in entsprechend kurzen Zeiträumen die Eigenerspamis grundsätzlich unerheblich ist.*[756]

*Der **Nutzungsausfall** hinsichtlich des eigenen KFZ ist ein ersatzfähiger Schaden gem. § 249 Abs. 2 BGB (i.V.m. § 7 StVG oder § 823 BGB) und beruht darauf, dass die Benutzung des eigenen PKW ausreichend kommerzialisiert und von der Rechtsprechung anerkannt ist. Dies gilt nur, wenn der Geschädigte sich während der Ausfall-/Reparaturzeit kein Ersatzfahrzeug verschafft. Die Höhe des Nutzungsausfallschadens wird gem. § 287 ZPO vom Richter bestimmt, wozu in der Praxis die Tabelle von Sanden/Danner/Küppersbusch dient.*[757] *Wenn ein Ersatzwagen gemietet wird, kann Nutzungsausfall nicht für denselben Zeitraum verlangt werden. Soweit sich hingegen die Zeiträume, für die Mietwagenkosten und Nutzungsausfall gefordert wird, nicht überschneiden, sind grundsätzlich beide Positionen ersatzfähig.*

***Heilbehandlungskosten** sind grundsätzlich gem. § 7 StVG (oder § 823 BGB) i.V.m. § 249 Abs. 2 BGB erstattungsfähig.*

***Schmerzensgeld** ist gem. §§ 823, 253 Abs.2 BGB, § 11 StVG erstattungsfähig.*

---

754 Vgl. BGH NJW 2004, 3042.

755 Daher wird empfohlen, dass der Mietwagen eine Klasse unter dem eigenen Fahrzeug liegt, um diese Abzüge später nicht selbst zahlen zu müssen.

756 Vgl. Palandt/*Heinrichs*, § 249, Rn 30.

757 So nunmehr auch der BGH, siehe BGH NJW 2005, 277, 1044.

*Eine **Kostenpauschale** zum Ausgleich für allgemein bei der Abwicklung eines Verkehrsunfalls entstehende Kosten wie z.B. Telefon-, Porto- und Fahrtkosten ist gem. § 249 Abs. 2 BGB i.V.m. § 7 StVG (oder § 823 BGB) erstattungsfähig. In der Praxis wird grundsätzlich i.S.v. § 287 ZPO ein Betrag von 20-25 EUR angesetzt.*[758]

b) Die Fahrerhaftung nach § 18 StVG

Neben dem Halter des Kraftfahrzeugs kann auch der Fahrer nach § 18 StVG haften. Dieser kann sich jedoch -anders als der Halter- durch den Nachweis entlasten (exkulpieren), dass ihn am Unfall kein Verschulden trifft. Für den Fahrzeugführer ist somit nur eine Haftung für vermutetes eigenes Verschulden bestimmt. Kann der Führer diese Vermutung widerlegen, trifft ihn keine Ersatzpflicht.

Allerdings ist zu berücksichtigen, dass für fehlendes Verschulden der Maßstab höher anzulegen ist als nach § 276 BGB. In § 17 Abs. 3 StVG ist niedergelegt, wann die Haftung ausscheiden soll. Dies ist in den Fällen des **sog. unabwendbaren Ereignisses** möglich.

Ein unabwendbares Ereignis erfordert, dass selbst bei höchstmöglicher Sorgfalt der sog. "Idealfahrer" den Unfall nicht hätte verhindern können.[759] *Der Maßstab für ein unabwendbares Ereignis ist somit ein anderer als beim Verschulden.*

Beispiele für ein unabwendbares Ereignis: Beim Stillstand an einer roten Ampel fährt ein Fahrzeug von hinten auf. Hierin liegt für den Haltenden ein unabwendbares Ereignis.

Gleichermaßen ist im Beispiel oben der Unfall für P ein unabwendbares Ereignis. Das Fahrzeug von K schleuderte plötzlich auf die Gegenfahrbahn, so dass auch ein Idealfahrer den Unfall unter keinen Umständen hätte verhindern können. Deshalb hat grundsätzlich K gegen P keine Ansprüche aus § 18 StVG, sondern nur P gegen K.

Trifft den Fahrzeugführer ein Verschulden an dem Unfall, schuldet er dem Geschädigten neben dem Halter Schadensersatz als **Gesamtschuldner** (§ 421 BGB). Folglich kann der Geschädigte entweder von dem Halter oder von dem Fahrer vollen Ersatz seines Schadens verlangen, nicht aber von beiden gleichzeitig. Er könnte hingegen einen Teil von dem einen und den übrigen Teil von dem anderen verlangen. Wird der Halter von dem Geschädigten in Anspruch genommen, kann er im Verhältnis zum Fahrer das Gezahlte zurückfordern, vgl. § 426 Abs. 2, S. 1 BGB als gesetzlicher Forderungsübergang[760]. Da der Fahrer den Unfall verschuldet hat, den Halter aber kein Verschulden trifft, haftet im Verhältnis dieser beiden nur der Fahrer für den Schaden.

---

758 Vgl. OLG Celle NJW-RR 2004, 1673; Palandt/*Heinrichs*, § 249, Rn 43.

759 Vgl. dazu die Anforderungen nach §§ 1 ff. StVO.

760 Vergleiche zur Schuldnermehrheit oben ab S. 215 ff.

3. Die Gefährdungshaftung im Produkthaftungsgesetz

Das Produkthaftungsgesetz (ProdHaftG) normiert eine verschuldensunabhängige Haftung des Herstellers für Produktschäden.[761] Diese Haftung kann der Hersteller gem. § 14 ProdHaftG nicht ausschließen.

Voraussetzungen für eine Haftung nach ProdHaftG:

---

1. Hersteller produziert ein fehlerhaftes Produkt,
2. aufgrund dessen Fehlerhaftigkeit wird
   a) ein Mensch getötet oder an Körper oder Gesundheit verletzt oder
   b) eine zum privaten Gebrauch bestimmte andere Sache beschädigt.

---

a) Hersteller eines fehlerhaften Produktes

Produkte sind nach § 2 ProdHaftG alle beweglichen Sachen, auch wenn sie einen Teil einer anderen Sache bilden, sowie Elektrizität. Unerheblich ist, ob die Sachen industriell in größerer Stückzahl oder als Einzelstück gefertigt werden.

> **Produkte sind z.B. Strom, Leitungswasser, Blutplasma und Einzelteile von Maschinen wie Bremsen, Stoßdämpfer, usw. Auch durch Handwerker hergestellte bewegliche Sachen können Produkte i.S.v. § 2 ProdHaftG sein.**

Hersteller i.S.v. § 4 ProdHaftG ist zunächst, wer das Endprodukt, einen Grundstoff oder ein Teilprodukt hergestellt hat. Als Hersteller gilt nach § 4 ProdHaftG auch, wer sich mit seinem Namen auf dem fertigen Produkt oder durch ähnliche Handlungen als Hersteller bezeichnet. Ebenfalls als Hersteller haftet gem. § 4 Abs. 2 ProdHaftG der Importeur, der das Produkt zum Zwecke des Vertriebs in den Geltungsbereich des EURpäischen Wirtschaftsraums bringt. Kann kein Hersteller ermittelt werden, gilt der Lieferant als Hersteller (§ 4 Abs. 3 ProdHaftG).

Ein Fehler des Produkts liegt gem. § 3 ProdHaftG vor, wenn es nicht die Sicherheit bietet, die unter Berücksichtigung aller Umstände erwartet werden darf.[762] Dabei wird eine Fehlerhaftigkeit nicht alleine durch eine spätere Verbesserung des Produkts begründet, vgl. § 3 Abs. 2 ProdHaftG.

---

761 Vgl. zu den Entwicklungen des Produkthaftungsrechts *Katzenmeier* JuS 2003, 943 ff.
762 Vgl. hierzu BGHZ 86, 256; siehe die Fallgruppen bei Palandt/*Thomas*, § 3 ProdHaftG, Rn 1 ff.

b) Personen- oder Sachschäden

Durch den Fehler des Produktes muss ein Personenschaden oder ein Sachschaden an einer privaten Sache eingetreten sein. Als Personenschaden gilt die Tötung eines Menschen oder seine Verletzung an Körper- oder Gesundheit.

Z.B. die Tötung eines Menschen aufgrund mangelhafter Bremsen eines Fahrrades.

Als Sachschäden kommen zunächst nur solche in Betracht, die an einer anderen Sache als dem fehlerhaften Produkt auftreten. Für die Beschädigung des Produktes selbst wird nicht nach ProdHaftG gehaftet (vgl. § 1 Abs. 1, S. 2 ProdHaftG). Die beschädigte andere Sache muss zum privaten Gebrauch bestimmt gewesen sein. Geschützt werden soll nur der Verbraucher in seinem privaten Bereich. Bei Sachbeschädigung hat der Geschädigte eine Selbstbeteiligung von 500 EUR gem. § 11 ProdHaftG zu tragen, andere Rechte bleiben hiervon unberührt (§ 15 Abs. 2 ProdHaftG). Nur große Schäden sollen ersetzt werden. Der Geschädigte kann aber die weitergehenden Rechte z.B. aus § 823 Abs. 1 BGB geltend machen (§ 15 Abs. 2 ProdHaftG).

Die Haftung für Personen- und Sachschäden ist von der Verursachung des Schadens durch die Fehlerhaftigkeit des Produktes abhängig. Diese Kausalität bemisst sich anhand der bereits oben dargestellten condicio-sine-qua-non-Formel. Der Fehler ist danach für den Schaden ursächlich, wenn er nicht hinweggedacht werden kann, ohne dass der konkrete Schaden entfiele.[763]

Der Anspruchsteller trägt die Beweislast für die Fehlerhaftigkeit des Produktes und dessen Ursächlichkeit für den Schaden (§ 1 Abs. 4 ProdHaftG).

c) Kein Haftungsausschluss

Die Haftung des Herstellers kann nach § 1 Abs. 2 ProdHaftG ausgeschlossen sein. Die wichtigsten Ausschlussgründe sind, dass

- der Hersteller das Produkt nicht in den Verkehr gebracht hat;
- nach den Umständen davon auszugehen ist, dass das Produkt den fraglichen Fehler noch nicht hatte, als der Hersteller es in Verkehr brachte;
- der Fehler nach dem Stand der Wissenschaft und Technik zu dem Zeitpunkt, als der Hersteller das Produkt in Verkehr brachte, nicht erkannt werden konnte.

763 Siehe im Buch ab S. 420 ff.

d) Umfang der Haftung

Bei Sachschäden hat der Hersteller den dadurch entstehenden Schaden zu ersetzen (§ 1 Abs. 1, Satz 1 ProdHaftG). Es besteht keine Höchstgrenze, aber eine Selbstbeteiligung des Geschädigten in Höhe von 500 EUR gem. § 11 ProdHaftG.

Bei Personenschäden gilt nach § 7 ProdHaftG, dass im Falle der Tötung Ersatz der Kosten einer versuchten Heilung sowie des Vermögensnachteils zu leisten ist, den der Getötete dadurch erlitten hat, das während der Krankheit seine Erwerbstätigkeit aufgehoben oder gemindert war oder seine Bedürfnisse vermehrt waren. Die Ansprüche des Verstorbenen gehen gem. § 1922 BGB auf die Erben über. Außerdem muss der Hersteller Schadensersatz für den Ausfall der Unterhaltszahlungen des Getöteten an ehemals Unterhaltsberechtigte leisten. Die Beerdigungskosten sind zu ersetzen.

Im Falle der Verletzung von Körper- oder Gesundheit ist gem. § 8 ProdHaftG Ersatz der Kosten der Heilung sowie des Vermögensnachteils zu leisten, den der Verletzte dadurch erleidet, dass infolge der Verletzung zeitweise oder dauernd seine Erwerbstätigkeit aufgehoben oder gemindert ist oder seine Bedürfnisse vermehrt sind. Hierfür hat der Hersteller für die Zukunft nach § 9 ProdHaftG eine Geldrente zu leisten. Für Personenschäden haftet der Hersteller nur bis max. 85 Millionen EUR (§ 10 ProdHaftG).

Die **Verjährungsfrist** beträgt für alle Ansprüche gem. § 12 Abs. 1 ProdHaftG drei Jahre von dem Zeitpunkt an, in dem der Ersatzberechtigte von dem Schaden, dem Fehler und von der Person des Ersatzpflichtigen Kenntnis erlangt hat oder hätte erlangen müssen.

e) Produzentenhaftung nach BGB

Gem. § 15 Abs. 2 ProdHaftG bleibt die Haftung aufgrund anderer Vorschriften unberührt. Neben die Haftung des Herstellers nach dem ProdHaftG tritt somit insbesondere die Deliktshaftung nach den Bestimmungen der §§ 823 ff. BGB.[764]

Die Verschuldenshaftung nach § 823 Abs. 1 BGB wird hierbei von der Rechtsprechung als sog. Produzentenhaftung leicht modifiziert. Den Produzenten trifft eine **Beweislastumkehr,** nach welcher er nachweisen muss, dass ihn kein Verschulden an dem In-Verkehr-Bringen des fehlerhaften Produktes trifft.[765]

---

764 Vgl. auch *Kullmann* NJW 2002, 30 ff.
765 Vgl. BGHZ 51, 91.

Der Produzent haftet für die durch fehlerhafte Produkte verursachten Schäden nach § 823 Abs. 1 BGB auf Schadensersatz, wenn

1. er das fehlerhafte Produkt in Verkehr gebracht hat,
2. hierdurch ein Rechtsgut eines anderen nach § 823 Abs. 1 BGB (Leben, Gesundheit, Eigentum usw.) verletzt wird,
3. der Produzent sein Verschulden hinsichtlich des In-Verkehr-Bringens des fehlerhaften Produktes nicht widerlegen kann.

Als Fehler des Produktes kommen insbesondere Konstruktions-, Fabrikations- und Instruktionsfehler[766] in Betracht. Der Verstoß gegen die **Verkehrssicherungspflicht,** fehlerhafte Produkte nicht in den Verkehr zu bringen, begründet die Rechtswidrigkeit der Handlung. Ein schuldhafter Verstoß gegen diese Verkehrssicherungspflicht wird vermutet, solange der Hersteller diese Vermutung nicht widerlegen kann. Die Beweislastumkehr gilt auch für eine mögliche Haftung nach § 823 Abs. 2 BGB bei der Verletzung eines Schutzgesetzes.

Die Beweislastumkehr erfolgt im Wege der Rechtsfortbildung und erscheint angemessen, da der Konsument mangels Einblick in die Produktionsabläufe praktisch nie den Nachweis für ein Verschulden des Produzenten führen könnte. Es verbleibt allerdings dabei, dass der Geschädigte den Fehler des Produzenten, seinen Schaden sowie die Verursachung beweisen muss.[767]

Eine Haftung des Produzenten ist nach § 831 BGB ebenfalls für seine Arbeiter als Verrichtungsgehilfen möglich, doch steht dem Produzenten hier die Exkulpationsmöglichkeit offen (§ 831 Abs. 1, Satz 2 BGB). Bestehen direkte vertragliche Beziehungen zwischen Produzent und Konsument (z.B. ein Kaufvertrag), kommt außerdem eine Haftung aus § 280 Abs. 1 BGB (pVV) nach den allgemeinen Grundsätzen in Betracht, wobei der Produzent ein Verschulden seiner Erfüllungsgehilfen nach § 278 BGB zu vertreten hat.

VIII. Deliktische Verantwortlichkeit Minderjähriger

Minderjährige (§ 2 BGB) haften nur für deliktische Handlungen, wenn ihre Deliktsfähigkeit feststeht (§ 828 BGB). Deshalb muss bei ihnen anders als bei Volljährigen grundsätzlich immer die Deliktsfähigkeit geprüft werden. Bei der Verschuldenshaftung ist somit wie bei anderen Haftungstatbeständen die Deliktsfähigkeit zu prüfen.

766 Vgl. auch *Kullmann* NJW 2002, 30 ff.

767 Zur Entwicklung der Rechtsprechung siehe *Kullmann* aaO.

Der sechsjährige F möchte im parkenden Auto seines Vaters Radio hören, was nur funktioniert, wenn der Fahrzeugschlüssel auf Zündung steht. Dabei dreht er den Schlüssel zu weit und startet den Motor. Weil der Gang eingelegt ist, fährt er dem voranparkenden Auto des N von hinten auf, obwohl er noch zu lenken versucht.

Den 15-jährigen H langweilt sein Fahrrad. Er leiht sich deshalb den Sportwagen seines Vaters für eine Spritztour aus. In einer Kurve kommt er aufgrund überhöhter Geschwindigkeit ins Schleudern und fährt in die Hauswand von Bauer B.

Bei der Prüfung eines Anspruchs aus § 823 Abs. 1, 2 BGB gegen F und H ist zusätzlich zum Verschulden die Deliktsfähigkeit zu prüfen. Bei der Prüfung möglicher Ansprüche nach §§ 7, 18 StVG (Gefährdungshaftung) ist die Deliktsfähigkeit nach § 828 BGB ebenfalls grundsätzlich zu prüfen. Bei der Deliktsfähigkeit Minderjähriger ist nach Altersstufen zu unterscheiden.

1. Deliktsunfähigkeit

Minderjährige sind nach § 828 Abs. 1 BGB bis zur Vollendung des siebenten Lebensjahres nicht deliktisch verantwortlich und somit nicht deliktsfähig. Einem Minderjährigen mangelt es bis zu diesem Zeitpunkt an der grundsätzlichen Deliktsfähigkeit, der Schaden ist ihm nicht zuzurechnen. Dies gilt sowohl für die Verschuldens- als auch für die Gefährdungshaftung.

Im o.g. Beispiel ist F deshalb deliktisch nicht für den Schaden verantwortlich. Er haftet weder nach §§ 823 Abs. 1, 2 BGB noch aus § 18 StVG.[768]

2. Beschränkte Deliktsfähigkeit

Wer das siebente, aber nicht das zehnte Lebensjahr vollendet hat, ist nach § 828 Abs. 2 BGB nicht für einen Schaden verantwortlich, den er bei einem Unfall mit einem Kraftfahrzeug, einer Schienenbahn oder einer Schwebebahn einem anderen zufügt, es sei denn, er handelte vorsätzlich.

---

768 Zur Wiederholung: Obwohl F deliktisch nicht verantwortlich ist, hat er objektiv den Tatbestand von § 823 Abs. 1, 2 BGB verwirklicht. Deshalb haftet sein aufsichtspflichtiger Vater aus § 832 BGB, wenn er sich nicht exkulpieren kann. Eine Haftung des Vaters kommt auch nach § 7 StVG als Fahrzeughalter in Betracht.

Ansonsten sind Minderjährige zwischen 7 und 18 Jahren nach § 828 Abs. 3 BGB auch nur für solche Schäden verantwortlich, die sie anderen zufügen, wenn sie bei Ausführung der schädigenden Handlung die zur Erkenntnis ihrer Verantwortung erforderliche Einsicht hatten.

Somit sind Minderjährige von 7-18 Jahren nicht deliktsfähig, wenn sie bei der Begehung der Handlung nicht über die erforderliche Erkenntnis ihrer Verantwortlichkeit verfügen (§ 828 BGB).

Die Einsichtsfähigkeit in seine Verantwortlichkeit besitzt, wer anhand seiner geistigen Entwicklung in der Lage ist, das Unrecht der Tat und die mögliche Haftung für die Folgen zu erkennen. Diese Prüfung erfolgt stets am Einzelfall orientiert.

Handelt es sich oben im Beispiel bei H um einen normal entwickelten 15jährigen, ist davon auszugehen, dass er die nötige Einsichtsfähigkeit in das Unrecht seiner Tat und die möglichen Haftungsfolgen hat. Deshalb ist H gem. § 828 Abs. 3 BGB als deliktsfähig anzusehen. Für seine Haftung aus § 823 Abs. 1, 2 BGB ist weiterhin sein Verschulden (§ 276 BGB) erforderlich. Für seine Haftung aus § 18 StVG bedarf es dieser zusätzlichen Verschuldensprüfung aufgrund der Gefährdungshaftung des Fahrzeugführers nicht.

Legt der Minderjährige seine fehlende Verantwortlichkeit nicht dar, gilt er nach § 828 BGB als deliktsfähig. Nach dem Wortlaut wird die Einsichtsfähigkeit widerlegbar vermutet.[769]

3. Anwendbarkeit von § 828 BGB

Auch bei Schadensersatzansprüchen aus Vertrag ist § 828 BGB anwendbar, da § 828 BGB einen allgemeinen Grundsatz zur Verantwortlichkeit Minderjähriger bei schuldhafter Schadensverursachung aufstellt. § 828 BGB ist deshalb im Rahmen der Verschuldensprüfung des § 276 BGB, insbesondere bei Ansprüchen aus Unmöglichkeit, § 280 Abs. 1 BGB (pVV), § 280 Abs. 1, 311 Abs. 2, 241 Abs. 2 BGB (cic) usw. zu beachten.

769 Vgl. Palandt/*Sprau*, § 828, Rn 6.

Abbildung 49: Die Deliktsfähigkeit

Deliktsfähigkeit
Minderjähriger (§2 BGB)

§ 828 Abs.1	§ 828 Abs.2	§ 828 Abs.3
0 bis zum 7. Geburtstag	7. bis zum 10. Geburtstag	7. bis zum 18. Geburtstag
keine Deliktsfähigkeit	keine Deliktsfähigkeit	keine Deliktsfähigkeit
keine Ausnahme	es sei denn:	es sei denn:
	vorsätzliche Schadensverfügung bei Unfall mit KFZ, Schwebe- oder Schienenbahn	Minderjähriger hat die zur Erkenntnis seiner Verantwortlichkeit erforderliche Einsicht

= Deliktsunfähigkeit **=beschränkte Deliktsunfähigkeit**

= allgemeiner Rechtsgedanke
zur Verantwortlichkeit Minderjähriger bei schuldhafter Schadensverursachung

➔ daher stets zu prüfen, wenn Minderjährige schuldhaft (§ 276 Abs. 1 Satz 2 BGB) handeln

➔ also ist Deliktsfähigkeit nicht auf das Deliktsrecht beschränkt

Fünftes Kapitel

Sachenrecht

A. Allgemeine Prinzipien und Grundlagen

Das Sachenrecht regelt als Drittes Buch des BGB die Rechtsverhältnisse an körperlichen Gegenständen (Sachen). Es befasst sich vor allem mit der Zuordnung von Sachen und von Rechten an Sachen zu bestimmten Personen. An Sachen können sog. dingliche Rechte, wie z.B. das Eigentum oder der Besitz bestehen. Diese **dinglichen Rechte** bilden den zentralen Begriff des Sachenrechts. Allgemein versteht man unter einem dinglichen Recht, das Recht einer Person zur unmittelbaren Herrschaft über eine Sache. Als umfassendes und **unbeschränktes dingliches Recht** an einer Sache wirkt das Eigentum, welches nach § 903 BGB das Recht gewährt, mit der Sache nach Belieben verfahren zu können. Andere dingliche Rechte, z.B. Besitz, bestehen nur beschränkt innerhalb bestimmter Rechtsbeziehungen. **Beschränkte dingliche Rechte** schließen, soweit sie reichen, andere, auch den Hauptrechtsinhaber z.B. Eigentümer, von diesem Recht aus.

Der Besitzer einer Sache kann andere von seinem Besitz ausschließen (§§ 859,862 BGB). Dies gilt auch gegenüber dem Eigentümer, sofern er nach § 986 BGB diesem gegenüber ein Recht zum Besitz hat.

Dingliche Rechte können sich nach dem **Spezialitätsprinzip**[770] nur auf ganz bestimmte einzelne Sachen beziehen.

Wenn der Eigentümer eines Warenlagers an einen Käufer das Eigentum übertragen will, bedarf es der Übereignung jeder einzelnen Sache, die sich im Warenlager befindet, auch wenn dies in der Praxis nicht immer deutlich geschieht.

Das Sachenrecht gewährt zum Schutz und zur Verwirklichung der dinglichen Rechte sog. **dingliche Ansprüche.** Diese dinglichen Ansprüche sind z.B. solche des Eigentümers oder Besitzers auf Herausgabe oder auf Abwehr von Störungen. Soweit im Sachenrecht keine Sondervorschriften getroffen sind, wie z.B. für den Herausgabeanspruch des Eigentümers aus § 985 BGB, gelten für diese Ansprüche die allgemeinen Regeln des Schuldrechts.

Dingliche Rechte, die sich auf bewegliche Sachen und Grundstücke erstrecken, sind sog. **absolute Rechte,** d.h. sie wirken gegenüber jedermann (erga omnes). Der Eigentümer einer Sache kann z.B. verlangen, dass andere sein Eigentum nicht beeinträchtigen (§§ 903, 985, 1004 Abs. 1 BGB). Im Gegensatz zu den absolut wirkenden dinglichen Rechten entfalten schuldrechtliche Ansprüche nur relative Rechtswirkun-

770 Vgl. *Hölzle* DStR 2004, 1433 ff.

gen zwischen den Vertragsparteien (inter partes). So kann z.B. der Käufer einer Sache nur vom Vertragspartner (dem Verkäufer) die Erfüllung seines (schuldrechtlichen) Anspruchs auf Übereignung verlangen.

Im Sachenrecht besteht der sog. **Typenzwang**, d.h. das Gesetz bestimmt *abschließend* die möglichen dinglichen Rechte (Typenzwang) und den Inhalt dieser Rechte (Typenfixierung). Gleichermaßen können dingliche Rechte nur in den gesetzlich vorgesehenen Formen begründet und übertragen werden. Im Gegensatz hierzu besteht im Schuldrecht grundsätzlich Vertragsfreiheit, so dass Schuldverhältnisse grundsätzlich nach Art und Inhalt frei begründet werden können. Diese Vertragsfreiheit ist im Sachenrecht weitgehend ausgeschlossen.

Aufgrund der Vertragsfreiheit können sich die Parteien in schuldrechtlichen Verträgen zur Erbringung aller möglichen Leistungen verpflichten. Dingliche Rechte, wie z.B. das Eigentum an einer beweglichen Sache, können jedoch nur in der gesetzlich vorgesehenen Form, z.B. der §§ 929 ff. BGB übertragen werden und haben einen festgelegten Inhalt. Die Parteien können sich nicht darauf einigen, dass das Eigentum in einer anderen Form übertragen wird oder einen anderen Inhalt haben soll.

Dingliche Rechte können rechtsgeschäftlich (i.d.R. mittels Einigung) übertragen werden. Solche Rechtsgeschäfte, die der Begründung, Übertragung, Inhaltsänderung oder Aufhebung eines dinglichen Rechts dienen, werden **dingliche Rechtsgeschäfte (Verfügungen)** genannt. Auf diese dinglichen Rechtsgeschäfte, wie z.B. die Übereignung einer beweglichen Sache nach §§ 929 ff. BGB, sind die allgemeinen Vorschriften der §§ 104-185 BGB über Rechtsgeschäfte, wie z.B. über die Willenserklärung und das Zustandekommen von Verträgen, anwendbar. Nicht anwendbar sind grundsätzlich die allgemeinen Vorschriften des Schuldrechts, da ein dingliches Rechtsgeschäft keine Verpflichtung (keine "Schuld") begründet, sondern direkt eine Rechtsänderung herbeiführt. Das dingliche Rechtsgeschäft verpflichtet nicht, sondern wirkt.

Das Sachenrecht wird vom **Publizitätsprinzip** beherrscht. Sachenrechtliche Zuordnungen sind an offenkundige, für jedermann erkennbare Lebenssachverhalte gebunden. Träger dieser Publizität ist im Recht der *beweglichen* Sachen der Besitz und im *Grundstücksrecht* die Eintragung in das Grundbuch. Wirkungen und Ausdruck des Publizitätsprinzips sind u.a.:

- Die Übertragung von dinglichen Rechten an beweglichen Sachen ist grundsätzlich an eine Übergabe der Sache (Wechsel des Besitzes) gebunden (siehe z.B. §§ 929 Satz 1, 1205 BGB). Nur in den eng umschriebenen Ausnahmefällen der §§ 930, 931 BGB ist ein Übergabeersatz möglich. Bei unbeweglichen Sachen (Immobilien) wird die Übertragung von Rechten und damit die Publizität an die Eintragung in das Grundbuch geknüpft (§ 873 Abs. 1 BGB).

- Der Erwerb vom Nichtberechtigten ist ohne Publizitätselement (Besitz bzw. Grundbucheintragung) nicht möglich (vgl. §§ 892, 932 ff. BGB).

- An Publizitätselemente knüpft das Gesetz die Vermutung der Richtigkeit für bewegliche Sachen in § 1006 BGB (Eigentumsvermutung) und für Grundstücksrechte in § 891 BGB.

Im gesamten BGB ist das **Trennungs- und Abstraktionsprinzip**[771] zu beachten. Das dingliche Rechtsgeschäft (z.B. Übereignung) bewirkt die dingliche Rechtsänderung (z.B. den Eigentumsübergang). Das schuldrechtliche Verpflichtungsgeschäft (z.B. Kaufvertrag, Schenkung) begründet nur die Verpflichtung zu dieser Übereignung, erfüllt diese aber nicht. Das Verfügungsgeschäft ist hierbei in seiner Wirksamkeit unabhängig vom zugrundeliegenden Verpflichtungsgeschäft.

Im Folgenden werden die wichtigsten dinglichen Rechte wie Besitz und Eigentum sowie deren Begründung und Übertragung näher beschrieben. Zudem erfolgt eine kurze Darstellung weiterer dinglicher Rechte an unbeweglichen Sachen (Grundstücken), wie der Hypothek und der Grundschuld.

Abbildung 50: Sachenrechtsprinzipien

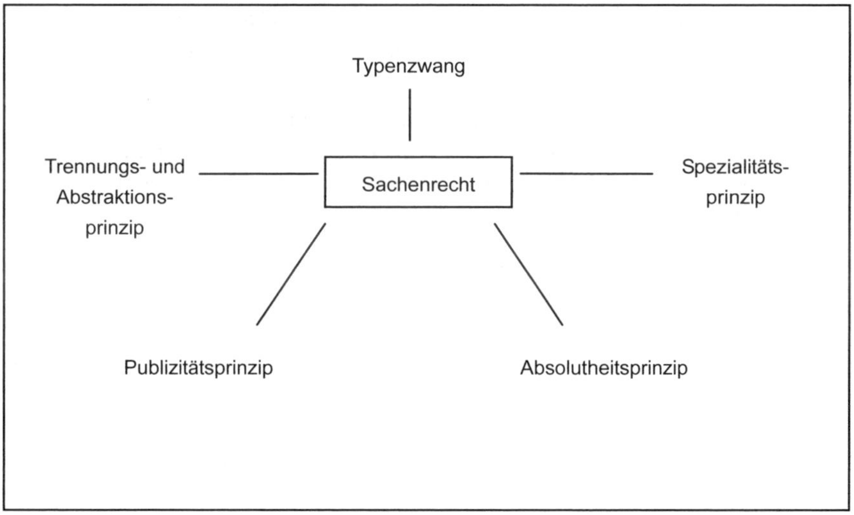

771 Siehe ab Seite 23 ff.

B. Besitz

I. Begriff

Die Grundform des Besitzes an einer Sache wird gem. § 854 Abs. 1 BGB durch die tatsächliche Herrschaft einer Person über eine Sache begründet. Besitzer einer Sache ist somit, wer die **tatsächliche Herrschaft** über diese Sache ausübt.[772] Der Besitz an einer Sache ist unabhängig von den Eigentumsverhältnissen an der Sache.

E ist Eigentümer eines exklusiven Sportwagens. Nach einer Woche parken im Freien wird ihm das Fahrzeug von D gestohlen. Doch die Polizei wird schnell fündig und übergibt E das Fahrzeug. Er verleiht es daraufhin seinem Freund F.

Solange E die tatsächliche Sachherrschaft über den Wagen (Schlüssel, Fahrzeugpapiere etc.) hat, ist er nach § 854 Abs. 1 BGB (unmittelbarer) Besitzer. Im Falle des Diebstahls bleibt E zwar Eigentümer, verliert aber nach § 856 BGB mit dem Verlust der tatsächlichen Sachherrschaft den Besitz am Auto, den der D erlangt. Mit der Übergabe des Wagens an F verliert E ebenfalls seinen (wiedererlangten) unmittelbaren Besitz an dem Auto, den nun F erlangt.[773]

Der unmittelbare Besitz wird unabhängig von den Eigentumsverhältnissen durch die tatsächliche Sachherrschaft über eine Sache nach § 854 Abs. 1 BGB erlangt.

II. Besitzformen

Die Grundform des Besitzes bildet nach § 854 Abs. 1 BGB der sog. unmittelbare Besitz, der durch die (unmittelbare) tatsächliche Sachherrschaft begründet wird. Daneben gibt es den mittelbaren Besitzer, dem der (mittelbare) Besitz (§ 868 BGB) durch den unmittelbaren Besitzer gemittelt wird. Darüber hinaus lassen sich weitere Formen des Besitzes unterscheiden, die mit den grundlegenden Besonderheiten und Rechtsfolgen kurz dargestellt werden.

---

772 Vgl. *Fehling/Faust/Rönnau* JuS 2006, 18 ff.

773 Aufgrund des Leihvertrages gem. §§ 598 ff. BGB behält E aber den mittelbaren Besitz am Fahrzeug (§ 868 BGB).

1. Unmittelbarer und mittelbarer Besitz

a) Unmittelbarer Besitz

Unmittelbarer Besitzer einer Sache ist, wer nach der Verkehrsauffassung die tatsächliche unmittelbare Gewalt über eine Sache selbst ausübt. Dies zeigt § 854 Abs. 1 BGB durch die Bestimmung, dass Besitz durch die Erlangung der tatsächlichen Gewalt erworben wird. Zur Erlangung des unmittelbaren Besitzes wird neben der Ausübung der tatsächlichen Gewalt (objektives Element) ein entsprechender Herrschaftswillen (subjektives Element) vorausgesetzt. Ob diese Voraussetzungen vorliegen, bestimmt sich im Wesentlichen nach der Verkehrsauffassung. Hiernach sind an die Besitzerlangung strengere Anforderungen als an die Besitzbewahrung zu stellen. Die Besitzerlangung setzt die Ausübung der tatsächlichen Sachherrschaft über eine Sache voraus. Ist der Besitz einmal begründet, ist es ausreichend, dass der Besitzer die Sachherrschaft in einem gewissen zeitlichen und räumlichen Rahmen ausüben kann. Nicht erheblich ist, ob der Besitz rechtmäßig oder unrechtmäßig erworben wird.

Stellt E seinen Sportwagen mit offenem Verdeck vor seinem Lieblingsrestaurant ab, bleibt er nach der Verkehrsauffassung auch dann Besitzer, wenn er den Wagen verlässt und essen geht. Er könnte die unmittelbare Sachherrschaft jederzeit in einem gewissen zeitlichen und räumlichen Rahmen ausüben. Dies gilt auch, wenn er den Wagen für drei Wochen während seiner Abwesenheit auf einem Parkplatz abstellt. Strenger sind nach der Verkehrsauffassung die Anforderungen an die Besitzerlangung. Dieb D, der das Auto entwenden möchte, erlangt noch keinen Besitz, wenn er das offene Auto inspiziert, obwohl er räumlich und zeitlich der Sachherrschaft über das Auto näher ist als E. Erst wenn D die tatsächliche und gesicherte Gewalt über das Auto erlangt, begründet er unmittelbaren Besitz nach § 854 Abs. 1 BGB. Für die Besitzerlangung ist dabei unerheblich, dass sie rechtswidrig erfolgt. Nach Erlangung des (unmittelbaren) Besitzes sind auch bei D die Anforderungen an die Besitzwahrung geringer. Er bleibt wie vormals E auch dann Besitzer, wenn er seinerseits das Auto abstellt und sich entfernt.

Voraussetzungen des unmittelbaren Besitzes:

---

1. (nach der Verkehrsanschauung zu beurteilende) tatsächliche eigene Sachherrschaft in räumlicher und zeitlicher Beziehung (objektives Element),
2. getragen von einem generellen Besitzwillen (subjektives Element).

Der Besitz kann originär und derivativ erworben werden. **Originärer Besitzerwerb** liegt in der einseitigen Besitzergreifung.

> **So liegt es im Fall mit D, der sich den Besitz am Auto eigenmächtig verschafft.**

Derivativ wird der Besitz durch Nachfolge erworben, welches durch Übergabe i.S.v. Geben und Nehmen erfolgt, aber auch lediglich durch Einigung gem. § 854 Abs. 2 BGB möglich ist, wenn der Erwerber in der Lage ist, die Gewalt über die Sache auszuüben.

Der Besitz kann nach §§ 854, 856 BGB erworben werden

---

1. originär durch Ergreifung der tatsächlichen Sachherrschaft (§ 854 BGB),
2. derivativ durch Übergabe oder Einigung unter der Möglichkeit zur tatsächlichen Sachherrschaft (§ 854 Abs. 2 BGB).

---

b) Mittelbarer Besitz

Mittelbarer Besitz ist eine tatsächliche Beziehung einer Person zu einer Sache, welche der Person durch die unmittelbare Sachherrschaft des Besitzmittlers vermittelt wird. Nach § 868 BGB setzt der mittelbare Besitz das Bestehen eines Besitzmittlungsverhältnisses voraus. Ein Besitzmittlungsverhältnis ist ein konkret bestimmtes Rechtsverhältnis. Kraft des Besitzmittlungsverhältnisses ist der unmittelbare Besitzer dem mittelbaren Besitzer gegenüber auf Zeit zum Besitz berechtigt oder verpflichtet.

> *Konkret bestimmte Rechtsverhältnisse i.S.d. § 868 BGB sind schuldrechtliche und dingliche Verträge oder die GoA als gesetzliches Schuldverhältnis. Nach der Rechtsprechung genügt ein sog. vermeintliches Rechtsverhältnis.*

Zudem ist der Wille des unmittelbaren Besitzers zu dieser Besitzmittlung erforderlich.

Voraussetzungen für mittelbaren Besitz nach § 868 BGB:

---

1. Unmittelbarer Besitz des Besitzmittlers
2. Besitzmittlungsverhältnis i.S.v. § 868 BGB
   a) Rechtsverhältnis i.S.v. § 868
   b) Herausgabeanspruch nach Ablauf des Rechtsverhältnisses
   c) Fremdbesitzerwillen (Besitzmittlungswillen).

> **Im o.g. Beispiel werden sowohl D als auch F unmittelbare Besitzer des im Eigentum des E stehenden Sportwagens, da sie die unmittelbare Sachherrschaft ausüben.**

Im Fall des Diebstahls verliert E jeglichen Besitz mit dem Verlust der unmittelbaren Sachherrschaft.

Dagegen bleibt er im Falle der Leihe an F mittelbarer Besitzer. Denn während F unmittelbarer Besitzer ist, haben F und E ein Rechtsverhältnis i.S.v. § 868 BGB (Leihe) abgeschlossen, wonach F nach Ablauf des Leihverhältnisses zur Herausgabe des Wagens an E verpflichtet ist (§ 604 BGB). Während der Leihe besitzt F den Wagen daher nicht für sich, sondern nur für E (Fremdbesitzerwillen).

Der Erwerb des mittelbaren Besitzes erfolgt originär durch das Vorliegen aller Voraussetzungen. Derivativ kann mittelbarer Besitz durch die Übertragung des bereits bestehenden mittelbaren Besitzes entstehen. Dies setzt gem. §§ 870, 398 BGB eine wirksame Einigung zwischen dem bisherigen mittelbaren Besitzer und dem Erwerber voraus. Der mittelbare Besitz endet, sobald eine seiner Voraussetzungen nach § 868 BGB wegfällt.

Gefällt F der Wagen derart, dass er sich entschließt, ihn behalten zu wollen und gibt sich seinen Freunden gegenüber als neuer Eigentümer aus, endet der mittelbare Besitz des E, weil F den Wagen fortan für sich selbst besitzt.

2. Besitzdiener § 855 BGB

Grundsätzlich bedarf es zur Ausübung des unmittelbaren Besitzes nach § 854 BGB der tatsächlichen unmittelbaren Sachherrschaft über die Sache. Eine gewisse Ausnahme hierzu sieht § 855 BGB im Verhältnis des Besitzherrn zum Besitzdiener vor. Aus § 855 BGB folgt, dass nicht derjenige Besitzer der Sache ist, der die unmittelbare Sachherrschaft in einem **sozialen Abhängigkeitsverhältnis** (Besitzdiener) zu einem Anderen (Besitzherr) ausübt, sondern der Andere (Besitzherr).[774] Der Besitzherr gilt als unmittelbarer Besitzer, obwohl er keine tatsächliche Sachherrschaft hat. Der Besitzdiener gilt nicht als Besitzer, obwohl er die tatsächliche Sachherrschaft ausübt.

Voraussetzungen des § 855 BGB - Besitzdiener:

---

1. soziales Abhängigkeitsverhältnis des "Besitzdieners" zum "Besitzherrn",
2. Ausübung der tatsächlichen Gewalt durch den "Besitzdiener" i.R.d. Abhängigkeits-Verhältnisses,
3. äußere Erkennbarkeit des Abhängigkeitsverhältnisses.

---

774 Vgl. auch AG Berlin-Lichtenberg NJW 2006, 430 ff.

Als soziales Abhängigkeitsverhältnis kommen alle Verhältnisse in Betracht, in denen der Besitzdiener dahingehend weisungsgebunden ist, dass er als "Werkzeug" des Besitzherrn erscheint. Zum Schutze des Rechtsverkehrs ist erforderlich, dass dies nach außen erkennbar ist, da an den Besitz zahlreiche Rechtsscheintatbestände geknüpft werden (Publizitätsfunktion des Besitzes). Für den Besitzdiener spricht somit z.B. nicht die Eigentumsvermutung des § 1006 BGB.[775]

3. Weitere Formen des Besitzes

Neben den beiden Besitzarten unmittelbarer und mittelbarer Besitz, die sich nach der Intensität der Sachherrschaft unterscheiden, können anhand anderer Kriterien weitere Besitzarten unterschieden werden. Nach der Anzahl der Inhaber der tatsächlichen Gewalt lassen sich Allein- und Mitbesitz unterscheiden. **Alleinbesitzer** ist, wer die tatsächliche Gewalt allein ausübt (§ 854 Abs. 1 BGB). **Mitbesitz** liegt nach § 866 BGB vor, wenn mehrere eine Sache gemeinschaftlich besitzen (z.B. in der Ehe).

Nach dem Umfang der Sachherrschaft lassen sich **Vollbesitz und Teilbesitz** unterscheiden. Nach § 865 BGB sind die Besitzvorschriften auch auf denjenigen anzuwenden, der nur über einen Teil der Sache die unmittelbare Sachherrschaft ausüben kann.

Nach der Willensrichtung entscheidet sich, ob jemand Fremd- oder Eigenbesitzer ist. **Eigenbesitzer** ist nach § 872 BGB, wer die Sache als ihm gehörend besitzt. **Fremdbesitzer** ist, wer die Sache in Anerkennung des fremden Eigentums besitzt. Diese Unterscheidung hat u.a. beim mittelbaren Besitz nach § 868 BGB Bedeutung. Der mittelbare Besitz setzt voraus, dass der unmittelbare Besitzer die Sache als Fremdbesitzer besitzt. Geriert er sich als Eigenbesitzer, entfällt der mittelbare Besitz des anderen, da es an dem Besitzmittlungswillen fehlt.[776]

Nach der Art der Besitzerlangung gibt es **nicht fehlerhaften** und **fehlerhaften Besitz.** Fehlerhaft ist der Besitz, wenn der Besitzer ihn durch verbotene Eigenmacht erlangt (siehe dazu im Einzelnen § 858 BGB). Wird der Besitz fehlerhaft erlangt, stehen dem ursprünglichen Besitzer die Besitzschutzansprüche nach §§ 859 ff. BGB zu.

> **Im o.g. Beispiel erlangt D aufgrund des Diebstahls den Besitz fehlerhaft. Daher kommen für E Besitzschutzrechte aus § 859 Abs. 1 (Besitzwehr) und Abs. 2 (Besitzkehr), aber auch aus §§ 861, 1007 BGB in Betracht.**

Als Besonderheit sei noch der **Erbenbesitz** nach § 857 BGB erwähnt. Der Erbe erlangt mit dem Todesfall des Erblassers den Besitz so, wie dieser ihn innehatte. Der Erbe erlangt den Erbenbesitz unabhängig davon, ob er die unmittelbare Sachherrschaft ausüben kann. Hierdurch wird der Erbe vor dem unberechtigten Zugriff Dritter auf den Nachlass geschützt.

---

775 Typische Fälle des Besitzdieners sind z.B. die Hausangestellten, Arbeitnehmer, etc.
776 Siehe zum Besitz auch schon ab S. 476 ff.

III. Besitzschutz

Das Gesetz verleiht dem Besitzer gegen Störungen oder Entziehung der Sachherrschaft die besonderen Besitzschutzrechte der §§ 859 ff. BGB. Voraussetzung ist zunächst, dass jemand gegenüber dem (ursprünglichen) Besitzer verbotene Eigenmacht nach § 858 Abs. 1 BGB ausübt.

> ***Verbotene Eigenmacht*** *liegt vor, wenn jemand dem Besitzer ohne dessen Willen widerrechtlich den Besitz entzieht oder stört.*

Eine entsprechende Besitzerlangung ist fehlerhaft. Als Rechtsfolge ergeben sich folgende Besitzschutzrechte:

- Nach § 859 Abs. 1 BGB darf sich der Besitzer gegenüber verbotener Eigenmacht (§ 858 BGB) mit Gewalt wehren, sog. **Selbsthilfe des Besitzers**.
- Gem. § 859 Abs. 2 BGB hat der (ursprüngliche) Besitzer ein **Verfolgungsrecht**, wenn ihm die Sache mit verbotener Eigenmacht weggenommen wird. Er darf den Täter verfolgen. Abnehmen darf er die Sache dem Täter mit Gewalt, wenn er diesen auf frischer Tat betroffen hat.
- Nach §§ 861, 862 BGB kann der (ursprüngliche) Besitzer gegen den Besitzstörer oder Besitzentzieher auf **Unterlassung der Störung** bzw. Wiedereinräumung des Besitzes klagen.

Im o.g. Beispiel muss D den Besitz des Sportwagens wieder an E herausgeben.

Weiterhin bestehen (ohne die Voraussetzung verbotener Eigenmacht) Besitzschutzansprüche nach §§ 1004, 1007 BGB. Ergänzend kann der Besitz nach § 812 BGB herausverlangt werden und ist auch nach § 823 Abs. 1 BGB als sonstiges Recht geschützt, was ebenfalls nach § 823 Abs. 2 i.V.m. § 858 Abs. 1 (als Schutzgesetz) BGB gilt.

Beim Besitzschutz wird zwischen einem vorläufigen Recht auf Besitz (sog. **possessorischer Besitzschutz),** bei dem sich das Recht auf Besitz aus dem Besitz selbst begründet (vgl. §§ 861, 859, 862 BGB) und dem endgültigen Recht zum Besitz (sog. **petitorischer Besitzschutz),** bei dem das Besitzrecht aus einem Recht zum Besitz besteht (vgl. §§ 985, 1007, 2018 BGB) unterschieden. Dementsprechend werden diese Ansprüche zum Besitzschutz possesorische und petitorische Ansprüche genannt.

Abbildung 51: Der Besitzerwerb

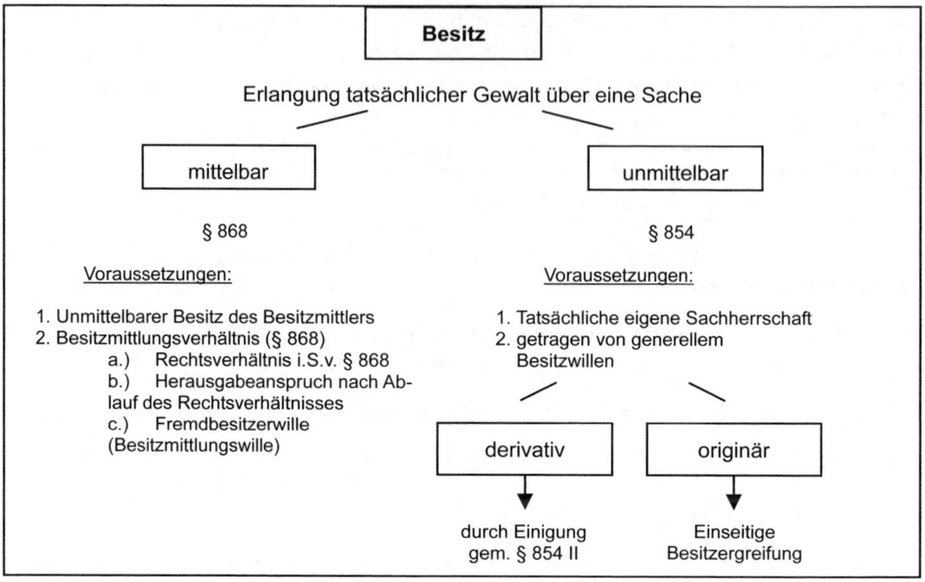

Abbildung 52: Besitzarten

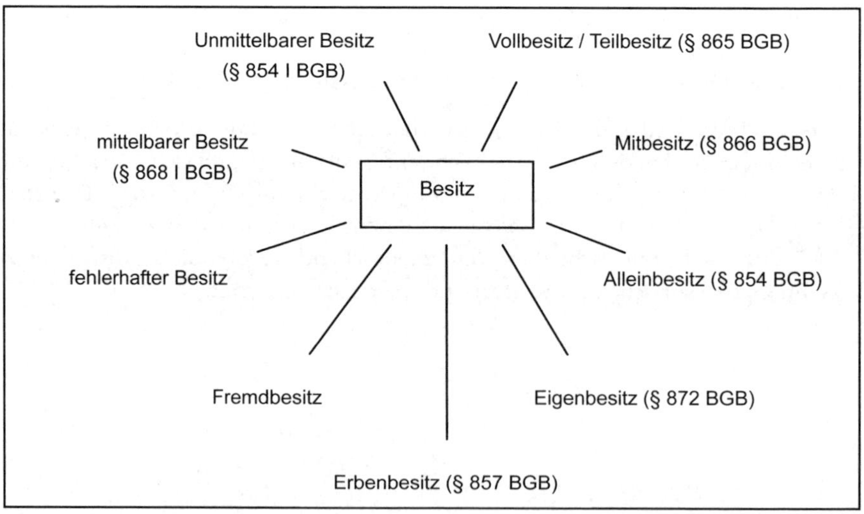

C. Inhalt des Eigentums

Das Eigentum ist ein dingliches Recht an Sachen und besteht somit z.B. nicht an Forderungen. Es gewährt dem Eigentümer die grundsätzlich unbeschränkte Befugnis, in jeder Hinsicht rechtlich und tatsächlich auf seine Sache einwirken zu können (§ 903 BGB), das heißt mit der Sache nach seinem Belieben zu verfahren und Dritte von jeder Einwirkung auszuschließen. Insofern sieht das BGB auch Unterlassungsansprüche für den Eigentümer gegen denjenigen vor, der das Eigentum beeinträchtigt (§ 1004 Abs. 1 BGB).

Allerdings berechtigt Eigentum nicht nur, sondern es erwachsen aus ihm auch Pflichten. So muss z.B. der Eigentümer eines bissigen Hundes Fremde vor seiner Gefahrenquelle schützen, sei es dass er ihn anleint, oder ihm einen Maulkorb verpasst. Die dazu erforderlichen Aufwendungen muss er selbst tragen.

Er kann sogar zur Zahlung eines Ausgleiches in Geld verpflichtet werden, wenn z.B. von seinem Grundstück Immissionen ausgehen, die das ortsübliche Maß übersteigen und die auf das Nachbargrundstück in unzumutbarer Weise einwirken, § 906 Abs. 2 BGB.

Weiter kann der Eigentümer auch unter bestimmten Voraussetzungen zur Duldung verpflichtet sein, z.B. dann, wenn der Nachbar über die Grundstücksgrenze hinaus gebaut hat, § 912 Abs. 1 BGB. Auch in diesem Fall ist dessen ungeachtet der andere Eigentümer zu entschädigen, § 912 Abs. 2 BGB.

Unter den dinglichen Rechten nimmt das Eigentum eine vorrangige Stellung ein. Der Erwerb und der Verlust des Eigentums kann rechtsgeschäftlich oder kraft Gesetzes eintreten, was im Folgenden dargestellt wird.

D. Eigentumserwerb an beweglichen Sachen

Beim Eigentumserwerb ist zwischen beweglichen und unbeweglichen Sachen (Immobilien) zu unterscheiden. Bewegliche Sachen werden durch Rechtsgeschäft nach den Vorschriften der §§ 929 ff. BGB übereignet. Für die rechtsgeschäftliche Übertragung von Rechten (wie z.B. das Eigentum) an unbeweglichen Sachen gelten ausschließlich die §§ 873 ff. BGB, die bei der Eigentumsübertragung von Grundstücken um die §§ 925 ff. BGB ergänzt werden. Der Eigentumserwerb von beweglichen Sachen kann neben dem rechtsgeschäftlichen Erwerb auch durch gesetzlichen Erwerb eintreten. Das Gesetz sieht beispielsweise in den Vorschriften der §§ 946 ff. BGB Erwerbstatbestände wie z.B. die Verarbeitung nach § 950 BGB; die Verbindung nach § 947 BGB oder die Vermischung nach § 948 BGB vor.

> **Verarbeitet jemand eine ihm nicht gehörende Sache (z.B. Hinkelstein) zu einer neuen höherwertigeren Sache (z.B. Skulptur), wird er gem. § 950 BGB deren Eigentümer, ohne dass es auf ein Rechtsgeschäft ankommt.**

Andere gesetzliche Erwerbstatbestände finden sich im Familien- und Erbrecht. Der gesetzliche Eigentumsübergang bei der Erbschaft nach § 1922 BGB gilt hierbei sowohl für bewegliche als auch für unbewegliche Sachen (Immobilien). Hierzu folgender Überblick:

Abbildung 53: Die Übereignung von Sachen

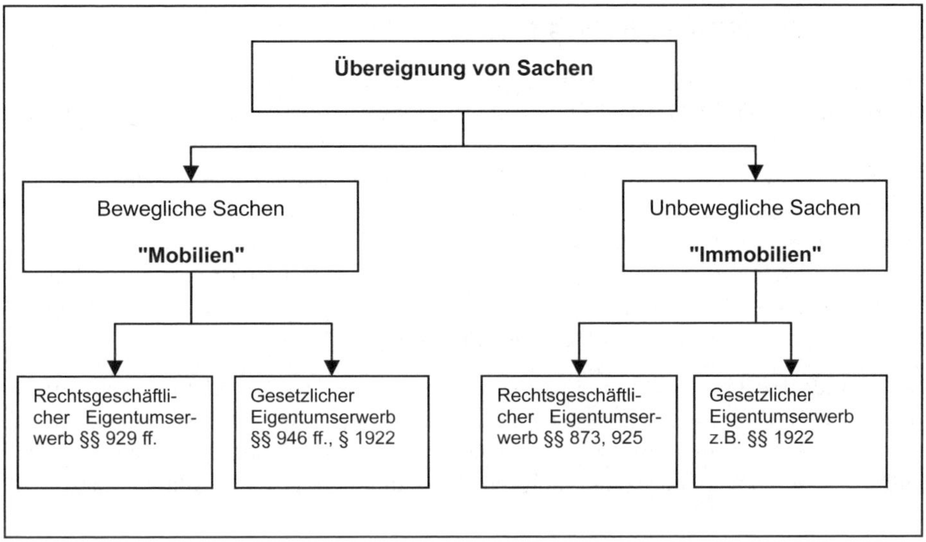

I. Rechtsgeschäftlicher Eigentumserwerb

Das Eigentum an beweglichen Sachen kann nach § 929 BGB vom Berechtigten dadurch übertragen werden, dass sich dieser mit dem Erwerber über den Eigentumsübergang einigt und dem Erwerber die Sache übergibt. Die Einigung über den Eigentumsübergang ist ein Rechtsgeschäft, welches **dinglicher Vertrag** genannt wird, da er darauf abzielt, die dingliche Rechtslage zu ändern.

Der Erwerb basiert somit auf der rechtsgeschäftlichen Einigung über den Eigentumsübergang zwischen Veräußerer und Erwerber. Grundsätzlich ist der rechtsgeschäftliche Eigentumserwerb nur vom Berechtigten, i.d.R. vom Eigentümer, möglich. Ausnahmsweise lässt das Gesetz auch einen Erwerb vom Nichtberechtigten als sog. gutgläubigen Erwerb zu, wenn unter bestimmten Voraussetzungen der gute Glaube des Erwerbers an die Verfügungsberechtigung des Veräußerers geschützt wird.[777]

[777] Vgl. auch instruktiv zum rechtsgeschäftlichen Eigentumserwerb *Weber* JuS 1998, 577.

1. Der Erwerb vom Berechtigten

a) Grundfall nach § 929 BGB

Der Grundfall des rechtsgeschäftlichen Eigentumserwerbs vom Berechtigten ist die Übereignung nach § 929 Satz 1 BGB. Danach ist erforderlich, dass der Veräußerer dem Erwerber die Sache übergibt und sich beide bei der Übergabe über den Eigentumsübergang einig sind. Grundlage des Eigentumsübergangs ist hierbei die rechtsgeschäftliche Einigung über den Eigentumsübergang. Da im Sachenrecht das Publizitätsprinzip herrscht, ist neben der Einigung als weitere Voraussetzung erforderlich, dass die Übertragung des Eigentums nach außen sichtbar wird. Im Grundfall der rechtsgeschäftlichen Übereignung nach § 929 Satz 1 BGB wird zur Publizierung des Eigentumserwerbs deshalb die Übergabe der Sache vorausgesetzt.

Die grundsätzliche Voraussetzung der Besitzübergabe ist folgerichtig, weil im Sachenrecht für das Eigentum die Besitzvermutung des § 1006 BGB spricht. Derjenige wird zunächst als Eigentümer einer Sache vermutet, der Besitzer der Sache ist. Zur Publizierung des Eigentumsübergangs bedarf es demzufolge der Besitzübergabe.

Voraussetzungen der Übereignung nach § 929 Satz 1 BGB:

1. Bestimmte Einigung über den Eigentumsübergang (dingliche Einigung),
2. Übergabe der Sache,
3. Einigsein im Zeitpunkt der Übergabe,[778]
4. Verfügungsberechtigung des Veräußerers.

aa) Einigung über den Eigentumsübergang

Die Einigung über den Eigentumsübergang ist ein Rechtsgeschäft, welches zur Unterscheidung zum schuldrechtlichen Vertrag auch dinglicher Vertrag genannt wird.[779] Die Parteien müssen sich über den Eigentumsübergang an einer Sache einig sein.

> *Der Bestimmtheitsgrundsatz im Sachenrecht besagt, dass dingliche Rechte nur an bestimmten Sachen bestehen und übertragen werden können.*

Damit folgt aus dem Bestimmtheitsgrundsatz, dass sich die Einigung auf einen ganz bestimmten Gegenstand beziehen muss.

[778] Das Einigsein im Zeitpunkt der Übergabe spielt nur dann eine Rolle, wenn Einigung und Übergabe zeitlich versetzt stattfinden. Dann könnte nach der dinglichen Einigung aber noch vor der Übergabe ein Widerruf erklärt werden. Dann wären sich beide Parteien im Zeitpunkt der Übergabe nicht einig und das Eigentum könnte nicht übergehen.

[779] Vgl. dazu auch *Harke* JuS 2006, 385 ff.

Der Porzellanverkäufer H muss z.B. den Eigentumsübergang an einer ganz bestimmten Rosenberg-Vase Typ "grand cactus" erklären. Die Aussage, dass er eine seiner drei Vasen der gewünschten Art übereigne, wäre nicht ausreichend.

In der Übereignungserklärung muss der zu übertragende Gegenstand bereits bestimmt sein, bloße Bestimmbarkeit ist nicht ausreichend. Bei der Übereignung von Sachgesamtheiten, z.B. von Warenlagern oder Sachmengen, ist für die notwendige Einzelübereignung eine Sammelbezeichnung oder Auflistung erforderlich, welche die Übereignungseinigung auf alle einzelnen Sachen erstreckt und diese Sachen klar erkennen lässt.[780]

Die dingliche Einigung ist ein Rechtsgeschäft. Somit sind allgemeine Vorschriften über Rechtsgeschäfte anwendbar.

Insbesondere gilt:

- Zustandekommen der Einigung (Vertrag) durch Angebot und Annahme (§§ 145 ff. BGB),
- allgemeine Wirksamkeitsvoraussetzungen, insbesondere der Geschäftsfähigkeit (§§ 104 ff. BGB),
- Möglichkeit der Anfechtung und daraus folgender Nichtigkeit der Einigungserklärung (§§ 119 ff. BGB), sowie als Besonderheit: freie Widerrufbarkeit der Einigung bis zur Übergabe,
- Mögliche Bedingung und Befristung der Einigungserklärung (§ 158 BGB),
- Mögliche Stellvertretung durch einen Vertreter (§§ 164 ff. BGB).

Die (dingliche) Einigung kommt nach den allgemeinen Regeln über Rechtsgeschäfte durch Angebot und Annahme zustande (§§ 145 ff. BGB) und kann daher auch konkludent erklärt werden. In der Praxis erklären die Parteien häufig nicht ausdrücklich die Einigung über den Eigentumsübergang. Vielmehr wird die Einigungserklärung durch schlüssiges (konkludentes) Handeln geäußert.

Eine konkludente Erklärung ist z.B. anzunehmen, wenn der Verkäufer (Veräußerer) dem Käufer (Erwerber) die Sache in Erfüllung eines Kaufvertrages übergibt und diesem viel Spaß mit der Kaufsache wünscht.

Die Wirksamkeit der Willenserklärung über den Eigentumsübergang unterliegt den allgemeinen Regeln der §§ 104 ff. BGB zur Geschäftsfähigkeit. Aus den Regeln zur Geschäfts*un*fähigkeit ergibt sich, das Geschäftsunfähige (selbst) mangels Wirksamkeit ihrer Einigungserklärung (§ 105 Abs. 1 BGB) kein Eigentum übertragen können. In der

---

780 Z.B. alle Kisten mit einem roten Aufkleber etc.

Geschäftsfähigkeit beschränkte Personen können nur nach Maßgabe der §§ 107 ff. BGB wirksam ihre Willenserklärung zur Übereignung abgeben. Anhand dieser Regelung folgt, dass ein beschränkt Geschäftsfähiger grundsätzlich nach § 107 BGB wirksam das Eigentum an einem Gegenstand erwerben kann. Der Eigentumserwerb ist für ihn ein rechtlich lediglich vorteilhaftes Geschäft, so dass eine Einwilligung des gesetzlichen Vertreters nach § 107 BGB nicht erforderlich ist[781]. Bei der Veräußerung eines Gegenstandes durch einen beschränkt Geschäftsfähigen bedarf es im Gegensatz hierzu nach § 107 BGB grundsätzlich der Einwilligung oder nach § 108 Abs. 1 BGB der nachträglichen Genehmigung durch den gesetzlichen Vertreter.

Der Minderjährige S übereignet das Radio seines Freundes F an den gutgläubigen G. Die Übereignung des Radios ist für S nicht nachteilig, da er kein Recht an dem Gerät hat. Vielmehr stellt die Übereignung für ihn ein sog. neutrales Geschäft dar.

Bei neutralen Geschäften besteht nach h.M. eine Ausnahme. So sind die Übereignung fremder Gegenstände oder Rechtsgeschäfte, die der Minderjährige als Vertreter eines anderen vornimmt, zustimmungsfrei, da sie den Minderjährigen nicht belasten und er deshalb nicht schutzwürdig ist. Die Wirksamkeit einer solchen Übereignung hängt dann allerdings von seiner Berechtigung zur Übereignung aufgrund einer Ermächtigung des Berechtigten oder von den Tatbestandsvoraussetzungen eines gutgläubigen Erwerbs (vom Nichtberechtigten) ab.

Da G hier gutgläubig war, erwirbt er das Eigentum am Radio.

Die Übereignung ist auch ohne besondere Zustimmung des gesetzlichen Vertreters wirksam, wenn der beschränkt Geschäftsfähige einen Gegenstand übereignet, den er gem. § 110 BGB ("Taschengeldparagraph") mit Mitteln zu seiner freien Verfügung erworben hat. In diesem Fall wird überwiegend grundsätzlich angenommen, dass die Befugnis zum Erwerb des Gegenstandes auch die Befugnis umfasst, nachfolgende Anschlussverfügungen über den Gegenstand zu treffen, sog. **Ersetzungsbefugnis**. Hierbei ist jedoch stets zu prüfen, ob die Anschlussverfügungen noch dem Sinn und Zweck von § 110 BGB bzw. der Einwilligung der gesetzlichen Vertreter entsprechen.[782]

Die Einigungserklärung ist nach den allgemeinen Regeln der §§ 119 ff., 142 BGB anfechtbar oder kann nach allgemeinen Regeln (z.B. §§ 125, 134, 138 BGB) nichtig sein. Aufgrund des Abstraktionsprinzips ist entscheidend, dass sich die Anfechtungs- oder Nichtigkeitsgründe direkt auf die Übereignung beziehen.

---

781 Zur Erinnerung: Für die Wirksamkeit sog. lediglich rechtlich vorteilhafter Geschäfte bedarf es gem. § 107 BGB keiner Zustimmung des gesetzlichen Vertreters. Aufgrund des Trennungs- und Abstraktionsprinzips kommt es dabei zur Beurteilung der Wirksamkeit der Übereignung nur auf dieses Rechtsgeschäft selbst, nicht hingegen auf das zugrunde liegende Verpflichtungsgeschäft an. Der beschränkt Geschäftsfähige kann somit grundsätzlich Eigentum an einem Gegenstand erwerben, auch wenn das zugrunde liegende Verpflichtungsgeschäft (z.B. ein Kaufvertrag) für ihn rechtlich nachteilig und damit unwirksam ist.

782 Vgl. oben im Minderjährigenrecht ab S.37 ff.

V möchte sein Auto verkaufen. Im Kaufvertrag notiert er aufgrund eines Schreibfehlers 1.500,- EUR anstelle von 15.000,- EUR und übereignet das Auto an den Käufer K. Als dieser nur 1.500,- EUR bezahlen möchte, ficht V "alles" an. In diesem Fall kann er aber nur den Kaufvertrag infolge seines Erklärungsirrtums gem. § 119 Abs. 1, 2. Alt. BGB wirksam anfechten. Bezüglich der Übereignungserklärung steht ihm ein entsprechendes Anfechtungsrecht nicht zu, da kein Anfechtungsgrund vorliegt. Bei der Übereignungserklärung ist ihm kein Erklärungsirrtum unterlaufen.[783]Die Übereignung als Verfügungsgeschäft ist somit wirksam, da es von der Wirksamkeit des Kaufvertrages als Verpflichtungsgeschäft unabhängig (abstrakt) ist. V kann aber nach § 812 Abs. 1 S. 1 Alt. 1 BGB das Eigentum am Auto vom Käufer zurückfordern, da dieser (wegen der Anfechtung des Kaufvertrages) rechtsgrundlos bereichert ist.

Nur ausnahmsweise erstrecken sich Anfechtungs- oder Nichtigkeitsgründe gleichermaßen auf das Verpflichtungs- und auf das Verfügungsgeschäft, sog. **Fehleridentität.** In jedem Fall sind diese Gründe gesondert für die Übereignung zu prüfen.[784] So kann sich z.B. bei einer sittenwidrigen Gläubigerbenachteiligung durch Übersicherung die Unwirksamkeit auf den Verpflichtungsvertrag und auf die Übereignung beziehen.

Verpflichtet sich A, sein gesamtes Eigentum auf den Kreditgeber zu dessen Sicherung zu übertragen, ist sowohl diese Verpflichtung nach § 138 BGB aufgrund der Gläubigerbenachteiligung als auch die Übereignung des Eigentums unwirksam. Durch die Übereignung würde die Gläubigerbenachteiligung eintreten, so dass sie von § 138 BGB miterfasst wäre.

Auch in den Fällen des Eigenschaftsirrtums wird ein Durchschlagen des Mangels vom Verpflichtungsgeschäft auf das Verfügungsgeschäft angenommen.

Verkauft also G an K den "Harlekin" von Picasso als Nachahmerwerk eines zeitgenössischen unbekannten Künstlers für 10.000,- EUR und später stellt sich heraus, dass es sich um das Original (Wert: 10 Mio EUR) handelt, kann G sowohl den Kaufvertrag als auch die Übereignung anfechten.[785]

Zum Schutze des Minderjährigen wird auch bei Mängeln in der Geschäftsfähigkeit eine Fehleridentität vorliegen. Die letzte Fallgruppe stellt die arglistige Täuschung dar, da der Täuschende nicht schutzwürdig ist und daher kein Grund für eine Erhaltung des Verfügungsgeschäftes besteht.

---

783 Der wörtliche Inhalt dieses dinglichen Vertrags ist z.B.: "Ich übereigne dir dieses Auto."

784 Vgl. auch *Harke* JuS 2006, 385 ff.

785 Der wörtliche Inhalt des dinglichen Vertrags lautet z.B.: "Ich übereigne dir den Kunstdruck."

Die Einigungserklärung kann auch unter einer **Bedingung** gem. § 158 BGB erklärt werden. Die Einigungserklärung wird in diesem Fall gem. § 158 BGB durch den Eintritt der Bedingung wirksam (aufschiebende Bedingung § 158 Abs. 1 BGB) oder unwirksam (auflösende Bedingung § 158 Abs. 2 BGB). Besondere Bedeutung erlangt die Erklärung unter aufschiebender Bedingung bei der Übereignung unter **Eigentumsvorbehalt**.[786]

> *Beim Eigentumsvorbehalt erklärt der Veräußerer seine Zustimmung zur Übereignung nur aufschiebend unter der Bedingung der vollständigen Kaufpreiszahlung durch den Erwerber. Solange der Käufer nicht vollständig den Kaufpreis zahlt, wird die Einigungserklärung des Verkäufers nicht wirksam, wodurch dieser bis zu diesem Zeitpunkt sein Eigentum behält.*

Die Parteien können die Einigung über den Eigentumsübergang bereits bei Vertragsschluss oder allgemein vor der Besitzübergabe erklären, sog. **antizipierte** (vorweggenommene) **Einigung**. Als Besonderheit ist die dingliche Einigung bis zur Übergabe **frei widerruflich.**[787] Dies ergibt sich daraus, dass die dingliche Einigung nicht wie bei einer schuldrechtlichen Einigung eine Verpflichtung begründet, sondern nur eine dingliche Wirkung entfalten soll. Die dingliche Einigung verpflichtet nicht, sondern "wirkt". Aufgrund der Widerrufbarkeit bedarf es der unten erläuterten Prüfung des Einigseins bei der Übergabe. Die Einigungserklärung kann wirksam von einem Stellvertreter nach den allgemeinen Regeln der §§ 164 ff. BGB abgegeben werden.[788]

bb) Die Übergabe der Sache

Der Realakt der Übergabe der zu übereignenden Sache dient der Durchsetzung des Publizitätsprinzips.

Voraussetzungen der Übergabe

---

1. Völliger Besitzverlust des Veräußerers (Verlust jeglichen Besitzes),
2. Unmittelbarer od. mittelbarer Besitzerwerb des Erwerbers oder einer Geheißperson (Erwerb des mittelbaren Besitzes ist auf der Erwerberseite ausreichend),
3. Auf Veranlassung des Veräußerers zum Zwecke der Eigentumsübertragung.

Besitzerwerb und Besitzverlust richten sich nach den Vorschriften der §§ 854 ff. BGB. Die völlige Besitzaufgabe durch den Veräußerer setzt somit voraus, dass dieser jegliche Sachherrschaft über den Gegenstand verliert. Der Veräußerer darf weder mittelba-

786 Vgl. dazu auch *Habersack/Schürnbrand* JuS 2002, 833 ff.
787 Vgl. auch *Medicus* BR Rn 32 ff.
788 Zur Erinnerung: Für eine wirksame Stellvertretung nach §§ 164 ff. BGB muss der Stellvertreter die Einigungserklärung im Namen des Vertretenen im Rahmen seiner Vertretungsmacht abgeben.

ren noch unmittelbaren Besitz behalten. Auf der Erwerberseite genügt die Begründung mittelbaren Besitzes. Im Normalfall wird bei der Übergabe unmittelbarer Besitz begründet, was auch bei Einschaltung eines Besitzdieners i.S.v. § 855 BGB gilt, weil dieser keinen Besitz ausübt. Ein Besitzdiener i.S.v. § 855 BGB hat (nur) tatsächliche Gewalt über die Sache im Rahmen eines äußerlich erkennbaren sozialen Abhängigkeitsverhältnisses zum Besitzer.

Besitzdiener, die selbst keinen Besitz, sondern nur tatsächliche Gewalt haben, sind z.B. Arbeiter, Angestellte und Beamte. Sie haben nicht einmal Besitz am Bleistiftanspitzer oder am Locher, sondern begründen tatsächliche Gewalt am Gegenstand nur für ihren Arbeitgeber (Besitzer).

Für den Besitzerwerb ist ausreichend, wenn der Erwerber mittelbaren Besitz erlangt. Als Ausnahme zur Voraussetzung des Besitzerwerbs beim Erwerber ist nach der Rechtsprechung des Bundesgerichtshofs auch die Übergabe an eine sog. **Geheißperson** des Erwerbers möglich. Die Übergabe an den Erwerber erfolgt hier auf sein Geheiß an einen Dritten (der nicht Besitzmittler des Erwerbers ist) und ermöglicht den sog. **Geheißerwerb**.[789] Dabei kann eine Geheißperson auch auf der Veräußererseite eingesetzt werden.

> **Kaufmann K verkauft telefonisch Elektrogeräte. Nach erfolgreichem Vertragsschluss mit E über ein Rührgerät bestellt er beim Großhändler G ein entsprechendes Modell. Anstelle der Lieferung an seine Person weist er G an, direkt an E zu liefern. Auf Geheiß von K erwirbt E Besitz an dem von G direkt gelieferten Gerät. Diese Übergabe wird K zugerechnet, da sie auf dessen Geheiß erfolgte. Mit der Übergabe an E wird K Eigentümer. Im Anschluss kann er das Eigentum auf E durch dingliche Einigung übertragen. Da sie bereits im Besitz der Sache ist, bedarf es nur noch dieser dinglichen Einigung gem. § 929 Satz 2 BGB.**

Ausnahmsweise ist die Übergabe der Sache nach § 929 Satz 2 BGB entbehrlich, wenn der Erwerber bereits im Besitz der zu übereignenden Sache ist. Dies ist folgerichtig, da der Erwerber sich bereits im Besitz der Sache befindet und das Publizitätsprinzip (welches an den Besitz anknüpft) gewahrt ist.

> **Befindet sich z.B. S in Besitz des Fahrrads von P (z.B. im Rahmen eines Leihvertrags), müssen sich die Parteien nur noch über den Eigentumsübergang am Fahrrad einigen, wenn das Eigentum am Fahrrad an S übertragen werden soll.**

[789] Vgl. *Zeranski* JuS 2002, 340.

cc) Berechtigung des Veräußerers

Eine Eigentumsübertragung setzt grundsätzlich die **Verfügungsberechtigung** des Veräußerers voraus, die beim Eigentümer liegt (vgl. §§ 929, 903 BGB). Zu beachten sind hierbei Ausnahmefälle einer Verfügungsbeschränkung.

> **Siehe z.B. § 80 Satz 1 InsO, mit Eröffnung des Insolvenzverfahrens verliert der Eigentümer die Verfügungsbefugnis, welche der Insolvenzverwalter erhält.**

Nichtberechtigte können jedoch vom Eigentümer gem. § 185 BGB zur Verfügung (Übereignung) ermächtigt werden, wodurch sie als Berechtigte gelten. Fehlt die Verfügungsberechtigung, kommt nur unter den engen Voraussetzungen der §§ 932 ff. BGB ein **gutgläubiger Erwerb** vom Nichtberechtigten in Betracht.

dd) Einigsein bei der Übergabe

Aufgrund der freien Widerrufbarkeit der Einigungserklärung über den Eigentumsübergang (bis zur Vollendung des Erwerbstatbestandes) müssen sich die Parteien noch bei der Übergabe der Sache einig sein. Der Eigentümer kann seine vorweggenommene Einigungserklärung widerrufen und der anderen Partei z.B. den Gegenstand dennoch zur Erfüllung eines im Anschluss geschlossenen Mietvertrages übergeben. In diesem Fall verliert er trotz der vorweggenommenen Einigung nicht sein Eigentum, da sich die Parteien aufgrund des Widerrufs vor der Übergabe nicht mehr über den Eigentumsübergang einig sind.

b) Übergabesurrogate

Im Grundfall der Übereignung nach § 929 Satz 1 BGB ist neben der Einigung über den Eigentumsübergang die Übergabe der Sache zur Wahrung des Publizitätsprinzips erforderlich. Das Gesetz sieht weitere Formen der Übereignung vor, bei der die Übergabe durch einen Übergabeersatz (sog. Übergabesurrogate) ersetzt wird. Die Übergabesurrogate ersetzen nur die Übergabe, nicht die Einigung und Berechtigung nach § 929 Satz 1 BGB.

Die beiden Übergabesurrogate sind

- die Vereinbarung eines Besitzkonstituts nach § 930 BGB,
- die Abtretung des Herausgabeanspruchs nach § 931 BGB.

aa) Besitzkonstitut

Bei der Übereignung unter Vereinbarung eines **Besitzkonstituts** nach §§ 929 Satz 1, 930 BGB wird die Übergabe dadurch ersetzt, dass zwischen dem Erwerber und dem Eigentümer ein Rechtsverhältnis vereinbart wird, vermöge dessen der Erwerber den mittelbaren Besitz erhält, sog. Besitzkonstitut.[790] Dieses vereinbarte Rechtsverhältnis muss gem. § 868 BGB den Inhalt haben, dass der Veräußerer für eine bestimmte Zeit zum Besitz berechtigt ist. Der Erwerber wird somit mittelbarer Besitzer, der Veräußerer bleibt -anders als bei der Grundform der Übereignung nach § 929 Satz 1 BGB- unmittelbarer Besitzer. Der Vorteil für den Veräußerer liegt darin, dass er weiterhin den unmittelbaren Besitz an der Sache behält. Dementsprechend erfolgt die Sicherungsübereignung regelmäßig nach den §§ 929, 930 BGB.[791]

Erwerb nach §§ 929 Satz 1, 930 BGB (Besitzkonstitut):

---

1. Einigung über den Eigentumsübergang (§ 929 BGB)
2. Vereinbarung eines Besitzkonstituts nach §§ 930, 868 BGB
   a) Rechtsverhältnis i.S.v. § 868 BGB
   b) Herausgabeanspruch nach Ablauf des Rechtsverhältnisses
   c) Fremdbesitzerwillen
3. Einigsein zum Zeitpunkt des Eigentumsübergangs
4. Verfügungsberechtigung des Veräußerers (i.d.R. Eigentümer).

---

bb) Abtretung des Herausgabeanspruchs

Bei der Übereignung durch Abtretung des Herausgabeanspruchs nach §§ 929 Satz 1, 931 BGB wird die Übergabe der Sache durch die Abtretung des Herausgabeanspruchs ersetzt. Neben der Einigung über den Eigentumsübergang ist erforderlich, dass der Veräußerer dem Erwerber seinen Herausgabeanspruch an der Sache abtritt. Dieser Herausgabeanspruch muss noch nicht fällig sein und kann auch nur bedingt sein. Die Abtretung dieses Herausgabeanspruchs richtet sich nach der Forderungsabtretung gem. §§ 398 ff. BGB. Für die wirksame Abtretung ist gem. § 398 BGB eine Einigung zwischen dem Veräußerer und dem Erwerber über den Übergang der Forderung notwendig. Insbesondere ist keine Anzeige an den Schuldner des Herausgabeanspruchs erforderlich.[792] Entscheidend ist, dass dem Erwerber ein **schuldrechtlicher Herausgabeanspruch** abgetreten wird. Dieser Herausgabeanspruch kann sich aus einem Besitzkonstitut aufgrund von Leihe, Miete, Sicherungsübereignung o.ä. ergeben. Weiterhin kommt ein Anspruch aus §§ 812 ff. BGB (ungerechtfertigte Bereicherung) oder § 823 BGB (unerlaubte Handlung) in Betracht. Der dingliche Herausgabeanspruch aus § 985 BGB ist nicht abtretbar, da er sich aus dem Eigentum ableitet.

---

[790] Vgl. zur rechtsgeschäftlichen Übertragung von Aktien siehe *Eder* NZG 2004, 107 ff.
[791] Dazu unten ab S. 509 ff.
[792] Vgl. oben ab S. 207 ff.

Erwerb nach §§ 929, 931 BGB (Abtretung des Herausgabeanspruchs):

1. Einigung über den Eigentumsübergang
2. Abtretung eines schuldrechtlichen Herausgabeanspruchs (§§ 398, 931 BGB)
   - Einigung über den Forderungsübergang
3. Einigsein zum Zeitpunkt des Eigentumsübergangs
4. Verfügungsberechtigung des Veräußerers (i.d.R. Eigentümer).

2. Der Erwerb vom Nichtberechtigten

Neben dem Erwerb vom tatsächlichen Eigentümer erlaubt das Gesetz unter den Voraussetzungen der §§ 932 ff. BGB auch einen Eigentumserwerb vom Nichteigentümer.

a) Grundsätze

Grundsätzlich ist die Übereignung durch Nichtberechtigte ausgeschlossen, da §§ 929-931 BGB zur Übereignung die Berechtigung des Veräußerers voraussetzen. Der gutgläubige Eigentumserwerb vom Nichtberechtigten bildet eine Sonderregelung, die zur Sicherheit und Leichtigkeit des Rechtsverkehrs vom Gesetzgeber vorgesehen ist.[793] Der Erwerber kann im täglichen Rechtsverkehr nur erschwert die Eigentumsverhältnisse sicher überprüfen und müsste ohne die Möglichkeit eines gutgläubigen Erwerbs regelmäßig befürchten, dass er für seine eigene Leistung kein Eigentum erhält. Auf der anderen Seite ist das berechtigte Interesse des Eigentümers zu beachten, nicht durch Verfügungen unberechtigter Dritter das Eigentum zu verlieren. Der gutgläubige Erwerb wird deshalb vom Gesetz an bestimmte Voraussetzungen wie insbesondere die Gutgläubigkeit an das Eigentum in Form eines Rechtsscheintatbestandes geknüpft und ist z.B. beim Abhandenkommen eines Gegenstandes gem. § 935 Abs. 1 BGB oder nach der Eröffnung des Insolvenzverfahrens (§§ 80, 81 InsO[794]) ausgeschlossen.

Kommt es zum gutgläubigen Erwerb, erwirbt der Erwerber grundsätzlich ohne jede Beschränkung das Eigentum wie beim Erwerb vom Berechtigten und kann anschließend selbst als Berechtigter (Eigentümer) über die Sache verfügen. Der ursprüngliche Eigentümer verliert durch den gutgläubigen Erwerb sein Eigentum. Aufgrund des Eigentumsverlustes beim ursprünglichen Eigentümer kommen auf dessen Seite lediglich Ersatzansprüche gegen den unberechtigten Veräußerer in Betracht. Gegen den gutgläubigen Erwerber stehen dem ursprünglichen Eigentümer keine Ersatzansprüche hinsichtlich des Eigentumsverlustes zu. Eine deliktische Eigentumsverletzung (§§ 823 ff. BGB) scheidet aus, da der gutgläubige Erwerber nicht widerrechtlich handelt, schließlich sieht das Gesetz diese Erwerbsmöglichkeit vor. Ansprüche aus Bereiche-

[793] Vgl. zum gutgläubigen Erwerb auch *Zeranski* JuS 2002, 340 ff.

[794] Gem. § 81 InsO ist der gutgläubige Erwerb nach der Eröffnung des Insolvenzverfahrens nur bei Grundstücken (Immobilien) möglich.

rungsrecht gem. §§ 812 ff. BGB gegen den Erwerber scheiden aus, da aufgrund der Leistung des Eigentums durch den unberechtigten Veräußerer keine direkten Bereicherungsansprüche zwischen dem Erwerber und dem ursprünglichen Eigentümer möglich sind. Dies ergibt sich aus dem Vorrang der Leistungskondiktion nach § 812 Abs. 1, Satz 1, Alt. 1 BGB gegenüber den übrigen Ansprüchen aus Nichtleistungskondiktion (z.B. § 812 Abs. 1, Satz 1, Alt. 2 BGB). Da nur zwischen dem Erwerber und dem nichtberechtigten Veräußerer eine Leistungsbeziehung vorliegt, könnten nur in dieser Rechtsbeziehung Bereicherungsansprüche gestellt werden. Ein direkter Bereicherungsanspruch des ursprünglichen Eigentümers gegen den gutgläubigen Erwerber scheidet mangels Durchgriffshaftung aus. Ebenfalls gewährt § 816 BGB keine Ansprüche gegen den gutgläubigen Erwerber.[795]

Bereicherungsansprüche bestehen deshalb nur gegen den unberechtigt Verfügenden. Ansprüche können sich aus deliktischer Eigentumsverletzung (§ 823 Abs. 1 und Abs. 2 BGB) und aus einem Bereicherungsanspruch gem. § 816 Abs. 1 BGB ergeben. § 816 Abs. 1 BGB gewährt ausnahmsweise dem Verlierer eines Rechts einen direkten Ersatzanspruch gegen den unberechtigt aber wirksam Verfügenden.[796]

Die Vorschriften über den gutgläubigen Erwerb sind nur zu prüfen, wenn dem Veräußerer nicht gem. § 185 Abs. 1 BGB die vorherige Einwilligung oder gem. § 185 Abs. 2 BGB die nachträgliche Genehmigung des Verfügungsberechtigten erteilt wurde. Ist diese Zustimmung des Verfügungsberechtigten dem Nichtberechtigten erteilt worden, erfolgt die Übereignung nach § 929 i.V.m. § 185 BGB mit "Berechtigung" des Veräußerers.

b) Gutgläubiger Erwerb nach §§ 929,932 BGB

Eigentumserwerb vom Nichtberechtigten, §§ 929 Satz 1, 932 BGB:

---

1. Einigung über den Eigentumsübergang gem. § 929 Satz 1 BGB
2. Übergabe (Realakt i.S.v. § 929 S. 1 BGB)
3. Einigsein im Zeitpunkt der Übergabe
4. Nichtberechtigung des Veräußerers (ohne Ermächtigung i.S.v. § 185 BGB)
5. Gutgläubiger Erwerb nach § 932 BGB
   a) Rechtsgeschäft im Sinne eines Verkehrsgeschäftes
   b) Rechtsschein des Besitzes
   c) Gutgläubigkeit des Erwerbes nach § 932 Abs. 2 BGB
   d) Kein Abhandenkommen der Sache nach § 935 BGB, keine Eröffnung des Insolvenzverfahrens (§§ 80, 81 InsO).

---

795 Siehe oben ab S. 403 ff.
796 Ebenda.

Der gutgläubige Erwerb ersetzt nur die Verfügungsbefugnis des Veräußerers.[797] Alle anderen Voraussetzungen des § 929 BGB müssen vorliegen. Der Erwerber darf nach § 932 BGB nicht bösgläubig[798] hinsichtlich des Eigentums[799] des Veräußerers sein. Es darf zudem kein Ausschlussgrund gem. § 935 BGB oder §§ 80, 81 InsO gegeben sein.

Bösgläubigkeit des Erwerbers i.S.v. § 932 Abs. 2 BGB bedeutet, positive Kenntnis oder grob fahrlässige Unkenntnis von der Eigentümerstellung des Veräußerers.[800]

Grob fahrlässig handelt derjenige, der die im Verkehr erforderliche Sorgfalt in ungewöhnlich hohem Maße verletzt und das unbeachtet lässt, was im gegebenen Fall jedem einleuchten musste. Für die Verfügungsbefugnis des Veräußerers spricht die Eigentümervermutung des § 1006 BGB, die an den Besitz anknüpft. Insoweit besteht auf Seiten des Erwerbers keine allgemeine Nachforschungspflicht. Andererseits lässt sich aus dieser Definition ableiten, dass beispielsweise beim Zweiterwerb von Kaufsachen, die üblicherweise unter Eigentumsvorbehalt verkauft werden, der Erwerber sich eine Quittung bzw. einen Herkunftsnachweis vom Veräußerer als Eigentumsnachweis vorlegen lassen muss.[801]

Bei der Einschaltung eines Vertreters ist nach § 166 Abs. 1 BGB die Bösgläubigkeit des Vertreters maßgebend. Bei Kenntnis bzw. Bösgläubigkeit auf Seiten des Vertretenen kann sich dieser nicht auf die Unkenntnis seines Vertreters berufen (§ 166 Abs. 2 BGB).

Der gutgläubige Erwerb vom Nichtberechtigten ist an abhanden gekommenen Sachen ausgeschlossen. Dies gilt nicht bei Geld, Inhaberpapieren oder Sachen, die im Wege der öffentlichen Versteigerung veräußert werden, § 935 Abs. 2 BGB.

Abhandengekommen ist eine Sache, wenn der Eigentümer oder sein Besitzmittler (§ 868 BGB) den unmittelbaren Besitz ohne seinen Willen verloren hat.[802]

Insbesondere bei Minderjährigen kann das Abhandenkommen Bedeutung erlangen. Die Weggabe durch Geschäftsunfähige vollendet stets das Tatbestandsmerkmal des Abhandenkommens. Beschränkt Geschäftsfähigen ist hingegen die Weggabe von Sachen bei entsprechender Urteilsfähigkeit möglich, weil für den Besitzverlust auf den tatsächlichen und nicht auf einen rechtsgeschäftlichen Willen abzustellen ist. Das Abhandenkommen schließt nicht nur den nächsten Erwerb, sondern jeden nachfolgenden Erwerb in der Veräußerungskette aus. Diebstahl und Verlust sind Unterfälle des Begriffes "Abhandenkommen".

---

797 Ausnahmsweise schützen die Gutglaubensvorschriften auch den guten Glauben an die Verfügungsbefugnis nach § 366 HGB, wenn ein Kaufmann im Betrieb seines Handelsgewerbes eine ihm nicht gehörige bewegliche Sache veräußert. So z.B. wenn der Inhaber eines Fernsehreparaturgeschäftes ein Kundengerät unberechtigt "im Namen" (als Vertreter) des Kunden veräußert.

798 Der Erwerber muss also gutgläubig sein.

799 Unterschied zu § 366 HGB!

800 Vgl. Wortlaut des § 932 Abs. 2 BGB.

801 Gleiches gilt beim KFZ-Kauf. Hier ist erforderlich, dass der Verkäufer den Fahrzeugbrief vorlegt, damit beim Käufer Gutgläubigkeit angenommen werden kann.

802 Vgl. schon RGZ 101, 124.

Hinsichtlich des Verlorengehens gem. § 935 Abs. 1 BGB gilt nicht der Begriff des Verlierens der §§ 965 ff. BGB (Fund), da beim Fund auch die vom Besitzmittler ohne Willen des Eigentümers weggeworfene Sache als verloren gilt. Anders beurteilt sich widerrum die Dereliktion, wo der Eigentümer den Besitz an der Sache aufgibt und auf das Eigentum verzichtet (§ 959 BGB).

Der gutgläubige Erwerb ist weiterhin bei beweglichen Sachen gem. § 81 InsO ausgeschlossen. Das Insolvenzverfahren kann insbesondere bei der Überschuldung des Schuldners über dessen Vermögen eröffnet werden (§§ 16, 17 ff. InsO). § 80 InsO bestimmt, dass der Schuldner mit der Verfahrenseröffnung das Verfügungsrecht über sein Vermögen verliert, welches auf den Insolvenzverwalter übergeht. Gem. § 81 InsO ist nach der Verfahrenseröffnung jede Verfügung des Schuldners über einen Gegenstand der Insolvenzmasse (absolut) unwirksam. § 81 Abs. 1 S. 2 InsO sieht den gutgläubigen Erwerb nur bei Immobilien vor, bei beweglichen Sachen ist der gutgläubige Erwerb dagegen ausgeschlossen.

c) Gutgläubiger Erwerb nach §§ 929, 930, 933 BGB

Nicht nur der Grundfall der Übereignung nach § 929 Satz 1 BGB bietet die Möglichkeit eines gutgläubigen Erwerbes, sondern auch die Erwerbstatbestände der §§ 929, 930 BGB (Besitzkonstitut) und §§ 929, 931 (Abtretung des Herausgabeanspruches). Der gutgläubige Erwerb nach §§ 929, 930, 933 BGB bei einem Besitzkonstitut ersetzt wiederum nur die Verfügungsbefugnis und unterliegt folgenden Voraussetzungen:

Gutgläubiger Erwerb nach §§ 929, 930, 933 BGB bei Besitzkonstitut:

1. Einigung über den Eigentumsübergang
2. Besitzkonstitut nach §§ 930, 868 BGB
3. Nichtberechtigung des Veräußerers (insbesondere kein § 185 BGB)
4. Gutgläubiger Erwerb nach § 933
   a) Gutgläubigkeit des Erwerbers, §§ 933, 932 Abs. 2 BGB
   b) Übergabe durch den Veräußerer, § 933 BGB
   c) kein Abhandenkommen der Sache nach § 935 BGB, keine §§ 80, 81 InsO.

Da der gutgläubige Erwerb nur die Verfügungsberechtigung des Veräußerers ersetzt, müssen alle anderen Erwerbsvoraussetzungen nach den §§ 929 Satz 1, 930 BGB vorliegen, die im Einzelnen oben dargestellt wurden.

Liegt eine Ermächtigung des nichtberechtigten Veräußerers gem. § 185 BGB durch Zustimmung des Berechtigten vor, ist ein Erwerb vom Berechtigten gegeben, so dass kein gutgläubiger Erwerb zu prüfen ist.

Für den gutgläubigen Erwerb beim Besitzkonstitut gem. §§ 929, 930, 933 BGB ist die Verwirklichung des Erwerbstatbestandes der §§ 929, 930 BGB und der gute Glaube alleine nach § 933 BGB nicht ausreichend für einen Erwerb. Der gutgläubige Erwerber wird gem. § 933 BGB erst Eigentümer, wenn ihm der nichtberechtigte Veräußerer die Sache übergibt und er zu diesem Zeitpunkt noch gutgläubig ist. Grundgedanke dieser Regelung ist, dass es vor der Übergabe der Sache an einem geeigneten Rechtsscheintatbestand (üblicherweise der Besitz, siehe § 1006 BGB) fehlt, der den gutgläubigen Erwerb rechtfertigen könnte. Die Verschaffung des bloß mittelbaren Besitzes seitens des Erwerbers durch Besitzkonstitut erscheint nach der Wertung des Gesetzes nicht ausreichend. Der Begriff der Übergabe entspricht der Übergabe bei § 929 BGB und erfordert somit vollständigen Besitzverlust auf der Veräußererseite und zumindest den Erwerb mittelbaren Besitzes auf der Erwerberseite mit Übergabewillen des Veräußerers aufgrund des Verfügungsgeschäftes.

Nicht ausreichend ist deshalb eine einseitige Inbesitznahme durch den Erwerber.

E kauft einen Betonmischer unter Eigentumsvorbehalt bei H. Den Kaufpreis hat E noch nicht vollständig gezahlt. Da er dringend Geld benötigt, nimmt er bei K einen Kredit auf und überträgt ihm zur Sicherung das Eigentum am Betonmischer, wobei vereinbart wird, dass E den Mischer weiterbenutzen darf, solange er seine Raten an K bezahlt. Ist K Eigentümer des Mischers geworden?

Mangels Übergabe kommt nur ein Erwerb des Mischers von K nach §§ 929 Satz 1, 930 BGB in Betracht. E und K haben sich über den Eigentumsübergang geeinigt und ein Besitzkonstitut nach §§ 930, 868 BGB vereinbart. Es fehlt E jedoch an der Verfügungsberechtigung, da er mangels vollständiger Kaufpreiszahlung noch nicht das Eigentum von H erworben hat (§§ 929 Satz 1, 158 Abs. 1 BGB). Somit scheidet ein Erwerb vom Berechtigten aus. Es kommt nur ein Erwerb vom Nichtberechtigten nach §§ 929 Satz 1, 930, 933 BGB in Betracht. Hierfür fehlt es bereits an der Übergabe des Betonmischers, da E als Veräußerer noch unmittelbarer Besitzer ist. Somit scheidet mangels Übergabe ein gutgläubiger Erwerb gem. §§ 929 Satz 1, 930, 933 BGB aus.

d) Gutgläubiger Erwerb nach §§ 929, 931, 934 BGB

Bei der Veräußerung mittels Einigung und Abtretung des Herausgabeanspruchs gem. §§ 929 Satz 1, 931 BGB unterscheidet sich der gutgläubige Erwerb gem. § 934 BGB danach, ob der Veräußerer mittelbarer Besitzer oder besitzlos ist.

Voraussetzungen des gutgläubigen Erwerbs nach §§ 929, 931, 934 BGB:

1. Einigung über den Eigentumsübergang
2. Abtretung (§ 398 BGB) eines schuldrechtlichen Herausgabeanspruchs
3. Veräußerer ist Nichtberechtigter (und nicht nach § 185 BGB vom Berechtigten ermächtigt)
4. Gutgläubiger Erwerb nach § 934 BGB
   a) Gutgläubigkeit des Erwerbers (i.S.d. § 932 Abs. 2 BGB)
   b) bei mittelbarem Besitz des Veräußerers (§ 934 Alt. 1 BGB): keine weiteren Voraussetzungen
   c) ohne mittelbaren Besitz des Veräußerers (§ 934 Alt. 2 BGB): Erwerber muss den Besitz von dem Dritten erlangt haben
   d) kein Abhandenkommen der Sache (§ 935 BGB), kein Insolvenzverfahren (§§ 80, 81 InsO)

Zunächst müssen alle Erwerbsvoraussetzungen nach §§ 929 Satz 1, 931 BGB bis auf die Verfügungsberechtigung des Veräußerers vorliegen. Die Gutgläubigkeit ist wiederum i.S.v. § 932 Abs. 2 BGB zu beurteilen. Bei mittelbarem Besitz ist die Einigung über den Eigentumsübergang und die Abtretung (§ 398 BGB) des Herausgabeanspruchs aus dem Besitzmittlungsverhältnis (schuldrechtlicher Herausgabeanspruch) neben der Gutgläubigkeit des Erwerbers erforderlich. Für den Zeitpunkt der Gutgläubigkeit kommt es auf den Abschluss des Übertragungsgeschäfts, d.h. hier auf den Zeitpunkt der Abtretung an, spätere Bösgläubigkeit schadet nicht, da der Eigentumserwerb bereits abgeschlossen ist.

War der Veräußerer **nicht mittelbarer Besitzer**, erlangt der Erwerber gem. § 934 Alt. 2 BGB nur dann gutgläubig das Eigentum, wenn er den Besitz vom Dritten(=Besitzer) erlangt und zu diesem Zeitpunkt noch gutgläubig ist. Da der Rechtserwerb erst mit der Besitzerlangung vollendet ist, muss der Erwerber bis zu diesem Zeitpunkt gutgläubig sein. Grundgedanke der Regelung ist wiederum, dass es ohne den (mittelbaren) Besitz des Veräußeres an einem Rechtsscheintatbestand für den gutgläubigen Erwerb fehlt, der erst mit der Besitzerlangung des Erwerbers begründet wird. Die Sache darf letztlich auch nicht nach § 935 BGB abhanden gekommen sein.

3. Übereignung unter Eigentumsvorbehalt

a) Inhalt und Regelung

Der Eigentumsvorbehalt ist nach seinen schuldrechtlichen und seinen dinglichen Wirkungen zu unterscheiden.[803]

Schuldrechtlich verpflichtet sich der Verkäufer durch den Kaufvertrag bei der Vereinbarung eines Eigentumvorbehalts zur Übereignung der Sache unter der aufschiebenden Bedingung (§ 158 Abs. 1 BGB) der Kaufpreiszahlung. Zahlt der Käufer nicht, steht ihm ein Rücktrittsrecht vom Kaufvertrag nach § 323 Abs. 1 BGB zu, vgl. auch 449 Abs. 2 BGB.[804]

Die **dingliche** Wirkung ergibt sich durch die Übereignung unter Eigentumsvorbehalt (durch welche der Verkäufer seine Verpflichtung aus dem Kaufvertrag erfüllt). Die Übereignung unter Eigentumsvorbehalt setzt nach §§ 929 Satz 1, 158 Abs. 1 BGB voraus, dass sich Käufer und Verkäufer über den Eigentumsübergang an der (Kauf-) Sache unter der aufschiebenden Bedingung der Kaufpreiszahlung einigen (dingliche Einigung). Zusätzlich bedarf es der Übergabe oder eines Übergabesurrogats nach §§ 929 ff. BGB.

> **V verkauft K unter Eigentumsvorbehalt eine Stereoanlage für 2000,- EUR. Gemäß §§ 433, 449 BGB ist ein Kaufvertrag unter Vereinbarung eines Eigentumvorbehalts geschlossen worden. Hinsichtlich der Übereignung des Eigentums an der Stereoanlage gem. §§ 929 Satz 1, 158 Abs. 1 BGB behält sich V bei der dinglichen Einigung bis zur Zahlung des vollständigen Kaufpreises das Eigentum vor. Durch die Übergabe und die aufschiebend bedingte Einigung wird der K lediglich Besitzer der Anlage nach § 854 BGB und erst bei vollständiger Zahlung Eigentümer nach §§ 929 Satz 1, 158 Abs. 1 BGB.**

Beim Eigentumsvorbehalt erklärt der Veräußerer (Verkäufer) sein Einverständnis zum Eigentumsübergang (Einigung nach § 929 BGB) nur unter der aufschiebenden Bedingung der vollständigen Kaufpreiszahlung durch den Erwerber (Käufer). Diese aufschiebende Bedingung hat nach § 158 Abs. 1 BGB die Wirkung, dass die zum Eigentumsübergang nach § 929 Satz 1 BGB erforderliche Einigung erst mit dem Eintritt der Bedingung "vollständige Kaufpreiszahlung" zustande kommt. Die Willenserklärung des Veräußerers zur Einigung über den Eigentumsübergang wird aufgrund der aufschiebenden Bedingung erst mit dem Eintritt dieser Bedingung nach § 158 Abs. 1 BGB wirksam. Mit dem Eintritt der Bedingung geht das Eigentum gleichzeitig über, ohne dass es weiterer Voraussetzungen bedarf, sofern die Übergabe bereits erfolgte.

---

803 Vgl. zum Eigentumsvorbehalt auch *Habersack/Schürnbrand* JuS 2002, 833.
804 Siehe oben ab S. 461 ff.

Zahlt K vollständig den Kaufpreis von 2.000,- EUR an V, wird er Eigentümer der Stereoanlage.

Die Übereignung unter Eigentumsvorbehalt bewirkt eine Einschränkung des Publizitätsprinzips im Sachenrecht. Außenstehende Dritte können sich nicht mehr allein aufgrund der Übergabe sicher sein, dass der Erwerber tatsächlich Eigentümer der Sache ist. Dieser Umstand wird in Kauf genommen, weil der Eigentumsvorbehalt im heutigen Wirtschaftsleben nicht mehr hinwegzudenken ist und ein berechtigtes Sicherungsinteresse des Veräußerers (Verkäufers) erfüllt.

b) Anwartschaftsrecht

Der Erwerber (Käufer) bestimmt bei der Übereignung unter Eigentumsvorbehalt, ob bzw. wann er das Eigentum an der (Kauf-)Sache erwirbt. Zahlt er vollständig den Kaufpreis, wird er Eigentümer. Deshalb erwirbt der Erwerber(Käufer) ein sog. Anwartschaftsrecht auf das Eigentum bei der Übereignung unter Eigentumsvorbehalt. Er hat bereits bedingt (aufschiebend bedingt!) Eigentum erworben. Diese Rechtsposition kann ihm vom Veräußerer(Verkäufer) nicht mehr (rechtmäßig) entzogen werden, da es nur noch auf den Eintritt der Kaufpreiszahlung ankommt, die vom Erwerber(Käufer) abhängt.

Das Anwartschaftsrecht ist im BGB nicht ausdrücklich geregelt, aber gewohnheitsrechtlich anerkannt. Das Anwartschaftsrecht, welches durch die Übereignung unter Eigentumsvorbehalt entsteht, wird nach h.M. als subjektives Recht wie das Eigentum behandelt. Es ist somit als sog. "**wesensgleiches Minus zum Eigentum**"[805] übertragbar, vererbbar, verpfändbar und unterliegt der Zwangsvollstreckung.[806]

K kauft bei V eine Stereoanlage unter Eigentumsvorbehalt zum Kaufpreis von 2.000.- EUR. V übergibt ihm die Anlage gegen eine Anzahlung in Höhe von 1.000 EUR unter Hinweis auf den Eigentumsvorbehalt. K fragt sich, ob er bereits Eigentum erworben hat und ob er die Anlage bereits in irgendeiner Art und Weise "weiterverkaufen" kann.

K hat gem. § 929 Satz 1 BGB i.V.m. § 158 Abs. 1 BGB noch kein Eigentum an der Anlage erworben, da der Kaufpreis in Höhe von 1.000,- EUR unbezahlt ist. K hat durch die Übereignung unter Eigentumsvorbehalt aber bereits ein Anwartschaftsrecht an der Stereoanlage erworben. Dieses Anwartschaftsrecht erstarkt bei Bedingungseintritt (Kaufpreiszahlung) zum Vollrecht Eigentum. Dieses Anwartschaftsrecht kann K bereits vor Erwerb des (Voll)Eigentums an Dritte verkaufen (Kaufvertrag

---

805 Vgl. BGHZ 28, 16 ff.
806 Vgl. instruktiv BGHZ 132, 218.

nach § 433 BGB über das Anwartschaftsrecht) und als Berechtigter entsprechend § 929 BGB übereignen. K könnte das Anwartschaftsrecht an der Anlage deshalb z.B. an den S für 2.100 EUR verkaufen und übereignen. S tritt dann bezüglich des Anwartschaftsrechtes vollständig in die Rechtsposition des K ein. Für die Übereignung ist neben der Einigung über den Übergang des Anwartschaftsrechts nach § 929 Satz 1 BGB analog grundsätzlich die Übergabe der Sache erforderlich, an der das Anwartschaftsrecht besteht. Zahlt K oder S folgend den Restkaufpreis in Höhe von 1.000,- EUR an V, erwirbt S als Inhaber des Anwartschaftsrechtes unmittelbar das (Voll)Eigentum von V. Bei Bedingungseintritt erstarkt das Anwartschaftsrecht auf diese Weise beim Inhaber (S) zum Vollrecht Eigentum. Durch den Erwerb des (Voll)Eigentums an der Sache geht das Anwartschaftsrecht unter.

Wenn das Anwartschaftsrecht durch Bedingungseintritt zum Vollrecht (Eigentum) erstarkt (z.B. durch Kaufpreiszahlung beim Vorbehaltskauf), geht in diesem Moment, d.h. in dieser sog. juristischen Sekunde, das Eigentum unmittelbar vom Eigentümer auf den Erwerber des Anwartschaftsrechts über. Hat der ursprüngliche Inhaber des Anwartschaftsrechts dieses an einen anderen übertragen, geht das Eigentum in dieser juristischen Sekunde ebenfalls unmittelbar vom Eigentümer auf den (neuen) Inhaber des Anwartschaftsrechts über.

Bei der Übereignung unter Eigentumsvorbehalt entsteht für den Erwerber ein sog. Anwartschaftsrecht an der Sache, welches bei Bedingungseintritt zum Vollrecht erstarkt. Dieses Anwartschaftsrecht wird als subjektives Recht wie das Eigentum behandelt und kann wie Eigentum gem. §§ 929 ff. BGB analog übertragen werden.

c) Besondere Formen des (erweiterten) Eigentumvorbehalts

Die vorangehende Darstellung betrifft den sog. einfachen Eigentumsvorbehalt, der sich lediglich auf die verkaufte Sache erstreckt, welche sich im Besitz des Vorbehaltskäufers befindet und dort auch bleibensoll. Hierin ist das Risiko für den Vorbehaltsverkäufer angelegt, dass der Vorbehaltskäufer die Sache an einen gutgläubigen Dritten übereignet oder das Eigentum des Verkäufers durch Verbindung, Vermischung oder Verarbeitung (vgl. §§ 946 ff. BGB) gefährdet. Um diesen Gefahren vorzubeugen, kann als Oberbegriff ein sog. erweiterter Eigentumsvorbehalt vereinbart werden, der in nachfolgenden Formen auftritt:

aa) Verlängerter Eigentumsvorbehalt

Der sog. **verlängerte Eigentumsvorbehalt** umfasst zum einen die sog. Verarbeitungsklausel. Das Eigentum des Verkäufers kann derart gesichert werden, dass der Verkäufer und der Käufer dinglich vereinbaren, der "Käufer verarbeitet für den Verkäufer".

Damit ist sichergestellt, dass im Falle der Verarbeitung gem. § 950 BGB der gesetzliche Eigentumserwerb zugunsten des Verkäufers an der neu hergestellten Sache eintritt[807].

Der verlängerte Eigentumsvorbehalt tritt desweiteren auch in der Form einer sog. Vorausabtretungsklausel, insbesondere bei gewerblichen Zwischenhändlern auf. Neben dem üblichen Eigentumsvorbehalt ermächtigt der Vorbehaltsverkäufer (z.B. der Hersteller) den Vorbehaltskäufer (z.B. Zwischenhändler) gem. § 185 BGB, dass dieser die Sache (Ware) im Rahmen des üblichen Geschäftsbetriebs an Dritte im eigenen Namen und auf eigene Rechnung weiterveräußern darf, obwohl er mangels Bezahlung noch kein Eigentum erworben hat. Zur Sicherung der Kaufpreisforderung lässt sich der Verkäufer (Hersteller) zugleich im voraus die aus dem Weiterverkauf des Käufers entstehenden Kaufpreisforderungen abtreten und ermächtigt den Käufer (Zwischenhändler) zur Einziehung dieser Forderung. Auf diese Weise kann der Zwischenhändler die Ware (Kaufsache) im eigenen Namen und auf eigene Rechnung an seine Kunden verkaufen, auch wenn er mangels Bezahlung von dem Verkäufer noch kein Eigentum erworben hat. Der Zwischenhändler kann die Ware somit gem. §§ 929, 185 BGB als Berechtigter übereignen und die Forderung ebenfalls als Berechtigter vom Kunden einziehen. Der Verkäufer (Hersteller) verliert durch diesen Verkauf zwar das Eigentum an der Ware, erhält hierfür aber zur Sicherung seiner eigenen Kaufpreisforderung durch die Abtretung die Kaufpreisforderung gegen den Endkunden.

Der Mountain-Bike-Hersteller B liefert dem Händler H insgesamt 10 Fahrräder zum Einkaufspreis von je 500,- EUR unter dem oben beschriebenen verlängerten Eigentumsvorbehalt mit der Vorausabtretungsklausel. H bezahlt diese Fahrräder zunächst nicht, da er eine Zahlungsfrist von 30 Tagen vereinbart hat. Dennoch "verkauft" und "übereignet" er (im eigenen Namen) einem Kunden eines dieser Fahrräder für 700,- EUR, welches der Kunde sofort bezahlt.

Da H die Fahrräder noch nicht bezahlt hat, ist er aufgrund des Eigentumsvorbehalts von B noch nicht Eigentümer geworden. Am Fahrrad erwirbt der Kunde gem. §§ 929 Abs. 1 Satz 1, 185 BGB dennoch Eigentum von H, da dieser von B zur Übereignung ermächtigt war. B verliert somit das Eigentum am Fahrrad. Hierfür fällt die Kaufpreisforderung von H gegen den Kunden in Höhe von 700,- EUR aufgrund der Sicherungsabtretung gem. § 398 BGB an B. Gleichwohl kann H aufgrund der Ermächtigung durch B diese fremde Forderung einziehen und muss dem Kunden somit weder den Eigentumsvorbehalt des B noch die weitere Forderungsabtretung offenlegen. Aufgrund der Forderungsabtretung steht B der komplett eingezogene Kaufpreis in Höhe von 700,- EUR zu. Diesen Kaufpreis muss H

---

807 Siehe im Buch ab S. 514 ff.

allerdings nur an B abführen, soweit dies zur Sicherung von B nötig ist (konkludente Freigabeklausel). Hat H die Fahrräder in Höhe von insgesamt 5.000,- EUR bezahlt, darf er aufgrund der Sicherungsabrede den restlichen Kaufpreis, hier z.B. 2.000,- EUR (10 x 200 EUR pro Fahrrad) behalten.

Üblicherweise wird der verlängerte Eigentumsvorbehalt um einen weiteren nachgeschalteten Eigentumsvorbehalt derart ergänzt, dass der Zwischenhändler die Ware nur gegen einen (weiteren) Eigentumsvorbehalt an den Kunden verkaufen und übereignen kann (vgl. hierzu gleich unten).

Das Eigentum am Fahrrad verliert B in diesem Fall erst, wenn der Kunde das gekaufte Fahrrad in Höhe von 700,- EUR an H zahlt oder H die 5000,- EUR Kaufpreis für die 10 Fahrräder an B zahlt.

bb) Nachgeschalteter Eigentumsvorbehalt

Beim sog. **nachgeschalteten Eigentumsvorbehalt** wird eine Sache vom Verkäufer (Hersteller) an den Käufer (Zwischenhändler) unter Eigentumsvorbehalt wiederum mit der Maßgabe verkauft und übereignet, dass der Händler zu dem Weiterverkauf der Ware im eigenen Namen und auf eigene Rechnung (nur) unter der Bedingung ermächtigt ist, dass er hierbei einen Eigentumsvorbehalt vereinbart. Der bereits zwischen Hersteller und Zwischenhändler bestehende Eigentumsvorbehalt wird somit im Verhältnis zum Endkäufer um einen weiteren Eigentumsvorbehalt ergänzt und führt dadurch zur Verdoppelung der Anwartschaftsrechte. Der Zwischenhändler kann die Sache gem. §§ 929 Satz 1, 185 BGB im eigenen Namen als Berechtigter nur übereignen (und verkaufen), wenn er diesen weiteren Eigentumsvorbehalt mit dem Kunden vereinbart. Auf diese Weise wird sichergestellt, dass der Hersteller das Eigentum an der Ware erst verliert, wenn eine der beiden Kaufpreisforderungen vollständig bezahlt wird.[808] Dieser nachgeschaltete Eigentumserwerb kann mit dem verlängerten Eigentumsvorbehalt kombiniert werden, indem sich der Hersteller zusätzlich die Kaufpreisforderung gegen den Kunden zur Sicherheit abtreten lässt.

Der Hersteller "Bike" (B) verkauft und übereignet ein Fahrrad an den Zwischenhändler H gem. beschriebenem nachgeschalteten Eigentumsvorbehalt zum Preis von 500,- EUR. Ohne die Kaufpreiszahlung erwirbt H kein Eigentum am Fahrrad, sondern nur ein Anwartschaftsrecht. Gleichwohl kann H aufgrund der Ermächtigung durch B das Fahrrad als Berechtigter an einen Kunden zum Preis von z.B. 700,-EUR verkaufen und übereignen, wenn er hierbei einen Eigentumsvorbehalt vereinbart. Sobald der Kunde den Kaufpreis in Höhe von 700,- EUR an H zahlt, erhält er von H unmittelbar das Eigentum am Fahrrad. B

[808] Vgl. BGHZ 56, 36.

verliert in diesem Fall das Eigentum am Fahrrad, ohne dass H jemals daran Eigentum erlangt hat. B könnte das Eigentum aber auch an H verlieren, wenn dieser -vor der Zahlung des Kunden an H- den Kaufpreis von 500,- EUR an B zahlen würde. Der Kunde würde dann das Eigentum von H wiederum erst erwerben, wenn er an ihn die 700,- EUR Kaufpreis zahlt.

Der nachgeschaltete Eigentumsvorbehalt wird üblicherweise um den oben beschriebenen verlängerten Eigentumsvorbehalt ergänzt. Der Hersteller "Bike" wird auf diese Weise zusätzlich durch die Kaufpreisforderung gegen den Kunden gesichert und verliert erst durch die Zahlung einer der beiden Kaufpreisforderungen sein Eigentum am gelieferten Fahrrad.

cc) Weitergeleiteter Eigentumsvorbehalt

Der sog. **weitergeleitete Eigentumsvorbehalt** berechtigt den Vorbehaltskäufer (Zwischenhändler) nur dazu, die unter Eigentumsvorbehalt vom Vorbehaltsverkäufer erworbene Sache unter Offenlegung des bereits bestehenden Eigentumsvorbehalts weiterzuveräußern. Der Vorbehaltskäufer kann das Eigentum an der Sache deshalb nicht gem. § 929 BGB im eigenen Namen als Berechtigter übertragen. Der Vorbehaltskäufer erwirbt aber aufgrund des Vorbehaltskaufes ein Anwartschaftsrecht an der Sache, welches im Falle der Kaufpreiszahlung (Bedingungseintritt) zum Vollrecht "Eigentum" erstarkt. Dieses Anwartschaftsrecht kann der Vorbehaltskäufer als Berechtigter an einen Dritten (Kunden) verkaufen und gem. § 929 BGB übertragen. Der Dritte erwirbt hierdurch das Anwartschaftsrecht an der Sache -nicht aber das (Voll)Eigentum- und tritt vollständig in die dingliche Rechtsposition des Vorbehaltskäufers (Zwischenhändlers) ein. Das Volleigentum erwirbt der Kunde vom Vorbehaltsverkäufer (!) erst zu dem Zeitpunkt, in dem er oder der Vorbehaltskäufer (Zwischenhändler) den Kaufpreis vollständig an den Vorbehaltsverkäufer zahlt.

Bei diesem Vorgehen hängt die Sicherung des Vorbehaltsverkäufers letztendlich vom vertragskonformen Verhalten des ersten Vorbehaltskäufers ab. Denn soweit dieser vertragswidrig nicht den Eigentumsvorbehalt offenlegt, besteht für gutgläubige Dritte die Möglichkeit eines (vollen) Eigentumserwerbs gem. §§ 929, 932 BGB. Der Vorbehaltskäufer macht sich zwar gegenüber dem Vorbehaltsverkäufer schadensersatzpflichtig, wenn das Eigentum wirksam auf gutgläubige Dritte übertragen wird. Dennoch kann zur Sicherung des Vorbehaltsverkäufers eine Vorausabtretungsklausel geboten sein.[809]

B verkauft und übereignet ein Fahrrad unter sog. weitergeleitetem Eigentumsvorbehalt an H. Solange H das Fahrrad nicht bezahlt, erwirbt er an diesem kein Eigentum, sondern nur ein Anwartschaftsrecht. Nur dieses Anwartschaftsrecht kann H gem. § 929 Abs. 1 Satz 1 BGB als Berechtigter an einen Kunden

809 Vgl. Palandt/*Weidenkaff*, § 449 Rn 18.

(weiter)verkaufen und übereignen. Hierzu muss H den Eigentumsvorbehalt von B offenlegen. Zahlt H oder der Kunde den Kaufpreis für das Fahrrad an B, erwirbt der Kunde als Inhaber des Anwartschaftsrechts unmittelbar das Eigentum am Fahrrad von B.

dd) Kontokorrentvorbehalt

Beim sog. **Kontokorrentvorbehalt** wird der Inhalt des Eigentumsvorbehalts dahingehend erweitert, dass das Anwartschaftsrecht erst zugunsten des Käufers zum Vollrecht erstarkt, wenn alle oder bestimmte Forderungen aus der Geschäftsbeziehung beglichen sind.[810]

4. Die Sicherungsübereignung

a) Inhalt, Sinn und Zweck

Die Sicherungsübereignung bezweckt die Sicherung einer Forderung, z.B. auf Rückzahlung eines Kredits. Im Wirtschaftsverkehr stellt sich die Frage, wie die Forderungssicherung erfolgen kann, ohne die Vertragsparteien in ihrem Umgang mit Wirtschaftsgütern zu beeinträchtigen. Im Falle der Verpfändung nach §§ 1205 ff. BGB kann der Verpfänder die verpfändete Sache nicht weiter nutzen, da er sie als Pfand übergeben muss.[811]

Bauer B verpfändet zur Sicherung eines Kredites seine Landwirtschaftsfahrzeuge an die örtliche Sparkasse und stellt im Rahmen der Verpfändung die Fahrzeuge bei der Sparkasse ab. Nunmehr fehlen ihm die erforderlichen Arbeitsmittel.

Bei der gewohnheitsrechtlich anerkannten Sicherungsübereignung überträgt der Sicherungsgeber das Eigentum auf den Sicherungsnehmer, bleibt jedoch in Besitz der Sache. Mit Hilfe der Einigung und Vereinbarung eines Besitzkonstituts gem. §§ 929, 930 BGB besteht die Möglichkeit eines Übergabeersatzes; der Sicherungsgeber kann Besitzer der Sache bleiben und sie somit wirtschaftlich nutzen.[812]

---

810 Siehe auch *Habersack/Schürnbrand* JuS 2002, 833.

811 Siehe auch das Fallbeispiel *Wolf/Lange* JuS 2003, 1180 ff.

812 Vergleiche dazu auch ab S. 494 ff.

b) Voraussetzungen

aa) Einigung gem. § 929 Satz 1 BGB

Die Vertragsparteien müssen sich dinglich gem. § 929 Satz 1 BGB hinsichtlich des Eigentumsübergangs am Sicherungsgegenstand einigen. Diese Einigung muss dem Bestimmtheitsgrundsatz[813] genügen, das heißt die Vereinbarung bedarf aufgrund der absoluten Geltung gegenüber jedermann der inhaltlichen Bestimmung, um Unklarheiten hinsichtlich des Geltungsbereichs des dinglichen Rechts zu vermeiden. Bei einem sog. Raumsicherungsvertrag ist diese Bestimmtheit erfüllt, wenn z.B. eine Lagerhalle inkl. der eingelagerten Sachen zur Sicherung übereignet wird.

bb) Übergabe bzw. Übergabesurrogat

Die Übergabe wird regelmäßig durch Vereinbarung eines Besitzkonstituts i.S.d. § 930 BGB ersetzt, sog. Übergabeersatz. Das Besitzkonstitut besteht in der Vereinbarung eines konkreten Besitzmittlungsverhältnisses i.S.d. § 868 BGB.[814] Hierdurch wird geregelt, dass der Sicherungsgeber in unmittelbarem Besitz des Sicherungsgutes bleibt und es nutzen darf. Der Sicherungsnehmer wird zum mittelbaren Besitzer, da ihm der Sicherungsgeber den mittelbaren Besitz am Sicherungsgegenstand mittelt.[815]

II. Gesetzlicher Eigentumserwerb

Neben dem rechtsgeschäftlichen Eigentumserwerb besteht im Sachenrecht die Möglichkeit des gesetzlichen Eigentumserwerbs. Beim gesetzlichen Eigentumserwerb tritt dieser nicht kraft Rechtsgeschäft der Parteien ein, sondern aufgrund der Erfüllung bestimmter im Gesetz geregelter tatsächlicher Umstände. Hierbei ist folglich nicht entscheidend, ob der Erwerber tatsächlich Eigentum erwerben will oder geschäftsfähig ist. Beim **gesetzlichen Eigentumserwerb** leitet sich der Rechtserwerb nicht wie beim rechtsgeschäftlichen Erwerb vom Willen des Rechtsvorgängers (sog. derivativer Erwerb) ab, sondern beruht unmittelbar auf Gesetz (sog. originärer Erwerb).

---

813 Vgl. dazu *Meyer/von Varel* JuS 2004, 192 ff.

814 Vgl. dazu im Kontext zur Übertragung von Aktien *Eder* NZG 2004, 107 ff.

815 Vgl. § 868 BGB sowie oben ab S. 478 ff.

Der Erwerb durch Gesetz ist z.B. möglich durch:

a) Ersitzung §§ 937-945 BGB

b) Verbindung/Vermischung/Verarbeitung §§ 946-952 BGB

c) Erwerb von Erzeugnissen/Bestandteilen einer Sache §§ 953-957 BGB

d) Aneignung §§ 958-964 BGB

e) Fund §§ 965-984 BGB

Die genannten Vorschriften gelten nur für den Erwerb beweglicher Gegenstände. Im BGB und in Sondergesetzen bestehen weitere gesetzliche Erwerbstatbestände, u.a. die Fälle der dinglichen Surrogation (Ersetzung) im Familienrecht (z.B. §§ 1370, 1646 BGB) und im Erbrecht die Universalsukzession nach § 1922 BGB (Anfall der Erbschaft). Durch die Universalsukzession geht auch das Eigentum an Immobilien über. Für Immobilien gelten ansonsten spezielle Regelungen. Siehe im Folgenden zu den wichtigsten gesetzlichen Erwerbstatbeständen für bewegliche Sachen.

1. Ersitzung

Gemäß §§ 937 ff. BGB kann das Eigentum an beweglichen Sachen durch Ersitzung originär erworben werden.

Voraussetzungen der Ersitzung nach §§ 937 ff. BGB:

- Eigenbesitz an einer beweglichen Sache (§§ 937 Abs. 1, 872 BGB),
- für die Dauer von 10 Jahren (§§ 937 Abs. 2, 938-944 BGB),
- Gutgläubigkeit des Eigenbesitzers (§§ 937 Abs. 2, 932 Abs. 2 BGB).

Die Ersitzung setzt 10 Jahre unmittelbaren oder mittelbaren Eigenbesitz an der Sache voraus (§ 937 Abs. 1 i.V.m. § 872 BGB). Für den Eigenbesitz ist nach § 872 BGB erforderlich, dass der Besitzer die Sache als ihm gehörend besitzt. Die §§ 938-944 BGB regeln die Vermutung, Hemmung und Unterbrechung des Eigenbesitzes. Der Eigentumserwerb durch Ersitzung ist ausgeschlossen, wenn der Ersitzende bösgläubig ist, wenn er also weiß, dass ihm das Eigentum nicht zusteht. Gem. §§ 937 Abs. 2, 932 Abs. 2 BGB schadet bei Besitzerwerb grobfahrlässige Unkenntnis oder positive Kenntnis, später hingegen nur positive Kenntnis. Als Rechtsfolge der Ersitzung tritt mit dem

Eigentumserwerb des bisherigen Eigenbesitzers der Eigentumsverlust des bisherigen Eigentümers ein. Gemäß § 945 BGB erlöschen hierbei auch die Rechte Dritter (z.B. ein Pfandrecht), wenn der Eigenbesitzer bezüglich dieser Rechte gutgläubig ist.[816]

S verfügt in seinem alten Speicher über zahllose alte Gegenstände, worunter sich auch seit fünfzehn Jahren der Kerzenleuchter eines ehemaligen Untermieters befindet. Von der genauen Herkunft des Leuchters hat S keine Kenntnis und erzählt seinem Neffen stolz, er sei Eigentümer dieses alten Leuchters. Ist S Eigentümer?

S hat den Leuchter durch Ersitzung gem. § 937 Abs. 1 BGB erworben, da er die Sache länger als 10 Jahre in Eigenbesitz hatte. Er besaß die Sache als ihm gehörend. Nach dem Sachverhalt bestehen keine Anzeichen für Bösgläubigkeit zum Zeitpunkt des Besitzerwerbes bei S und auch im späteren Verlauf erlangt S keine Kenntnis von den Herkunftsumständen des Leuchters.

2. Verbindung und Vermischung

Nach den §§ 946, 93-95 BGB erwirbt der Eigentümer eines Grundstücks kraft Gesetzes Eigentum an beweglichen Sachen, die wesentliche Bestandteile des Grundstücks sind.

Voraussetzungen des Eigentumserwerbs durch Verbindung nach § 946 BGB:

1. Verbindung einer beweglichen Sache mit einem Grundstück,
2. die bewegliche Sache ist wesentlicher Bestandteil, §§ 93- 95 BGB.

Voraussetzung ist die Verbindung einer beweglichen Sache mit einem Grundstück. Nicht erheblich ist die Frage, durch wen und aus welchem Grund die Sache mit dem Grundstück verbunden wurde. Die bewegliche Sache muss nur **wesentlicher Bestandteil des Grundstücks** geworden sein.[817]

Wesentlicher Bestandteil einer Sache wird ein Gegenstand nach § 93 BGB, wenn er von dem anderen Gegenstand nicht getrennt werden kann, ohne dass bei einer Trennung eine der Sachen zerstört bzw. in seinem Wesen verändert wird.

816 Vgl. *Bamberger/Roth/Kindl* § 945 Rn 1 ff.
817 Vgl. BGHZ 61, 82.

Wesentliche Bestandteile eines Grundstücks sind nach § 94 BGB nur solche, die mit dem Grund und Boden fest verbunden oder zur Herstellung eingefügt wurden. Zu Scheinbestandteilen siehe § 95 BGB.[818]

N schließt mit dem Großgrundbesitzer G einen Pachtvertrag über ein Seegrundstück für 20 Jahre, um sich nach der Arbeit und während der Pensionszeit erholen zu können. Auf dem Grundstück verwirklicht N sich seinen Traum und baut eigenhändig einen gemauerten Turm mit Weinkeller und Sternwarte. Nach Abschluss der Bauarbeiten fragt sich N, wer Eigentümer des Turms ist.

Durch die Verbindung (Einbau) des Turms mit dem Grundstück ist G Eigentümer des Turms nach § 946 BGB geworden. Der gemauerte Turm ist aufgrund seiner festen Verbindung mit dem Grundstück wesentlicher Bestandteil des Grundstücks nach §§ 93, 94 BGB, da beide nicht mehr ohne Zerstörung oder Wesensänderung voneinander getrennt werden können.

Die Rechtsfolge des § 946 BGB ist zwingend und kann nicht durch Parteivereinbarung abgeändert werden. Mit dem Eigentumserwerb des Grundstückeigentümers an der Sache gem. § 946 BGB verliert der ursprüngliche Eigentümer sein Eigentum. Gleichermaßen erlöschen die Rechte Dritter (z.B. Pfandrechte) an dieser Sache. Über den Eigentumserwerb des Grundstückeigentümers hinaus stellt sich die Frage des Ausgleichs für den Eigentumsverlust des ursprünglichen Eigentümers gegenüber dem Erwerber.

N ist entsetzt, dass er nicht Eigentümer des Turms ist. Er möchte wissen, welche Ausgleichsansprüche er gegen G hat, dem er den Turm ansonsten letztendlich "geschenkt" habe.

§ 951 BGB verweist für den Ausgleich des Rechtsverlustes auf die Ansprüche aus ungerechtfertigter Bereicherung als sog. **Rechtsgrundverweisung**[819](h.M.). Derjenige, der den Rechtsverlust erleidet, kann vom Grundstückeigentümer für diesen Wertverlust Ersatz in Geld nach den Vorschriften der §§ 812 ff. BGB verlangen. Fehlt es (letztendlich) an einem Rechtsgrund für den Eigentumserwerb des Grundstückeigentümers, hat dieser den Wert seiner Bereicherung nach § 951 i.V.m. §§ 812 ff. BGB an den ursprünglichen Eigentümer der verbundenen Sache herauszugeben.[820]

Folglich muss G an N aus §§ 951, 812 ff. BGB Wertersatz für den mit dem Grundstück verbundenen Turm leisten, da es an einem Rechtsgrund für den Eigentumsverlust nach § 946 BGB

---

818 Vgl. auch BGHZ 92, 74.
819 Siehe dazu BGHZ 55, 176; Müko/*Füller*, § 951 Rn 3.
820 Vgl. Müko/*Füller* § 951 Rn 3, 5.

fehlt. Der gesetzliche Eigentumserwerb nach § 946 BGB bewirkt nur den Eigentumsübergang, bildet aber keinen Rechtsgrund für diesen. Hat der Turm für G jedoch keinen Wert, weil er den Turm wieder abreißen will, kommt ein Anspruchsausschluss nach den Grundsätzen der sog. aufgedrängten Bereicherung in Betracht, vgl. dazu § 818 Abs. 3 BGB.

3. Verbindung mehrerer beweglicher Sachen

§ 947 bildet das Gegenstück zu § 946 BGB bei der Verbindung mehrerer beweglicher Sachen. Ein Eigentumserwerb nach § 947 BGB setzt die Verbindung von mindestens zwei beweglichen Sachen dergestalt miteinander voraus, dass sie wesentliche Bestandteile einer einheitlichen Sache werden. Die Eigenschaft als wesentlicher Bestandteil einer Sache richtet sich nach § 93 BGB. Danach ist entscheidend, dass die eine Sache nicht von der anderen getrennt werden kann, ohne dass eine Sache zerstört oder in ihrer Eigenschaft wesentlich verändert wird. Als Rechtsfolge erwerben nach § 947 BGB grundsätzlich die bisherigen Eigentümer der selbständigen Sachen Miteigentum an der neuen, einheitlichen Sache im Verhältnis des Wertes, den die Sachen zum Zeitpunkt der Verbindung hatten (vgl. §§ 741-758, 1008 ff. BGB). Nur wenn die eine Sache als Hauptsache anzusehen ist, erwirbt der frühere Eigentümer dieser Sache das Alleineigentum an der neuen Sache nach § 947 Abs. 2 BGB.

4. Verarbeitung

Aufgrund der Be- und Verarbeitung einer beweglichen Sache begründet der Hersteller Eigentum an der neu geschaffenen Sache gem. § 950 BGB. Mit dieser Regelung soll der wirtschaftliche Interessenkonflikt zwischen den Interessen eines Herstellers und seines Lieferanten von Rohstoffen geklärt werden.

Verarbeitet z.B. ein Hersteller Leder, welches nicht sein Eigentum ist, zu Mänteln oder Möbelstücken, wird er Eigentümer der hergestellten Mäntel oder Möbel.

Voraussetzungen des Eigentumserwerbs durch Verarbeitung gem. § 950 BGB:

---

1. Verarbeitung oder Umbildung eines Stoffes als zielgerichtete Tätigkeit,
2. Entstehung einer neuen beweglichen Sache nach wirtschaftlicher Betrachtung bzw. Verkehrsanschauung,
3. Verarbeitungswert ist nicht erheblich geringer als der Wert der Ausgangsstoffe.

Die Verarbeitung ist jede durch Arbeitsleistung bedingte Umbildung eines Stoffes. Hierin liegt ein Realakt, weshalb ein rechtsgeschäftlicher Wille nicht erforderlich ist. Durch die Verarbeitung muss nach der Verkehrsanschauung eine neue bewegliche Sache entstehen, wobei primär auf wirtschaftliche Gesichtspunkte abzustellen ist.[821]

Die Entstehung einer neuen Sache ist in der Regel anzunehmen, wenn das Arbeitsprodukt auf einer höheren Produktionsstufe liegt, eine neue Bezeichnung erhält oder seine Form wesentlich ändert. Der Wert der Verarbeitung bzw. Umbildung darf hierbei nicht erheblich geringer sein als der Wert des Ausgangsstoffes.

Als Rechtsfolge erwirbt der Hersteller der neuen Sache das Eigentum an dieser Sache.

Hersteller ist derjenige, der die Sache selbst herstellt oder herstellen lässt.[822]

Der ursprüngliche Eigentümer des Ausgangsstoffes verliert sein Eigentum. Auf Bösgläubigkeit oder ein Abhandenkommen des Ausgangsstoffes kommt es dabei nicht an.

Als **Entschädigung** für den Rechtsverlust sieht § 951 BGB eine Rechtsgrundverweisung auf das Bereicherungsrecht der §§ 812 ff. BGB vor, wodurch der Geschädigte vom neuen Eigentümer u.U. eine Vergütung in Geld fordern kann.

Im Beispiel oben kommt ein Anspruch des ehemaligen Eigentümers des Leders gegen den Hersteller und neuen Eigentümer der Mäntel und Möbel auf Wertersatz in Betracht, sofern kein Rechtsgrund (z.B. Kaufvertrag) vorliegt.

5. Vermengung, Vermischung

Zum gesetzlichen Eigentumserwerb durch **Vermischung** oder **Vermengung** siehe § 948 BGB. Hiernach finden auf die Vermischung die Regeln über die Verbindung nach § 947 BGB entsprechende Anwendung, wenn zwar durch die Vermischung oder Vermengung keine wesentlichen Bestandteile vorliegen, die Sachen aber untrennbar vermischt sind.

Z.B. bei der Vermengung von 1000 Litern Rotwein des Bauern R mit 1000 Litern Weißwein des Bauern W. Beide werden nach §§ 948, 947 BGB Miteigentümer an den 2000 Litern "Punsch".

[821] Vgl. OLG Köln NJW 1997, 2187.
[822] Vgl. insoweit Palandt/*Bassenge* § 950 Rn 6.

Abbildung 54: Der Eigentumserwerb an beweglichen Sachen

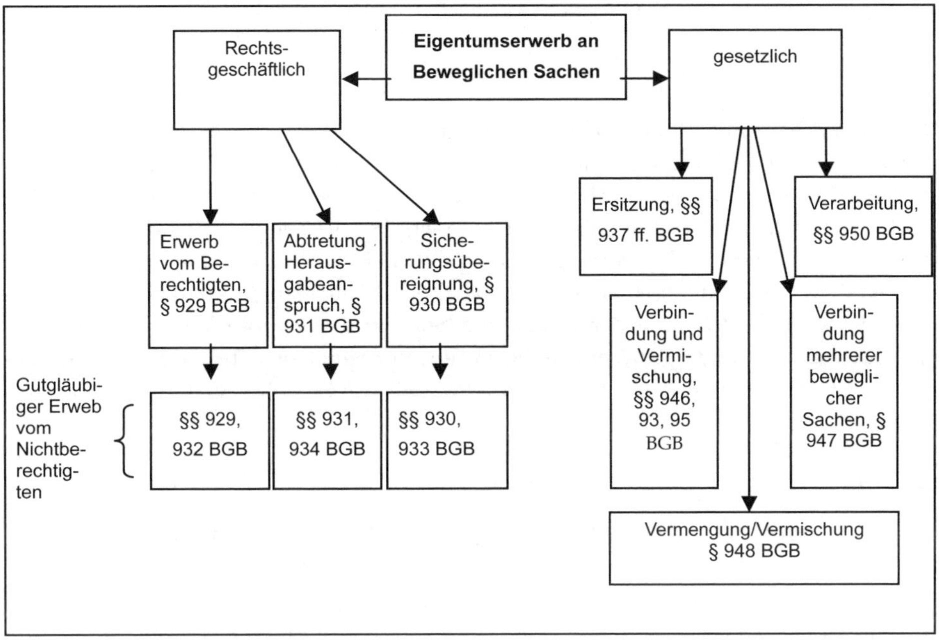

E. Eigentumserwerb an Immobilien

Der Erwerb von Immobilien richtet sich nach den Regeln der §§ 873 ff. BGB. Der Immobilienerwerb folgt damit nicht den Vorschriften der §§ 929 ff. BGB über den Erwerb beweglicher Sachen. Der Teil des Sachenrechts, der den Erwerb von Rechten an Immobilien regelt, wird als **Immobiliarsachenrecht** bezeichnet. Hierzu zählen alle Normen, die das dingliche Eigentum und die dinglichen Rechte an Grundstücken regeln. Neben dem Eigentum an einem Grundstück können auch andere dingliche Rechte an Grundstücken bestehen, wie z.B. der Nießbrauch, die Hypothek oder die Grundschuld. Die Übertragung dieser dinglichen Rechte richtet sich ebenfalls nach den Regeln der §§ 873 ff. BGB. Zunächst zur Übertragung von Eigentum an Grundstücken:

I. Der Eigentumserwerb vom Berechtigten

Der Erwerb von Eigentum an Immobilien richtet sich nach den allgemeinen Vorschriften der §§ 873 ff. BGB über den Erwerb von dinglichen Rechten an Grundstücken und den speziellen Vorschriften der §§ 925 ff. BGB über den Erwerb von Eigentum an Grundstücken. Gemäß § 873 Abs. 1 BGB ist zur Übertragung des Eigentums an einem Grundstück erforderlich: Die Einigung zwischen dem Berechtigten und dem Erwerber über den Eigentumsübergang sowie die Eintragung dieser Rechtsänderung in das Grundbuch. Die Einigung über den Eigentumsübergang unterliegt beim Erwerb oder Verlust des Eigentums an Grundstücken hierbei den speziellen Regelungen der §§ 925 ff. BGB. Diese spezielle Form der Einigung wird **Auflassung** genannt. Die Auflassung entfaltet spezielle Rechtswirkungen und unterliegt besonderen Formerfordernissen.

Als Voraussetzungen für den Eigentumserwerb an Grundstücken ergeben sich somit:

---

1. Einigung zwischen Veräußerer und Erwerber in Form der Auflassung §§ 873, 925 BGB.
2. Eintragung des Erwerbers in das Grundbuch § 873 BGB.
3. Verfügungsberechtigung des Veräußerers § 873 BGB.

---

1. Einigung in Form der Auflassung

a) Der dingliche Vertrag als Rechtsgeschäft

Die Auflassung ist als Einigung über den Eigentumsübergang ein dinglicher Vertrag. Damit ist diese Einigung ein Rechtsgeschäft, weshalb grundsätzlich die allgemeinen Vorschriften über Rechtsgeschäfte und Willenserklärungen anwendbar sind.[823] Hierzu zählen insbesondere die Vorschriften über das Zustandekommen von Verträgen, die Geschäftsfähigkeit und die Anfechtbarkeit von Rechtsgeschäften (§§ 145 ff., 104 ff., 119 ff. BGB). Bei der Auflassung findet § 311b BGB keine Anwendung, der die notarielle Beurkundung von Kaufverträgen über Grundstücke vorschreibt. Die Auflassung als dinglicher Vertrag ist Teil des Verfügungsgeschäftes und somit vom schuldrechtlichen Verpflichtungsgeschäft zu trennen (sog. Trennungsprinzip).

Beachte: Die Auflassung ist als Teil des Verfügungsgeschäfts unabhängig (abstrakt) vom Bestand des zugrunde liegenden Verpflichtungsgeschäfts (z.B. einem Kaufvertrag). Folglich kann die Auflassung auch dann wirksam erklärt werden, wenn z.B. der zugrundeliegende Kaufvertrag aufgrund eines Verstoßes gegen die Formvorschrift des § 311b BGB nach § 125 BGB nichtig ist. Die nach § 925 BGB erklärte Auflassung ist in diesem Fall wirksam, allerdings soll der nach § 925 BGB zuständige Notar die Auflassung nach § 925a BGB nicht ohne Vorlage der nach § 311b BGB erforderlichen Urkunde (z.B. notariell beurkundeter Kaufvertrag) vornehmen.

b) Form

Die Einigung zur Übertragung eines Rechts an einem Grundstück ist nach § 873 BGB grundsätzlich formfrei. Bei der Auflassung als Einigung über den Übergang des Eigentums schreibt § 925 BGB die Einhaltung einer speziellen Form vor.

Nach § 925 BGB ist die Erklärung der Auflassung

1. bei gleichzeitiger Anwesenheit von Veräußerer und Erwerber
2. vor einem Notar (zuständige Stelle) zu erklären.

Als Besonderheit ergibt sich bei der Auflassung zunächst in Abänderung der allgemeinen Vorschriften, dass beide Teile gleichzeitig vor der zuständigen Stelle anwesend sein müssen. Stellvertretung ist hierbei unter den Voraussetzungen der §§ 164 ff. BGB möglich. Zur Entgegennahme der Auflassungserklärung ist nach § 925 Abs. 1, S. 2 BGB jeder Notar zuständig. Nach § 925 Abs. 1, S. 3 BGB kann die Auflassung auch in einem

823 Vgl. Palandt/*Bassenge,* § 925 Rn1.

gerichtlichen Vergleich wirksam erklärt werden. Nach § 925 BGB ist nur die Einigung (Auflassung) vor einem Notar, nicht aber die notarielle Beurkundung erforderlich. Hingegen schreibt § 29 GBO (Grundbuchordnung) vor, dass der Eigentumsübergang nur in das Grundbuch eingetragen werden soll, wenn alle zur Eintragung erforderlichen Unterlagen in Form von öffentlichen Urkunden (notariell beglaubigt) vorgelegt werden. Zur Eintragung in das Grundbuch muss nach §§ 29, 19, 20 GBO auch die Auflassung vorgelegt werden, so dass deren notarielle Beurkundung dem Grundbuchamt zur Eintragung vorzulegen ist. Somit gilt: Die Auflassung ist zwar nach § 925 BGB auch ohne notarielle Beurkundung nur in Form der Erklärung vor einem Notar wirksam. Aufgrund von §§ 29, 19, 20 GBO wird das Grundbuchamt den Antrag auf Eintragung aber ohne eine notariell beurkundete Auflassung zurückweisen, womit es praktisch mangels Eintragung nicht zu einem wirksamen Eigentumserwerb kommt. Üblicherweise wird deshalb auch die Auflassung notariell beurkundet. In der Praxis erfolgt zudem die Auflassung zusammen mit der notariellen Beurkundung des Kaufvertrages nach § 311b BGB. Als Inhalt der Auflassung ergibt sich, dass sich der Veräußerer und der Erwerber über den Eigentumsübergang an dem Grundstück einig sein müssen.

Aufgrund des sachenrechtlichen Bestimmtheitsgrundsatzes muss die Auflassung

- hinsichtlich der Person des Erwerbers und
- des zu übereignenden Grundstücks eindeutig bestimmt sein.

Als Besonderheit regelt § 925 Abs. 2 BGB, dass die Auflassung unwirksam ist, wenn sie unter einer Bedingung oder Befristung erklärt wird. Damit kann die Auflassung, anders als bei der Übereignung einer beweglichen Sache nach § 929 BGB, nicht unter dem Vorbehalt der Kaufpreiszahlung durch den Käufer oder einer anderen Bedingung erklärt werden. Der Veräußerer kann allerdings seine nach §§ 19, 29 GBO erforderliche Eintragungsbewilligung solange nicht erteilen, bis der Kaufpreis gezahlt ist. Dies hat praktisch die Wirkung, dass die Eigentumsübertragung erst mit Kaufpreiszahlung möglich ist. Vorher wird das Grundbuchamt mangels wirksamer Eintragungsbewilligung die zum Zwecke der Eigentumsübertragung nach § 873 BGB erforderliche Eintragung nicht vornehmen.

c) Bindung an die Auflassung

§ 873 BGB verlangt für die Einigung über den Eigentumsübergang, dass sie bis zum Eintragungszeitpunkt fortbesteht. Grundsätzlich gilt hierbei, dass die Parteien ihre Einigungserklärungen jederzeit frei widerrufen können, so dass sie einen Eigentumsübergang bis zur Eintragung vereiteln können. Gem. § 873 Abs. 2 BGB können die

Parteien jedoch eine Bindungswirkung an die Auflassung erreichen, wodurch diese als unwiderruflich wirksam gilt. Die Auflassung ist nach § 873 Abs. 2 BGB bindend, wenn die Einigungserklärungen (Auflassung) notariell beurkundet oder vor dem Grundbuchamt abgegeben oder beim Grundbuchamt eingereicht werden. Weiterhin kann die Bindungswirkung dadurch erzielt werden, dass der Berechtigte (Eigentümer) dem Erwerber eine notariell beglaubigte Eintragungsbewilligung nach §§ 19, 20 GBO aushändigt. Praktisch relevant ist neben der notariellen Beurkundung der Auflassung die Erteilung der notariell beglaubigten Eintragungsbewilligung.

2. Eintragung in das Grundbuch

Die bezweckte Eigentumsübertragung am Grundstück muss gem. § 873 Abs. 1 BGB in das Grundbuch eingetragen werden. Ohne die Eintragung wird nach § 873 Abs. 2 BGB der Erwerber trotz Auflassung nicht Eigentümer. Nicht entscheidend ist für den Eigentumsübergang nach § 873 BGB bei der Eintragung, ob diese nach den Vorschriften der GBO formell ordnungsgemäß zustande kommt. Selbst wenn das Grundbuchamt die Formvorschriften der GBO bei der Eintragung nicht beachtet, wird der Erwerber durch die Auflassung und Eintragung nach §§ 873, 925 BGB Eigentümer. Wie bereits bei der Auflassung dargestellt, braucht diese nach § 925 BGB nur vor dem Notar erklärt, nicht aber notariell beurkundet zu werden. Nach der GBO ist für die Eintragung erforderlich, dass der bisherige Berechtigte (Eigentümer) die Eintragung bewilligt, und dass sowohl diese Erklärung als auch die Auflassung notariell beglaubigt wird (§§ 19, 20, 29 GBO). Beachtet das Grundbuchamt diese Voraussetzungen nicht und trägt die Rechtsänderung ein, wird der Erwerber (dennoch) nach den §§ 873, 925 BGB Eigentümer.

Die Missachtung der Vorschriften §§ 19, 20, 29 GBO bei der Eintragung des Erwerbers in das Grundbuch hat keine Auswirkungen auf den Eigentumsübergang nach §§ 873, 925 BGB.

Beachtet das Grundbuchamt ordnungsgemäß die Vorschriften der §§ 19, 20, 29 GBO, wird es den Erwerber nicht eintragen, wenn dieser nicht notariell beglaubigt die Auflassung und Eintragungsbewilligung des bisher Berechtigten vorlegt. Ohne Vorlage sowohl der Auflassung als auch der Eintragungsbewilligung in notariell beglaubigter Form, wird es deshalb mangels der nach § 873 BGB erforderlichen Eintragung praktisch nicht zu einem Eigentumserwerb des Erwerbers kommen.

Die Eintragung muss sich mit der Einigung (Auflassung) inhaltlich decken. Es muss derjenige eingetragen werden, der in der Auflassung bezeichnet ist.

3. Verfügungsberechtigung des Veräußerers

Der Veräußerer muss bis zur Vollendung des Rechtserwerbes durch den Erwerber berechtigt und verfügungsbefugt sein. Berechtigter und Verfügungsbefugter ist grundsätzlich der Eigentümer. Diesem kann nur ausnahmsweise die Verfügungsbefugnis fehlen, so z.B. im Insolvenzverfahren nach § 80 Satz 1 InsO. Verfügt ein Nichtberechtigter, ist der Erwerb dennoch gem. §§ 873, 925 BGB möglich, wenn der Berechtigte (Eigentümer) der Verfügung nach § 185 BGB durch vorheriges Einverständnis oder nachträgliche Genehmigung zustimmt. Für den Erwerber besteht ein gewisses Risiko, dass der Veräußerer nach der Auflassung in seiner Verfügungsbefugnis bis zur Eintragung in das Grundbuch beschränkt wird. Eine solche nachträgliche Verfügungsbeschränkung des Eigentümers kann z.B. gem. § 80 InsO dadurch eintreten, dass über das Vermögen des Eigentümers vor Eintragung ein Insolvenzverfahren eröffnet wird. In diesem Fall könnte der Erwerber nicht mehr nach §§ 873, 925 BGB wirksam Eigentümer werden, da der Veräußerer zum Zeitpunkt der Eintragung nicht mehr verfügungsbefugt ist. Deshalb regelt § 878 BGB, dass in bestimmten Fällen die nachträglich eintretende Verfügungsbeschränkung des Berechtigten unschädlich ist. Gem. § 878 BGB hat eine nachträgliche Verfügungsbeschränkung dann keine Auswirkungen auf die Wirksamkeit der Auflassungserklärung (Einigung), wenn diese nach § 873 Abs. 2 BGB bindend geworden ist und der Antrag auf Eintragung beim Grundbuchamt gestellt wurde.

Nach § 873 Abs. 2 BGB führt z.B. die notarielle Beurkundung der Auflassung oder die Einreichung des Eintragungsantrags beim Grundbuchamt die Bindungswirkung herbei. § 878 BGB setzt (ungeschrieben) voraus, dass zum Eigentumsübergang nur noch die Eintragung in das Grundbuch fehlt, da durch § 878 BGB nur die Nachteile des Eintragungsgrundsatzes ausgeglichen werden sollen. Beim Grundstückserwerb sind besonders die Fälle fehlender notwendiger Zustimmung Dritter beachtlich, wie z.B. die ausnahmsweise notwendige Zustimmung des Vormundschaftsgerichts. § 878 BGB gilt aber auch für die Übertragung anderer Rechte, wie z.B. die der Hypothek, bei der teilweise die Briefübergabe erforderlich ist.

Fehlt dem Veräußerer die Verfügungsbefugnis (z.B. weil § 878 BGB nicht eingreift), kommt nur noch ein gutgläubiger Erwerb nach § 892 BGB in Betracht. Vorrangig ist hierbei für die Veräußerung durch einen in der Verfügung beschränkten Eigentümer zunächst die Unschädlichkeit der Verfügungsbeschränkung nach § 878 BGB vor dem gutgläubigen Erwerb gemäß § 892 BGB zu prüfen.

4. Vormerkung nach § 883 BGB

a) Begriff

Der häufigste Fall der Vormerkung[824] ist die sog. **Auflassungsvormerkung**, welche z.B. den Anspruch des Grundstückskäufers auf Übereignung sichern soll. Da der Käufer erst durch die Eintragung in das Grundbuch nach den §§ 873, 925 BGB Eigentümer des verkauften Grundstücks wird, bleibt der Verkäufer bis dahin Eigentümer und Verfügungsberechtigter. Somit kann der Veräußerer bis zum Eintragungszeitpunkt wirksam über das Eigentum an dem Grundstück verfügen, indem er es beispielsweise an einen Dritten übereignet (und dieser eingetragen wird) oder mit einer Hypothek belastet. Der Kaufvertrag könnte diesen Erwerb nicht hindern, da er im Verhältnis zu Dritten keine Wirkung entfaltet, sondern lediglich "inter partes" sowie ausschließlich verpflichtend wirkt. In diesem Fall verhielte sich der Verkäufer zwar gegenüber dem ursprünglichen Käufer vertragswidrig, da er durch den Kaufvertrag (§ 433 Abs. 1 BGB) diesem gegenüber verpflichtet ist, das Eigentum an dem Grundstück lastenfrei (§ 434 BGB) zu übertragen. Falls die Übereignung an den Dritten bereits wirksam vollzogen ist, verbleiben dem Käufer aber nur die Ansprüche aus §§ 280 Abs. 1 u. 3, 283, 275; 326 Abs. 5 BGB, da die Übereignung dem Verkäufer schuldhaft unmöglich ist.

Um den Anspruch des Käufers auf Übereignung vor solchen vertragswidrigen Verfügungen des Verkäufers zu sichern, kann sich der Käufer eine Vormerkung nach § 883 BGB in das Grundbuch eintragen lassen. Ist eine solche Vormerkung wirksam eingetragen, bestimmt § 883 Abs. 2 BGB, dass alle nachfolgenden Verfügungen des Eigentümers gegenüber dem Käufer als Vormerkungsinhaber insoweit (relativ) unwirksam[825] sind, als sie seinen Anspruch beeinträchtigen. Die Vormerkung wird nach h.M. nicht als dingliches Recht an dem Grundstück, sondern als Sicherungsmittel sui generis (eigener Art) angesehen, auf welches zum Teil Vorschriften über dingliche Rechte analog anwendbar sind.[826]

b) Voraussetzungen

Die Voraussetzungen für die Entstehung und den Erwerb einer Vormerkung ergeben sich aus den §§ 883, 885 BGB.

---

824 Vgl. zur Vormerkung *Stamm* JuS 2003, 48 ff.

825 Vgl. dazu *Stamm* JuS 2003, 48 ff.

826 Siehe BGHZ 57, 343.

Voraussetzungen einer wirksamen Vormerkung nach §§ 883, 885 BGB:

1. Schuldrechtlicher Anspruch auf eine Verfügung i.S.v. § 873 BGB,
2. Bewilligung der Vormerkung durch den Schuldner gem. § 885 Abs. 1 BGB,
3. Eintragung der Vormerkung für den Gläubiger in das Grundbuch,
4. Berechtigung des Schuldners zur Eintragungsbewilligung, ansonsten gutgläubiger Erwerb nach § 892 BGB analog.

aa) Vormerkungsfähiger Anspruch § 883 Abs. 1 BGB

Gemäß § 883 Abs. 1 Satz 1 BGB muss eine Vormerkung zur Sicherung eines schuldrechtlichen Anspruchs auf dingliche Rechtsänderung dienen, wie z.B. auf Einräumung eines Rechtes (z.B. Eigentumserwerb) an einem Grundstück. Voraussetzung für den Bestand einer Vormerkung ist somit die Existenz eines zu sichernden schuldrechtlichen Anspruchs auf dingliche Rechtsänderung. Erlischt dieser Anspruch oder besteht er tatsächlich nicht, z.B. aufgrund einer Unwirksamkeit des Kaufvertrages, gilt dies gleichermaßen für die Vormerkung.

Die Vormerkung ist hinsichtlich des zu sichernden Anspruchs auf Eintragung streng akzessorisch, d.h. die Vormerkung erlischt mit dem zu sichernden Anspruch und kann ohne diesen nicht bestehen.

Vormerkungsfähig sind nach § 883 Abs. 1 BGB nicht nur der Anspruch auf Eigentumsverschaffung an einem Grundstück, sondern generell jeder schuldrechtliche Anspruch auf Änderung der dinglichen Rechtslage (§ 883 Abs. 1 BGB). Vormerkungsfähig ist somit u.a. auch der Anspruch auf Erwerb oder Aufhebung einer Hypothek oder Grundschuld sowie deren Rangänderung oder der Erwerb eines Nießbrauchs (§§ 1030 ff. BGB). Nach § 883 Abs. 1, Satz 2 BGB kann die Vormerkung auch zugunsten eines bedingten oder zukünftigen Anspruchs eingetragen werden. Bei **bedingten Ansprüchen** muss der Eintritt der Bedingung nicht notwendig nur noch vom Willen des Erwerbers abhängen. Strenger sind die Anforderungen an die Eintragungsfähigkeit eines **zukünftigen Anspruchs.** Ein vormerkungsfähiger zukünftiger Anspruch liegt nach der Rechtsprechung vor, wenn der Rechtsboden[827] für seine Entstehung bereits soweit vorbereitet ist, dass die Entstehung des Anspruchs nur noch vom Willen des Berechtigten abhängt.

Als künftiger vormerkungsfähiger Anspruch, für den der "Rechtsboden" schon vorbereitet ist, gilt z.B. ein bindendes formgültiges Grundstückverkaufsangebot, von dem sich der Verkäufer nicht einseitig lösen kann.

[827] Vgl. *Stamm* JuS 2003, 48 ff.; siehe auch den Fall bei *Ohly/Werner* JuS 2007, 449 ff.

Die Art des schuldrechtlichen Anspruchs auf Änderung der dinglichen Rechtslage (z.B. Eigentumsverschaffung) ist nicht entscheidend. Regelmäßig wird es sich um einen Kaufvertrag handeln, jedoch kommen alle schuldrechtlichen Verträge in Betracht, die zu einer dinglichen Rechtsänderung verpflichten, wie z.B. die Schenkung nach § 516 BGB.

bb) Bewilligung oder einstweilige Verfügung

§ 885 BGB setzt zur Entstehung der Vormerkung die Bewilligung des Berechtigten oder eine einstweilige Verfügung voraus. Die Bewilligung durch den Eigentümer des Rechtes an dem Grundstück ist eine einseitige empfangsbedürftige Willenserklärung, die gegenüber dem Vormerkungsberechtigten oder dem Grundbuchamt abzugeben ist. Es bedarf somit keiner Einigung über den Erwerb der Vormerkung nach § 873 Abs. 1 BGB. Grundsätzlich ist die Bewilligung formfrei.

Da zur Eintragung der Vormerkung verfahrensrechtlich nach § 19 GBO auch die grundbuchrechtliche Bewilligung in Form von öffentlichen Urkunden (idR notarielle Beurkundung, siehe dazu § 29 GBO) erforderlich ist, werden in der Praxis diese bei den Bewilligungen zeitgleich und notariell beurkundet erklärt. Nach § 885 BGB kann die Eintragung auch aufgrund einer einstweiligen Verfügung nach § 935 ZPO erfolgen, für die der Erwerber nach den Regeln der ZPO glaubhaft machen muss, dass ihm der betreffende Anspruch auf dingliche Rechtsänderung zusteht. Es wird aufgrund der weiteren Voraussetzungen der §§ 935, 936, 920 Abs. 2 ZPO bezüglich der Glaubhaftmachung einer Gefährdung des Anspruchs angenommen, dass es sich nicht um einen nur zukünftigen Anspruch handeln darf. Ansonsten ist die Darlegung einer besonderen Gefährdung nicht erforderlich.

cc) Eintragung der Vormerkung

Gemäß § 883 Abs. 1 BGB ist die Vormerkung in das Grundbuch einzutragen. Erst mit dieser Eintragung kann die Vormerkung entstehen, wobei Gläubiger, Art und Umfang der Leistung in dem Eintragungsvermerk genau zu bezeichnen sind. Somit müssen z.B. der Käufer und dessen Anspruch auf Übereignung des Grundstücks bezeichnet sein. Wie bereits oben unter bb) erwähnt, wird das Grundbuchamt nach den §§ 18, 19, 29 GBO die Vormerkung nur eintragen, wenn hierzu eine Bewilligung durch öffentliche Urkunden vorliegt. Wie beim Eigentumserwerb an einem Grundstück nach §§ 873, 925 BGB gilt jedoch auch hier, dass ein Verstoß gegen diese Verfahrensvorschriften die Entstehung der Vormerkung nach §§ 883, 885 BGB nicht hindert, wenn diese dennoch eingetragen wird.

dd) Berechtigung oder gutgläubiger Erwerb

Die Vormerkung muss vom Verfügungsberechtigten bewilligt werden. Gemäß den allgemeinen sachenrechtlichen Grundsätzen ist regelmäßig der Eigentümer Verfügungsberechtigter, sofern er nicht z.B. durch ein Insolvenzverfahren nach § 80 InsO in der Verfügung beschränkt ist. Hierbei gilt ebenso wie beim Eigentumserwerb nach §§ 873, 925 BGB, dass die Verfügungsberechtigung noch zum Eintragungszeitpunkt der Vormerkung vorliegen muss. Es wird überwiegend angenommen, dass eine nachträgliche Verfügungsbeschränkung nach der Bewilligung im Rahmen des § 878 BGB unschädlich ist.

Nach h.M. handelt es sich bei der Vormerkung nicht um ein dingliches Recht, sondern um ein **Sicherungsmittel eigener Art** (sui generis). Aufgrund der gleichen Interessenlage wie beim Eigentumserwerb, den die Vormerkung darüber hinaus gerade sichern soll, wird § 878 BGB für entsprechend (analog) anwendbar gehalten. Ebenso wird angenommen, dass die Vorschriften über den gutgläubigen Erwerb nach §§ 892, 893 BGB entsprechend anwendbar sind.[828]

Voraussetzung für den gutgläubigen Erwerb ist danach die Eintragung des Verfügenden als Berechtigter im Grundbuch, ohne dass dem Erwerber die Unrichtigkeit des Grundbuchs bekannt oder dort ein Widerspruch eingetragen ist (§ 892 BGB). Zu beachten ist beim gutgläubigen Erwerb einer Vormerkung, dass nur der gute Glaube in die Verfügungsberechtigung geschützt wird. Nicht geschützt ist der Glaube an das Bestehen des zu sichernden Anspruchs. Ist der der Vormerkung zugrunde liegende Anspruch (Vertrag) auf dingliche Rechtsänderung unwirksam, kann die Vormerkung nicht erworben werden, da sie aufgrund ihrer Akzessorietät zum Anspruch nicht besteht.

c) Wirkung der Vormerkung

Nach §§ 883 Abs. 2, 888 BGB ergibt sich die **Sicherungswirkung** der Vormerkung. Die Sicherungswirkung erwächst aus der **relativen** Verfügungsbeschränkung durch die Vormerkung, die sich aus § 883 Abs. 2 BGB ergibt.

> *Verfügungen, die nach der Eintragung der Vormerkung über das Grundstück vorgenommen werden, sind gegenüber dem Vormerkungsinhaber insoweit unwirksam, als sie dessen Anspruch vereiteln oder beeinträchtigen würden (§ 883 Abs. 2, Satz 1 BGB).*

Da diese nachträglichen Verfügungen nur gegenüber dem Vormerkungsberechtigten unwirksam sind, spricht man von der sog. **relativen Unwirksamkeit**. Dritten gegenüber bleiben die nachträglichen Verfügungen wirksam. Die Vormerkung bewirkt somit, dass der ursprüngliche Eigentümer (Verkäufer) gegenüber dem Vormerkungsgesicherten (Käufer) Verfügungsberechtigter bleibt, auch wenn er beispielsweise das Grundstück an einen Dritten (nach §§ 873, 925 BGB) übereignet.[829]

V verkauft K sein Seegrundstück zum Preis von 2 Mio EUR. K lässt sich zur Sicherung seines Anspruchs auf Übereignung eine Auflassungsvormerkung von V bewilligen, die ins Grundbuch eintragen wird. Im Anschluss übereignet V jedoch das Grundstück an S für 4 Mio EUR, welcher auch ins Grundbuch

[828] Vgl. BGHZ 25, 28.
[829] Vgl. auch das Fallbeispiel bei *Ohly/Werner* JuS 2007, 449 ff.

als neuer Eigentümer eingetragen wird.

Durch die Einigung und Eintragung ist S nach §§ 873, 925 BGB Eigentümer des Grundstücks (gegenüber Dritten) geworden. Ohne die Vormerkung könnte V das Grundstück nicht mehr an K übereignen, da er nicht mehr Eigentümer und somit nicht mehr Berechtigter wäre. K wäre auf Schadensersatzansprüche aus §§ 280 Abs. 1 u. 3, 283, 275 BGB gegen V aufgrund der von diesem verschuldeten Unmöglichkeit der Übereignung beschränkt. Ansprüche gegen S hätte er nicht, da der Kaufvertrag gegen diesen als unbeteiligten Dritten keine Wirkungen entfaltet. Aufgrund der Vormerkung wird S nicht gegenüber K Eigentümer, sondern lediglich gegenüber Dritten Eigentümer. Für K ist V noch als Eigentümer anzusehen, von ihm kann er die Auflassung fordern und erzwingen. Als eingetragener Eigentümer muss S zustimmen, weil der grundbuchrechtliche Grundsatz gilt, dass der Eingetragene bewilligen muss (Grundsatz der Voreintragung). Infolge der Auflassung mit V und der Zustimmung von S (§ 888 BGB) wird K als Eigentümer im Grundbuch eingetragen.

Die Sicherungswirkung infolge relativer Unwirksamkeit wird ergänzt durch den Bewilligungsanspruch des Vormerkungsberechtigten aus § 888 BGB gegenüber demjenigen, der (relativ) unwirksam das gesicherte Recht erworben hat. Dieser Anspruch ist von Bedeutung, damit der Vormerkungsinhaber noch Eigentümer wird. Hierzu ist allerdings nach der formellen Regelung des § 19 GBO die Bewilligung des Betroffenen (des Eingetragenen) nötig. Nach § 888 BGB kann der Vormerkungsberechtigte von dem anderen diese Zustimmung zu seiner Eintragung in das Grundbuch verlangen, wodurch er Eigentümer durch die Eintragung in das Grundbuch wird.

Im vorangehenden Beispiel kann K von S nach § 888 BGB die Bewilligung zu seiner Eintragung als Eigentümer in das Grundbuch verlangen, die er notfalls durch eine einstweilige Verfügung nach § 885 BGB ersetzen kann. Das Grundbuchamt wird K daraufhin ins Grundbuch eintragen, womit dieser nach §§ 873, 925 i.V.m. § 883 ff. BGB Eigentümer wird.

Neben der Sicherungswirkung besteht die **Rangwirkung** der Vormerkung. Gemäß § 883 Abs. 3 BGB bestimmt sich der Rang eines durch eine Vormerkung gesicherten Rechts nach der Eintragung der Vormerkung. Bei Entstehung des Rechts erhält es infolge dessen den Rang, den es gehabt hätte, wenn es anstelle der Vormerkung eingetragen worden wäre. Die Vormerkung sichert gem. § 106 InsO auch im Insolvenzverfahren den Anspruch auf Übereignung des Grundstücks. Diese Wirkung wird als **Vollwirkung** bezeichnet.

Abbildung 55: *Der Eigentumserwerb von Immobilien*

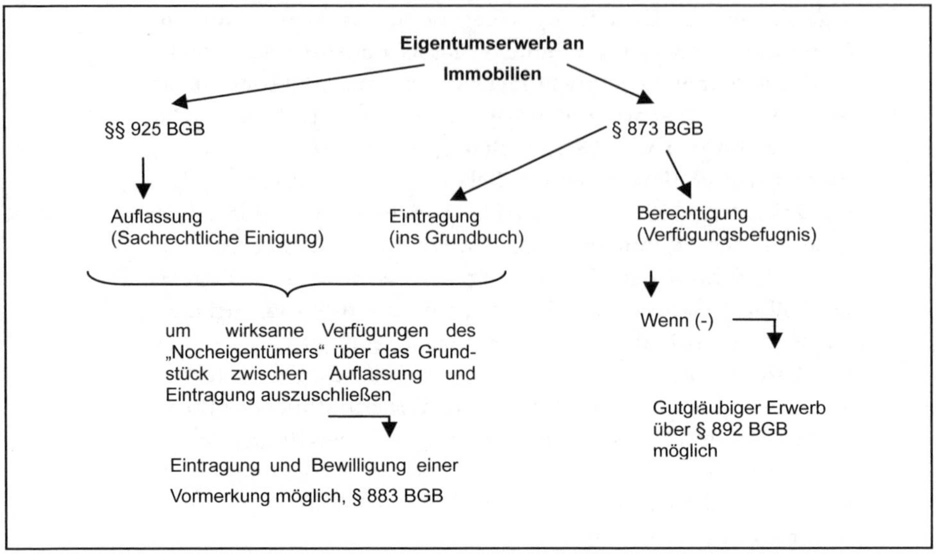

II. Der Erwerb vom Nichtberechtigten nach § 892 BGB

Ist der Veräußerer nicht Verfügungsberechtigter (i.d.R. Nichteigentümer), kommt unter den Voraussetzungen des § 892 BGB ein gutgläubiger Erwerb des Eigentums an dem Grundstück durch den Erwerber in Betracht. Dieser gutgläubige Erwerb stützt sich auf den Rechtsscheintatbestand des öffentlichen Glaubens des Grundbuchs.

Der gutgläubige Erwerb setzt zunächst voraus, dass die Erwerbsvoraussetzungen der §§ 873, 925 BGB bis auf die Verfügungsberechtigung des Veräußerers vorliegen. Grundvoraussetzung ist die nach §§ 873, 925 BGB wirksame Auflassung und die Eintragung des Erwerbers als Eigentümer ins Grundbuch. Unter den weiteren Voraussetzungen des § 892 BGB kann der Erwerber dann vom Nichtberechtigten gutgläubig das Eigentum am Grundstück erwerben.

Gutgläubiger Erwerb nach § 892 BGB setzt voraus:

1. Vorliegen eines Verkehrsgeschäftes
2. Unrichtigkeit des Grundbuchs
3. Legitimation des nichtberechtigten Veräußerers im Grundbuch durch Eintragung als Berechtigter (Eigentümer).
4. Gutgläubigkeit des Erwerbers
5. keine Widerspruchseintragung im Grundbuch.

Der Erwerb vom Nichtberechtigten nach § 892 BGB setzt voraus, dass es sich um ein sog. **Verkehrsgeschäft** durch rechtsgeschäftlichen Erwerb nach den §§ 873 ff. BGB handelt. Soweit Eigentum aufgrund gesetzlichen Erwerbs erworben wird (z.B. bei einer Erbschaft nach § 1922 BGB), ist der gutgläubige Erwerb nach § 892 BGB nicht möglich. Zudem liegt nur dann ein Verkehrsgeschäft vor, wenn der Erwerberseite mindestens eine Person angehört, die nicht zugleich auf der Veräußererseite wirtschaftlich oder persönlich beteiligt ist.

Das **Grundbuch** muss **unrichtig** sein, indem es im Widerspruch zur wahren (materiellen) Rechtslage bezüglich der Rechte (Eigentum) am Grundstück steht. **Positiv** beschränkt sich der öffentliche Glaube des Grundbuchs auf die Richtigkeit und Existenz aller eingetragenen Rechte. **Negativ** erwächst in öffentlichem Glauben die Vollständigkeit aller eingetragenen Rechte. Es wird vermutet, dass keine anderen Rechte als die eingetragenen Rechte am Grundstück bestehen. Gemäß dieser negativen Funktion des Grundbuchs gilt auch eine nicht eingetragene Verfügungsbeschränkung des Eigentümers als nicht existent. Von Bedeutung ist die negative Funktion des Grundbuchs für sog. Belastungen des Grundstücks mit Hypotheken, Grundschulden usw. Diese Rechte Dritter an dem Grundstück bleiben bei einer Übertragung des Grundstückes bestehen, wenn sie nicht gelöscht werden (§ 875 BGB). Sind diese Rechte allerdings nicht im Grundbuch eingetragen, kann der neue Erwerber aufgrund von § 892 BGB gutgläubig das Grundstück ohne die Belastung mit diesen Rechten Dritter ("lastenfrei") erwerben.

Zur **Legitimation des Veräußerers** muss dieser im Grundbuch als Eigentümer eingetragen sein. Diese Eintragung in das Grundbuch stellt den sog. Rechtsscheintatbestand dar, der den gutgläubigen Erwerb rechtfertigt.

Beim gutgläubigen Erwerb beweglicher Sachen besteht der Rechtsscheintatbestand gem. §§ 929, 932 BGB regelmäßig im Besitz der Sache, bei Immobilien in der Grundbucheintragung.

Der nichtberechtigt verfügende Veräußerer wird durch die Grundbucheintragung nach § 892 BGB als Berechtigter legitimiert, so dass der gutgläubige Erwerb ermöglicht wird.

Weitere Voraussetzung für den gutgläubigen Erwerb ist die **Gutgläubigkeit des Erwerbers**.

Gutgläubigkeit ist nach § 892 Abs. 1 BGB nur ausgeschlossen, wenn

- der Erwerber positive Kenntnis von der Unrichtigkeit des Grundbuchs hat oder
- ein Widerspruch gegen die Richtigkeit des Grundbuchs eingetragen ist.

Anders als bei der Gutgläubigkeit nach § 932 BGB (für bewegliche Sachen!) schadet beim öffentlichen Glauben des Grundbuchs nach § 892 BGB **nur die positive Kenntnis** von der Unrichtigkeit des Grundbuchs. Grob fahrlässige Unkenntnis des Erwerbers ist somit unschädlich. Ein gutgläubiger Erwerb nach § 892 BGB ist in jedem Fall ausgeschlossen, wenn im Grundbuch ein Widerspruch gegen die Richtigkeit des Grundbuchs eingetragen ist. Der Widerspruch schließt nicht den guten Glauben des Erwerbers aus, vernichtet aber den Rechtsscheintatbestand und schließt somit den gutgläubigen Erwerb aus.

Wenn ein Widerspruch eingetragen ist, kann sich der Erwerber nicht mehr auf die Richtigkeit des Grundbuchs verlassen. Deshalb ist nach § 892 BGB in diesem Fall der gutgläubige Erwerb ausgeschlossen. Lässt der wahre Eigentümer deshalb einen Widerspruch in das Grundbuch eintragen, kann der fälschlich eingetragene "Eigentümer" nicht mehr wirksam über das Grundstück verfügen, da er Nichtberechtigter und ein gutgläubiger Erwerb nach § 892 BGB ausgeschlossen ist. Der Widerspruch schließt immer nur den gutgläubigen Erwerb nach § 892 BGB aus. Ist der eingetragene Eigentümer tatsächlich der wahre Eigentümer, kann der Erwerber nach den Vorschriften über den Erwerb vom Berechtigten nach §§ 873, 925 BGB Eigentum erlangen.

Der Widerspruch des Grundbuchs bewirkt **keine sog. Grundbuchsperre** (Übereignungssperre), sondern schließt nur den gutgläubigen Erwerb aus.

Ein weiterer Unterschied zum gutgläubigen Erwerb von beweglichen Sachen liegt darin, dass dieser bei Grundstücken auch nach Eröffnung des Insolvenzverfahrens noch möglich ist, vgl. §§ 80, 81 InsO.

F. Eigentümer-Besitzer-Verhältnis

I. Regelungsgegenstand

In den §§ 987 ff. BGB sind die Ansprüche aus dem gesetzlichen Schuldverhältnis zwischen dem Eigentümer und dem unrechtmäßigen Besitzer einer Sache normiert. Liegt ein derartiges Eigentümer-Besitzer-Verhältnis (sog. Vindikationslage) vor, treffen die §§ 987 ff. BGB abschließende Sonderregelungen für die Ansprüche zwischen dem Eigentümer und dem Besitzer der Sache.[830]

Zunächst kann der Eigentümer nach § 985 BGB die Herausgabe der Sache vom Besitzer verlangen, falls dieser nicht ein Recht zum Besitz hat (§ 986 BGB). Dieser Herausgabeanspruch des Eigentümers wird um weitere Ansprüche gem. §§ 987 ff. BGB ergänzt, die Nutzungs- und Schadensersatzansprüche gegen den Besitzer vorsehen. Grundgedanke dieser Regelungen ist, eine **Haftungsverschärfung** für den bösgläubigen oder verklagten (sog. Prozess-)Besitzer und eine **Haftungsprivilegierung**[831] für den gutgläubigen und unverklagten Besitzer zu begründen, der an sein vermeintliches Besitzrecht glaubt. Deshalb schließen die §§ 987 ff. BGB als Spezialregelungen grundsätzlich bei Vorliegen eines Eigentümer-Besitzer-Verhältnisses (EBV) bezüglich Nutzungs- und Schadensersatzansprüchen alle anderen Anspruchsgrundlagen aus, z.B. aus Delikt oder ungerechtfertigter Bereicherung (vgl. § 993 Abs. 1, letzter Halbsatz BGB). Neben der Regelung der Ansprüche des Eigentümers geben die §§ 994 ff. BGB unter bestimmten Umständen dem unberechtigten Besitzer gegen den Eigentümer Verwendungsersatzansprüche. Die Grundvoraussetzungen zur Anwendbarkeit der §§ 987 ff. BGB ergeben sich aus §§ 985, 986 BGB, die gleichzeitig den Herausgabeanspruch des Eigentümers gegen den Besitzer regeln.

V verkauft und übergibt K ein Mountain-Bike. Das Rad hat V vorher von S gestohlen. Beim Radfahren verschätzt sich K während einer Abfahrt und stürzt; der Fahrradrahmen ist zerkratzt, was zum Lackschaden iHv 300,- EUR führt.

a) K weiß nichts vom Diebstahl.

b) K ist der Diebstahl beim Kauf bekannt.

---

[830] Zum Eigentümer-Besitzer-Verhältnis siehe *Roth* JuS 2003, 937 ff.

[831] Vgl. BGHZ 41, 157.

In beiden Fällen ist die Übereignung von V gem. §§ 929, 932 BGB an K nach § 935 Abs. 1 Satz 1 BGB ausgeschlossen, da das Fahrrad dem S gestohlen und somit abhanden gekommen ist. Folglich ist S Eigentümer und K unrechtmäßiger Besitzer des Rades, da K gegenüber S kein Besitzrecht (§ 986 BGB) hat. S besteht auf sofortige Herausgabe des Mountain-Bikes und fragt, welche weiteren Ansprüche gegen K in Betracht kommen.

II. Herausgabeanspruch nach § 985 BGB

Der Herausgabeanspruch aus § 985 BGB ist ein dinglicher Anspruch, da er sich durch die Eigentumsverhältnisse an der Sache (dingliche Rechtslage) begründet. Der Eigentümer, dem der Besitz an einer beweglichen oder unbeweglichen Sache vorenthalten oder entzogen wurde, kann die Herausgabe vom Besitzer verlangen, sofern dieser kein Recht zum Besitz hat (§ 986 BGB).

Voraussetzungen des Herausgabeanspruchs aus § 985 BGB:

1. Anspruchsteller ist Eigentümer der Sache,
2. Anspruchsgegner ist Besitzer der Sache,
3. Besitzer hat kein Recht zum Besitz (§ 986 BGB).

Sind diese Voraussetzungen erfüllt, liegt eine sog. **Vindikationslage** vor, die nicht nur den Herausgabeanspruch aus § 985 BGB begründet, sondern auch die möglichen Folgeansprüche der §§ 987 ff. BGB eröffnet.

1. Eigentümer

Der Anspruchsteller muss zum Zeitpunkt des Herausgabeverlangens Eigentümer der Sache sein und diese dingliche Rechtstellung ggf. beweisen. Regelmäßig ist deshalb zu prüfen, ob der Anspruchsteller, der ursprünglich einmal Eigentümer der Sache war, dieses nachfolgend nicht an den Besitzer oder Dritte verloren hat. Dies bemisst sich nach den allgemeinen Regeln über den (rechtsgeschäftlichen als auch gesetzlichen) Eigentumserwerb und Verlust. Folglich sind bei beweglichen Sachen die §§ 929 ff. und die §§ 946 ff. BGB zu beachten. Kann das Eigentum nicht bewiesen werden, ist bei beweglichen Sachen die Eigentumsvermutung des § 1006 BGB zu beachten. Nach § 1006 Abs. 1 BGB besteht die Vermutung, dass der Besitzer beim Eigenbesitzerwerb auch das Eigentum erworben hat. Näheres ist § 1006 Abs. 1, 2 und 3 BGB zu entnehmen.[832]

---

[832] Vgl. MüKo/*Medicus* § 1006 Rn 1 ff.

Im Beispiel ist S Eigentümer geblieben, da V aufgrund von § 935 Abs. 1, Satz 1 BGB das Rad nicht nach §§ 929 Satz 1, 932 BGB an K übereignen konnte.

2. Besitzer

Der Anspruchsgegner muss entweder unmittelbarer oder mittelbarer Besitzer der Sache sein. Unerheblich ist, ob er Eigen- oder Fremdbesitzer, Teil- oder Mitbesitzer ist.

K ist (unmittelbarer) Besitzer des Rades.

3. Recht zum Besitz

Der Anspruch auf Herausgabe ist nach § 986 BGB ausgeschlossen, wenn der Besitzer ein Recht zum Besitz hat. Als Recht zum Besitz kommt zunächst ein *eigenes* Besitzrecht des Besitzers gegenüber dem Eigentümer nach § 986 Abs. 1 Satz 1, 1. HS BGB in Betracht. Dieses Recht kann sich aus schuldrechtlichen Rechtsbeziehungen ergeben. Dem Besitzer kann gegenüber dem Eigentümer z.B. ein Besitzrecht aus Mietvertrag (§§ 535 ff. BGB), Leihvertrag (§§ 598 ff. BGB), Leasingvertrag usw. zustehen. Beim Kaufvertrag mit Eigentumsvorbehalt des Verkäufers (Eigentümers) hat der Besitzer ein Besitzrecht an der Sache, auch wenn er noch nicht alle Kaufpreisraten gezahlt hat, es sei denn, der Verkäufer tritt wirksam nach §§ 449, 346 ff. BGB vom Vertrag zurück. Nur dann kann er sowohl aus Vertrag nach §§ 449, 346 BGB als auch aus § 985 BGB Herausgabe verlangen.

Auch aus dinglichen Rechten, wie z.B. einem Pfandrecht nach § 1205 BGB, kann dem Besitzer ein eigenes Recht zum Besitz zustehen. Daneben kann sich nach § 986 Abs. 1 Satz 1, 2. HS BGB auch ein Recht zum Besitz ergeben, welches der Besitzer von einem Dritten ableitet.

Im Beispiel hat K kein Besitzrecht gegenüber S, da der Kaufvertrag mit V ihn nicht gegenüber dem Eigentümer S zum Besitz berechtigt.

4. Inhalt und Konkurrenzen des Herausgabeanspruchs

Der Eigentümer kann vom Besitzer verlangen, dass er von diesem den unmittelbaren Besitz an der Sache erhält. Dieser Herausgabeanspruch besteht neben anderen möglichen Herausgabeansprüchen (in sog. Konkurrenz) etwa aus § 861 BGB (possessorischer Anspruch), § 1007 BGB (petitorischer Anspruch), §§ 812 ff. BGB (ungerechtfertigte

Bereicherung bezüglich des Besitzes), §§ 823 ff. i.V.m. § 249 BGB (Schadensersatz auf Herausgabe) und vertraglichen Herausgabeansprüchen (z.B. § 556 BGB nach Beendigung des Mietverhältnisses).

Liegen die Voraussetzungen für den Herausgabeanspruch vor, sind aufgrund dieser Vindikationslage die Folgeansprüche der §§ 987 ff. BGB eröffnet.

S kann nach § 985 BGB von K die Herausgabe des Rades verlangen.

III. Haftungssystem der §§ 987 ff. BGB

Die Ansprüche der §§ 987 ff. BGB setzen voraus, dass eine **Vindikationslage** nach §§ 985, 986 BGB vorliegt. Entscheidend ist hierbei der unrechtmäßige Besitz zum Zeitpunkt des Ereignisses, welches die Schadens-, Nutzungs- oder Verwendungsersatzansprüche begründen soll. Grundvoraussetzung für die Anwendbarkeit der §§ 987 ff. BGB ist, dass alle Voraussetzungen für einen Herausgabeanspruch nach § 985 BGB erfüllt sind.

Die möglichen Folgeansprüche der §§ 987 ff. BGB regeln grundsätzlich ***abschließend***[833] *Ansprüche des Eigentümers gegen den Besitzer (vgl. § 993 BGB) wegen Beschädigung oder Untergang der Sache (Schadensersatz) sowie Ersatz für durch den Besitzer gezogene Nutzungen.*

Diese Ausschlussfunktion lässt sich durch die Formulierungen in §§ 992, 993 Abs. 1 und § 996 BGB ableiten. Sie ergibt sich auch zwingend aus der Privilegierungsfunktion der §§ 987 ff. BGB.

Nicht ausgeschlossen wird § 816 Abs. 1 BGB gegenüber dem unberechtigt, aber wirksam Verfügenden.

Dies ergibt sich daraus, dass der Erlös einer Sache aus dem Verkauf nach § 100 BGB keine Nutzung ist, die nach § 987 BGB zu ersetzen ist. Demgegenüber werden auch **abschließend** die Ansprüche des Besitzers gegen den Eigentümer auf Ersatz für Verwendungen nach §§ 994 ff. BGB geregelt.

Diese Ansprüche aus dem EBV werden durch die §§ 987 ff. BGB abschließend geregelt. Nur in Ausnahmefällen ist der Besitzer darüber hinaus Ansprüchen des Eigentümers ausgesetzt.

---

833 Vgl. Palandt/*Bassenge*, Vor § 987, Rn 16.

1. Schadensersatz wegen Beschädigung der Sache

Die Haftungsregelung der §§ 987 ff. BGB unterscheidet zwischen dem verklagten oder bösgläubig sowie dem unverklagten und gutgläubigen Besitzer. Der redliche Besitzer soll in seiner Haftung privilegiert werden, der unredliche Besitzer hingegen verschärft haften.

Verschärfte Haftung:

- nach § 989 BGB der (auf Herausgabe) verklagte Besitzer (Rechtshängigkeit),
- nach § 990 BGB der Besitzer, der bei Erwerb des Besitzes nicht in gutem Glauben (bösgläubig) bezüglich seines Besitzrechts war oder später von seiner Nichtberechtigung erfährt.

Die Rechtshängigkeit bestimmt sich nach Prozessrecht und liegt vor, wenn gem. §§ 261 Abs. 1, 253 ZPO Klage gegen den Besitzer durch den Eigentümer erhoben wird. Bösgläubigkeit setzt beim Besitzerwerb Kenntnis oder zumindest grobfahrlässige Unkenntnis vom Fehlen des Besitzrechtes voraus (vgl. § 932 Abs. 2 BGB).

Grundsätzlich haftet nicht (vgl. § 993 Abs. 1, HS. 2 BGB) auf Schadensersatz

- der unverklagte (keine Rechtshängigkeit) und bezüglich seines Besitzrechts gutgläubige Besitzer.

Im Beispiel a) ist K gutgläubig, im Beispiel b) hingegen bösgläubig.

a) Haftung des Besitzers nach §§ 989, 990 BGB

Der verklagte Besitzer haftet dem Eigentümer nach § 989 BGB auf Schadensersatz wegen Beschädigung, Verschlechterung oder Untergang der Sache, wenn ihn diesbezüglich ein Verschulden trifft. Nach §§ 990, 989 BGB haftet gleichermaßen der bösgläubige Besitzer.

Im Beispiel b) haftet K auf Schadensersatz iHv 300,- EUR, weil er die Lackbeschädigung durch den Sturz fahrlässig verursacht hat (§§ 990, 989 BGB).

Grundsätzlich gilt, dass die Ansprüche aus den §§ 987 ff. BGB alle anderen Anspruchsgrundlagen ausschließen. Hierzu trifft § 992 BGB für die Haftung des deliktischen Besitzers auf Schadensersatz eine Ausnahme. Die Haftung des **Deliktsbesitzers** richtet sich durch die Rechtsgrundverweisung in § 992 BGB zusätzlich nach Deliktsrecht gem. §§ 823 ff. BGB. Neben der Vindikationslage setzt dieser Anspruch die Besitzerlangung durch verbotene Eigenmacht i.S.v. § 858 Abs. 1 BGB voraus.

Im o.g. Beispiel hat K nicht durch verbotene Eigenmacht den Besitz am Rad erlangt, da ihm der Besitz von V freiwillig eingeräumt worden ist. K haftet deshalb nur nach §§ 990, 989 BGB.

Anders verhält es sich, wenn z.B. der betrunkene Autofahrer A vor Übelkeit seinen Wagen am Straßenrand mit Fahrzeugschlüsseln stehen lässt, woraufhin die Passantin P mit dem Fahrzeug davonfährt und den Wagen beim Parkvorgang beschädigt. Aufgrund der bestehenden Vindikationslage und der verbotenen Eigenmacht seitens P bei der Besitzerlangung haftet P auch nach §§ 992, 823 Abs. 1 BGB auf Schadensersatz.

b) Haftungsausschluss nach § 993 BGB

Der unverklagte und gutgläubige Besitzer haftet gem. § 993 BGB grundsätzlich nicht auf Schadensersatz. Eine Haftung auf Schadensersatz kommt nur ausnahmsweise in engen Ausnahmefällen in Betracht, die von der Rechtsprechung entwickelt wurden, um grobe Unbilligkeiten zu vermeiden. Als Beispiel ist der sog. "**Exzess des nichtberechtigten Fremdbesitzers**" anzuführen. Z.B. soll der Mieter einer Sache bei einem nichtigen Mietvertrag für die widerrechtliche Beschädigung der Sache haften.[834] War der Mieter gutgläubig, wäre seine Haftung auf Schadensersatz grundsätzlich nach § 993 BGB ausgeschlossen.

Im Beispiel a) haftet K trotz seines Verschuldens nicht auf Schadensersatz für den Lackschaden. Ein Anspruch aus § 823 Abs. 1 BGB von S gegen K ist nach § 993 BGB ausgeschlossen.

2. Haftung des Besitzers auf Nutzungsersatz

§§ 987 ff. BGB regeln abschließend, ob der unberechtigte Besitzer dem Eigentümer Nutzungen herauszugeben hat, die er während des unrechtmäßigen Besitzes der Sache gezogen hat. Nutzungen einer Sache sind nach §§ 100, 99 BGB die Früchte oder sonstige Vorteile des Gebrauchs der Sache.

Nutzungen sind somit die Gebrauchsvorteile, die durch die Benutzung einer Sache entstehen. Bei KFZ wird ein fester Nutzungswert je nach Fahrzeugtyp von der Rechtsprechung angenommen. Bei Fahrrädern (z.B. Mietfahrrad) kann u.U. ebenfalls ein in Geld zu bemessener Nutzungswert anzunehmen sein. Der verklagte Besitzer und der bösgläubige Besitzer (§ 990 BGB) haften nach § 987 BGB auf Herausgabe dieser gezogenen Nutzungen.

Hat K z.B. das Rad für 10,- EUR pro Tag an Urlauber vermietet, muss er diese Nutzungen gem. §§ 990, 987 BGB an S herausgeben.

---

[834] Beispiel: Mieter M repariert im Winter in seinem Wohnzimmer Motorradmotoren und beschädigt den Holzfussboden. Später stellt sich heraus, dass der Mietvertrag unwirksam ist, was M nicht wusste, als er die Wohnung beschädigte.

Der redliche und unverklagte Besitzer haftet nach § 993 BGB grundsätzlich nicht auf Herausgabe der von ihm im Rahmen einer ordnungsgemäßen Wirtschaft gezogenen Nutzungen.

Der redliche Besitzer haftet nur ausnahmsweise auf Herausgabe der Nutzungen wenn er sog. "Übermaßfrüchte" gezogen hat nach §§ 993, 812 ff. BGB und wenn er den Besitz unentgeltlich erlangt hat (§ 888 BGB). Darüber hinaus ist er nach § 993 BGB zur Herausgabe von Nutzungen nicht verpflichtet, so dass hierdurch auch alle anderen möglichen Anspruchsgrundlagen ausgeschlossen sind.

Somit hat K auch im Falle der Vermietung gem. § 993 BGB keine Nutzungen an S herauszugeben.

Eine Ausnahme besteht nach h.M. nur, wenn der Besitzer den Besitz ohne (vermeintlichen) Rechtsgrund ("rechtsgrundlos") erlangt hat. Dann soll er auch auf Herausgabe der gezogenen Nutzungen haften. Die Rechtsprechung stützt diese Auffassung auf § 988 BGB analog.[835]

N nutzt im Vertrauen auf einen wirksamen Pachtvertrag ein Haus mit Grundstück und Acker, wobei sich später herausstellt, dass der Vertrag unwirksam ist. In diesem Fall hätte er als redlicher Besitzer nach § 993 BGB eigentlich keine gezogenen Nutzungen herauszugeben. Aufgrund der Rechtsgrundlosigkeit seines Besitzes soll er nach der Rechtsprechung dennoch gem. § 988 BGB analog auf Herausgabe der Nutzungen haften. Nach a.A. sind die Nutzungen ausnahmsweise gem. §§ 812 ff. BGB herauszugeben.

3. Verwendungsersatz

Der Besitzer kann nach Maßgabe der §§ 994 ff. BGB Ersatz für seine auf die Sache vorgenommenen Verwendungen verlangen.

Verwendungen sind alle gegenstandsbezogenen Aufwendungen, die einer Sache zugute kommen sollen, indem sie sie wiederherstellen, erhalten oder verbessern.

Verwendungen sind z.B.: Reparatur, Aufbewahrung, Schutzmaßnahmen, die der Grundstückserhaltung dienen (z.B. Errichtung oder Reparatur eines Deiches).

[835] Die h.M. in der Literatur lehnt diese Analogie ab und wendet dafür (ausnahmsweise keine abschließende Regelung der §§ 987 ff. BGB bzgl Nutzungsersatz) die §§ 812 ff. BGB (Leistungskondiktion) an (Müko/*Medicus*, § 988 Rn 9).

Zur Vertiefung: Die Rechtsprechung grenzt den Verwendungsbegriff weiter ein und verlangt, dass durch die Maßnahmen die Sache nicht grundlegend verändert werden darf. Baut jemand ein Auto zum Cabriolet um, liegt wegen der grundlegenden Umgestaltung keine Verwendung vor.

Der Verwendungseratzanspruch richtet sich danach, ob die Verwendungen notwendig und ob der Besitzer redlich war. Der gutgläubige und unverklagte Besitzer kann nach § 994 BGB Ersatz seiner **notwendigen Verwendungen** verlangen. Notwendig sind Verwendungen, die zur Erhaltung oder ordnungsgemäßen Nutzung der Sache objektiv erforderlich sind.[836]

Hat im o.g. Beispiel N die Scheunentore und die Zäune erneuert, weil ansonsten das Haus verfallen wäre, kann er diese notwendigen Verwendungen nach § 994 BGB ersetzt verlangen.

Nicht notwendige Verwendungen kann nur der redliche oder unverklagte Besitzer nach Maßgabe des § 996 BGB herausverlangen, sog. nützliche Verwendungen. **Nützliche Verwendungen** erhöhen den Sachwert (objektiv) oder den Gebrauchswert (Nützlichkeit für den Eigentümer). Ansonsten kann der unredliche Besitzer notwendige Verwendungen gem. § 994 Abs. 2 BGB nur nach den Vorschriften über die Geschäftsführung ohne Auftrag (§§ 677 ff. BGB) ersetzt verlangen.[837] Nach §§ 994 Abs. 2, 677, 683, 670 BGB müssen die Verwendungen hierzu im Interesse des Eigentümers gestanden haben. Unnütze (sog. **Luxus-)Verwendungen** sind nicht ersatzfähig, jedoch besteht gem. § 997 BGB ein Wegnahmerecht für den Besitzer.

Z.B. Tuning eines Fahrzeuges.

[836] Vgl. BGH NJW 1996, 921; Palandt/*Bassenge*, § 994, Rn 5.
[837] Vgl. Müko/*Medicus*, § 994 Rn 19.

Abbildung 56: Das Eigentümer-Besitzer-Verhältnis, §§ 987 ff. BGB

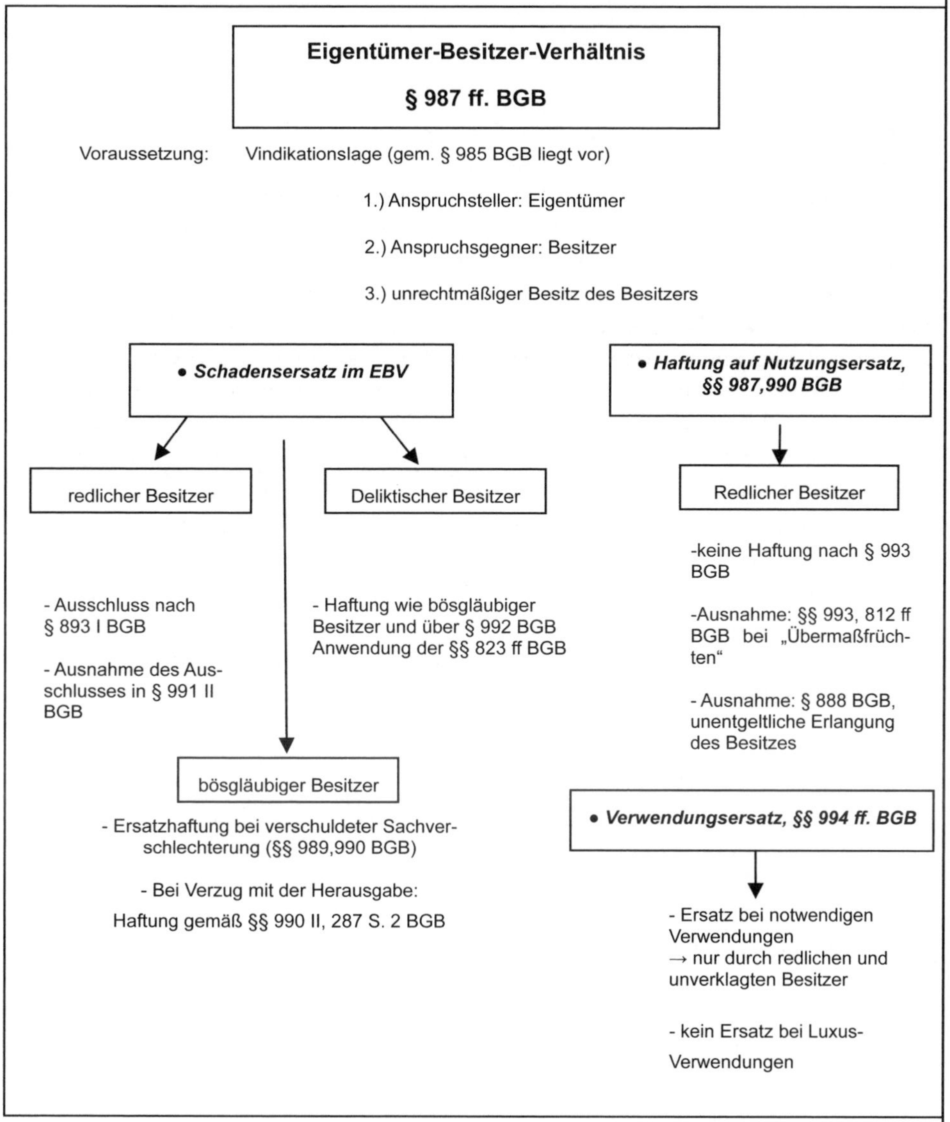

G. Hypothek und Grundschuld

Hypothek und Grundschuld sind sog. Grundpfandrechte und gehören wie die Reallast und die Pfandrechte an beweglichen Sachen zu den dinglichen Verwertungsrechten. Hypothek und Grundschuld sollen die **dingliche Sicherung** des Gläubigers einer bestimmten Forderung für den Fall bewirken, dass der Schuldner diese Schuld nicht begleicht. Die Hypothek stellt eine **dingliche Belastung** des Grundstücks mit einem Verwertungsrecht des Gläubigers der zu sichernden Forderung dar. Der Gläubiger kann nach § 1147 BGB bei Fälligkeit der Hypothek das Grundstück im Wege der Zwangsvollstreckung verwerten und sich hierdurch wegen der gesicherten Forderung befriedigen. Die Hypothek ist von ihrer Entstehung und ihrem Bestand abhängig von der zu sichernden Forderung. Die Grundschuld gewährt dem gesicherten Gläubiger ebenfalls die Verwertung des Grundstücks im Wege der Zwangsvollstreckung, ist aber in Entstehung und Bestand unabhängig zu der zu sichernden Forderung.

L nimmt bei der Bank ein Darlehen iHv 200.000,- EUR auf. Zur Sicherung der Darlehensforderung bestellt L der Bank eine Hypothek an seinem Grundstück. Wenn L später der fälligen Rückzahlungsforderung nicht nachkommt, muss er wegen der Hypothek die Zwangsvollstreckung der Bank in sein Grundstück dulden.

Der Eigentümer des mit der Hypothek (§ 1113 BGB) oder Grundschuld (§ 1192 BGB) belasteten Grundstücks ist aufgrund der Hypothek nicht zur Zahlung der gesicherten Forderung, sondern zur Duldung der Zwangsvollstreckung verpflichtet (§ 1147 BGB).

Die Zwangsvollstreckung kann der Eigentümer des Grundstücks (Sicherungsgeber) jedoch gem. § 1142 BGB abwenden, indem er den Gläubiger wegen dessen Forderung befriedigt. Hypothek und Grundschuld können auch zur Sicherung von Forderungen eines Gläubigers gegen Dritte bestellt werden.

I. Die Hypothek

Eine Hypothek ist gem. §§ 1113 ff. BGB das mit einer Forderung akzessorisch verbundene Recht an einem Grundstück, dieses zum Zwecke der Befriedigung wegen einer bestimmten (gesicherten) Forderung i.R.d. Zwangsvollstreckung zu verwerten (vgl. §§ 1113, 1147 BGB).[838]

[838] Vgl. zur Hypothek das Fallbeispiel von *Richter/Dietrich* JuS 2007, 45 ff.; zu praktischen Fragen der Sicherungsgrundschuld *Freckmann* BKR 2005, 167.

Die Hypothek ist grundsätzlich in der Entstehung und in ihrem Bestand ***streng akzessorisch*** *(abhängig) vom Bestand der zu sichernden Forderung.*

Hinsichtlich der Entstehung und Übertragung einer Hypothek ist zwischen Brief- und Buchhypothek zu unterscheiden.

1. Briefhypothek

Die Briefhypothek ist die Grundform der Hypothek, vgl. § 1116 Abs. 1 BGB. Sie ermöglicht die Übertragung außerhalb des Grundbuchs, da sie für ihre Übertragung keine Grundbuchänderung, sondern stattdessen die Übergabe des Hypothekenbriefs voraussetzt, vgl. § 1154 Abs. 1 BGB. Da sie so besser für den Umlauf ("Verkehr") geeignet ist, wird sie als Verkehrshypothek bezeichnet.

Entstehungsvoraussetzungen einer Briefhypothek gem. §§ 1113, 1117, 873 BGB:

1. wirksame Forderung des Gläubigers (§ 1113 BGB),
2. Einigung zwischen dem Eigentümer des Grundstücks und dem Gläubiger nach § 873 BGB,
3. Eintragung in das Grundbuch, §§ 873, 1115 BGB,
4. Übergabe des Hypothekenbriefs an den Gläubiger bzw. Übergabeersatz (§ 1117 BGB),
5. Berechtigung des Grundstückeigentümers.

Die (Brief-)Hypothek kann ohne die zu sichernde Forderung nicht entstehen, da sie zu dieser streng akzessorisch ist.[839] Der gute Glaube an die zu sichernde Forderung wird beim Ersterwerb (Entstehung) der Hypothek nicht geschützt.

Merke: Gutgläubigkeit wird nur in Bezug auf die Verfügungsberechtigung des im Grundbuch Eingetragenen geschützt (§ 892 BGB).

Fehlt es an der zu sichernden Forderung, entsteht nach § 1163 Abs. 1 BGB allerdings eine **Eigentümergrundschuld**. Die Briefhypothek entsteht darüber hinaus nicht bereits mit der Einigung und Eintragung in das Grundbuch, sondern setzt nach § 1117 BGB die Übergabe des Hypothekenbriefs voraus.

[839] Vgl. ausführlich *Reischl*, JuS 1998, 125.

2. Übertragung der Briefhypothek

Die Übertragung der Hypothek richtet sich gem. § 1153 Abs. 1 BGB nach der Übertragung der gesicherten Forderung. Mit der Übertragung dieser Forderung (§§ 398 ff. BGB) geht unter den Voraussetzungen des § 1154 BGB die Hypothek auf den neuen Erwerber über (vgl. § 1153 Abs. 1 BGB). Die Hypothek kann aufgrund ihrer strengen Akzessorietät grundsätzlich nach § 1153 Abs. 2 BGB nicht ohne die zu sichernde Forderung übertragen werden. Ebenso kann die zu sichernde Forderung nach § 1153 Abs. 2 BGB nicht ohne die Hypothek übertragen werden. Sowohl Forderungs- als auch Hypothekenübergang sind erst mit der schriftlichen Abtretungserklärung und der Briefübergabe gem. § 1154 BGB wirksam. Die Hypothek folgt zwar dem Forderungsübergang, setzt jedoch als Spezialregelung zu §§ 398 ff. BGB die Abtretung der Forderung in Form von § 1154 BGB voraus.

Voraussetzungen der Übertragung der Briefhypothek:

---

1. Einigung über den Forderungsübergang mit schriftlicher Abtretungserklärung (§§ 1154 Abs. 1, 398 BGB),
2. Übergabe des Hypothekenbriefs bzw. ein Übergabesurrogat (§§ 1154 Abs. 1, 1117 BGB).

Zur Vertiefung: Bei der Übertragung einer Briefhypothek kann der gute Glaube an den Bestand der zu sichernden Forderung in Ansehung der Hypothek nach §§ 1138, 892 BGB geschützt sein, so dass ein (forderungsloser) Erwerb der Hypothek ohne tatsächlich bestehende Forderung möglich und der Akzessorietätsgrundsatz zu Gunsten des guten Glaubens bei der Übertragung durchbrochen sein kann.[840]

3. Buchhypothek

Bei der Buchhypothek ist gem. § 1116 Abs. 2 BGB die Erteilung des Hypothekenbriefs ausgeschlossen, was im Grundbuch eingetragen werden muss. Im Übrigen bestehen für sie die allgemeinen Entstehungsvoraussetzungen der §§ 873, 1113 ff. BGB.

---

[840] Sog. Forderungsfiktion.

Voraussetzungen der Entstehung einer Buchhypothek:

1. Existenz der zu sichernden Forderung (Akzessorietät),
2. Einigung zwischen dem Grundstückseigentümer und dem Gläubiger (§ 873 BGB),
3. Eintragung in das Grundbuch (§§ 873, 1115 BGB),
4. Einigung und Eintragung der Ausschließung der Hypothekenbrieferteilung (§ 1116 Abs. 2 BGB),
5. Berechtigung des Grundstückeigentümers.

4. Übertragung der Buchhypothek

Gleichermaßen wie bei der Briefhypothek folgt auch die Übertragung der Buchhypothek gemäß § 1153 Abs. 1 BGB der Übertragung der zu sichernden Forderung. Nach § 1154 Abs. 3 BGB ist die Übertragung der Buchhypothek gem. § 873 BGB in das Grundbuch einzutragen. Ist die Forderung in Form der §§ 1154 Abs. 2, 873 BGB übertragen, erwirbt der Empfänger gem. § 1153 Abs. 1 BGB mit der Forderung die Buchhypothek.

Die Buchhypothek wird mit der Forderung übertragen durch

- Einigung über die Abtretung der Forderung auf den Erwerber (§§ 398 ff. BGB),
- Grundbucheintragung des Erwerbers als Gläubiger (§§ 1154 Abs. 3, 873 BGB).

Bei der Buchhypothek ist der gute Glaube bezüglich der zu sichernden Forderung in Ansehung der Hypothek nach den §§ 1138, 892, BGB geschützt, so dass die strenge Akzessorietät der Hypothek zur Forderung bei der Übertragung durchbrochen sein kann. Zur Vertiefung: Dies gilt nicht, wenn die Buchhypothek gem. §§ 1184 Abs. 2, 1185 Abs. 1 BGB als **Sicherungshypothek** im Grundbuch eingetragen ist, weil § 1185 Abs. 2 BGB u.a. die Anwendbarkeit von § 1138 BGB ausschließt.

II. Die Grundschuld

1. Inhalt und Begründung

Die Grundschuld ist gem. § 1191 BGB das Recht an einem Grundstück, dieses wegen eines bestimmten Kapitalbetrages bei Fälligkeit (§ 1193 BGB) verwerten zu können. Ebenso wie bei der Hypothek schuldet der Eigentümer des mit der Grundschuld belasteten Grundstücks nicht Erfüllung der Forderung, sondern die Duldung der

Zwangsvollstreckung in sein Grundstück zur Verwertung durch den Gläubiger.[841] Anders als die Hypothek ist die Grundschuld in ihrer Entstehung und ihrem Bestand von der zu sichernden Forderung nicht akzessorisch (abhängig). Auf die Grundschuld finden die Vorschriften über die Hypothek entsprechende Anwendung, soweit sich nicht aus dem Wesen der Grundschuld ein anderes ergibt (vgl. § 892 Abs. 1 BGB).

Entstehungsvoraussetzungen der Grundschuld nach §§ 1192, 873 BGB:

1. Einigung
2. Eintragung in das Grundbuch

Die Grundschuld ist das praktisch bedeutendste Grundpfandrecht und hat die Hypothek weitgehend verdrängt.

2. Übertragung der Grundschuld

Die Übertragung der Grundschuld ist unabhängig von der Übertragung der zu sichernden Forderung. Die Grundschuld kann sowohl ohne die Forderung als auch die Forderung ohne die Grundschuld übertragen werden. Folglich ist bei der durch eine Grundschuld gesicherten Forderung zur Abtretung der Forderung (§§ 398 ff. BGB) nicht die Form des § 1154 BGB zu beachten. Nur die Übertragung der Grundschuld richtet sich nach § 1154 BGB. Aus der Besonderheit der Grundschuld ergibt sich, dass diese selbst Übertragungsgegenstand ist. Zur Übertragung ist jedoch nach der Art der Grundschuld zu unterscheiden.

*Die Übertragung einer **Briefgrundschuld** erfolgt nach § 1154 Abs. 1, Abs. 2, 1192 BGB durch ihre Abtretung und Übergabe des Grundschuldbriefes.*

*Die Übertragung einer **Buchgrundschuld** erfolgt nach § 1154 Abs. 3, 1192 BGB durch ihre Abtretung und Eintragung in das Grundbuch.*

III. Ansprüche aus Hypothek und Grundschuld

Gem. § 1147 BGB erfolgt sowohl bei der Hypothek als auch bei der Grundschuld die Befriedigung des Gläubigers durch Zwangsvollstreckung in das Grundstück. Voraussetzung für die Zwangsvollstreckung ist ein dinglicher Titel, der wegen eines bestimmten Betrages die Vollstreckung in das Grundstück gestattet.

841 Vgl. zu den Grundfällen der Grundschuld *Reischl* JuS 1998, 614.

Nach § 1134 Abs. 1 BGB besteht für den Hypotheken- und Grundschuldgläubiger die Möglichkeit der Unterlassungsklage, soweit der Grundstückseigentümer oder Dritte auf das Grundstück in solcher Weise einwirken, dass eine die Sicherheit der Hypothek bzw. Grundschuld gefährdende Verschlechterung des Grundstücks zu besorgen ist.

Der Eigentümer des Grundstücks kann den Gläubiger bei Fälligkeit bezüglich seiner zu sichernden Forderung zur Vermeidung der Zwangsvollstreckung in sein Grundstück befriedigen (§ 1142 BGB). Handelt es sich um eine Hypothek, welche zur Sicherung einer Forderung gegen einen Dritten eingetragen ist, geht die Forderung mit der Zahlung auf den Grundstückeigentümer über, so dass dieser selbst vom Schuldner Zahlung verlangen kann (§ 1143 BGB).

Bei der Zahlung auf eine Grundschuld steht in diesem Fall dem Grundstückseigentümer ein schuldrechtlicher Anspruch[842] gegen den befriedigten Gläubiger auf Abtretung der Forderung zu.

Abbildung 57: Hypothek und Grundschuld

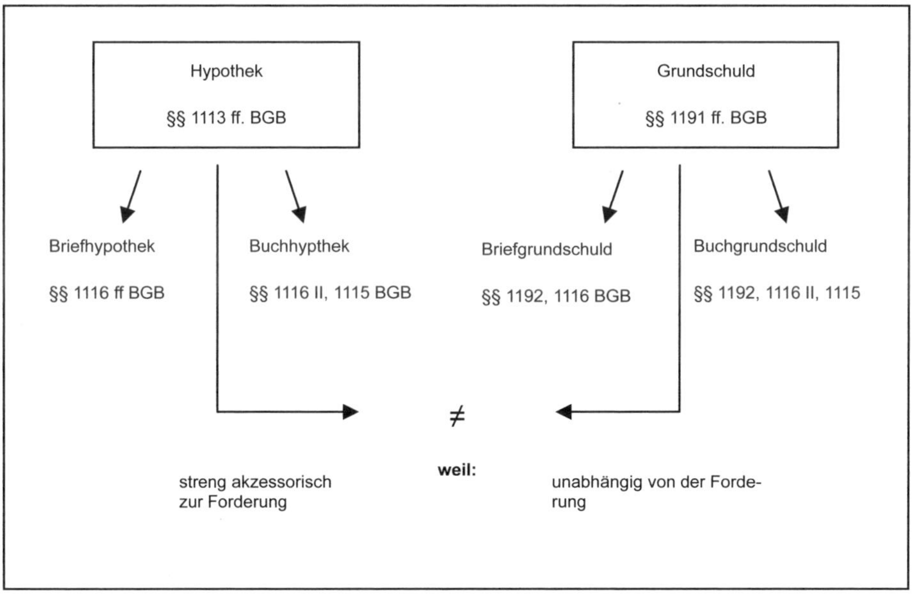

842 Anspruch aus dem der Grundschuldgewährung zugrundeliegenden Sicherungsvertrag.

Sechstes Kapitel

Europarecht und Internationales Privatrecht (IPR)

A. Europarecht und deutsches Zivilrecht

Nach der Darstellung der Systematik im BGB erfolgt ein Überblick zum Europarecht[843], das auch Einfluss auf das Verhältnis von Unionsbürgern[844] untereinander hat. Der Bürger kann, wie juristische Personen des Privatrechts, **unmittelbar** oder **mittelbar** durch das Gemeinschaftsrecht berechtigt oder verpflichtet werden. Während unmittelbare Rechtspositionen direkt und ohne weitere Zwischenschritte aus der jeweils zugrunde liegenden Rechtsvorschrift zu entnehmen sind, bedürfen diese im Fall der mittelbaren Wirkung der Umsetzung durch die jeweilige mitgliedstaatliche Regierung. Das europäische Gemeinschaftsrecht gewinnt insoweit auch zunehmend für die zivilrechtliche Fallbearbeitung an Bedeutung, da es grundsätzlich die nationale Rechtsordnung und damit auch das deutsche Recht durch seine Rechtswirkungen beeinflusst, auch wenn sich der Rechtsanwender aufgrund der grundsätzlich nur indirekten Auswirkungen des EU-Rechts in Form von umzusetzenden Richtlinien nicht immer bewusst ist.

Das Gemeinschaftsrecht wird gemäß des bestehenden Rangverhältnisses zwischen den einzelnen Rechtsquellen in Primär- und Sekundärrecht unterschieden.

I. Europäisches Primärrecht

Zum **Primärrecht,** sog. **Verfassungsrecht der EU,** zählen als geschriebenes Recht die drei Gründungsverträge[845] einschließlich der **EG-Grundfreiheiten**[846] inkl. ihrer An-

---

[843] Zur Vertiefung des Europarechts siehe u.a. die Lehrbücher von *Streinz* "Europarecht"(2005) und *Haratsch/Koenig/Pechstein* "Europarecht" (2006).

[844] EuGH Urteil v. 17.09.2002 Rs C 413/99; EuGH Urteil v. 02.10.2003 Rs. C 148/02; Vgl. dazu auch *Reich,* Unionsbürgerschaft, in: Sommer/v. Westphalen (Hrsg.), Staatsbürgerlexikon, München 1998, S. 925. Siehe zu den Rechten der Unionsbürger auch *Hilf,* Die Union und die Bürger, integration 1997, S. 247 ff.; vgl. auch *Reich,* Petitionen an das Europäische Parlament, in: *Bockhofer* (Hrsg.), Mit Petitionen Politik verändern, Baden-Baden 1999, S. 129 ff.

[845] Vertrag über die EGKS (Pariser Vertrag v. 18.4.1951), Vertrag zur Gründung der EURpäischen Wirtschaftsgemeinschaft und Vertrag zur Gründung der EURpäischen Atomgemeinschaften (Römische Verträge v. 25.3.1957); BGBl. 1957 II, 766 ff.

[846] Siehe dazu EuGH Urteil v. 05.11.2002 Rs. C-208/00 (Überseering); EuGH Urteil v. 23.09.2003 Rs. C-109/01 (Akrich); EuGH Urteil v. 13.05.2003 Rs C-385/99 (Müller Fauré); EuGH Urteil v. 20.05.2003 Rs. C-469/00 (Grana Padano); *Epiney,* NVwZ 1999, 1072 ff.; *Odendahl,* JA 1996,221 ff.; *Schneider,* NJ 1996, 512 ff.; *Eberhartinger,* EWS 1997,43 ff.; *Classen,* EWS 1995,97 *ff.; Jarass,* AöR 1995,202 ff.

nexe in Form von Anhängen und Protokollen, z.B. Protokolle über die Satzung des EuGH (Art. 245 EGV[847]). Weiterhin gehören zum Primärrecht die von den Mitgliedstaaten später geschlossenen Änderungsverträge, die Beitritts- und Assoziierungsverträge sowie die Verträge mit Drittstaaten. Regeln über die Fortbildung und Änderung des primären Gemeinschaftsrechts sind in Art. 48 EUV begründet. Beispiele für eine Änderung des Primärrechts sind die EEA[848] und der EUV[849]. Diese Rechtsakte stehen auf der derselben Rangebene. Das Verhältnis der Rechtsakte untereinander wird durch die Grundsätze des Vorrangs des **lex posterior** derogat legi priori (das neuere Gesetz geht dem älteren vor) und des **lex specialis** derogat legi generali (das besondere Gesetz geht dem allgemeinen vor) bestimmt.

Zum ungeschriebenen Primärrecht gehören auch die vom EuGH[850] im Wege richterlicher Rechtsfortbildung (und zum Teil im Wege freier richterlicher Rechtsschöpfung) entwickelten allgemeinen Rechtsgrundsätze. Dazu zählen insbesondere die Gemeinschaftsgrundrechte[851] und das Demokratieprinzip[852] sowie die rechtsstaatlich gebotenen Garantien des Verwaltungsverfahrens mit dem Verhältnismäßigkeitsgrundsatz.

Für die Frage nach der privatrechtsgestaltenden Wirkung des Europarechts sind aus dem Bereich des **Primärrechts** insbesondere die **EG-Grundfreiheiten** von Bedeutung (vgl. zur Warenverkehrsfreiheit Art. 23 ff. EGV; zur Arbeitnehmerfreizügigkeit Art. 39 ff. EGV; zur Niederlassungsfreiheit, Art. 43 ff. EGV; zum freien Dienstleistungsverkehr Art. 49 ff. EGV; zum freien Kapital- und Zahlungsverkehr Art. 56 ff. EGV). Ziel der Grundfreiheiten ist es, eine Diskriminierung der Unionsbürger bzw. der Wirtschaftsteilnehmer durch die jeweiligen Mitgliedsländer zu verhindern. Beispielsweise bringt es die Niederlassungsfreiheit für Arbeitnehmer mit sich, dass auch ein privater Arbeitgeber einen Arbeitnehmer nicht aufgrund seiner Herkunft aus einem anderen Mitgliedstaat nachtteilig behandeln darf. Desweiteren werden durch die Gewährleistung der Grundfreiheiten national beschränkte Märkte für den freien Binnenhandel geöffnet. Durch die gleichzeitige Öffnung der nationalen Rechtsordnungen wird erreicht, dass der freie Waren- und Dienstleistungsverkehr keine Beschränkungen erfährt. Auf diese Weise werden die **Gleichbehandlung** der Wirtschaftsteilnehmer im Gebiet der Europäischen Gemeinschaft und eine Freistellung von nationalstaatlichen Reglementierungen angestrebt.

---

847 Gemäß der konsolidierten Fassung nach dem Vertrag von Amsterdam (Am V). Siehe dazu *Reich,* Amsterdamer Vertrag, in: Sommer/v. Westphalen (Hrsg.), Staatsbürgerlexikon, München 1998, S. 19f.

848 Einheitliche Europäische Akte vom Februar 1986, am 1.7.1987 in Kraft getreten.

849 Vertrag über die Europäische Union vom Februar 1992, am 1.11.1993 in Kraft getreten. Siehe dazu *Reich,* EU-Vertrag, in: Sommer/v. Westphalen (Hrsg.), Staatsbürgerlexikon, München 1998, S. 289 f.

850 Vgl. hierzu *Reich,* Europäischer Gerichtshof, in: Sommer/v. Westphalen (Hrsg.), Staatsbürgerlexikon, München 1998, S. 302 ff.

851 Vgl. zu den Grundrechten im Gemeinschaftsrecht *Bleckmann,* Europarecht, Rn 98 ff., 587 ff.

852 Siehe dazu *Reich,* Rechte des Europäischen Parlaments in Gegenwart und Zukunft, Berlin 1999, S. 23 ff.

Die Grundfreiheiten begründen vorrangig gegen die Mitgliedstaaten gerichtete Rechtspositionen. Aufgrund der unmittelbaren Anwendbarkeit und Rechtswirkung der Grundfreiheiten zwischen der EG und den Mitgliedstaaten einerseits und zwischen den Mitgliedstaaten und ihren Bürgern andererseits, kann in diesen Rechtsverhältnissen direkt auf die Grundfreiheiten zurückgegriffen werden. Dabei ist jedoch zu beachten, dass sekundäres Gemeinschaftsrecht, z.B. eine EG-Richtlinie (Art. 249 Abs. 3 EGV), als spezielleres Recht/lex specialis dem primären Gemeinschaftsrecht (z.B. der Grundfreiheit der Niederlassungsfreiheit als allgemeinerem Recht/lex generalis) vorgeht. So ist beispielsweise die Handlung des Arbeitgebers vorrangig auf ihre Vereinbarkeit mit dem Allgemeinen Gleichstellungsgesetz (AGG) zu prüfen, welches auf der Umsetzung verschiedener Richtlinien[853] beruht, bevor z.B. die Niederlassungsfreiheit selbst angeführt werden kann.

Bei der innerstaatlichen Rechtsanwendung haben die Grundfreiheiten die nachstehenden Rechtsfolgen: Sie entfalten für alle Rechtsadressaten unmittelbar verbindliche Rechtswirkungen. Demzufolge sind gem. Art. 20 Abs. 3 und Art. 1 Abs. 3 GG deutsche Behörden und Gerichte an die Grundfreiheiten gebunden. In der Praxis kann es dazu kommen, dass nationale Rechtsnormen nicht mehr anzuwenden sind, soweit sie mit den Grundfreiheiten nicht in Einklang stehen.[854] In diesem Fall ist jeder deutsche Verwaltungsbeamte und Richter befugt, sich selbst über das jeweilige nationale Recht hinwegzusetzen, falls eine **gemeinschaftsrechtkonforme Auslegung** der Norm nicht in Betracht kommt. Zumindest kommt den Grundfreiheiten auch im Rahmen der gemeinschaftsrechtskonformen Auslegung nationalstaatlicher Normen nicht unerhebliche Bedeutung zu.[855]

Desweiteren Zählen die wettbewerbs- und kartellrechtlichen Vorschriften in den Art. 81 ff. EGV zu den im Primärrecht enthaltenen privatrechtlichen Normen, denn diese richten sich auch an die Unternehmen in den Mietgliedsstaaten selbst.[856]

Bei anderen Normen ist es umstritten, ob sie Wirkungen zwischen Privaten entfalten können. So wird teilweise vertreten, aus Art. 153 EGV könne der Verbraucher ein Recht auf Information gegen seinen privaten Vertragspartner ableiten.[857] Die herrschende Ansicht lehnt diese Auffassung zutreffend ab.

---

853 Richtlinie 2000/43/EG des Rates vom 29. Juni 2000; Richtlinie 2000/78/EG des Rates vom 27. November 2000; Richtlinie 2002/73/EG des Europäischen Parlaments und des Rates vom 23. September 2002 zur Änderung der Richtlinie 76/207/EWG; Richtlinie 2004/113/EG des Rates vom 13. Dezember 2004.

854 Vgl. EuGH Rs 6/64 Slg 1964, 1251 Costa/Enel.

855 Vgl. exemplarisch EuGH RS. C-17/03, EnZW 2005, 695; Literatur zur europarechtskonformen Auslegung nationaler Normen sowie zur Auslegungspraxis des EuGH: Canaris, FS Bydlinski, 2002 , S. 47.

856 Siehe Dazu auch EuGH Urteil v. 04.03.2003 Rs. T 319/99 (Federacion Nacional de Empresas (EuZW 2003, 283).

857 *Norbert Reich*, VuR 1999, S. 3, 6 ff.

II. Europäisches Sekundärrecht

Das sog. **Sekundärrecht** besteht aus den Rechtsakten der Gemeinschaften und steht im Rangverhältnis dem Primärrecht nach. Gemäß Art. 249 EGV erlassen das Europäische Parlament und der Rat gemeinsam, der Rat und die Kommission Verordnungen, Richtlinien und Entscheidungen, sprechen Empfehlungen aus oder geben Stellungnahmen ab.[858]

Dem **Prinzip der begrenzten Ermächtigung**[859] entsprechend wird damit ein Katalog der Rechtshandlungen der zur Sekundärrechtsetzung berufenen Gemeinschaftsorgane (Europäisches Parlament, Rat und Kommission) festgelegt. Hinsichtlich der Rechtswirkungen ist zwischen verbindlichen und unverbindlichen Rechtshandlungen zu unterscheiden.

Grundsätzlich sind Verordnungen, Richtlinien und Entscheidungen verbindlich, dagegen Empfehlungen und Stellungnahmen unverbindlich. **Verordnungen** nach Art. 249 Abs. 2 EGV beziehen sich auf alle Mitgliedstaaten und Gemeinschaftsangehörige, wobei verbindliche Rechtswirkungen entstehen. **Richtlinien** gemäß Art. 249 Abs. 3 EGV richten sich an alle oder bestimmte Mitgliedstaaten und sind grundsätzlich nur in Bezug auf das vorgegebene Ziel verbindlich. **Entscheidungen** i.S.v. Art. 249 Abs. 4 EGV beziehen sich verbindlich auf bestimmte Mitgliedstaaten oder bestimmte Personen. **Empfehlungen** nach Art. 249 Abs. 5 EGV richten sich an alle oder bestimmte Mitgliedstaaten sowie ausnahmsweise an ein anderes Gemeinschaftsorgan oder Einzelpersonen und entfalten dabei nur unverbindliche Rechtswirkungen. Eine **Stellungnahme** gemäß Art. 249 Abs. 5 EGV, die sich an ein anderes Gemeinschaftsorgan, bestimmte Mitgliedstaaten oder an einen unbestimmten Adressatenkreis richtet, ist ebenfalls unverbindlicher Rechtsnatur.

Auswirkungen auf das deutsche Zivilrecht können dabei besonders Verordnungen und Richtlinien haben.

1. EG-Verordnungen

Die Allianz AG entschließt sich 2006, ihre Rechtsform von einer Aktiengesellschaft nach deutschem Recht nach Verschmelzung mit einer italienischen Gesellschaft in eine Europäische Gesellschaft (SE: Societas Europaea) umzuwandeln.

---

[858] Siehe im einzelnen zu den Rechtsetzungsverfahren *Reich,* Rechte des Europäischen Parlaments in Gegenwart und Zukunft, Berlin 1999, S. 128 ff.

[859] Vgl. Art. 5 Abs. 1, 7 Abs. 1, 249 EGV, hierzu auch *Reich,* Rechte des Europäischen Parlaments in Gegenwart und Zukunft, Berlin 1999, S. 128.

Eine EG-Verordnung hat nach Art. 249 Abs. 2 EGV allgemeine Geltung. Sie ist in allen ihren Teilen verbindlich und gilt unmittelbar in jedem Mitgliedstaat. Mit der "allgemeinen Geltung" kommt zum Ausdruck, dass die Verordnung eine unbestimmte Anzahl von Sachverhalten **generell** und **abstrakt** regelt.

Die "unmittelbare Geltung" beinhaltet, dass es **keines weiteren Umsetzungsaktes** der einzelnen EU-Mitgliedstaaten bedarf. Vielmehr haben beispielsweise die deutsche Judikative oder Exekutive die Verordnungen anzuwenden und ggf. entgegenstehendes nationales Recht außer Betracht zu lassen und nicht anzuwenden. Dies ist nicht zu verwechseln mit der Verwerfungskompetenz des Bundesverfassungsgerichts wonach eine Norm selbst für nichtig erklärt werden kann. Über die Beachtung des Vorrangs und den Vollzug der Verordnungen durch nationale Gerichte und Behörden hinaus haben Mitgliedstaaten alle Maßnahmen zu unterlassen, welche die unmittelbare Geltung der Verordnungen in Frage stellen. Die Anwendung der Verordnung durch die nationalen Behörden und der Schutz der durch die Verordnung begründeten Rechte des einzelnen sind durch die nationalen Gerichte sicherzustellen. Soweit eine Verordnung Regelungen enthält, die nationale Durchführungsakte erforderlich machen, sind die Mitgliedstaaten nach Art. 10 Abs. 1, S. 1 EGV verpflichtet, diese zu erlassen.

Für die Frage nach der **privatrechtsgestaltenden Wirkung** hatten EG-Verordnungen bislang nur eine untergeordnete Bedeutung. Verordnungen kommen auf gesamteuropäischer Ebene zur europaeinheitlichen Regelung beispielsweise im Bereich des Gesellschaftsrechts für die Europäische AG[860] und im Vereinsrecht für Regelungen zum Europäischen Verein[861] in Betracht.[862]

Im Beispielsfall richtet sich die Umwandlung direkt nach der EG-Verordnung 2157/2001, welche nach einer Übergangsfrist von drei Jahren im Oktober 2004 in Kraft getreten ist, sowie dem für sie erlassenen Ausführungsgesetz. Eine Änderung der Rechtsform ist zudem auch möglich, wenn die Allianz AG mit einer anderen Gesellschaft aus einem anderen Mitgliedsstaat/Italien verschmolzen wird und dabei die Rechtsform einer SE annimmt.

2. EG-Richtlinien

Der Vorstand der Allianz AG fragt sich, was bei der geplanten Verschmelzung mit der italienischen Gesellschaft zur Allianz

860 EG-Verordnung 2157/2001 über das Statut der Europäischen Gesellschaft (SE) vom 8. Oktober 2001.

861 Siehe die geänderten Vorschläge KOM(93) 252 endg. Amtsblatt C 236 vom 31.8.1993 und Stellungsnahme des Europäischen Parlaments: Erste Lesung C 42 vom 15.02.1993.

862 Siehe auch die Verordnung über die Schaffung einer Europäischen Wirtschaftlichen Interessenvereinigung (EWIV), abgedruckt bei *Habersack,* Europäisches Gesellschaftsrecht, München 1999.

SE bezüglich der Arbeitnehmerbeteiligung zu beachten ist. Diesbezüglich ist dem Vorstand die Richtlinie 2001/86/EG zur Ergänzung des Statuts der Europäischen Gesellschaft hinsichtlich der Beteiligung der Arbeitnehmer vom 8. Oktober 2001 bekannt.

Eine EG-Richtlinie ist nach Art. 249 Abs. 3 EGV für jeden Mitgliedstaat, an den sie gerichtet wird, hinsichtlich des zu erreichenden **Zieles verbindlich.** Die Wahl der Form und der Mittel zur Umsetzung des Zieles der Richtlinie ist dabei den innerstaatlichen Stellen überlassen. Dadurch kommt es grundsätzlich zu einem zweistufigen Rechtsetzungsverfahren, bei dem der Inhalt der Norm durch die EG-Organe vorgegeben wird und die konkrete Ausgestaltung in nationaler Zuständigkeit erfolgt. Mit Hilfe der Richtlinie wird insbesondere die **Harmonisierung mitgliedstaatlichen Rechts** ermöglicht. In diesem Sinne führte auch die die EG-Verbrauchsgüterrichtlinie umsetzende deutsche Schuldrechtsreform zu wesentlichen Änderungen der bisherigen deutschen Rechtsordnung. Das die Richtlinie ausführende Recht sowie staatliche Rechtsnormen, die vom Wirkungsbereich der Richtlinie erfasst werden und deren Wirkung beeinträchtigen könnten, sind nach Art. 10 EGV **richtlinienkonform auszulegen.**

Anwendung für die Frage der Arbeitnehmerbeteiligung findet also nicht die Richtlinie 2001/86/EG selbst, sondern das aufgrund dieser vom deutschen Gesetzgeber erlassene Gesetz über die Beteiligung der Arbeitnehmer in einer Europäischen Gesellschaft vom 8. 10. 2001 (SE-Beteiligungsgesetz)[863].

Mit dem Erlass der Richtlinie tritt eine sog. **Sperrwirkung** ein, weil innerhalb des Regelungsbereiches der Richtlinie keine entgegenstehenden Normen durch den nationalen Gesetzgeber geschaffen oder richtlinienkonform harmonisierte staatliche Rechtsvorschriften später nicht entgegen dem Richtlinienziel abgeändert werden können.[864] Sofern Streitigkeiten über die Auslegung von Richtlinien auftreten, kommt das Vorabentscheidungsverfahren vor dem EuGH in Betracht, vgl. Art. 234 EGV.

Die Mitgliedstaaten sind verpflichtet, die **Richtlinie** innerhalb der in dieser festgesetzten **Frist umzusetzen** und ggf. bestehende Rechtsvorschriften dem Inhalt der Richtlinie anzupassen. Wenn ein Mitgliedstaat dieser Umsetzungspflicht nicht fristgemäß nachkommt, kann es unter bestimmten Voraussetzungen auch zu einer unmittelbaren Rechtswirkung von Richtlinien kommen. Anderenfalls wäre die tatsächliche Durchsetzbarkeit, der sog. **effet utile** in Frage gestellt. Denn jeder Mitgliedstaat hätte es ansonsten selbst in der Hand, die mit der Richtlinie von der Gemeinschaft vorgesehenen Ziele hinauszuzögern oder zu vereiteln. Ein Vertragsverletzungsverfahren nach Art. 226 EGV zur Beseitigung dieses Zustandes ist diesbezüglich insofern unzureichend, als es die Verzögerung der Umsetzung nicht verhindert.

---

863 Siehe dazu *Kraft*, Die Europäisierung der deutschen Mitbestimmung durch das SE-Beteiligungsgesetz, 2005.

864 Siehe dazu EuGH Rs. C-129/96, NVwZ 1998, 385 ff.

Eine ausnahmsweise **unmittelbare Rechtswirkung** von Richtlinien setzt nach der Rechtsprechung des EuGH voraus, dass

1. die Umsetzungsfrist abgelaufen ist,
2. die Richtlinie einen einzelnen begünstigt und
*3. der Inhalt unbedingt, hinreichend genau und dadurch unmittelbar anwendbar - **self executing** - ist und den Mitgliedstaaten kein eigener Umsetzungsspielraum verbleibt.*

Dadurch soll ein Mitgliedsstaat einem Bürger, der sich auf ein ihm in der Richtlinie gewährtes subjektives Recht berufen will, nicht entgegenhalten können, die Richtlinie wäre noch nicht umgesetzt. Insoweit zeigt sich der Sanktionscharakter dieser Rechtsprechung gegenüber umsetzungssäumigen Mitgliedstaaten. Diese unmittelbare Rechtswirkung besteht nur im vertikalen Verhältnis des einzelnen gegenüber staatlichen Stellen, sog. **vertikale Direktwirkung** von Richtlinien.

Eine unmittelbare **horizontale Wirkung** im Verhältnis der einzelnen Privatrechtssubjekte untereinander hat der EuGH bislang abgelehnt, da die entgegenstehende Auffassung die Unterscheidung zwischen Richtlinie und Verordnung verwischen würde und Art. 249 Abs. 3 EGV für eine den Unionsbürger belastende Entscheidung keine hinreichende Rechtsgrundlage darstelle.[865] Abzuwarten bleibt jedoch, ob der EuGH auch in Zukunft an dieser Auffassung festhalten wird. Zum einen hat der EuGH in der Mangold Entscheidung[866] einen allgemeinen Grundsatz des Europarechts (**Primärrecht**) angewendet, obwohl die Mitgliedstaaten wegen der **Richtlinie** einen eigenen Gestaltungsfreiraum hatten. Zum anderen verlangt der EuGH zunehmend von nationalen Gerichten, Richtlinien im Zweifel vorrangig vor nationalem Recht anzuwenden.

Insgesamt könnte sich aus diesen Ansätzen eine unmittelbare Wirkung zwischen Privaten ergeben, das heisst EG-Richtlinienrecht könnte in Ausnahmefällen Rechtsbeziehungen Privater regeln, ohne dass es eines nationalen Gesetzes bedarf.

Aufgrund des Umstandes, dass die nationalen Gerichte innerstaatliches Recht dahingehend anzuwenden und auszulegen haben, dass es soweit wie möglich mit dem Wortlaut und den Zielen der Richtlinie konform ist, sog. richtlinienkonforme Auslegung[867], sind nicht umgesetzte Richtlinien unter Umständen auch im Verhältnis **der** Bürger bzw. nicht hoheitlichen Rechtsträger untereinander zu beachten.

Diese Pflicht zur richtlinienkonformen Interpretation setzt jedoch wiederum grundsätzlich voraus, dass die Umsetzungsfrist abgelaufen ist. In diesen Fällen werden auch diejenigen Richtlinien erfasst, die sich grundsätzlich nicht zur unmittelbaren Anwendbarkeit eignen.

---

865 Vgl. EuGHE 1986, 723/749 – Marshall.
866 EuGH Urteil vom 22.11.2005, C-144/04.
867 Siehe zum Grundsatz richtlinienkonformer Auslegung EuGH, EuZW 1999, 244, Rn 24.

Ausnahmsweise kann der Inhalt einer EG-Richtlinie auch dann im Wege richtlinienkonformer Auslegung berücksichtigt werden, wenn die **Umsetzungsfrist noch nicht abgelaufen** ist.[868] Beispielsweise hat der Bundesgerichtshof die Richtlinie 97/55/EG (über irreführende Werbung zwecks Einbeziehung der vergleichenden Werbung)[869] bereits vor Ablauf der dreißigmonatigen Umsetzungsfrist in seiner Entscheidung berücksichtigt.[870] Dieses Vorgehen erfolgte im Rahmen der Anwendung von § 1 UWG a.F. (jetzt § 3 UWG). Die Weite der damals geltenden Generalklausel ("Wer im geschäftlichen Verkehr zu Zwecken des Wettbewerbs Handlungen vornimmt, die gegen die guten Sitten verstoßen, kann auf Unterlassung und Schadensersatz in Anspruch genommen werden") ermöglichte eine Änderung des deutschen (Richter-)Rechts. Sie verwies für die Beurteilung wettbewerbsrelevanter Verhaltensweisen auf den Maßstab der "guten Sitten". Diesen Maßstab hatte der BGH im Sinne der EG-Richtlinie gelockert und dieser angepasst. Im Zuge der Harmonisierung des Lauterkeitsrechts ermöglichte die Generalklausel des § 1 UWG a.F. eine frühzeitige Anpassung an die **Europäische Rechtsentwicklung** anstelle einer Festschreibung bis dahin geltender, abweichender **nationaler** Rechtsprechungsgrundsätze, die ohnehin spätestens nach Ablauf der Umsetzungsfrist für die EG-Richtlinie keinen Bestand mehr gehabt hätten. Damit ist der BGH konsequent der gemeinschaftsrechtlichen Pflicht -entsprechend der Rechtsprechung des EuGH- nachgekommen, dass Mitgliedstaaten Maßnahmen zu unterlassen haben, die von der Zielsetzung einer Richtlinie wegführen.

Schließlich entfaltet eine Richtlinie gegenüber Mitgliedstaaten, an die sie gerichtet ist, bereits zum Zeitpunkt ihrer Bekanntgabe an Rechtswirkungen, vgl. Art. 254 Abs. 3 EGV. Zwar kann den Mitgliedstaaten kein Vorwurf gemacht werden, wenn sie die Richtlinie nicht vor Ablauf der Umsetzungsfrist, die ihnen die für den Erlass der Umsetzungsmaßnahmen erforderliche Zeit geben soll, in ihre Rechtsordnung umsetzen. Gleichwohl obliegt es den Mitgliedstaaten nach der Rechtsprechung des EuGH, während der Umsetzungsfrist die erforderlichen Maßnahmen zu ergreifen, um sicherzustellen, dass das in der Richtlinie vorgeschriebene Ziel bei Ablauf der Umsetzungsfrist erreicht wird.[871]

Wenn Richtlinien nicht frist- oder ordnungsgemäß von den Mitgliedstaaten umgesetzt werden und das Ziel der Richtlinie auch nicht durch richtlinienkonforme Auslegung des nationalen Rechts erreichbar ist, kann dem durch die Richtlinie berechtigten Einzelnen nach der Rechtsprechung des EuGH ein **Schadensersatzanspruch** zustehen:[872]

---

868 Siehe auch den Fall zum Abfallbegriff EuGH, NVwZ 1998, 385 ff.

869 ABI. EG Nr. L 290 v. 23.10.1997, S. 18.

870 BGH NJW 1998, 2208.

871 EuGH, EuZW 1998, 167.

872 Siehe EuGH Slg. 1991 1-5357/5416, EuGH, NJW 1992, 165 "Francovich"; EuGH, NJW 1996, 1267 "Wagner Miret"; EuGH NJW 1996.

Dieser im Gemeinschaftsrecht begründete Anspruch setzt voraus,

1. *dass das Ziel der Richtlinie die Verleihung von subjektiven Rechten an den Einzelnen ist,*
2. *der Inhalt der Richtlinie hinreichend genau bestimmt ist bzw. bestimmt werden kann, und*
3. *ein Kausalzusammenhang zwischen dem Pflichtverstoß des jeweiligen Mitgliedstaates und dem entstandenen Schaden besteht.*

Dass die Bundesrepublik Deutschland für die Nichtumsetzung der EG-Richtlinie 90/314 zu Pauschalreisen im Fall MP-Travel[873] nicht haftete, basiert darauf, dass der Kläger einen Rückzahlungsanspruch nur wegen Schlechterfüllung bzw. mangelhafter Organisation nachweisen konnte, nicht jedoch, dass die Rückzahlung wegen der Insolvenz des Reiseunternehmens ausblieb. Nur der letzte Fall wäre jedoch durch die rechtzeitige Umsetzung der Richtlinie abgesichert worden.[874]

873 OLG Köln 7. Zivilsenat, 25. September 1997, Az: 7 U 72/97, Siehe EuGH, NJW 1996, 3141; dazu *Streinz/Leible,* ZIP 1996, 1931. Vgl. auch zur mangelhaften Umsetzung dieser Pauschalreiserichtlinie in Österreich EuGH, NJW 1999,3181 ff.

874 Übersicht zu den Haftungsfragen bei: *Kling,* Jura 2005, 298 ff.

B. Exkurs zum Internationalen Privatrecht (IPR)

Sobald ein Rechtsverhältnis Auslandsbezug hat, wenn z.B. das gekaufte Grundstück im Ausland liegt oder die Vertragsparteien aus unterschiedlichen Staaten kommen, von denen jeder grundsätzlich nur seine eigene Rechtsordnung kennt, stellt sich die Frage, welches Gericht in welchem Staat für seine Streitigkeit zuständig ist und nach welchem Recht entschieden wird. Das Internationale Privatrecht verwendet diesbezüglich die Begriffe der **Internationalen Zuständigkeit** und des **anwendbaren Rechts**.

> **Das in Deutschland niedergelassene Unternehmen K kauft beim in Frankreich ansässigen Hersteller V eine Turbine zur Stromerzeugung und vereinbart deren Lieferung nach Düsseldorf. Der Kaufpreis wird nicht gezahlt, weshalb V auf Zahlung des Kaufpreises klagen will.**

I. Internationale Zuständigkeit

Bei Vertragsschluss ist für die Parteien der spätere Gerichtsstand von besonderer Bedeutung, da dieser die wirtschaftlichen Folgen aus einer späteren Klage bestimmt. Für die Frage, welche Gerichte im internationalen grenzüberschreitenden Rechtsverkehr zuständig sind, ist wie folgt zu unterscheiden:

1. Internationale Zuständigkeit im europäischen Wirtschaftsraum

Die Zuständigkeit von Gerichten bei Sachverhalten mit Auslandsbezug ist in Deutschland von mehreren Rechtsquellen bestimmt, insbesondere von der Zivilprozessordnung und supranationalen Abkommen. Im europäischen Zusammenhang ist die Verordnung über die gerichtliche Zuständigkeit und die Anerkennung und Vollstreckung von Entscheidungen in Zivil- und Handelssachen (EuGVVO) maßgebend[875], wenn die Parteien nicht bereits eine eigene wirksame Zuständigkeitsregelung getroffen haben.

---

875 Verordnung Nr. 44/2001 des Rates vom 22.12.2000 (Amtsblatt Nr. L 12 vom 16.1.2001, S. 1, ber. Amtsblatt Nr. L 307 vom 24.11.2001, S. 28).

Zusammen mit dem EuGVÜ[876], welches nur noch im Verhältnis zu Dänemark anwendbar ist und dem Abkommen von Lugano[877], anwendbar gegenüber der Schweiz, Island und Norwegen, bildet die EuGVVO den Kern eines Europäischen Zivilprozessrechtes.[878] Zusätzlich stellt die EuGVVO auch ein Regelwerk zur Verfügung, unter welchen Voraussetzungen die in einem Mitgliedsstaat ergangenen Gerichtsentscheidungen in einem anderen Mitgliedsstaat vollstreckt werden können, also die nationalen Behörden aufgrund eines ausländischen Titels tätig werden.

a) Anwendungsbereich

Für eine Anwendung der Regeln der EuGVVO muss deren sachlicher, räumlich-personeller und zeitlicher Anwendungsbereich eröffnet sein. Unter dem **sachlichen Anwendungsbereich** versteht man die Frage, welche materiellen Rechtsfragen betroffen sind. Die EuGVVO bestimmt diesen in Art. 1 danach, ob Streitigkeiten in Zivil- und Handelssachen bestehen und schließt im zweiten Absatz der Vorschrift Fragen zum Personenstand, ehelichen Güterstand, erbrechtliche Streitigkeiten, Insolvenzverfahren, Fragen über die soziale Sicherheit und zur Schiedsgerichtsbarkeit als abschließend geregelte Ausnahmetatbestände von der Anwendbarkeit aus.

Der Begriff "Zivil- und Handelssache" ist nach ständiger Rechtsprechung des EuGH im Interesse einer einheitlichen Anwendung in allen Mitgliedsstaaten –losgelöst von den Vorstellungen der jeweiligen nationalen Rechtsordnung– autonom auszulegen.[879]

Streitet z.B. das belgische Landesamt für Soziale Sicherheit (ONSS) mit einer in Deutschland ansässigen GmbH um in Belgien zurückbehaltene Sozialversicherungsbeiträge, liegt zwar nach belgischem Recht eine "zivile Streitigkeit" vor. Da der Begriff aber losgelöst von den nationalen Rechtsordnungen zu bewerten ist, wird eine Gesamtbetrachtung hier zur Annahme einer "öffentlichen Streitigkeit" führen, da die Sozialversicherungsbeiträge zum einen einseitig staatlich festgelegt (öffentlich-rechtliche Vorschriften) und zum anderen durch eine staatliche Behörde eingezogen werden. Damit besteht ein für ein Zivil- und Handelssachen untypisches Über-Unterordnungsverhältnis. Demzufolge wäre die EuGVVO hier nicht anwendbar.

---

876 Übereinkommen über die gerichtliche Zuständigkeit und die Vollstreckung ausländischer Entscheidungen in Zivil- und Handelssachen vom 27.09.1968.

877 Übereinkommen über die gerichtliche Zuständigkeit und die Vollstreckung ausländischer Entscheidungen in Zivil und Handelssachen, geschlossen in Lugano am 16.09.1988.

878 Weiterhin sind für die Bundesrepublik Deutschland von erhöhter Relevanz das Übereinkommen über die Beförderung im Internationalen Straßengüterverkehr vom 19.05.1956 (Art. 31 CMR); das mWarschauer Luftverkehrsübereinkommen vom 12.10.1929; sowie das Internationale Übereinkommen über den Eisenbahnverkehr (CIM) und den Eisenbahn-, Personen- und Gepäckverkehr.

879 Vgl. Geimer/*Schütze*, Europäisches Zivilverfahrensrecht, Art. 1. Rn 22.

Anders im o.g. Beispiel zum Turbinenkaufvertrag: Beim Kauf der Turbine zwischen zwei juristischen Personen des Privatrechts handelt es sich um eine Zivil- und Handelssache. Etwaige Ausnahmetatbestände nach Art. 1 Abs. 2 EuGVVO sind nicht einschlägig.

In **zeitlicher Hinsicht** muss die Streitigkeit nach In-Kraft-Treten der Verordnung gemäß Art. 66 EuGVVO rechtshängig geworden sein. Die Rechtshängigkeit selbst ist in Art. 30 EuGVVO geregelt und wird ebenfalls unabhängig vom nationalen Recht bestimmt. Für den **räumlich-personellen Anwendungsbereich** stellt die EuGVVO auf den Wohnsitz des Beklagten ab, nicht hingegen auf seine Staatsangehörigkeit. Sofern der Beklagte keinen Wohnsitz in einem Vertragsstaat hat und keine Zuständigkeit nach den Art. 22, 23 und 24 EuGVVO gegeben ist, bestimmt sich die internationale Zuständigkeit gemäß Art. 4 EuGVVO nach dem internationalen Verfahrensrecht des Staates, dessen Gericht angerufen wurde.

Die EuGVVO definiert für juristische Personen, wie die im Beispielsfall betroffenen Unternehmen, den Wohnsitz in Art. 60 EuGVVO selbst. Demnach hat K seinen Wohnsitz in Deutschland und V seinen Wohnsitz in Frankreich. Damit ist der Anwendungsbereich der Verordnung eröffnet.

Merke: In Versicherungs-, Verbraucher-, und Arbeitssachen besteht die Besonderheit, dass Zweigniederlassungen, Agenturen oder sonstige Niederlassungen des Vertragspartners bzw. Arbeitgebers, der seinen Wohnsitz nicht innerhalb eines Mitgliedsstaates hat, dem Wohnsitz gemäß Art. 8 Abs. 2, 15 Abs. 2, 18 Abs. 2 EuGVVO zum Schutz der schwächeren Vertragspartei gleichgestellt werden.

Ein besonderer Gemeinschaftsbezug dergestalt, dass die Parteien in **verschiedenen** Mitgliedstaaten ihren Wohnsitz haben müssen, ist bei der Frage nach dem Anwendungsbereich nicht erforderlich. Dies ist vorteilhaft für den mit der Verordnung beabsichtigten Vereinheitlichungseffekt sowie der hinreichenden Vorhersehbarkeit der Entscheidung der angerufenen Gerichte über ihre Zuständigkeit.

b) Regelungsmechanismus der EuGVVO in Grundzügen

Ist der Anwendungsbereich der EuGVVO wie im Beispielsfall eröffnet, bestimmt sich das zuständige Gericht nach den darin enthaltenen Regelungen. Grundsätzlich richtet sich die Zuständigkeit nach Art. 2 EuGVVO. International zuständig sind demnach die Gerichte des Wohnortstaates des Beklagten. Die örtliche und sachliche Zuständigkeit, also welches Gericht im Wohnortstaat genau zuständig ist, bestimmt sich dann nach dem jeweiligen nationalen Prozessrecht.

Im Beispielsfall sind grundsätzlich die deutschen Gerichte international zuständig, denn der gerichtlich geltend zu machende Zahlungsanspruch richtet sich gegen den K als Beklagten mit Wohnsitz in Deutschland (Düsseldorf). Welches Amts- oder Landgericht zuständig ist, bestimmt sich nach der ZPO und dem GVG.

Gleichzeitig können noch konkurrierende Gerichtsstände einschlägig sein. Einer dieser konkurrierenden Gerichtsstände findet sich in Art. 5 EuGVVO und begründet neben der internationalen auch gleichzeitig die örtliche Zuständigkeit.[880] Voraussetzung dafür ist jedoch, dass der Beklagte seinen Wohnsitz in einem anderen Mitgliedsstaat als der Kläger hat. Grundsätzlich gilt hier, dass soweit eine vertragliche Streitigkeit zugrunde liegt, die örtliche Zuständigkeit des Gerichtes begründet wird, an dem die Verpflichtung erfüllt worden ist oder zu erfüllen gewesen wäre. Dabei wird auch der Begriff der vertraglichen Streitigkeit autonom, d.h. losgelöst vom nationalen Recht, und weit ausgelegt.

Es wird regelmäßig zwischen den einzelnen vertraglichen Hauptleistungspflichten unterschieden. Eine Qualifizierung nach der für den Vertrag charakteristischen Leistung nimmt die EuGVVO gerade nicht vor. Eine Ausnahme von diesem Grundsatz bestimmt Art. 5 Nr. 1 lit. b EuGVVO. Danach wird für Kauf- und Dienstverträge ein einheitlicher Erfüllungsort nach dem Vertragsgegenstand festgelegt, soweit dieser in einem Mitgliedsstaat liegt. Handelt es sich um den Verkauf von Waren, ist der Erfüllungsort der Ort in einem Mitgliedstaat, an den die Waren geliefert worden sind oder geliefert werden müssen. Entsprechendes gilt bei der Erbringung von Dienstleistungen. Für die in der Praxis besonders wichtigen Kauf- und Dienstverträge wird der Erfüllungsort losgelöst von dem auf den Vertrag anwendbaren Recht anhand von rein faktischen Kriterien beurteilt.

Da die Lieferung der Turbine am Sitz der K erfolgen sollte, ist der Erfüllungsort Düsseldorf.

Führt die Anwendung dieses Absatzes zur Zuständigkeit des Gerichts eines Staates, der nicht Mitgliedstaat der Verordnung ist, kommt es nach Art. 5 Nr. 1 lit. c EuGVVO nicht auf lit. b, sondern auf lit. a an. Der Erfüllungsort bestimmt sich dann wieder für jede Hauptleistungspflicht gesondert und wird nicht als einheitliche Anknüpfung für den gesamten Vertrag vorgenommen.

Auch bei Nebenpflichten ist stets auf die vertragliche Hauptleistungspflicht abzustellen. Der Erfüllungsort ist nach dem dem Vertrag zugrunde liegenden Recht (lex causae) zu bestimmen. Zugrundezulegen ist das internationale Privatrecht des Gerichtsstaates. Soweit für den Vertrag nach dem Recht des Gerichtsstaates Einheitsrecht gilt, z.B. UN- Kaufrecht, bestimmt sich der Erfüllungsort danach. Gleichfalls kann sich die Zuständigkeit auch aus einer Erfüllungsortvereinbarung ergeben, denn Art. 5 Abs. 1 lit. b EuGVVO sieht die Möglichkeit entgegenstehender Vereinbarungen ausdrücklich vor. Hierbei ist zu beachten, dass die zuständigkeitsbegründende Wirkung der Ver-

---

880 Vgl. Zöller/*Geimer*, Anhang I, Art. 2 Rn 6.

einbarung über den Erfüllungsort nicht von der Einhaltung der Formvorschriften für die Gerichtsstandsvereinbarung abhängt.[881] Die Vereinbarung muss nach der lex causae wirksam zustande gekommen sein, wobei die Parteien selbst in den allgemeinen Geschäftsbedingungen für den Erfüllungsort eine Teilrechtswahl treffen können. Hingegen werden rein prozessuale Erfüllungsortvereinbarungen die Zuständigkeit nach Art 5 Nr. 1 EuGVVO nur begründen, wenn sie den einschränkenden Formvorschriften des Art. 23 EuGVVO entsprechen.

Haben V und K z.B. die Lieferung nach Brüssel vereinbart und keine weiteren Absprachen über den Gerichtsstand getroffen, käme die internationale Zuständigkeit der Gerichte in Brüssel in Betracht.

Weiterhin enthält Art. 5 Nr. 2 u. 3 EuGVVO Zuständigkeitsregelungen für Unterhaltsansprüche (Nr. 2) sowie für Ansprüche aus unerlaubter Handlung (Nr. 3). Besonderheiten gelten ferner bei der Begründung des Gerichtsstandes am Sitz der Niederlassung (Nr. 5), für den Gerichtsstand kraft Sachzusammenhangs, also für den Gerichtsstand des Streitgenossen (Art. 6 Nr. 1 EuGVVO), im Falle der Widerklage (Art. 6 Nr. 3 EuGVVO), sowie bei Klagen aus dinglich gesicherten Ansprüchen (Art. 6 Nr. 4 EuGVVO).

Prüfungsschema zur EuGVVO

---

1. Vorrang anderer Übereinkommen?
2. Anwendbarkeit der EuGVVO?
   a) sachlich
   b) zeitlich
   c) räumlich personell
3. Zuständigkeiten
   a) Ausschließliche Zuständigkeiten (Art. 22 EuGVVO)
   b) Zuständigkeiten bei Versicherungssachen (Art. 8-14 EuGVVO) und Verbrauchersachen (Art. 15-17 EuGVVO), sowie Arbeitssachen (Art. 18-21 EuGVVO)
   c) Gerichtsstandsvereinbarung (Art. 23 EuGVVO)
   d) Wohnsitz des Beklagten (Art. 2 EuGVVO)
   e) konkurrierende besondere Gerichtsstände (Art. 5-7 EuGVVO)
   f) rügeloses Einlassen (Art. 24 EuGVVO), soweit kein ausschließlicher Gerichtsstand besteht
4. keine Unzuständigkeit nach Art. 28 – 30 EuGVVO, Beachtung der Rechtshängigkeit in einem anderen Mitgliedsstaat sowie Aussetzung des Verfahrens bei im Zusammenhang stehenden Verfahren im anderen Mitgliedsstaat
5. die örtliche Zuständigkeit wird zum Teil durch die EuGVVO mitgeregelt (z.B. Art. 5 EuGVVO).

---

[881] EuGH RIW 1980, 726; BGH RIW 1985, 148.

2. Außerhalb des Europäischen Wirtschaftsraums

Außerhalb des europäischen Wirtschaftsraums, der das Gebiet der EU sowie über das zum EuGVVO fast wortgleiche Lugano-Abkommen auch die Schweiz, Island und Norwegen als Staaten der europäischen Freihandelszone umfasst, bestimmt sich die internationale Zuständigkeit nach internationalen, teils bilateralen Abkommen und mangels dieser nach dem internationalen Zivilprozessrechtes des Staates der angerufenen Gerichte.

> *Merke: Die Frage nach der Zuständigkeit des Gerichtes ist* ***nicht*** *zu verwechseln mit der Frage, welches Recht das einmal als zuständig erachtete Gericht auf die aufgeworfenen materiellen Fragen anwenden wird.*

II. Anwendbares Recht

Kommen die Parteien aus unterschiedlichen Staaten, muss weiterhin entschieden werden, nach welchen Regeln bestehende Streitigkeiten zu entscheiden sind. Hierbei ist zunächst zwischen dem für alle jeweiligen Vertragsstaaten geltenden Einheitsrecht und den nationalen Rechtsordnungen zu unterscheiden.

Einheitsrecht liegt vor, wenn im Wege eines internationalen Abkommens die Vertragsstaaten innerhalb dieses Abkommens selbst materielle Regeln aufgestellt haben, z.B. regeln, wann ein Vertrag als geschlossen gilt oder inwieweit den Verkäufer Gewährleistungspflichten treffen und diese Regeln mindestens in zwei Staaten gleichlautend gelten und ihrem Sinn und Zweck nach auch gelten sollen. Ein wichtiges und praxisrelevantes Beispiel ist das Wiener UN-Übereinkommen über den internationalen Warenkauf von 1980 (CISG). Hierin finden sich Regeln über Vertragschluss, Erfüllungsanspruch des Käufers sowie Gewährleistungsansprüche wie Nachbesserung oder Minderung, aber auch Regelungen über die Aufhebung von Verträgen und Ansprüche auf Schadensersatz.

Bestehen keine internationalen Abkommen über das materiell anzuwendende Recht und haben die Vertragsparteien auch keine eigene Rechtswahl getroffen (entweder durch die Wahl eines nationalen Rechtes oder auch durch die Bestimmung von Einheitsrecht), bestimmt sich die Wahl des anzuwendenden Rechts nach dem Internationalen Privatrecht des Staates des angerufenen Gerichts.

Die Regelungen des deutschen IPR finden sich in den Art. 3 ff. EGBGB. Dabei wird grundsätzlich von einer **Gesamtnormverweisung** ausgegangen. Dies bedeutet, dass das deutsche IPR auf eine fremde Rechtsordnung als Gesamtheit verweist. Anschließend entscheidet die angerufene Rechtsordnung nach ihrem IPR, ob sie diese annimmt oder gegebenenfalls weiter- oder zurückverweist.

Vom Prinzip der Gesamtnormverweisung ist die sog. **Sachnormverweisung** als Ausnahme zu klassifizieren. Danach wird nicht auf eine Rechtsordnung als solche verwiesen, sondern auf das ausländische materielle Recht. Gemäß Art. 35 EGBGB stellt Art. 28 EGBGB als Ausnahme zum Regelfall der Gesamtnormverweisung eine solche Sachnormverweisung dar. Gemäß Absatz 1 der Vorschrift ist das Recht anwendbar, mit dem der Vertrag die engste Verbindung aufweist.

Haben im Turbinenfall K und V das CISG vertraglich ausgeschlossen und i.ü. keine Rechtswahl getroffen, kommt Art. 28 EGBGB zur Anwendung, welcher die Wahl des materiellen Rechts an die engste Verbindung des Vertrages anknüpft.

Bei der Suche nach der engsten Verbindung hilft Art. 28 Abs. 2 EGBGB. Demnach besteht die engste Verbindung mit dem Staat, in dem die Partei, die die charakteristische Leistung zu erbringen hat, ihren gewöhnlichen Aufenthalt hat.

Im Kaufvertrag besteht die charakteristische Leistung in der Lieferung der Turbine. Die Entgeltzahlung hingegen ist auch bei anderen Vertragstypen gängig und daher nicht als charakteristische Leistung dienen. Da die Lieferung von V mit gewöhnlichem Aufenthalt in Frankreich zu leisten ist, kommt materielles französisches Recht zur Anwendung.

Entsprechend dieses Ablaufs lässt sich die Wahl des anwendbaren Rechts nach folgendem Schema auch für andere Statuten durchführen:

Anwendbares Recht im IPR

---

1. Vorüberlegung (Grobqualifikation)
   Welcher Bereich ist tangiert und unter welche Kollisionsnorm könnte subsumiert werden, z.B. Familienrecht oder Schuldrecht?
2. Prüfung von einheitlichem Sachrecht (Einheitsrecht)
   a) Anwendungsbereich in sachlicher, zeitlicher und personeller Hinsicht eröffnet?
   b) Anwendung
3. Prüfung des Internationalen Privatrechts
   a) vorrangige Prüfung internationaler Übereinkommen
   b) autonomes Kollisionsrecht (Art. 3–46 EGBGB)

Siebtes Kapitel

Methodik

A. Fallbearbeitung

Der Prüfungsfall besteht in der Regel in der Schilderung eines Lebenssachverhalts und kann mit Fragen verschiedenster Art enden.

> **V bietet K sein Rad zum Kauf für 100,- EUR an. K stimmt zu und fährt mit dem Rad davon. Späteren Zahlungsaufforderungen von V kommt K nicht nach. Rechtslage? Welche Ansprüche stehen V zu? Kann V von K die Rückgabe des Fahrrades verlangen?**

Zu Beginn der Prüfung sind daher erstens das Ziel und zweitens die fallrelevanten Rechtsbeziehungen festzulegen.

*Hierzu dient die Frageformel: **Wer will was von wem woraus?***

Verkürzt lässt sich fragen: Wer richtet Ansprüche gegen wen? Was wollen die Parteien voneinander? Woraus ergibt sich dieser Anspruch (Anspruchsgrundlage). Im Falle z.B. eines Kaufvertrags fordert der Käufer (wer) vom Verkäufer (von wem) die Übergabe und Übereignung der Kaufsache (was) aus dem Kaufvertrag (woraus). Umgekehrt fordert der Verkäufer vom Käufer Bezahlung.

> **Im o.g. Beispiel verlangt V von K die Zahlung von 100,- EUR.**

Im Folgenden sind für das jeweilige Begehren (was) der Parteien Anspruchsnormen (Anspruchsgrundlagen) zu suchen. Ein Anspruch ist gem. § 194 Abs. 1 BGB das Recht, von einem anderen ein Tun oder ein Unterlassen zu verlangen. Dementsprechend setzt jede Prüfung eine Anspruchsnorm voraus, die in der Rechtsfolge das jeweilige Begehren umfasst. Die erste Vorauswahl der zu prüfenden Normen (Anspruchsgrundlagen) geht somit nicht vom Tatbestand, sondern von der Rechtsfolge aus. Auf der Suche nach einer Anspruchsgrundlage sind die Ansprüche aus Vertrag vor den gesetzlichen Ansprüchen zu prüfen, da die vertraglichen Beziehungen u.U. die Voraussetzungen der verbleibenden Ansprüche, z.B. Ansprüche aus Gesetz, beeinflussen können.

Im Anschluss bietet sich die Prüfung von Schadensersatzansprüchen aus §§ 311 Abs. 2 i.V.m. 280 Abs. 1 und 241 Abs. 2 BGB (cic) an, weil die hierfür erforderliche Anbahnung eines Vertragsverhältnisses bzw. die Aufnahme von Vertragsverhandlungen bereits im Rahmen der vorhergehenden Prüfung vertraglicher Ansprüche erörtert worden sein kann.

Daraufhin sind Ansprüche aus GoA zu prüfen, welche vertragsähnliche Wirkungen im Hinblick auf ein Recht zum Besitz oder auf einen Rechtfertigungsgrund ergeben können.

An nächster Stelle folgen dingliche Ansprüche, insbesondere die §§ 985, 987 ff. BGB, die u.a. für Schadensersatz Spezialregelungen enthalten und grundsätzlich zum Ausschluss allgemeiner Regeln z.B. §§ 823, 812 ff. BGB führen können (wobei Ausnahmen bestehen, z.B. für Ansprüche aus § 816 BGB, die nicht durch die §§ 987 ff. BGB ausgeschlossen werden).

Hieran schließt sich die verbleibende Prüfung der Ansprüche aus Delikt (i.w.S. z.B. §§ 823 ff. BGB und Spezialtatbestände wie die Gefährdungshaftung) und ungerechtfertigter Bereicherung (§§ 812 ff. BGB), deren Normen sich nicht gegenseitig beeinflussen und demzufolge kein Rangverhältnis begründen, sondern in beliebiger Reihenfolge geprüft werden können.

Hieraus ergibt sich folgendes Prüfungsschema:

1. Vertragliche Ansprüche
2. Vertragsähnliche Ansprüche (cic, GoA)
3. EBV (§§ 985 ff. BGB)
4. Delikt (§§ 823 ff. BGB) und Bereicherung (§§ 812 ff. BGB)

Die Prüfung der Rechtslage anhand von Anspruchsgrundlagen wird auch **Anspruchsaufbau** genannt.[882]

Im nächsten Prüfungsschritt werden die **Tatbestandsmerkmale** der von der Rechtsfolge in Betracht kommenden Anspruchgrundlagen geprüft. Hierdurch scheiden von den Anspruchsgrundlagen bzw. Normen diejenigen aus, die zwar die gewünschte Rechtsfolge beinhalten, deren Tatbestandsmerkmale im Sachverhalt aber nicht vorliegen. Diese Prüfung stellt die **Subsumtion** dar.

> ***Subsumtion:*** *Die Merkmale des (Lebens-)Sachverhalts werden den abstrakten Tatbestandsmerkmalen der in Betracht kommenden Anspruchsnorm zugeordnet.*

[882] Siehe auch Medicus, Bürgerliches Recht, §§ 1, 2; *Schellhammer*, Zivilrecht nach Anspruchsgrundlagen.

Zur Subsumtionstechnik:

1. Das einzelne Tatbestandsmerkmal ist (als Voraussetzung) zu nennen. (Obersatz)
2. Es folgt die Definition des abstrakten Tatbestandsmerkmals (Definition)
3. Feststellung, ob das konkrete Sachverhaltselement der Definition entspricht (Subsumtion)
4. Ergebnis (conclusio).

V bietet K sein Rad zum Kauf für 100,- EUR an. Trug stimmt zu und fährt mit dem Rad davon. Späteren Zahlungsaufforderungen von Sorglos kommt K nicht nach. Rechtslage?

Die erste Frage nach dem **Begehren** von V beantwortet sich mit der gewollten Kaufpreiszahlung. Die Rechtsfolge der Kaufpreiszahlung gewährt § 433 Abs. 2 BGB. Somit ist diese Anspruchsgrundlage zu prüfen.

Zur Prüfung bedarf es der **Subsumtion.** Die Merkmale des Sachverhalts sind den Tatbestandsmerkmalen von § 433 Abs. 2 BGB entsprechend zu subsumieren. Der Prüfung ist ein Obersatz voranzustellen, um die Prüfung vorzugeben. Beispielsweise "V könnte einen Anspruch auf Zahlung von 100,- EUR gegen K aus einem Kaufvertrag gem. § 433 Abs. 2 BGB haben" (Wer will was von wem woraus). Bezüglich der einzelnen Tatbestandsmerkmale ist jeweils das o.g. Subsumtionsschema (Schritte 1-4) einzuhalten.

Als **Tatbestandsmerkmal** setzt die Anspruchsnorm § 433 Abs. 2 BGB einen Kaufvertrag voraus. Demzufolge ist ein Kaufvertragsschluss zu prüfen.

(1) Zwischen V und K müsste ein wirksamer Kaufvertrag zustande gekommen sein (Obersatz).

(2) Ein wirksamer Kaufvertrag kommt durch zwei übereinstimmende Willenserklärungen in Form von Angebot und Annahme zustande (Definition).

(3) Ein Kaufangebot von V liegt in der Offerte gegenüber K. Dieses Angebot hat K angenommen, womit eine Einigung über den Verkauf des Rades erzielt wurde. (Subsumtion).

(4) Mit der wirksamen Einigung liegt ein Kaufvertrag vor (conclusio).

Mit dem Abschluss der Prüfung der einzelnen Tatbestandsmerkmale kann sodann der Obersatz beantwortet werden.

Für das Beispiel wäre auszuführen:

"Aufgrund des wirksamen Kaufvertrags hat V gegen K einen Anspruch auf Zahlung von 100,- EUR aus § 433 Abs. 2 BGB" (=Rechtsfolge tritt ein, da alle Tatbestandsmerkmale erfüllt sind).

Im nächsten Prüfungsschritt ist zu untersuchen, ob Gegenrechte gegen den Anspruch bestehen. Hierbei ist zwischen Einwendungen und Einreden zu unterscheiden. **Einwendungen** betreffen die Frage, ob der Anspruch gar nicht erst entstanden oder untergegangen ist. Mit sog. **rechtshindernden** Einwendungen wird das Entstehen des vom Kläger behaupteten Rechts angegriffen. Dazu zählt z.B. mangelnde Geschäftsfähigkeit gem. §§ 104 ff. BGB. Durch sog. **rechtsvernichtende** Einwendungen wie z.B. Erfüllung (§ 362 BGB) oder Aufrechnung (§§ 389, 387 ff. BGB) kann ein Anspruch erlöschen bzw. als erloschen gelten.

Zahlt z.B. K die 100,- EUR, erlischt der Anspruch von V aus § 433 Abs. 2 BGB (vgl. § 362 BGB).

Einwendungen werden im gerichtlichen Prozess **von Amts wegen** geprüft, d.h. der Kläger muss lediglich die Tatsachen vortragen, nicht aber sich ausdrücklich auf Einwendungen berufen.

Trägt K vor Gericht vor, er sei erst 17 Jahre alt, ist der Vertrag nach §§ 106 ff. BGB unwirksam.

Weiterhin ist zu prüfen, ob einem Anspruch **Einreden** entgegenstehen. Einreden betreffen die gerichtliche Durchsetzbarkeit des Anspruchs. Bei den Einreden wird zwischen **vorübergehenden** (sog. dilatorischen) Einreden (z. B. Stundung) und **dauernden** (sog. peremptorischen) Einreden (z.B. Verjährung gem. §§ 194 ff. BGB) unterschieden. Daneben sind noch die anspruchsbeschränkenden Einreden (z.B. Zurückbehaltungsrecht gem. § 273 BGB) zu beachten, die eine Verurteilung zwar nicht verhindern, aber zu einer Anspruchsbeschränkung führen, bei § 273 BGB z.B. zur Verurteilung Zug um Zug.

Gemäß § 195 BGB beträgt die regelmäßige Verjährungsfrist 3 Jahre. Wenn beispielsweise Hinz seinem Freund Kunz ein Darlehen gem. § 488 BGB über 5000,- EUR für 6 Monate gewährt, hat er mit Ablauf der 6 Monate als Rückerstattungsfrist (Fälligkeit) 3 Jahre Zeit, seinen Rückzahlungsanspruch notfalls klageweise durchzusetzen. Nach Vollendung der Verjährung ist der Verpflichtete (hier Kunz) berechtigt, die Leistung zu verweigern (§ 214 Abs. 1 BGB). Insoweit ist im Einzelfall auf die Spezialregelungen zur Verjährung des jeweiligen Schuldverhältnisses abzustellen (vgl im Kaufrecht für Gewährleistungsansprüche; § 852 Abs. 1 Satz 2 BGB für die Verjährung des Anspruchs auf Ersatz des aus einer unerlaubten Handlung entstandenen Schadens nach 10 Jahren etc.).

Für die Anspruchsprüfung ergibt sich somit folgendes:

I. Anspruch entstanden?

Z.B. Überprüfung der Wirksamkeitsvoraussetzungen einer vertraglichen Einigung, dabei mangelnde Geschäftsfähigkeit §§ 104 ff. BGB; Anfechtung § 142 BGB; Wucher § 138 Abs. 2 BGB; Sittenwidrigkeit § 138 Abs. 1 BGB; Formnichtigkeit § 125 BGB; gesetzliches Verbot § 134 BGB; Verträge über Grundstücke, Vermögen und Nachlass § 311b BGB etc.

II. Anspruch erloschen/Einwendungen?

Z.B. Erfüllung (§ 362 BGB), wirksame Aufrechnung (§§ 389, 387 ff. BGB), Unmöglichkeit (§ 275 BGB), Rücktritt (§§ 346 ff. BGB) etc.

III. Anspruch durchsetzbar/Einreden?

Z.B. möglicherweise Einrede der Verjährung (§ 214 Abs. 1 BGB); Zurückbehaltungsrecht (§ 273 BGB); Einrede des nicht erfüllten Vertrages (§ 320 BGB).

B. Rechtsfindung

I. Gesetzesauslegung

Für den Richter und sonstige Rechtsanwender stellt sich die Aufgabe, durch **Gesetzesauslegung** die verbindliche Regelungsentscheidung des Gesetzgebers zu erkennen.[883] Die heute h.M. betrachtet nicht den Willen des Gesetzgebers, sog. **subjektive Theorie**, sondern den Willen des Gesetzes, sog. **objektive Theorie** als Erkenntnisziel der Auslegung.[884] Diese Position beruht auf der Erwägung, dass das Gesetz, nachdem es in Kraft gesetzt ist, einen eigenen Regelungswillen beinhaltet bzw. entfaltet. Zur Gesetzesauslegung hat die **Methodenlehre** Auslegungselemente entwickelt, deren Einzelheiten umstritten sind und an dieser Stelle nur in den Grundzügen dargestellt werden können.[885] Auf Savigny zurückgehend, bestehen im Wesentlichen grammatische (Wortlaut), systematische, historische (genetische) und teleologische Auslegungselemente.

Auszugehen ist dabei zunächst vom **Wortlaut der Norm**. Dabei sind Regeln der Grammatik, der allgemeine Sprachgebrauch und die juristische Fachsprache zu berücksichtigen.

Das **systematische** Auslegungselement stellt auf den Sinnzusammenhang und das Verhältnis einzelner Normen zueinander ab.[886]

Das **historische oder genetische** Auslegungselement führt zur Bezugnahme auf den zur Zeit der Gesetzgebung bestehenden Regelungszustand oder auf die ursprüngliche Entstehungsgeschichte und Motive des Gesetzgebers.

Die **teleologische** Auslegung ermittelt den Sinn und Zweck der Norm.[887] Auf diese Weise kann festgestellt werden, ob z.B. ein Begriff eng oder weit auszulegen ist.[888]

---

883 Vgl. Larenz/*Canaris*, Methodenlehre, 133 ff.

884 Daher lautet ein Sprichwort wie folgt: Das Gesetz weiß mehr als der Gesetzgeber.

885 Siehe dazu umfassend Larenz, Methodenlehre; bzw. als Studienausgabe ders./Canaris, Methodenlehre; für eine erste Orientierung vgl. Schmalz, Methodenlehre; *Kramer*, Juristische Methodenlehre (2. Auflage 2005); *Engisch*, Einführung in das juristische Denken (10. Auflage 2005).

886 Vgl. Larenz/*Canaris*, Methodenlehre, 146 ff.

887 Griech. "teleos" = Sinn, Zweck

888 Vgl. Larenz/*Canaris*, Methodenlehre, 153, 168 ff.

Zusammenfassend empfiehlt sich, das Gesetz nach den folgenden Methoden in der angegebenen Reihenfolge auszulegen:

- Wortlaut[889]
- Systematik[890]
- Normvorstellungen des historischen Gesetzgebers[891]
- Sinn und Zweck der Norm[892]

Die weitere europarechtlich begründete Auslegungsmethode der sog. **richtlinienkonformen Auslegung** (im Zusammenhang mit den Rechtswirkungen von EG-Richtlinien, deren Inhalte und Ziele das Auslegungsergebnis bestimmen) bzw. die grundsätzliche Methode der **gemeinschaftsrechtkonformen Auslegung** werden im Kapitel zum **Europarecht** berücksichtigt.

II. Analogie und teleologische Reduktion

Wenn das Gesetz unvollständig ist und Regelungslücken aufweist, stellt sich die Frage der Lückenfüllung, bei der eine **Analogie** in Betracht kommen kann[893]. Eine Analogie ist die Anwendung einer Norm auf Fälle, die zwar den Tatbestand der Norm nicht erfüllen, es aber aufgrund wesentlicher Parallelen zum Normtatbestand angebracht erscheinen lassen, die gleiche Rechtsfolge auszulösen, sog. **Einzelanalogie** (eine Norm wird analog angewendet).

> **§ 276 Abs. 1 Satz 1 BGB regelt den Verschuldensmaßstab des Schuldners. Wenn der Schuldner vorsätzlich oder fahrlässig agiert, handelt er schuldhaft und muss z.B. bei Pflichtverletzungen für Schäden einstehen. Der Verschuldensmaßstab des**

---

889 Die Grenze aller Auslegung ist der Wortlaut! Was der Wortlaut ausdrücklich ausschließt, kann nicht als Regelungsinhalt angesehen werden.

890 Es empfiehlt sich, stets Paragraphen vor und nach der vermeintlichen Anspruchsgrundlage zu lesen. Außerdem ist zu beachten, in welchem Abschnitt, unter welchem Titel und in welchem Rechtsbereich die Norm angesiedelt ist.

891 Es gilt zu prüfen, welchen Zustand der historische Gesetzgeber mit der Norm erreichen wollte. Da den Bearbeitern in der Klausursituation üblicherweise die Motive des BGB-Gesetzgebers nicht vorliegen, fällt diese Auslegungsmethode in Klausuren meist aus. Soweit Kenntnisse zur Entstehungsgeschichte der zu prüfenden Norm beim Bearbeiter vorhanden sind, können diese in die Argumentation einfliessen.

892 Dies wird im Wesentlichen den Hauptpunkt der Klausur darstellen. Es gilt zu ergründen, welchen Sinn und Zweck die Norm erfüllen soll und welche Regelung sich das Gesetz und der Gesetzgeber im konkreten Fallen vorstellen, so dass der Fall einer sachgerechten Lösung zugeführt werden kann.

893 Vgl. Larenz/*Canaris*, Methodenlehre, 195, 202, 249 ff.

Gläubigers ist dagegen im BGB nicht geregelt. Insoweit liegt eine Regelungslücke vor. Aufgrund der vergleichbaren Interessenlage wendet die Rechtsprechung § 276 BGB analog an.

B wird von V zur Vornahme aller Rechtshandlungen für ihn während dessen Südseekreuzfahrt bevollmächtigt. B will die Vollmacht nutzen, um sich das Auto von V anzueignen, das er schon immer begehrte. B kann als Vertreter von V grundsätzlich nicht mit sich selbst einen Kaufvertrag über das Auto des V schließen, siehe § 181 BGB.

§ 181 BGB schließt grundsätzlich die Möglichkeit eines sog. **Insichgeschäftes** aus, weil angenommen wird, dass durch die Parteienidentität bei der Vornahme des Rechtsgeschäftes ein Interessenkonflikt droht.

Bevollmächtigt nunmehr B seinen Freund U als Untervertreter des V für B, umgeht er damit die Personenidentität.

Dieser Fall ist in § 181 BGB nicht geregelt. Da aber die Interessenkollision ersichtlich auch in diesem Fall gegeben ist, wendet die h.M. **§ 181 BGB analog** an.

Für die analoge Anwendung einer Norm ist zu beachten, dass eine **planwidrige Regelungslücke** im Gesetz und eine **vergleichbare Interessenlage** bestehen müssen. Insoweit ist insbesondere die planwidrige Unvollständigkeit sorgfältig zu prüfen. Entweder ist teleologisch und historisch der dem Gesetz zugrundeliegende Rechtsgedanke zu ermitteln oder festzustellen, dass gerade kein entgegenstehender gesetzgeberischer Wille ersichtlich ist. Die Regelungslücken können unter den oben genannten Voraussetzungen durch Analogie geschlossen werden.

Soweit die Lücke in einer fehlenden einschränkenden Norm liegt (die Gesetzesregelung ist zu weit), ist sie hingegen durch **teleologische Reduktion** der zu weiten Norm zu schließen.[894] Die (zu weite) Norm wird aufgrund des eigentlichen Gesetzeszwecks in ihrem Anwendungsbereich eingeschränkt. Ein Beispiel bildet die teleologische Reduktion von Insichgeschäften nach § 181 BGB. Nach § 181 BGB ist die Mitwirkung derselben Person auf beiden Seiten des Rechtsgeschäfts als Vertreter ausgeschlossen, um die Gefahr eines Interessenkonflikts und Schädigung des Vertretenen auszuschließen. Dieser Schutzzweck ist nicht berührt, wenn das Insichgeschäft dem Vertretenen lediglich einen rechtlichen Vorteil bringt. Somit ist das Verbot des Selbstkontrahierens nach § 181 BGB u.a. bei dieser Fallgruppe (teleologisch) einzuschränken.

Folglich können z.B. die Eltern im Rahmen eines Schenkungsvertrages gem. § 516 BGB sowohl das Schenkungsangebot (als Schenker) abgeben, als auch in Vertretung für ihr Kind (Beschenkte) die Annahme erklären. Dieser Fall wäre nach dem Wortlaut des § 181 BGB eigentlich ausgeschlossen, da die Eltern auf beiden Seiten des Geschäftes stehen.

---

[894] Vgl. Larenz/*Canaris*, Methodenlehre, 214 ff.

Literaturverzeichnis

Bamberger/Roth/Bearbeiter	Beck´scher online Kommentar 2007
Jauernig/Bearbeiter	Kommentar zum Bürgerlichen Gesetzbuch, 11. Auflage, 2004, C. H. Beck Verlag
MüKo/Bearbeiter	Münchener Kommentar zum Bürgerlichen Recht, 5. Auflage 2007
Palandt/Bearbeiter	Bürgerliches Gesetzbuch, 66. Auflage, Verlag C.H. Beck, München 2007
Zöller/Bearbeiter	Kommentar zur Zivilprozessordnung, 26. Auflage 2006, Verlag Dr. Otto Schmidt KG Köln
Canaris/Larenz	Wilhelm Canaris/Karl Larenz, Methodenlehre der Rechtswissenschaft, 4. Auflage 2007, Springer Verlag
Dauner-Lieb/Heidel/Lepa/Ring	Das neue Schuldrecht, C.F. Müller, Heidelberg 2002
Emmerich	Volker Emmerich, Das Recht der Leistungsstörungen, 6. Auflage 2005, Beck Verlag
Fikentscher/Heinemann	Wolfgang Fikentscher, Andreas Heinemann, Schuldrecht, 10 Auflage 2006, De Gruyter Verlag
Geimer/Schütze	Europäisches Zivilverfahrensrecht, 2. Auflage, C.H. Beck München 2004
Huber/Faust	Peter Huber/Florian Faust, Schuldrechtsmodernisierung, 2002, C.H. Beck Verlag
Lorenz/Riehm	Stephan Lorenz/Thomas Riehm, Lehrbuch zum neuen Schuldrecht 2002, C.H. Beck Verlag
Martinek	Michael Martinek, Moderne Vertragstypen Band 1-3, 1991-1993, C.H. Beck Verlag
Medicus	Dieter Medicus, Bürgerliches Recht, 20. Auflage 2004, Carl Heymanns Verlag
Oetker/Maultzsch	Hartmut Oetker/Felix Maultzsch, Vertragliche Schuldverhältnisse 2004, Springer Verlag
Schmalz	Dieter Schmalz, Methodenlehre für das juristische Studium 1998, Nomos Verlag

Stichwortverzeichnis

C

D

E

L

M

T